Gail Sheehy studierte an der University of Vermont und an der Columbia University unter ihrer Mentorin Margaret Mead. 1974 erhielt sie ein Stipendium der Alicia Patterson Foundation, um ihre Studien zur Erwachsenenbildung fortzusetzen. Gail Sheehys Auszeichnungen: den »National-Magazine«-Preis, den »Penny-Missouri-Journalism«-Preis und zweimal den »Front Page Award« des Newswomen's Club of New York. Die Autorin lebt in New York City.

Von Gail Sheehy ist außerdem erschienen:

»Neue Wege wagen« (Band 3731)

Vollständige Taschenbuchausgabe 1989
Droemersche Verlagsanstalt Th. Knaur Nachf., München

Titel der Originalausgabe »Passages – Predictable Crises of Adult Life«

Aus dem Amerikanischen von Edwin Ortmann unter Mitarbeit
von Gertrud Baruch, Barbara Brumm, Rainer Bosch und Josef Wimmer

Umschlaggestaltung Manfred Waller
Druck und Bindung Ebner Ulm
Printed in Germany 10 9 8 7 6
ISBN 3-426-03964-8

Gail Sheehy:
In der Mitte des Lebens

Die Bewältigung vorhersehbarer Krisen

Knaur

MEINER MUTTER UND MEINEM VATER GEWIDMET

Inhaltsverzeichnis

SECHSTER TEIL

Das Torschluß-Jahrzehnt

SIEBTER TEIL

Erneuerung

ERSTER TEIL

Geheimnisse des Lebenszyklus

Welch Geweb ist dies
Des Werdens, Seins, Gewesenseins?

Jorge Luis Borges

1.
Wahnsinn und Methode

Mitte Dreißig hatte ich ohne Vorwarnung plötzlich einen Nervenzusammenbruch. Bis dahin war es mir unvorstellbar gewesen, daß ich gerade in einer Zeit, die meine glücklichste und produktivste war, einmal meine ganze Willenskraft – oder etwas noch Stärkeres – brauchen würde, nur um mich über Wasser zu halten.

Es war in Nordirland: ich arbeitete für eine Zeitschrift und unterhielt mich gerade mit einem Jungen, als ein Geschoß sein Gesicht zerschmetterte. Da war es auch schon geschehen. Nach einem Bürgerrechtsmarsch der Katholiken von Derry hatten wir entspannt und im Vollgefühl unserer Kraft nebeneinander in der Sonne gestanden. An der Barrikade erwarteten uns Soldaten, die uns mit Tränengas eindeckten, so daß wir uns erbrachen, und die Jungen, die von Gummikugeln getroffen waren, hatten wir nach hinten in Sicherheit gezerrt. Nun beobachteten wir von einem Balkon aus die Menge.

»Wie bringen es die Fallschirmjäger bloß fertig, die Gasminen so weit zu feuern?« fragte ich den Jungen.

»Sehen Sie, wie sie ihre Gewehrkolben auf den Boden stampfen?« hatte der Junge gefragt, als sich ein Stück Stahl in seinem Mund vergrub, den Nasenrücken aufriß und von seinem Gesicht nichts mehr übrigließ als eine breiige Masse.

»Mein Gott«, rief ich entsetzt, »die schießen ja scharf!« Ich versuchte mir vorzustellen, wie man sein Gesicht wieder zusammenfügen könnte. Bis zu diesem Augenblick hatte ich mein ganzes Leben lang geglaubt, alles sei reparabel.

Unter unserem Balkon begannen britische Panzer die Menge zu durchpflügen. Die Soldaten feuerten aus den Panzern mit Schnellfeuergewehren. Sie überschütteten uns mit einem Kugelhagel. Der Junge mit dem zerschossenen Gesicht fiel auf mich. Ein älterer Mann, dem man mit einem Gewehrkolben einen schweren Genickschlag versetzt hatte, taumelte die Treppe herauf und brach über uns zusammen. Immer mehr verstörte Menschen drängten sich zu uns. Schließlich krochen wir wie eine große Menschenraupe bäuchlings die Stufen des exponierten Freiluftaufgangs hinauf.

»Können wir nicht in irgendeine Wohnung rein?« schrie ich. Wir arbeiteten uns acht Stockwerke hinauf, aber alle Türen waren verrammelt. Jemand mußte auf den Balkon ins offene Feuer hinauskriechen, um an die nächste Tür zu hämmern. Ein Junge unter uns heulte auf: »Mein Gott, mich hat's erwischt!« Seine Stimme trieb mich über den Balkon: Ich zitterte, doch hatte ich immer noch den kindlich-naiven Glauben an meine Unverwundbarkeit, der mich wie ein schützender Mantel umgab. Einen Augenblick später pfiff eine Kugel an meiner Nase vorbei. Ich warf mich gegen die nächste Tür; wir wurden alle hineingezogen.

In den kleinen Zimmern der Wohnung drängten sich bereits Mütter mit ihren sich anklammernden Kindern. Der Kugelhagel dauerte fast eine Stunde. Vom Fenster aus sah ich, wie drei Jungen hinter einer Barrikade hervorschossen und um ihr Leben liefen. Sie wurden wie Schießbudenfiguren niedergemäht. Dem Priester, der ihnen, ein weißes Taschentuch schwenkend, folgte, erging es ebenso und auch dem alten Mann, der sich über sie beugte, um ein Gebet zu sprechen. Ein Verwundeter, den wir nach oben geschleppt hatten, fragte, ob jemand seinen jüngeren Bruder gesehen habe. »Erschossen«, war die Antwort.

Nach diesem plötzlichen Blutbad war ich eine unter Tausenden, die sich in den hellhörigen Wohnungen des katholischen Ghettos verkrochen. Alle Ausgänge aus der Stadt waren abgeriegelt. Warten war alles, was wir tun konnten. Warten, bis die britische Armee Haus für Haus durchkämmen würde.

Ich beschloß, meinen Freund anzurufen. Er würde die erlösenden Worte sagen, die die Gefahr vertreiben würden.

»Hallo! Wie geht's dir?« Seine Stimme klang forsch, aber unbeteiligt; er lag in New York im Bett.

»Ich lebe.«

»Gut. Und deine Story?«

»Hier gibt's dreizehn Tote. Fast hätt's mich auch erwischt.«

»Moment mal. In den Nachrichten kommt was über Londonderry . . .«

»Man spricht bereits vom ›Blutigen Sonntag‹!«

»Kannst du nicht lauter sprechen?«

»Es ist noch nicht vorbei. Eine Mutter von vierzehn Kindern wurde von einem Panzer überfahren.«

»Jetzt hör mal gut zu. Du mußt doch nicht gleich in die Kampfzone. Schließlich machst du eine Story über irische Frauen. Bleib bei deinen Frauen und halt' dich raus. Okay, Liebling?«

Als ich wieder zu den Leuten stieß, die auf dem Bauch lagen, ließ mich ein Gedanke nicht mehr los: *Ich bin allein. Keiner schützt mich. Es gibt niemanden, der mich nicht irgendwann verlassen wird.*

Ein Jahr lang hatte ich Kopfschmerzen.

Als ich von Irland nach Hause geflogen war, war ich unfähig, die Story zu schreiben, unfähig, die Tatsache meiner eigenen Sterblichkeit anzuerkennen. Schließlich brachte ich doch noch einige Worte zu Papier, schaffte den allerletzten Termin, allerdings mit einem qualvollen Kraftaufwand. Meine Reizbarkeit steigerte sich zu gehässigen Angriffen gegen die Menschen, die mir am nächsten standen. Damit verscherzte ich mir den Beistand gerade derer, die mir hätten helfen können, meine Dämonen zu vertreiben. Ich trennte mich von dem Mann, mit dem ich vier Jahre lang zusammengelebt hatte, warf meine Sekretärin hinaus, meine Haushälterin verließ mich, und ich stand allein mit meiner Tochter Maura da. Ich trat auf der Stelle.

Als es Frühling wurde, kannte ich mich selbst nicht mehr. Das Gefühl des Nicht-Verwurzeltseins, das mir Anfang der Dreißiger solchen Spaß gemacht und das mich dazu gebracht hatte, alte Rollen aufzugeben, mich unbekümmert und eigennützig zu verhalten und mich nunmehr darauf zu konzentrieren, meinen neuen Traum zu verwirklichen: die Welt mit einem Auftrag versehen zu durchstreifen, um anschließend die Nacht zum Tag zu machen und unter Koffein und Nikotin an der Schreibmaschine drauflos zu klappern – plötzlich galt das alles nichts mehr.

Etwas war in mich gefahren und schrie: *Bestandsaufnahme! Dein halbes Leben ist vorbei. Was ist mit dem Heim und dem zweiten Kind, das du haben wolltest?* Noch bevor ich antworten konnte, verwies mich die Stimme auf noch etwas, was ich verdrängt hatte: *Wolltest du nicht Entscheidendes leisten? Wörter, Bücher, Demonstrationen, Spenden – genügt das? Du bist zwar der Typ eines »Machers«, hast aber nicht wirklich am Leben teilgenommen. Jetzt bist du fünfunddreißig.*

Zum ersten Mal war ich mir meines Alters bewußt. War ich mir bewußt, was es für mich bedeutete. Das traf mich wie ein Schlag.

Wenn ich nun von jener Woche – sechs Monate später – erzähle und über die greifbaren Tatsachen berichte (das heißt, über eine gesunde, geschiedene, karrieremachende Mutter, die ihren Flug nach Florida nicht verpassen will und, fast schon aus der Tür, entdeckt, daß einer ihrer Lieblingsvögel tot ist und deshalb hemmungslos zu weinen beginnt), wird sicher jeder denken: »Diese Frau dreht durch.« Genau das dachte ich auch.

Fliegen hatte mir immer Spaß gemacht. Couragiert, wie ich mit Dreißig war, hatte ich aus Freude am Sport Fallschirmspringen trainiert. Jetzt war alles anders. Wenn ich mich einem Flugzeug näherte, sah ich einen Balkon in Nordirland vor mir. Innerhalb von sechs Monaten hatte sich meine Angst zu fliegen zu einer regelrechten Phobie ausgewachsen. Jedes Pressefoto von einem Flugzeugabsturz erregte meine Aufmerksamkeit. Ich sah mir solche Bilder mit morbidem Interesse an. Die Flugzeuge schienen immer vorn auseinanderzubersten, und deshalb setzte ich mich stets nach hinten.

Einen Trost hatte ich: Die Verwirrungen der ersten Hälfte meines fünfunddreißigsten Jahres waren, wenn auch verschwommen, irgendwie einzuordnen. Ich konnte meine Angst auf reale Ereignisse zurückführen. Meine »Flugphobie« gehörte in die Kategorie der Konversionsreaktionen (das heißt, unter die Prozesse, durch die ein verdrängter psychischer Vorgang in ein anders geartetes psychisches Symptom verwandelt wird.) Das Gefühl des Entwurzeltseins ließ sich durch die Tatsache erklären, daß ich in den beiden vorausgegangenen Jahren viermal umgezogen war. Alle meine lebenserhaltenden Systeme waren einem ständigen Wechsel unterworfen.

Vom Juli dieses Jahres an riß ich mich zusammen. Eine gewisse Beruhigung war eingetreten. Aber das schien nur so: an der Oberfläche rührte sich wenig, doch darunter war alles in Bewegung.

Maura, meine Tochter, war im Augenblick bei ihrem Vater gut aufgehoben. Trotz oder vielleicht gerade wegen unserer Scheidung hatten wir zu jener dauerhaften Beziehung gefunden, die Kleinlichkeit ausschließt, da sie in einer gemeinsamen Überzeugung wurzelt. Noch während unserer Trennung waren wir übereingekommen, daß wir wegen unseres Kindes unsere Beziehung niemals abbrechen würden. Wir hatten dies so vereinbart; es war unabänderlich und ging allem andern vor. Und so erfreuten wir uns einer gegenseitigen Achtung und Freundschaft, die dann entsteht, wenn man das Wohlbefinden des anderen über sein eigenes stellt. Es war also keineswegs ungewöhnlich, daß Maura eine Woche bei ihrem Vater zubrachte, doch fehlte sie mir sehr. Plötzlich konnte ich zwischen einer kurzfristigen und einer endgültigen Trennung nicht mehr unterscheiden. Düstere Gedanken quälten mich: Was immer in mir vorgegangen sein mochte, es hatte eine unheilvolle Kraft freigesetzt, die meine ganze Seifenblasenwelt zu zerstören drohte.

Während jenes Fluges nach Miami war der Zweifel wieder da, der an meiner Seele nagte und meine Fähigkeiten in Frage stellte: *Du hast zwar gute Arbeit geleistet, doch was heißt das schon?*

Nach meiner Ankunft im Hotel schienen mir einfache Tätigkeiten die beste Lösung: Pack den Wandschrank voll! Mach dir Platz zum Arbeiten! Fühl dich wie zu Hause!, wie man so schön sagt. Mach den Koffer auf! Doch als ich den Koffer aufmachte, setzte das Herz plötzlich aus. Ich hatte auf einen weißen Rock ein Paar neue rote Ledersandalen gepackt, die auf dem Stoff einen knallroten Fleck hinterlassen hatten. Etwas in mir schrie auf. Plötzlich schaffte ich es nicht mehr: Ich konnte keinen Arbeitsplan mehr machen, keine Telefonate mehr entgegennehmen, keine Ablieferungstermine mehr ins Auge fassen. Welche Story sollte ich überhaupt schreiben? Und für wen?

Das Zimmer befand sich im einundzwanzigsten Stockwerk: nur Glaswände trennten mich vom Balkon, auf den es mich hinauszog. Dort brach es über mich herein: ein Teil meines Ich, lebendig begraben bei einem unversöhnten Elternteil, bei meinem geschiedenen Mann, bei gescheiterten Lieben und Freundschaften, ja auch bei mir bisher noch unbekannten Vorfahren, und dazu das blutüberströmte Gesicht des Jungen in Irland. Die ganze Nacht lang saß ich auf diesem Balkon in Miami. Am nächsten Morgen versuchte ich es mit einem alten Trick. Ich würde den Dämon aus mir herausschreiben. Schreiben war für mich stets die Möglichkeit gewesen, das zu begreifen, was ich gerade erlebte. Aus einem mir unerklärlichen Grund hatte ich die Notizen für eine Kurzgeschichte mitgebracht. Innerlich fühlte ich mich fast gezwungen, diese Geschichte während meines Aufenthalts in Miami zu schreiben. Sie handelte von einem Fall, den mir ein Assistenzarzt vor zehn Jahren erzählt hatte. Hier sind die Notizen:

Eine lebhafte und tatkräftige sechzigjährige Frau hatte eine ebenso lange wie komfortable Ehe im Fifth Avenue Hotel geführt. Ihr Mann starb. Von einem Tag auf den anderen war ihr dadurch die Existenzgrundlage genommen. Ihr blieb keine andere Wahl, als nach vierzig Jahren ihr Heim und ihre Freunde aufzugeben. Die einzige Verwandte, die sie zu sich nehmen konnte, war eine unangenehme Schwägerin aus den Südstaaten. Trotz dieser plötzlichen und totalen Veränderung machte sich die Witwe auf die ihr eigene anmutige Weise daran, ihr Leben in New York abzuschließen. Beim Abendessen am Vortag ihrer Abreise hatten ihre Freunde ihre bemerkenswerte Charakterstärke noch gelobt. Am nächsten Morgen kamen sie, um die Witwe zum Flughafen zu bringen. Doch niemand öffnete. Sie brachen die Tür auf und fanden sie in ihrer Unterwäsche auf dem Boden des Badezimmers liegen. Keine Beule, kein blauer Fleck: sie war also nicht ausgerutscht, sondern lediglich ohnmächtig geworden.

Die verdutzten Freunde brachten die Witwe ins Krankenhaus. Der Arzt konnte bei der Voruntersuchung nichts feststellen. Die Witwe, die inzwischen das Bewußtsein wiedererlangt hatte, mußte in der Hektik, die in der Notaufnahme herrschte, zunächst noch warten. Ihre neue Frisur hatte sich aufgelöst. Ihre Augen starrten ins Leere. Ihr eleganter Mantel stand offen. Ihre Freunde saßen geduldig bei ihr und warteten, bis die Stich- und Schnittwunden anderer Patienten ausgeätzt worden waren; angesichts dieser Brutalität des Lebens selbst schienen sie völlig fehl am Platze. Sie waren nette, in Samt und Seide gekleidete Leute; das war auch die Witwe – gewesen. Sie begann sich so sehr zu verändern, daß sogar ihre Freunde sie kaum wiedererkannten. Sie konnte einfache Fragen nicht mehr beantworten, verwechselte Namen und Daten, und schließlich vermochte sie sich überhaupt nicht mehr zurechtzufinden. Ihre Freunde zogen sich höflich, aber entsetzt zurück. Innerhalb weniger Stunden hatte sie sich in eine babbelnde, alte Frau verwandelt.

Ich konnte kein Wort dieser Geschichte zu Papier bringen. Fernsehen – das war alles, wozu ich fähig war. Um Mitternacht schaltete ich den Apparat ab. Das Telefon stand im Schlafzimmer. Um dorthin zu gelangen, mußte ich an der Glaswand vorbei, an der der Balkon über dem Wasser hing. Die Schiebetüren standen offen; der Wind ließ die Vorhänge flattern. Plötzlich hatte ich Angst, an dieser Glaswand entlangzugehen. Wenn es mich auf den Balkon hinauszöge, würde ich das Gleichgewicht verlieren und über die Brüstung stürzen. Ich kauerte mich nieder und kroch wie ein Krebs quer durch den Raum, wobei ich mich an die Füße der Möbel klammerte. Ich versuchte mir einzureden, das alles sei doch lächerlich. Doch wenn ich mich aufrichtete, zitterten mir die Knie. Ich dachte immer nur eins: *Dieser Alptraum wird nur von mir weichen, wenn ich den richtigen Menschen finde.* Ich klammerte mich an ein Nichts, und ich wußte es. Die Geschichte mit Irland war einfach zu erklären: Gewehrkugeln hatten mein Leben bedroht. Das war ein sichtbarer Vorgang gewesen. So waren meine Ängste erklärbar. Doch nun war die zerstörerische Kraft in mir: Ich war mir selbst Ereignis. Dem konnte ich nicht entfliehen. Etwas Fremdes, Schreckliches, nicht Greifbares hatte von mir Besitz ergriffen. Es war die Angst vor dem eigenen Tod.

Jeder von uns stößt irgendwann zwischen Fünfunddreißig und Fünfundvierzig auf dieses wesentliche Problem der Lebensmitte. Obwohl diese Zeit ein ganz gewöhnlicher Übergang sein kann, den kein äußeres Ereignis markiert, bleibt es nicht aus, daß wir schließlich mit der Realität unseres eigenen Todes konfrontiert werden. Mit ihr müssen wir lernen zu leben. Beim erstenmal ist diese Konfrontation am schlimmsten.

Wir weichen der Aufgabe aus, die darin besteht, unsere Fehler und unsere zerstörerischen Kräfte – wie auch die zerstörerische Seite der Außenwelt – in unser Selbst zu integrieren. Anstatt das gespenstische Treiben, das wir für unannehmbar halten, zu akzeptieren, versuchen wir den Spuk zu vertreiben, indem wir uns der Methoden bedienen, die bis dahin immer wirksam gewesen sind.

Erste Methode: *Mach das Licht an* – dann sind bisher die Gespenster der Kindheit immer verschwunden. Als Erwachsene transponieren wir diese Technik auf eine andere Ebene: Jetzt geht es darum, das rechte Wissen zu erwerben. So suchte ich zuerst nach einer klaren und einfachen medizinischen Erklärung. Doch nur ein Teil meiner Symptome war auf die widersprüchliche Wirkung von Pillen zurückzuführen. Ich wünschte, dies wäre die vollständige Erklärung meiner Schwierigkeiten. Das war falsch. Ich knipste das Licht an, aber die Angst blieb.

Zweite Methode: *Um Hilfe rufen* – wie ein Kind, das nach einem Stärkeren ruft, der ihm die Angst nehmen soll. Später lernt man die Methode, mit der man die meisten irrationalen Ängste bewältigen kann. Was geschieht aber, wenn wir einer Angst ausgesetzt sind, die sich nicht vertreiben läßt? Niemand besitzt den Zauber gegen die Sterblichkeit. Jeder, von dem wir dieses Zaubermittel erwarten, muß uns enttäuschen. Mein telefonischer Hilferuf aus Irland war daher zum Scheitern verurteilt.

Dritte Methode: *Das Problem geflissentlich übersehen* – indem man sehr geschäftig so tut, als sei nichts geschehen. Aber die Empfindungen bleiben. Ich konnte die Fragen »Woher komme ich?« und »Wohin gehe ich?« und das starke Gefühl, das Gleichgewicht zu verlieren, nicht loswerden. Gleichgewicht meint – bildlich gesprochen – auf eigenen Beinen stehen können. Es ist ein Zustand, den wir als Kinder zum ersten Mal mit Erfolg erreichten, als wir uns von allen vieren erhoben, um aufrecht zu gehen. Und schon damals hatten wir, während wir lernten Eigenverantwortung zu übernehmen, das Gefühl, einerseits erstaunliche neue Fähigkeiten zu gewinnen und andererseits schützende Hilfen zu verlieren. Die Hauptaufgabe der Lebensmitte besteht darin, daß wir alles, was uns – wie wir glauben – Sicherheit verleiht, aufgeben und daß wir uns schutzlos, quasi nackt dieser Welt stellen müssen. Nur auf diese Weise bekommen wir uns selbst in den Griff.

Die Angst läßt sich als Frage formulieren: *Was geschieht, wenn ich nicht auf eigenen Beinen stehen kann?*

Der Gedanke an den Tod ist zu schrecklich, als daß wir ihm direkt die Stirn bieten könnten; daher verkleidet er sich in Gedanken an Flugzeugabstürze, schwankende Böden, ins Leere ragende Balkone, er verbirgt sich in Zänkereien zwischen Liebespartnern, in merkwürdigen Fehlreaktionen unseres Organismus. Wir machen uns etwas vor, indem wir glauben, wir funktionierten genau wie früher. Manche Leute drücken stärker aufs Karrieregas. Andere spielen noch mehr Tennis, drehen beim Fitnesstraining noch mehr Runden, geben noch größere Parties, gehen mit noch jüngeren Frauen ins Bett. Ich selbst flog zu einer politischen Versammlung. Doch früher oder später können wahre Gedankenstürze und stark verzerrte Vorstellungen vom Altern, Alleinsein und Sterben eine solche Stärke annehmen, daß sie zeitweise auch grundlegende Vorstellungen erschüttern können, wie: *Ich bin völlig gesund und kann alles erreichen, was ich will.* Was passiert, wenn wir uns nicht einmal mehr darauf verlassen können? Es beginnt ein ernster Kampf, der in der Spannung besteht, zwischen einer vordergründigen Haltung, die alles verdrängen möchte, und den hintergründig bohrenden Fragen der zweiten Lebenshälfte, die immer wieder auftauchen und sagen: *Uns wirst du nicht los!*

Auch Arbeit ist eine Möglichkeit, geschäftig beschäftigt zu sein. In meinem Fall hinderte die Angst mich am Arbeiten. Die Geschichte, die ich in

Miami zu schreiben versuchte, handelte von einer Frau, die in jeder Hinsicht völlig am Ende ist. Eine Frau, die plötzlich allein dasteht, ihre Fähigkeiten einbüßt und schlagartig – wie im Falle von Dorian Gray – zur Greisin wird.

Diese Geschichte entsprach genau dem inneren Drama, das ich durchlebte. Ich fühlte, wie meine Struktur sich völlig auflöste. Ich verließ die Welt jener jungen Frau, die ich zu sein glaubte – jener liebevollen, großzügigen, furchtlosen, ehrgeizigen und »braven« jungen Frau, die in einer angenehmen, vernünftigen und humanen Umgebung lebte – und erkannte plötzlich meine Schattenseite. Die unergründlichen Ängste waren: *Ich werde meine feste Struktur und alle meine Fähigkeiten verlieren . . . Ich werde an einem völlig fremden Ort aufwachen . . . Alle meine Freunde und Bekannten werde ich verlieren . . . Plötzlich werde ich nicht mehr Ich sein . . . Ich werde in etwas anderes, Abscheuliches verwandelt werden . . . in eine Greisin.*

Nun, ganz so war es nicht. Ich lebte weiter, wurde etwas erwachsener, und all das scheint bereits hundert Jahre her zu sein. Eine schreckliche Lebenserfahrung war zusammengetroffen mit einem kritischen Wendepunkt meines Lebenszyklus. Diese Erfahrung weckte in mir den heftigen Wunsch, über diese sogenannte *Krise der Lebensmitte* alles herauszufinden, was ich konnte.

Doch schon als ich mir die Personen aussuchte, die die Fallgeschichten dieses Buches bilden, sah ich mich in ein Unternehmen verwickelt, das wesentlich schwieriger war, als es zunächst den Anschein gehabt hatte. Ich stieß auf Krisen über Krisen beziehungsweise auf Wendepunkte über Wendepunkte. Je mehr Personen ich interviewte, desto mehr Ähnlichkeiten fielen mir auf. Ich entdeckte auch, daß nicht nur die Lebensmitte kritischer Wendepunkt ist. Außerdem stellten sich die jeweiligen Punkte mit verblüffender Regelmäßigkeit in denselben Altersabschnitten ein.

Die Menschen waren von diesen Perioden einschneidender Veränderung wie vor den Kopf gestoßen. Sie versuchten, sie auf äußere Ereignisse in ihrem Leben zurückzuführen, doch der logische Zusammenhang zwischen diesen Ereignissen und jenen Veränderungen fehlte, während der innere Aufruhr, den diese Leute beschrieben, erstaunlich folgerichtige Zusammenhänge erkennen ließ. Spezifische Merkmale ihres Lebenszyklus waren Perioden der Geschäftigkeit und Erregung, folgenschwere Veränderungen von Einstellungen und häufig eine unerklärliche Unzufriedenheit auf ihrem Lebensweg, den sie noch vor wenigen Jahren voller Begeisterung verfolgt hatten.

Ich begann mich zu fragen, ob es im Leben der Erwachsenen nicht Wendepunkte geben könnte, die *vorhersehbar* sind.

Mir wurde klar, daß das, was Gesell und Spock für die Kinder geleistet hatten, für die Erwachsenen nicht getan worden war.

Untersuchungen zur Entwicklung des Kindes haben jeden Wachstumsaspekt behandelt und uns trostreiche Erklärungen wie »Das schreckliche zweite Jahr« oder »Das lärmende neunte Jahr« gegeben. Die Pubertät ist beispielsweise so gründlich untersucht worden, daß man ihr viel von dem Spaß an unmöglichem Verhalten genommen hat. Doch was kommt nach der gewissenhaften Dokumentation unserer Perioden der Persönlichkeitsentwicklung bis hin zum Alter von achtzehn oder zwanzig Jahren? Nichts. Von Medizinern, die sich für unseren allmählichen körperlichen Verfall interessieren, einmal abgesehen, sehen wir uns nach dem einundzwanzigsten Lebensjahr gezwungen, auf unserem Weg flußabwärts für uns selbst zu sorgen – bis hin zum Alter, einer Zeit, in der sich dann die Gerontologen unserer annehmen.

Es ist wesentlich leichter, Jugendliche und ältere Menschen zu studieren. Beide Gruppen leben in Institutionen (in Schulen oder Altersheimen), wo sie in ihrem festen Rahmen hervorragende Untersuchungsobjekte abgeben. Wir anderen versuchen – inmitten einer dahintreibenden, verwirrten Gesellschaft –, unserer einzigen und einmaligen Reise durch das Ungewisse einen Sinn zu geben.

Gab es irgendwelche Richtlinien, die uns sicher durch die Bewegten Zwanziger- oder die öden Vierzigerjahre bringen könnten? Durfte man der Volksweisheit trauen, die da behauptet, daß uns Erwachsene alle sieben Jahre das »Jucken und Kribbeln« überkommt?

Man hat uns gelehrt, daß sich Kinder in Altersstufen und Stadien entwickeln, daß die einzelnen Stufen solcher Entwicklung für alle ziemlich dieselben sind und daß wir jede Stufe hinter uns bringen müssen, um dem eingeengten Verhalten der Kindheit zu entwachsen. Kinder wechseln zwischen Stadien des Gleichgewichts und Ungleichgewichts. Als Eltern hat man uns beigebracht, die dadurch entstehenden Verhaltensextreme nicht dem Lehrer, dem elterlichen Partner oder den Kindern selbst anzulasten, sondern als wesentliche Entwicklungsmerkmale zu akzeptieren.

Die Zeit zwischen dem achtzehnten und dem fünfzigsten Lebensjahr bildet den Kern unseres Lebens, sie hält ein Höchstmaß an Möglichkeiten und Fähigkeiten, uns zu entfalten, bereit. Doch ohne Kenntnisse über die inneren Veränderungen, die wir auf dem Weg zum vollen Erwachsensein durchmachen, tappen wir im dunkeln. Wenn wir irgendwo nicht »hineinpassen«, wenn wir etwas nicht »schaffen«, sehen wir in unserem Verhalten gern den Beweis unserer Unzulänglichkeiten, anstatt darin das wertvolle

Stadium einer Entwicklungssequenz zu erblicken, ein Stadium, das wir so akzeptieren sollten, wie wir es bei heranwachsenden Kindern akzeptieren. Noch einfacher ist es, unsere Perioden des Ungleichgewichts den uns nächsten Personen oder Institutionen anzulasten: unserer Arbeit, unserer Familie, dem System überhaupt. Wir brauchen unseren Prügelknaben.

Bis vor kurzem haben sich Psychiater und Sozialwissenschaftler immer nur mit den Problemen des Erwachsenenlebens befaßt, nicht aber mit der Möglichkeit *kontinuierlicher* und *vorhersagbarer* Veränderungen. Die Vorstellungen, die wir von Freud übernommen haben, beruhen auf der Annahme, daß die Persönlichkeit des Menschen im frühen Alter von fünf Jahren bereits mehr oder minder festgelegt sei.

Was haben solche Vorstellungen dem vierzigjährigen Mann zu sagen, der sein berufliches Ziel erreicht hat, sich aber trotzdem deprimiert und nicht anerkannt fühlt? Er gibt seinem Beruf, seiner Frau oder seiner näheren Umgebung die Schuld daran, daß er immer noch im alten Gleis fährt. Ausbruchsphantasien beginnen seine Gedanken zu beherrschen. Eine reizvolle Frau, die er kennengelernt hat, ein neues Arbeitsgebiet, eine paradiesische Landschaft – solche Dinge rufen den heftigen Wunsch nach Befreiung wach. Werden diese Wunschziele indes verwirklicht, so verkehren sich die Dinge oft ins Gegenteil. Die neue Situation wird von ihm wie eine gefährliche Falle erlebt, der er entrinnen möchte, indem er zu Weib und Kind zurückkehrt, die ihm gerade durch ihren Verlust so teuer geworden sind. Es verwundert nicht, daß viele Ehefrauen dieses Spiel völlig entgeistert mitverfolgen und dazu lediglich sagen können: »Mein Mann ist übergeschnappt!« Niemand hat sie je darüber aufgeklärt, daß die Phase der Lebensmitte mit einem Gefühl der Stagnation, des Ungleichgewichts und der Niedergeschlagenheit eingeläutet wird.

Und was haben traditionelle Freudsche Vorstellungen der fünfunddreißigjährigen Mutter zu sagen, die zwar jahrelang versucht hat, zu ermöglichen, daß ihre Kinder sich so stabil wie möglich entwickeln können, um nun plötzlich zu entdecken, daß ihre eigene Stabilität schwer gelitten hat? Wie alt diese Mütter auch sein mögen, jede kann sich mit der unwirklich wirkenden Geschichte der fünfunddreißigjährigen Doris identifizieren.

Im Verlauf ihrer fünfzehnjährigen Ehe war Doris von ihrem Mann nie gedrängt worden, Einladungen zu geben oder zu beruflichen Veranstaltungen mitzukommen. Eines Abends kam er mit der Neuigkeit nach Hause, daß man beabsichtige, ihn in die Firmenleitung aufrücken zu lassen.

»Und stell dir vor«, sagte er, »der in Pension gehende Präsident hat uns beide für nächste Woche zu einer Abendgesellschaft eingeladen. Damit ist die Sache gelaufen.«

»Mein Gott«, sagte Doris, »ich war doch seit Jahren nicht in Gesellschaft, schon gar nicht in solcher. Über was soll ich denn reden?«

»Was denn, Liebling«, sagte ihr Mann, »du brauchst doch nur einen Blick in die Zeitungen der letzten Woche zu werfen.«

Pflichtbewußt arbeitete Doris vier Zeitungswochen auf, und jede Nacht, ehe sie einschlief, prägte sie sich den Namen eines weiteren wichtigen Ölscheichs ein.

An diesem Abend erlebte sie Männer und Frauen – geistreich und von Welt. Ihr Sitznachbar und Gesprächspartner war der Leiter des Unternehmens. »Oh, nein!«, dachte sie, doch sie schlug sich wacker und begann sich über das rechtliche Problem der Luftraum-Nutzung auszulassen, das bei der Nutzung der Sonnenenergie auftritt. Der Mann hatte gerade den Mund voll, so daß sie fortfuhr und Hubert Humberts Philosophie über die Demokratie für die Dritte Welt darlegen konnte. Als sie nach Luft schnappte, entdeckte sie zu ihrer Freude, daß alle Gäste an ihrem Tischende stumm und hingerissen lauschten. Derart ermutigt, schweifte sie weitere fünf Minuten in die Weite. Der Leiter des Unternehmens war offensichtlich beeindruckt. Ja, er konnte den Blick nicht von ihr wenden.

Bescheiden schlug sie die Augen nieder und entdeckte, daß sie die ganze Zeit am Steak ihres Gesprächspartners herumgeschnipselt hatte.

Der springende Punkt dieser Geschichte ist die Erkenntnis, daß das Leben nach der Jugend *nicht* in ständiger Hochkonjunktur verläuft – eine Erkenntnis, die wir vielleicht geahnt haben, ohne daß man uns jedoch mit ihr vertraut gemacht hätte. Veränderungen sind möglich und vorhersagbar; sie abstreiten hieße, die eigene Existenz verkümmern lassen.

Ein neues Konzept vom Erwachsensein, das den gesamten Lebenszyklus umfaßt, stellt die althergebrachten Annahmen in Frage. Begreift man die Persönlichkeit nicht als eine Struktur, die nach Abschluß der Kindheit im wesentlichen vollendet ist, sondern als ständig neue Entwicklungsmöglichkeit, dann wird das Leben ab Fünfundzwanzig oder Dreißig oder ab dem mittleren Lebensalter von sich aus Faszination, Überraschung und neue Entdeckungen bereithalten.[1]

Die Mystiker und Dichter stoßen auf solche Sachverhalte immer zuerst. So weiß Shakespeare in seiner Komödie *Wie es euch gefällt* zu berichten, daß der Mensch sieben Stadien zu durchleben habe. Und viele Jahrhunderte vor Shakespeare beschrieben die Hinduschriften Indiens vier deutlich voneinander unterschiedene Lebensstadien, von denen jedes den Menschen vor eine neue Aufgabe stellte. Dies waren die Stadien des Lernenden und des Hausherrn. Es folgte das Stadium der Zurückgezogenheit, in dem die Person auf Pilgerschaft gehen und ihre wahre Erziehung als Erwachsener beginnen sollte. Das letzte Stadium aber war das des *sanyasin*, was soviel heißt wie »jemand, der nichts haßt noch liebt«.[2]

Die erste Psychologin, die den Lebenszyklus als Phasenentwicklung begriff, war Else Frenkel-Brunswik. Sie leistete bahnbrechende Arbeit, als sie Querverbindungen zwischen Psychologie und Soziologie herstellte. Ihr Arbeitsmaterial bestand aus den Biographien von vierhundert Personen: eine blendende Besetzung, bestehend aus Persönlichkeiten wie Königin Viktoria, John D. Rockefeller, Casanova, Jenny Lind, Tolstoi, Goethe und Goethes Mutter. Sie untersuchte die Lebensgeschichten dieser Menschen, wobei sie sowohl von äußeren Ereignissen als auch von subjektiven Erfahrungen ausging. Frenkel-Brunswiks Schlußfolgerung lautete, daß sich jeder Mensch durch fünf klar umrissene Phasen hindurch entwickelte.[3] Die von ihr beschriebenen Phasen lassen bereits jene acht lebenszyklischen Stadien Erik Eriksons ahnen, von denen drei dem Erwachsenen zuzuordnen sind.

Mit der Veröffentlichung seines Buches *Kindheit und Gesellschaft* entwickelte Erikson aus dem Begriff »Lebenszyklus« ein klares, allgemeinverständliches Konzept. Wir wissen nur ungefähr um Eriksons eigene Schwierigkeiten bei seinem lebenslangen Versuch, sich eine persönliche Identität zu schaffen. Als Sohn einer jüdischen Mutter und eines Vaters, der seine Familie vor Eriksons Geburt verließ, lehnte Erikson den Namen seines deutsch-jüdischen Stiefvaters ab und schuf sich seinen eigenen Namen: Erik, Sohn des Erik. Das heißt, er machte sich zu seinem eigenen Vater. Nachdem er, ein Opfer des Nationalsozialismus, 1939 Europa verlassen hatte, wurde er amerikanischer Staatsbürger. Um diese Zeit begann er, sich mit den universalen Entwicklungskrisen auseinanderzusetzen.

Erikson entwickelte eine Tabelle, die das Leben in Form einer Sequenz darstellt. Jedes Stadium dieser Sequenz ist durch eine Krise gekennzeichnet. Doch bedeutet Krise hier nicht eine Katastrophe, sondern einen Wendepunkt, eine entscheidende Periode erhöhter Verletzlichkeit und eines gesteigerten Kräftepotentials. Umsichtig wies er darauf hin, daß er Entwicklung nicht als eine ununterbrochene Reihe von Krisen betrachte. Dagegen behauptete er, daß psychosoziale Entwicklung über kritische Stufen vonstatten gehe – dabei sind mit »kritisch« jene Wendepunkte gemeint, an denen die Entscheidung zwischen Fortschritt und Rückschritt unerläßlich wird. In diesen Augenblicken findet Erfolg oder Mißerfolg statt, die Zukunftsaussichten werden besser oder schlechter, eine Umstrukturierung hat eingesetzt.

Die drei Phasen des Erwachsenseins beschreibt Erikson lediglich in einigen Absätzen. Er umreißt das wesentliche Entwicklungsziel jeder Periode und was die Persönlichkeit an Boden gewinnen oder verlieren kann. In der ersten Phase des Erwachsenen ist das Hauptproblem die *Intimität* im Gegensatz zur Isolierung. Das nächste Kriterium kontinuierlichen Wachstums ist die *Generativität*, das heißt, der Prozeß, durch den das Individuum in einem neuen Sinne kreativ wird und die Verpflichtung fühlt, jüngere Generationen und Kollegen, Bekannte oder Freunde zu führen. Das letzte Stadium stellt eine Gelegenheit dar, Ich-Integrität zu erlangen: wenn dies geschieht, kann man von ihm sagen, daß es den Zeitpunkt repräsentiert, an dem die Krise der Lebensmitte erfolgreich bewältigt worden ist.

Ich fühlte mich ermutigt, als ich entdeckte, daß auch Erikson, um die Ansätze seiner Theorien zu untermauern, auf andere Autoren zurückgegriffen hatte. Ich empfand eine Art natürliche Zuneigung zu den Werken Frenkel-Brunswiks, Eriksons und anderer, welche wiederum durch diese beiden Autoren angeregt worden waren. Mein spezieller Mentor war Margaret Mead. Ich erkannte, daß meiner bisherigen Art, über Leute zu schreiben, etwas abging. Ich hatte immer nur Fragmente abgehandelt, jedem Leben nur ein Kapitel entnommen, obwohl wesentlich mehr herausgekommen wäre, wenn ich die Perspektive, *in der sich die Menschen durch die Zeit bewegen,* untersucht hätte. Als ich mich durch das Labyrinth der Bücher über Ehe, Scheidung, Familie, Tod der Familie und so weiter hindurchgearbeitet hatte, war ich eines Tages recht verdutzt, als ich auf folgendes eindeutiges statistisches Datum stieß:

»Die durchschnittliche Dauer der Ehe vor der Scheidung hat während des letzten halben Jahrhunderts sieben Jahre betragen.«

Endlich einmal stimmte der Computer mit dem Volksmund überein. Wie viele andere Entdeckungen, Untersuchungen, Statistiken und unaufgezeichnete Geschichten von Erwachsenen es wohl geben mochte, die regelrecht dazu herausforderten, in einen Zusammenhang gebracht zu werden? Mein Entschluß war gefaßt. Ich nahm die Gelegenheit wahr und akzeptierte ein Forschungsstipendium der *Alicia Patterson Foundation*, um nun voll in die Untersuchung der Erwachsenenentwicklung einzusteigen.

Im Frühjahr 1973 besuchte ich eines Abends ein Symposium, dem man das Motto »Normale Krisen der mittleren Jahre« gegeben hatte. Das *Hunter College Auditorium* war vollgepackt mit vielen hoffnungsvollen Gesichtern – eine Mischung aus Suchern, Anklägern, Selbstzweiflern, Fahnenflüchtigen, zwei- und mehrfachen Ehebrechern, verlassenen Frauen mittleren Alters und nervösen, »menopausierenden« Männern. Sie alle wollten unbedingt wissen, was normal war an einer Krise, von der sie bisher geglaubt hatten, nur sie selbst seien von ihr betroffen.

Ein scheuer, auf attraktive Weise ergrauter Professor der Sozialpsychologie aus Yale namens Daniel Levinson versuchte zu erläutern, wie das Leben so aussieht für Männer von achtzehn bis siebenundvierzig. Er und sein Arbeitsteam hatten mehrere Jahre lang vierzig Männer verschiedener Berufe studiert. Nicht nur die Entwicklung während Kindheit und Jugend basierte auf grundlegenden Prinzipien, so erklärte Levinson, auch die Erwachsenen entwickelten sich in Perioden, wobei ihnen jede einzelne gewisse Aufgaben auferlege. *Innerhalb* jeder Periode könnten viele Veränderungen stattfinden. Doch beginne erst dann eine neue Periode, wenn die Person an neuen Entwicklungsaufgaben zu arbeiten anfange und eine neue Lebensstruktur entwickle.

Keine Struktur aber, so kalkulierte Levinson, könne länger als sieben oder acht Jahre dauern. Noch einmal hatte die Wissenschaft dem Volksmund recht gegeben.

Levinsons Arbeit regte mich auf und löste ein ganzes Durcheinander an Fragen aus. Es stellte sich heraus, daß sein Mentor Else Frenkel-Brunswik gewesen war. Als ich von ihm wissen wollte, wie man mit der biographischen Methode arbeite, nahm er sich großzügig Zeit. Er las auch einige der ersten Biographien, die ich gesammelt hatte, und hielt sie für »ausgezeichnete Interviews mit einer Menge guter Aussprüche«, sagte er. »Das heißt, daß Sie die Person in ihrer ganzen Fülle oder Leere erfassen.« Sein Urteil machte mich glücklich. »Führen Sie aber möglichst keine abstrakten Konzepte ein. Wenn die Leute über was Wichtiges reden wollen, lassen Sie sie.«

Übrigens wurden die meisten Forschungsarbeiten auf diesem Gebiet von Männern durchgeführt, die sich mit anderen Männern befaßten. Man kann Männer und Frauen im Rahmen der Untersuchung eines Wissenschaftlers getrennt behandeln, aber wenn man auf die Art und Weise eingeht, wie sie leben, geht das nicht. Denn wir leben zusammen. Wie könnten wir je die Entwicklung von Männern verstehen, wenn wir nichts erfahren über die Geschöpfe, die diese Männer zur Welt bringen, über die Frauen, die diese Männer lieben, hassen und fürchten, für die diese Männer ihre Show abziehen, von denen diese Männer abhängen, die diese Männer zerstören oder von denen sie selbst zerstört werden?

Eine Ausnahme bildete der Psychiater Roger Gould, der eine Voruntersuchung durchgeführt hatte, die sich mit Personen aus der amerikanischen weißen Mittelschicht im Alter von sechzehn bis sechzig Jahren befaßte und auch Frauen einschloß. Da keine eingehenden Interviews durchgeführt worden waren, erwiesen sich die Ergebnisse als zugleich verführerisch und fragmentarisch. Später stimmte Gould zu, daß es wesentlich sei, Männer wie Frauen zu interviewen. Er bat mich, einige der Biographien lesen zu dürfen, die ich zusammengetragen hatte, er wolle sie im Detail deuten.

Ich faßte für dieses Buch drei Hauptziele ins Auge. Das erste bestand darin, daß ich die *inneren* Veränderungen des Individuums in einer Welt feststellen wollte, in der die meisten von uns mit äußeren Dingen befaßt sind – ich wollte das, was auf der Hand liegt, neu entdecken und es zu Papier bringen. Aber gab es eine Möglichkeit, den Fachjargon zu entmystifizieren? Konnte man diese Leute überhaupt in eine lebensnahe und heilsame Kunst der Selbstprüfung einführen, die sich – wie ich selbst auch – in dem Prozeß des Erwachsenwerdens in einem Durcheinander verheddert hatten, wobei sie – weil ohne Ratgeber – sich selbst oder ihren Partnern die Schuld gaben?

Das zweite Ziel bestand darin, daß ich die Entwicklungsrhythmen von Männern und Frauen vergleichen wollte. Bald wurde allzu offenkundig, daß das Entwicklungstempo bei beiden Geschlechtern nicht synchron verläuft. Die grundlegenden Schritte der Reifung, die die Individualität einer Person im Laufe der Zeit zur vollen Entfaltung bringen, sind für beide Geschlechter dieselben. Aber selten haben Männer und Frauen im selben Alter und an derselben Stelle mit denselben Problemen zu kämpfen.

Von hier aus war es ein natürlicher Schritt zu meinem dritten Ziel: Ich wollte die vorhersagbaren Krisen der Zweierbeziehung untersuchen. Vor allem wenn Hans und Liese gleich alt sind, läuft ihre Entwicklung den größten Teil der Zeit asynchron. Während der Mann in seinen Zwanzigerjahren sprunghaft an Selbstsicherheit gewinnt, büßt die verheiratete Frau im selben Zeitraum die Überlegenheit ein, deren sie sich in ihrer Jugend erfreute. Wenn der Mann die Dreißig überschritten hat und gesetzter wird, wird die Frau häufig von Unrast ergriffen. Und wenn der Mann um die Vierzig herum das Gefühl hat, seine Macht und Stärke, seine Träume und Illusionen einzubüßen, wird die Frau wahrscheinlich durch ihren Ehrgeiz, nun ihren eigenen Berg besteigen zu wollen, neu erblühen.

Da wir diesem asynchronen Muster so häufig begegnen und da sich dieses Buch mit dem Lebenszyklus in seiner chronologischen Abfolge auseinandersetzt, mag der Leser in der ersten Hälfte des Buches den Eindruck gewinnen, ich hegte stärkere Sympathien für die Frauen. Der Grund dafür ist darin zu suchen, daß ich in der ersten Lebenshälfte der Frau mehr Einschränkungen und innere Widersprüche entdeckt habe. Das glatte Gegenteil trifft auf die zweite Lebenshälfte zu, so daß die zweite Hälfte dieses Buches wiederum den Männern mehr zum Trost gereichen dürfte.

Die Tatsache, daß man gerade mit dem Wort *Krise* das strategische Wechselspiel zwischen stabilen Perioden und kritischen Wendepunkten beschrieben hat, hat einige Verwirrung ausgelöst. »Und was ist mit *mir?* Ich *habe* keine Krise«, pflegen Leute häufig abwehrend zu sagen. Unsere Interpretation des griechischen Wortes *krisis* ist abwertend und meint im

Grunde persönliches Scheitern, Schwäche und das Unvermögen, sich gegen herausfordernde *äußere* Ereignisse durchzusetzen. Ich habe diese verwirrende Etikettierung durch den weniger negativ vorgeprägten Begriff »Übergangsstadium« ersetzt.

Meine eigene Arbeit entwickelte sich phasenweise. Zuerst war ich ganz einfach nur aufgeregt. Dann veröffentlichte ich in der Zeitschrift *New York* einen Artikel mit dem Titel »Catch–30« (»Dreißig, mein Gott!«), in dem ich den von mir untersuchten Gegenstand umriß. Die Reaktionen auf diesen Artikel und Hunderte von Briefen aller Altersklassen, in denen es immer wieder hieß »Sie schreiben ja über mich!«, erfüllten mich mit messianischem Eifer. Ihm folgte bald eine Art Panik. Angenommen, auch nur zehn Leute nähmen das, was ich sagte, wirklich ernst? (Die meisten von uns beeinflussen ja während ihres Lebens keine zehn Fremde.) Die Verantwortung war erschreckend. Ich wurde zum Bücherwurm und las mich durch die Psychiatrie, Psychologie, durch Biographien, Romane, Längsschnittuntersuchungen und schrecklich langweilige Statistiken hindurch.

Ich sammelte insgesamt hundertundfünfzehn Lebensgeschichten. Viele Paare interviewte ich zusammen, nachdem ich ihre Biographien getrennt rekonstruiert hatte. Diese Sitzungen waren faszinierend komplex und erhellten ganz entscheidend die Psychologie jedes einzelnen.

Bei den Leuten, die ich für meine Untersuchung aussuchte, handelte es sich um gesunde, motivierte Personen, die in die Mittelschicht aufgerückt oder in ihr großgeworden waren. Einige davon stammten aus armen Verhältnissen, ja aus Ghettos. Ich wählte diese Population aus verschiedenen Gründen.

Erstens mußte ich mich für eine Schicht der amerikanischen Gesellschaft entscheiden, denn nur so konnte ich Übereinstimmungen und Zusammenhänge herausarbeiten.

Zweitens werden aus Mitgliedern dieser Bevölkerungsschicht gewöhnlich die Träger unserer gesellschaftlichen Wertvorstellungen. Auch vermitteln sie anderen Schichten auf wesentliche Weise neue Lebensmuster und -einstellungen. So hat zum Beispiel eine Daniel-Yankelovich-Studie ergeben, daß die neuen Ansichten der Mittelschicht zu Sexualität, Familie, Arbeit und Lebensstilerwartung ungefähr fünf Jahre benötigen, bis sie sich bei den jungen Leuten der Arbeiterklasse durchgesetzt haben.[4]

Und schließlich wählte ich diese Gruppe, weil die gebildete Mittelschicht im vitalen Entscheidungsprozeß die meisten Wahlmöglichkeiten und die wenigsten Hindernisse zu bewältigen hat. Vertreter dieser Schicht werden nicht durch Traditionen eingeengt wie die wohlhabend Geborenen und sozial Mächtigen; auch erfreuen sie sich keiner vergleichbaren Stabilität.

Andererseits werden sie nicht der Erziehung oder ökonomischer Vorteile beraubt, wie das bei der zur Armutsgrenze hin liegenden Arbeiterklasse der Fall ist.

Wenn irgendeine Bevölkerungsschicht die Möglichkeit hat, ihr Leben zu verändern und zu verbessern, so ist es die Mittelschicht. Und jede Freiheit bringt zugleich Verwirrung mit sich. Daher führen wohl der Streß, die Siege und Niederlagen von Vertretern der Mittelschicht uns am klarsten vor Augen, wie der Mensch als Erwachsener vom einen Stadium ins nächste gelangt.

Die Personen, mit denen sich dieses Buch befaßt, sind zwischen Achtzehn und Fünfundfünfzig. Unter den Männern befinden sich Rechtsanwälte, Ärzte, Direktoren, Manager, Geistliche, Professoren, Politiker und Studenten, aber auch Künstler und Leute aus den Massenmedien, den Wissenschaften und mittlere Angestellte aus dem Geschäftsleben. Außerdem suchte ich Frauen aus, die Karriere gemacht hatten oder aber sich traditionsgemäß um die Erziehung ihrer Kinder kümmerten.

Fast alle Personen, die ich interviewte, wollten anonym bleiben. Daher versuchte ich zuerst, ihre Berufe und ihre geographischen Ortsangaben zu verändern. Doch die Berufe, die die Leute wählen, und die Orte, an denen sie sich niederlassen, sind eng verbunden mit der Persönlichkeit der jeweiligen Person. So ging ich dazu über, nur ihre Namen zu verändern. Alle Zitate wurden indes direkt vom Tonband übernommen.

Ich bin auf heftigen Widerspruch gefaßt. Am lautesten werden vermutlich jene Leute die Stimme erheben, die argumentieren: »Sie versuchen, eine völlig variable Sache zu systematisieren, das aber ist Quatsch!« Faktisch läßt sich diese Feststellung nicht widerlegen. Leute, die die menschliche Persönlichkeit erforschen, haben es weniger mit der Wissenschaft als mit der Kunst der Beobachtung, der Intuition und der Einsicht zu tun. Erst wenn es viele Untersuchungen zur Erwachsenenentwicklung gibt und wenn die Forschung einen stabilen Rahmen auf diesem Gebiet geschaffen hat, werden wir über einen Ansatz verfügen, über den sich diskutieren läßt. Doch es wird noch lange dauern, bis sich Allgemeingültiges sagen läßt.

Irgend etwas wird jeder finden, um sich an diesem Buch zu stoßen. Viele, auf die eine Charakterisierung genau zutrifft, werden diese nicht akzeptieren. Das macht aber gar nichts. Haben sie jedoch dieses Buch ganz durchgelesen und sind sie danach immer noch selbstzufrieden, dann ist dieses Werk ein Fehlschlag. Der Stoff, aus dem unser alltägliches Leben gemacht ist, ist von flüchtiger Beschaffenheit, und so ist es nur natürlich, daß unsere Reaktionen auf solches Material subjektiv sind. Trotzdem muß ich zugeben, daß ich einigermaßen perplex war, als die ersten Kommentare von Freunden und Kollegen über die hier dargestellten Biographien eine krasse Einseitigkeit erkennen ließen: »Der war mir sympathisch, die war einfach widerlich« und »Ich kann mit diesem Kerl, der in seinem Beruf ein Versager war, nichts anfangen« und »Ihre Männer sind doch alle kindisch« und (das kam von einer dreißigjährigen, ehrgeizigen, alleinstehenden Schriftstellerin) »Ihren Frauen fehlt's an Initiative«.

Dann unterhielt ich mich mit meinem Freund, der Bücher über brisante Tagesthemen schreibt, wobei er Fallgeschichten aus seiner psychiatrischen Praxis benutzt. Als er einigen seiner Kollegen sein erstes Manuskript sandte, fielen die Antworten höchst unterschiedlich aus. Jeder Kollege bemängelte oder erwärmte sich für eine andere Fallgeschichte. Als er sein zweites Buch geschrieben hatte und auf dieselben widersprüchlichen Reaktionen stieß, stellte sich bald heraus, warum. Es handelte sich hier nicht um Stellungnahmen zur Stichhaltigkeit des Materials, sondern um Rorschachtest-Reaktionen der Leute, die dieses Material lasen.

Darüber hinaus fällt es manchmal schwer, mit Leuten zu sympathisieren, die der reichsten Nation dieses Planeten angehören und im Rahmen dieses Status auch noch beneidenswerte Stellungen innehaben. Die meisten Personen, die für dieses Buch ihre Lebensgeschichten zur Verfügung stellten, hatten zu irgendeinem Zeitpunkt ihres Lebens Gelegenheit, ihr Urteilsvermögen und ihre Kreativität unter Beweis zu stellen. Ihr Denken ist geschult; ihre Körper sind relativ gesund; und ihre Arbeit zeichnet sich nur selten durch den Stumpfsinn und die Entmenschlichung aus, denen Fabrikarbeiter, Spinnereiarbeiter und Fließbandarbeiterinnen ausgesetzt sind. Trotzdem klagen sie – warum?

Nun, zum einen begrüßten die von mir interviewten Leute, denen ich volle Anonymität zusicherte, die Gelegenheit, ihre Zweifel, Hoffnungen, Konflikte und emotionalen Schwächen unverzüglich beim Namen zu nennen. Sie stilisierten sich nicht zu Aushängeschildern ihrer selbst. Einige der Leute, mit denen ich sprach, meinten: »Wenn wir fertig sind, werden Sie mehr über mich wissen, als je einer von mir erfahren hat.«

Das letzte Interview, das ich durchführte, ist ein hervorragendes Beispiel. Ich suchte nach einer gebildeten Frau, die das Ehefrau-und-Mutter-Dasein gewählt hatte und mit dieser Wahl bis zur Mitte des Lebens zufrieden war. Und ich fand diese Frau. Sie hatte folgende Lebensskizze für ihre einstige Schülerzeitung verfaßt: »Ich habe vier Kinder. Ich bin Englischlehrerin. In meiner Freizeit (haha) spiele ich Klavier, Tennis, mache ich Handarbeiten. Ich habe gerade das Rauchen aufgegeben. Meine Collegezeit war wunderbar. Ich würde das alles gern noch einmal erleben! Jetzt, sofort!«

Als wir uns zusammensetzten und acht Stunden lang miteinander redeten, stellte sich folgendes heraus: Ihr Mann hatte sie im Jahr davor verlassen. Er hatte behauptet, er habe sich entwickelt, sie dagegen sei stehengeblieben. Sie hatte Angst, nun da sie alleingelassen war, als Mensch nur mehr dahinzuwelken. Der Gedanke, mit Vierzig ins Berufsleben einzusteigen, entsetzte sie. Eines Abends versuchte ihre Tochter, den Elektriker dazu zu bringen, über Nacht dazubleiben, weil »Mama ein großes Bett hat und sehr allein ist«. Ihren munteren Lebenslauf, den sie in Form eines Leserbriefes an ihre einstige Schülerzeitung geschickt hatte, war (haha) am tiefsten Punkt ihres Lebens verfaßt worden.

Jeder hat mit den Stufen des inneren Wachstums Schwierigkeiten, auch wenn die äußeren Hindernisse leicht überwindbar scheinen. Dazu kommt, daß unsere Gesellschaft nicht innere, sondern äußere Leistungen belohnt. Spärlich sind die Preise, die dafür verliehen werden, daß man alle widerstreitenden Kräfte unter einen Hut bringt, um die eigene Entwicklung in die richtige Richtung zu steuern, obwohl doch jeder Entwicklung der Persönlichkeit diese allstündliche, alljährliche, alltägliche Bemühung zugrunde liegen muß. Heute messe ich meinen eigenen Reichtum an den Leben anderer, die sich mir vertrauensvoll eröffnet haben. Sie leben in mir, haben ihren Widerhall in mir und lehren mich jeden Tag, daß es kein Alter und kein Ereignis gibt, das die immer neue Erweiterung der Grenzen des menschlichen Geistes aufhalten kann.

Wir haben alle etwas gegen Verallgemeinerungen, weil wir glauben, sie würden dem, was unsere Individualität ausmacht, nicht gerecht. Doch je älter wir werden, desto klarer werden wir uns sowohl der Alltäglichkeit unseres Lebens als auch der Tatsache bewußt, daß wir auf unserer Reise durch dieses Leben letztlich allein sind. Nach und nach setzten sich die Fragmente des Lebens der Menschen, über die ich früher geschrieben hatte und die ich auch weiterhin immer wieder interviewte, zu einem kohärenten Ganzen zusammen. Verallgemeinerungen machten mir immer weniger Angst. Mit einer Mischung aus Amüsement und verblüfftem Erkennen las ich von neuem eine Bemerkung von Willa Cather: »Es gibt nur zwei oder drei Lebensläufe, die sich jedoch auf so grimmige, verbissene Weise wiederholen, als hätten sie sich davor noch nie zugetragen.«

2.

Vorhersehbare Krisen des Erwachsenenalters

Bei jedem Übergang von einem Entwicklungsstadium zum nächsten müssen wir auf eine schützende Struktur verzichten. Wir fühlen uns exponiert und verletzbar – aber auch voll neuen gärenden, embryonalen Wachstums, das uns befähigt, uns auf eine völlig neue Weise zu entfalten. Dieses Abstreifen alter Strukturen kann einige Jahre und länger dauern. Doch nach jedem Übergang erleben wir eine längere und stabilere Periode, von der wir eine relative Ruhe und das Gefühl eines neuen Gleichgewichts erwarten dürfen.

Alles, was uns zustößt – Schulabschluß, Hochzeit, die Geburt von Kindern, eine Scheidung, ein Stellenwechsel –, hinterläßt seine Spuren. Diese *prägenden Ereignisse* bilden die realen, greifbaren Geschehnisse unseres Lebens. Doch definiert sich ein Entwicklungsstadium nicht durch solche prägende Ereignisse; es definiert sich durch die Veränderungen, die in ihm stattfinden. *Der grundlegende Impuls, sich zu ändern, ist immer vorhanden,* ganz gleich, ob er durch ein prägendes Ereignis manifest oder gar unterstrichen wird oder nicht.[1]

Jedes Menschenleben hat zu jeder Zeit äußere und innere Aspekte. Das äußere System setzt sich zusammen aus den unterschiedlichen Beziehungen, die wir im Rahmen unserer Kultur unterhalten. Solche Beziehungen sind die sozialen Rollen, die wir spielen, die Art und Weise, wie wir uns der Umwelt gegenüber darstellen und an ihr teilhaben, es sind unsere Arbeit, unsere Gesellschaftsschicht und unsere Familie. Der innere Bereich dagegen erfaßt die Bedeutungen, die die jeweilige Teilhabe an der Welt für uns besitzt. Auf welche Weise werden unsere Wertvorstellungen, Ziele und Bestrebungen durch unser gegenwärtiges Lebenssystem gefördert oder gehemmt? Welche Teile unserer Persönlichkeit können wir ausleben und welche Teile unterdrücken wir? Wie *fühlen* wir uns in bezug auf unsere Lebensweise in der Zeit und in der Umgebung, in der wir leben?

Es ist jener innere Bereich, in dem der einzelne durch entscheidende Verschiebungen aus dem Gleichgewicht gerät. Diese Verschiebungen signalisieren die Notwendigkeit der Veränderung, die Notwendigkeit, im nächsten Entwicklungsstadium von neuem festen Fuß zu fassen. Diese Verschiebungen finden das ganze Leben hindurch statt, doch jeder erkennt nur ungern an, daß er nach einem inneren System lebt. Man frage nur jemanden, dem es offensichtlich schlecht geht: »Wieso fühlst du dich so elend?« Die meisten werden anstatt der Meldung, die von innen kommt, ein prägendes Ereignis als Ursache anführen: »Ich fühle mich so elend, seit wir umgezogen sind, seit ich meine Stelle gewechselt habe, seit meine Frau das Abitur nachgemacht und sich zu einer verdammten Sozialarbeiterin gemausert hat« und so weiter. Wahrscheinlich keine zehn Prozent würden sagen: »Es geht in mir drunter und drüber, und obwohl es weh tut, muß ich die Sache anpacken und durchstehen.« Und noch weniger Leute glauben, daß das wilde Durcheinander, dem sie sich ausgeliefert fühlen, auch seelisch bedingt sein könnte – was jedoch nicht hindert, daß sich dieses Durcheinander über *mehrere Jahre hinziehen* kann.

Im Verlauf verschiedener Stadien verändert sich unser Lebensgefühl in vier Wahrnehmungsbereichen. Da ist zum einen das Selbstgefühl im Verhältnis zu anderen Personen. Zweitens gibt es das Gefühl, gegen Gefahren mehr oder minder abgesichert zu sein. Drittens stoßen wir auf unser Zeitgefühl – haben wir viel Zeit oder überkommt uns allmählich das Gefühl, daß unsere Zeit zur Neige geht? Und viertens erleben wir einen Wandel unseres Gefühls von lebendiger Entwicklung oder Stagnation. Das sind die unklaren Empfindungen, die den farbigen Hintergrund unseres Lebens bilden und zu den Entscheidungen beitragen, die unser Handeln bestimmen.

Die Aufgaben, die das Erwachsenenleben stellt, sind nicht leicht zu lösen. Wie in der Kindheit, bringt jede Stufe nicht nur neue Entwicklungsprobleme mit sich, sondern erfordert die Aufgabe von Verhaltensweisen, die bisher wirksam gewesen sind. Jedes Stadium bedeutet den Verlust eines Zaubers, den Verzicht auf eine gehätschelte Illusion von Sicherheit und auf ein angenehm-vertrautes Selbstgefühl. Nur so können wir unsere Persönlichkeit entfalten.

Während des Übergangs von einem Stadium zum anderen sitzen wir zwischen den Stühlen. Wir zögern und schwanken, trotzdem entwickeln wir uns. Wenn ich beim Zusammentragen all der Lebensläufe, die in dieses Buch eingegangen sind, von einem Gedanken überzeugt war, so war es dieser: Zeiten der Krise, der Zerrissenheit oder der konstruktiven Veränderung sind nicht nur vorhersagbar, sondern auch wünschenswert. Sie bedeuten Entwicklung. Dabei ist die Krise natürlich nicht die einzige Möglichkeit. Hält man die gestellten Aufgaben für zu schwierig, so kann man sich vielleicht immer noch in ein »sicheres Heim« verkriechen, das man zum Mittelpunkt seines Lebenssystems, seiner Arbeit, seiner Kindererziehung, seiner gesellschaftlichen Aktivitäten und was nicht noch alles macht. Und zeichnet sich holterdiepolter ein neues Entwicklungsstadium ab, so kann man verbal einfach behaupten, nun sei Veränderung nicht mehr möglich.

Wenn finanzielle Schwierigkeiten einen jungen Menschen zwingen, von der Schule abzugehen und eine Arbeit anzunehmen, wenn eine geplante Ehe scheitert, wenn ein Kind zu früh oder zu spät geboren wird, wenn Menschen nicht zu sich selber finden und wenn sie beruflich versagen, dann haben wir es mit *Ereignissen zur Unzeit* zu tun. Sie bringen Abfolge und Rhythmus des erwarteten Lebenszyklus durcheinander. Menschen, deren Leben durch solche Ereignisse negativ geprägt worden ist, suchen nach einem Anhaltspunkt, mit dem sie erklären können, was sie nicht erwartet hatten.

Und was geschieht mit dem tatkräftigen Menschen, dessen steile Karriere reichlich mit Beifall bedacht wird: kann nicht auch er zu Fall kommen? Dieser Wunderkindtypus, der um alles in der Welt sein Ziel erreichen will und der kaum irgendwelche Gefühlsbeziehungen gepflegt hat, kann im Verlauf seiner steil nach oben strebenden Karriere das Gefühl der Leere einfach übersehen. Die Gesellschaft treibt ihn voran. Nachdem sich diese Leistungsjünger ganz und gar darauf konzentriert haben, auf einer engen Bahn voranzuhetzen, werden sie um die Lebensmitte mit Sicherheit betroffen sein, wenn sie entdecken müssen, daß sie in Wirklichkeit ins Hintertreffen geraten sind. Allerdings gibt es auch Menschen, die sich einem Ziel verschreiben und aus einer Realisierung tiefe Befriedigung ziehen, so daß sie sich zur Lebensmitte hin, wenn ihr möglicherweise bisher vernachlässigtes Gefühlsleben wieder erblüht, von neuem entfalten können.

Es gibt andere Ereignisse, die der Mensch nicht verhindern kann: Kriege, Wirtschaftskrisen, den Tod von Eltern oder Kindern, von Ehemännern oder Ehefrauen. Auch die Bedrohung des eigenen Lebens, so wie ich sie in Irland erlebte, gehört zu diesen Ereignissen. Ich möchte ein solches Ereignis als *Lebensunglück* bezeichnen.

Da ein derartiges Lebensunglück stärker trifft, wenn es mit einem kritischen Übergangsstadium des Lebenszyklus zusammenfällt, kann es uns zwingen, die Probleme dieses Stadiums noch effektiver zu bewältigen.[2]

Die Entwicklung unserer Persönlichkeit wird nicht nur durch Alter, Entwicklungsstadium und Geschlecht beeinflußt, sondern auch durch Generation und sozialen Wandel. Gewöhnlich bedienen wir uns der simplen und offenkundigen Methode, Menschen nach ihrer Generation einzustufen. Feststellungen wie »Er ist ein alter Radikaler aus den dreißiger Jahren« oder: »Sie ist ein Kind der sechziger Jahre«, veranschaulichen diesen Punkt. Doch lege ich selbst großes Gewicht auf die unmerklicheren inneren Veränderungen, die unserer chronologischen Entwicklung gemeinsam sind. Sie verdienen unsere Aufmerksamkeit, nicht weil sie unbedingt einen nachhaltigeren Einfluß auf unsere Entwicklung als Erwachsene zeitigen, sondern weil wir sie gewöhnlich übersehen.

Während wir heranwachsen oder älter werden, entwickelt unser inneres Lebenssystem beharrlich seinen eigenen Rhythmus. Hin und wieder fühlt sich wahrscheinlich jeder von uns wie die brüllende Jules-Feiffer-Karikatur, deren Schreie ungehört verhallen *(siehe nächste Seite)*.[3]

Doch bewirken Ereignisse, die uns plötzlich zum Handeln zwingen, noch bevor wir dazu bereit sind, glücklicherweise, daß wir trotz unseres inneren Widerstandes das nächste Entwicklungsstadium in Angriff nehmen müssen.

Wie wir noch sehen werden, entwickelt jeder im Rahmen seiner Entwicklung seine charakteristische *Gangart*.[4] Manche schaffen es nicht, die Sequenz vollständig abzuschließen. Und keiner von uns löst mit einem einzigen Schritt die Probleme, die durch die Ablösung von den Umsorgenden unserer Kindheit entstehen – auch nicht, wenn wir vom Elternhaus mit einem Sprung im Berufsleben oder in der Ehe landen. Ebensowenig werden wir ein für allemal selbständig und unabhängig, wenn wir unsere Träume zu konkreten Zielen ausformulieren – selbst dann nicht, wenn wir diese Ziele erreichen. Die Hauptprobleme oder -aufgaben einer Periode werden nie völlig abgeschlossen, sind nie völlig erledigt. Doch wenn sie ihre Vorrangigkeit verlieren und die augenblickliche Lebensstruktur ihren Zweck erfüllt hat, sind wir für die nächste Periode bereit.

Können wir, wenn wir ins Hintertreffen geraten, aufholen? Was der Umgebung als Teilnahmslosigkeit, Eigensinn und Weigerung, sich einer unübersehbaren Aufgabe zu stellen, erscheinen mag, kann sich als ein besonderer Umweg herausstellen, den die Person eingeschlagen hat, um am Ende doch noch in die nächste Phase überzuwechseln. Erreichte Entwicklungsvorsprünge können verlorengehen – und wieder aufgeholt werden. Es ist wahrscheinlich, wenn auch nicht beweisbar, daß uns die Bewältigung der Aufgaben der einen Periode für die Herausforderungen der nächsten Periode wappnet. Doch sollten wir nicht allzu mechanistisch denken. Maschinen funktionieren in Teilen. Die Bürokratie funktioniert (angeblich) schrittweise. Doch der Mensch besitzt glücklicherweise eine individuelle innere Dynamik, die nicht genau kodifiziert werden kann.

Obwohl ich auf die Altersstufen hingewiesen habe, in denen das jeweilige Stadium auftritt und obwohl ich die entsprechenden augenfälligen Unterschiede zwischen Männern und Frauen herausgearbeitet habe, sollten wir die Altersstufen nicht zu ernst nehmen. Wichtig sind die Stadien, und besonders wichtig ist die Sequenz. Im folgenden ein knapper Abriß der Entwicklungsskala.

ALS SIE MICH MIT FÜNF ZUR SCHULE SCHLEIFTEN, BRÜLLTE ICH:
ABER ICH BIN NOCH NICHT SO WEIT!
ALS SIE MICH MIT ZEHN INS FERIENLAGER SCHICKTEN, BRÜLLTE ICH:
ABER ICH BIN NOCH NICHT SO WEIT!
©1974 JULES FEIFFER 7-15
ALS SIE MICH MIT NEUNZEHN ZUR ARMEE EINZOGEN, BRÜLLTE ICH:
ABER ICH BIN NOCH NICHT SO WEIT!
Dist. Publishers-Hall Syndicate
ALS SIE MICH MIT DREIUNDZWANZIG VERHEIRATETEN, BRÜLLTE ICH:
ABER ICH BIN NOCH NICHT SO WEIT!
ALS SIE MICH MIT 24, 25, 26 UND 27 ZUM VATER MACHTEN, BRÜLLTE ICH
ABER ICH BIN
NOCH NICHT SO WEIT!
NOCH NICHT SO WEIT!
NOCH NICHT SO WEIT!
NOCH NICHT SO WEIT!
BIS ICH SCHLIESSLICH MIT FÜNFZIG MEINE FRAU, MEINE KINDER UND MEINE ENKELKINDER VERLIESS.
ICH KOMM ERST WIEDER RAUS, WENN ICH SO WEIT BIN!
PAPPI!
OPA!
GEORG!

Das Motto der noch nicht Achtzehnjährigen ist laut und unmißverständlich: »Ich muß fort von meinen Eltern.« Doch folgt diesen Worten selten die Tat. Da wir noch sicher in unsere Familien eingebunden sind, haben wir, auch wenn wir in der Schule sind, das Gefühl, unsere Selbständigkeit werde stündlich, minütlich bedroht.

Nach Achtzehn beginnen wir uns allen Ernstes von der Familie abzulösen. Die Universität, der Wehrdienst und kürzere Reisen sind die üblichen Mittel, die uns die Gesellschaft zur Verfügung stellt, um im Pendelverkehr zwischen Familie und anderen Festpunkten allmählich eine eigene Ausgangsbasis zu errichten. Bei unserem Versuch, unser Weltbild von dem unserer Eltern abzugrenzen, werfen wir gern mit fremden Ansichten um uns, die wir als unsere eigenen ausgeben.

Welche tastende Beziehungen wir mit unserer Umgebung auch eingehen, immer verfolgt uns die Angst, daß wir in Wirklichkeit Kinder sind, die nicht auf sich aufpassen können. Wir verbergen diese Angst hinter Trotzreaktionen und gespieltem Selbstvertrauen. Auf unserer Suche nach Verbündeten, die unsere Eltern ersetzen sollen, wenden wir uns an unsere Altersgenossen. Sie werden zu Mitverschwörern. Solange ihre Sicht mit den unsrigen übereinstimmt, bilden sie eine Art Ersatz für den Schoß der Familie. Doch nicht für lange. Und sobald sie sich von den wackligen Idealen »unserer Gruppe« abwenden, betrachten wir sie als Verräter. Junge Menschen, die zwischen Achtzehn und Zweiundzwanzig zu ihrer Familie zurückkehren, sind eine verbreitete Erscheinung.

Die Aufgaben dieses Übergangsstadiums bestehen darin, daß wir uns in einer gleichaltrigen Gruppe, in einer Geschlechterrolle, in der Planung eines Berufs sowie in einer Weltanschauung oder Weltsicht zurechtfinden müssen. Hierdurch sammeln wir die Kraft, unser Elternhaus physisch zu verlassen und uns zu der Identität durchzukämpfen, die es uns *allmählich* erlaubt, unser Elternhaus auch emotional hinter uns zu lassen.

Während der eine Teil von uns Individuum sein möchte, begehrt der andere Teil Sicherheit und das Wohlbehagen, im anderen aufgehen zu können. Einer der verbreitetsten Mythen dieses Übergangsstadiums ist in der Überzeugung verankert, wir könnten unsere Entwicklung im Huckepackverfahren durch jemanden, der uns überlegen ist, geschehen lassen. Die Leute indes, die in diesem Zeitabschnitt heiraten, verlängern häufig ihre finanziellen und emotionalen Bindungen an die Elternfamilie und die Verwandten, so daß sie ihre volle Unabhängigkeit noch nicht entfalten können.

Verlaufen die Jahre der Ablösung vom Elternhaus stürmisch, so fördert dies vermutlich eine normale Entwicklung des »erwachsenen« Lebenszyklus. Erlebt man um diese Zeit jedoch keine Identitätskrise, wird diese in einem späteren Übergangsstadium stattfinden, möglicherweise mit schwerwiegenden Folgen.

Die Bewegten Zwanzigerjahre

Die Bewegten Zwanzigerjahre konfrontieren uns mit der Frage, wie wir in der Erwachsenenwelt Fuß fassen sollen. Das Schwergewicht verlagert sich vom inneren Tumult der späten Adoleszenz – »Wer bin ich?« »Was ist Wahrheit?« – in die Außenwelt, und wir fragen uns: »Wie verwirkliche ich meine Bestrebungen?« »Wie fange ich am besten an?« »In welche Richtung strebe ich?« »Wer kann mir helfen?« »Wie hast du das geschafft?«

In dieser Periode – die, vergleicht man sie mit dem Übergang, der zu ihr hinführt, länger und stabiler ist – sind die Aufgaben ebenso gewaltig wie aufregend: Es geht darum, einem *Traum* Form zu geben, jenem Wunschbild von uns selbst, das neue Kräfte, neues Leben und neue Hoffnungen wecken wird. Es geht darum, sich für ein Lebenswerk zu rüsten, wenn möglich, einen Mentor zu finden und die Fähigkeit zur Intimität zu entwickeln, ohne in diesem Prozeß das, was wir bereits an Ichstärke gewonnen haben, einzubüßen. Nun gilt es, die erste probeweise Struktur des Lebens zu errichten, das wir in Angriff nehmen wollen.

Das zu tun, was wir tun »sollten«, ist eines der Leitthemen der Zwanzigerjahre. Das, was wir »sollten«, definiert sich großenteils durch Familienmodelle, durch den Druck der Kultur oder durch die Vorurteile der Gleichaltrigen. Besteht der Trend der Kultur in der Auffassung, in diesem Lebensalter solle man heiraten und ein eigenes Heim gründen, so entsteht ein neuer Familienkern. Vertreten die Gleichaltrigen dagegen den Standpunkt »Selbst ist der Mann«, wird sich der Fünfundzwanzigjährige in voller Ledermontur auf seine BMW schwingen, um mit der Verpflichtung, keine Verpflichtungen zu haben, die Autobahn entlangzurasen.

Einer der erschreckendsten Aspekte der individuellen Zwanzigerjahre ist die innere Überzeugung, die Entschlüsse, die wir fassen, seien unwiderruflich. Diese Befürchtung ist großenteils falsch. Änderungen sind möglich, und eine Revision ist wahrscheinlich unvermeidlich.

Wie immer sind auch hier zwei Antriebe am Werk. Der eine zielt darauf ab, für die Zukunft dadurch eine feste, sichere Struktur zu entwickeln, daß man starke Bindungen eingeht und »gesetzter« wird. Die Menschen aber, die ohne sonderliche Selbstprüfung in eine vorgefertigte Form schlüpfen, werden sich als *Eingesperrte* wiederentdecken.

Der andere Antrieb besteht darin, zu erforschen und zu experimentieren, Strukturen als Versuche aufzufassen, die leicht widerrufbar sind. Im Extremfall sind dies Personen, die beruflich eine Probezeit nach der anderen durchmachen und von einer »persönlichen« Bekanntschaft zur anderen eilen, so daß sie ihre Zwanzigerjahre als einen *Zustand voller Flüchtigkeit* erleben.

Obwohl die Entscheidungen, die wir in den Zwanzigerjahren treffen, nicht unwiderruflich sind, setzen sie ein *Lebensmuster* in Kraft. Manche unter uns halten sich an das Eingesperrtenmuster, andere an das Flüchtigkeitsmuster, an das Wunderkindmuster, an das Umsorgermuster und so fort. Solche Muster beeinflussen stark die spezifischen Fragen, mit denen sich die Person im Verlauf jedes Übergangs konfrontiert sieht. Daher werden wir in diesem Buch den weitverbreitetsten Mustern immer wieder nachspüren.

Angespornt von mächtigen Illusionen und dem Glauben an die Willenskraft, behaupten wir in unseren Zwanzigern gewöhnlich steif und fest, daß der Weg, den wir gewählt haben, der einzig richtige sei. Bei der leisesten Andeutung, wir könnten unseren Eltern ähneln oder zwanzig Jahre Erziehung könnten vielleicht doch auf unser Tun und Denken abgefärbt haben, sehen wir rot.

»Bei mir ist das nicht der Fall«, lautet das Motto, »ich bin ja anders.«

Dreißig, mein Gott!

Begierig, uns für das, was wir sollten, einzusetzen, entwickeln wir eine neue Vitalität, wenn wir uns den Dreißig nähern. Männer wie Frauen sprechen von Gefühlen der Beengtheit und Eingeschränktheit. Sie mäkeln an allen möglichen Dingen herum, und ihre Gefühle der Beengtheit und Eingeschränktheit sind in erster Linie darauf zurückzuführen, daß sie weder mit ihrer beruflichen Entwicklung noch mit den persönlichen Entscheidungen, die die in den Zwanzigerjahren getroffen haben, zufrieden sind. Diese Entscheidungen können damals völlig richtig gewesen sein, doch nun sieht die Sache anders aus. Ein innerer Aspekt, der bisher unbeachtet geblieben ist, drängt sich in den Vordergrund. Wesentliche neue Entscheidungen müssen getroffen und persönliche Beziehungen müssen verändert oder vertieft werden. Die Folgen sind ein tiefgreifender Wandel, ein innerer Tumult und häufig eine Krise – das Gefühl, einen Tiefpunkt zu erleben, und zugleich der Drang, aus sich selbst auszubrechen.

Eine in diesem Stadium häufige Reaktion besteht darin, daß wir uns von unserem Tun der Zwanzigerjahre distanzieren. Das kann darauf hinauslaufen, daß wir einen neuen Weg einer neuen Sehnsucht entgegen einschlagen oder daß wir unseren Wahn, einmal »der Größte« zu werden, gegen ein realistischeres Ziel eintauschen. Die alleinstehende Person sieht sich nach einem Partner um. Die Frau, die sich bisher mit ihrem Heim und ihren Kindern begnügt hat, fühlt den brennenden Wunsch, sich nun auch außerhalb dieses Rahmens zu verwirklichen. Das kinderlose Paar denkt noch einmal an Kinder. Und fast alle Verheirateten, vor allem die seit sieben Jahren Verehelichten, sind unzufrieden.

Führt diese Unzufriedenheit nicht zur Scheidung, wird oder sollte sie eine eingehende Neuüberprüfung sowohl der Ehe als auch der Bestrebungen der Partner in ihrem dreißigsten Jahr zur Folge haben. Ein neunundzwanzigjähriger angehender Rechtsanwalt, tätig in einem Anwaltsbüro, traf das Kernproblem dieses Stadiums, als er erklärte:

»Ich beabsichtige, meine Firma zu verlassen. Ich bin jetzt vier Jahre hier, ich werde persönlich anerkannt, und das Arbeitsklima ist gut, doch habe ich keine eigenen Klienten. Ich fühle mich schwach. Wenn ich noch länger zuwarte, wird es zu spät sein, werde ich die schicksalhafte Entscheidung, ob ich hier als Partner einsteigen will oder nicht, nicht mehr aufschieben können. Ich bin erfolgsorientiert. Und die Vorstellung, Fünfundzwanzig zu sein und einen langweiligen Job zu haben, bringt mich auf die Palme. Ich würde sagen, daß mich meine Arbeit nur zu etwa 85% befriedigt. Doch wenn sie mir einen dieser blöden Fälle unterjubeln, komme ich vom Gericht und frage mich: ›Was hab ich hier zu suchen?‹ Es ist ein *instinktives* Gefühl, das mir sagt, daß ich hier meine Zeit vergeude. Ich suche nach einer Möglichkeit, um auf sozialem Gebiet tätig zu werden oder in den Stadtrat reinzukommen. Denn immer wieder sage ich mir: ›Da muß doch noch mehr sein.‹«

Neben dem Wunsch, beruflich voranzukommen, steht der Wunsch, sich persönlich zu entfalten. Der Mann, von dem wir eben sprachen, wollte noch zwei, drei Kinder. »Die Vorstellung von einem Zuhause, einem Ort, wohin ich mich von dem ganzen Durcheinander zurückziehen und wo ich mich ausruhen kann, ist für mich entscheidend geworden. Ich liebe meinen Sohn so, wie ich's mir nie vorgestellt hätte. Niemals könnte ich allein leben.«

In Anspruch genommen von der Aufgabe, seinen richtigen Lebenskurs zu steuern, veranschaulicht dieser Mann jene Verschiebung, die für sein Alter wesentlich ist: Er hat nun das starke Bedürfnis, sich eingehender mit sich selbst zu befassen. Nun, da er sein Können unter Beweis gestellt hat, bewertet er sein Selbst anders.

Seine Frau aber kämpft Anfang Dreißig mit einem völlig anderen Problem: Während er mehr Kinder möchte, möchte sie Jura studieren. Auch soll er, wenn sie schon zu Hause bleiben soll, mehr Zeit für die Familie aufbringen, anstatt sich beruflich immer stärker zu engagieren. Er sieht dies Problem, formuliert aber das, was er insgeheim von seiner Frau verlangt, folgendermaßen:

»Ich möchte, daß man mich in Ruhe läßt. Es klingt schrecklich, aber am liebsten wäre mir, wenn ich mir keine Gedanken darüber zu machen bräuchte, was sie nun nächste Woche wieder für Flausen hat. Deshalb hab ich ihr schon öfters gesagt, daß sie etwas tun soll. Drück noch mal die Schulbank und mach irgendein Examen als Sozialarbeiterin, Geographin oder was weiß ich – immer in der Hoffnung, daß sie sowas ausfüllen wird und daß ich mich dann nicht mehr um *ihre* Probleme zu kümmern brauche. Sie soll wissen, was sie will.«

Das Problem ist nur, daß er sich, wenn er seiner Frau diesen Rat gibt, nicht um *ihre* Entwicklung, sondern um *seine* Bequemlichkeit sorgt. Angesichts von so wenig gutem Willen hakt sie sofort nach: Er versuche sie zu benutzen, lehne es aber zugleich ab, daß sie dieselbe Entscheidungsfreiheit genieße, wenn sie ihren eigenen Horizont erweitern wolle. Beide stellen ihre mangelnde Fähigkeit, aufeinander einzugehen, fest. Das aber ist das Hauptproblem, mit dem sich das Paar zu Beginn seiner Dreißigerjahre auseinandersetzen muß.

In die Tiefe und in die Breite

Mit dem Beginn der Dreißigerjahre wird das Leben weniger improvisiert, es wird vernünftiger und geordneter. Wir beginnen im vollen Sinne des Wortes uns zu etablieren. Die meisten unter uns schlagen Wurzeln, treiben neue Triebe. Die Leute kaufen Häuser und widmen sich ernsthaft ihrem beruflichen Vorankommen. Vor allem die Männer wollen es nun »schaffen«. Verglichen mit der hochbewerteten, beflügelnden Ehe der Zwanzigerjahre, nimmt die Zufriedenheit mit der Ehe in den Dreißigerjahren gewöhnlich ab, immer vorausgesetzt natürlich, daß die Partner zusammengeblieben sind. Dieser Prozeß geht Hand in Hand mit der Tatsache, daß die gesellschaftlichen Interessen des Paares außerhalb der Familie abnehmen, während die Erziehung der Kinder an Bedeutung zunimmt.

Das Torschluß-Jahrzehnt

Mitte der Dreißig stehen wir am Scheideweg. Fast die Hälfte unseres Lebens liegt nun hinter uns. Doch obwohl wir nun die Blütezeit erreichen, sind wir uns gleichzeitig bewußt, daß diese Zeit zu Ende gehen muß. Die Zeit selbst beginnt zu drängen.

Der Verlust der Jugend, das Nachlassen der körperlichen Kräfte, die wir stets als etwas Selbstverständliches genommen haben, die nun als hohl erkannten stereotypen Rollen, mit denen wir uns bisher identifiziert haben, das geistige Dilemma, keine absolut gültigen Antworten parat zu haben – diese Schocks können (für sich oder zusammen) dieser Übergangszeit einen Krisencharakter verleihen. Solche Gedanken drängen sich uns in der Dekade zwischen Fünfunddreißig und Fünfundvierzig auf, die eindeutig die Dekade einer *Zäsur* ist. Diese Zeit ist voller Gefahr und günstiger Gelegenheiten. Wir haben die Möglichkeit, die nun als etwas zu eng empfundene Identität, durch die wir uns in der ersten Lebenshälfte definieren, zu überarbeiten. Diejenigen unter uns, die dieses Stadium voll nutzen, werden eine heftige Identitätskrise erleben.

Um diese Krise zu überwinden, müssen wir unsere Ziele überprüfen und neu definieren, um uns danach mit allen Kräften auf die Zukunft zu konzentrieren. »Warum tue ich all das? Woran glaube ich wirklich?« Was immer wir bisher geleistet haben, es wird immer Teile unseres Selbst geben, die unterdrückt worden sind und sich nun äußern wollen. Nicht nur die »guten«, auch die »schlechten« Neigungen wollen nun anerkannt werden.

Der erste Schritt hinaus auf den schwankenden Steg, der hinüberführt zur zweiten Lebenshälfte, ist erschreckend. Wir können nicht alles mit uns nehmen auf diese Reise durch die Ungewißheit. Und unterwegs entdecken wir, daß wir allein sind. Wir brauchen nicht mehr um Erlaubnis bitten, denn nun kommen wir selbst für unsere Sicherheit auf. Wir müssen lernen, uns selbst zu ermächtigen. Wir stolpern über weibliche oder männliche Aspekte unserer Natur, die uns bisher verborgen geblieben waren. Trauerarbeit muß geleistet werden, denn ein altes Selbst stirbt. Indem wir unsere unterdrückten, ja unerwünschten Teile akzeptieren, bereiten wir im Kernbereich unseres Selbst eine neue Integration unserer Identität vor, so daß diese Identität schließlich nur noch uns selbst gehört – sie ist nicht mehr jene künstliche Form, mit der wir uns einverstanden erklärt haben, um der Kultur oder unseren Partnern zu Gefallen zu sein. Diese Übergangszeit wirkt zu Beginn recht düster. Doch sobald wir begonnen haben, uns selbst zu durchleuchten, können wir die einzelnen Teile unserer Persönlichkeit zu einem neuen Ganzen zusammenschließen.

Den Frauen wird dieser innere Scheideweg eher bewußt als den Männern. Das »Zeitdilemma« zwingt die Frau häufig bereits mit fünfunddreißig Jahren zu pausieren und Bilanz zu ziehen. Welche Wahl sie bisher auch getroffen haben mag, nun spürt sie, daß dies ihre »letzte Chance« ist, die Möglichkeiten, die sie bis dahin verworfen hat, noch einmal zu überprüfen, wie auch jene Möglichkeiten, die sich ihr durch den biologischen Prozeß des Alterns *in Bälde verschließen* werden. Als Ausgleich zu allen ihren Zweifeln und zu ihrer Beunruhigung darüber, wo sich ihr nun der Weg in die Zukunft öffnen soll, fühlt sie sich gewöhnlich befreit und beschwingt. Ihr Selbstbewußtsein beginnt zuzunehmen. Prioritäten gibt es nun viele.

Auch der Mann fühlt Mitte Dreißig den Zeitdruck. Die meisten Männer reagieren, indem sie stärker aufs Karrieregas drücken. Es ist ihre »letzte Chance«, die Meute abzuhängen. Es genügt nicht mehr, der loyale jüngere Geschäftsführer zu sein, der vielversprechende junge Romancier, der Rechtsanwalt, der nebenher ein bißchen *pro-bono*-Arbeit leistet. Der Mann will nun in die Spitze der Geschäftsleitung, er will als etablierter Autor anerkannt werden, er will als aktiver Politiker mit eigenem Programm aufwarten. Verärgert stellt er fest, daß er bisher zu oft gefallen wollte und daß er auf Kritik allzu empfindlich reagiert hat. Nun will er sich selbst verwirklichen.

In dieser Phase, in der der äußere Erfolg ausschlaggebend ist, sind sich viele Männer der schwierigeren und wesentlichen Probleme, durch die sie vorangetrieben werden, nicht bewußt. Die Bilanz, die mit Fünfunddreißig unterblieben ist, wird mit Vierzig zur Feuertaufe. Welche Sprosse er auf dem Weg nach oben auch erklommen haben mag, der Mann mit Vierzig fühlt sich gewöhnlich verbraucht, unruhig, überlastet und nicht, wie er es verdient zu haben glaubt, geschätzt. Er sorgt sich um seine Gesundheit. Er fragt sich: »War das alles?« Er kann mehrmals versuchen, feste Grundsätze und Positionen, darunter die eigene Ehe, aufzugeben. Immer mehr Männer versuchen in der Lebensmitte den Beruf zu wechseln. Manche üben sich in Selbstzerstörung. Und viele Männer in den Vierzigern machen die Erfahrung, daß ihr Hauptinteresse nicht mehr dem eigenen, tatkräftig betriebenen Vorankommen gilt. Eine zartere, mitfühlendere Seite kommt ins Spiel. Ihr Interesse, ein ethisches Selbst zu entwickeln, ist geweckt.

Erneuerung oder Resignation

Irgendwann in den Mittvierzigern wird das Gleichgewicht wiederhergestellt. Eine neue Stabilität ist erreicht, die mehr oder weniger befriedigend sein kann.

Hat man es abgelehnt, die Übergangsphase zur Lebensmitte intensiv auszuleben, wird sich das Gefühl der Verbrauchtheit in Resignation verwandeln. Der stagnierende Mensch aber entäußert sich nach und nach seiner Sicherheiten und Stützen. Eltern werden Kinder; Kinder werden

Fremde; der Partner entwickelt sich von einem fort oder verläßt einen; der Beruf wird zum Job – und jedes dieser Ereignisse wird als ein Im-Stich-gelassen-Werden empfunden. Die Krise wird um die Fünfzig herum wahrscheinlich noch einmal auftreten. Dieses Mal allerdings noch heftiger, so daß sie den bereits resignierten Menschen mittleren Alters zu seinem Prozeß der Wiederbelebung geradezu zwingen kann.

Doch andererseits ...

Andererseits können dies unsere besten Jahre sein, immer vorausgesetzt, daß wir uns dem Übergang zur Lebensmitte gestellt und daß wir unserem Leben einen neuen Sinn gegeben haben, um danach tatkräftig eine neue authentische Lebensstruktur zu entwickeln. Die Glücksbefähigung nimmt für die Partner stark zu, die zu der Einsicht »Ich kann nicht von *jedem* erwarten, daß er mich versteht« gelangt sind. Unsere Eltern sind durch die Belastung unserer Kindheit entschuldigt. Und unsere Kinder können wir ziehen lassen, ohne daß das Schweigen plötzlich über uns hereinbricht. Mit Fünfzig haben wir die Möglichkeit zu neuer Wärme und ausgewogener Reife. Freunde sind wichtiger denn je, und wichtiger denn je ist die Intimsphäre. Da wir bei vielen Leuten der Einstellung »Schluß mit dem Schwindel!« begegnen, soll sie das Motto für dieses Stadium sein.

ZWEITER TEIL

Ablösung von der Familie

Was macht es schon, daß um uns herum
Dunkel Gefahr und Kummer ragen
Wenn wir im Busen selbst
Den hellen unbefleckten Himmel tragen . . .

Emily Brontë

3.
Entwöhnung von der Mutterbrust

Wenn wir uns von unserer Familie nach und nach ablösen, begeben wir uns auf die Suche nach unserer persönlichen Identität. Es wird gewöhnlich angenommen, daß hier eine Krise der Adoleszenz stattfinde. Doch bei der vollen Erlangung der Identität geht es nicht bloß darum, zu entscheiden, wer wir sind und was wir in der Welt unternehmen wollen; vielmehr sind diese Entscheidungen im Verlauf eines ganzen Lebens einem Wandel unterworfen. Es gibt eine höhere Entwicklungsdimension, die erst dann zum Tragen kommt, wenn wir jahrelange Lebenserfahrungen hinter uns haben. C. G. Jung nennt diese Dimension *Individuation*, während sie von Maslow als *Selbstaktualisierung* und von anderen Autoren als *Integration* oder *Autonomiebestreben* bezeichnet wird. Ich selbst definiere in diesem Buch diesen Prozeß als *Erlangung der Authentizität.* Damit meine ich die geglückte Verwirklichung jener inneren Entfaltung, die uns alle unsere Möglichkeiten bewußt macht und in der wir die Ichstärke besitzen, all diese Möglichkeiten voll zu nutzen.

Wie lange dauert dieser Prozeß im Verhältnis zur Spanne unseres Lebens?

Wir sind Kinder, bis wir in die Pubertät treten. Wir sind Jugendliche, bis wir in unseren Zwanzigerjahren zu einer einstweiligen Identität gelangen. Und irgendwann Ende der Dreißiger- oder Anfang der Vierzigerjahre, also um die Lebensmitte herum, können wir richtig erwachsen werden, worauf wir entweder wieder in uns zusammenschrumpfen, oder wir wachsen über uns selbst hinaus und erblühen zur vollen Authentizität.

Wenn wir unser Elternhaus verlassen haben, sagen wir gern zu uns selbst: »Was soll denn das? *Ich* bin doch schließlich erwachsen!« »Verdiene ich denn nicht selbst mein Geld?« »Sorge ich denn nicht selbst für mein Kind?« »Lebe ich denn nicht mein Leben, wie es mir gefällt, ganz gleich, was meine Eltern darüber denken?« Diese und andere Beweise, daß man erwachsen wird, sind leicht zu erbringen. Die schwierigeren Schritte der inneren Entwicklung stehen indes auf einem anderen Blatt.

Jedes Kind kommt als asoziales Geschöpf zur Welt. Es versucht, sich zum Mittelpunkt seines Universums zu machen. In seinen ersten Lebensmonaten ist dies einfach. Der Säugling *ist* die Welt, und er ist sich nicht bewußt, daß sich sein »Selbst« vom »Anderen« unterscheidet. Durch die Entdeckung, daß seine meisten Bedürfnisse rechtzeitig befriedigt werden, gelangt das Kind zu jenem entscheidenden Urvertrauen, das die Ausgangsbasis seiner weiteren Entwicklung bildet.

Dieses Vertrauen liefert jenen Puffer, der zu einem neuen Austausch befähigt, in dessen Rahmen sowohl das Selbst als auch das Andere anerkannt werden: Psychologen bezeichnen diesen Zustand als *Wechselseitigkeit (mutuality)*. Ein frühes Beispiel für Wechselseitigkeit ist das Lächeln des Säuglings. Die Mutter erwidert dieses Lächeln, worauf das Kind sie mit einer noch stärkeren Reaktion belohnt. Wesentlich an dieser Wechselseitigkeit ist, daß jeder der Anerkennung des anderen bedarf, denn nur so kann ein vollständiger Austausch zustande kommen. Auf diese Weise hat nun das Kind die erste Seite einer langen Geschichte intimen Austausches geschrieben.

Das Sich Bindende und das Erkundende Selbst

Wenn wir im Alter von zwei Jahren unser erstes »Selbstgefühl« entwickeln, erwerben wir eine ungewöhnliche Fähigkeit: Wir können unsere eigene Individualität gestalten. Der Preis, den wir dafür bezahlen müssen, ist die Trennung: der allmähliche und gründliche Prozeß der Ablösung der inneren Realität des *Ich* von den glorifizierenden Vorstellungen vom *Anderen*. Das aber ist die Crux. Unsere Glorifizierung der Eltern wird dadurch gefördert, daß wir von ihnen abhängig sind; dadurch wiederum entsteht unser Bedürfnis, sie zu den allmächtigen uns überlegenen hochzustilisieren.

Etwas in uns verlangt danach, ein mit der Mutter symbolisch verschmolzener Säugling zu bleiben, verlangt danach, alles Fremde zu vertreiben und unserem eigenen Macht- oder Luststreben nachzugeben. Dieser Antrieb ist so stark, daß das kleine Kind hin und wieder sogar bereit ist, eigene innere Notwendigkeiten zu ignorieren und auf seine beginnende Andersartigkeit zu verzichten. Doch warum auch nicht? Solange wir uns in unserem eigenen egozentrischen Element treiben lassen können, kennen wir keine Probleme. Wir kennen erst dann Probleme, wenn in unserem Innenleben widerstreitende Kräft wirksam werden. Das aber geschieht erst dann, wenn sich das Selbst zu teilen beginnt.

Auf der einen Seite haben wir den Impuls, uns zu binden, mit dem anderen zu verschmelzen. Diese Kraft geht vom *Sich Bindenden Selbst* aus. Der entgegengesetzte Impuls strebt nach der Individualität der Person; er ist dem *Erkundenden Selbst* zuzuordnen. Diese Impulse haben als Motor die widerstreitenden Wünsche, die den Zug-Druck-Prozeß erzeugen, der allen Entwicklungsstufen zugrunde liegt.

Wir alle haben also den Wunsch, uns zu binden und jene glückselige Vertrautheit mit der Mutter wiederherzustellen, da eine so gestaltete Verschmelzung vollkommene Harmonie und Sicherheit und zeitlose Zeit bedeuten könnte. Das Sich Bindende Selbst entsteht durch unsere frühe frustrierende Entdeckung, daß wir von den uns Umsorgenden effektiv getrennt und unterschieden sind. Diese Entdeckung weckt in uns den Wunsch, den anderen – ja eigentlich jeden anderen, der zur Quelle von Liebe und Lust werden kann – sich einzuverleiben. Dieser Wunsch aber, so schreibt die Psychoanalytikerin Edith Jacobson, »hört wahrscheinlich nie auf, in unserem Gefühlsleben eine Rolle zu spielen«.[1]

Auf welch ergreifende Art wir dieses Verlangen nach Bindung unser ganzes Leben lang offenbaren! In der Ekstase der sexuellen Vereinigung kommen wir diesem Gefühl des Verschmelzens am nächsten. Die körperliche Liebe lindert nicht nur unsere bitteren Gefühle, die aus der tagtäglichen Erkenntnis unserer Andersartigkeit resultieren, sondern sie läßt uns – wenn auch nur kurz – die Fülle jenes Zustandes einer zeitlosen Gleichgestimmtheit erleben, der uns an jenen Urzustand erinnert, als das Selbst und das Andere noch eins schienen. Das Vermögen, sich anderen zuzuwenden und sich in sie einzufühlen, das heißt, so zu empfinden, wie sie wahrscheinlich empfinden, ohne daß unsere eigene Realität als Störfaktor auftritt, dieses Vermögen hängt auch davon ab, ob wir solchen zeitweiligen Verschmelzungen überhaupt aufgeschlossen sind. Das Sich Bindende Selbst bemüht sich also ständig um Nähe und Innigkeit, es wünscht sich stets ein sicheres und festes Verklammertsein.

Das Erkundende Selbst wird vom entgegengesetzten Wunsch getrieben: es möchte ungebunden und unabhängig sein, es möchte seine Fähigkeiten ausloten und sein Schicksal selbst in die Hand nehmen.* In unserer frühen Kindheit wird dieser Impuls gefördert durch unsere Begeisterung über unsere zunehmenden Fähigkeiten. Haben wir Gelegenheit, wollen wir gehen, ohne daß uns jemand an der Hand hält, wollen wir die Treppen hinaufklettern, ungeachtet aller ernster Ermahnungen, die unseren unmittelbar bevorstehenden Untergang ankündigen. Der Rebell in uns sträubt sich nicht nur gegen das »Laß das!«, das wir von unseren Eltern mitbekommen, sondern auch gegen die Hinweise darauf, was für uns gut und was für uns schlecht ist. Durch diese negativen Identifizierungen lernen wir, uns wie Erwachsene zu verhalten. Auf diesem Weg verinnerlichen wir zahllose Vorstellungen von uns selbst, die uns als die »Überlegenen« ausgeben, die wir gerne sein möchten.

Die meisten zeitgenössischen Theoretiker stimmen darin überein, daß

* Ich habe in diesem Buch die schwierigen und bedeutungsschwangeren Begriffe *Ich, Es* und *Über-Ich* vermieden. Statt dessen bediene ich mich der Begriffe des Sich Bindenden und des Erkundenden Selbst, mit deren Hilfe ich jene beiden Kräfte darzustellen versuche, die in uns in einem ständigen Widerstreit darüber liegen, wie rasch und wie weit wir uns nun entwickeln sollen. Diese Begriffe sind mit den Begriffen Freuds in keiner Weise identisch.

diese frühen Identifizierungen den Kern unserer psychischen Entwicklung bilden.[2] Wie alt wir auch sein mögen, unser Selbstbild ist nie ganz frei von diesen frühen Elternbildern.

Geben wir dem Sich Bindenden Selbst zu früh nach, können wir in eine risikolose, entwicklungslose Position geraten. Haben wir jedoch das Mißtrauen oder die Angst, wir könnten unsere Andersartigkeit in Bindungen an andere verlieren, überwunden, so ist es diese symbiotische Seite, die uns befähigt, innig zu lieben, selbstlos zu teilen und uns zärtlich und einfühlsam zu verhalten.

Wird das Erkundende Selbst nicht gezügelt, veranlaßt es uns zu einer egozentrischen Lebensweise, die keine echten Verpflichtungen kennt und die das Bemühen um individuelle Besonderheiten so stark herausstreicht, daß unser Gefühlsleben zusehens verarmt.

Erst wenn wir versuchen, beide Impulse zusammenwirken zu lassen, entwickeln wir mit der Zeit sowohl Individualität als auch Einfühlungsvermögen. Dabei wird der Widerstreit zwischen beiden Impulsen nie auf einen einzigen Bereich beschränkt bleiben.

Der Innere Wächter

Wenn sich herausstellt, daß uns ein zweiter Kreis – der magische Kreis der Familie – umgibt und einschränkt, sehen wir uns einer weiteren Kraft ausgesetzt, die unsere Entwicklung zu steuern versucht. So müssen wir als Kinder zum Beispiel alle lernen, die Straße so zu überqueren, daß wir von keinem Wagen angefahren werden. Indem wir durch Identifizierung das »Geh nicht über die Straße«-Verbot und tausend andere Verhaltensformen in uns aufnehmen, legen wir uns einen ständigen Gefährten zu, den ich als unseren *Inneren Wächter* bezeichnen möchte. Er beschneidet unsere Freiheit und ist in dieser Funktion ein Diktator. Doch er kann auch die Zukunft vorhersagen (»Du wirst überfahren, wenn du bei Rot rübergehst«) und schützt uns dergestalt auch vor Gefahr: unser Wächter ist also auch Beschützer.

Dieser Wächter ist nicht nur Warner, er besitzt noch andere Fähigkeiten. Unsere Eltern geben uns während unserer ganzen Kindheit zu verstehen: »Schau mich an, sei wie ich!« oder auch: »Sei nicht wie ich!« Ein Vater kann direkt oder indirekt den Eindruck vermitteln: »Wenn du nicht Medizin studierst und Arzt wirst, wird dich niemand achten!« Und ebenso kann eine Mutter, die nichts als Hausfrau ist, ihrer Tochter wieder und wieder einhämmern: »Sei fleißig in Deutsch, Maria. Lies! Lerne! Oder willst du einmal eine Dienstmagd werden wie ich?«

Von nun an werden wir immer wieder voll innerer Unruhe sein, auch dann, wenn in unserem Leben nach außen hin alles glatt geht. Denn immer wieder ergreifen die rivalisierenden Kräfte des Sich Bindenden und des Erkundenden Selbst von uns Besitz, und immer wieder brüskiert uns der Innere Wächter.*

Mit der Zeit verletzen wir natürlich alle das »Geh nicht über die Straße«-Tabu. Solche Übertretungen sind die einzige Möglichkeit, ein Urteilsvermögen zu erwerben, das auf eigener Erfahrung beruht. Ob gefährlich oder nicht, wir müssen herausfinden, ob es möglich ist, die Straße zu überqueren, ohne dabei überfahren zu werden.

Wenn wir das erste Mal auf eigene Faust heil die Straße überquert haben, tritt der Innere Wächter seine Zuständigkeit in dieser Sache an das Selbst ab. Zunächst halten wir nach rasch sich nähernden Wagen Ausschau, und schließlich lernen wir uns auch dann richtig verhalten, wenn wir mitten auf der Straße sind und die Ampel auf Rot schaltet. Allmählich vertrauen wir unseren eigenen Befehlen und verlassen uns auf unsere eigene Wachsamkeit, so daß wir schließlich am großen Verkehr der Welt selbst teilnehmen können. Wir hören nicht mehr die Stimme der Mutter, die uns »Halt!« zuruft. Die Psychiater sprechen hier von einer *integrierten Identifizierung*. Jedesmal, wenn wir solche uralten Befehle oder Ermahnungen gegen die Wahrheit unserer eigenen Erfahrung eintauschen, haben wir mehr Spaß am Radfahren oder daran, daß wir den Bus zur Schule nehmen, daß wir Skifahren, Tauchen oder Segelfliegen lernen.

Die Straße überqueren lernen ist relativ einfach. Ein wesentlich langwierigeres Unterfangen ist es, wenn wir unserem eigenen Urteil vertrauen lernen und mit so schwierigen Dingen zurechtkommen wie Sexualität, Intimität, Rivalität, Auswahl von Freunden und Partnern, Karriere, Weltanschauung und Wertvorstellungen.

Den Inneren Wächter überwinden

Wenn wir bereit sind, unser Elternhaus zu verlassen, haben wir gelernt, uns der Schutzmaßnahmen des Inneren Wächters zu bedienen und uns

* Wir haben es hier mit den von Freud entwickelten psychoanalytischen Begriffen des Selbst und des Objekts zu tun. Solche Vorstellungen sind, wenn man ihnen zum ersten Mal begegnet, entsetzlich abstrakt. Doch abgesehen von dieser Abstraktheit weisen diese Begriffe eine Tiefendimension auf, die es ermöglicht, die Biographie einer Person in den entsprechenden theoretischen Rahmen zu spannen, wodurch sich die Entwicklung dieser Person mit ihren ursprünglichen Ausgangspunkten und Verknotungen abzeichnen kann. Ich habe versucht, die Theorie in weniger abstrakte Begriffe zu fassen, indem ich das »Objekt« durch den »Inneren Wächter« ersetzte; auch habe ich diesen neugeprägten Begriff auf die verschiedenen Stadien des Erwachsenenlebens anzuwenden versucht, um die Tiefendimension der Aufgaben, mit denen wir in jedem Übergangsstadium konfrontiert werden, herauszuarbeiten.

selbst Anweisungen zu geben – zumindest glauben wir das. Es sind diese verinnerlichten Schutzmaßnahmen, die uns das Gefühl vermitteln, vom Leben nicht gleich überrannt, von anderen nicht gleich fertiggemacht und bis zur Lebensmitte nicht mit dem eigenen absoluten Alleinsein konfrontiert zu werden. Diese Illusion kann uns in jungen Jahren weiterhelfen, sie ist aber zugleich voller Tücke.

Der Innere Wächter führt ein Doppelleben. Wie das Selbst hat auch er zwei Seiten. Die *wohlwollende* Seite unserer verinnerlichten Eltern fungiert als *Hüter* unserer Sicherheit, während ihre *diktatorische* Seite alle unsere Regeln des »Du darfst!« und »Du darfst nicht!« aufstellt. Diese Seite arbeitet letztlich nur mit Verboten.

Vor allem im Stadium der Ablösung von der Familie, in dem wir ein altes familiales Lebenssystem ablegen und in dem wir uns exponiert und unsicher fühlen, neigen wir dazu, unsere Phantomeltern mit ihren ganzen Schwächen zu übernehmen. Wir betrügen uns selbst, indem wir beharrlich behaupten, stets frei wählen zu können und uns von unseren Mitmenschen stark zu unterscheiden. Wie wir noch sehen werden, kann solches Verhalten in unserer Entwicklung einen Rückschritt bedeuten. Viele Menschen, die sich in diese Form pressen lassen und passiv die sich durch die Familie direkt oder indirekt anbietende Identität übernehmen, finden sich am Ende als Eingesperrte wieder.

Keiner unter uns möchte über das Ziel hinausschießen und das Wertsystem seines Inneren Wächters so rasch wie möglich ad acta legen, um so den Individuationsprozeß eiligst hinter sich zu bringen. Das Entwicklungstempo ist das Problem des Stadiums der Ablösung von der Familie, ja es ist ein Problem, dem wir in allen Dekaden bis in die Fünfzigerjahre hinein immer wieder begegnen.

Das Übergangsstadium, in dem wir aus dem vertrauten Kreis der Familie in die Erwachsenenwelt hinüberwechseln, reicht ungefähr vom achtzehnten bis zum zweiundzwanzigsten Lebensjahr. In dieser Zeit haben wir verschiedene Aufgaben zu bewältigen – wir müssen mit einer neuen Gleichaltrigengruppe zu Rande kommen und uns in unserer Geschlechterrolle zurechtfinden, wir müssen beruflich vorankommen und uns weltanschaulich stabilisieren. In diesem Stadium beginnen wir in der Regel, Eigenkontrolle über mindestens einen Aspekt unseres Lebens zu beanspruchen, der unseren Eltern nicht zugänglich ist.

Immer wenn wir einen Schritt geschafft haben, der es uns ermöglicht, unsere elternorientierte Sicht durch unsere eigene kontinuierlich sich entwickelnde Perspektive zu ersetzen, verringern wir die Einflußsphäre unseres Inneren Wächters. Doch auch dieser Prozeß vollzieht sich nur schrittweise. Und bei jeder Aufgabe begegnen wir dem grundlegenden Konflikt *in uns selbst:* Während das Erkundende Selbst das Unverhoffte und den Zufall sucht (und den jungen Menschen in alle möglichen Extremsituationen bringt), wirkt das Sich Bindende Selbst den Menschen in die bequeme Sicherheit zurück – es will nur das Bekannte, und es kann leicht sein, daß sich der junge Mensch vorzeitig eingesperrt fühlt.

Ein erster Alleingang

Bei beginnender Ablösung von der Familie kommt einem die Welt dieser Familie verbraucht und langweilig vor. Man lebt in der Überzeugung, daß sich das *wahre* Leben nicht zu Hause und nicht in der Schule abspiele, sondern irgendwo da draußen, »wo das Leben mich erwartet«. Die jungen Leute, die es nicht erwarten können, ihre Eltern und ihre Jugendfreunde räumlich weit hinter sich zu lassen, fühlen den brennenden Wunsch, den Einfluß, den die Familie nach wie vor auf sie ausübt, zu brechen. Im Extremfall schließen sie sich fanatischen Sekten an, die völlige Ergebenheit und den Abbruch aller bisherigen Bindungen fordern. Attraktiv an diesen Gruppen ist die Verheißung einer absoluten Wahrheit, die Ablehnung der Eltern und der Ersatz für die Sicherheit des Elternhauses, den sie bieten.

Donald Babcock graduierte an der Hotchkiss School und ging anschließend nach Yale, denn so war's in seiner Familie Brauch. Heißt der Vater Joseph P. Kennedy, so besteht das Los des ältesten Sohnes darin, daß er Präsident wird. Heißt die Mutter Judy Garland, so ist es das Los der Tochter, ein Star zu werden. In vielen Fällen zielt ein solches »Familienschicksal« nicht auf eine bestimmte Tätigkeit, sondern auf bestimmte Werte: auf intellektuelle Leistung, schöpferische Freiheit, Engagement fürs eigene Volk oder bloßes Selbstvertrauen. Zu Beginn seiner Zwanzigerjahre sieht sich der junge Mensch, der seine Andersartigkeit entfalten möchte, gezwungen, solche Elternforderungen mit seinen eigenen inneren Prioritäten unter einen Hut zu bringen (oder sie fürs erste zu verwerfen).

Nachdem er sein erstes Jahr in Yale hinter sich hatte, lautete Donalds unmißverständliches Motto: »Ich muß fort von meinen Eltern.« Das dazu erforderliche Vehikel war der elterliche Wagen. Doch Donald suchte nicht nach einem autoritären »Familienverband« oder nach geistiger Erhebung: Was er wollte, war die *reale* Erfahrung, im Land herumzufahren und anschließend einen Ferienjob in Kalifornien anzutreten. Wie alle Jungen seines Alters, die von zu Hause fort wollen, brach Donald mit jenem magischen Schutz auf, dessen wir uns während unserer Kindheit und Jugend erfreuen. In diesem Alter glauben die meisten Jugendlichen, sie besäßen dieselben Kräfte, die sie ihren Eltern zuschreiben.

»Wechselt euch unbedingt beim Fahren ab«, war der letzte Ratschlag seines Vaters, »dann wird keiner von euch am Steuer einschlafen.«

Sie fuhren Hundertzwanzig, als sie von der Straße abkamen. Sie hatten eben ihre Sitze getauscht: *Ich weiß nicht, was passiert war, ich hatte geschlafen und als ich aufwachte hing ich in meinem Sitzgurt und starrte in das blutige Gesicht meines Freundes und ich versuchte mich zu bewegen, aber es ging nicht, mein Rücken nicht, mein Nacken nicht, mein Handgelenk nicht, mein Gott, zwei Stunden lagen wir dort in der Wüste.* Er hörte, wie noch andere irgendwo in den ineinander verkeilten Blechtrümmern schrien. Noch wußte er nicht, daß sein Genick gebrochen war. Und sein Rückgrat.

»Der Unfall hat mich in vieler Hinsicht zurückgeworfen. Ich konnte den Job in Kalifornien nicht antreten. Ja eigentlich konnte ich gar nichts mehr anpacken. Dieser Unfall machte meiner Sportlerlaufbahn ein Ende. Ich verlor fast fünfzig Pfund. Und da war ich nun wieder abhängig, lebte ich wieder zu Hause und brauchte viel Pflege. Mein Vater schaute im Büro nach dem Rechten, um dann zurückzukommen und mich zu rasieren. Meine Mutter kam gewöhnlich während ihrer Arbeit heim. Meine Großmutter schaute fortwährend herein. Es war schon recht nett, und irgendwie schloß sich die Familie wieder enger zusammen. Doch nach einigen Wochen begann sich die Sache hinzuziehen. Unbeweglich lag ich in meinem Streckverband.«

Donalds Annahme, er würde bald auf eigenen Beinen stehen, hatte sich zerschlagen – allerdings nur für kurze Zeit, davon war er im Augenblick noch überzeugt. Das heißt, er würde seinen Eltern etwas länger auf der Tasche liegen. Doch als das Herbstsemester einsetzte, war er zu kraftlos, um ans College zurückzukehren.

»Mein Vater kam mit einem Job für mich an – als Wärter auf einem Museumsgelände. Als Republikanisches Ausschußmitglied hat er eine Menge Jobs zu vergeben. Ich war dagegen, doch ich saß in der Klemme. Meine Aufgabe war, die Leute draußenzuhalten. Rein kamen nur Leute auf Pferden. So im Rückblick, es ist schon seltsam, doch der Unfall war wahrscheinlich ein guter Zufall. Durch ihn lernte ich nämlich Bonnie kennen.«

Bonnie liebt es, das Märchen von ihrer Begegnung im Zauberwald zu erzählen.

»Mein Reitgelände dort war das Wunderland. Ich nannte es so, weil alle Büsche die Gestalt von Tieren hatten. Ich stieg gern von meinem Pferd und ließ es grasen, während ich unter den riesigen Nadelbäumen und um den entzückenden kleinen Teich herumschlenderte. Es war ein Ort zum Träumen. Für mich war's Liebe auf den ersten Blick. Ich sah jemanden, es war ein Junge, an einem Baum sitzen und auf seiner Mundharmonika spielen. Er sah so *passiv* aus. Als ich fortritt, konnte ich sein Gesicht einfach nicht vergessen. Jeden Tag kehrte ich zurück.«

Für Donald, der in die Abgeschiedenheit dieses Waldes verbannt war, wo es nur hastig flüchtende Kreaturen und kleine unruhige Vögel gab, war Bonnies Erscheinung eine Vision der Stärke. Sie verkörperte die selbstsichere Jugend, die er verloren hatte. Wie kühn sie ihm auf ungesatteltem Pferd entgegengaloppierte, und wie unaussprechlich weiblich sie doch auch war, wenn sie vom Pferd stieg – blond und mild wie sanftes Öl auf einer Wunde.

»Sie war schön. Drei Wochen lang trafen wir uns jeden Tag im Wald. Dann hatte ich eine Operation. Ich versuchte mich zusammenzureißen. Ich wußte, daß ich noch zwei Monate mit meiner Rückenschiene rumlaufen müßte. Ich war immer noch buchstäblich ein Krüppel. Ich fühlte mich – ohnmächtig.«

Bonnie wußte von seiner Rückenschiene nichts. Bis sie zum ersten Mal miteinander ausgingen. Sie führte ihn zu einem Vergnügungspark: »Er versuchte mit allen Mitteln, Eindruck zu schinden, indem er all diese Fahrten, die ich so liebte, mitmachte. Plötzlich bemerkte ich, daß er furchtbare Schmerzen hatte. Ich wußte, er wollte nicht bemuttert werden . . . doch sogar heute noch sage ich ihm, er soll nicht auf seinem Wasserbett schlafen.«

Wie seltsam das alles für Donald war. Was für ein verblüffender Widerspruch zu jener vernünftigen Lebensregel, die er sich vor seinem Unfall zurechtgeschneidert hatte. So war er felsenfest entschlossen gewesen, in den sieben Jahren nach seiner Graduierung nicht zu heiraten. Er war ein modern denkender Mann. Doch dann war er plötzlich wieder der kleine Junge, der gepflegt werden mußte. Seine eigenen Eltern waren dazu ungeeignet. Wenn er sich das erlaubte, würde er riskieren, in die Abhängigkeit seiner Kindheit zurückzufallen. Doch da nun eine gleichaltrige Frau auf seine Bedürfnisse einging, konnte Donald auf die Pflege seiner Familie verzichten. In solchen Situationen sind wir alle überaus empfänglich und empfindlich gegenüber »Sorge für mich«-Kontakten. Donald, nun volle zweiundzwanzig Jahre alt, findet eine einfachere Erklärung: »Liebe ist eine seltsame Sache.«

Offenbar sah sich Donald durch sein Bedürfnis, seine Selbstsicherheit zurückzugewinnen, veranlaßt, seinen ursprünglichen Lebensplan aufzugeben. Noch bevor er in Yale graduierte, ging er völlig in der ozeanographischen Forschung auf und war fest entschlossen, seinen originellen

Beitrag zum Energieproblem zu leisten. Doch anstatt seinen Plan auszuführen und zu studieren, heiratete er eine Woche nach Collegeabschluß Bonnie und ging ins Geschäftsleben – wie sein Vater damals auch. Dieser begrüßte zwar die Wiederholung dieses in der Familie verbreiteten Musters, doch die Mutter machte sich Sorgen. Sie fragte ihren Sohn, wie er sich seine Ehe vorstelle.

»Du wirst lachen«, erklärte ihr Donald, »aber eigentlich möchte ich eine Ehe wie die eure.«

»Das ist zwar schmeichelhaft«, räumte Donalds Mutter ein, »doch Donald hat keine Ahnung, wie's in unserer Ehe aussieht. Er hat nur gesehen, was er sehen wollte. Woher soll mein Sohn auch wissen, wie es ist, wenn man viel zuwenig kommuniziert?« Obwohl Donald ihr gegenüber meinte, er habe den Plan zu studieren nicht völlig aufgegeben, wolle sich jedoch zunächst finanziell absichern, sieht seine Mutter schon heute, daß er denselben engen und risikolosen Weg gehen wird wie der Mann, den sie geheiratet hat.

Der Vater Donalds, Ken Babcock, hatte sich als junger Mann auch nicht mit Identitätsfragen auseinandergesetzt. Heute sieht er aus wie der schwer mitgenommene Geschäftsmann, der ein ganzes Vierteljahrhundert lang im Konkurrenzkampf gestanden hat. Immer war er der Herausforderer gewesen, nie jedoch der Champion, und nie hatte er sich vorgestellt, wie es wäre, wenn er sagte, was er wirklich fühlte. Erst in mittleren Jahren befreite sich Ken Babcock von dem »Ich-muß-was-Großes-werden«-Muster, das ihm von *seinem* Vater aufoktroyiert worden war. Nun, mit achtundvierzig, beginnt er es sich zum ersten Mal bequem zu machen, allerdings immer mit dem Wunsch nach Bestätigung, daß er's zu etwas gebracht habe.

Sein Sohn Donald aber, der allen frühen Konflikten aus dem Weg gegangen ist, indem er, von seiner Einstellung her, in die Fußstapfen seines Vaters getreten ist, erlebt auch nur ein vorläufiges Glück. Die Identitätskrise, die in diesem Übergangsstadium nicht stattfindet, bedeutet eine Hemmung der eigenen Entwicklung. Die jungen Leute dagegen, die sich der Krise an diesem Wendepunkt stellen, gehen aus ihr gewöhnlich gestärkt hervor und sind danach fähiger, ihr Schicksal selbst zu meistern.

4.

Moratorium*-Pause zwischen Jugend und Erwachsenenalter

Das Modell von der Krise des jungen Menschen, der um die Zwanzig einen turbulenten Übergang erlebt, ist mit dem üblichen Prozeß des Erwachsenwerdens gleichgesetzt worden. Wir entdecken an unseren Jugendlichen die untrüglichen Kennzeichen dieses empfindlichen Zustands: Sie sind zugleich rebellisch, teilnahmslos und unbeständig. Sie geraten plötzlich in aufrührerische oder ausgelassene Stimmung. Und wenn sie die Angst packt, können sie weder schlafen noch arbeiten. Sie können an rätselhaften Krankheiten leiden und sich hartnäckig an hohe Ideale klammern. Häufig scheinen sie ihr negatives Selbstbild und ihre Feindseligkeit gegenüber der Familie nicht überwinden zu können. Sie neigen dazu, der Schule, einem Job, einer Liebe einfach den Rücken zu kehren oder all diese Geschichten reizbar über sich ergehen zu lassen.

Kurzum, es ist, als sei die Persönlichkeit vergrippt. Und da wir Grippe für eine Krankheit halten, die geimpft gehört, fragen wir sogleich, mit welchem Impfstoff, mit welchen Fragen die Persönlichkeit zu behandeln ist.

Ist diese ganze innere Unruhe für die Entwicklung bei der Ablösung von der Familie typisch? Nein.

Wenn nicht, ist dann diese Turbulenz (immer vorausgesetzt, man möchte zu echter Identität gelangen) in einem späteren Stadium unerläßlich? Wahrscheinlich ja.

Kann eine Person im Leben nicht auch ohne solche Blitzschläge auskommen? Sicher, aber nur, wenn sie bereit ist, sich von anderen bestimmen und umsorgen zu lassen – und unter der Voraussetzung, daß immer jemand da ist, der so etwas gern besorgt.

Ich möchte meine Antworten erläutern. Da das Verhalten dieser späten Adoleszenten, die sich im Umbruch befinden, für diese selbst derart verwirrend ist, während sich ihre Eltern alarmiert fühlen, ist es nur logisch, daß ihr Verhalten unsere Aufmerksamkeit erregt. Trotzdem ist in der allgemeinen Population dieser Altersgruppe die klassische Identitätskrise selten. So lautete zumindest die Schlußfolgerung eines Überblicks über kürzlich durchgeführte Studien zur Adoleszentenentwicklung; diesen Überblick gab Harvard-Forschungsdirektor Stanley H. King. In seiner eigenen

* Dieser Begriff stammt von Erik H. Erikson und wird auf S. 59 näher definiert.

Studie, die sich mit Harvard-Studenten befaßte, entdeckte King, daß das weitverbreitetste Muster eine allmähliche und progressive Identitätsbildung war.[1]

Der typische Student war ein junger Mann, der den Problemen, mit denen er sich konfrontiert sah, mit Methoden zu Leibe rückte, die sich früher bereits bewährt hatten. Er schloß leicht Freundschaften und konnte seinen Freunden seine Gefühle anvertrauen, wodurch er mit seinem verkrampften Familienleben leichter zu Rande kam. Zwar hatte er seine Launen, doch war er ihnen nicht hilflos ausgeliefert. War er deprimiert, trieb er Sport, ging ins Theater, versuchte sich im Schreiben, alberte herum und lachte über sich selbst. Gegen College-Ende waren seine Selbstzweifel stark zurückgegangen, und der undurchdringliche Panzer, mit dem er seine Gefühle abgeschirmt hatte, begann von ihm abzufallen.

Er wußte nun, daß er Leute und Ereignisse beeinflussen konnte, und fühlte sich wie in einer Woge voller Zuversicht, Können und persönlicher Macht. Seine Interessen hatten sich vertieft und gerieten nicht in Konflikt mit seinen Wertvorstellungen. Er war von dem alten arroganten Standpunkt »Ich bin absolut positiv« insoweit abgerückt, als es ihm nun leichter fiel, seine moralischen Entscheidungen abzuwandeln.

Doch vergessen wir nicht, daß Harvard die Ausnahme und nicht die Regel ist und daß sich diejenigen, die kein Collegediplom besitzen, ganz hübsch durchbeißen müssen, bis sie im System festen Fuß gefaßt haben. Für diese Menschen ist die Verwirklichung der eigenen Identität eine langwierige Sache.

Wenn eine ausgeprägte Identitätskrise in dieser Übergangsphase auch selten ist und wenn es nur ganz wenige »Auserwählte« sind, die eine progressive Identitätsbildung erkennen lassen, was geschieht dann mit den meisten unter uns? J. E. Marcia, außerordentlicher Professor für Psychologie an der Universität von British Columbia, leistete einen wichtigen Beitrag zu Eriksons Werk, indem er zwischen vier »normalen« Positionen unterschied, durch die sich der Mensch im Verlauf seiner Identitätsbildung entwickelt.[2]

Ein Teil der Leute ist der sog. *Moratoriumsgruppe* zuzuordnen. Sie sind noch keine Verpflichtungen eingegangen, haben sich selten für andere engagiert, und über ihre eigenen Werte hegen sie nach wie vor verschwommene Vorstellungen. Zwar schieben sie Verpflichtungen von sich, doch bemühen sie sich gleichzeitig aktiv, die *richtigen* Verpflichtungen zu erkennen. Sie befinden sich in einer Krise, die sie bewältigen müssen, und legen eine Pause ein.

Die Gruppe mit gehemmter Identität erweckt den Anschein, als wisse sie sehr genau, was sie möchte. Donald Babcock war ein Beispiel dafür.

Menschen dieser Art sind ohne Krise Verpflichtungen eingegangen, allerdings nicht als Folge einer mühevollen Suche. Passiv haben sie die Identität übernommen, die ihre Eltern für sie zurechtgeschneidert haben. Vermutlich ist die Gruppe mit gehemmter Identität autoritärer als irgendeine andere Gruppe. Ich bezeichne diese Leute als *eingesperrt.* Das war übrigens bis vor kurzem in unserer Kultur der Weg, auf dem die meisten jungen Frauen schon früh in die Unmündigkeit entlassen wurden.

Die Gruppe mit verwirrter Identität hat sich der Aufgabe, zu erklären, was sie will oder wie sie sich fühlt, nicht gestellt. Eltern, Lehrer oder Freunde erwarten von Vertretern dieser Gruppe mehr oder anderes als sie geben kann. Diese Menschen sind unfähig, gegen ihre Eltern (oder andere Autoritäten) zu rebellieren oder sie zu bekämpfen, um den Konflikt zu lösen. Schulische und soziale Rollen füllen sie hervorragend aus. Doch immer erfahren sie sich als Einzelgänger oder Eigenbrötler. Bei ihrem frühen Versuch, sich selbst zu definieren, fühlen sie sich durch ihre Minderwertigkeitskomplexe oder durch ihre Entfremdung wie gelähmt. Doch im Gegensatz zu den Leuten, die sich im Moratorium befinden, fühlen sie sich offenbar nicht dazu getrieben, etwas in dieser Sache zu unternehmen; auch befinden sie sich in keiner Krise. Junge Frauen mit der Gelegenheit aufs College zu gehen, befinden sich zur Zeit der Graduierung häufig in solch einem Zustand verwirrter Identität.[3]

Die Gruppe mit verwirklichter Identität hat die Krise erlebt und überwunden. Was ihr Lebensgefühl und ihr Weltbild angeht, so hat sie einen ausgeprägten persönlichen Standpunkt entwickelt. Diese Gruppe ist häufig um einiges älter.

Wenn sich junge Leute solchen Kategorien anzupassen oder aus ihnen herauszufallen versuchen, stellen sie gewöhnlich zwei weitere Fragen.

Wenn ich nun tatsächlich so schwer in diesem ganzen Sturm und Drang drinstecke, wird dadurch meine spätere Entwicklung aus dem Gleichgewicht geraten? Gewiß nicht. Ganz im Gegenteil: Sie wird dadurch wahrscheinlich reibungsloser verlaufen. Studenten, die in diesem Alter den klassischen Umbruch der Persönlichkeit erleben, erholen sich gewöhnlich rasch davon, und alles spricht dafür, daß sie sich zu wohlintegrierten Erwachsenen entwickeln. Der Psychiater George Vaillant, der die Ergebnisse einer faszinierenden Studie von 268 Männern mit einem maximalen Altersunterschied von fünfunddreißig Jahren aufschlüsselte, fand, daß eine stürmische Adoleszenz die normale Entwicklung des Erwachsenen-Lebenszyklus an sich nicht behindere. Vielmehr sei eine solche Phase häufig ein gutes Vorzeichen.[4]

Wenn ich die unausbleibliche Krise nicht zur Zeit der Identitätskrise erlebe, muß sie dann in einem späteren Stadium ausbrechen? Wenn man

Glück hat: ja. Eine Krise scheint nötig zu sein, bevor die Identität voll erlangt werden kann.

Eine Idee suchen, um daran zu glauben

In der Adoleszenz haben wir, die wir so voller Selbstkritik und Unsicherheit steckten, stets mit dem Problem gekämpft, unser schreckliches kleines Geheimnis (unsere Unzulänglichkeit) zu verbergen, während wir uns anziehend, vertrauenswürdig und unterhaltsam gaben. Wie lavieren wir uns im Alter von achtzehn bis zweiundzwanzig Jahren durch diesen Widerspruch? Wir suchen nach einer Überzeugung, an die wir glauben, nach Vorbildern, die wir nachahmen können, und wir beginnen all das wegzulassen, was kein Lebensziel für uns darstellt.

Die meisten jungen Leute suchen eifrig nach einer Aufgabe, die größer ist als sie selbst und die das Erwachsenenleben nach ihrer Meinung sinnvoll macht. Am verführerischsten in diesem Zusammenhang sind Sekten und ähnliche Vereinigungen, die die Zukunft des Universums vorhersagen, denn wenn diese gewaltige Frage erst einmal gelöst ist, kann der unvollkommene Mensch alle seine Kräfte darauf konzentrieren, die kleinen Widrigkeiten des Heranwachsens zu bewältigen.

Die heutige Betrachtungsweise der Welt scheint eine Mischung zu sein aus persönlichem Überlebenstrieb, Zynismus und Nostalgie. An erster Stelle steht allerdings auch hier das pragmatische Denken – man möchte etwas lernen, um eine gutbezahlte Stelle zu bekommen. In diesem Zusammenhang muß wohl kaum betont werden, daß es den jungen Menschen schwerfällt, der Versuchung zu widerstehen, sich durch Gleichaltrige bestimmen zu lassen.

Doch wann wird eine Gleichaltrigengruppe zur Außenseitergruppe? Nach den theoretischen Konstrukten der Soziologie sollen Menschen dann kriminell werden, wenn die Personen, die sie am meisten schätzen, und die Gruppen (z.B. Gleichaltrige, Familie, Nachbarschaft), denen sie angehören, der Meinung sind, daß kriminelles Verhalten wünschenswert sei.[5] Diese Theorie stimmt überein mit unseren Vorstellungen von den Ghettokindern, doch haben wir nicht auch beobachtet, daß dasselbe Prinzip für die privilegiertesten Jugendlichen der Mittel- und Oberschicht Geltung hat?

Immer wenn die Phantasie einer Generation studentischer Jugend von revolutionärem Fieber ergriffen wurde, bestand hohe Ansteckungsgefahr. Die Erwachsenengesellschaft kam den jungen Leuten nicht nur fremd, sondern entsetzlich korrumpiert vor. Im Jahr 1968 umfaßte die Gruppe, etwa in Amerika, die ihre Mitglieder als Revolutionäre oder Radikale klassifizierte, fast ein Achtel aller Collegestudenten und ungefähr ein Zehntel der Jugendlichen, die keine Collegestudenten waren.[6]

Die Affinitätsgruppen, die an den Universitäten entstanden, um zum Aufruhr anzustiften und Bombenanschläge durchzuführen, und die Weathermen und Black Panthers waren alle aus der Rolle fallende Gleichaltrigengruppen, die – ähnlich der Straßenbande – durch die gemeinsame Überzeugung zusammengehalten wurden, daß ungesetzliches Verhalten wünschenswert sei. Die zugrundeliegende Motivation kann insofern unterschiedlich sein, als die eine Person männlichen Chauvinismus in der Bande demonstrieren möchte, während die andere Person durch Gewalt politische Wirkungen erzielen möchte: In beiden Fällen wird die Gruppe ihre notwendige Pufferfunktion erfüllen. Erikson befürwortet ein solches Movatorium und beschreibt sogar die positiven Auswirkungen straffälligen Verhaltens:

Jede Gesellschaft und jede Kultur institutionalisiert für die Mehrzahl ihrer Jugendlichen ein gewisses Moratorium ... Dieses Moratorium kann die Zeit des »Pferdestehlens«, der Suche nach Visionen, die Zeit der Wanderschaft oder des »Aufbruchs nach dem Westen«, es kann die Zeit des »Untertauchens«, die Studentenzeit oder eine Zeit der Selbstaufopferung oder auch der übermütigen Streiche sein – heute ist dies häufig die Zeit eines Patientendaseins, das heißt, die Zeit einer psychiatrischen Behandlung oder die Zeit der Straffälligkeit. Ein Großteil der Jugendkriminalität muß, vor allem wenn sie in ihrer organisierten Form auftritt, als Versuch betrachtet werden, ein psychosoziales Moratorium zu schaffen.[7]

Erikson ist der Ansicht, daß die Gesellschaft mit ihrer nachgiebigen Einstellung beiden Geschlechtern ein gewisses Rowdytum zugesteht. Aber denken wir an Mädchen, die stehlen? Mädchen, die straffällig werden? In den meisten Familien gibt es nur den verlorenen Sohn.

Nehmen wir das Mädchen mit konventionellem Familienhintergrund, das sich mit Leib und Seele für eine Sache engagieren möchte. Und nehmen wir an, dieses Mädchen sei – wie Patty Hearst – der langen und intensiven Gehirnwäsche einer revolutionären Gruppe ausgeliefert, einer Gruppe also, die von den Eltern des Mädchens als völlig unannehmbar betrachtet werden würde. Und stellen wir uns vor, der Führer dieser Gruppe sei ein innerlich verwundeter Robin Hood, einer, der diesem Mädchen einen Namen und eine Bedeutung verleiht und der es Widerstand lehrt. Einer, der anstelle des Mädchens dessen Eltern bedenkenlos herausfordert und mißachtet. Jeden wackligen Steg, der in den süßen Erstickungstod der Familie zurückführen könnte, würde dieser Mann sicherlich brutal in Stücke schlagen. Das Mädchen aber, das zwischen zwei Stühlen sitzt, würde weit eher dazu neigen, sich mit einem Freudenschrei auf die sich ihm bietende neue negative Identität zu stürzen.

Wenn das Mädchen die Vorbilder seiner Eltern und seiner Umgebung tatsächlich abscheulich gefunden hat, sind solche Reaktionen wahrscheinlich. Gibt es neben den Zweifeln nicht auch stark positive Gefühle gegenüber den eigenen Eltern und dem eigenen Selbst, so ist es durchaus wahrscheinlich, daß der junge Mensch auf die Weise rebelliert, daß er sich zum glatten Gegenteil dessen entwickelt, was von ihm erwartet wurde. Robert W. White hat das in seinem Werk *The Enterprise of Living* kurz und bündig folgendermaßen formuliert: »Wenn man es nicht ertragen kann, ein weißes Schaf zu sein, ist es besser, man ist ein schwarzes als überhaupt kein Schaf.«[8]

Nur zu häufig fühlt sich die junge Frau nicht imstande, sich selbst so stark zu polarisieren, daß sie sich innerlich endgültig von ihrer Familie löst. Das gelingt ihr häufig erst, wenn sie durch einen ihr Überlegenen unterstützt wird, sei's nun durch einen Guerillaführer, einen rauschgiftsüchtigen Freund, einen Zuhälter oder ganz einfach durch den Mann, den sie als überlegene Persönlichkeit idealisiert. Sie glorifiziert ihn als den Gegner ihrer Eltern und ermächtigt ihn, für jenes »schlechte« Selbst zu sprechen, über das sich zu äußern sie selbst nicht wagen kann. Auf diese Weise entzieht sie sich der schmerzhaften Aufgabe, sich aus eigener Kraft zu entwickeln. So aber kommt es in der Innenwelt zu keiner Verschiebung der Autorität des Anderen auf das Selbst. Die Verschiebung ist rein äußerlich – ein Anderer übernimmt die Kontrolle eines Anderen (zum Beispiel der Eltern). Diese Reaktion kann den Anschein von Rebellion erwecken, doch im Grunde handelt es sich hier nur um die Verwirkung des Selbst, in der vergeblichen Hoffnung, ein Anderer könne einem zu *echtem* Leben und absoluter Wahrheit verhelfen.

Und was nun das Ergebnis einer solchen straffälligen Periode anlangt, so ist Erikson recht optimistisch:

»... der junge Mensch kann ein starkes Gefühl der Zugehörigkeit (zu seiner Außenseitergruppe) entwickelt haben und erst später begreifen, daß es sich bei dem, was er so ernstgenommen hat, lediglich um ein Übergangsstadium gehandelt hat; viele ›gebesserte‹ Delinquenten fühlen sich von Torheiten, die nun vorbei sind, ziemlich befremdet.«[9]

Ich bin etwas skeptisch, wenn behauptet wird, es sei einfach, sich vom Einfluß einer kriminellen Gruppe zu befreien. Ist der junge Rebell geschickt, dem Gefängnis zu entgehen, oder hat er Eltern mit guten Beziehungen, die seine »Taten« wieder ausbügeln können, so ist es möglich, daß er diese Übergangsphase ohne äußeren Schaden übersteht. Wird er jedoch vorzeitig durch eifrige Obrigkeiten als Mitglied einer Außenseitergruppe mit einem Etikett wie »promiskuitiv«, »süchtig«, »gestört« versehen, so wird die erstaunlich beharrliche Identifizierung mit der Gruppe noch verstärkt. Hier sind noch so gut gemeinte Bemühungen verschiedener Stellen, junge Straffällige zu rehabilitieren und die bei Freunden oder Nachbarn der Familie entstandenen Einstellungen zu durchbrechen, in der Regel gescheitert. Eine Erklärung für diesen zähen Widerstand hat Professor James Q. Wilson geliefert: »Eine Außenseitergruppe – die Verbrechen oder Krawalle befürwortet – wird jede Bemühung der Gesellschaft, sie (die Gruppe) zu ›reformieren‹, als Bestätigung der böswilligen Absicht der Gesellschaft und der Bedeutung der Gruppe betrachten.«[10]

»Welches Vorbild, welchen Helden, welche Heldin soll ich nachahmen?«

Die Notwendigkeit, die Eltern zu entglorifizieren, verstärkt den Wunsch, sie durch andere Helden und Heldinnen zu ersetzen. Die Übertragung einer Idealisierung von einem Elternteil auf ein anderes Vorbild mag schmerzhaft sein, sie ist aber ein wichtiger Bestandteil jenes Prozesses, durch den eine gehemmte Identität vermieden werden kann. Leicht erreichbare und gern gewählte Vorbilder sind Lehrer, die uns ermutigen, oder tolerante Tanten oder exzentrische Onkels, die nichts schockieren kann.

Je übertriebener übrigens die neuen Vorbilder sind, je exotischer der Guru und je unbarmherziger der Revolutionär, desto eher kann sich der junge Mensch mit ihnen identifizieren. Denn erstens fällt es dem Jugendlichen leicht, einen überzogenen Stil nachzuahmen, und zweitens – und das ist noch wichtiger – locken solche Vorbilder den jungen »Fährtensucher« zumindest im Geiste über eine breite Kluft, um dann die Brücken, die in den Schoß der Familie zurückführen könnten, niederzureißen. Auf ähnliche Weise lassen sich Jugendliche blenden durch den Glanz von Filmstars, Sportkanonen, Künstlern und Schlagersängern oder durch die Skandal-Affären von Playboys, durch die Protzerei und Dreistigkeit von Gangstern und Prostituierten und durch den kochenden Haß zeitgenössischer Robin Hoods. Sie sind aber ebenso empfänglich für das Charisma eines Politikers, der zu einem Kreuzzug aufruft, oder für den infantilen Scharlatan, der die ewige Kindheit verspricht.

Da es wesentlich einfacher ist, sich mit einer Person als einer Idee zu identifizieren, ist es dem kommerziell interessierten Scharlatan angesichts des noch rohen Materials der jugendlichen Empfänglichkeit, des noch nicht flüggen Geistes, der durch Ideale geprägt werden möchte, ein leichtes, die Jugend einfach dadurch auszubeuten, daß er ihr den Humbug eines neuen Lebens vorschwindelt oder daß er ihr verspricht, sie über Nacht »sehend« zu machen.

Solche Manipulation kann die jugendliche Entwicklung weit über ihre ersten Stadien hinaus beeinträchtigen. Doch nicht nur diejenigen, die von exotischen Rebellionen träumen, erliegen dem Zauber von Idolen. »Was sind denn das für hübsche, reinliche, junge Leute, die an den Straßenecken Handzettel verteilen?« fragte man, als Reverend Sun Myung Moon nach New York kam.

»Ich komme nach Amerika im Namen Gottes. Eine Offenbarung ist mir zuteil geworden, um Amerika zu läutern. Ich werde meiner Mission bis zu meinem Tode nachgehen.«

So begann dieser Reverend Moon im September 1974 seine Botschaft vor 20 000 Jugendlichen, die ihm in *Madison Square Garden* noch von den Dächern aus lauschten. Nach einer Stunde der Offenbarung begann sich die Versammlung aufzulösen, doch was blieb, waren die Bekehrten. Es war nicht ihre Anzahl, sondern ihre Gesichter waren es, die einem eine Gänsehaut machten. Todernst und ausdruckslos, wenn man von einem gelegentlichen Zucken der Verachtung und von mißtrauisch aufeinandergepreßten Lippen einmal absah, hielten sie die Außensitze jeder Sitzreihe besetzt und belauerten die Menge mit Agentenblicken. Diese Jugendlichen waren zwischen sechzehn und zweiundzwanzig. Irgendwie erinnerten sie alle an Braunhemden.

Früher wären sie vielleicht der Heilsarmee beigetreten. Heute entfliehen sie dem Kuddelmuddel der Homo-, Bi- und Heterosexualität und ziehen sich in Häuser zurück, wo sie nach Geschlechtern getrennt und vor der schrecklichen Freiheit, die Sexualität erforschen zu dürfen, geschützt sind, da jeder von ihnen ein Zölibatsgelübde abgelegt hat, das bis vierzig Tage nach der Eheschließung gültig ist. Ihre sexuellen Rollen, ihr Beruf und ihre Ideologie werden ausschließlich durch ihren selbsternannten Erlöser definiert.

Alle sind sie Mitglieder der »Familie« des Reverend Moon geworden. Sie haben ihre eigenen Familien aufgegeben und in vielen Fällen alle ihre Ersparnisse gespendet. Indem sie die Welt in straff organisierten »Teams« bereisen, lernen die Konvertierten, das Evangelium durch routinemäßige Öffentlichkeitsarbeit verbreiten. Auch gibt es einen begrenzten Freiraum zum Abreagieren. Ein Teil der Jungen fungiert bei den Wiedererweckungsversammlungen als Saalordner, und jeder Andersdenkende wird auf diesen Versammlungen sofort zum »Kommunistenteufel« etikettiert und summarisch zum Schweigen gebracht.

Die Anhänger Moons statten diesen »Führer« mit genau der Autorität aus, die sie noch unfähig sind, sich selbst zuzugestehen.

»Was soll ich mit meinem Leben anfangen?«

Die meisten von uns haben in diesem Erkundungsstadium nur verschwommene oder gar keine Vorstellungen darüber, was sie wirklich tun möchten. Im allgemeinen beginnen wir damit, daß wir definieren, was wir *nicht* tun möchten.

So erklären wir, wir wollten »kein Rädchen im Getriebe eines Mammutbetriebs abgeben«, wir wollten »nicht zum Jet-Set gehören«, wir wollten den Rest unseres Lebens »nicht im Essigkrug versauern«.

Bei den Söhnen und Töchtern bekannter Persönlichkeiten beginnt der Prozeß der Absonderung gewöhnlich mit einer Feststellung, wie sie der Erbe einer alten Politikerfamilie aus den Südstaaten geliefert hat: »Ich wußte nur eins: Ich wollte *nicht* im Süden bleiben als John Dey Mannings Sohn und Jay Mannings Enkelsohn und des So-und-so-Mannings Urenkel. Es war Zeit, einen anderen Ort aufzusuchen und zuzusehen, ob ich mir nicht selbst einen Namen machen konnte.«

Die meisten dieser Antworten fallen unter zwei Kategorien – entweder unter das Gelübde »Ich wußte nur eins, ich wollte raus« oder unter den Schwur »Nur nicht wie sie werden!« Ein weiteres grundlegendes Motiv besteht darin, daß man die Zeit der köstlichen Verantwortungslosigkeit der Jugend hinauszögern möchte.

5.
Der Drang, sich zu binden

Bis in die jüngste Zeit hinein sind es vor allem die jungen Männer gewesen, die sich dem Drang zu erkunden widmeten, während die Mädchen zur Bindung, zur Symbiose neigten. Die Mädchen konnten sich nach einem Stipendium umtun, solange sie sich dadurch nicht unbeliebt machten. Es war in Ordnung, wenn sie eine Arbeit für die Sommerferien annahmen, nicht aber, wenn sie sich beruflich ernsthaft engagierten. Sie sollten ihre Begabung an Dingen erproben, an denen sie ihr Leben lang Gefallen finden konnten, sei es nun an Tanzstunden, am Schülertheater, an Klavierabenden oder am Kirchenchor, außer sie erwiesen sich – und diese Ahnung spukte stets in ihren Hinterköpfchen – als begabt. Denn dann standen sie allerdings vor einer qualvollen Entscheidung: Entweder zu heiraten oder ihre Kunst meisterhaft zu beherrschen. Die meisten von ihnen gaben die Stunden, die sie nahmen, auf.

Die Jungens erwerben auf dem Gebiet des Sports grundlegende Fertigkeiten für Teamarbeit und Wettkampf, Fertigkeiten, die ihnen später im Beruf und in politischen Organisationen zugute kommen. Sie lernen auch, was Kameradschaft ist. Die Aktivitäten, die bei Mädchen anerkannt werden, geben diesen kaum Gelegenheit zum Wettkampf und noch weniger zur Kameradschaft. Mädchen haben bisher nur selten Gelegenheit gehabt, Situationen zu erleben, wie sie ein Fußballspiel oder wie sie der Militärdienst bereithält – das heißt Situationen, die bei abenteuerlichem Risiko wechselseitige Abhängigkeit bewußt machen. Verglichen mit solchen Erlebnissen ist die Erfahrung, die man mit einer Zimmergenossin machen kann, ein schwacher Abklatsch, zumal diese Genossin einem auch noch den Freund »wegschnappen« kann.

»All You Need Is Love«

Der Massenkult, der mit Schlagern, Schnulzen, Schundromanen, Kintopp, Kosmetik, Werbeanzeigen, Kunst und diesem ganzen Pipapo getrieben wird, preist die *Liebe* als das Nonplusultra dessen, was ein Mädchen braucht. Die entsprechenden Auswirkungen gehen wesentlich mehr in die Breite, als es sich der feinsinnige Geist eines Sozialwissenschaftlers wie Abraham Maslow ausmalen konnte.

In seiner Theorie zur »Hierarchie der Bedürfnisse« rangieren die Liebe und der Wunsch, jemandem anzugehören, gleich nach dem Essen, der

Wohnung und der Sicherheit. Doch kommen auf dieser Skala der menschlichen Bedürfnisse nach der Liebe sogleich zwei weitere Werte. Der eine heißt *Wertschätzung* und spiegelt den Wunsch nach Leistung, Können, Befähigung und Selbstsicherheit wider, wie auch nach Achtung und Anerkennung durch andere. Bei dem zweiten Bedürfnis geht es um die allmähliche *Selbstverwirklichung.*

Die meisten Theoretiker stimmen darin überein, daß es vor allem der Erfolg im Beruf sei, der dem jungen Menschen hilft, seine Abhängigkeitskonflikte zu lösen und zu einer selbständigen Identität zu gelangen. Doch während junge Männer angespornt werden, die Suche nach einer Lebensaufgabe als vorrangig zu betrachten, erwartet man von jungen Frauen, daß sie sich einem Identitätsgefühl, das stets durch ihre Geschlechterrolle bestimmt ist, anpassen und daß sie sich damit zufrieden geben. Das Motto lautete: Du bist der, den du heiratest und den du bemutterst.

Es ist richtig, daß heutzutage Kinderbücher, Zeitschriften, das Fernsehen und sogar die politischen Debatten Alternativmodelle anbieten. Doch bei der ganzen Aufregung über unsere neuen Heldinnen übersieht man leicht eine Tatsache, die ebenso simpel wie überwältigend ist: Das erste Bild, mit dem sich ein Mädchen identifiziert, das Vorbild, dem es im frühesten, entscheidendsten Entwicklungsstadium begegnet, ist seine Mutter.

Wie kann sich eine junge Frau von diesem gespenstischen Elternteil lösen und zu ihrer eigenen Identität gelangen, wenn die einzige Beschäftigung, die ihre Umgebung voll befürwortet, der Beruf der verheirateten Mutter-und-Hausfrau ist? Die Antwort ist einfach: Die meisten Frauen haben bis in die jüngste Zeit diesen Ablösungsprozeß nicht geschafft.

Vor den sechziger Jahren war es kaum vorstellbar, daß ein Mädchen »etwas« werden konnte, solange es nicht von seinem Vater unter dem perfekten Schleier einer Illusion zum Traualtar geführt worden war. Die Pforte zum Erwachsensein pflegte sich durch die Eheschließung, diesen ständig neu zelebrierten Akt voller Ambivalenz, auf magische Weise zu öffnen. Dieser Akt gilt nach wie vor als der meistbefürwortete Weg zur weiblichen Identität: Er führte zur *»Ergänz-Mich«-Ehe.*

Doch wenn es nur die Mütter und Väter und die Gesellschaft sind, die die jungen Frauen zur Ehe drängen, wie erklären wir uns dann die Tatsache, daß die klügeren Eltern von heute ihren Töchtern zwar raten zu warten, jedoch ohne Erfolg? Die jungen Frauen sind einem noch subtileren Zwang ausgesetzt – dem Zwang, der durch ihre eigene innere Furchtsamkeit zustande kommt.*

* Ich möchte hier unterscheiden zwischen der Furcht – vor realen und sichtbaren Gefahren (zum Beispiel vereiste Straßen: kann ich's wagen, Auto zu fahren?) – und der inneren Furchtsamkeit, die auf das innere Bild hindeuten soll, das man sich von seiner Situation macht, wie auch auf die Bedeutung, die man dieser Situation zuschreibt.

Sie *wollen* glauben, daß ein Mann sie vervollständigt und ihnen Sicherheit gibt. Die Ehe ist ein halber Schritt, sie ist eine Möglichkeit, sein Zuhause aufzugeben, ohne ein Zuhause zu verlieren. Hier materialisiert sich unbedacht eine Ersatzwelt, ein Puppenhaus voll wichtiger Freunde und neuer Reize. Was eine solche Ehe wirklich bewirkt, ist eine gehemmte Identität. Die Verpflichtung, Ehefrau zu sein, wird eingegangen, ehe die Betroffene die Möglichkeit hat, um andere Möglichkeiten zu kämpfen oder unter solchen auszuwählen. Der Wunsch zielt auf Sicherheit und Einförmigkeit, es ist ein Wunsch, dem nachzugeben um die Zwanzig herum ungemein verführerisch ist.

Das Problem hat darin bestanden, daß die meisten jungen Frauen keine Identitätskrise erleben durften oder daß sie es nicht wagten, sich einer solchen Krise zu überlassen. So aber wurden sie nie richtig erwachsen.

Das Huckepack-Prinzip

Das Verlangen, mit einem geliebten Menschen zu verschmelzen, sich an ihn zu binden, ist in diesem Stadium völlig natürlich (ebenso natürlich wie der bereits beschriebene Impuls, sich einer Aufgabe zu verschreiben, die größer ist als man selbst, und mit Menschen und Ideen bekannt zu werden, mit denen man sich identifizieren kann). Doch ist dieser natürliche Impuls vor allem für die junge Frau zu einer tradierten Pflichtübung geworden.

Dieser Pflichtübung liegt folgende Annahme zugrunde: Wir können unsere Entwicklung im Huckepack-Prinzip abwickeln, indem wir uns an einen uns Überlegenen, an einen »Stärkeren« binden.

Serena stammte aus einer Kleinstadt und besuchte das College. Auch sie hätte gern an das Huckepack-Prinzip geglaubt. Wie sie sich – fern der Familie in ihrem ersten Studienjahr nach ihrem Jim aus ihrer Heimatstadt sehnte! Jim, offensichtlich der Unabhängige und Überlegene in dieser Beziehung, schrieb ihr von seiner eigenen, ebenfalls entlegenen Universität: »Du kannst dich nicht weiter an mich klammern.«

Serena befand sich gegenüber Mädchen, die zur Anlehnung erzogen werden, im Vorteil. Sie war die älteste Tochter, und erstgeborene Töchter genießen häufig dieselben Vorrechte, leben in denselben Erwartungen wie erstgeborene Söhne. Ihre Väter neigen dazu, nicht ihre Geschlechterrolle, sondern ihre Fähigkeiten herauszustreichen, sie unterweisen sie gerne im Sport und spornen sie zu hervorragenden Leistungen an. Sie bekommen unangenehme oder harte Arbeiten aufgetragen und oft erwartet man von ihnen – das war auch bei Serena der Fall –, daß sie ihre berufliche Entwicklung finanziell selbst bestreiten. Häufig scheinen Väter bei ihrer erstgeborenen Tochter die Kameradschaft zu suchen, die sie bei ihren Frauen nicht finden können, weil diese immer gerade in der Küche sind. Auf ein Phänomen, das mir in einigen der von mir gesammelten Lebensläufe auffiel, wurde auch in einer Untersuchung über erfolgreiche Männer hingewiesen, die man an der Universität von Michigan durchgeführt hat. Während diese Männer von ihren Frauen erwarteten, daß sie sich weder konkurrenz- noch leistungsorientiert verhielten, waren sie stolz auf ihre tatkräftigen erfolgreichen Töchter. Sie waren häufig der Liebling, weil sie – im Gegensatz zu den Söhnen – ihren Vater widerspiegeln konnten, ohne mit ihm zu rivalisieren.[1]

Was an Serenas erstem Studienjahr ins Auge fällt, war eine geschäftsmäßige Betriebsamkeit. Serena marschierte in die Redaktion der Studentenzeitung, denn sie wollte den Herausgeber beeindrucken. Dieser linksorientierte Jeansträger lachte und gab ihr den Job. Sie war gut, ja hervorragend in ihrer Arbeit. Die Sehnsucht nach Jim ließ ein bißchen nach.

Liebe mit Achtzehn stellt den Versuch dar, unserem eigenen Echo in den Worten des Anderen zu lauschen, um herauszufinden, wer wir sind. Zu vernehmen, wie wunderbar und ungewöhnlich wir sind, fesselt uns immer wieder. Das ist wohl der Grund, wieso junge Verliebte sich nächtelang unterhalten oder einander seitenlange Briefe schreiben und trotzdem nie zu einem Ende kommen können.

Dann der Rückschlag: Nach dem Sich-zur-Decke-Strecken des ersten Studienjahres kehrte sie zurück zu ihren alten Freundschaften: zum Altweibersommer der Kindheit.

»Als Jim und ich in jenem Sommer zurückkehrten, prallten wir plötzlich aufeinander, paßten wir nicht mehr zusammen.« Sie schliefen zum ersten Mal miteinander, doch die Kluft zwischen ihnen wurde dadurch nicht ausgefüllt. Trotzdem ersparten es sich Serena und Jim, dem Huckepack-Prinzip aufzusitzen. Das Ärgernis ihres ungleichartigen Wachstums war allzu offenkundig.

Wie alle Freunde ihres Kreises hatte Jim nicht die leiseste Ahnung, was er tun wollte. Serena war die Ausnahme: Sie kannte ihren Weg. Als sie mit einem Sprung durchs Café setzte, um den Geschäftsführer zu interviewen, platzte Jim der Kragen.

»Wie kannst du hinter einer Story her sein, wenn wir verabredet sind?«

»Aber ich bin doch – verhaßte Worte, beneidete Identität – Reporterin!«

Jim begann, sich für ein anderes Mädchen zu erwärmen. Er nahm es übel, daß sich dieses anhängliche Geschöpf in ein selbständiges Wesen verwandelt hatte, noch dazu in ein Wesen, das es wagte, ihm in intellektueller Hinsicht die Stirn zu bieten.

»Es war eine Zeit voller Mißverständnisse«, erzählte sie. »Die Puzzleteile sahen plötzlich alle anders aus, und wir paßten nicht mehr zusammen. Ich beschloß, daß wir beide wesentlich mehr Freiraum haben müßten.«

Und mit diesem Mehr an Freiraum entfalteten sich beide. Vom überlegeneren Standpunkt ihrer fünfundzwanzig Jahre aus konnte Serena sagen: »Jim war wahrscheinlich der erste Mensch, der mir erwachsen werden half.« Auch räumte sie ein, daß alle Mädchen, die sie gekannt hatte, versucht hätten, ihre erste Liebe unter Besitzansprüchen zu erdrücken. Das Mädchen, das in seiner ersten zarten Bindung von Beständigkeit träumt und erwartet, daß *er* in diesem gallertartigen Alter mit ihr zusammen ein perfekt passendes Puzzlespiel bilden könnte, kann sich auf manche Tränen und Zurückweisungen gefaßt machen. Serena indes hat Glück gehabt.

Flucht in die Ehe

Wenn Frauen jung heiraten, so wohl vor allem deshalb, weil sie ihre Ergänzung suchen. Eine ganze Menge energischer junger Frauen hat aber noch einen anderen Grund: »Um von meinen Eltern fortzukommen.« Vor allem für die Mädchen mit begrenzten Bildungsmöglichkeiten und Privilegien ist die *Flucht in die Ehe* nichts Ungewöhnliches. Was den Eindruck eines Akts der Rebellion erweckt, entpuppt sich meistens nur als Verlagerung eines Abhängigkeitsverhältnisses.

Lebenslänglich: das war das Gefühl, das Simone mit Siebzehn hatte, ein Gefühl, das Mädchen häufig in autoritären Elternhäusern haben. Simone war das jüngste von sechs Kindern, und nachdem alle ihre Geschwister ausgeflogen waren, erwartete man von ihr, sie solle »die Familie zusammenhalten«. Simone bedeutete für die Mutter die letzte Möglichkeit, ihre Mutterrolle auszuspielen, und für den Vater die letzte Möglichkeit, volle Kontrolle auszuüben. Dies hieß für Simone: Verzicht auf ein Studium.

Obwohl die Familie nicht arm war, hatte Simone ab Vierzehn schon selbst verdient. Nun zeigte sie ihr Sparbuch vor. Würde sie sich mit zweitausend ersparten Dollars ihre Freiheit erkaufen können?

»Wir wünschen, daß du bis Einundzwanzig bei uns bleibst!«

Arbeite! sagte der Vater. Doch ihre Arbeit war eine weitere Sackgasse. Sie war in derselben Strickmaschinenfirma tätig wie ihr Erzeuger, und so erreichte sie auch hier der lange Arm seiner Kontrolle. Simone fügte sich ein Jahr lang, dann lernte sie Franz kennen. Er war eine Null. Ein egozentrischer Ungar von niederem Adel, ein Mann, für den sie eigentlich nichts als Geringschätzung empfand – von einem Punkt abgesehen: Er fragte sie, ob sie ihn heiraten wolle. Franz sollte das Vehikel sein, mit dessen Hilfe sie ihre Flucht von zu Hause hinein in die Ehe antreten wollte: »Ich meinte, die beste Möglichkeit, da rauszukommen, sei die, ihn zu heiraten, um mich ein Jahr später wieder scheiden zu lassen. Das war mein Plan.«

Doch die Biologie, keiner Kontrolle unterworfen, sabotierte diesen Plan. Neun Monate nach den Flitterwochen war Simone Mutter. Sie schickte sich darein, und mit Zwanzig ging sie mit ihrem zweiten Kind schwanger.

Eines Tages kam ihr Mann mit Neuigkeiten nach Haus, mit einer Sensation, die sie aus der Bahn warf. Seine Firma hatte ihm eine Stelle in New York City angeboten.

»Da beschloß ich auf der Stelle, noch bevor der Monat um war, mein Kind zu kriegen, einen Anwalt aufzusuchen und die Scheidung einzureichen.« Die nächsten fünf Jahre kamen ihr wie zwanzig vor. Sie mußte jede Faser ihres Willens und ihrer Geduld aufbringen, um Franz, der von einer Scheidung nichts hören wollte, unterzukriegen und die soziale Ächtung ihrer Familie zu ignorieren.

Mit fünfundzwanzig Jahren, als sich ihre Flucht in die Ehe (die sich zu spät als eine weitere Form der Überlistung durch die Gesellschaft herausgestellt hatte) zum siebten Mal jährte, entkam Simone schließlich ihren Eltern. Als sie den Tag schilderte, an dem die Scheidung ausgesprochen wurde, fühlte sich Simone wie so viele Frauen, deren Identitätsbildung durch die Ehe gehemmt worden war: »Es war, als hätte man meinem Geist, meinem Körper das Gewicht von zehn Tonnen Ketten abgenommen – es war der wunderbarste Tag meines Lebens.«

Neue Aussichten

Als Ergebnis der mannigfaltigen Umwälzungen, die wir in den letzten zehn Jahren in bezug auf unsere Einstellungen erlebt haben, profitieren wir heute von einer lebendigen Aufgeschlossenheit gegenüber der Vielfalt von Möglichkeiten, die uns umgibt, wodurch sich uns neue Aussichten erschließen: Wir können etwa als provisorische Lebensweise auf Reisen gehen oder das Kommunendasein wählen, wir können zusammen oder getrennt leben, wir können ledige Mütter werden oder kinderlose Paare bleiben, wir können mit Bi- oder Homosexualität experimentieren. Leute, die ihre Ausbildung in die Länge ziehen können oder sich für verlockende Karrieren qualifizieren, heiraten später, haben später Kinder, oder sie haben weniger oder gar keine Kinder.

Barbara, heute einunddreißig und noch ledig, gehört zu der ersten Frauengeneration, der es leichter fällt, aus dem alten Schema auszubrechen.

Dazu kommt, daß sie fünf eigenwillige Tanten hatte und eine Familiengeschichte, die eine gewisse Exzentrizität geradezu herausforderte. Ihrer Mutter schwebte eine »entzückende«, reich verheiratete Barbara vor, während es dem Vater Spaß machte, dem frühreifen kleinen Mädchen ungewöhnliche Kenntnisse beizubringen. »Ich glaube, er wollte, daß ich so lang wie möglich Kind bleiben und daß ich ihn nie um Geld bitten sollte.«

Barbara hatte bereits recht früh eine wichtige Vorahnung: »Großartig an der Tatsache, ein Kind zu sein, ist, daß man eine lange Lehrzeit durchmacht – vorausgesetzt natürlich, man nimmt die entsprechende Mühe auf sich.« Mit Achtzehn begann sie, sich schriftstellerisch zu betätigen. Die Geschichten, die sie verfaßte, waren ziemlich schrecklich, doch das störte sie nicht. Das Handwerk sei alles, was man beherrschen müsse, hatte ihr ein älterer Schriftstellerfreund gesagt, danach würde sich alles andere von selbst ergeben.

Ihre Vorstellungen darüber, was sie nicht werden wollte, hätten nicht klarer sein können: »Ich würde nicht enden wie die Kinder aus den Vororten, die dumm und verwöhnt waren und deren Eltern ganz idiotische Wertvorstellungen hatten. Ich wollte kein normales Durchschnittskind werden.« Aber es war typisch für sie, daß sie nur verschwommene Vorstellungen darüber hatte, was sie eigentlich wollte: »Das waren, so schätze ich, eine Wohnung und ein Job.«

Jedenfalls machte sie mit Neunzehn mit ihrer Familie Schluß, verließ das College und ging mit einem älteren Mann auf und davon. »Obwohl ich es mir einzureden versuchte, war ich nicht sonderlich erpicht darauf, mit ihm zusammenzuleben. Doch ich wußte, ich hatte keine andere Wahl. Ich hatte kein Geld, keine Arbeit, keine Fachkenntnisse – nichts. Um diese Dinge auf die übliche Weise zu erwerben, sind vier Jahre Ausbildung nötig. Aber diese Möglichkeit war mir verschlossen.« Trotzdem konnte sie natürlich wählen. Sie konnte diesen älteren Mann wählen, der als Vehikel dienen konnte, um sie in die Erwachsenenwelt hinüber zu transportieren; einmal dort angelangt, brach sie den Kontakt zu dieser »Randerscheinung« ab, und noch bevor das Jahr um war, fand sie ihre erste Wohnung, ihre erste Mitmieterin, ihre erste Stelle. »Ich kam recht gut dabei weg, obwohl ich mir deshalb bis heute nicht sehr fair vorkomme.«

Als Barbara fünfundzwanzig war, beherrschte sie ihr Handwerk und wußte sie, was man veröffentlichen konnte. Sie studierte wieder und war dabei, ihr Examen zu machen. In den Ferien nahm sie einen Teilzeitjob im Büro an und brachte eine glänzende Idee zu Papier. In diesem Herbst kaufte *The New Yorker* ihre erste Geschichte. Verrückt vor Glück rückte sie mit einem anderen Mann aus, überzeugt, dies sei »die leidenschaftliche Liebe«. Dabei fiel sie ganz hübsch aus allen Wolken. Mit Neunundzwanzig begann sie ihr Liebesleben etwas disziplinierter zu gestalten, was ihr um so leichter fiel, als sie Disziplin bereits durch ihre Schriftstellerei gelernt hatte. Mittlerweile hatte sie einen »wunderbaren Mann« kennengelernt. »Ich war sehr froh, daß ich ein Jahr brauchte, um ihn wirklich kennenzulernen; es war das Jahr, in dem mein erstes Buch erschien, und wieder verliebte ich mich.« Zur Zeit sind Barbara und ihr Freund dabei, ihre Habe zusammenzulegen. Einerseits hat sie entsetzliche Angst: »Ich weiß nicht, ob ich fürs Zusammenleben tauge, aber wer weiß das schon?« – andererseits hat sie zum erstenmal den Eindruck, ihr Gefühlsleben habe sich gründlich stabilisiert.

Ungeachtet ihrer Tatkraft und Ausdauer, war Barbara hinsichtlich ihrer Bindungswünsche nicht ohne Ambivalenz. Die ganze Zeit fragte sie sich: »Wieso bin ich nicht der Typus gewesen, der sich etabliert und niemandem Kummer macht, der ein Kind kriegt mit allem Drum und Dran? Ich wollte das nicht, hatte aber das Gefühl, ich sollte das. In meinen glücklichsten Augenblicken hätte ich mein Leben gegen kein anderes eingetauscht. In meinen unglücklichsten Augenblicken sagte ich zu mir: ›Ist ja klar, daß du spinnst und daß dich niemand haben will.‹ Nur in bezug auf meine Arbeit war ich immer sehr gewitzt, kühl, klar und unkompliziert. Ich liebe das Schreiben. Ich möchte alles haben. Und ich sehe nicht ein, wieso nicht.«

Das »Ergänz-Mich«-Kind

Wenn die junge, noch nicht zwanzigjährige Frau glaubt, sich beweisen zu müssen, daß sie etwas *tun*, etwas auf die Beine stellen kann, ist es am einfachsten, wenn sie sich ihrem Uterus zuwendet. Kinder in die Welt zu setzen, ist immer ein Ausweg. Durch diese Beschäftigung erfährt sie eine klare Identität. Mutterschaft kann sehr befriedigend sein, aber hinter ihr kann sich auch die vielfältige Angst verbergen, den Ansprüchen der Außenwelt nicht gerecht zu werden.

Zeitgenössische Theorien, die das Verlangen der Frau, sich ihrer Anatomie zu bedienen, erklären sollen, reichen von Eriksons umstrittenem Konzept der Frau als »innerem Raum« (das heißt als ständigem Vakuum, das seine Leere so lange geltend macht, bis diese gefüllt wird) bis hin zu einer Aufzählung verschiedenster Gründe, die Edward H. Pohlman in seinem Werk *Psychology of Birth Planning* (Psychologie der Geburtenplanung) anführt. Eine Frau kann durch Kinderkriegen ihre entsprechende Befähigung beweisen, ihre Geschlechterrolle bestätigen, mit ihrer Mutter rivalisieren, ihren Mann an sich binden, Aufmerksamkeit erregen, sich selbst oder andere bestrafen, sie kann ihre Zeit ausfüllen oder ein Verlangen nach Unsterblichkeit befriedigen.[2] Bei dieser Aufzählung glänzt ein Faktor durch seine Abwesenheit: der universelle Wunsch der Frau, sich mit jemand anderem zu verbinden.

Die großen Umwälzungen, die im Verlauf der letzten fünfzehn Jahre in technologischer wie weltanschaulicher Hinsicht stattgefunden haben, haben uns die neuartige »empfängnisverhütete Frau« und einen tiefgreifenden Feminismus gebracht, die Bücher gegen die Mutterschaft, ja sogar Antifruchtbarkeitsriten zur Folge gehabt haben. Die Revolte gegen die zufällige Mutterschaft hat auf alle Schichten übergegriffen. In einer 1973 von Daniel Yankelovich durchgeführten Untersuchung waren es nur fünfunddreißig Prozent der Collegestudentinnen und überraschend niedrige fünfzig Prozent der Nichtstudentinnen, die der Behauptung »Kinder sind ein wichtiger Wert« zustimmten. Welcher Anteil an dieser Meinungsbildung war dabei dem Intellekt zuzuschreiben? Berufsberater behaupten, die jungen Studentinnen von heute lebten zwar in dem *Bewußtsein*, daß Mutterschaft keine lebenslange Aufgabe mehr sei, vollzögen jedoch diese Ansicht gefühlsmäßig nicht nach.

Die Es-muß-sein-Einstellung zur Mutterschaft hat unter den Mädchen im Alter von Fünfzehn bis Neunzehn kaum abgenommen. Zwar ist die Geburtenrate bei jungen Frauen zwischen Zwanzig und Vierundzwanzig in den sechziger Jahren um ein Drittel zurückgegangen, doch haben im selben Zeitabschnitt verheiratete Mädchen im Teenageralter eine erstaunlicherweise fast gleichbleibende Quote von Kindern zur Welt gebracht. Und fast die Hälfte der Bräute dieser Altersgruppe eilen zur Mußheirat an den Traualtar.

Die Mädchen aus armen Verhältnissen sind nicht die einzigen, die mit ihrem Fortpflanzungsvermögen befaßt sind, obwohl dieser Zwang für sie stärker ist, weil ihre Möglichkeiten der Selbstverwirklichung wesentlich begrenzter sind. Haben sie die Schule einmal verlassen, gibt es in ihrem Milieu keine Arbeit, keine weitere Fortbildung und kein höheres Ziel als das, eines netten Jungen (am besten des eigenen Ehemannes) Kind zur Welt zu bringen.

Doch die Lage ändert sich de facto. Nach der Mandeloperation ist die Abtreibung die zweithäufigste Operation in den USA.

Rat nach Tat – kommt zu spat

Wie sieht nun die Lebensgeschichte der amerikanischen Durchschnittsfrau aus? Sie hat die High School, meistens jedoch nicht das College absolviert. Sie nimmt zunächst mal eine Arbeit an, heiratet mit Einundzwanzig und verläßt wenig später die Arbeitswelt, um sich ihrer Familie zu widmen. In diesem häuslichen Rahmen lebt sie bis Mitte Dreißig. Was die Frauen nicht erfahren, ist, wie sie ihre zweite Lebenshälfte gestalten sollen.

Die amerikanische Durchschnittsfrau wird mit fünfunddreißig Jahren, wenn ihr letztes Kind zur Schule geht, wieder berufstätig. Nun kann sie sich ein *Vierteljahrhundert* lang ihrer Karriere widmen, bei der es sich jedoch meistens um Handlangerarbeit handelt. Diese Erkenntnis sollte in den Volksschulen in jeder Mädchentoilette an der Wand verewigt werden!

Aber auch Jungens haben das Bedürfnis, sich zu binden. Fast auf jede junge Frau, deren Identitätsbildung durch verfrühte Ehe und Mutterschaft blockiert wird, kommt ein junger Mann, der sich in einen Beruf gezwungen sieht, ehe er Zeit gehabt hat, seine latenten Talente zu erproben. Eine Untersuchung an 5000 Absolventen der High School hat ergeben, daß sich diejenigen unter ihnen, die sofort einen Beruf ergriffen oder sich ganz der Gründung einer Familie widmeten, eingeengter fühlten, geringere intellektuelle Neugierde kannten und weniger Interesse für neue Lebenserfahrungen aufbrachten.

Solche junge Leute geben zumindest zeitweise den Kampf um ihre Selbstfindung auf und schlüpfen statt dessen in eine Form, die ihnen Vater, Mutter, Lehrer, religiöser Führer oder die Gruppe anbieten. Sie geraten in eine Situation, in der sie, wie ich es nenne, Eingesperrte sind. (Zwischen dieser Situation und jenem »identitätsgehemmten« Status bestehen übrigens Querverbindungen.) Es ist verständlich, daß einer der beliebtesten Wege heraus aus dieser Einsperrung die Scheidung ist. Frühehen, die von Partnern unter Zwanzig geschlossen werden, scheitern fast doppelt so häufig wie Ehen, die in einem späteren Alter geschlossen werden.[3]

Die Collegestudentin

Es war ein regelrechter Schock, als die frühen Belehrungen, wir sollten ebenso aufgeweckt und fleißig sein wie die Jungen, vom Anspruch der Gesellschaft her in ihr Gegenteil verkehrt wurden: Sei nett, rivalisiere nicht; sei beliebt, nicht ehrgeizig; such dir einen Mann und keinen Beruf (es sei denn, du würdest Lehrerin, denn dieser Beruf – hieß es – ließe sich mit der Erziehung von Kindern noch am besten verbinden).

Ist es da ein Wunder, daß die meisten Frauen das College mit »verwirrter« Identität verließen? Entmutigt durch ihre Umgebung und entnervt durch ihre inneren Ängste, gaben sie die Suche nach einer eigenen Form und Verpflichtung auf. Daher erlebten sie weder die Krise noch das Wachstum, die durch solches Suchen ausgelöst werden. Nach ihrer Graduierung hielten die meisten Collegemädchen Ausschau nach einem Mann, und wenn sie eine Krise durchmachten, dann war es die »Warum bin ich nicht verheiratet?«-Krise. Hatten sie dieses Problem gelöst, war ihre Identität gewöhnlich – zumindest fürs erste – gehemmt oder blockiert.

In einer Studie aus dem Jahre 1969, die weibliche mit männlicher Persönlichkeitsentwicklung vergleicht, befaßt sich Anne Constantinople mit 952 nichtgraduierten Studenten und Studentinnen der Universität von Rochester. Zur Erfassung ihrer Probanden bediente sie sich Eriksons Maßstab der Persönlichkeitsentwicklung. Ihre Befunde fielen folgendermaßen aus:

Obwohl die Frauen reifer zu sein schienen, als sie ans College kamen, waren es nur die Männer, die in den kommenden vier Jahren die Entwicklung ihrer Identität folgerichtig vorantrieben. Die Collegeumgebung förderte und brachte den Studenten dahin, daß er seine Berufswahl traf und selbstsicherer wurde. Derselbe Druck und dieselben Möglichkeiten vermittelten vielen Studentinnen das anhaltende Gefühl einer zunehmend verwirrten Identität. (Solche Personen sind, so wie sie J. E. Marcia beschreibt, unfähig, gegen ihre Eltern, Lehrer oder Freunde zu rebellieren, die von ihnen etwas anderes erwarteten als das, was sie [diese Personen] wollen oder fühlen; sie funktionieren zwar richtig, empfinden sich indes immer als fehl am Platz und unangepaßt.) Viele unter diesen jungen Frauen hatten das Gefühl, zwischen Beruf und eigener Familie wählen zu müssen, eine Wahl, die keinem jungen Mann abverlangt wird. Solange sich diese Frauen in diesem Punkt nicht entscheiden konnten, waren sie unfähig, zu ihrer Identität zu gelangen.[4]

Mein »wahres Selbst« finden

Wieso können wir uns nicht beeilen und mit Einundzwanzig in den Besitz der absoluten Wahrheit gelangen?

Die Vorstellung vom wahren Selbst, das alle echte Güte verkörpert, ist eine romantische Fiktion. Auch die besten Eltern vermögen uns nicht zu bewahren vor den Problemen, die Sicherheitsstreben, Anerkennung, Eifersucht, Macht und Rivalität mit sich bringen. Die Lebensstrategien, die wir entwickeln – und von denen manche bewirken, daß wir uns zärtlich und liebevoll verhalten, während uns andere zu Rivalität und Grausamkeit aufstacheln – diese Strategien bilden gegen Ende unserer Kindheit integrale Bestandteile unseres spezifischen Charakters.

Das »Erkenne dich selbst« fordert, wenn man es in seiner vollen Tragweite begreift, die zunehmende innige Vertrautheit mit all diesen Bestandteilen. Dieses Vertrautwerden ist eine Chance, die sich uns im Verlauf einer Reihe kritischer Übergänge bietet. Ein Schriftsteller kann es zwar für angebracht halten, eine Vielzahl an Untersuchungen und Lebensläufen in einem Konzept wie dem der Übergangsstadien zu verarbeiten, doch geht der Mensch, der jeweils immer nur eines dieser Stadien hinter sich bringt, in den Entwicklungsaufgaben der Periode, in der er sich gerade befindet, völlig auf. Und während ein Teil von uns nach der Freiheit des Individuums strebt, sucht ein anderer Teil von uns immer nach einer Person oder einer Sache, der er diese Freiheit opfern kann.

6.
Erste knifflige Partnerfragen

Das fast vollkommene Gesicht einer jungen Frau verkrampft sich an diesem kalifornischen Morgen, und die Lider über den glashellen Augen schnappen zurück. Die Welt, blendend und ultraviolett, steht ihr offen. Doch etwas stört sie. Es ist ihr Versprechen: Sie hatte sich gelobt, an diesem Geburtstag mit einen klaren Lebensplan zu erwachen.

Abenteuer und Spannung und Widerstandskraft und Romantik und Intelligenz – das sind die Worte, in die Nita gern ihren Traum faßt. In ihnen kommt vortrefflich der Traum der Zwanzigerjahre zum Ausdruck. Doch obwohl Nita bereits fünfundzwanzig ist, befindet sie sich, was ihre Entwicklung angeht, immer noch im Stadium der Ablösung von der Familie, so daß sie noch nicht fähig ist, die Aufgaben der Bewegten Zwanzigerjahre anzupacken. Das ist nicht ungewöhnlich. Obwohl wir jedes Stadium altersmäßig abgegrenzt haben, kann das Individuum erheblich von dieser Norm abweichen. Auch hier ist die Sequenz – die Abfolge – das Problem.

Jan erwacht, und schon ist er auf den Beinen, in voller Aktion. Nita betrachtet den Rücken ihres Mannes. Wie genau seine tägliche Morgenroutine abläuft, wie er sich uniformiert mit seinem steifen, weißen Medizinermantel, wie er die gerollten EKG's in seine Aktentasche packt. Sie beneidet ihn um seine disziplinierte Art. Ja, es ist seine unbekümmerte Art, die sie immer wieder hinreißt.

Es war Jan, der sie mit dem Risiko vertraut gemacht hatte – durch Kajakfahren, Wellenreiten, Bergsteigen, Rucksackwandern und durch sein rasantes Skifahren. Es war erstaunlich, was ihr Körper alles leisten konnte. Wenn Jan dabei war, machte sie mit und schoß über Stromschnellen hinweg oder baumelte am Seil, während sie Kletterhaken in ungastlichen Granit trieb. Ach, dieses überschäumende Gefühl, allem gewachsen zu sein!

Doch wie sie ihr eigenes, ihr höchstpersönliches Leben leben soll, das will er ihr nicht sagen.

Nita fühlt sich trotz allem blockiert und gepeinigt. Um zu begreifen wieso, muß man sich dem Widerstreit zwischen der Erziehung, die sie von ihrer Familie mitbekommen hat, und der hohen Meinung, die sie von sich selbst hat, vorstellen. Bis zu ihrem achtzehnten Lebensjahr lebte Nita in einer engen Welt. Ihre Familie war erzkatholisch, die kalifornische Stadt, in der sie heranwuchs, war winzig und provinzlerisch und die Mädchenschule, die sie besuchte, sehr gesittet. Niemand wußte, wieso sie unvermittelt den radikalsten Ausweg wählte. Sie hätte sich von ihrer Familie weniger abrupt lösen und an ein religiös geführtes oder herkömmliches College gehen können. Weiter weg zu gehen als nach Berkeley war nicht einmal im Geiste denkbar!

Doch ein wichtiger Start genügte ihr nicht; sie eilte sogleich zum nächsten. Da sie eine sexuell aufgeklärte und fortschrittlich denkende Zimmergefährtin hatte, faßte Nita den Entschluß, ihren eigenen moralischen Kodex zu revidieren. Prompt zwang sie ihren festen High-School-Freund, mit ihr zu schlafen. Nach einigen Monaten in dieser neuen Welt war sie völlig durcheinander. Sie war über sich selbst erschüttert. Da sie auch nicht mehr zur Beichte ging, mußte sie auf ein noch älteres Hilfsmittel zurückgreifen: »Ich wollte, daß meine Mutter zu allem ja sagte.«

Obwohl es das Letzte war, was sie damals hätte zugeben können, »nahm mir Berkeley völlig den Wind aus den Segeln«. Ihr Sprung war zu gewagt gewesen. Sie brauchte einen stillen Zufluchtsort, um alles zu überschlafen und mit sich selbst zu Rande zu kommen. Sie gab ihren Sommerferienjob in San Francisco auf und kehrte nach Hause zurück. »Ich wollte nur eins – mich verkriechen.«

Um sich die Zukunft zu verbauen, bewarb sie sich an der Stanford Universität, überzeugt, man werde sie abweisen. So könnte sie ein Weilchen pausieren, glaubte sie, vielleicht ein bißchen reisen. Nita versuchte, sich ein Moratorium zu verschaffen. Stanford aber machte nicht mit. Sie wurde aufgenommen.

Im Sommer darauf war Nita bereit, einen weiteren Sprung zu tun. Mit ihrer Freundin Jessie wollte sie am anderen Ende Amerikas einen Theaterworkshop für Kinder gründen. Doch im letzten Augenblick kippte sie aus ihren Siebenmeilenstiefeln. Um die hierdurch angeknackste Freundschaft wieder zu kitten, entschloß sich Nita Ende August, den Kontinent zu überqueren und ihre Freundin in Boston zu besuchen. Jessica aber nahm sie nicht mehr zur Kenntnis.

Etwas verblüfft stellte Nita in ihrem letzten Collegejahr fest: »Ich fühle mich immer noch nicht unabhängig.«

Jeder von uns hat seine eigene *Gangart*, seine charakteristische Art und Weise, die anfallenden Entwicklungsaufgaben in Angriff zu nehmen und aus den unternommenen Bemühungen seine Rückschlüsse zu ziehen.[1]

Manche unter uns tun einige zögernde Schritte vorwärts, gefolgt von ein, zwei Schritten zurück, und plötzlich wagen sie den Sprung ins nächste Entwicklungsstadium. Andere entfalten sich erst dann voll, wenn sie in »Friß-Vogel-oder-stirb«-Situationen geraten: »Ohne äußersten Termindruck schaff ich's nicht«, oder: »Mit dem Rücken gegen die Wand hab ich mich immer noch durchgesetzt.« Wiederum andere flüchten sich, wenn sie mit einer Aufgabe konfrontiert werden, in eine fiebrige Aktivität, um der akuten Problematik zunächst auszuweichen.

Nitas Gangart besteht darin, daß sie einen Riesensprung nach vorn tut, um dann zurückzuweichen. Beginnt sie sich zu erholen und vergißt sie ihre Ängstlichkeit, setzt sie zum nächsten kühnen Sprung an. Und erbärmlich fühlt sie sich, wenn sie ihn nicht schafft. Die Wiederholung dieses Musters haben wir miterlebt. (Sie stürzt sich ins Studentenleben in Berkeley, verführt ihren High-School-Freund, schlüpft zurück ins Elternhaus und flieht von dort nach Stanford. Sie engagiert sich für Jessica, dann zieht sie sich von ihr zurück, versucht jedoch später, diesen Schritt wiedergutzumachen.) Sie führt den Betrachter immer wieder an der Nase herum, weil sie Entwicklung offenbar nur vortäuscht. Beim genaueren Hinsehen fragt er sich, ob sie nicht zum Eskapismus neigt.

In ihrem letzten Collegejahr hatte Nita ihre Sexualmoral eingehend getestet. Doch ihren sonstigen Bestrebungen eine Form zu geben, fiel ihr wesentlich schwerer. Ihr Hauptfach war Zoologie. Die entsprechenden Berufsaussichten ließen zu wünschen übrig. Hier nun betritt eine einflußreiche Gestalt (ja fast ein Archetypus) die Bühne: ein Englischprofessor. Er hatte eine hervorragende Semesterprüfungsarbeit von ihr entdeckt und wählte sie für seinen Sonderkurs aus.

»Er nahm mich unter seine Fittiche. Er glaubte, ich sei gut im Schreiben. Das war sehr reizvoll.«

Obwohl Nita begabt war, war sie jedesmal, wenn sie etwas Gutes geschrieben hatte, überzeugt, es sei ein Zufallstreffer.

»Ich wußte immer erst dann, daß es eine gute Arbeit war, wenn man sie auch gut benotete. Ich begriff, daß ich nicht an meine Begabung glaubte, und so wußte ich nicht, was ich mit ihr anfangen sollte. Meine Unentschlossenheit schien dem Professor Unbehagen zu bereiten.« Und nun kam Nitas alte Leier: »Er konnte mir nicht sagen, was ich aus meinem Leben machen sollte.«

»Sie könnten publizieren«, drang er schließlich in sie.

Sie erstarrte.

Diese junge Frau, die ihre Leistung erst dann für annehmbar hielt, wenn sie wie ein Goethe oder Schiller schrieb, konnte von diesem Tag an bis zum Semesterende für den Kurs des Professors keine Zeile mehr zu Papier bringen. »Ich fürchtete, er würde herausfinden, daß ich das Talent, das er mir zuschrieb, gar nicht besaß.«

Ungeachtet all ihrer feministischen Willenserklärungen, deren sie sich als Schutzschild bedient, bekämpft sie auch heute noch den schrecklichen Einfluß ihrer beiden Phantomeltern. Nita möchte ihre Ambitionen verwirklichen, eine Karriere aufbauen und ihren eigenen Weg gehen. Doch sie kann sich nicht durchsetzen. Sie hat einen autoritären Vater, der fest davon überzeugt ist, hübsche Mädchen sollten keine Karriere machen, und eine konservative Mutter, die so programmiert ist, daß sie Nita ständig mit dem Argument in den Ohren liegt, sie sollte heiraten und eine gute Ehefrau werden.

Und wenn sie über die Ansichten ihrer Eltern darüber, was nun »nett« und »gut« ist, einfach hinweggeht? Wenn es ihr gelingt, sich völlig anders als ihre Mutter zu entwickeln? Könnte jemand ein so besessenes Geschöpf lieben, eine Frau, die so krass . . . nur sie selbst ist?

Wenn sie andererseits alles, was sie an Talent besitzt, einsetzen würde, um später (wie die Männer) durch ihren Erfolg Liebe für sich zu gewinnen, was würde passieren, wenn sich herausstellte, daß sie zwar gut war, aber eben nicht gut genug? Was wird aus den ehrgeizigen Frauen, die scheitern? Zu schwanken zwischen dem Los der abhängigen Ehefrau und dem der unabhängigen Karrierefrau, in keinem dieser Lebensbereiche Ansehen zu genießen, keine Kinder als Entschuldigung zu haben, keinen Mann, der sich um einen kümmert, und noch dazu die Reize der Zwanzigerjahre verwelkt – das erschien ihr als Los, das sich auch nur vorzustellen schon Strafe genug war.

Viele Collegemädchen bemühen sich, entweder der einen oder der anderen Möglichkeit aus dem Weg zu gehen. Die einfachste und scheinbar (aber nur scheinbar) sicherste Lösung ist der von Nita eingeschlagene Weg. Anstatt ein Risiko einzugehen und im Großen zu scheitern, wich sie aus und scheiterte im Kleinen.

Nach dem College galubte Nita, »daß mir die ganze Welt offensteht. Doch dann bekam ich es mit der Angst. Ich wagte den Absprung nicht. Ich hatte eine ganze Menge Vorstellungen darüber, was ich tun könnte, doch ich hatte nicht die Entschlossenheit, den Mumm, die emotionale Energie, um sie auch zu verwirklichen.«

Wer würde ihr sagen, wie sie es schaffen könnte?

Sie lernte Jan kurz nach ihrer Graduierung kennen. Es war kein bloßer Impuls, durch den sie sich zu ihm hingezogen fühlte, denn Jan umgab eine Legende, dadurch war er ihr wohlvertraut. Um diese Zeit war Nita eine kompromißlose Feministin. Jan war der erste Mann in ihrem Leben, der instinktiv spürte, was ihm eine innerlich befreite Frau geben konnte.

»Ich wollte ich selbst sein. Doch gleichzeitig wollte ich mit ihm gehen. Ich dachte, er würde mich zur Unabhängigkeit zwingen.«

Neben dieser dubiosen Beweisführung gab es einen weiteren Widerspruch in Nitas Denken. Abenteuer, Spannung, Widerstandskraft, Romantik und Intelligenz – diese Worte, mit denen Nita ihren Traum beschrieben hatte, bezeichneten präzise die Qualitäten, die sie in Jan erblickte – *und diese Qualitäten waren unübersehbar.* Er war die Tatkraft selbst, dieser junge Mann. Noch in dieser Woche flog er los zu seinem medizinischen Praktikum. Nita hatte das Gefühl, durch ihn bis in die letzte Faser elektrisiert und neu belebt worden zu sein. Aber was noch entscheidender war: Sie war überzeugt, daß sie ihn verlieren würde, wenn sie ihm nicht folgte.

Und sie folgte ihm. Ihre Mutter fand die Beziehung gut. Ihre erste Verabredung war übrigens von den beiden Müttern arrangiert worden. Angesichts dieser Billigung entschloß sich Nita, mit diesem Fastfremden zusammenzuleben, ohne ihn jedoch zu heiraten. Wenig später setzte die elterliche Kampagne ein.

»Sie appellierten an meine niedrigsten Gefühle. Vom Verstand her kaufte ich ihnen diesen Nonsens, daß er mich heiraten würde, wenn er mich wirklich liebte, und daß ich damit zeigen würde, was für ein gutes Mädchen ich sei, nicht ab. Aber gefühlsmäßig traf ihr Argument. Ich wollte ihn zugleich heiraten und nicht heiraten, und so heiratete ich ihn unter gewaltigen Vorbehalten.«

Auch Jan wollte nicht unbedingt heiraten, doch da ihre Eltern darauf bestanden und da ein Mann selten eine Frau fand, die er mit seiner Tatkraft derart anstecken konnte, glaubte Jan, Nita würde immer verwirklichen, wozu sie sich entschlossen hatte.

In diesem ersten süßen, sanften Sommer, den sie zusammen verbrachten, schwelgte sie im Gefühl der Zeitlosigkeit. Schuldgefühle begannen sich erst einzustellen, als ihr bewußt wurde, daß der Rhythmus der schulischen Verpflichtungen wieder einsetzte. Sollte sie sich eine Stelle suchen oder sollte sie flexibel bleiben und sich für Jan verfügbar halten? Sie entschied sich für letzteres und belegte einige Kurse. Der bloße Gedanke, pro Jahr fünfzig Arbeitswochen ableisten zu müssen, entsetzte sie. Das Berufsleben kam ihr wie eine Falle vor. Die Lösung hieß: weiterstudieren.

»Ich weiß, daß ich meinen Doktor machen möchte«, pflegte sie ihr Problem an Sonntagen zusammen mit Jan wiederzukäuen, »doch ich weiß nicht, in welchem Fach.«

»Das liegt ganz bei dir, Liebling.«

»Ich könnte mir vorstellen in Meeresbiologie oder aber in Englisch«, wandte sie sich insgeheim an seine Autorität. »Was, glaubst du, wäre das Beste?«

In schwachen Augenblicken konnte er sagen: »Aber wenn du schreiben willst, wieso schreibst du dann nicht?«

»Ich würde es nicht schaffen. Ich bin nur guter Durchschnitt.«

Sie hätte auch den Beruf eines Ichthyologen, eines Bühnenschriftstellers, eines Hirnchirurgen oder eines Konzertpaukenschlägers ergreifen können – ja, das *sollte* sie eigentlich. Und ein weiteres funkelnagelneues »Sollte«, das Nita von ihrer Generation übernommen hat, bezieht sich aufs Kinderkriegen.

»Unvorstellbar für mich, ein Kind zu haben, für das ich nicht selbst aufkommen kann. Niemand sollte der Kinder wegen verheiratet bleiben. Wenn ich einen Beruf, wenn ich Verantwortung zu tragen hätte, dann würde ich wahrscheinlich Mutter sein wollen.«

Anstatt zu versuchen, zwischen ihrem Selbst und ihrem Inneren Wächter zu vermitteln, wandte sich Nita immer wieder an ihren Mann, damit er sie aus ihrem Dilemma heraushole.

»Ich kann dir nicht sagen, was du mit deinem Leben anfangen sollst«, erklärte er gewöhnlich.

Sie wußte zwar, daß er recht hatte, aber zum Teufel mit seiner Neutralität!

Diesen ganzen Sommer lang kam sie immer wieder ins Schwimmen bei dem Versuch, den Beruf zu wählen, der allen ihren Anforderungen gerecht werden würde. Er mußte mit Jans Zeitplan übereinstimmen, mußte von ihm anerkannt werden und mußte sie von ihrem Hausfrauendasein befreien. Und da – heureka! – eines Tages, als sie den Santa Monica Boulevard hinabfuhr, kam ihr eine glänzende Idee.

»Was ich wirklich möchte, ist Ärztin werden.« In ihre persönliche Gangart übersetzt, hieß das: »Ich wollte mit Volldampf los und auf der Stelle meine Scheine machen.« Drei Wochen nachdem sie sich ihrem neuen Programm verschrieben hatte, fühlte sich Nita unsicher und war überzeugt, sie würde scheitern.

»Du hältst das nicht durch«, meinte Jan, »du hast nicht genügend Dampf drauf.« Schließlich meinte er, sie könne ihren Versuch genausogut gleich aufgeben.

»Ich fühlte mich mies, als Jan mir das sagte, aber ich konnte ihn nicht widerlegen.«

Solange ihre Klagen darauf hinausliefen, daß Familie und Gesellschaft sie im Stich gelassen hätten, verhielt sich ihr Mann mitfühlend. »Eltern erziehen ihre Töchter zur Dienstbarkeit, damit sie diese finanzielle Belastung bald vom Hals haben«, schimpfte sie gern herum. »Weil man unterstützt wird, gerät man so leicht in Abhängigkeit. Man wird zum Herdenvieh, entwickelt weder Fachkönnen noch Motivation. Das macht mich wütend, aber wer versteht das schon?«

Jan sagte, er verstehe es.

Als sich diese wütenden Ausfälle von selbst erschöpften, begann Nita Jan zu beschuldigen, er habe sie in diese Zwickmühle gebracht.

»Ich bin neidisch. Du studierst Medizin und wirst von jedermann unterstützt. Ich möchte auch jemanden haben, der dir sagt, was meine Mutter die ganze Zeit mir sagt: ›Mein Gott, er arbeitet so schwer, er verdient es wirklich, ein schönes Zuhause zu haben und eine Frau, die für ihn zu Abend kocht.‹« Daraufhin sagte sie oft zornig zu ihrem Mann: »Ich will dieselben Vorrechte wie du. Warum unterstützt du mich nicht mehr?«

Das allerdings verstand Jan überhaupt nicht: »Was gibt dir das Recht, die Dinge für uns noch schwieriger zu machen? Ich arbeite so hart ich kann. Wieso machst du's uns nicht leichter?«

Er hat recht, begann Nita zu überlegen. Angewidert von ihrer eigenen Unentschlossenheit und verwirrt über ihre Lage schlechthin, begann sie zu verzweifeln: »Ich verhalte mich in einer Weise, die mir selbst nicht und die niemanden gefällt. Ich muß mich zusammenreißen oder ich gehe drauf.«

Nita, die nichts von halben Erfolgen hält, glaubt wie viele junge Frauen, daß sie, um ihre Andersartigkeit zu beweisen und ihren Ehrgeiz zu rechtfertigen, alles, was sie anpackt, glänzend bewältigen müsse. Alles oder nichts, ist die Devise. Durch die Stimme ihres Inneren Wächters eingeschüchtert bis zur Tatenlosigkeit kann sie sich aus ihrer Zwangslage nur noch durch Zauberei befreien: Sie muß ein Mensch werden, der so Glänzendes leistet und so selbstsicher ist, daß dieser Innere Wächter ein für allemal zum Verstummen gebracht wird.

Sie hätte zu sich selbst sagen können: »Okay, immer langsam voran. Ich lasse mich zunächst einmal als Kindergärtnerin ausbilden, während mir mein Studium eine gewisse Sicherheit vermittelt. Doch gleichzeitig werde ich mich daran machen, über Dinge, bei denen ich mich auskenne, nämlich über das Leben in der freien Natur, Abenteuergeschichten zu schreiben. Diese Geschichten werde ich Zeitungen und Zeitschriften anbieten. Und wenn ich von meiner Begabung überzeugt bin, kann ich meinen Lehrberuf aufgeben und Schriftstellerin werden.«

Doch statt dessen sagt sie zu ihrem Inneren Wächter: *Ich werde emanzipiert, befreit, sexuell aufgeklärt, karriereorientiert sein und keine Kinder haben – dein Gegenteil werde ich sein.* Doch ihr Innerer Wächter erteilt ihr nicht die Erlaubnis: *Wenn du das tust, wirst du teuer dafür bezahlen müssen, denn du wirst scheitern, dich festfahren und allein sein.*

Zu einem beliebten Verfahren, eine vertraute Beziehung zu verunstalten, greifen wir dann, wenn wir unseren Partner dazu bewegen möchten, unseren Phantomelternteil zu ersetzen und uns zu raten, was wir tun beziehungsweise lassen sollen. Dieses »Das und das sollst du nicht« kommt uns immer dann gelegen, wenn wir, um einer Sache aus dem Weg zu gehen, nach einer Entschuldigung suchen. In diese mißliche, doch weitverbreitete Lage bringen sich Männer ebenso wie Frauen.

Ganz gleich wie der Partner reagiert, seine Reaktion kann gegen ihn ausgespielt werden. »Du bist daran schuld, daß ich gescheitert bin. Du hättest wissen sollen, daß ich noch nicht so weit war.« Oder: »Wieso hast du mich nicht gelassen, wo ich doch die Chance hatte?« Doch es ist nicht der Partner, auf den wir uns verlassen sollten. Wollen wir uns effektiv weiterentwickeln, müssen wir uns auf uns selbst verlassen.

Jeder kann von Glück reden, wenn er einen Partner hat, der sich (wie Jan) nicht in die Rolle des Ratgebers drängen läßt. Doch viele Partner sind einfacher zu manipulieren. Der wohlmeinende Partner kann zum Bösewicht gestempelt werden, und aus der despotischen Ehefrau oder dem autoritären Ehemann wird nur zu rasch ein Ungeheuer.

»Es hat bisher nicht so ausgesehen, als würde ich scheitern, als hätte ich keine Richtung, kein Ziel«, meinte Nita. Doch nun ist sie sogar auf Jan böse. Immer ist er ihr voraus, ein selbstsicherer, starker, flexibler Mann, der auf seinen Skiern Figuren in den Schnee schwingt, der in einem perfekten Glissando die Wellen entlangreitet. Die Perversität der ganzen Situation entgeht ihr nicht.

Zwar hat sich Nita gelobt, ab ihrem fünfundzwanzigsten Geburtstag ein Ziel anzusteuern und diesem unbeirrbar entgegenzuarbeiten, doch was tut sie statt dessen? Sie weicht Schritt um Schritt zurück. Sie hat ihre Kurse an der Universität aufgegeben, ja sie hat sogar aufgehört, weiterzuwursteln.

Oberflächlich gesehen, macht Nita den Eindruck einer jungen Frau, die sich zwischen Beruf und Ehe hin- und hergerissen fühlt. Doch sie hätte ohne weiteres beides haben können; der Zwiespalt reicht tiefer. In ihrer äußeren Umgebung läuft für sie alles bestens. Trotzdem wird sie auf ihren Mann wütend, fleht ihn an, er möge ihre Unabhängigkeit anerkennen, doch er enthält sie ihr ja gar nicht vor. Enttäuscht in ihrem halbherzigen Versuch, Jan zu ihrem Problem zu machen, sucht sie nun nach einem anderen äußeren Anlaß, der ihr den richtigen Weg weisen soll.

»Jans Hauptargument ist, daß ich stets nach einem Trick suche, der wie ein ›Sesam öffne dich‹ wirken soll. Wenn ich das richtige Studienfach, den richtigen Psychiater oder das richtige Weiß-ich-Was finde, so meint er, wird die ganze Welt für mich plötzlich richtig einrasten.«

Die Überzeugung, daß es für jedes Problem eine Lösung gibt, wenn man nur den richtigen Knopf drücken kann, ist eine amerikanische Vorstellung. *Sie fühlen sich unbefriedigt? Wechseln Sie doch Ihr Studienfach, Ihren Job, Ihren Liebespartner, verändern Sie Ihre sexuellen Gewohnheiten, ziehen Sie fort aus der verschmutzten Stadt in die gesunden Vororte, ziehen Sie von den langweiligen Vororten zurück in die pulsierende Metropole.* Dabei entdecken wir immer wieder, daß uns die alten Probleme einholen, wenn sich der jeweilige Drück-den-Knopf-Effekt abgenutzt hat.

Der tote Punkt, den Nita erreicht hat, hat nichts damit zu tun, daß sie das falsche Studienfach oder den falschen Partner gewählt hat, und im Grunde weiß sie das auch. Wenn sie alle Möglichkeiten, Personen aus ihrer Umgebung zu Sündenböcken zu stempeln, aufgebraucht hat, beginnt sie den eigentlichen Bösewicht zu stellen.

»Ich stehe im Zwiespalt gegen mich selbst.«

Obwohl sie im Augenblick festgefahren ist, könnte Nita später durchaus wieder richtig in Fahrt kommen. Zumindest hat sie sich auf keine gehemmte Identität zurückgezogen. Sie ist immer noch fest entschlossen, ihre eigene Form zu finden. Doch kann sie dieser Bemühung müde werden und ihrem Eskapismus nachgeben. In diesem Fall würden wir in fünf Jahren vermutlich eine frustrierte Frau vor uns haben, die es ständig darauf anlegt, andere für ihr eigenes Scheitern büßen zu lassen. Wir würden alle gerne das Ende ihrer Geschichte kennen, doch es gibt kein Ende. Denn dort, wo Nita heute steht, steht sie fast am Anfang.

DRITTER TEIL

Die Bewegten Zwanzigerjahre

Was können wir kennen? Das Unbekannte.
Mein wahres Selbst eilt
Einem Berg entgegen –
Sichtbarer! O immer sichtbarer!

Theodore Roethke

7.

Der Wunsch nach einem »fliegenden Start«

Die Bewegten Zwanzigerjahre konfrontieren uns mit der Frage, wie wir in der Erwachsenenwelt Fuß fassen sollen. Voller Tatendrang und der Familie und der Formlosigkeit der Übergangsjahre entwachsen, möchten wir voller Ungeduld die uns gemäße Lebensform finden. Oder wir wollen, während wir nach dieser Form suchen, einen vorläufigen Status ausprobieren. Wir versuchen nun, uns in einem breiteren gesellschaftlichen Rahmen zu bewähren, und es ist uns bewußt, daß wir eine Art Probezeit durchmachen.

Wie verschiedenartig die von uns gewählten Formen auch ausfallen mögen, in den Bewegten Zwanzigerjahren konzentrieren wir uns stets auf Dinge, von denen wir glauben, daß wir sie tun *sollten.* Im Gegensatz dazu haben wir im vorausgegangenen Übergangsstadium, in dem wir uns von der Familie ablösten, lediglich gewußt, was wir *nicht* tun wollten. Erst der nächste Übergang hinüber in die Dreißigerjahre wird uns dazu bringen, das zu tun, was wir tun *wollen.*

Für diejenigen, die es sich leisten können, ist das Studium eine sichere und vertraute Form. Für Prüfungen zu lernen, ist etwas, was der junge Mensch bereits gelernt hat. Durch das Studium wird die Notwendigkeit, sich in der größeren, brutaleren Arena des Lebens zu bewähren, aufgeschoben. Heutzutage vergeht häufig ein Vierteljahrhundert, bis der einzelne von sich selbst oder bis andere von ihm erwarten, daß er seinen Lebensweg festlege. Eigentlich ist es für einen Abenteurer angesichts der allgemeinen Toleranz gegenüber dem Experiment der verlängerten Ausbildung und der eingeräumten Moratoria gar nicht ungewöhnlich, daß er an die Dreißig ist, ehe er seinen festen Lebenskurs steuert.[1] Die Siebenjahresphase dieses Stadiums scheint heute gewöhnlich vom zweiundzwanzigsten bis zum achtundzwanzigsten Lebensjahr zu reichen.[2]

Die Aufgaben dieses Zeitabschnitts sind zugleich schwierig und faszinierend: Der Mensch verwirklicht seinen Traum, er verwirklicht seine eigenen Möglichkeiten. Diese Periode dient der Vorbereitung auf ein Lebenswerk. In ihr kann die Begegnung mit einem Mentor stattfinden. Auch entwickelt der junge Mensch die Fähigkeit zur Intimität, wobei er sich die bisher erreichte Stabilität des Selbst bewahren sollte. Probeweise entsteht so die erste Lebensstruktur.

So war sich zum Beispiel ein junger Mann, der den verschwommenen

Wunsch hatte, auf kreativem Gebiet sein eigenes Unternehmen aufzuziehen, nicht sicher, ob seine starke Seite auf dem Gebiet der Fotografie, der Möbeltischlerei oder der Architektur lag. Da er keinen Mäzen kannte und da seine Eltern einfache Angestellte waren, suchte er sich eine Stelle. Er heiratete und er und seine Frau beschlossen, Kinder auf unbegrenzte Zeit zu verschieben. Nachdem ihre Lebensstruktur einmal stand, konnte er in seiner Freizeit seine Neigungen testen. Jedes Wochenende fotografierte er oder schreinerte für Freunde Bücherregale, und so erprobte er tatkräftig die verschiedenen kreativen Möglichkeiten, von denen er sich ein erfülltes Leben erhoffte.

Die Bewegten Zwanzigerjahre sind eine Periode, die länger und stabiler ist, wenn man sie mit den schwierigeren Stadien, die diesem Abschnitt vorausgehen und sich ihm anschließen, vergleicht. Obgleich jeder Hammerschlag, den wir für unsere erste äußere Lebensstruktur tun, eine Probe, ein Versuch ist, sind wir überzeugt, daß die ersten Verpflichtungen, die wir eingehen, die richtigen sind. Der Schwung, mit dem wir die Möglichkeiten dieses Stadiums erkunden, trägt uns gewöhnlich ohne große Störung durch die Zwanzigerjahre.

»Ich sollte . . .«

Ich sollte zuerst in einem großen Unternehmen Erfahrungen sammeln.
Ich sollte das System verändern helfen.
Ich sollte bereits verheiratet sein.
Ich sollte mit dem Heiraten warten, bis ich was geleistet habe.
Ich sollte meinen Leuten helfen.
Ich sollte als Präsident kandidieren, denn für was sonst habe ich studiert.
Das ist jetzt die Zeit, in der ich frei sein und in der ich alles mögliche versuchen sollte.

Alle diese »Ich sollte« sind bestimmt durch die Familie, in die man hineingeboren wurde, den Druck der Kultur und/oder die Vorurteile unserer Altersgenossen. Natürlich verändern sich die Anforderungen, die die Zivilisation an uns stellt. Als die Revolution unserer Einstellungen im letzten Jahrzehnt ihren Höhepunkt erreichte, veränderten viele junge Leute beiderlei Geschlechts ihre »Ich sollte«-Einstellungen. Eine Zeitlang mieden junge Amerikaner jedes Ideal, jede Institution. Der Feind war bekannt: Es waren das große Business, die große Machtpolitik, die große Lüge in Vietnam. Doch während die jungen Männer der Gegenkultur den männlichen Chauvinismus eines Leutnant Calley ablehnten und aus der Gesellschaft ausstiegen, um sich dem alten amerikanischen Erfolgsmodell zu widersetzen, gab es viele gleichaltrige Frauen, die in diese Lücke drängten und ihre Positionen besetzten. Das war die Gelegenheit, und sie nutzten sie. Im derzeitigen gesellschaftlichen Klima scheinen junge Frauen das Gefühl zu haben, sie müßten ins Parlament, während viele junge Männer um »sinnvolle Beziehungen« bemüht sind. Und das empfängnisverhütete, bewußtseinserneuerte Paar ist der Ansicht, Menschen sollten zunächst zusammenleben, ohne zu heiraten und ohne Kinder zu bekommen.

Einer der erschreckenden Aspekte der Zwanzigerjahre ist die Überzeugung, daß die Entscheidungen, die wir treffen, unwiderruflich seien. Wenn wir uns für die Hochschule entscheiden oder in eine Firma eintreten, wenn wir heiraten oder unverheiratet bleiben, wenn wir an den Stadtrand ziehen oder ins Ausland auf Reisen gehen, wenn wir uns gegen Kinder oder gegen einen Beruf entscheiden, dann befürchten wir im Innersten, diese Entscheidungen seien endgültig. Diese Befürchtung ist zumeist falsch. Denn eine Änderung unserer ursprünglichen Entscheidungen ist nicht nur möglich, sondern wahrscheinlich unumgänglich. Doch da wir in den Zwanzigerjahren im Treffen von Entscheidungen noch unerfahren sind, können wir uns nicht vorstellen, daß wir später, wenn wir uns innerlich weiterentwickelt haben, Gelegenheit haben werden, uns besser zu integrieren.

Auch in dieser Periode sind zwei Kräfte in uns am Werk. Zum einen bemühen wir uns durch stärkeres Engagement um eine stabile, sichere Struktur für die Zukunft. Dadurch stärken wir die Position unseres vorsichtig Sich Bindenden Selbst. Menschen hingegen, die ohne eigentliche Selbstprüfung in eine vorgefertigte Form schlüpfen, finden sich später häufig in einem Einsperrungsmuster wieder.

Zum anderen wollen wir erforschen und experimentieren und jede Struktur als vorläufig und folglich als widerrufbar und auflösbar begreifen. So befriedigen wir die Sehnsüchte unseres Erkundenden Selbst. Im Extremfall ist dieses Lebensmuster sehr wandelbar. Ein Beispiel sind die jungen Menschen, die in ihren Zwanzigerjahren ständig die Stelle und den Freund oder die Freundin wechseln.

Das relative Gleich- beziehungsweise Ungleichgewicht, das zwischen diesen beiden Bestrebungen zustande kommt, erklärt die unterschiedliche Art, in der sich die Menschen durch diesen Abschnitt des ersten Erwachsenseins hindurch entwickeln und bestimmt in hohem Maße, wie wir uns am Ende dieses Abschnitts fühlen.

Wie sehr wir uns durch unsere Zukunftsaussichten Anfang der Zwanzig auch befeuert fühlen mögen, fest steht doch, daß sie alles andere als vollständig sind. Während wir freudig unsere glänzenden neuerworbenen Fähigkeiten zur Schau stellen, immer verfolgt uns auch die geheime Angst, wir würden so nicht ungestraft davonkommen, dem Hochstapler in uns werde schon jemand auf die Schliche kommen.

Ein vierundzwanzigjähriger tatkräftiger Juniorchef, der in einer erstklassigen Public-Relations-Firma arbeitete, ließ nichts von den Ängsten erkennen, die ihn im Innersten quälten. Doch was erzählte er? »Ich entdeckte, daß ich nicht erwachsen geworden war. Ich war erstaunt, wie gut mir meine Arbeit von der Hand ging. Wenn Kunden mich wie ihresgleichen behandelten, dachte ich: ›Ich bin noch mal davongekommen!‹ Doch es war kein angenehmes Gefühl. Ich hatte schreckliche Angst davor, sie könnten eines Tages herausfinden, daß ich ein Kind geblieben, daß ich einfach nicht gewappnet war. Während der anderen Hälfte der Zeit erfüllte mich ein gewaltiges Selbstvertrauen und eine enorme Arroganz – in meinen Augen war ich ein toller Bursche, der die unmöglichsten Dinge schaffte und von dem jeder glaubte, er sei ein Mordskerl. Diese zwei Seiten waren aber gleichzeitig in mir vorhanden.«

Viele sind sich solcher Ängste nicht bewußt. Mit der Prahlerei, mit der wir anderen etwas vormachen, machen wir uns selbst etwas vor. Zur chaotischen Formlosigkeit, die darunter liegt, ist es nicht weit. So aber probieren wir eifrig die verschiedensten Lebensuniformen und Partner aus, um die perfekte, die einzigartige Möglichkeit zu entdecken.

»Perfekt« ist immer der Mensch, von dem wir glauben, er könne uns in unserer Zukunft befeuern und unterstützen, oder der Mensch, an den wir glauben und dem wir helfen wollen. Vor zweihundert Jahren, so wird erzählt, lebte in deutschen Landen ein junger Dichter, der, zerrissen von seiner hoffnungslosen Leidenschaft zu einer »vollkommenen« Frau, ein Glas trank, eine Pistole ansetzte und sich eine Kugel durch den Kopf jagte. Es war ein Schuß, der in der ganzen Welt widerhallte. Der Lebensflüchtling voller Liebeskummer, der da geschossen hatte, war der Held in Goethes *Die Leiden des jungen Werther*, ein Werk, das zu jener romantischen Bewegung beitrug, die bis zum heutigen Tag auf unsere Vorstellungen von der Liebe abfärbt. Goethe war fünfundzwanzig Jahre alt, als er diesen Roman schrieb. Und wie sein erfundener Werther, litt auch er an seiner Liebe zu einer einem anderen zugehörigen, unerreichbaren Frau, deren Geheimnis ihn zu seinen Vollkommenheitsphantasien inspirierte. Goethes Held freilich schlug bei den damaligen jungen Leuten in Europa eine Saite so intensiv an, daß die Veröffentlichung seines Buches eine Welle von Selbstmorden nach sich zog.

Heute wie damals ist es aufschlußreich, Spekulationen über das Ausmaß anzustellen, in dem junge Männer ihr romantisch verklärtes Bild von der geliebten Frau erfinden. Sie kann ein Zauberchamäleon sein, das, wenn nötig, dem Mann zur Mutter wird, um im nächsten Augenblick schutzbedürftiges Kind zu sein, ein Chamäleon, das seine Männlichkeit verführend bestätigt und seine Ängste (eigene Ängste hat sie nicht zu haben) beschwichtigt, ein Chamäleon auch, das ihm als Trägerin seines Samens Unsterblichkeit garantiert.

Und inwieweit erfindet die junge Frau den Mann, den sie heiratet? Häufig sieht sie in ihm Möglichkeiten, die niemand sonst an ihm entdeckt, und sie stellt sich vor, sie sei in seinem Traum *der* Mensch, der ihn wahrhaft verstehe. Solche Illusionen sind der Stoff, aus dem die Zwanzigerjahre gemacht sind.

Wir verstehen den Begriff »Illusion« gewöhnlich abwertend als etwas, von dem wir uns freimachen sollten. Doch können die Illusionen der Zwanzigerjahre insofern eine entscheidende Rolle spielen, als sie unsere ersten Engagements spannungsreich gestalten und uns so lange darin festhalten können, bis wir einen ersten Schatz an Lebenserfahrungen gesammelt haben.

Die Aufgaben, die vor uns liegen, sind aufregend, schwierig, ja überwältigend, doch eines wissen wir in den Zwanzigerjahren meistens gewiß: daß der Wille alles schafft.

Geld kann knapp sein. Darlehen und Kredite können sich häufen. Der gefährliche Reiz, den ganzen Krempel hinzuwerfen, kann den angehenden Arzt, Schriftsteller oder Sozialarbeiter heimsuchen. Doch brauchen wir – zumindest scheint es so – nur unseren scharfen Verstand und unseren starken Willen einzusetzen, um alle Widerstände früher oder später zu überwinden.

Ein Selbsttäuschung? Zum großen Teil gewiß. Doch in diesem Stadium ein äußerst nützlicher *modus operandi.* Denn wenn wir nicht an die übermächtige Kraft unseres Verstandes glaubten, wenn wir nicht überzeugt wären, wir könnten aus uns machen, was immer wir wollen, würden wir gar nicht erst den Versuch unternehmen. Denn Zweifel lähmen. Wogegen die Überzeugung, wir seien unabhängig, uns in unseren diesbezüglichen Versuchen bestärkt und unterstützt.

Erst in einem späteren Lebensabschnitt entdecken wir, daß auch die Logik nichts an der Einsamkeit der Menschenseele ändern kann.

Wenn wir glauben, wir hätten uns mit der realen Welt angefreundet, und wenn wir im Begriff sind, unseren Lebensweg festzulegen, treiben uns unser Optimismus und unsere Vitalität in Riesenschritten voran. Wir sprühen vor Leben, wenn wir dabei sind, eine feste Form anzunehmen.[3] Diese Regel gilt im ganzen Leben, sie gilt für die verschiedenen Formen, durch die wir uns hindurchentwickeln. Die allererste unabhängige Form allerdings kann den Eindruck erwecken, als sei sie für immer gedacht, so daß wir hartnäckig an ihr festhalten.

Deshalb behaupten Menschen in ihren Zwanzigerjahren gewöhnlich steif und fest, ihr Lebensweg sei der einzig wahre.[4] Bei jeder Andeutung, wir könnten unseren Eltern ähneln, schwillt uns der Kamm. Selbstbeobachtung ist eine gefährliche Sache. Zwar verschwindet sie nicht völlig, doch bildet sie kein wesentliches Merkmal dieser Periode. Ein Zuviel an Selbstbeobachtung würde mit dem Handeln in Widerstreit geraten. Was würde geschehen, wenn wir die Wahrheit herausfänden? Die Wahrheit nämlich, daß die Eltern, unbewußt von uns als Wächter verinnerlicht, eben jenes Gefühl der Sicherheit vermitteln, das uns diese ersten großen Starts der Zwanzigerjahre überhaupt erst ermöglicht. Doch die Eltern sind auch die inneren Diktatoren, die uns ständig bremsen.

Alle Teile unserer Persönlichkeit, die mit unserem »einzig wahren« Lebensweg in Konflikt geraten können, müssen fürs erste unbedingt ausgeschaltet werden. Wir können, wir wollen, wir wagen nicht zu wissen, wie stark wir durch unsere Vergangenheit beeinflußt werden: durch die Identifizierung mit unseren Eltern und die Abwehrmechanismen, die wir in der Kindheit erworben haben. Tatsächlich ist dies das Alter, in dem wir, wenn jemand etwas an uns oder wir selbst etwas an unserem Partner auszusetzen haben, der festen Überzeugung sind, man müßte uns oder wir müßten den Partner lediglich darauf hinweisen.

»Wenn dir was an mir mißfällt, dann sag's mir einfach«, meint der oder die Jungverheiratete in dem Wunsch zu gefallen, und »Ich werde es abstellen« fügt er oder sie hinzu. Erfolgt kein solches Angebot, ist der andere entschlossen, die Sache für den Partner in die Hand zu nehmen. »Er trinkt zur Zeit ein bißchen viel«, gesteht die Braut ihrer Freundin, »doch das werde ich abstellen.«

Eine Überprüfung der Einflüsse, denen wir unterliegen, findet wieder in den Dreißigerjahren statt, wenn wir in unserer Außenwelt festen Fuß gefaßt haben. Und wenn wir mitten in den Vierzigern stehen, werden wir immer noch jene verschütteten Teile unseres Ichs ausgraben, die wir in den Zwanzigerjahren so gut wie möglich zu ignorieren versuchen.

8.
Das »einzig wahre« Paar

Für ein Paar sind dies die Jahre eines ständigen Auf und Ab. Die Schwünge nach oben sind atemberaubende, stürmische, triumphale Durchbrüche eines »Wir können!« Die Stürze nach unten sind ein abruptes Absacken. Wir versuchen sie abzuleugnen, weil wir uns auf dem Höhepunkt unserer Illusionen unser mögliches Unvermögen unmöglich eingestehen können. Unser Optimismus gerät durch unsere Erwartungshaltung zum Höhenflug. Das wird eine glückliche Zeit. Ob sie es wirklich war, wissen wir erst, wenn wir den Zwanzigerjahren entwachsen sind.

Da wir unser eigenes Innenleben und das unseres Partners nicht eigentlich kennen, werden wir in diesem Stadium vor allem von äußeren Kräften beherrscht. Und da die bereits Erwachsenen von psychischer Hygiene keine Ahnung haben, sind sie nicht imstande, dem jungen Paar Möglichkeiten aufzuzeigen, wie es seine eigene Individuation fördern und gleichzeitig sein Bedürfnis nach Sicherheit befriedigen kann. Gelegentlich kommt es zum gelungenen Kompromiß. Doch wesentlich häufiger geschehen die Wachstumsschübe unregelmäßig. Wenn er einen Aufschwung erlebt, hat sie oft das Gefühl abzurutschen; und wenn sie bereit ist, selbst zum Höhenflug anzusetzen, kann er in schiere Mutlosigkeit absacken. Eine feste Form zu gewinnen – nur darum geht es in den Zwanzigerjahren.

Die sich gleichzeitig entwickelnde Einstellung zur Liebe sieht völlig anders aus: Vorbild sind hier die Partner, die sich zusammen entwickeln. Diese Idealisierung schadet uns, zumal sie sich in der Auffassung vieler Eheberater, Soziologen, Frauenzeitschriften und in vielen Psychologiekursen widerspiegelt.

In einer patriarchalischen Gesellschaft wie der unsrigen ist eine derartige »Tandem-Entwicklung« völlig unmöglich. Nur die eine Hälfte des Paares erfreut sich jener einmaligen Lebensstütze namens »Ehefrau«. Zur grundlegenden Determinante des unterschiedlichen Tempos gesellt sich auch noch die des sozialen Wandels. Sogar in einer relativ stagnierenden Gesellschaft sind die Chancen, daß sich ein Paar zusammen entwickeln könnte, denkbar gering. Alvin Toffler pflichtet in seinem Buch *Der Zukunftsschock* dieser Ansicht bei und weist zusätzlich darauf hin, daß diese Chancen gleich null sind, wenn sich der soziale Wandel stark beschleunigt: »In einer rasch sich wandelnden Gesellschaft, in der sich nicht einmal, sondern fortwährend viele Dinge ändern, in der der Ehemann mannigfache ökonomische und soziale Skalen hinauf- und hinabgleitet, in der die Familie immer wieder aus ihrem Heim und der sie umgebenden Gemeinschaft herausgerissen wird, in der sich das Individuum immer weiter von der ursprünglichen Religion und von überlieferten Werten entfernt, in einer solchen Gesellschaft ist es fast ein Wunder, wenn sich zwei Menschen in einem vergleichbaren Tempo entwickeln.«[1]

Das erste Ehejahr ist gewöhnlich der Gipfelpunkt des Glücks. Irgendwann im zweiten Jahr geht es mit der Zufriedenheit in der Regel langsam bergab; dies ist der Beginn einer U-Kurve, die ihren niedrigsten Punkt Ende der Dreißiger erreicht. Läßt sich das Ehepaar davor scheiden, findet diese Scheidung mit großer Wahrscheinlichkeit sieben Jahre nach dem ersten Zusammengehen der beiden statt, also um die heikle Zeit des dreißigsten Jahres herum.

Diese Wahrscheinlichkeitswerte, die auf einer Zusammenfassung von Untersuchungen und Statistiken fußen, ändern natürlich nichts an jenem Zustand der Glückseligkeit, den sich die meisten unter uns mit Zweiundzwanzig erhoffen.

Was wir, wenn wir ausdauernd genug sind, lernen können, ist eine gewisse Beherrschung des verzwicktesten und geheimnisvollen aller Drahtseilakte: die Kunst, dem anderen zu geben und gleichzeitig sich selbst zu bewahren. Oder, um es anders auszudrücken, die Fähigkeit zur Intimität.

Um echte Intimität geben und nehmen zu können, muß man eine ausgeprägte Identität entwickelt haben. Frühehen hindern den jungen Menschen häufig daran, an sich selbst zu arbeiten, da er als Ehepartner und Elternteil in einen Raster von Verpflichtungen gezwängt wird. Im Jahr 1950 hat Erikson erklärt, die Entwicklung der Fähigkeit zur Intimität sei die Hauptaufgabe der Zwanziger- und Dreißigerjahre. Doch das Wertsystem, von dem die Psychoanalyse damals ausging, beschrieb »echte Intimität« vage als die selbstlose Hingabe an den anderen. Das Selbst war eine verschwommene Vorstellung. Da das Schwergewicht heute auf der Autonomie liegt, müssen die Ehepartner in den Zwanzigerjahren selbst zusehen, wie sie mit dem Auf und Ab fertig werden. Doch überzeugt, wie man in diesem Alter von sich ist, ist man natürlich sicher, daß man auch diese Großtat vollbringen wird.

Serena Carter (die junge Frau, der wir bereits im fünften Kapitel begegneten) versicherte mir, ihr Mann und sie seien so gut wie krisenimmun. In einem Brief hatte sie sich gegen einen Artikel gewandt, in dem ich die weitverbreiteten Schwierigkeiten dargestellt hatte, denen sich das Paar um die Dreißig herum ausgesetzt sieht. Weder sympathisierte noch identifizierte sich Serena:

Ihre Männer sind kindische, unrealistische, unsichere Menschen, die die Schuld an allem Schlimmen, das ihnen zustößt, ihren Frauen geben, während sie alles Gute, das ihnen passiert, ihrem eigenen überlegenen Urteilsvermögen zuschreiben . . . Ich kann mir nicht vorstellen, daß sich mein Mann, wenn ich mit einem Collegezeugnis und ohne Kinder Dreißig werde, an mich heranmacht, mich in die Rippen stößt und sagt: »Schätzchen, jetzt ist die Bildung dran.«

Ihr Brief klang unverkennbar nach einer Frau in den Zwanzigerjahren, die in der Überzeugung lebt, daß ihr derzeitiger Lebensweg der richtige sei und daß vernünftiges Bemühen alles regeln könne.

»Ich habe das Gefühl, Sie und Ihr Mann könnten typische Vertreter der Lebensauffassung der Zwanzigerjahre sein«, schrieb ich zurück. »Wie wäre es, wenn Sie an meinem Buch mitwirken würden?«

Begeistert willigten sie ein. Sie waren beide Vierundzwanzig, voller Neugierde und erst vor kurzem aus der Eingleisigkeit des protestantischen Mittelwestens in die erregende, vielsprachige Upper West Side Manhattans übergesiedelt. Serena, selbstsicher und gesetzt, öffnete mir die Tür. Jeb, ihr scheuer blonder Mann, pinselte gerade an einem Schaukelstuhl. Beide versicherten mir, es gebe für sie kein Problem, für das sie nicht die »glückliche Mittellösung« finden könnten. Doch am Ende unserer ersten Sitzung musterte mich Serena verlegen und stirnrunzelnd und stellte mir eine Frage, die ein Motto dieses Entwicklungsstadiums sein könnte:

»Warum klingt es immer so, als sei ich ständig im Zweifel, obwohl ich meiner selbst doch sehr sicher bin?«

Bei den meisten Menschen zwischen Zwanzig und Dreißig verbirgt sich unter dem Panzer aus Optimismus dieses zweiflerische Gefühl. Tatsache ist, daß weder Serena noch Jeb Carter von den vorhersagbaren Krisen des Älterwerdens verschont geblieben sind. Positiv ist nur, daß sie einander im letzten Übergangsstadium helfen konnten, ohne sich dessen allerdings bewußt zu sein. Und indem sie nun zwischen Unabhängigkeit und Abhängigkeit hin und her pendeln, hilft der eine dem anderen, sein neues Gleichgewicht zu stabilisieren.

Über ihre erste Begegnung erzählt Jeb: »Sie war die erste Frau, bei der ich überzeugt war, ich könnte mich ihr anvertrauen. Sie hat mich nie ausgelacht.« Jeb ist überzeugt, daß Serena ihn damals verändert habe.

Doch seltsamerweise meint Serena, damit habe sie nichts zu tun. Fragt man beide, wer von ihnen damals wohl der »Stärkere« gewesen sei, bleibt die Beantwortung dem Fragesteller selbst überlassen.

»Als ich Jeb kennenlernte«, erläutert Serena, »hatte ich gerade eine schreckliche Liebesgeschichte hinter mir. Ich fing an, wahllos herumzuschlafen, und dazwischen kriegte ich Weinkrämpfe. Es war schlimm, weil ich mich immer für ziemlich stabil gehalten hatte.« Sie war damals Zwanzig. »Es gab zwei Menschen, die mich da rausholten. Meine Zimmergefährtin – sie war eine Art Ersatzmutter. ›Ich dreh durch‹, so heulte ich bei ihr herum, und sie sagte dann: ›Du bist einfach durcheinander. Trotzdem bist du derselbe Mensch, der du gestern auch warst.‹ Der andere Mensch war Jeb. Bei ihm weinte ich mich aus.«

Jeb beschreibt seine anfängliche Reaktion: »Ich mochte Serena, aber den starken Mann spielen, das mag ich nicht.«

Worauf Serena entgegnet: »Jeb ist nach wie vor der einzige Mann, den ich kenne und der mir die Wahl läßt, nicht mit ihm übereinzustimmen, ohne daß er sich deshalb beleidigt oder bedroht fühlen würde. Ich bin energisch und ich brauche jemanden, der energisch argumentieren kann.«

Erstaunt blinzelnd meint Jeb: »Ich halte mich für keinen Energiebolzen.«

»Ich glaube, daß du viel stärker als andere Männer bist«, beharrt seine Frau.

»Noch heute macht sich Serena keine Vorstellung von dem Nebel, in dem ich herumtapste, als wir uns kennenlernten.«

»Er kam von selbst wieder auf die Beine; ich war nur zufällig dabei.«

»Wäre Serena nicht gewesen, ich hätte das Handtuch geworfen.«

Und so weiter. Amüsant daran ist nur, daß beide recht haben. Denn in Wirklichkeit war jeder von ihnen in einem Bereich stark, in dem der andere Unterstützung brauchte.

Was die berufliche Zielstrebigkeit anbetraf, war Serena ihren Freundinnen am College weit voraus. Sie war bereits Journalistin, und zwar keine Klatschspaltentante für die Schülerzeitung, sondern Mitarbeiterin bei einer großen Zeitung. Alles, was sie trennte von ihrem Traum, sich mitten ins Weltgeschehen zu stürzen, war – so meinte sie jedenfalls – ein weiteres Schuljahr. Doch im Gefühlsbereich hatte Serena durch dieselbe natürliche Überschwenglichkeit böse Schlappen einstecken müssen.

Immer wieder verliebte sie sich in junge Männer, die von der aufgeschlossenen Frau schwärmten, wobei sich später freilich herausstellte, daß diese jungen Männer zu Hause schluchzende Verlobte sitzen hatten, die fleißig ihr Hochzeitssilber putzten. Ihr letzter Liebhaber dieser Gattung hatte sie verlassen, weil er glaubte, sie sei schwanger. Ein falscher Alarm zum Glück. Später, als sie ihm von ihren einsamen Nachtwachen erzählte, warf er ihr vor, sie gewähre ihre Gunst leichtfertig. Als sie Jeb kennenlernte, fühlte sie sich schlimmer als eine Hure. Sie brauchte eine Zeit der Läuterung. Diese Möglichkeit bestand bei Jeb, denn er war die Unschuld selbst.

Jeb kam aus dem Mittelwesten, wo der freimütigste Autor, den man an den Schulen lehrte, Shakespeare hieß. Was wußte er damals schon über Sex? »Ich möchte nicht sagen, daß es einfach für mich war, aber bei Serena fühlte ich mich sicher. Sie zögerte zuerst etwas . . .«

An einem Abend im folgenden Herbst passierte es dann: Serena kam in die Tankstelle, in der Jeb seinen Job hatte, gebraust. Es war der Tag, an dem sie ihre innere Zwiespältigkeit einfach hinter sich ließ und voller Begeisterung ihre Arme um den Hals des kleinen, schüchternen Jungen im Tankwartanzug warf. Wenig später zog Jeb zu ihr in die Wohnung. Das Gefühl, mit jemand anderem ein Ganzes zu bilden, war wie ein Fest für ihn. Sein Heiratsantrag ließ nicht lange auf sich warten . . .

»Ich hatte in ihr einen Menschen gefunden«, so berichtet Jeb, »dem ich mich vorbehaltlos anvertrauen konnte, und verlieren wollte ich sie nicht. Vermutlich ist das Liebe.«

Und Serena: »Ich hatte es satt, mich in Beziehungen, die zu nichts führten, voll zu engagieren. Ich beschloß, nichts unversucht zu lassen, damit es dieses Mal klappte. Ich hatte allen Grund zu sagen: ›Leben wir doch nicht bloß zusammen, heiraten wir doch nicht bloß, sondern machen wir was draus!‹«

Worauf Jeb in seiner Selbsteinschätzung ein Lapsus unterläuft, der für die Zwanzigerjahre charakteristisch ist: »Es war schon richtig. Denn ob ich Serena heiraten wollte oder nicht, war völlig unabhängig davon, welchen Weg ich einschlagen und was ich mit meinem Leben anfangen würde.«

Dann erzählen die beiden, so als sei es eine Nebensache, daß sich Jeb, ehe sie heirateten, um einen Studienplatz an der juristischen Fakultät beworben hatte und abgewiesen worden war. Der Dekan der Ingenieurschule, die er vorher besucht hatte, hatte ihm ein schlechtes Zeugnis ausgestellt. Das war für beide ein idealer Rückschlag.

»Serena konnte jetzt ihre Schule fertigmachen und ihren Job bei der Zeitung behalten«, erklärt Jeb. »Mir aber machte es Spaß, ein Jahr lang bei dieser Tankstelle zu arbeiten.«

Er mochte seine Kollegen, vor allem seinen trinkfreudigen Boß, der ihn nach Lust und Laune unter den Tisch trinken konnte. Jeb wechselte jetzt zur Spätschicht über, und auch das gefiel ihm. Er ging gar nicht erst heim, um seine Uniform auszuziehen, sondern machte sich gleich auf den Weg zu seiner Stammkneipe, um dort bis zur Polizeistunde zu trinken. Immer stieß auch Serena zu ihm, die dieses Jahr ebenfalls genoß.

Wenn wir eine alte Familienstruktur und ein altes Selbstgefühl abstreifen und uns verletzbar und ängstlich fühlen, sind wir versucht, uns an unseren Phantomelternteil mit allen seinen Schwächen zu klammern. Genau das tat Jeb. Doch indem er in die Mentalität seines verinnerlichten

Vaters schlüpfte und von seiner Hände Arbeit lebte und ebensoviel trank, wie sein Alter getrunken hatte, konnte er die »schlechten« Teile seiner elterlichen Identifizierung ausleben und die »guten« beibehalten. Er machte die Erfahrung, daß er trinken konnte, ohne zum Alkoholiker zu werden, daß ihm körperliche Arbeit Spaß machte, ohne daß er gleich Ingenieur werden wollte, daß er seine Gefühle äußern konnte, ohne seine Frau brutal zu behandeln. So gelangte Jeb zu seiner eigenen Wertigkeit.

Es war dieses persönliche Moratorium, das es Jeb im nächsten Jahr erlaubte, einen guten Schritt voranzukommen. Nachdem er seinen eigenen Fähigkeiten zu vertrauen begonnen hatte, war er bereit, sich zu einem völlig anderen zu entwickeln als der, zu dem man ihn erzogen hatte. Sein großer Traum hieß: Anwalt bei Gericht. Und wenn ihn jemand auslachte, was machte das schon? Er hatte jetzt Serena, die an ihn glaubte.

»Bevor das Jahr um war, wußte ich, was ich wollte. Ich wollte an eine angesehene juristische Fakultät. Und ich schaffte es – es war die New Yorker Columbia Universität, die mich nahm. Ich war richtig aufgeregt über diesen kleinen Landjungen, der da aufbrach in die große Stadt.«

Die gezielte Pause, die Jeb einlegte, lief glänzend mit Serenas Bedürfnissen synchron. Sie brauchte einen Mann, der ihre Freundschaft würdigte, bevor er mit ihr schlafen wollte. Auch konnte sie ihre Ausbildung an einem Ort abschließen, an dem man ihre Person schätzte.

Der einzige Fehler, der dem »einzig wahren« Paar noch unterlaufen konnte, war die Erwartung, daß diese glückliche Synchronizität ihrer Bedürfnisse andauern konnte.

Die Wandlungen des »einzig wahren« Paares

Es gibt die Partner nicht, die alle ihre Entwicklungskrisen aufeinander abstimmen könnten. Der zeitliche Rahmen der äußeren Möglichkeiten des einen wird kaum je dem Rahmen des anderen entsprechen. Doch was noch wichtiger ist: Jeder Mensch besitzt eine innere Lebensstruktur, die ihre besonderen Merkmale aufweist. Je nachdem, wie sich die bisherige Entwicklung abgespielt hat, wird jeder auf seine Weise hin und her pendeln zwischen Zeiten voller Gewißheit, Hoffnung und gesteigerter Tatkraft und Zeiten voller Verletzbarkeit, Zerstreutheit und Angst.

So sieht das gegenwärtige Dilemma der Carters aus. Zum ersten Mal befinden sich zwei Menschen, die sich für ein krisensicheres Paar gehalten haben, in einer Situation, die so gar nicht mit jener »für beide Seiten vorteilhaften glücklichen Kompromißlösung« übereinstimmt. Und es stört sie, daß sie dies zugeben müssen.

»Serena hatte Angst vor dem Umzug nach New York«, beginnt Jeb schuldbewußt, »sie hatte Angst, dieser Schritt könnte uns verändern.«

Zum Glück tat er das auch.

»Ich war immer bereit, sich bietende Chancen zu nutzen«, sagt Serena abwehrend, »bereit, fortzugehen – an eine Akademie, eine High School, ein College. Doch ich war nicht bereit, nach New York zu gehen. Ich glaube, ich hatte Angst. Ich fühlte mich wie ein Fisch auf dem Trockenen. Ich dachte, ich müßte sterben. Außerdem gab es ja Jeb, der von mir abhängig war.«

Nun ist Serena die Verunsicherte. Obwohl sie – jedenfalls in den Augen ihres Mannes – den Eindruck einer jungen, resoluten Karrierefrau macht, sieht Serenas wirkliche Gangart anders aus. Sie ist furchtlos, kompetent und konkurrenzstark – bis sie, symbolisch gesprochen, ganz oben an der Sprungschanze steht. Denn nun vergleicht sie sich, was völlig unsinnig ist, mit dem besten Skispringer der Welt (»Ich bin nicht Jean-Claude Killy, kann also nie gut genug sein«) und tritt vom Schanzenrand zurück.

»Mit zwölf Jahren bot man mir ein Stipendium für eine Kunstschule an. Da mußte ich mich fragen, wie begabt ich eigentlich war.«

Und dann mit Vierzehn: »Mein Tanzlehrer wollte mich in eine Tanzgruppe stecken. Der Einfluß meiner Mutter bestand darin, daß sie keinen hatte. Ich mußte mich also entscheiden. Beide Male meinte ich, ich sei nicht gut genug. Nie würde ich eine Margot Fonteyn werden.«

Doch der Wunsch, erfolgreich zu sein, blieb stark, wie das bei der ältesten Tochter aus einer Familie mit lauter Mädchen gewöhnlich der Fall ist.

Trotz ihres beruflichen Erfolges – sie avancierte vom Collegeblatt zu einer größeren Zeitung – und trotz ihrer Entschlossenheit, nicht das Opfer eines Mannes zu werden, war es am Ende doch sie, die vorschlug zu heiraten. In emotionaler Hinsicht hatte sie sich aufgegeben, sexuell war sie enttäuscht und als promisk hingestellt worden; nun sah sie sogar ihre Karriere gefährdet.

»Das ist das erste Anzeichen für eine schlechte Reporterin«, hatte ihr Redakteur geschimpft, weil sie sich vergebens mit einer Rassenstory herumschlug. »Da ging mir zum erstenmal auf, daß ich nicht Spitze bin. Und ehe ich mich zur Ehe entschloß, mußte ich mir klar darüber werden, wie gut ich war. Als Reporterin, meine ich. Gut im Sinne von Mozart oder Fonteyn oder Nurejew.«

Auch hier wieder der unmögliche Vergleich als Ausweg. Wenn sie Jeb, den sie ja außerdem liebte, heiratete, würde sie sich nicht mehr anzustrengen brauchen. Sie müßte dann nicht versuchen, Spitze zu sein, müßte nicht riskieren, sich als mittelmäßig zu entpuppen, oder Gefahr laufen, ihren Vater zu enttäuschen oder Männer als Rivalin vor den Kopf zu stoßen.

Auf diese Weise konnte sie fürs erste dem Scheitern wie dem Erfolg aus dem Weg gehen. Serena konnte das Aufschieben ihres Traumes auf einfache Weise rationalisieren: »Will man auf einem Gebiet wirklich gut sein, dann darf man nicht heiraten. Da bin ich ganz einer Meinung mit Katherine Hepburn. Doch ich spürte auch, daß diese Beziehung für mich wichtiger war als alle Preisverleihungen der Welt.«

Vier Jahre später hat Serena Carter einen kleinen Job in einer großen Stadt und versucht beharrlich sich einzureden, daß Jeb und sie noch einmal den besten Kompromiß finden werden. Sie fragten sich, ob sie in eine kleinere Stadt ziehen sollten, in der Serena wieder journalistisch arbeiten könnte. Oder sollten sie in New York bleiben, damit Jeb die Chance hätte, seinen Traumberuf zu verwirklichen?

»Als wir nach New York gingen, schwante mir zwar, daß ich einen Teil meiner Individualität aufgeben müßte, doch ich schwindelte mich darüber hinweg. Ich glaubte, die Chancen, die sich Jeb dort boten, würden alle zeitweiligen Nachteile, die mich betrafen, aufwiegen.« Sie stolpert über das Wort zeitweilig. »Die Leute reden immer von ›zeitweilig‹, doch schließlich stellt sich das, was zeitweilig sein sollte, als bleibend heraus.« Serena hat ihren Job nun bereits zwei Jahre. »Ich würde gern wieder als Reporterin arbeiten. Doch ich hab mich entschlossen, die Dinge laufen zu lassen, anstatt gegen sie anzukämpfen.«

Nur wenn man nachhakt, wagt Serena, einen Blick unter die wohlgeordnete Struktur ihres Lebens mit Jeb zu werfen. Unter all ihren Worten verbirgt sich eine Formlosigkeit, die sie nicht in den Griff bekommt und die sich deshalb zerstörerisch für sie auswirken kann.

»Ich sehe nicht, daß etwas unseren Weg behindern kann – es sei denn, ich müßte plötzlich wesentlich intensiver in meinen Beruf einsteigen. Das wäre eine Möglichkeit. Da könnte ich mich wieder engagieren und alles andere dafür opfern.«

Jeb möchte integrieren und ausgleichen zwischen seinen Verpflichtungen gegenüber der Frau, die er liebt, und dem beruflichen Erfolg, den er anstrebt. Er möchte nicht, daß ihn seine Arbeit auffrißt und daß dadurch sein enges Verhältnis zu seiner Partnerin gefährdet wird. Aber er will auch nicht für inkompetent gelten und in seiner Karriere zurückgeworfen werden.

Wir werden in anderen kritischen Phasen des Lebenszyklus noch anderen auf Integration bedachten Männern und Frauen begegnen, doch ähnelt die Perspektive, die solche Menschen in ihren Zwanzigerjahren entwickeln, gewöhnlich der von Jeb, wenn er sagt: »Einerseits würde ich gern ein Staranwalt werden, während ich andererseits die Erfolgsleiter gar nicht so hoch klimmen möchte, daß ich mich überarbeiten müßte, um mein Ziel zu schaffen. Was mir vor allem Sorge macht, ist meine Beziehung zu Serena, die ganz und heil bleiben soll. Trotzdem will ich alles andere als ein schlechter Anwalt werden.«

Bis in die jüngste Zeit setzten diese auf Integration bedachten Leute auch noch Kinder in die Welt, und die Balance zwischen persönlicher und beruflicher Entwicklung stellte ein noch schwierigeres akrobatisches Kunststück dar. Die Carters finden die Vorstellung, Kinder zu haben, schrecklich. Abgesehen davon, daß Jeb davon träumt, sich mit Dreißig beruflich unabhängig zu machen, und Serena sich als Reporterin durchsetzen will, haben die beiden dieses Problem einfach ad acta gelegt, das heißt, sie tun so, als existiere es nicht.

»Ich sehe keine Kinder«, sagt Serena.

»Ich auch nicht«, meint Jeb.

»Nie und nimmer.«

»Ich hab ihr gesagt, daß ich alle schwierigen Probleme gern mitanpacke. Doch für Kinder hab ich keine Zeit.«

»Ich finde es gut, daß Jeb nicht von mir verlangt, Kinder zu kriegen, wenn ich keine haben will.«

Auf die Frage, wer bei diesem Tauziehen um die berufliche Chance gewinnen wird, klammert sich Jeb jetzt weniger stark an die gemeinsame Illusion:

»Das ist ein Problem, das wir noch nicht gelöst haben«, räumt er ein, wenn seine Frau außer Hörweite ist. »Offen gesagt, einen glücklichen Kompromiß haben wir nicht gefunden.«

Die Carters sind ein hervorragendes Beispiel für das Hin und Her und Auf und Ab, dem wir in solchen Situationen begegnen. In ihrer letzten Übergangsphase ist alles glatt gegangen. Sie können auch in Zukunft ihren gemeinsamen Kurs aussteuern, allerdings nur, wenn sie erkennen, daß jeder von ihnen Phasen eines inneren Umbruchs durchmachen muß und daß solche Phasen weder durch den Partner bewirkt werden noch seine Schlechtigkeit beweisen.

Serena, die bis zu ihrem Umzug die Zielbewußtere war, ist beruflich ins Schwimmen geraten. Andererseits ist sie im Begriff, sich emotional zu festigen, und diese Festigung ist vermutlich nötig, ehe sie in beruflicher Hinsicht den nächsten Schritt tun kann.

Die Probleme der einen Übergangsphase gelöst zu haben, bedeutet nicht, daß nun die Probleme aufhören. Es liegen noch viele gefährliche Untiefen vor uns, und wir lernen, indem wir sie bewältigen. Wenn wir so tun, als gebe es die Entwicklungskrisen nicht, werden sie nicht nur verspätet und um so heftiger eintreffen, sondern wir werden uns inzwischen auch nicht entwickeln. Dann sind wir Gefangene. Ist aber das eine Übergangsstadium mit all seinen Fährnissen geschafft, so ist das ein guter Anfang für die Bewältigung der Herausforderungen des nächsten Stadiums.

Erst wenn sie in die Dreißigerjahre hinüberwechseln, werden die Carters die Erfahrung machen, daß es andere ungreifbare Kräfte und unerklärliche Leidenschaften und Ängste im Leben gibt. Wenn Jeb nun sogar einräumt, daß nicht alles zu völlig harmonischer Entwicklung gedeihen kann, so ist dies wahrscheinlich die beste Chance der beiden, daß sie auch in Zukunft das »einzig wahre« Paar bleiben.

9.
Warum heiraten Männer?

Seitdem der romantische Geist die Vernunftehe verdrängte, ging man von der Annahme aus, daß die Leute aus Liebe heiraten. Das ist großenteils ein Irrtum.

Jede Ehe kann zu jener wechselseitigen Zuneigung führen, die den einen aufmerksam am Leben des anderen teilhaben läßt. Doch spielt sich die erste Ehe häufig so ab, daß sich die Partner den Sollte-Formeln der Zwanzigerjahre anpassen. Bis vor kurzem gab es noch wenige, die in diesem Alter *nicht* heirateten. Meine Rückschlüsse basieren auf einer Synthese aus hundertfünfzehn Interviews. Bei meiner Frage »Warum haben Sie geheiratet?« fielen die Antworten der Männer, die in ihren Zwanzigerjahren heirateten, ziemlich einheitlich aus. (Ihr heutiges Alter reicht übrigens von dreißig bis fünfundfünfzig Jahren.)

»Ich faßte einen wesentlichen Entschluß«, erzählte mir ein Schriftsteller. »Es war die richtige Zeit. Zwar hatte ich nicht den starken Wunsch zu heiraten, doch meinte ich, ich sollte diesen Schritt tun. Doris erwartete das von mir.« Er ist heute ein Mann mittleren Alters, ein geschiedener Mann.

Jeder der befragten Männer war der Ansicht, daß die entsprechenden Sollte-Formeln seiner Religion, seiner Region oder seinem sozialen Hintergrund zuzuschreiben waren.

Die anderen realen Kräfte, durch die sich junge Leute zur Ehe gedrängt fühlen, sind in der Regel folgende: das Bedürfnis nach Sicherheit, das Bedürfnis eine gewisse Leere in sich selbst auszufüllen, das Bedürfnis, von zu Hause fortzukommen, und das Bedürfnis nach Ansehen oder danach, sich zu verwirklichen.

Sicherheit

Ganz gleich, ob von Männern oder Frauen, man hört ihn immer wieder, den Refrain: »Ich wollte, daß sich jemand um mich kümmert.« Wünsche wie etwa der, daß sich »jemand um mich kümmern soll« stammen noch aus unserer Kindheit. Ganz bestimmte Begleitumstände der Ablösung von der Familie (Schulabschluß, Kriegsdienst, Krankheit, die Zerrüttung der Ehe der eigenen Eltern) verstärken das Gefühl der Einsamkeit und der verlorenen Sicherheit wie auch den Wunsch, in die absolute Geborgenheit des Elternhauses zurückzukehren.

Die Flucht in die Ehe gibt es übrigens nicht nur bei Frauen. So sehr hängt Jeb nun an seiner Serena und so völlig hat er sie ausgestattet mit den magischen Kräften, mit denen er seine Eltern nun nicht mehr ausstatten kann, daß er sich kein Mißgeschick vorstellen kann, das er nicht bewältigen könnte, solange sie zu ihm hält. Doch lassen wir Serena einmal beiseite.

»Glauben Sie, Sie könnten jedes Hindernis, das sich Ihnen heute in den Weg stellt, überwinden?« fragte ich ihn am Ende aller unserer Interviews.

»Das glaube ich«, sagte er.

»Und wenn Ihr Vater stirbt?«

»Dann würde ich einfach weitermachen«, erwiderte er.

Diese Frage hatte etwas in ihm ins Wanken gebracht. »Wenn Serena nun stirbt« – er saß ein Weilchen da, völlig verdattert von diesem Gedanken. Sein Optimismus war plötzlich erschüttert. »Ohne sie weiterzumachen – darauf bin ich einfach nicht vorbereitet.«

Wenn Jeb mit der Zeit zu echter Selbstsicherheit gelangen möchte, wird er sich eingestehen müssen, daß es seine Mutter war, die ihm den Wunsch, beschützt zu werden, als erste erfüllt hat. Doch er ist noch nicht bereit, seinen Inneren Wächter in Zweifel zu ziehen. In der Tat sind wenige unter uns in den Zwanzigerjahren dazu bereit. Ihm fällt es leichter zu glauben, daß es seine Partnerin ist, die alle schützenden Kräfte in sich birgt. Und solange Serena gesund und selbstbewußt ist, kann sie diese Illusion unterstützen.

Nehmen wir als Beispiel den dreiundzwanzigjährigen Al, der an einem mittelmäßigen College graduiert hat und für seinen Traum, Collegeprofessor zu werden, in einer denkbar schlechten Ausgangsposition war. »Ich hatte Angst, ich würde scheitern. Es ist schrecklich, sich bewußt zu machen, daß man etwas werden muß. Deshalb heiratete ich ein großes, gescheites, ehrgeiziges Mädchen, eine Pragmatikerin. Sie wußte, wie man mit dem Leben fertig wird. Zusammen, das wußte ich wiederum, könnten wir überleben. Ich allein war dazu nicht fähig. Ein Jahr später hatte sie einen Nervenzusammenbruch. Ich hatte Muttern geheiratet und am Ende ein Baby im Arm.«

Wer von seinem Partner erwartet, er würde unsere Eltern ersetzen, unternimmt nichts, um die Macht des Inneren Wächters zu brechen. Diese Erwartung stattet uns vielmehr mit Dämonen aus (so beschreibt Roger Gould diesen ganzen Komplex nichtintegrierter Identifizierungen), die weggeschlossen sind in jenem Bereich, der den anderen gehört. Diese Dämonen haben mit der Sexualität zu tun, mit der Fähigkeit zu Intimität, mit dem Konkurrenzgeist des einzelnen, den Wertvorstellungen, die er verfolgt, und mit allen anderen noch nicht stabilisierten Bereichen unserer Persönlichkeit. Und Dämonen werden sie bleiben, solange wir auf die Warnungen des inneren Tyrannen hören. Gould »zitiert« diesen Tyrannen folgendermaßen:

Wenn du meine Tabus nicht brichst und bleibst, wo du bist, und nicht eindringst in dieses Territorium, das ich als das Objekt (als der Andere) *besitze, dann wirst du sicher und umsorgt sein und an Illusionen glauben und alles wird seine Ordnung haben.*[1]

Das ist möglich, solange wir einen Partner haben, auf den wir diese Dämonen projizieren können. Und solange diesen Partner nichts daran hindert, sich um uns zu kümmern.

Der Wunsch nach einem Ehepartner, der hindernd tätig ist, wie es einst die eigenen Eltern waren, verflüchtigt sich nicht mit dem Übergang in die Dreißigerjahre. Tatsächlich gehört er zu den Wünschen, die den Menschen, wenn er in die Vierzigerjahre kommt, am meisten ärgern und ängstigen. Jeder Partner nimmt es übel, wenn sich der andere auf ihn als Ersatzelternteil verläßt. Er fürchtet jedoch gleichzeitig die zunehmende Gewißheit, daß er tatsächlich allein ist.

Greifen wir etwas voraus und hören wir uns die bittere Beichte eines dreiundvierzigjährigen freiberuflichen Künstlers an, der sich schon als Student sehr früh mit der modernen Bewegung für ein menschlicheres Weltverständnis auseinandersetzte, was ihn jedoch nicht hinderte, daß auch er die übliche »Partnerverknotung« erlebte. Erst im Chaos der Lebenswende gelang es ihm, sich dieser Verknotung überhaupt bewußt zu werden.

»Michèle hat sich immer auf meine elterlichen Qualitäten, meine Unterstützung, meine Stärke und darauf verlassen, daß ich weiß, was ich will und was ich tue. Jegliches Zeichen einer Schwäche meinerseits wirkte sich auf unsere Beziehung verheerend aus. Wenn ich mich unsicher, schwach oder ängstlich fühlte, packte Michèle eine panische Angst bei der Vorstellung, ich könnte von *ihr* abhängig sein. Was natürlich bewirkte, daß meine eigene Angst noch zunahm. Diese Art Verknotung ist für uns sehr gefährlich gewesen. Schwäche meinerseits pflegte Michèles Gefühl, in Gefahr zu schweben, zu verstärken. Es ist ein Mechanismus, der sich verheerend auswirken kann.«

Die Lebensmitte hält einen schweren Schock bereit, wenn der Ehemann-und-Vater nicht mehr die Rolle des allmächtigen Beschützers spielen möchte oder wenn die Kindfrau erwachsen wird und ihre eigene Meinung äußert. Oder umgekehrt: Wenn er plötzlich nicht mehr bemuttert werden möchte oder sie nicht mehr die Bemutternde spielen will. All diese Veränderungen können positive und heilsame Schritte zu einer abgerundeten erwachsenen Persönlichkeit sein, doch der Partner, der sich dem alten Vertrag noch verpflichtet glaubt, fühlt sich verraten.

Die unausgesprochene Reaktion kann dann in jenem *Kümmere dich um mich!* bestehen oder aber »Ich schlafe nicht mehr mit dir«, »Ich streiche dein Taschengeld«, »Ich werde dich in aller Öffentlichkeit mit messerscharfen Bemerkungen, die nicht die geringste Blutspur hinterlassen, verletzen«.

Eine gewisse Leere in sich selbst füllen

Die Annahme, die sich hinter jener Motivation zur Heirat verbirgt, ist die, persönliche Qualitäten seien übertragbar. *Heirate ihre Güte und dir wird Angst erspart bleiben!* (Doch wer lindert dann ihre Ängste?)

»Für mich war sie die gemütliche Sofaecke für das ganze Jahr hindurch«, erinnerte sich der einstige Ehemann nachdenklich, »die reinste Samariterin, die ständig auf die Träume, Bedürfnisse und Verletzungen ihrer Mitmenschen einging.«

Fünfzehn Jahre später wollte er den Schritt wagen und sein eigenes Unternehmen aufziehen. Seine Frau war dagegen. Nachdem sie so lange in ihrer Samariterrolle eingeschränkt gewesen war, was die Entfaltung der Persönlichkeit ihres Mannes ermöglicht hatte, war sie von Selbstzweifeln geplagt. Die Ehe scheiterte.

Heirate ihre Vitalität, so lautet eine weitere Annahme, und der Sieg ist dein.

»Ich hatte ein gewisses Alter (25) erreicht und war bereit, die Bedingungen und Verhältnisse meines Lebens zu ändern«, berichtete ein frustrierter Künstler, der damals sein eigenes kleines Unternehmen gründete. »Es war ihre pulsierende Lebenskraft gewesen, es war, als ob man sich die Hände über einer Flamme wärmte. Ich selbst bin nämlich etwas phlegmatisch.« Doch die Ruhe und Gesetztheit ihres Ehelebens, das sich am Stadtrand abspielte, reduzierten ihre pulsierende Lebenskraft schon bald auf ein mäßiges Flämmchen. »Irgendwas ist los mit den Frauen, die zu Hause bleiben«, meinte er. »Man kommt vom Büro heim und hat das Gefühl, als stöpselte sie sich an einen an wie an ein Batterieladegerät.«

Doch als seine Frau in die mittleren Jahre kam, wurde sie wieder so aktiv, daß er einen neuen Aufschwung nahm. Nach zwanzig Jahren Häuslichkeit stürzte sie sich in einen neuen Beruf. Von ihr ermutigt, verkaufte der verhinderte Künstler sein Unternehmen, um fortan nur noch seinen künstlerischen Ambitionen zu leben. »Wenn ich scheitere, na gut, aber wenigstens muß ich mir dann nicht vorwerfen, ich hätte sie bestraft: sie ist jetzt ganz selbständig.«

Obwohl die Flucht in die Ehe bei jungen Frauen am verbreitetsten ist, begegnen wir dem Fluchtmotiv auch bei Männern.

»Wieso ich heiratete? Ich wollte von zuhause weg! Ich war ein unsicherer, scheuer Junge. Aber dieses überall beliebte Mädchen hatte mich gern. Eigentlich bin ich richtig hineingestolpert.«

Dieser Mann war, wie er selbst einräumte, ein Gefangener seiner jüdischen Mutter. Doch dieselbe Antwort kommt genauso oft aus dem Munde von Söhnen einer »Frau Meier« oder »Huber«.

Prestige oder Machbarkeit

Der Partner verleiht einen höheren Status, oder er ermutigt konkret die Ambitionen des Lebensgefährten. Eine gute Partie.

»Ich versuchte mir weiszumachen, daß ich Direktor des Unternehmens werden könnte«, erklärt mir ein Mann, der kein College besucht hatte und sich dieses Handicaps peinlich bewußt war. »Ein Freund machte mich mit einem sehr attraktiven und vermögenden Mädchen bekannt. Ich versuche (seit meiner Scheidung) immer wieder herauszubekommen, inwieweit ich durch die Tatsache, daß ich eine Menge Geld erben würde, beeinflußt worden war.«

»Die Ehe, naja«, meinte ein Arzt, der während seines Studiums eine ihn unterstützende Gefährtin brauchte, »war eine Sache der Machbarkeit. Die Leute scheinen zuletzt doch immer wieder darauf zurückzukommen – wie sie in anderen Diskussionen auf die Demokratie zurückkommen.«

Wenn zwei Menschen unter dem Einfluß der heftigsten, krankhaftesten, trügerischsten und vergänglichsten aller Leidenschaften stehen, so hat Shaw einmal gesagt, meinen sie schwören zu müssen, daß sie für immer, bis daß der Tod sie scheide, in diesem erregten, sonderbaren und kräftezehrenden Zustand bleiben werden.

Keiner der Männer über Dreißig, die ich interviewte, erwähnte, daß er bei der Heirat in seine Frau verliebt gewesen sei. Und keiner gab etwa zu, Sex sei der Anlaß gewesen. Der Gedächtnisschwund, der bei jeder Erinnerung an vergangene Gefühle mitspielt, erklärt zum Teil sicher einiges. Dieses Vergessen spiegelt jedoch auch die tiefgreifenden Veränderungen im Bereich der inneren Wahrnehmung wider, wenn die Entwicklung des Menschen in komplizierte Stadien hineinführt.

Das bedeutet nicht, daß es in der Liebe keine Entwicklung gäbe. Viele der von mir Interviewten sprachen davon, daß sie ihre Partner jetzt liebten, das heißt, nachdem sie zehn, zwanzig oder dreißig Jahre persönlicher Entwicklung hinter sich gebracht hatten. Erst wenn der Mythos von der Allzweckehe – überbürdet von den Illusionen, die er weckt – einmal geplatzt ist, wird es für die Beteiligten möglich, sich der einfachen Tatsache, daß es den anderen gibt, zu erfreuen. Oder aber der Mensch geht eine zweite Beziehung ein, die sich weniger durch Traditionsgebundenheit als durch Intimität auszeichnet. Eine der Traditionen, die dabei häufig verabschiedet wird, ist die Ehe selbst. Doch finden viele Leute das Zusammenleben einfacher, wenn sie ein zweites Mal heiraten.

Den erfahrenen Partnern geht es weniger um irgendwelche Rollen als um die Förderung der besonderen Eigenschaften und liebgewonnenen Besonderheiten, die sie zusammengeführt haben. Es ist keine Staatsaffäre, wenn er sich weigert, ihre schrecklichen Verwandten zu besuchen, wenn er mit interessanten Frauen befreundet ist, wenn er schlecht Ski fährt, wenn er seine Samstage in der Garage verbringt und etwas zusammenbastelt, was er als »Skulptur« bezeichnet, oder wenn er sich an manchen Morgen als leidenschaftlicher Liebhaber erweist, während ihn an manchen Abenden die Müdigkeit übermannt. Auch bricht die Welt nicht zusammen, wenn sie beruflich Erfolg hat, wenn sie allein zum Skilaufen geht, wenn sie noch einmal ernsthaft die Kunstakademie besucht, wenn sie Zeitung liest, während er den Tisch abräumt oder, wenn sie samstag abends in einem eigenen Zimmer Oboe übt.

Doch das ist nicht die Betrachtungsweise in den Zwanzigerjahren. Junge Leute sprechen über ihr Leben stets so, als sei es ein Rätsel, ein Puzzlespiel. Erinnern wir uns an jene junge Frau, der wir in einem der letzten Kapitel begegnet sind und die uns erzählt hat, wie die Beziehung zu ihrem Freund aus ihrer Heimatstadt darunter litt, daß sie eine Stelle bei ihrer Collegezeitung angenommen hatte. »Da gab es plötzlich Reibereien. Die Puzzleteile waren anders geformt, und wir paßten nicht mehr zusammen.«

Der einzige Trost beim Zusammensetzen eines Puzzlespiels ist dessen unbestreitbare Logik. Es gibt immer nur eine Entscheidung – nämlich die richtige. Mit genügend Geduld kann das Puzzle schließlich endgültig gelöst werden.

Im Leben indes verändern die einzelnen Teile ständig ihre Form, oder sie entziehen sich unserem Zugriff. Sobald wir glauben, wir hätten die Teile eines angenehmen Lebens zusammengefügt, entdecken wir einen Teil unseres Selbst, der keinen Platz darin hat. Oder die stützende Struktur gibt nach, wir entgleiten unserem Partner, unsere Kinder entfalten sich und beanspruchen mehr Freiraum, unsere Eltern beginnen sichtlich zu altern und erinnern uns daran, daß sie eine schreckliche Leere hinterlassen werden. Und manchmal müssen wir wieder ganz von vorn beginnen.

Die schonungslose Regel ist die, daß wir bereit sein müssen, dem, was uns nicht mehr paßt, zu entwachsen und anderen Menschen dieselbe Chance zu geben. Solche Entfaltung wird mit der Zeit belohnt werden. Männer und Frauen, die sich fortgesetzt weiterentwickeln, wenden sich am Ende auch jenen Teilen ihrer Persönlichkeit zu, die sie früher unterdrückt haben.

Manche dieser unterdrückten Teile haben mit der Geschlechterrolle zu tun. Die Sollte-Formeln fallen für Männer und Frauen in den Zwanzigerjahren sehr unterschiedlich aus, und diese Tatsache trägt wiederum ganz erheblich zu dem Entwicklungsstand bei, den diese Menschen in ihren Vierzigerjahren erreichen. Im zehnten und elften Kapitel werde ich den Lebenszyklus in einem breiteren Spektrum darstellen, mit dem Ziel, diese wesentlichen Unterschiede herauszuarbeiten.

10.
Wieso kann eine Frau nicht etwas mehr Mann und ein Mann nicht etwas weniger Rennpferd sein?

Männer müssen – Frauen nicht.

Ein Mann in den Zwanzigerjahren muß sich mit seiner ganzen Kraft darauf konzentrieren, seinen eigenen Weg zu finden, da man ihn sonst lächerlich machen würde. Diesem Entfaltungsprozeß fällt eine Illusion nach der anderen zum Opfer. Jeder Wegweiser sagt ihm, daß die Zwanziger- und Dreißigerjahre die Zeit der Selbstverwirklichung sind, die Zeit, in der er die Leistungen erbringen muß, die ihm die Anerkennung seiner Mitmenschen und die Bestätigung durch die Gesellschaft eintragen werden.

Die Frau dagegen muß in ihren Zwanzigerjahren keine Unabhängigkeit verwirklichen. Für sie gibt es immer ein Hintertürchen. Sie kann sich einem Stärkeren anschließen. Sie kann Kinder bekommen, Hausfrau spielen oder den Traum ihres Mannes verwirklichen helfen. Widersetzt sie sich diesem Muster, fällt sie dem Widerspruch zwischen den unterschiedlichen Entwicklungsmöglichkeiten, die unsere Gesellschaft den Männern und den Frauen einräumt, zum Opfer. Die erfolgreiche Frau hat stets in derselben Befürchtung gelebt wie der erfolglose junge Mann: *Niemand wird dich heiraten, du wirst Sechzig werden und immer noch allein sein.*

Wie gelangt jeder unter uns zu dem Selbstvertrauen, das nötig ist, um die mannigfachen Aufgaben der Bewegten Zwanzigerjahre zu bewältigen?

Dieses Selbstvertrauen entsteht in diesem Lebensabschnitt dadurch, daß die Person von Erfolg zu Erfolg ihre Befähigung unter Beweis stellt. Die Männer (und eine kleinere Anzahl von Frauen), die entschlossen sind, sich in der Welt der Erwachsenen einen Platz zu erkämpfen, passen sich stark der von ihnen gewählten Arbeitsstruktur an, deren Straffheit und Begrenztheit es ihnen erleichtert, sich zu stabilisieren.

Die Frau, die in ihren frühen Zwanzigerjahren engagierte Ehefrau-und-Mutter wird, befindet sich in einer weniger klaren Situation. Sie muß ihre Zeit stets in den Dienst der Bedürfnisse der anderen stellen. Ist sie verheiratet und hat sie ein kleines Kind und versucht sie daneben, sich außerhalb der Familie zu verwirklichen, wird sie es kaum schaffen, ihre Karriere mit demselben Tempo wie ihr Mann voranzutreiben. Sie besitzt weder genügend praktische Erfahrung noch genügend Selbstvertrauen, um ihre widerstreitenden Neigungen unter einen Hut zu bringen. Die Karriere, die ihren Mann innerlich festigt, kann sie zutiefst verunsichern.

Als Levinson in das Konzept der Entwicklung des jungen Erwachsenen als entscheidendes Element den »Traum« einführte, sprach er von zwei

Schlüsselbeziehungen, die der Mann in seinen Zwanzigerjahren eingeht – er sprach vom Mentor oder geistigen Ratgeber und von der geliebten Frau. »Die geliebte Frau kann ähnliche Entwicklungsaufgaben lösen helfen wie der Mentor. Sie kann dem Mann helfen, den *Traum* zu tragen und klarer zu fassen und ein Leben zu verwirklichen, in dem dieser *Traum* seinen Platz hat.« Auch räumte der Autor beiläufig ein: »Natürlich wird eine solche Beziehung nur dann von Dauer sein, und seine Entwicklung fördern, wenn sie auch ihre Entwicklung fördert.«[1]

Dieses »Natürlich« ist in der Entwicklung der Menschheit gewiß eines der schwierigsten gewesen. Wenn Frauen Ehefrauen hätten, die zu Hause bleiben bei Kindern, denen schlecht ist, die den Wagen zur Werkstatt bringen und sich mit dem Maler anlegen, die zum Supermarkt eilen und die Banksachen erledigen, die auf jedermanns Probleme eingehen und fällige Abendeinladungen organisieren und die Abend für Abend auch dem Geist das seine geben – die Entfaltungsmöglichkeiten wären enorm. Man stelle sich vor, welche Bücher geschrieben, welche Unternehmen gegründet, welche Professorenstellen besetzt und welche politischen Aufgaben bewältigt werden könnten! Und das alles durch Frauen. Übrigens ist es tatsächlich so, daß die meisten erfolgreichen Frauen kostspielige Haushälterinnen haben, die ihnen einen Großteil ihrer häuslichen Aufgaben abnehmen.

In den letzten Jahren haben junge Leute versucht, die alten Geschlechterrollen entscheidend zu verändern. So gibt es heute Frauen, die so lange ledig bleiben, bis sie sich im Beruf etabliert haben; es gibt Männer, denen es nichts ausmacht, den Säugling trockenzulegen oder Küchenarbeit zu verrichten. Ja, hin und wieder kommt es sogar zum völligen Rollentausch. So gibt es bereits den Künstler-und-Ehemann, der zu Hause bleibt und neben seiner Arbeit die Kinder versorgt, während seine Frau vom Büro schnell mal anruft, um ihm zu sagen, daß sie jemanden zum Abendessen mitbringt.

Die praktischen Wertvorstellungen, die durch das kulturelle Umfeld jeder Generation vermittelt werden, beeinflussen die Person entscheidend bei der Entwicklung bzw. Nichtentwicklung bestimmter Persönlichkeitsbereiche. Solche Nichtentwicklung bestimmter Bereiche hat häufig mit der mit Vorurteilen beladenen Unterscheidung zwischen Mann und Frau zu tun.

Eine klare Unterscheidung ist die zwischen Verhalten, das die *Initiative* ergreift – das heißt, es eröffnet die Transaktion und versucht tätig die Wünsche des anderen zu erfüllen –, und Verhalten, das *einfühlsam* auf die Bedürfnisse und Wünsche des anderen eingeht. Keines dieser Merkmale ist nur einem Geschlecht zuzuordnen. Die Tatsache, daß beide Merkmale in ein und derselben Person wirksam sind, verweist auf das ständige Spannungsverhältnis zwischen dem Erkundenden und dem Sich Bindenden Selbst. Was natürlich nicht hindert, daß unsere Kultur bei den jungen Männern die Initiative auf Kosten der Einfühlsamkeit fördert, während bei den jungen Frauen der Fall umgekehrt liegt.

Konzentrieren wir uns kurz auf die Frauen und Männer, die ihre Entscheidungen der Zwanzigerjahre vor der sexuellen Revolution getroffen haben und die heute mittleren Alters sind.

Die schlechte alte Zeit

Junge Männer mogelten sich in die Arbeitswelt der Erwachsenen ein. Damit setzte der lange Prozeß ein, in dessen Verlauf sie ihre Fertigkeiten und Erwartungen der tatsächlichen Erfahrungswelt anpaßten. Qualifizierten sie sich mit der Zeit, wurden sie von vielen Seiten anerkannt: von den älteren Männern, durch die sie gefördert worden waren, von den Gleichaltrigen, die ihre Rivalen waren, und von den Frauen, die von ihnen abhängig waren. Die meisten gebildeten Männer waren, wenn sie die Dreißig erreicht hatten, überzeugt, daß sie in der Arbeits- und Leistungswelt auf dem richtigen Weg seien.

Die meisten Frauen gingen einen anderen Weg. Sie arbeiteten einige Jahre, um sich Tischtücher, Servietten und Eßbesteck zusammenzusparen, oder sie besuchten – doch das waren die Sonderfälle – das College, um dann zu heiraten, sich aus der Berufswelt zurückzuziehen und Mann und Kinder zu umsorgen. So qualifizierte sich die Frau.

Wie derart unterschiedliche Erfahrungen im Verlauf der Zwanzigerjahre die Entwicklung der Persönlichkeit beeinflussen, erfahren wir durch eine Längsschnittuntersuchung.

Diese vom *Institute of Human Development* der Berkeley Universität durchgeführte Untersuchung befaßte sich mit einer Zufallsauslese von 171 Männern und Frauen, deren Leben sie von Geburt an über einen Zeitraum von dreißig bis vierzig Jahren hinweg verfolgte.

Folgende Trends zeichneten sich ausschließlich bei Männern ab: Das Selbstvertrauen des Mannes nahm von der Adoleszenz bis hinein in die Dreißigerjahre ständig zu. Er kam auf seinem Weg, was gesellschaftliche Macht und Selbstbewußtsein anlangt, in großen Schritten voran. Er wurde »vertrauenswürdiger, produktiver und selbstsicherer, maß seiner Unabhängigkeit immer mehr Gewicht bei und sah sich in der Lage, seinen Kollegen Ratschläge zu erteilen«. In den Dreißigerjahren lebte der Mann im vollen Bewußtsein seiner sozialen und sexuellen Fähigkeiten, und er war zufrieden mit sich selbst. Die so errungene Macht beeinträchtigte die

Fähigkeit, zärtlich zu sein und die eigene Persönlichkeit auf originelle Weise zu äußern.

Im Gegensatz dazu fühlten sich die Frauen, die die Dreißig überschritten hatten, *weniger* selbstsicher denn in ihrer Adoleszenz, als sie die Jungen weit überflügelt hatten. Sie waren »fügsam, ängstlich, sie hatten Schuldgefühle, fühlten sich leicht überkontrolliert und waren voller Feindseligkeit«. Ihr einziger Entwicklungsgewinn war ihrem Ehefrau-und-Mutter-Dasein zuzuschreiben: Sie waren umsorgender, introspektiver und mitfühlender geworden. Doch dieser Gewinn wurde von entsprechenden Verlusten begleitet. Ihre sexuelle Genußfähigkeit hatte abgenommen. Sie hatten die jugendliche Überzeugung, als Frauen fesselnd und attraktiv zu sein, eingebüßt und fühlten sich nur in ihrer Rolle als Mutter sicher.

Die gute neue Zeit

Doch gibt es heute nicht die Unisex-Generation? Fällt es den Jungen heute nicht leichter Individualität und Zärtlichkeit zu äußern? Und wie häufig hört man nicht sagen: »Es muß heute viel leichter sein, eine Frau zu sein.«

Anders ist es gewiß. Aber leichter? Das hängt davon ab, ob man sein Augenmerk auf die äußeren Hindernisse richtet, die gerade abgebaut werden oder auf den nach wie vor grimmigen Kampf, den der junge Mensch gegen seinen Inneren Wächter führen muß.

Sogar hinter den verbal am hartnäckigsten vertretenen Zielen der jungen Frau von heute lauert immer noch das altbekannte »Das darfst du nicht!« Auch wenn ihr bewußt ist, daß es sich bei dem Hintertürchen, durch das man den Gefahren der Individuation entschlüpft, um eine Falltür handeln kann, ist es doch so, daß ihre Erziehung einen Widerstand gegen solche Versuchung kaum je fördert.

Verhaltenstheoretiker stimmen gewöhnlich darin überein, daß die primäre Zuneigung von Jungen und Mädchen ihrer Mutter gilt. *Beide* Geschlechter weisen männliche und weibliche Einstellungen und einen männlichen und weiblichen Ödipuskomplex auf. Und beide wünschen, die ursprüngliche Bindung an die Mutter wiederherzustellen. Wenn dieser primitive Wunsch in der Pubertät eine sexuell aktive Form annimmt, werden Jungen ebenso wie Mädchen daran gehindert, ihre Wünsche zu verwirklichen; allerdings unterscheiden sich die Gründe dafür und die angebotenen Ersatzmöglichkeiten ganz erheblich.

Beim Jungen haben wir es mit einem kulturellen Tabu zu tun, das besagt, daß Inzest aus bestimmten Gründen verboten ist, wobei diese Gründe nichts mit seiner sexuellen Potenz zu tun haben. Er könnte zwar, doch darf er nicht. Der Junge wird warten müssen, bis er seine eigene Frau zur Frau nimmt, die er dann so besitzen kann, wie er nun seine Mutter besitzen möchte. Schon lange davor kann er in seinem Unterbewußtsein seine Mutter durch eine ältere Frau ersetzen, die es übernimmt, ihn einzuweihen. Werden seine sexuellen Bedürfnisse jedoch nicht durch eine Prostituierte oder eine Dame namens Mrs. Robinson (aus dem Film *Die Reifeprüfung*) geweckt, kann er immer noch seine Phantasie zu diesem Thema spielen lassen, so wie es der verliebte Junge in Turgenjews Novelle *Erste Liebe* tut. Gibt der Junge, derart ermutigt, schließlich das sexuelle Verlangen nach seiner Mutter auf, so löst sich auch sein Ödipuskomplex. Er identifiziert sich mit seinem Vater und erbt nun die Privilegien eines Mannes in einer Männerwelt. Dieser fortschreitende Prozeß führt von der Mutter zum Vater, vom Vater zum eigenen Mannsein.

Für das Mädchen spielt sich die Ödipusgeschichte als Schleife ab. Soll es sich am Ende mit seinem eigenen Geschlecht identifizieren, wie es eine gesunde psychische Entwicklung fordert, so muß es den Sprung von der Mutter zum Vater und wieder zurück zur Mutter tun. Hier kommen wir zum umstrittenen Problem des Penisneides, das vor allem deshalb umstritten ist, weil Freuds Begriff den Eindruck vermittelt, als gehe der ganze Streit um ein körperliches Anhängsel und nicht um ein Bündel von Vorrechten.

Meine zehnjährige Tochter und ich kamen einmal zur Badezeit auf das Thema »Penis« zu sprechen.

»Hast du dir je gewünscht, einen zu haben?« fragte ich sie, darum bemüht, aus dieser verläßlichen Quelle Beweismaterial über jene Verstümmelungsphantasien zu ziehen, von denen in den Lehrbüchern so oft die Rede ist.

»Nein«, sagte sie fröhlich. Dann überlegte sie etwas und sagte: »Aber gewisse Vorteile hat das schon. Du kannst im Sommer im Freien pinkeln, ohne daß du dir die Beine naß machst.«

Ein völlig vernünftiger Standpunkt, obwohl sie natürlich noch keine Querverbindung sieht zu den unterschiedlichen Machteinflüssen und Privilegien, die den Männern und Frauen eingeräumt werden. Ein junges Mädchen ist enttäuscht, wenn es erfährt, daß die Liebe, die es für seine Mutter empfindet, nicht erfüllt werden kann; der Grund dafür wird ihr nicht einsichtig, zumal die Pubertät eine Woge klitoraler Empfindungen mit sich bringt. Zwar kann die Tochter ihrer Mutter mit leidenschaftlichen Küssen auf den Leib rücken, doch was passiert? Die Mutter bleibt ungerührt oder schiebt das Mädchen verlegen von sich. Die Psychoanalytikerin Juliet Mitchell hat zu diesem Thema einen Essay verfaßt, in dem sie Freuds Theorie zum Unterschied der Geschlechter behandelt:

Kein Verbot macht die Liebe, die sie für ihre Mutter empfindet, zunichte, doch sie macht die Erfahrung, daß sie nichts besitzt, um sie zu verwirklichen. Ein Gefühl der Minderwertigkeit . . . läßt sie den Weg zur Weiblichkeit betreten. Der positive Ödipuskomplex des Mädchens (die Liebe zum Vater) entsteht lediglich durch Nichterfüllung; weder ist er so stark wie der des Jungen, noch gibt es einen Grund, ihn ganz und gar aufzugeben – im Gegenteil . . . (das Mädchen) *findet seinen kulturellen Platz in einer patriarchalischen Gesellschaft, wenn es ihm schließlich gelingt, seine ödipale Liebe zum Vater zu verwirklichen.*[2]

Väter sind gerne bereit, diese freierfundene Romanze am Leben zu erhalten: Wer fände die Verehrung eines unschuldigen Mädchens nicht unwiderstehlich!

Irgendwo in dieser ödipalen Schleife kann jedes Mädchen durch eine Übertragung von Gefühlen in einen Verwirrungszustand geraten. Es gibt keinen Grund, seine Liebe zum Vater aufzugeben, es sei denn, die Tochter möchte ihr ganzes Leben lang ein kleines Mädchen bleiben. Auch wenn die Kultur von einer antipatriarchalischen Haltung bestimmt wird, ist es nicht reizvoll, zur traditionellen Mutter zurückzukehren. Das Mädchen ist bereits gewarnt worden, daß dies eine Sackgasse ist. Der Prozeß des Sprungs von der Mutter zum Vater und wieder zurück zur Mutter kann das Mädchen lähmenden Zweifeln aussetzen.

Wem auf der Welt soll es nun ähnlich werden?

Die Mutter, die das Selbstgefühl ihrer Tochter allmählich stark beeinflußt, kann dem Mädchen zum kraftvollen und anspornenden Vorbild werden. Immer mehr Mütter dieses Schlages gibt es. Unfreundlichere Zukunftsaussichten dagegen haben die Töchter jener resignierten Mütter, die selbst ein nur schwach ausgeprägtes Identitätsgefühl haben. Die junge Frau, die die Lebensform ihrer Mutter verwerfen möchte, muß sich beeilen, damit sie von der trostreichen inneren Stimme nicht in das altvertraute Allerheiligste zurückgelockt wird. Der rascheste Weg heraus aus diesem Gefahrenbereich ist wohl der, in die Form eines anderen zu schlüpfen. Wo aber findet man diese vorgefertigte Form? – Sie sitzt in der anderen Ecke des Wohnzimmers und liest Zeitung.

Heureka! Ich werde sein wie er. *Er* hat alles, was man braucht. Wenn ich sein Ebenbild werde, werde ich es auch haben. Ich werde in ihm sein, ausgestattet mit seiner Lebenskraft. So werde ich selbstsicher und anerkannt sein.

Wie viele junge Frauen, die heute zwischen Zwanzig und Dreißig sind, verglich sich auch Nita (wir begegneten ihr im sechsten Kapitel) mit ihrem Partner, als sie meinte: »Wenn er das kann, wieso soll ich es nicht auch können?« Die Tatsache, die hier übersehen wird, ist die, daß Nitas Mann tut, was ein Mann in den Augen der Gesellschaft tun *sollte*. Sein Vater, seine Mutter, seine Freunde und Lehrer, ja seine ganze Umgebung befürworten den Weg, den er eingeschlagen hat. Die Wirklichkeit unterstützt ihn. Doch die realen Gegebenheiten, die heutzutage einer Frau wie Nita eine Karriere ermöglichen (das ist zum einen der Professor und zum anderen der Ehemann, die ihr Placet geben), verlangen von ihr, daß sie die innere Beziehung zu ihrer Mutter abbricht und ihre Kleinmädchenliebe für den Vater aufgibt. Die Realität ist in vieler Hinsicht gerade dann ihr Feind, wenn es für die junge Frau unerläßlich ist, sie sich zum Freund zu machen.

Die Angst vor dem Erfolg

Die Angst vor dem Erfolg bei Frauen wurde zuerst von Matina Horner im Jahr 1968 nachgewiesen. Als Doktorantin an der Universität von Michigan hat sie gezeigt, daß die Leistungsmotivation bei Collegestudentinnen durch Ambivalenzregungen kompliziert wird. Die Situation, in der die Studentin in ihrem Konkurrenzkampf gegen ihre männlichen Studienkollegen Spitzenleistungen erbringen muß, kann zu einem Verlust an Liebe und Beliebtheit führen. Je qualifizierter die Frau, desto größer ihr Leistungskonflikt.[3]

Doch haben wir es hier nicht bloß mit der Sorge zu tun, daß eine allzu erfolgreiche und unabhängige Frau als Ehepartnerin nicht gefragt sein könnte. Wir dürfen nicht vergessen, daß Matina Horners Probandinnen Mädchen im ersten Collegejahr, also noch relativ jung waren. Die von uns gesammelten Lebensläufe ergaben, daß die kombinierte Angst vor dem Erfolg und vor dem Scheitern auch dann auftreten kann, wenn eine Frau (wie bei Nita) einen ermutigenden Partner findet, und daß diese Angst Frauen häufig auch dann noch hemmt, wenn sie bereits seit zehn oder zwanzig Jahren – ob nun glücklich oder unglücklich – verheiratet sind.

Bei dem tiefer liegenden psychologischen Dilemma geht es darum, daß der Innere Wächter bekämpft werden muß. Eine Frau, deren Eltern den Standpunkt vertreten, daß ihre eigentliche Rolle darin bestehe, dem Mann zu gefallen, riskiert einiges wenn sie allzu unabhängig wird. Denn es kann vorkommen, daß dieser Innere Wächter gerade dann Amok läuft, wenn sie dabei ist, ihr Schicksal selbst in die Hand zu nehmen, denn Ungehorsam ist ihm ein Dorn im Auge. Nun kann er seine bösartige, tyrannische Seite herauskehren und sie an der Nase herumführen. Oder er kann sie bestrafen, indem er sie scheitern läßt: *Ich hab's dir ja gesagt!* In ihren schwärzesten Phantasien wird sie sich als verloren und allein erfahren.

Auch die Jungen sind genötigt, gewisse Aspekte ihrer Persönlichkeit zu unterdrücken, das heißt vor allem ein Verhalten, das ihre Tatkraft einschränken und die Entfaltung ihrer Männlichkeit behindern könnte. Zusätzlich zu der Forderung, daß der Junge die primäre Zuneigung, die er für seine Mutter empfindet, aufgeben soll, lernt er nun, daß er sich in vielen Emotionen einschränken muß, wenn er dem tradierten Vaterbild entsprechen will und / oder wenn er von der Umwelt anerkannt werden möchte. Männer haben nicht weichlich, sondern stark zu sein.

Einer der wirksamsten Abwehrmechanismen des Selbst ist die Verleugnung. Wenn sich Jungen schwach oder ängstlich oder dem Weinen nahe fühlen, bringt man sie dazu, ihre Emotionen zu verleugnen und sie zu externalisieren, also auf ein äußeres Hindernis zu projizieren.[4] Wenn Jungen beim amerikanischen Fußball zum ersten Mal richtig raufen müssen, ermuntert sie keiner, etwaige Zweifel, sie könnten verletzt werden, anzumelden oder sich in den gegnerischen Spieler einzufühlen, von dem sie schmerzgekrümmt davonhinken. Und sicher hat niemand, der das Kommando über B-52-Piloten in Vietnam führte, diese jungen Männer einmal aufgefordert, über die unübersehbare Verwüstung nachzudenken, die sie auf der Erde anrichteten. Die B-52 dürfte wohl die höchsttechnisierte Ausdrucksform sein, aus der man die ständige Verweigerung des Militärs, menschlich zu sein, ersehen kann.

Obwohl Verleugnung und Externalisation unreife Abwehrmechanismen darstellen, kommen sie dem Bedürfnis des jungen Menschen entgegen, gerade dann innere Zweifel abzublocken, wenn er sich mit den ersten wesentlichen Gefahren der Außenwelt konfrontiert sieht. Handeln ist leichter, wenn man weder durch tiefschürfende Introspektion noch durch Einfühlungsvermögen behindert wird, obwohl dies bedeutet, daß die eigene Gefühlswelt zumindest in der Jugend unerforscht bleibt.

Über seine eigene Nase hinaussehen

Die meisten Menschen, die in den Zwanzigerjahren stehen, werden in den nächsten beiden Jahrzehnten ein unwahrscheinliches Kriminalstück am eigenen Leibe erleben. Dieses Stück ist voller Aufregung und Risiko, es narrt uns mit falschen Bösewichten und lenkt uns ab von den wirklichen Schurken, die ein Teil unserer selbst sind, es wartet auf mit plötzlichen Verschiebungen unserer eigenen Perspektive und führt uns Geheimgänge hinab auf unserer Suche nach den fehlenden Teilen unserer Persönlichkeit. Und sogar am Ende noch wissen wir nicht genau, wer der Täter war.

Die Quelle, aus der wir unsere Identität beziehen, verlagert sich von außen nach innen, und die psychische Veränderung unseres Selbstgefühls ist der Schlüssel zu besagtem Krimistück. Sie bewirkt, daß viele Männer und Frauen von den gegensätzlichen Polen ihrer Zwanzigerjahre auf eine unterschiedliche Gruppierung von Gegensätzen in den Vierzigerjahren umschalten.

Dieses Umschalten wird deutlich, wenn Männer und Frauen ihre Lebensgeschichte erzählen. Wie unterschiedlich diese ist, fällt mir immer dann auf, wenn sie über ihre erste Lebenshälfte berichten. Die Männer schildern ihre Taten, während die Frauen über die Menschen reden, zu denen sie sich hingezogen fühlten.

Das heißt, die Männer schilderten den Verlauf ihrer Karriere. Sie maßen ihr Tun bei jedem Schritt an jenem Zeitplan, der ihren beruflichen Traum widerspiegelte. Liebespartnerinnen waren nichts als Füllsel angesichts ihrer wirklich großen Liebe, denn diese Männer hofierten den Traum vom Erfolg und suchten ihre Identität durch ihre Arbeit, ihren Beruf. Wenn sie über ihre Frauen und Kinder sprachen, dann zumeist unter dem Gesichtspunkt, wie diese ihren Traum unterstützt oder behindert hatten, und wenn man sie nicht direkt darauf ansprach, erwähnten sie nur selten ihre Bedürfnisse oder Gefühle der Menschen, die ihnen am nächsten standen.

Die Frauen dagegen berichteten gern und ausführlich über die Zuneigungen und Ablösungen, die sie in bezug auf ihre Eltern, Liebhaber, Ehemänner und Kinder erlebt hatten. Der rote Faden ihres Lebens waren stets die zwischenmenschlichen Beziehungen. Das Verfolgen eines persönlichen Traumes glich oft einer Masche, die aufgenommen, fallen gelassen und vielleicht noch einmal aufgenommen wurde. Dabei ging es zumeist um das, was sie vor ihrer Ehe, in den Pausen zwischen den Schwangerschaften oder aber nach ihrer Scheidung unternommen hatten. Die Frauen aber, die in ihrem Leben vor allem Karriere gemacht hatten, berichteten über die Entweder-Oder-Wahl, die sie treffen mußten. Selten begegneten wir Frauen unter Fünfunddreißig, die sich – auch wenn sie talentiert und erfolgreich waren – ohne Mann als abgerundet und vollständig erfuhren.

In unserer Kultur brachten Männer und Frauen bis in die jüngste Zeit einen guten Teil ihrer Zwanziger- und Dreißigerjahre mit einer von zwei Illusionen zu. Entweder glaubten sie, der Erfolg würde sie unsterblich machen, oder sie waren überzeugt, ein Partner würde sie vervollständigen. (Diese Illusionen sind übrigens auch heute noch nicht ausgestorben.) Männer und Frauen gingen getrennte Wege. Die Karriere als erstes und letztes Lebensziel erwies sich als trügerisches Wunschbild, als emotionale Sackgasse. Bedeutete andererseits die Tatsache, daß man sich ausschließlich an einen Mann und seine Kinder band, ein Mehr an Lebenserfüllung?

Beide Geschlechter schienen nichts Halbes und nichts Ganzes zu sein und die fehlende Hälfte zu vermissen. Doch gehörten die fehlenden Hälften überhaupt demselben Ganzen an? Die Männer besaßen ihre Zeugnisse und Titel, gegen die sie berufliches Vorankommen einhandeln konnten. Und die Frauen besaßen genügend Scharfblick, um zu erklären: »Was nützt es Karriere zu machen, wenn man die Beziehung zur eigenen Familie und zur eigenen Gefühlswelt verliert?«

Die Frau war eifersüchtig auf die Zeugnisse des Mannes. Der Mann fühlte sich gestört und beunruhigt durch die Wahrheit der Frau.

Wenn Männer und Frauen das Stadium der Lebensmitte erreichen, beginnt sich ihre jeweilige Lage ins Gegenteil zu verkehren. Viele Männer, die ich interviewte, hatten den Wunsch, mehr Einfühlsamkeit zu entwickeln, während bei den meisten Frauen eine Welle der Tatkraft zu beobachten war. Wie kommt das?

Im folgenden gebe ich einen kurzen Abriß.

11.
Ein kurzer Abriß: Männer und Frauen entwickeln sich

Wie kommt es, daß eine Frau Mitte Dreißig ihren Mann um Taschengeld bitten muß? Was treibt er den ganzen Tag lang mit den jungen Mädchen im Büro, so daß er abends zu Hause erklärt: »Ich bin zu müde, Liebling!« Weiß er denn nicht, daß ihre Sexualität unter der Oberfläche auf Hochtouren läuft? Warum muß sie denn diese öde Zeit totschlagen? Zeit totschlagen ist selbstmörderisch. Denn die Zeit, die sie totschlägt, ist die Zeit, die ihr noch zu leben bleibt.

Die konventionelle Frau der Lebensmitte muß zwei Seiten ihrer Persönlichkeit anerkennen – zum einen ihre sogenannte schlechte Seite (»Ich weiß nicht mehr, woran ich glaube« oder »Ich bin mir nicht einmal sicher, ob ich meine Kinder mag«) und zum anderen ihre selbstsichere, bejahende Seite, die ihrer Tatkraft zugrunde liegt und dazu beiträgt, daß sie ihr Leben zusehends selbst in die Hand nimmt (und folglich zusehends selbstverantwortlich handelt). Jede Frau drückt sich anders aus, doch der Sinn, der ihren Worten zugrunde liegt, ist derselbe. »Ich will hinaus ins Leben! Tüchtig, schlau und gewitzt will ich sein, und ich will auch, daß man meine Arbeit und meine Fähigkeiten anerkennt. Ist es möglich, daß ich dort wieder anfange, wo ich aufgehört habe? Finden mich die Männer immer noch anziehend? Wenn mich nur jemand ernst nähme! Wenn mir nur jemand helfen würde, meine Angst zu überwinden!«

In dem barschen und gequälten Mann mit Vierzig, der vor allem durch seine Arbeit exisuert, verbirgt sich ein kleiner Junge, der mit den Tränen kämpft und die immer knapper werdende Zeit zu vergessen versucht. Ein Junge, der gern sagen würde: »Schrecklich, daß ich die Zeit an meinem Schreibtisch zubringen oder überflüssige Produkte auf den Markt werfen muß, wo ich mich doch viel lieber mit meinen Kindern beschäftigen würde oder irgend etwas Kreatives machen möchte. Doch die Zeit wird knapp. Wenn ich mich nicht spute und den Managerposten nicht kriege oder diesen Bestseller nicht schreibe, bin ich ein Versager.«

Die Stimmen, die sich in diesem Mann mittleren Alters Gehör zu verschaffen suchen, sind die Stimmen, gegen die er sich bisher immer gewehrt hat. Es sind die Stimmen seiner Verletzbarkeit, der dunklen Seite seiner Persönlichkeit. »Wenn mich jemand nur so sein ließe, wie ich wirklich bin, nämlich zartlich und hilfebedürftig, aber auch selbstgefällig, habsüchtig, eifersüchtig. Wenn jemand nur gelten ließe, daß ich nicht immer der Stärkere bin. Wenn mich nur jemand von diesem Druck befreien könnte.«

Der einzige, der das schafft, ist man selbst. Das gilt für die Frau in ihrer Lebensmitte ebenso wie für den Mann. Solche Phantasieprojektionen auf andere zu einem früheren Zeitpunkt aufzugeben, ist insofern nicht einfach, als wesentliche Teile unseres Selbst noch mit Eltern, Kameraden, Partnern, Kindern oder Mentoren verbunden sind. Wenn wir die zweite Hälfte unserer Lebensreise beginnen, haben wir bereits verschiedene Trennungen und Verluste erlitten. Es stellt sich heraus, daß Bindungen, die wir früher für lebenswichtig gehalten haben, entbehrlich sind. Diese Entdeckung macht es nicht nur möglich, sondern unerläßlich, daß wir innerhalb unseres Selbst nach einer neuen Einheit streben.

C. G. Jung war der erste bedeutende analytische Denker, der die Mitte des Lebens als die Zeit betrachtete, in der ein maximales Potential zur Entwicklung der Persönlichkeit verfügbar wird. Es ist dies die Zeit, in der wir uns nach jener Ungeteiltheit des Selbst sehnen, die uns immer gefehlt hat. Da die Hoffnung, Sicherheit im anderen zu finden, zunichte wird, spitzt sich der Konflikt zu. Folglich können wir viele unserer archetypischen Vorstellungen darüber, was »männlich« und was »weiblich« ist – das heißt Vorstellungen, die wir unbewußt auf den Partner projizieren –, aufgeben. C. G. Jung spricht von der Notwendigkeit, den eigenen gegengeschlechtlichen Aspekt anzuerkennen und zu integrieren. Dadurch wird eine ungewöhnliche Bereicherung unserer Erfahrungswelt möglich.[1]

Sicher ist, daß dieser Prozeß uns verunsichert. »Es ist nicht schwer, sich vorzustellen, was geschieht, wenn der Ehemann seine zärtlichen Gefühle und die Ehefrau ihren scharfen Verstand entdeckt«, schreibt C. G. Jung. Und er weist warnend darauf hin, daß, wenn Männer mittleren Alters weibisch und wenn Frauen streitsüchtig werden, dies ein Anhaltspunkt dafür ist, daß es diesen Personen nicht gelungen ist, ihr Innenleben durch wechselseitige Anerkennung neu aufeinander einzustimmen.[2] Auch Levinson unterstreicht, daß eine der Hauptaufgaben des Mannes, der sich im Übergangsstadium zur Lebensmitte befindet, darin bestehe, den femininen Teil seiner Persönlichkeit zu akzeptieren.[3]

Viele Männer entdecken, daß sich, wenn sie die Lebensmitte erreichen, bisher unterdrückte Gefühle zu befreien suchen. Der Mann in den Vierzigern hat Gelegenheit, die Gefühlsseiten seines Ich zu entdecken, die dem starken, dynamischen und vernünftigen jungen Mann, der er mit Fünfundzwanzig zu sein hatte, fremd gewesen waren. Viele dieser Gefühlsseiten projizierte er damals auf die Frauen, die ihm nahestanden und die er eben dieser Eigenschaften wegen liebte, fürchtete oder gar haßte.

Federico Fellini gelang es, diesen Prozeß ungemein einfühlsam zu artikulieren, als er die Lebensmitte erreicht hatte und den nostalgischen Film *Amarcord* drehte, der von seiner Jugend handelt. Sein geschlossenstes Werk.

»Der Mann ist immer daran gewöhnt gewesen, die Frau als ein Geheimnis zu betrachten, in das er seine Phantasien hineinprojiziert«, sagt Fellini. »Sie ist Mutter, Gattin, Hure, sie ist Dantes Beatrice oder die Muse selbst. Durch alle Zeiten hindurch hat der Mann das Gesicht der Frau mit Masken bedeckt, die für sein Unterbewußtsein wahrscheinlich den unbekannten Teil seines Selbst darstellen.«[4]

Für den Mann in der Mitte des Lebens bedeutet es einen entscheidenden Schritt, wenn er hinter diese Masken blickt und die unbekannten Teile seines Selbst erkennt. Dieser Akt beweist an sich schon eine gewisse Stärke. Eines Nachmittags begegnete ich einem Mann, der genau diesen Punkt seines Lebens erreicht hatte.

Der sensibilisierte Mann

Millionen Amerikaner sehen ihn Abend für Abend als Nachrichtensprecher. Er ist ein Fernsehstar mit einem Gesicht, bekannter als die meisten Kabinettsmitglieder der Regierung. Er kann es sich leisten, dieses Gesicht in der Karibik in der Sonne zu bräunen, denn er bezieht ein Einkommen, das zehn Mal so hoch ist wie das seines Vaters.

Er kann sein ergrauendes Haupthaar färben lassen, er kann seine schlaffen Muskeln in den besten Fitness-Zentren zu neuer Leistung aufpolieren, er kann die Frau seiner und nur seiner Wahl ins beste Restaurant der Stadt ausführen, und er kann seinen Seelenkummer bei einem der kostspieligsten Psychiater behandeln lassen. Als wir uns kennenlernten, saß er gerade für ein Porträt.

»Die meisten erfolgreichen Burschen, mit denen ich zu tun habe – was man auch immer darunter verstehen mag –, haben kein Privatleben mehr. Mit zwölf oder vierzehn haben sie aufgehört sich zu entwickeln, weil sie vom brennenden Ehrgeiz gepackt wurden. Im Beruf sind sie große Klasse, aber ihr Privatleben ist ein ziemlicher Morast. Beide Seiten hätten sich gleichzeitig entwickeln sollen, doch nichts dergleichen geschah. Deshalb versuchen sie nun verzweifelt, diese beiden Teile auf einen gemeinsamen Nenner zu bringen.«

»Sie können mir glauben, ich mache mich schon auf den Tag gefaßt, an dem man mich von meinem hohen Roß herunterzerrt. Mein ganzes Leben war darauf ausgerichtet, nach dort oben zu gelangen. Heute möchte ich ein Ziel haben und jemanden, der dieses Ziel teilt und der meinen Sturz abfängt.« Er sagte das mit einem gekünstelten, zynischen Humphrey-Bogart-Lachen. »Denn«, so fügte er hinzu, »etwas Hilfe werde ich schon brauchen.«

Dieser Mann kämpfte mit Fragen, die man immer wieder aus dem

Munde von Männern seines Alters hört. Die Bedeutung der Tatsache, daß er dem Klub der Erfolgreichen angehörte, veränderte sich für ihn zur Lebensmitte hin völlig. Seine einundzwanzig Jahre alte Ehe, von der er gehofft hatte, sie würde fünfzig Jahre dauern, ging in die Brüche. Er erkannte, daß er sich in dieser Ehe nie ganz als der gegeben hatte, der er eigentlich war.

»Ich heiratete sie, als ich noch im College war. Sie war ein liebes Mädchen, aber ich war doof und sie wars auch. Mein Syndrom bestand darin, daß ich immer auf Distanz ging. Ich kam ihr zu nahe und zog mich gleich wieder zurück. Wenn sie wütend wurde, weil ich sie zu heftig zurückgestoßen hatte, riß ich die Mauer zwischen uns nieder und kam ihr nachgelaufen. Dann hatte ich das Gefühl, wieder ein guter Junge zu sein. Aber schon wieder schreckte ich zurück und schob sie fort. Es war wie ein Jo-Jo-Spiel. Man darf so was einem Menschen nicht antun.«

Ich sagte ihm, das Jo-Jo-Syndrom sei verbreiteter, als er annehme.

»Warum zum Teufel haben wir solche Schwierigkeiten mit dem anderen Geschlecht?« explodierte er, »die wichtigste Sache, die es für einen Mann neben der Arbeit gibt, die – wenn er ehrlich ist – im Grunde noch wichtiger ist als seine Arbeit, diese Sache« – der Fernsehsprecher zögerte, doch er war nun in dem Alter, in dem er endlich Farbe bekennen konnte – »diese Sache ist die persönliche Beziehung zur eigenen Frau. Wieso aber ist gerade das der Bereich, in dem jeder von uns versagt?«

»Die Männer bekommen keine Belohnungen und Beförderungen für Tapferkeit im Intimleben«, war mein Kommentar.

»Da packt mich einfach die Wut«, rief er und sprang auf – er vergaß das Porträt, er vergaß einfach alles, weil er den heftigen Wunsch hatte, diese vernachlässigte Seite seines Lebens zum Ausdruck zu bringen. »Man beschuldigt uns, unzärtlich und unfreundlich zu sein, aber das sind wir nicht«, beharrte er. »Die andere Seite in uns konnte sich nie entwickeln. Man hat immer nur eines von uns gefordert: Tempo, Arbeit, Erfolg.«

Wir sollten hier anmerken, daß es sich bei der Frage, wie man Liebe und Zärtlichkeit äußert, um ein Problem handelt, mit dem sich die Frauen in ihren Zwanzigern eingehend auseinandersetzen. Auch hier stoßen wir auf die bereits erwähnte Gegensätzlichkeit. Das Selbstgefühl dieses Mannes um die Vierzig war an allen Ecken und Enden zugleich erschüttert worden. Er war in die Kammer der Desillusionierung geraten, der nur selten ein Mann entrinnt, ohne sich des Zwiespalts bewußt zu werden, der sich aufgetan hat zwischen dem Selbstbild, das er in den Zwanzigern von sich hatte, und seinem tatsächlichen Selbst mit Vierzig. Auch wenn ein Mann, *objektiv gesehen*, sein Ziel nicht verfehlt hat, bleibt es ihm nicht erspart, sich mit Gefühlen der Vergeblichkeit auseinanderzusetzen.

»Man ist unzufrieden, doch worüber, das weiß man nicht«, erinnert sich der Fernsehansager an die ersten Anzeichen. »Das Gefühl nagt an einem, daß man nicht alles vom Leben bekommt, was man bekommen möchte.«

Das kann doch nicht alles gewesen sein? fragt er, und wie immer die Antwort ausfallen mag, er hat Angst, es könnte zu spät sein, um sich selbst zu ändern. Es ist *nicht* zu spät, doch einige dieser Veränderungen hätten früher stattfinden können. Mit vierzig Jahren war es für diesen Fernsehmenschen zu spät, jene zwanghaften Flirts wiedergutzumachen, die seine Frau in ihrer einsamen Stadtrandwohnung zur Verzweiflung getrieben hatten. Die ganze Struktur brach zusammen. Er entledigte sich seiner mißverstandenen Frau und nahm sich einen verständnisvollen Analytiker.

Er lebt jetzt mit einer erfolgreichen Geschäftsfrau zusammen, die ebenso alt ist wie er, auf die er stolz ist und die ihn nicht bedrängt. Sie sind bereits drei Jahre zusammen, genauer gesagt seit seinem dreiundvierzigsten Geburtstag und seit der Zeit, als er den Übergang zur Lebensmitte zu bewältigen begann. Sie kennt seine zerstörerischen Gewohnheiten. Wenn seine Stimme auch nur ein bißchen nach Rückzug klingt, lächelt sie lediglich und meint: »Du bist etwas komisch heute, nicht wahr?«

»Aber am meisten geholfen hat mir« – der Fernsehsprecher schreckt einen Augenblick davor zurück, sich noch mehr zu entblößen – »es ist sehr intim, aber warum auch nicht? Wir schlafen miteinander, und plötzlich bin ich müde, ich verliere das Interesse und ich sage: ›Zeit einzuschlafen.‹ Ohne das Gefühl zu haben, ein Verbrechen zu begehen.«

»Bravo!« applaudierten der Maler und ich.

»Aber wenn der kleine Mann auf der Straße, der mich jeden Abend in seinem Kasten beguckt, wenn der das wüßte, was würde der denken?«

»Der schaut schließlich nicht zu«, meinte ich. »Solche Intimitäten sind doch kein Fernsehauftritt.«

Es war erfrischend mitzuverfolgen, wie sich ein Mann derart aufregte, weil er den Zugang zu seinen verschütteten Gefühlen fand. Mit einer neu gefestigten Lebensstruktur und einer erfahrenen Frau an seiner Seite, die einen guten Sinn für Humor mitbrachte, schien er seine Gefühlsskala erweitert zu haben.

Das Durcheinander, das er hinter sich gelassen hatte, war weniger hoffnungsvoll. Als ich einen kurzen Artikel über das Dilemma dieses Mannes veröffentlicht hatte, rief mich seine Frau an. Sie wollte mich besuchen und mir ihre Fassung der Geschichte erzählen.

»Das war einer meiner kleinen Racheakte, als er mich verließ«, begann sie, noch während sie ihren Mantel auszog, »ich ließ meinen Nerz umarbeiten.« Ihre Gesichtszüge sind etwas zerfurcht und kosmetisch aufpoliert. Ihr Körper ist üppig gerundet; sie ist eine hübsche Frau. Doch sie redet, als stehe sie unter Drogen, außer wenn sie eine der schlimmen Verfehlungen ihres Mannes beschreibt. Dann weiten sich ihre Augen, dann kommt Flutlicht hinein. Sie wirkt amüsant und lebhaft, doch nur, wenn sie von der Vergangenheit erzählt.

Ich erkundigte mich nach ihrer gegenwärtigen Lebenssituation. Sie überging die vier Jahre, seit ihr Mann sie verlassen hatte, und begann, ihr letztes gemeinsames, schreckliches Jahr zu beschreiben. Die Zeit war für sie stehengeblieben. Und über die Jahre ihres Zusammenlebens meinte sie: »Unsere ganze Ehe bestand aus einer Stunde Unterhaltung pro Woche, und dabei ging's entweder um den Rasen oder um den nächsten Umzug.«

So war ihre Zukunft nicht geplant gewesen damals, als sie noch in ihrer langweiligen Industriestadt lebte, als sie noch ihre Stelle bei der Telefongesellschaft hatte und in einen »großen, starken, hübschen Revoluzzer« verknallt war, der das College besuchte. »Ich tat alles, um seine Aufmerksamkeit zu erregen. Ich träumte davon, nach New York zu gehen und als Frau dort Karriere zu machen. Es war unmöglich. Mein Vater war Fabrikarbeiter, wir waren arm.« Mit Achtzehn lernte sie ihren Mann an einer Bushaltestelle kennen. Als sie Zwanzig wurden, hatten sie ihre ganze Beziehung in die üblichen Illusionen verpackt und mit dem Bändchen der gängigen Klischees verschnürt: Er war der Macher, und sie war die Umsorgende, die ihren Traum im Huckepackverfahren zu verwirklichen suchte. »Bis zur Heirat verhielt er sich mir gegenüber sehr romantisch. Doch als ich die Frau in seinem Haus wurde, wurde ich gleichzeitig Mutter in seinem Kopf. Seine Mutter aber war die Person, die zu allem ›Nein‹ sagte.«

In diesem Punkt hatte sie völlig recht. Das hatte mir bereits ihr Mann erzählt, dem es erst vor kurzem gelungen war, dieses für ihn so wesentliche Handicap zu durchschauen.

»Der Terror beginnt mit den Müttern«, sagte er. »Für mich bedeutet das die Angst, erstickt zu werden. Die Mütter lieben einen, und gleichzeitig erdrücken sie einen. Sie lassen es nicht zu, daß man hinfällt und sich verletzt. Frauen kommen mir immer wie Mütter vor, die wissen möchten, wo man war, mit wem man war, wieso man dies und das getan hat. Es ist die Angst, daß man sich wieder wie der böse kleine Junge vorkommen könnte, die Angst, daß einem sogar die eigene Frau das Gefühl vermitteln könnte, man habe es wieder einmal nicht geschafft, sie, die Frau-und Mutter, glücklich zu machen.«

Indem er seine Frau zur Mutter deklarierte, schaffte er sich einen bequemen Sündenbock, dem er die Schuld für seine Angst und Beschränktheit zuschieben konnte. Die »Sie hat mich nicht gelassen«-Entschuldigung, mit der er sich einst von seiner Mutter distanziert hatte, hatte er rechtzeitig auf seine Frau übertragen. Seine Mutter wollte nicht, daß er Filmschauspieler würde. Sie hatte sich nie für seine Tätigkeiten interessiert. Und wenn seine Frau alles daran setzte, um diese Blockierung zu überwinden, spielte er sein Jo-Jo-Spielchen.

»Wo willst du denn hin?« fragte er sie, als er sie im Wagen entdeckte.

»Ich möchte mitkommen, um dir beim Fußball zuzusehen.«

»Von den anderen Ehefrauen kommt auch keine.«

»Aber ich möchte wirklich.«

»Und im Fernsehen willst du mir wohl ab heute auf dem Schoß sitzen, was?«

Dieser Mann beherrschte die Taktik des Auf-Distanz-Gehens meisterhaft. Indem er die Rolle des bösen Buben spielte und seiner Frau jedes Mal erzählte, wenn er etwas »angestellt« hatte, konnte er besagte »Zur Mutter«-Distanz wahren.

»Vor der Bücherei hab ich sie befummelt«, pflegte er anzufangen.

»Wovon redest du?«

»Alle Jungen tun das; so was Blödes.«

»Wenn es blöde ist, warum tust du's denn?«

Ihr Ärger, verwässert durch seine Schwäche und Abhängigkeit, war leicht zu besänftigen. Und seine Beichte gab ihm das Gefühl, wieder ein guter Junge zu sein.

Doch er konnte seine Frau nicht mehr anrühren. »Ich erkannte nicht, daß ich mich drückte und daß ich ständig kniff«, erzählte er mir. »Tief in mir ist der Wunsch, zärtlich zu lieben, doch alle Männer haben eine tödliche Angst davor, sie könnten, wenn sie diesen Wunsch äußern, von ihren Frauen erstickt werden.«

Seine Frau erinnerte sich: »Es war fast so, als wollte er sagen: ›Hier hast du mein Gewissen; es ist deine Aufgabe, dich darum zu kümmern, während ich mal schnell fremdgehe.‹«

In jeder Ehe kommt es zu einer ganzen Reihe solcher Aufgabenübertragungen: »Meine Frau ist die gesellige von uns beiden. Ich lasse sie den gesellschaftlichen Kram erledigen.« Oder: »Ich bin ein kreativer Mensch, glücklicherweise bin ich mit einem Organisationstalent verheiratet!« Meistens bekommt der andere die Aufgaben zugeschoben, die dem Partner lästig sind. Das kann von Vorteil sein, doch erweist sich dieser Prozeß immer dann als destruktiv, wenn der eine Partner dem anderen eine *unerläßliche* Ichfunktion überträgt. Hätte der Fernsehsprecher die Verantwortung für sein eigenes Gewissen übernommen, hätte er von seiner Schürzenjägerei, durch die er der Intimität auswich, ablassen müssen. Indem er seiner Frau die Aufgabe übertrug, ihn von diesen Taten abzuhalten, konnte er weiterhin der nachsichtig behandelte, böse kleine Junge sein.

Um Distanz zu seinen Freundinnen zu halten, bediente er sich eines anderen Mechanismus. Er pflegte pedantisch zu werden. »Einmal hatte ich ein reizendes Mädchen aus Australien«, erzählte er. »Ihre Waden waren ein bißchen kräftig. Ein Jahr lang machte mir das nichts aus, aber dann setzte der zerstörerische Zyklus ein: ihre Waden kamen mir immer kräftiger vor, bis ich schließlich nur noch sie sah.«

Und was seine Frau zu Hause anging, so fand er ihre Röcke plötzlich zu kurz, ihre Brüste zu groß. Entweder sie war nicht verführerisch genug oder sie war zu leidenschaftlich, beides ließ ihn abschlaffen. Er war gegen Empfängnisverhütung, weil er sie »spontan« haben wollte, und später drohte er sie zu verlassen, falls sie die Folgen nicht beseitigen ließe. So ging das Jo-Jo-Spielchen weiter, bis sie mit Zweiunddreißig ihre zweite Abtreibung hatte.

»Ich glaube, ich war mir bewußt, daß die ganze Sache in die Brüche gehen würde«, sagte seine Frau heute. Doch da dieser Mann ihre Sicherheit bedeutete, blieb sie auch bei ihrem Übergang in die Dreißiger noch bei ihm. Ihre Versuche, sich zu entfalten, beschränkten sich darauf, daß sie den Führerschein machte und eine Stelle in einer Bank annahm. Ihr Selbstvertrauen begann allmählich wieder zuzunehmen, als sie entdeckte, daß sie rasch lernte und kontaktfähig war. Doch da zogen sie wieder um.

»Immer, wenn ich mich wohl fühlte, wollte ich herausfinden, worin eigentlich meine Erfüllung bestand«, meinte sie, womit sie sagen wollte: *Wegen meiner eigenen inneren Schüchternheit habe ich es immer wieder aufgeschoben, meine eigenen Möglichkeiten der Selbstverwirklichung zu erforschen.*

»Da er wegen seiner Arbeit immer häufiger von zu Hause fort war, mußten wir uns einander nicht stellen. Es war eine friedliche Zeit. Und da ich arm aufgewachsen war, begrüßte ich es, daß die materiellen Vorteile zunahmen. Ich konnte Hallentennis spielen und abends mit meinen Freunden ausgehen. Das genügte mir. Doch der innere Abstand wurde noch größer, als er sich den Vierzig näherte. Nach zwei Jahren schrecklicher Vernachlässigung kam die Krise. Er hielt nicht einmal mehr meine Hand. Ich sagte: ›Mein Gott, unser Leben geht dahin, können wir denn nicht miteinander reden, einander berühren? Was ist denn los? Hast du jemanden umgebracht?‹«

Er war Dreiundvierzig und gestand ihr, es sei wieder eine Liebesaffäre. Dieses Mal schrie und fluchte seine Frau, und sie verdammte ihre Nächte in Suburbia. Am Tag darauf zog er aus. Die vier Kinder gruppierten sich um seine Frau wie eine Fahnenwache. Vom Hintereingang her rief er:

»Ich halt's nicht mehr aus, dich, die Kinder, den Mief in diesem Haus. Ich muß raus hier!«

Es gibt andere Möglichkeiten, einen derartigen Partnerknoten aufzulösen, doch da wir unsere Informationen darüber, wie erwachsene Beziehungen zu gestalten sind, vor allem aus Film und Fernsehen beziehen, besteht eine – wie man glaubt – empfehlenswerte Methode darin, wie Charles Bronson rot zu sehen. Auf der Leinwand werden die Episoden, die sich solch dramatischen Abgängen anschließen, meistens gar nicht erst gezeigt. Doch im wirklichen Leben geht es dann häufig darum, wie man mit der entstandenen Angst und wie der ganze Mensch mit seiner Erniedrigung fertig wird.

Jeden Tag rief er an und bat, zurückkommen zu dürfen. »Ich bin krank. Ich schaff die Besprechungen nicht mehr. Ich hab eine schreckliche Diarrhoe.«

Sie verlangte von ihm, er müsse mindestens einmal einen Psychiater aufsuchen, und dann – dann wartete sie im Wohnzimmer, überzeugt, dieser Augenblick werde der Höhepunkt ihres Lebens sein. Er würde sich entschuldigen, sie über den grünen Klee loben und endlich Zeugnis ablegen für die Bedeutung ihrer Existenz.

»Wo ist die Post?« war seine Begrüßungsformel. »Was gibt's zum Essen?«

Es war, als sei er nie fortgegangen, als habe ihre Krise nie stattgefunden. Doch was viel mehr bedeutete: in den beiden Wochen, in denen sie allein gewesen war, hatte sie eine verblüffende Entdeckung gemacht. Ihr Mann war nicht ihre Sicherheit. Nichts hatte sich geändert seit seiner leiblichen Abwesenheit, die lediglich die formale Ergänzung seiner emotionalen Abwesenheit gewesen war.

»Er hatte nach wie vor sein eigenes Leben, ich hatte nach wie vor Suburbia und die Kinder. Nichts hatte sich geändert, und das war schrecklich. Was hab ich geheult! Aber was mich fassungslos machte, war die Erkenntnis, welches Leben wir geführt hatten. Jetzt mußte ich mich wirklich stellen.«

Fünf Mal verließ er sie in diesem Jahr.

Was sie tröstete und beruhigte, war nicht, daß sie ihre neugewonnene Freiheit zu neuer Entfaltung nutzte (sie absolvierte einen Kurs im Immobilienhandel, ohne jedoch davon Gebrauch zu machen), sondern daß sie es sich in ihrem Märtyrertum bequem machte. »Jedes Mal, wenn er auszog, putzte ich mein Gefängnis ein wenig hübscher heraus.«

Sie suchten gemeinsam einen Eheberater auf, doch was ihm vorschwebte, war kein Berater, sondern ein Verteidiger, eine Autorität, die ihn zum Opfer und sie zur Kanaille erklären würde.

Der Therapeut aber meinte: »Es überrascht mich immer wieder, wie lange es manche Frauen aushalten.«

»Als mein Mann mich im Stich ließ –«: die Wiederholung dieses Satzes scheint ihr immer wieder Freude zu bereiten. »Als mein Mann mich im Stich ließ, hatte ich keine Ahnung, daß er bereits mit dieser anderen Frau zusammenlebte.« Es folgte eine Aufzählung von Nöten, bei denen es um Geld ging, um den Autounfall der einen Tochter, um die Abtreibung bei einer zweiten Tochter, alles Dinge, die bedenkenlos dem Mann in die Schuhe geschoben wurden, der mittlerweile bereits seit vier Jahren nicht mehr ihr Leben teilte. »Die Telefongesellschaft ruft in regelmäßigen Abständen an, weil sie unser Telefon sperrt. Mein Anwalt ruft den seinen an, der seinen Buchhalter anruft. So sieht mein Leben jetzt aus.«

Doch was nützt es, noch mehr Jahre damit zu vergeuden, daß man Bomben wirft in einem Krieg, der längst vorbei ist? Warum will sie sich nicht selbst entfalten? Der Grund ist meistens derselbe. Wenn sie ihn als den Feind verliert, dem sie alle ihre Sorgen in die Schuhe schieben konnte, bleibt ihr nur noch die Erkenntnis, daß der Feind *in ihr selbst* sitzt. Doch solange diese Erkenntnis unannehmbar bleibt, muß der Phantomfeind herhalten.

Diese Frau entspricht ganz dem Typus der Umsorgenden. Dieses Lebensmuster wird von Frauen gewählt, die nicht beabsichtigen, ihren eigenen Traum zu verwirklichen. Als Gegenleistung für die ihnen gebotene finanzielle Sicherheit entschließen sie sich, die Karriere ihres Mannes zu unterstützen und seine Kinder großzuziehen. Es gibt viele Frauen, die die Rolle der Umsorgenden wählen, um jedoch später in einen größeren Rahmen der Selbstverwirklichung hineinzuwachsen, ohne daß ihre Ehe daran zerbricht. Doch gibt es auch den Typus der Umsorgenden, dem es gelingt, die Lebensmitte zu überschreiten, ohne die geringste Identitätskrise zu erleben. Sie kontrolliert ihre eigene Identität nicht und möchte das auch gar nicht.

Die sich durchsetzende Frau

Doch das ist nur die Hälfte der Geschichte. Denn wie ist es mit den Frauen über Fünfunddreißig bestellt, die es riskieren, sich selbst zu behaupten? Die Frauen, mit denen ich sprach, hatten die unterschiedlichsten Fähigkeiten und Entfaltungsmöglichkeiten entdeckt, die über ihre Beziehungen zu ihren Männern und Kindern hinausreichten. Manche hatten zu malen, zu schreiben, zu fotografieren begonnen oder waren auf anderen Gebieten schöpferisch tätig geworden. Andere drückten wieder die Schulbank oder gaben Unterricht mit neugewecktem Engagement. Andere wiederum setzten die

Fähigkeiten, die sie als Hausfrau-und-Mutter entwickelt hatten, im Dienst an der Allgemeinheit in die Praxis um, oder sie gründeten ihr eigenes Unternehmen, gingen in den Immobilienhandel oder ließen sich als Wahlkandidaten aufstellen.

Eine solche Frau ist Mia. Als ich sie das vorletzte Mal sah, hatte sie aufgehört, an ihre eigene Wertlosigkeit zu glauben. Das wußte ich sofort, als ich sie weiter entfernt im selben Raum entdeckte. Wir waren alle einer Einladung gefolgt, die der Planung eines internationalen Frauenkunst-Festivals dienen sollte.

»Was ist passiert?« fragte ich sie.

»Alles. Alles auf einmal. Diese Woche geht ein Buch mit meinen Bildern in Druck. Der Verleger hat mich selbst besucht! Nächsten Monat mache ich eine Ausstellung, und eine halbe Nummer der Zeitschrift ›Camera 35‹ setzt sich mit meiner Arbeit auseinander. Es ist wie im Traum.«

Es sprudelte nur so aus ihr heraus, und so heftig war ihr Überschwang, daß ich mich selbst daran erinnern mußte, welch weiten Weg sie bis zu diesem Punkt zurückgelegt hatte. Mia war eine Frau, die fünfunddreißig Jahre lang einen Fluchtversuch nach dem anderen unternommen hatte, um sich nicht selbst durchsetzen zu müssen. Und schließlich hatte sie die Zerstörung all dessen riskiert, was man als ihre Sicherheit und Bereicherung hingestellt hatte. Sie verließ ihren Mann, der von anderen abgöttisch verehrt wurde, und erlebte Jahre der Entfremdung zwischen sich und ihren Kindern. Und kürzlich – so erzählte sie mir – habe sie sich sogar von dem Mentor freigemacht, der ihr die erste Fotokamera in die Hand gedrückt hatte. Denn als er entdeckt hatte, daß sie begabter war als er, war er ausfallend und verletzend geworden.

»Ich habe jetzt einen Freund, der am anderen Ende des Landes lebt«, erzählte sie mir. »Er ist einer der bekanntesten Professoren auf seinem Gebiet, und er achtet meine Arbeit. Ich muß mein eigenes Licht nicht mehr unter den Scheffel stellen. Er lenkt mich nicht ab, und ich geh ihm nicht auf die Nerven. Wenn wir zusammen sind, dann ist das – *Mensch!* – wie wenn man zum ersten Mal in seinem Leben nackt badet. Meine Kinder mögen mich wieder, und es macht mir nichtmal was aus, daß meine Brüste durchhängen. Ich bin einundvierzig und ich fliege. Ich erwische mich selbst dabei, wie ich auf der Straße frei herauslache!«

Den Drang, sich in die Lüfte zu erheben, hatte sie schon mit Dreißig gehabt, doch die Sicherheit sprach dagegen. Wie so viele Frauen saß auch Mia in dieser Falle. Sie schaffte den Durchbruch nicht und konnte sich nicht progressiv entwickeln, da sie noch eine ganze Menge vorbereitender Schritte zu tun hatte. So aber lebte sie im Zustand eines permanenten Nervenzusammenbruchs.

Was ihren Mann anging, so war ihr inzwischen eines klar geworden: Er gehörte zu den Menschen, die Mitgefühl nur aus sicherer Distanz heraus äußern können. Sobald die goldenen philosophischen Früchte seines fruchtbaren Geistes herangereift waren, griffen die zahllosen Collegestudenten, die im Schatten seiner Gelehrsamkeit saßen, sofort zu. Für sie war er der Mann, der alles wußte. Er konnte die Eltern von Selbstmordkandidaten trösten, er konnte die Jungen zu weltverändernden Aufgaben anfeuern, er konnte den Sterbenden Trost spenden, doch für den Schmerz und die Not in seinem engsten Kreise konnte der Reverend nicht das geringste Verständnis aufbringen. Er war blind und er war taub. Um seine persönlichen Gefühle hatte er einen gewaltigen Schutzwall errichtet.

Solche Leute werden häufig Geistliche, Politiker oder Psychiater, oder sie ergreifen andere soziale Berufe, die es ihnen erlauben, ihren Mitmenschen aus einer distanzierten »Guru«-Position heraus zu helfen, während sie sich selbst gegen die Gefahren einer intimen Zweierbeziehung abkapseln.

Wäre Mia ihren ersten Regungen gefolgt, hätte sie den Reverend nie geheiratet. Doch als Zweiundzwanzigjährige sehnte sie sich nicht nach Offenheit und Intimität, sondern nach Autorität. Sie sehnte sich nach einer Persönlichkeit, die das zuwege bringen konnte, wozu sie selbst nicht in der Lage war – nämlich ihrem Vater die Stirn zu bieten. Mias Vater war ein angesehener Musiker, der die Weltstädte bereiste, eine beherrschende Persönlichkeit.

Durch ihr Äußeres blieb Mia das Ballerinenleben, das ihr Vater für sie geplant hatte, erspart. Ihre Brust entwickelte sich kräftig, ihre Hüften rundeten sich, und ihre Schenkel nahmen weibliche Formen an. Als schöne Frau ging sie aus der Pubertät hervor, geschaffen für die Umarmung eines Mannes, nicht aber für die Kunst einer Markowa. Dem mußte die in dieser Familie verbreitete künstlerische Karriere angepaßt werden: sie sollte Schauspielerin werden.

Mit Zweiundzwanzig erlebte Mia diesen vorgefertigten Traum als Mitglied einer Broadwaybesetzung und war zu Tode gelangweilt. Das war der Punkt, an dem der Reverend in ihr Leben trat – mit seinen sich ausdrucksvoll artikulierenden Professorenfreunden, mit seinem Proust und Dostojewski, mit seinen fesselnden Geschichten über die schweren Leiden des Krieges und der Armut in einer ihr völlig fremden Welt. Doch es gab etwas an diesem Reverend, das sie faszinierte.

Eines Tages hörte sie, wie dieser junge Mann ihrem Vater widersprach. Anstatt vor Respekt zu erstarren, wie all die anderen Speichellecker, sagte er glatt und ohne Angst seine Meinung. Mia fühlte sich wie Rapunzel.

»Das könnte meine Rettung sein! dachte ich. Er war eine angesehene, anerkannte und solide *Gegenautorität.* Er würde mir Sicherheit geben. Er würde für mich den Widerstand gegen meinen Vater leisten. Doch etwas sagte mir kurz vor unserer Eheschließung, daß unserer Verbindung etwas Unwirkliches anhaftete. Ich wollte nicht, doch ich dachte, ich sollte. Wie sich erst später herausstellte, hatte er dieselben Vorbehalte. Doch zwanzig Jahre lang hat er mir nichts davon gesagt.«

Mia brachte ihre Zwanzigerjahre damit zu, daß sie jenen Traum, der nur im Kopf ihres Vaters existiert hatte, durch Selbstverwirklichung zu ersetzen suchte. Sie sorgte dafür, daß sie von ihrem Mann schwanger wurde. »Ich wollte unbedingt etwas haben, das mir bestätigen würde, daß ich wirklich war.«
Sie bekam ihr Kind und in rascher Folge ein zweites und ein drittes. Entsetzt von der Hilflosigkeit dieser Brut, stürzte sie sich in ihr »Volksküchen-Unternehmen« und füllte das Haus ihres Mannes mit dessen Studenten. Das war amüsant: das Haus war voller Leben. Wovor sie Angst hatte, war die Zeit, wenn alle nach Hause gegangen waren.

»Wir müssen über etwas reden«, begann sie gewöhnlich geduldig.

Flackernde Panik in seinem Blick. Dann fiel er, als seien ihre Worte eine Morphiumspritze, in tiefen Schlaf.

»Können wir diesen Kampf nicht auf normale Weise austragen?« flehte sie ihn manchmal an.

Was er nicht ertragen konnte, war Rassismus, war Vietnam, war die Hungersnot in Pakistan, doch das langsame seelische Verkümmern einer Frau, deren Körper sich nachts direkt neben ihm unruhig hin und her warf, nein, es war ihm unmöglich, auf ihr inneres Chaos einzugehen, da sonst sein ganz mühsam errichtetes inneres Gebäude auseinandergefallen wäre.

Wenn man dem inneren Drang zur Erweiterung der Persönlichkeit, der für den Übergang in die Dreißigerjahre typisch ist, nicht entsprechen kann, muß man ihn verdrängen in Form von zwanghaften Tätigkeiten, zweitrangigen Fluchtversuchen oder beruhigenden Rückzügen auf ein früheres Entwicklungsstadium. Jede dieser Möglichkeiten erlaubt es, die Konfrontation mit dem Inneren Wächter aufzuschieben. Mia versuchte alle Möglichkeiten.

Die Vorstellung, wir könnten unsere Persönlichkeit auf Befehl ändern, gehört in die Zwanzigerjahre. Mia war für derartige Illusionen bereits zu alt. An Sylvester hatte sie eine kurze, nichtssagende Affäre mit einem Kollegen ihres Mannes. Seine Situation war der ihren ähnlich. Sie liebten denselben Mann und mäkelten an seinem Privatleben herum, während der Reverend den beruflichen Beifall, den man ihm zollte, einheimste. Sie trafen sich heimlich im Wagen und taten so, als sei ihr verschwörerischer

Flirt die große Liebe. Tatsache war, daß Mia in ihrem Leben etwas wie Sex überhaupt nicht kannte. Gemessen an all der Freude, nach der ihr voll erblühter Körper verlangte, wäre es besser gewesen, so dachte sie, aus ihr wäre eine miserable, flachbrüstige Tänzerin geworden.

Am Tag vor Ostern, als die bußfertige Fastenzeit zu Ende ging, fiel Mia eine merkwürdige Stille im Haus auf. Der Reverend rief sie nach oben ins Schlafzimmer. Es war das erste Mal, daß er ihr so unzweideutig nahetrat.

»Ich bin zu dem Schluß gekommen, daß du das Leben nur deshalb erträglich findest, weil du diesen X siehst«, sagte er. »Ich weiß alles, aber möchte nicht, daß du dich schuldig fühlst. Auch ich hatte ein Verhältnis.«

Seiner Beichte folgte weder eine Absolution durch seine Frau, noch vermochte sie deren Schuldgefühle zu lindern. Sie hatte keine.

»Der Kinder wegen konnte ich nicht fort«, erklärt sie. »Sie waren zu klein. Ich hätte wissen müssen, daß es eine Frage der Zeit war.«

Im Verlauf dieses Übergangsstadiums verwandelte sich Mias Regression in Selbsterniedrigung. Sie ging einkaufen. Jeden Tag konnte man eine breithüftige Frau mit ausdruckslosem Gesicht in den Einkaufsstraßen herumwandern sehen und wie ein Teenager in die Schaufenster starren. Ihr Wagen wurde gewöhnlich abgeschleppt. Ihre Kinder warteten vor der Schule: Sie hatte sie vergessen. Nächte, mit genügend Alkohol im Blut, um jegliches Unterscheidungsvermögen auszulöschen, ging sie mit Angehörigen der Fakultät ins Bett. Jede Begegnung war dieselbe: schnell, sinnlos und anonym. Die einzige Möglichkeit, den Namen des Mannes zu erfahren, der sie zuletzt gehabt hatte, war, im Fakultätsverzeichnis nachzusehen, falls sie das überhaupt interessierte.

»Ich ging in jeder Hinsicht zugrunde. Und dann, eines Tages, ich war einunddreißig Jahre alt, verliebte ich mich. Mit Haut und Haar. Die große Liebe. Und ich entdeckte, was ich versäumt hatte. Es war eine unmögliche Situation. Er war ein neunzehnjähriger Student. Aber er verstand mich, wie mich noch niemand verstanden hatte, nicht einmal meine Mutter. Er erkannte meine Schwächen und packte meine Schuldgefühle richtig an. Während mein Mann oben an seiner Predigt schrieb, tranken wir in der Küche Tee und redeten sieben Stunden lang. Plötzlich konnte ich Dinge, die mich selbst angingen, erkennen und ausdrücken. Meine Beziehung zu den Kindern besserte sich, weil mir jemand Kraft gab. Drei Jahre lang führte ich ein Doppelleben.«

Sie stürzte sich, ohne nachzudenken, in eine Jugendliebe, die meist nur aus Konversation besteht. Durch dieses erkundende, narzißtische Bündnis, das ihr als junges Mädchen versagt geblieben war und das nicht durch eheliche Anforderungen getrübt wurde, war es ihr möglich, sich selbst durch das Verhalten eines anderen zu erkennen.

Das fünfunddreißigste Jahr war für sie das Jahr der Entscheidung. Das Schuldgefühl, von den Energien eines jungen Mannes zu leben, hatte sie eingeholt, doch sie entdeckte nun eine völlig neue Möglichkeit, sich auszudrücken. Es war eine künstlerische Möglichkeit, nämlich die, unabhängig von anderen nach Leistung, Meisterschaft, Selbstvertrauen und Anerkennung zu streben. Völlig daran gewöhnt, eine solche Entfaltung durch Männer und Kinder zu erfahren, beschreibt sie ihr neues Liebesobjekt so, wie andere ihre Liebhaber beschreiben würden:

»Die Fotografie hat mich verführt.«

Es gab einen guten Grund für diese verwirrte Assoziation. Es war ein Mann, der ihr eine Fotokamera in die Hand drückte und ihr zeigte, wie man sie benutzt – ein Mentor, der ihr Liebhaber wurde.

Alle Untersuchungen stimmen darin überein, daß das Vorhanden- oder Nichtvorhandensein einer solchen Persönlichkeit einen gewaltigen Einfluß auf die Entwicklung haben kann. Für den Mann zwischen Zwanzig und Dreißig ist der Mentor ein Führer, der ihn nicht als Knaben oder Sohn, sondern als jüngeren Erwachsenen betrachtet und der den Traum des jungen Mannes unterstützt und ihm hilft, diesen Traum in die Tat umzusetzen. Dieser Mentor ist ein nicht-elterliches Karrierevorbild. Er trägt mit seiner Kritik auch dazu bei, daß der junge Mann seine Vater-Sohn-Polarität überwindet. Der Mangel an Mentoren, so folgert Levinson, sei in unserer Entwicklung ein schweres Handicap. Daneben gibt es ein zweites Handicap, das Männern indes erspart bleibt. Für sie sind Mentor und Geliebte (diese andere Schlüsselfigur) in der Regel zwei verschiedene Menschen.

Frauen haben kaum Mentoren. Ja, die meisten Frauen wußten gar nicht, wovon ich redete, als ich diese Frage anschnitt. Weibliche Mentoren sind immer schon äußerst rar gewesen. Und wenn sich ein Mann dafür interessiert, eine jüngere Frau zu führen und zu beraten, ist sein Interesse gewöhnlich erotischer Art. Daraus ergeben sich zahlreiche, leicht einsehbare Verbindungen: Filmproduzent und Filmstar, Professor und Studentin, Arzt und Krankenschwester, Theaterregisseur und Schauspielerin und so fort. Der Haken ist nur, daß die Beziehung zwischen Führer und Geführter zumeist auch einen verwirrenden sexuellen Vertrag beinhaltet.

Was geschieht, wenn sie so selbstsicher wird, daß sie mich nicht mehr braucht? Diese angsterfüllte Frage stellt sich der Mentor häufig. Doch er kann das Kontrollventil regulieren, indem er ihre Leistung kritisiert oder seine emotionale Unterstützung einschränkt. Der Frau kann es schwerfallen, ihr inneres Gleichgewicht zu finden, weil sie in beruflicher, emotionaler und sexueller Hinsicht durch ein und dieselbe Person lebt. Diese

Person aber wird schließlich zur überragenden Vaterfigur, die ihrer Entwicklung nur mehr schadet.

Andererseits fehlt der *Karriereorientierten Frau* dieser Mentor, auch wenn sie nicht weiß, was das ist. Ungefähr achtzig Prozent aller leitenden Positionen werden auf dem nichtöffentlichen Stellenmarkt gehandelt und sind nur durch die Flüsterpropaganda des Mentorsystems zu haben.[5] Fast alle Frauen, mit deren Lebensläufen ich mich befaßte und die Karriere machten, haben zu irgendeinem Zeitpunkt ihren Mentor gehabt.

Dieselbe Entdeckung machte Margaret Hennig in ihrer Doktorarbeit (Harvard, 1970), die sich mit fünfundzwanzig Frauen in Spitzenpositionen beschäftigte.[6] Zu einem frühen Zeitabschnitt ihrer Karriere hatten *alle* diese Frauen einem männlichen Vorgesetzten sehr nahegestanden. Und sowie sie einmal dessen Schutz genossen, ordneten sie alle anderen Beziehungen dieser einen unter. Der Mentor brachte diese Frauen so weit, daß sie an ihre Fähigkeiten glaubten, und er fungierte zugleich als Puffer gegenüber anderen Mitarbeitern und gegenüber Kunden, die sich durch tüchtige und talentierte Frauen bedroht fühlten.

Mias gekoppelter Liebesroman, der zugleich einem Mentor und der Fotografie galt, löste eine Entwicklungskrise aus, die sich über fünf Jahre hinzog – eine Zeit, in der Mia alle Möglichkeiten des Übergangs zur Lebensmitte ausschöpfte und in der sie ihre Persönlichkeit erprobte und entfaltete. Diesen Prozeß schildert ihr Mentor in einem Brief an sie folgendermaßen:

Ich habe Dir die einfache Verbindung von Licht, Silber und gewissen Chemikalien vorgeführt. Doch Deinen Weg zur Fotografie mußt Du selbst finden. Ich wollte Dir das vermitteln, was sie mir vermittelt hat. Ich wollte, daß Du, die Du inmitten der angespannten und erschöpfenden Geschäftigkeit richtungsloser Suche standest, fähig sein solltest, etwas Fertiges in Händen zu halten, etwas, das Du selbst gesehen und festgehalten hast . . . Diese ganze Zeit über und viele Jahre davor war etwas in Dir gewachsen. Es war die Art von Druck, die zu Alkoholismus oder Selbstmord oder manchmal auch zu Kunst führen kann. Glücklicherweise war es die Fotografie, die diesem Druck einen Ausweg schuf.

Für Mia begann das Fotografieren als Tätigkeit, mit der sie ihrem Freund imponieren konnte. Doch es dauerte kein Jahr, und sie wurde ihr zum Lebensinhalt. Sie erkannte, daß die Fotografie das einzige war, was sie vor einem völligen Zusammenbruch bewahrte. Denn mittlerweile waren ihr alle anderen Dinge unwesentlich geworden. Die Frage, was sie mit ihren Kindern tun sollte, quälte sie. Es gibt andere Frauen, sagte sie sich, die aus einer öden Ehe aussteigen und die Kraft haben, ihre Kinder großzuziehen, und sich gleichzeitig beruflich fortbilden. Doch es verging noch einige Zeit, bis sie zugeben mußte: »Ich gehöre nicht zu diesen Frauen.« In ihrer derzeitigen Verfassung, das wußte sie, würde sie ihren Kindern nur schaden. Um dieses Dilemma zu überwinden, faßte sie einen Entschluß, den die meisten von uns für indiskutabel halten würden. Sie ließ ihre Kinder in der Obhut ihres Mannes zurück.

Sie versuchte es ihnen zu erklären: »Ihr wißt, wie sehr Pappi und ich uns streiten. Es ist nicht richtig, wenn wir euch anschreien, weil wir aufeinander böse sind.« Der kleinste Junge, neun Jahre alt, bat darum, sich wie seine Schwester, die ihr Liebling war, kleiden zu dürfen. Er glaubte, wenn er sie nachahmte, könnte das seine Mutter überzeugen, bei ihnen zu bleiben.

An dem Tag, als sie ging, standen die Kinder vor dem Haus und winkten. Mia taten die Augen weh, ihr Puls jagte, und sie fuhr direkt in die Sonne hinein. Sie war zum Tramp geworden. In einem weißen, sterilen Hochhaus fand sie ein Zimmer, in dem sie ihre Bücher und Kameras verstaute. Sie richtete sich eine Dunkelkammer ein. Abgesehen von den Kursen, die sie besuchte, und von den Bildern, die sie machte, ging sie weder aus noch machte sie Besuche.

»Ich brauchte eine ganze Fotomappe voller Fotos zum Vorzeigen. Wenn ich das schaffen wollte, dann zum Teufel nicht morgen sondern heute. Ich fühlte mich munter wie noch nie und hatte zugleich Angst.«

Ihre Bilder wurden immer besser und aus demselben Grund ging es mit ihrer Liebe bergab. Wenn sie arbeitete, hatten ihre Augen die schwefelblaue Farbe eines aufflammenden Streichholzes. Sie wurde sich selbst zur Entdeckung. Doch ihr Mentor empfand diesen arbeitsbesessenen Blick als Verrat. Die Originalität ihres fotografischen Blicks hatte seinen Einfluß überflügelt. Er war gut, doch Mia war besser.

»Wie schaffst Du das bloß?« schrieb er ihr später. »Ich hab Dich das oft gefragt, obwohl ich immer auch wußte, daß solche Fragen reiner Unsinn sind. Es ist bloß so, daß Du mit dem, was um Dich herum ist, zusammenzuklingen scheinst . . . Es ist, als versuchte man, ein Haiku zu analysieren – man schafft es nicht.«

Sie mußten ihre Picknicks einstellen, weil sie an den Bäumen bemerkenswert fand, was in seinen Augen banal war. Auf Parties hatte sie Angst, jemand könnte ihre Arbeit in seinem Beisein loben. Kehrten sie nach Hause zurück, begann er, betrunken wie er war, zu wüten und nach den Augen zu schlagen, die sahen, was er nicht zu sehen vermochte. Es kam die Zeit, als sie nicht mehr zusammen durch die Straßen gehen konnten.

Früher oder später muß jeder Lernende, der schließlich aus eigenem

Vermögen wirken will, den dominierenden Einfluß seines Mentors zurückweisen. Levinson ist der Meinung, ein Mann über Vierzig könne keinen Mentor haben. Frauen im Beruf, die über ihre Führer hinauswachsen, gelangen eher ins Topmanagement. Dagegen können die Frauen, die sich in alter Anhänglichkeit üben, nicht in Spitzenpositionen gelangen, ja es ist wahrscheinlich, daß sie beginnen, ihren Mentoren zur Last zu fallen, so daß sie von diesen in der Regel ausrangiert werden.[7]

So zu tun, als sei sie ihrem Lehrer nicht überlegen, war für Mia eine Qual, doch ihre jahrelange Abhängigkeit von diesem Mann war Teil eines umfassenderen Problems, das sie in ihrer Lebensmitte zu lösen hatte. Sie konnte mit ihrem Mentor erst dann brechen, wenn sie sich dem Diktator, der in ihr selbst steckte, widersetzte.

Heute wird Mia von anderen Frauen für das, was sie als Wagnis auf sich genommen hat, bewundert. Sie wird bewundert für ihr leidenschaftliches Engagement, ihre Intensität, ihr ausgeprägtes Selbstgefühl, ihren starken Willen und ihre Aufrichtigkeit. Doch ich müßte mich der Nachlässigkeit zeihen, wenn ich glauben machen wollte, daß es Mia gelungen ist, die beiden Bereiche Liebe und Arbeit ein für allemal in Einklang miteinander zu bringen.

Ihre Authentizität, zu der sie nur unter Qualen gelangt ist, macht den Männern Angst. Sogar Männern wie dem Professor. Als sie sich beim kreativen Workshop kennenlernten, schien es so, als sei er der Mann, der selbstsicher genug war, um an Mias Begabung vorbehaltlos seine Freude zu haben. Es war ihr Temperament, das ihn zunächst fesselte. Doch was ihn gefesselt hatte, begann ihn bald zu erschrecken, ja abzustoßen. Aus einer Art Rachegefühl heraus versucht er nun das Selbstvertrauen, zu dem sich Mia – jedenfalls, was ihre Arbeit angeht – mühselig durchgerungen hat, zu untergraben. Um sich seiner selbst zu versichern, sucht er bei seinen dummen, gefälligen Studentinnen Zuflucht. »Sie fallen in Ohnmacht, sobald er den Raum betritt.«

Vor kurzem traf ich mich mit Mia zum Mittagessen. In ihren Arbeitsjeans, Stiefeln und ihrer ungetönten Brille sah sie müde, doch resolut aus. Ihrer Fotomappe entnahm sie die bereits erwähnte erstklassige Monographie, die gerade erschienen war – eine öffentliche Anerkennung ihrer eigenen Sehweise als Künstlerin. Sie erlebte nun eine Zeit süßen Triumphes. Sie erzählte von ihrer ersten Ausstellung, die sie in wilder Betriebsamkeit selbst gehängt hatte, doch etwas schien ihre Lebhaftigkeit zu überschatten. Der Professor hielt sich in der Stadt auf. Er ignorierte bewußt diese großen Ereignisse in Mias Leben und erwartete von ihr, daß sie sich auf einen bloßen Telefonanruf hin seinem Terminkalender beuge. Sie war wütend, aber auch auf der Hut. Wieso benahm er sich so?

»Er trinkt und raucht zuviel. Mit einem Todeswunsch in seinen Augen jagt er seinen Wagen über die Autobahn.« Mia berichtete über die Gefahrensignale eines Mannes, der den selbstzerstörerischen Höhepunkt seiner eigenen Krise der Lebensmitte erreicht hatte. Sie berichtete so, als zwinge sie sich, diese Signale zu beachten. »Ich sehe ihn jetzt durch seine Arbeit. Er ist ein Künstler, und sein Werk spiegelt ganz und gar die Art, wie er mit dem Leben umspringt. Seine Gestalten wirken wie aufeinandergepappt, sie scheinen zu zerfallen. Sie sind grausam, obszön. Ich mache ihm Angst, weil ich seine Arbeit nicht mag. Sie ist entmenschlicht. Wenn ich ihm das hin und wieder sage, gerät er in Panik.«

Der Professor ist verheiratet. Er ist dreiundvierzig Jahre alt. In einem Lebensabschnitt, in dem sich jeder Mensch mit schrecklichen Fragen konfrontiert sieht, ist es nur zu natürlich, daß er nach Selbstbestätigung sucht. Doch angesichts seines besonders prekären Status als »infantiler Gott« wirft ihn nun die Tatsache, daß er Mias Unabhängigkeit anerkennen muß, wahrscheinlich um so stärker aus der Bahn. Er ruft sie um fünf Uhr morgens an, als wolle er sie auf ihren Platz als Untergebene verweisen.

»Ich bin's.«

»Ich weiß. Was ist los?«

Ein Alarmsignal in ihrem Kopf. Ihre Intuition sagt ihr, daß der Professor neben seiner Anziehungskraft als Gefährte in der Kunst und im Bett Gefahren in sich birgt, die an ihre schwache Seite appellieren.

»Wenn ich um ihn herum bin, meine ich, am Rand einer Klippe zu stehen, *mit dem Wunsch* hinunterzuspringen. Das könnte mich kaputt machen. Doch so weit laß ich's nicht kommen.«

Zwar hat Mia noch nicht den idealen Partner gefunden (schließlich versorgt uns dieses Leben nicht mit gleichwertigen Partnern, damit unsere Entwicklung synchron verlaufe), doch sie hat sich selbst gefunden. Sie vertraut nun ihrer Fähigkeit. sich dieses Selbst auch zu erhalten.

»Ich hab zu lang gebraucht und zuviel mitgemacht, um dorthin zu gelangen, wo ich heute gefühlsmäßig und beruflich stehe. Daß mir das einer nimmt, laß ich nicht zu. Das Leben ist zu kurz. Ich werde eine Zeitlang allein sein. Es gibt schlimmere Dinge als allein zu sein.«

Dies ist ein völlig neuer Standpunkt gegenüber dem Leben, der Zeit und dem Ichbewußtsein, ein Standpunkt, der für den fünfundzwanzigjährigen Menschen unvorstellbar ist, denn mit Fünfundzwanzig glaubt jeder von uns, das Leben müsse immer so weitergehen und das Schlimmste, was uns in dieser Welt zustoßen könne, sei, nicht geliebt zu werden. Diese neue Sicht erschließt sich uns aber erst dann, wenn wir vom Rand des riskanten Übergangs in die mittleren Jahre einen Blick in den Abgrund werfen.

Das Leben geht einmal zu Ende. Die Zeit ist kurz. Jeder von uns reist allein. Niemand kann uns ständig schützen. Und immer gibt es einige Teile unserer Persönlichkeit, die wir nicht ändern, nicht übersehen können – eine Tatsache, die Trennung und Verlust für uns bedeuten kann, wenn wir schließlich zur Einheit mit uns selbst gelangen wollen.

VIERTER TEIL

Der Übergang in die Dreißigerjahre

Er stürzte zur Mitte
und fand sie weit.

Conrad Aiken

12.
Dreißig, mein Gott!

»Was *erwarte* ich nun, da ich tue, was ich tun sollte, von meinem Leben?«

Ein ruheloser Tatendrang ergreift uns, wenn wir uns den Dreißig nähern. Fast jeder möchte sein Leben ändern. Der eine, der sich pflichtbewußt in seinen Beruf hat einspannen lassen, fühlt sich plötzlich eingeengt, ja eingeschnürt. Hat sich seine Ausbildung – zum Beispiel als Mediziner – allzu lange hingezogen, mag er sich an diesem Punkt seiner Entwicklung fragen, ob das Leben denn eigentlich nur aus Arbeit und nicht auch aus Vergnügen bestehe. Hat sie die ganze Zeit zu Hause bei den Kindern verbracht, wünscht sie brennend, ihren Horizont zu erweitern. Hat sie sich dagegen ganz ihrer Karriere gewidmet, sehnt sie sich nach Gefühlsbindungen. Der Wunsch, uns zu erweitern, veranlaßt uns häufig zum Handeln, noch ehe wir wissen, was uns fehlt.

Die Eingeschränktheit, die uns bewußt wird, wenn wir die Dreißig erreichen, ist das Ergebnis der Entscheidungen, die wir in den Zwanzigerjahren getroffen haben und die diesem Entwicklungsstadium sicher adäquat waren. Doch nun fühlen wir uns verändert, werden wir uns eines inneren Aspekts bewußt, den wir bisher vernachlässigt haben. Diese neue Bewußtseinslage kann plötzlich und intensiv einsetzen. Doch meistens ist es so, daß diese Phase wie ein ferner Trommelwirbel beginnt, als der zugleich verschwommene und beharrliche *Wunsch, mehr sein zu wollen.*

Verschwommenheit und Beharrlichkeit, wir begegnen diesen unverkennbaren Merkmalen des Menschen, der in die Dreißigerjahre hinüberwechselt, in einer Short story von George Blecher, die den Titel *Der Tod des russischen Romans* (*The Death of the Russian Novel*)[1] trägt:

Manchmal setz ich mich mit mir zusammen und sage mir: »Schau, jetzt bist du Dreißig. Du hast höchstens noch fünfzig Jahre. Doch wie nutzt du diese Zeit? Du schleppst dich von Tag zu Tag und bringst deine Zeit meistens damit zu, daß du haben willst und haben willst, doch das, was du hast, ist nie gut genug, während das, was du nicht hast, einmalig ist. Wieso hältst du dich nicht ran an dein Stück Kuchen, Mensch? Iß es mit Spaß an der Freud. Lieb deine Frau. Mach deine Kinder. Lieb deine Freunde und hab den Mut, denen, die dich herabmindern, zu sagen, daß sie zum Teufel gehen sollen und daß du nichts von ihnen wissen willst. Mut, Mann, Mut und Appetit!«

In diesem Übergangsstadium, das gewöhnlich vom achtundzwanzigsten bis zum zweiundreißigsten Lebensjahr dauert, müssen neue Entscheidungen getroffen und alte Bindungen verändert oder vertieft werden. Diese Aufgabe erfordert einen erheblichen Kraftaufwand und führt zum Aufruhr und gewöhnlich zur Krise – der Mensch hat zugleich das Gefühl, einen Tiefpunkt zu erleben, und den heftigen Wunsch, auszubrechen. Doch leitet dieses Übergangsstadium die gefestigtere Periode ein, in der sich die Person in die Tiefe und in die Breite entwickelt.

So aber beginnt ein mutiger, wenn auch häufig unbeholfener Kampf für uns selbst und gegen unser Erbe. Wir sind jetzt aufgefordert, die Eigenschaften auszulesen, die wir von unseren kindheitlichen Vorbildern übernehmen möchten, und sie mit den Eigenschaften und Fähigkeiten zusammenzuschließen, die uns als Individuen auszeichnen, um danach dieser neuen Verbindung einen breiteren Rahmen zu geben. Die Öffnung und Ausweitung unserer inneren Grenzen ermöglichen es uns, bisher verborgene Aspekte unserer Person bewußt in unser Selbst zu integrieren.

Aus einer Vielzahl von Interviews, Untersuchungen und Statistiken geht hervor, daß dieser Prozeß des Sich-Öffnens gegen Ende der Zwanzigerjahre einsetzt und Anfang der Vierzigerjahre zu einer neuen Verfestigung und zu einem Prozeß des Sich-Wieder-Verschließens führt. Als Else Frenkel-Brunswik diese breiter angelegte Phase zum ersten Mal umriß, kennzeichnete sie sie als die fruchtbarste Zeit, die der Mensch auf beruflichem und kreativem Gebiet erlebt. Der Beginn dieser Periode, der diesseits der Dreißigerjahre liegt, ist klar definiert und verläuft insofern ereignisreich, als er gewöhnlich die letzte und endgültige Berufswahl markiert. Obwohl der Mensch vor dieser Zeit viele persönliche Kontakte aufgenommen und gepflegt hat, schreibt Else Frenkel-Brunswik, waren diese Beziehungen gewöhnlich flüchtiger Art. Erst im Übergangsstadium zu den Dreißigerjahren gehen die meisten Menschen eine persönliche Bindung ein und gründen einen eigenen Hausstand.[2]

Doch nicht bevor sie nicht Bilanz gezogen haben.

Fast alle, die verheiratet sind, werden diese Bindung in Frage stellen. In manchen Fällen geht die eigentliche Frage darüber, ob es überhaupt lohnt, seine Ehe fortzuführen. Das Mindeste aber ist, daß man seine eheliche Bindung überprüft, denn nur so kann man seine neuen Erkenntnisse integrieren.

Der Tod ist in diesem Stadium noch abstrakte Angst. Wir haben noch Zeit, alles zu schaffen. Neue Kontinente der Erfahrung harren ihrer Entdeckung. Wir sind ungeduldig, gewiß, doch brandeilig haben wir's noch nicht.

Wenn die Zwanzigerjahre zur Neige gehen, erwartet uns eine weitere überraschende Erkenntnis: Geist und Willenskraft können, entgegen unserer Überzeugung, nicht alle Hindernisse überwinden. In dieser Überzeugung lebte offenbar auch der siebenundzwanzigjährige Bertrand Russell. Er hatte in diesem Alter seine mathematischen Analysen bereits so weit vorangetrieben, daß er allmählich daran gehen konnte, seine *Prinzipien der Mathematik* (*Principia Mathematica*) zu verfassen. Er und seine Frau lebten mit Alfred North Whitehead zusammen. »Jeder Tag war warm und sonnig«, beschreibt Russell diese Zeit in seiner Autobiographie, und seine nächtlichen Diskussionen mit einem älteren und klügeren Mann waren berauschend. Im Herbst seines siebenundzwanzigsten Lebensjahres meinte er, »geistig am höchsten Punkt meines Lebens« angelangt zu sein. Doch in dem anschließenden Winter wurde eines Tages alles anders: eine rätselhafte neue Dimension durchbrach die rationale Kontrolle seiner Geisteskraft. Er kam nach Hause und fand Mrs. Whitehead im Sterben – ihr Herzleiden hatte die Oberhand behalten. Zutiefst erschüttert spürte er, wie undurchdringlich einsam die Menschenseele ist.[3]

Nach diesen fünf Minuten war ich ein anderer Mensch geworden. Nachdem ich mich jahrelang um Genauigkeit und analytisches Denken bemüht hatte, war ich nun voll von halbmystischen Empfindungen zur Schönheit, mit einem intensiven Interesse für Kinder und mit dem Verlangen, fast so tief wie das des Buddha, eine Philosophie zu entwickeln, die das menschliche Leben erträglich machen würde.

Else Frenkel-Brunswik bezeichnete das Übergangsstadium, das in die Dreißigerjahre mündet, als »die Kulminationsperiode subjektiver Erfahrungen«, und Gould folgerte aus seiner Studie, die Menschen würden durch eine »einschneidende subjektive Erfahrung« erkennen, daß das Leben wesentlich schwieriger und schmerzhafter ist, als sie in den Zwanzigerjahren angenommen hatten.[4]

Das Leben wird in der Tat schwieriger, doch ist es nun seine Komplexität, in der sich uns eine neue Fülle erschließt. Bertrand Russell wurde von diesem neuen Bewußtsein weniger niedergedrückt als neu belebt:

Eine seltsame Erregung ergriff mich, in der ein heftiger Schmerz, aber auch ein Triumphgefühl enthalten war, das dadurch entstand, daß ich den Schmerz beherrschen und ihn, wie ich glaubte, zum Tor zur Weisheit machen könnte. Die mystische Erkenntnis, die ich damals zu besitzen glaubte, ist großenteils verblaßt und die Gewohnheit des analytischen Denkens hat sich wieder durchgesetzt. Doch etwas von dem, was ich in jenem Augenblick zu sehen glaubte, ist mir für immer geblieben.[5]

Das Individuum scheint an diesem Wendepunkt verwirrt, und diese Verwirrung nimmt noch zu, wenn das Paar betroffen ist. Ihren stärksten Ausdruck findet sie in den Ehen, die scheitern. So hat man festgestellt, daß in Amerika in den letzten fünfzig Jahren Ehen am häufigsten dann auseinandergingen, wenn die Männer dreißig und die Frauen achtundzwanzig Jahre alt waren.

Der Haken mit Dreißig, wie ich diese Krisenzeit überschreiben möchte, entpuppt sich als ein Bündel voller Widersprüche.

Die Männer und Frauen, mit denen wir uns in diesem Kapitel befassen, heirateten Anfang Zwanzig. Die Vereinbarung lautete, daß die Frau nur am Rande an der Erwachsenenwelt teilhaben und daß sie für Mann, Kinder und Familie sorgen sollte. Ungefähr sieben Jahre später fühlt sich der Mann kompetent in seiner Rolle als zwar junger, doch bereits anerkannter Erwachsener. Der Druck der Außenwelt hat ihn gelehrt, sich durch seine beruflichen Illusionen hindurchzumanövrieren. So weiß er nun zum Beispiel, daß eindrucksvolle Demonstrationen seiner Intelligenz unerwünscht sind und nicht als Loyalität ausgelegt werden, da viele ältere Männer ihre jüngeren Kollegen fürchten. Doch als er Anfang Zwanzig war und ihn seine beruflichen Illusionen unsicher machten, wagte er mit seiner Frau über solche Dinge nicht zu sprechen. Wenn er das getan hätte, hätte er ihrer beider Überzeugung, daß er seine Familie versorgen könne, erschüttert.

Nun, durch das inzwischen erworbene Selbstvertrauen gestärkt, hat er nicht mehr das permanente Bedürfnis, daß sich jemand seiner inneren Einsamkeit annehmen müsse, und da ihn seine Ersatzmutter anödet, verändert er die Anweisungen, die er seiner Frau erteilt. Du mußt jetzt auch mehr aus dir machen, lautet die Devise. Sei nicht nur mehr Mutter, sondern auch Gefährtin. Wachse über dich hinaus, wie ich's auch getan habe.

»Wieso belegst du nicht einige Kurse?« so lautet gewöhnlich die Frage, denn noch möchte er nicht, daß sie die Sorge um ihn (und die vorhandenen oder geplanten Kinder) ganz aufgibt. Doch was *er* als Ermunterung auffaßt, begreift *sie* als Bedrohung – er will sie loswerden, denkt sie, er will sich von ihr freimachen.

Sie befehdet ihre eigenen inneren Dämonen, fühlt sich eingeengt, ungeduldig und zugleich schlecht gewappnet, um nun mehr aus sich zu machen. Denn die ursprüngliche Vereinbarung hatte gelautet, daß sie sich in der Welt draußen als volle Person *nicht* zu behaupten brauche. Und solange sie sich nicht um echte Individuation bemüht, kann sie von den Illusionen zehren, die sie von ihrer Mutter übernommen hat und die ihr ein Gefühl der Sicherheit vermitteln. Jeder, der sie in die andere Richtung drängt, bringt sie in Gefahr. Daher ist *er*, der Ehemann, der seine Anweisungen in ein »Du mußt nun« verwandelt hat, der Bösewicht. Ein ganz wesentlicher Punkt ist wohl der, daß die Bereitschaft zum Risiko stets von den eigenen Erfolgserlebnissen abhängt.

Während die heftige innere Unruhe der Frau zunimmt, verengt sich ihr Gesichtsfeld. Freundinnen können ein Trost sein (solange auch sie außerhalb ihres Heimes nichts Besonderes leisten). Vielleicht kann ein Liebhaber kurieren, was sie krank macht (und gleichzeitig als Bestrafung ihres Mannes dienen). Geselligkeiten, die mit Beruf und Betrieb ihres Mannes zusammenhängen, streuen nur Salz in ihre Wunden. Wenn sich die Männer in ihrer wissenden Art darüber unterhalten, wie sie die Dinge – ganz egal, ob es sich um das Land, die Firma, die Gewerkschaft oder die Universität handelt – besser machen würden, muß sie einsehen, daß sie aus ihrer eigenen Erfahrung nichts hinzuzufügen hat. Die einfachste Art, sich selbst von ihrem eigentlichen Problem abzulenken, besteht darin, daß sie ihre ganzen feindseligen Energien als Hausdrachen abreagiert, denn vor Abreaktionen außerhalb ihres Heimes hat sie Angst.

Im Innersten weiß ihr Mann, daß er ihren unproduktiven Lebensstil nicht mag. »Ich machte mir Sorgen, weil Didi, die blitzgescheit ist und im Guggenheim Museum arbeitete, als ich sie heiratete, *überhaupt nichts* unternahm«, erinnerte sich einer der Ehemänner. Ein anderer Geschäftsmann, dessen Frau die Ehe als Mittel begrüßt hatte, um sich entscheidenden Herausforderungen zu entziehen, erinnerte sich an seine veränderte Einstellung sechs, sieben Jahre später. »In diesem Abschnitt forderte ich von meiner Frau, sie solle ihren eigenen unabhängigen Beitrag zu unserer Beziehung leisten.« Doch nach seiner Meinung sollte sie diesen Beitrag unentgeltlich leisten. Dem Mann mit Dreißig fällt es schwer, seiner Frau den Freiraum einzuräumen, der ihr eine ernstzunehmende Ausbildung als Anwältin, Designerin, Professorin oder Schauspielerin ermöglichen würde. Und nicht auszudenken wäre es, wenn sie durch ihre Arbeit dieselbe Kompetenz entwickeln und im selben Maße beansprucht würde.

Er möchte diese Problematik beiseite schieben. Sie lenkt ihn von den eigenen Schwierigkeiten ab, denen er sich mit Dreißig stellen muß. Nachdem er als Lehrling alle Sollte-Forderungen erfüllt hat, ist er nun eifrig darauf bedacht, seinen Verantwortungsbereich zu erweitern.

Als erstes muß er seinen Traum zu definitiven Zielen ausformulieren, oder er muß seinen alten Traum gegen einen neuen eintauschen, oder er muß diesen alten Traum erweitern und vielfältiger gestalten. Welchen Weg der Mann auch immer einschlägt, alle Wege erfordern nun wesentliche

Entscheidungen. Und oft erfordern sie den Wechsel der Wohnung, des Wohnortes. Er hat einfach nicht die Zeit, für seine hinterherhinkende Frau den Sozialarbeiter zu spielen. Das heißt, er will sich die Zeit nicht nehmen. Er beruft sich auf Unabweisliches: »Die Zukunft nimmt mich viel zu sehr in Anspruch, als daß ich auch noch deine Probleme lösen könnte.«

Später (das heißt meist nach der Scheidung) erklären die Ehemänner beharrlich: »Ich *habe* sie doch ermutigt«, und sie beklagen sich, sie habe nicht mitgemacht.

»Dreißig, das war die Zeit, in der die Karriere mein ein und alles war«, erzählt ein Mann, der im zarten Alter von Fünfunddreißig zum Vizepräsidenten einer Riesengesellschaft aufrückte. »Solang jemand für die Kinder sorgte, ging's mir gut; ich wollte sie aus dem Weg haben. Plötzlich gewinnst du einen Preis, und das angenehme Gefühl überkommt dich – Mensch, die Leute kennen deinen Namen.

Ich dachte, meine Frau sollte was unternehmen. Sie sollte mehr Format gewinnen. Meine Frau hat zwar eine Kunstschule besucht, aber sie wurde eine langweilige Hausfrau. Ein helles Mädchen, das seine Fähigkeiten nicht einsetzte, während ich immer meine eigenen Fähigkeiten überflügelte. Sie ist toll im Weben, Zeichnen, Kochen – aber nie macht sie was fertig! Sie fängt etwas an, läßt es sechs Monate liegen und fängt dann etwas anderes an: ›Ich lerne jetzt Brotbacken.‹ Also gibt es einige Monate lang alle möglichen herrlichen Brotsorten, dann ist sie den Brottick los. Zum Wahnsinnigwerden! Einmal diskutierten wir kurz die Möglichkeit, daß sie eine Stelle annehmen oder noch einmal zur Schule gehen könnte. Ich glaube, sie hat das so verstanden, als wollte ich, daß sie loszieht, um Geld zu verdienen. Doch ich wollte lediglich, daß sie interessanter und produktiver würde.

Andererseits muß ich ein denkbar schlechter Vater gewesen sein. Sogar wenn ich daheim war, hatte ich nur meine Karriere im Kopf. Ich weiß noch, wie ich einmal mein Leben als eine Comic-strip-Produktion beschrieb. ›Ich arbeite an diesem Comic strip, und ich muß seiner Veröffentlichung immer voraus sein. Wenn ich zu Haus bin, bin ich in meinem Arbeitszimmer und arbeite am Arbeitsplan für die nächste Woche, für den nächsten Monat – nur um den ganzen Comic strip weiterlaufen zu lassen.‹

Meine Frau und meine Kinder waren eben auch nicht so interessant. Ich erklärte ihr, meine Arbeit gebe mir am meisten. Sie war einverstanden. Sie ist ein nettes, sanftes Frauchen, und nie ist sie mir auf den Pelz gerückt, damit ich mehr verdiene.

Ob sie selbst einen Traum hat? Wenn sie einen hat, weiß ich nichts davon. Ich vermute, daß ihre Sehnsucht lautete: Ein phantastischer Mann, das wär doch was!«

Wenn die Frau in diesem Übergangsstadium ihrem eigenen Impuls, sich zu entfalten, nicht nachgibt, gerät sie in eine ausweglose Situation. Da ihr Mann eifersüchtig reagiert, wenn sie entschlossen ein Ziel verfolgt, zieht sie sich in den sicheren Bereich ihres Nichterwachsenseins zurück. Dorthin versucht sie auch ihn zu locken: »Warum bleibst du nicht häufiger daheim?« Er wittert eine Falle. Was er früher als Sicherheit erlebte, empfindet er heute als Gefahr. So aber geht nun ihr ganzes Bemühen in die eine Richtung, den Status quo aufrechtzuerhalten und ihn dafür zu hassen.

Wer von den beiden hat recht? Beide. Es ist die klassische Beziehungsfalle mit Dreißig.

Die Frau, die bestätigt, was man geworden ist

Eine dritte Figur tritt auf, die den Mann auf höchst bequeme Weise aus dieser Verknotung befreit. Das ist die Frau, die bestätigt, was man geworden ist. Da das Übergangsstadium von den Zwanziger- in die Dreißigerjahre häufig durch erste Untreue gekennzeichnet ist, ist diese Frau nicht schwer zu finden. Sie sitzt als Sekretärin nebenan, engagiert sich im jungen Texterteam, arbeitet im weißen Kittel im Labor.

Die Ehefrau dagegen legt Zeugnis ab für den Embryo, der man gewesen ist. Sie braucht ihren Mann gar nicht mit seiner Vergangenheit zu konfrontieren, denn alles was er gewesen ist, sein ganzes Scheitern, seine Fehler und Ängste, kann er von ihren Augen ablesen. Seine neue Freundin dagegen zeigt, was er geworden ist. Sie meint, er sei *immer* diese Person gewesen. Sie ist gewöhnlich jünger, fügsamer und vielversprechender. Möglicherweise kann er die Rolle des Lehrers spielen. In diesem Fall kann sie ihm immer ähnlicher werden, wodurch sie ihn in seiner bewunderns- und nachahmenswerten Rolle noch mehr bestätigt.

Eine klassische Beschreibung der Frau, die bestätigt, was man geworden ist, lieferte der sechsunddreißigjährige Geschäftsführer einer Werbeagentur: »Mein Leben änderte sich entscheidend, als ich mit neunundzwanzig fremdging. Es kam alles zusammen. Ich entdeckte, daß ich texten konnte. Mein Gehalt stieg in einem Jahr um mehr als das Doppelte. Macht erwirbt man durch gewisse Fähigkeiten, und je mehr Macht man hat, desto anziehender wirkt man auf Frauen. Ich fing an, wahllos herumzuvögeln. Es war toll. Meine Frau hingegen kümmerte sich nur um die Kinder. Dann geschah etwas wirklich Entscheidendes: Ich lernte eine Frau kennen, und obwohl sie unser Verhältnis schlagartig beendete, erkannte ich, daß ich nicht länger verheiratet bleiben konnte. Zwei Jahre später traf ich sie wieder. Ich stellte sie als meine Sekretärin ein und wandte alle Tricks an, um Macht über sie zu gewinnen. ›Geh und hol‹ mir meinen Gehaltsscheck. Ich brachte ihr das Texten bei. Ich hab sie lanciert.

Was mich innerlich zerriß, war, mitanzusehen, was ich meiner Frau antat. Ich machte sie unglücklich, ohne ihr etwas zu erklären. Ich gab ihr die Schuld daran, daß sie aus ihrem Leben nichts gemacht hatte. Sie kennen das sicher, dieses ›Wie oft hab ich dir nicht gesagt, du sollst noch einmal studieren‹.«

Wie reagierte seine Frau auf diese Ermahnungen?

»Sie sagte: ›Mein Leben gehört den Kindern.‹«

Gesetzt den Fall, seine Frau hätte tatsächlich ihre ganze Lebensweise umgekrempelt, hätte er das akzeptiert?

»Diese Frage kann ich nicht beantworten«, sagte er ernst. »Und zwar wegen einiger Dinge, die ich heute über mich weiß. Und weil sie sich seit unserer Scheidung tatsächlich verändert hat.«

Nachdem ich von Männern immer wieder solche Kommentare hörte, begann ich mich zu fragen, ob die Scheidung nicht vielleicht ein *rite de passage*, ein Übergangsritus sein könnte. Ist dieses Ritual nötig, damit die Menschen und insbesondere die Frauen selbst, das Bedürfnis der Frau nach Entfaltung ernst nehmen? Die nach der Scheidung verwandelte Frau war eine vertraute Erscheinung, der wir in den Lebensläufen immer wieder begegneten, eine dynamische Gestalt, die gewöhnlich auf ihren verdutzten Exmann einen ganz erheblichen Reiz ausübte.

Was ist passiert? *Sie hat abgenommen, sich ihr Haar schneiden lassen, einen Laden aufgemacht, und was ich so höre, scheint sie mit allen möglichen Männern ihre Spielchen zu treiben. Innerlich macht mich das fertig. Sie versucht nicht mal, noch mal zu heiraten! Sie meint, sie möchte sich nicht mehr binden.*

Der Mann möchte gern glauben machen, daß er über seine Frau hinausgewachsen und daß ihre Scheidung nötig gewesen sei, weil sie eine uninteressante Person geworden sei, die sich anklammert. Doch die verwandelte Frau ist alles andere als dumm und langweilig. Sie hat etwas Geheimnisvolles an sich. Ihr Mann ist verblüfft, wie sehr sie einige Jahre nach ihrer Ehe an Persönlichkeit gewonnen hat. Die oberflächliche Begründung ihrer Trennung erweist sich nur selten als stichhaltig, wenn er mehr über sich selbst erfahren hat. Diese Begründung hat nur wenig mit seiner Frau zu tun, wer immer sie auch gewesen sein mag.

Bei unserem Werbefachmann handelte es sich um ein Ringen zwischen ihm und seiner mächtigen Mutter, von der er bis zu seinem siebenundzwanzigsten Lebensjahr finanziell abhängig gewesen war. Es dürfte nicht überraschen, daß dieser Mann mit der Frau, deretwegen er seine Ehepartnerin verlassen hat, ähnliche Schwierigkeiten hat. Nachdem er mit dieser Frau, die davon Zeugnis ablegte, was er geworden war, vier Jahre lang zusammengelebt hatte, meinte er: »Auch ihr kann ich nicht garantieren, daß ich ihr treu bleiben werde.« Heute träumt er davon, seine eigene Werbeagentur zu gründen und dafür schuftet er, immer mit dem Ziel, Mitte Vierzig Millionär zu sein. Es ist bezeichnend, daß er das fünfundvierzigste Jahr als das Ende seiner Traumperiode betrachtet. Es ist möglich, daß er bis dahin unfähig ist, eine enge Zweierbeziehung mit einer Frau einzugehen. Und sehr wahrscheinlich ist auch, daß er so lange brauchen wird, um zu seiner eigenen Autonomie zu gelangen. Doch hat diese Autonomie nichts mit seiner Hoffnung zu tun, als Mittvierziger so reich zu sein, daß er nicht mehr von seiner eigenen Mutter abhängig ist. Vielmehr hat sie damit zu tun, daß er erst dann beginnen wird, sich selbst zu verstehen, wenn er seiner emotionalen Abhängigkeit mutig entgegentritt.

Wird ein Mensch sich den in seiner eigenen Person begründeten Schwierigkeiten bewußt, so kann er lernen, seinen Partner beziehungsweise seine Partnerin nicht nur als Objekt seiner eigenen Befriedigung zu betrachten. Erst dann wird er anfangen zu begreifen, daß der Partner beziehungsweise die Partnerin ebenfalls ein eigenständiges, kompliziertes Individuum ist, das seine eigene Geschichte und seinen eigenen Lebenszyklus hat.

Doch wie wir aus den Lebensläufen ersehen werden, ist die Scheidung kein Allheilmittel gegen das vorhersagbare Ungleichgewicht dieses Übergangsstadiums.

Arbeit und Ehe, Mann und Frau

Wenn eine Frau einem Mann eine Meinung vermittelt, die im Endeffekt lauten könnte: »Ich halte dich nicht länger für den, der immer die richtige Antwort parat hat; ich werde meine eigenen Fähigkeiten unter Beweis stellen und dich in einigen Punkten herausfordern«, dann nimmt sie dem Mann das Gefühl, der Größte zu sein.

Das ist genau der Punkt, an dem die meisten Frauen ansetzen müssen. Wenn sich der Ehemann die elterliche Souveränität zu eigen gemacht hat, ist es die Aufgabe der Ehefrau, ihre Weltanschauung, ihre Freunde und ihre Vorstellung von einem vernünftigen Lebenskurs den Annahmen und Anmaßungen der Person entgegenzusetzen, die von ihr ermächtigt worden ist, den »Überlegenen« zu spielen. Für ihre Unabhängigkeit ist die Bewältigung dieser Aufgabe eine unerläßliche Voraussetzung. Viele Frauen, die die Notwendigkeit dieses einen Schrittes der Entwicklung abstreiten, werden ihre Ehe, die sie mühselig zu erhalten versuchen, zerstören.

Und wenn die Frau nun nach ihren inneren Impulsen handelt? Wenn sie ihr individuelles Schicksal für lebensnotwendig erklärt und aufbricht, um sich ihm zu stellen? Dann kann es sein, daß sie baff erstaunt ist, weil sich ihr Partner erleichtert fühlt. Männer wissen es häufig zu schätzen, wenn keine Frau ihrer zu Hause harrt. Doch im Verlauf des Übergangsstadiums kann der Mann Böswilligkeit dort vermuten, wo keine ist. Bei ihren ersten ungeschickten Versuchen, ihre Individualität zu umreißen und so laut zu formulieren, daß sie selbst daran glaubt, kann er sich selbst herabgesetzt fühlen. Den meisten Männern schwebt der Wunsch vor, daß ihre Frauen dasselbe wie sie wollen: *Sie sollte sich um mich und um die Kinder kümmern, denn das ist es, was ich von ihr will.*

Es gibt nur eine Möglichkeit herauszufinden, in welchem Maße sie durch ihren Mann und in welchem Maße sie durch ihr eigenes Mißtrauen darüber behindert wird, was jenseits des Status quo liegen könnte. Diese Möglichkeit heißt: das Risiko eingehen. Ernsthaft darüber nachdenken, wie sie sich selbst entfalten könnte, und nicht bloß darüber, welche Schlankheitskur sie nun machen oder welch prachtvollen Liebhaber sie sich zulegen sollte.

Wenn eine Frau nicht den Wunsch hat, sich zu entfalten, ist das eine andere Sache. Ihr Ausweg ist einfach. Sie kann sich beim ersten mißvergnügten Knurren ihres Mannes verkriechen, und sie kann ihren Selbstbefreiungsversuch sofort aufgeben, wenn ihr das erste Gedicht, der erste Kurs oder der erste Boykott mißlingt. Sie kann sich ins härene Gewand des Opfers hüllen. Ein ganzer Kulturberg, bestehend aus neuen Büchern, Filmen und Zeitschriftenartikeln, wird ihr den Rücken stärken. Und solange sie die Langeweile ihres Lebens auf überzeugende Weise Männern in die Schuhe schieben kann, braucht sie sich nicht zu ändern.

In die Tiefe und in die Breite

Erst Anfang der Dreißigerjahre beginnen wir, richtig seßhaft zu werden. Unsere Lebensweise wird weniger improvisiert, sie wird rationaler und geordneter. Nun erwartet man Leistungen von uns. Eine Schauspielerin hat es folgendermaßen formuliert: »Jenseits der Dreißig bringt das bloße Jüngersein-als-andere-Leute nichts mehr.«

Und so beginnen die meisten unter uns, Wurzeln zu schlagen und neue Triebe zu treiben. Die Leute investieren finanziell wie emotional erheblich in ihr Zuhause, und das Erklimmen der Erfolgsleiter wird zur vordringlichen Sache. Dieser ganze Prozeß des Seßhaftwerdens hat vor allem einen Zweck: den Traum in konkrete Ziele zu verwandeln. Immer vorausgesetzt, man hat Glück gehabt, und die Härten der Zwanzigerjahre haben dem Traum mehr Substanz hinzugefügt.

Ein Handwerker, der sechs Jahre »wirklich geschuftet« hatte, um seinen eigenen Betrieb zu gründen, schilderte, »wie sich das zu ändern begann, als ich in die Dreißiger kam. Um diese Zeit lief das Geschäft bereits einigermaßen, das heißt es warf einen wenn auch nur bescheidenen Gewinn ab, und auch der Kundenstamm war gut. Meine Frau und ich fanden die Wohnung, in der wir jetzt seit fünfzehn Jahren leben. Diese Periode bestand ganz aus Zusammenhalt und Vernunft. Die einzelnen Teile schienen uns sinnvoll. Wir hatten gute Freunde. Wir gingen auf viele Parties, und wir hatten ein Gemeinschaftsgefühl. Unsere Anstrengungen galten immer einem greifbaren Ziel, das wir vor Augen hatten. Diese Zeit kam der Idealvorstellung, die ich so vom Leben hatte, vermutlich am nächsten.«

Dieser Mann hatte das Glück, daß er im Übergangsstadium zu den Dreißigerjahren seine Bindungen vertiefen konnte. Er war sein eigener Chef; sein Unternehmen florierte; und er war mit der Richtung, die sein Leben in seinen Zwanzigerjahren genommen hatte, nicht unzufrieden. Mit der Ehe hatte er bis Neunundzwanzig gewartet. In dem Zeitabschnitt, in dem die Entwicklung des Menschen in die Tiefe und in die Breite geht, wirkte sich die Ehe für ihn als erneute Erweiterung aus. Dabei nahmen Freunde den Platz ein, den Kinder eingenommen hätten, denn beide wollten kinderlos bleiben.

Für viele Männer stellen die frühen Dreißigerjahre die Zeit der Karriere dar. Sie legen der Verwirklichung ihrer Ziele einen Zeitplan zugrunde. Es ist unglaublich wichtig für sie, als junge Vertreter ihrer Berufsbranche anerkannt zu werden. Männer, die fortfahren, sich engstirnig auf ihre äußerlichen Ziele zu konzentrieren, können so oberflächlich und langweilig wirken wie in keinem anderen Lebensabschnitt.

Doch wäre es unvernünftig, wollte man das Übergangsstadium, das in die Dreißigerjahre hineinführt, überspringen und von den Bewegten Zwanzigern direkt in jenen Abschnitt gelangen, in dem unsere Entwicklung in die Tiefe und in die Breite geht. Die Menschen, die dies dennoch versuchen, sind häufig in ihre »sicheren« Ehen eingesperrt und allzu ängstlich oder nachgiebig gegen sich selbst, um sich zu entfalten, so daß sie meinen, ihrem alltäglichen Leben mangle es an einem gewissen Heldentum, und daß sie sich beschweren, es gebe keine Überraschungen mehr. Doch anstatt dem inneren Impuls, sich weiter zu entfalten, nachzugeben, begnügen sie sich mit äußerlichen Veränderungen: Es sei Zeit, so meinen sie, das Mobiliar ihres Lebens umzustellen. Und so ziehen sie denn von der Stadt aufs Land oder bauen ihr Haus, oder sie fangen an zu renovieren, wobei sie fest daran glauben, daß solches Tun ihrem Leben einen klaren

Sinn und Zweck gibt. Und während sich die Ehemänner darauf konzentieren, »es zu schaffen«, fühlen sich ihre Frauen veranlaßt, »eine rivalisierende Darbietung ihrer Managerqualitäten zu geben«, wie es John Kenneth Galbraith [6] ausgedrückt hat.

Ebenso wie die Menschen auf vielen Wegen in den Aufruhr der Dreißigerjahre hineingeraten, gibt es verschiedene Wege, aus diesem Übergangsstadium wieder herauszukommen: es gibt einige turbulente, doch erfolgreiche Möglichkeiten, die das Problem direkt angehen. Und es gibt die – allgemein üblichen – harmlosen Methoden, die den Deckel auf dem Topf lassen, obwohl es im Inneren bereits heftig brodelt.

13.

Der Partnerknoten, das Ledigenproblem, die Noch-einmal-von-vorn-Beginner

Der Partnerknoten

Und nun waren sie Dreißig. Er: ein stattlicher Anwalt, der endlich etwas fürs Allgemeinwohl tun wollte. Sie: eine Frau, die ihr Leben mit Zerstreuungen zubrachte, eine Veteranin in politischen Diskussionen und Kampagnen, doch auch eine Mutter, vielbeschäftigt mit dem Ausschneiden von Teilzeit-Stellenangeboten. Mit Fünfundzwanzig hatten sie geheiratet. Und einige Jahre lang schienen sie zu dem Typus aufgeschlossener Leute zu gehören, die die neuen Erfahrungen einer Standardehe im Rahmen derselben beruflichen Klasse genießen. Ich war mit ihnen befreundet, doch wie sie als Ehepartner miteinander auskamen, davon hatte ich keine Ahnung. Ich bemerkte lediglich, daß sie sich nun, Anfang Dreißig, in die Wolle kriegten wie alle von uns.

Doch das ging vorbei und war nicht besorgniserregend. Rick und Ginny waren im Sommerhaus seiner Eltern beim Mittagessen. Rick schwieg, wie es sich gehörte, während sich sein bekannter Vater darüber ausließ, wie man diese oder jene Art Prozeß gewinnt. Dabei pflegte sein Vater hin und wieder einzuflechten: »Diesen Präzedenzfall hat Rick für mich aufgestöbert.« Für den Rest der Zeit knautschte Rick Falten in seine Serviette, während Ginny gewöhnlich am Tischende saß, wo die Köpfe die Teller kaum überragten: bei den Kindern.

Doch dann waren sie wieder ein junges Paar, das am Strand herumtollte, waren sie völlig anders. Ginny mit ihrem zerzausten Feenhaar und ihren schlanken Beinen, die den Sand hin und her schoben, Ginny, die Frisbee spielte, die ihre Mädchenreize ausspielte. Rick packte sich den kleinen Sohn auf die Schultern und strahlte vor Zufriedenheit, als trüge er die ganze Welt auf seinem Kopf. Hin und wieder fiel eine Bemerkung, die die breite innere Kluft ihrer Ehe, die unvereinbaren Punkte ihrer Träume, die Schatten ihrer verschiedenartigen Dämonen deutlich machte.

»Die Vorstellung, ich könnte Fünfundfünfzig sein und einen langweiligen Job haben, macht mich wahnsinnig«, meinte Rick. »Ich meine weniger die finanzielle Seite als die *Klaustrophobie.*« Oder die Frau eines anderen Mannes äußerte den Wunsch, Jura zu studieren. »Tolle Idee, das war die schönste Zeit meines Lebens«, ging Rick sogleich auf den Wunsch dieser Frau ein, und er unterstützte sie mit seinem Rat, seinen Verbindungen, seiner ganzen Zustimmung.

»Jede andere Ehefrau kann Jura studieren, nur deine eigene nicht.« Ginny bereitete es offenbar Vergnügen, durch diese Bemerkung einen Widerspruch evident zu machen.

Rick fühlte sich ertappt und reagierte mit einem schwachen Witz: »Ginny äußert sich immer gleich so kämpferisch.«

Ich unterhielt mich mit Rick Brainard zuerst. Den Plan, Anwalt zu werden, hatte er bereits mit Dreizehn gefaßt. Als er die Collegegraduierung mit dem Hauptfach »politische Wissenschaften« und mittelmäßigen Noten hinter sich gebracht hatte (beides Fakten, denen er keinen großen Nutzeffekt beimaß), ging Rick ins Ausland auf Reisen. Diese Zeit war für ihn eine wichtige Erfahrung. Doch noch bevor er sich an einer juristischen Fakultät einschrieb, wurde seine weitere Entwicklung durch einen Professor beeinflußt, der zwar unpopuläre Standpunkte vertrat, aber gleichzeitig auf einem hervorragenden schriftlichen Stil beharrte. Dieser Professor zeigte sich, wenn es darum ging, eine Auffassung zu untermauern, in kreativer Weise als Meister der Sprache. Rick machte sich seinen Standpunkt zu eigen.

»Ich habe immer drei Ziele gehabt. Ich liebe die Macht. Ich liebe das Geld. Und keines von beiden schließt ein drittes aus: das Ziel, eine Position zu bekleiden, in der ich etwas für das Allgemeinwohl tun kann.«

Abgesehen von diesen beruflichen Zielen Ricks macht sich nun mit Dreißig eine Art dumpfe Unruhe in seinem Lebenssystem bemerkbar, die er nicht erwartet hat. Zum einen wünscht er sich eine größere Familie. »Die Vorstellung von einem Heim bedeutet mir viel. Ich liebe meinen Sohn so, wie ich es mir nie vorgestellt hätte. Deshalb möchte ich mehr Kinder. Ich könnte nie allein leben.«

Zum anderen nimmt die Spannung zwischen ihm und seiner Frau immer stärker zu. »Ich glaube nicht, daß Ginny die Schwierigkeiten, die ihr ihre Rolle bereitet, vorausgesehen hat. Dasselbe gilt wohl für die Zeit, die ich für meine Arbeit brauche. Ich habe ihr gesagt, daß ich für mich mehr Rücksicht erwarte. Sie meint – und vom Verstand her stimme ich mit ihr überein –, daß ich ihr bei der Erziehung meines Sohnes mehr zur Hand gehen solle. Doch vom Gefühl her möchte ich größtmögliche Distanz.«

Was Rick am stärksten aus der Fassung bringt, ist die Tatsache, daß er sich unter Zeitdruck fühlt. Als er noch in den Zwanzigern steckte, genügte es ihm, sich an einem Prozeß zu versuchen, um als kompetent zu gelten. Doch nun drängt es ihn, sich zu entfalten.

Er trägt sich mit dem Gedanken, die Anwaltskanzlei, für die er tätig ist, zu verlassen. Falls er noch länger zuwartet, wird er sich entscheiden müssen, ob er als Partner einsteigen möchte oder nicht. »Dann aber wäre ich mit meiner Kanzlei verheiratet.«

Hatte er mit Ginny über diese inneren Veränderungen gesprochen? fragte ich ihn. »Was mir im Kopfe herumgeht, darüber habe ich nicht mit ihr gesprochen, denn sie blickt da nicht durch, und sie kann auch gar nicht durchblicken. Die auslösenden Momente müssen zuerst von anderen Leuten kommen.«

Was wünscht er sich von seiner Frau zu diesem Zeitpunkt am meisten? »Ich möchte nicht belästigt werden. Das klingt brutal, aber ich möchte mir keine Sorgen darüber machen müssen, was für Flausen sie nächste Woche wieder im Kopf hat. Deshalb habe ich ihr schon des öfteren gesagt, sie solle wieder studieren und sich in der Sozialarbeit oder in der Geographie oder in sonstwas ausbilden lassen. Das würde sie hoffentlich ausfüllen, und dann müßte ich mich nicht mehr um ihre Probleme kümmern. Ich möchte, daß sie ihre eigenen Entschlüsse faßt.«

Ginnys Jugend war alles andere als beschaulich. Sie war das einzige Kind, und als sie elf Jahre alt war, setzte ihre Mutter nach und nach vier Kinder in die Welt. Trotzdem schien sie diese Situation zu bewältigen und auf dem besten Weg zu sein, eine starke Persönlichkeit zu entwickeln.

Von großem Vorteil war, daß sie sich durch einen lebendigen Geist und durch hervorragende schulische Leistungen auszeichnete, beides Dinge, die ihr Vater eifrig förderte. Abends, wenn sie ihre Hausaufgaben gemacht hatte, blieb er noch lange mit ihr auf, um sie auf die Klassenarbeiten vorzubereiten. Besonders gut war sie in Mathematik, und da er Ingenieur war, entstand auf diesem Gebiet eine Art Partnerschaft zwischen ihnen. Doch zufrieden war er mit ihr nur, wenn sie Einser nach Haus brachte. Mit Siebzehn sehnte sich Ginny danach, sich ihrer öden familiären Verpflichtungen zu entledigen, doch ihr Auslauf reichte nur bis in den Garten hinter dem Haus. Ihr Vater bestand darauf, daß sie die Universität besuchen sollte, wo er angestellt war.

»Ich hatte schreckliche Angst, Mathematik als Hauptfach zu nehmen. Mathematik war ein Fach für Jungen. Alle Mädchen aus meiner sozialen Gruppe hatten als Hauptfach Geschichte. Doch ich schnitt in meinem ersten Mathematikkursus so glänzend ab, daß ich zwei Jungen Nachhilfeunterricht geben konnte. Was dann geschah, ist mir rätselhaft. In der Schlußprüfung fiel ich durch.« Ihr Lehrer gab ihr zu verstehen, er glaube, sie habe sich ihre früheren Leistungen erschwindelt. Er sagte, er würde ihr die Note »Befriedigend« geben, wenn sie ihm verspräche, im nächsten Jahr die Mathematik aufzugeben.

»Es war ein Schock, gerade in Mathematik durchzufallen, wo ich immer so gut gewesen war. Ich stellte fest, daß ich weniger gescheit war, als ich angenommen hatte. Meinem Vater war nun alles egal. Ich hatte ihn schwer enttäuscht. Es war eine totale Pleite.«

Da ihr in beruflicher Hinsicht keine große Auswahl blieb und da sie finanziell nicht mehr unterstützt wurde, hatte sie nur noch ein Ziel: »Was auch geschehen würde, ich wollte nach New York gehen.« In New York klapperte sie die Stellenvermittlungen ab, wo sie immer wieder zu hören bekam: »Zu viel Bildung, zu wenig Schreibmaschinenkenntnisse.« Mit Hilfe eines Stipendiums machte sie schließlich ihren Magister der freien Künste. Dadurch bekam sie eine Stelle, die sie völlig ausfüllte. Sie tat sich in einer Schule in Harlem mit einem schwarzen Lehrer zusammen. Sie bildeten ein vorbildliches Team, und zusammen leisteten sie ihren sozialen Beitrag auf dem Gebiet der frühkindlichen Erziehung.

Ein Jahr später lernte sie Rick kennen. »Für mich bedeutete das die Wahl zwischen Rick und meiner Arbeit. Und ich wollte bei Rick bleiben.« Nachdem sie schuldbewußt ihre Stelle aufgegeben und ihr erstes Ehejahr hinter sich hatte, wurde sie unruhig. Sie beschloß, sich an juristischen Fakultäten um einen Studienplatz zu bewerben. Rick sagte: »Gut, versuch's. Wenn du das erste Jahr schaffst, findet sich vielleicht eine Möglichkeit, die Sache stufenweise abzuwickeln.«

Sie lernte intensiv. »Alles fügte sich zum ersten Mal zu einem Ganzen: mein ständiges Interesse für das politische Leben, mein analytisches Denken, meine soziale Neigung. Jura war genau das richtige. Ich entdeckte, daß ich eine Richtung, ein Ziel hatte.«

An ihren nächsten Lebensabschnitt erinnert sich Ginny genau, ja sie erinnert sich sogar an die Gespräche, die sie mit Rick hatte. Einen Monat bevor die Prüfungsergebnisse bekanntgegeben wurden, suchte sie mit merkwürdigen Symptomen den Arzt auf. Sie rief Rick im Büro an.

»Ich bin schwanger.«

»Gin, das ist einmalig!«

»Aber es kommt ungelegen. Wir sollten die Sache durchdiskutieren.«

Seine Stimme bekam einen spröden Ton: »Diskutieren? Worüber denn?«

An diesem Abend kam er nach Hause, seine Verteidigungsrede sozusagen bereits in der Tasche.

»Du wirst eine hervorragende Mutter werden, Gin. Keine Panik jetzt. Deine Zweifel sind auf deine Unsicherheit zurückzuführen. Glaub mir, ich habe nicht den geringsten Zweifel –«

Weinend, wütend fiel sie über ihn her: »Ich kann kein Kind haben! Du bist schuld. Du zwingst mich zu wählen.«

»Was sagst du?«

»Du hast mich geschwängert, damit ich nicht Jura studieren kann.«

»Das ist nicht fair.« Er setzte ihr den Fall mit der Gewandtheit eines Winkeladvokaten auseinander, der alle Punkte berücksichtigte, nur den Punkt nicht, auf den es ankam. »Du weißt doch genau, daß du noch nicht angenommen worden bist. Es ist fast so, als wolltest du sagen, ich hätte herausgefunden, daß dich die Columbia Universität angenommen hat und daß ich etwas dagegen unternommen habe. Was dich da beunruhigt, trifft nicht zu.«

»Wir könnten eine Abtreibung vornehmen lassen.«

Sein Gesicht wurde ausdruckslos. Mit fast schon klinischer Sachlichkeit fixierte er seine Frau, Gefäß seines Samens, Geschöpf voller Hysterie.

»Wir könnten es später noch mal versuchen«, fügte sie hinzu.

Er führte sie zur Wohnzimmercouch, und mit fester Stimme erklärte er: »Das ist ein sehr schlimmer Gedanke. Aber du bist im Augenblick etwas konfus, du hast Angst.«

Sie schluchzte an seiner Schulter und wußte, daß seine Weigerung zu kämpfen ihre Niederlage bedeutete. Sie machte kein Jurastudium.

Nachdem ich ihrer beider Lebensläufe mit jedem von ihnen gesondert rekonstruiert hatte, stimmten wir überein, daß es aufschlußreich sein könnte, wenn wir uns zusammensetzten, um die Hauptpunkte ihres Konflikts zu besprechen.* Es waren verschiedene Themen, über die jeder der beiden völlig anders dachte. Diese Themen lauteten: Kinder, Arbeit, Zeit.

Interview mit Rick und Ginny

Wer will nun wirklich Kinder in dieser Familie? Wie dringend ist dieser Wunsch? Und was sind Sie bereit, dafür aufzugeben?

Rick: Ich möchte mindestens drei, wenn nicht vier. Dringend. Nicht nur wegen der persönlichen Befriedigung, sondern weil ich dabei an meine eigene Kindheit denke. Da ich der einzige männliche Brainard meiner Generation bin, fühle ich mich unter Druck. Ich möchte zwei Söhne und ein oder zwei Töchter haben. Ich weiß nicht, was ich bereit bin, dafür aufzugeben. Als Junge habe ich von meinem Vater nicht viel gesehen. Einmal rechnete ich die Zeit zusammen, und dann warf ich ihm vor, daß ich ihn nur zweiundsiebzig Stunden im Jahr sehe. Da begann er, ein Wochenende im Jahr mit mir ganz allein zu verbringen. Etwas in dieser Art stelle ich mir bei meinen Söhnen vor. Und bei meinen Töchtern. Doch ich bin nicht bereit, mich für meinen Beruf weniger zu engagieren. Aber irgendwann muß offenbar jemand nachgeben.

* Der Dialog zwischen den Ehepartnern offenbart hervorragend, wie wir uns in unserer Entwicklung verknoten und uns aus dieser Verknotung nicht mehr lösen können. Aus diesem Grund gebe ich im folgenden den Dialog zwischen Rick und Ginny (ihre Namen sind erfunden) ausführlich wieder. Wie die meisten Menschen erinnerten sie sich nur an gewisse Dinge, und sie hörten nur das, was sie hören wollten.

Ginny: Ich bin, was das Kinderkriegen angeht, erheblich zurückhaltender. Ich bin ehrlich gegen mich selbst und gegenüber Rick, wenn ich sage, daß ich erst sehen möchte, wie ich auf die Geburt eines jeden Kindes reagiere, bevor ich noch eins haben möchte. Wenn alles klappt, bin ich bereit, vier zu haben. Doch wichtiger ist mir, daß ein Familienleben kaputtgehen kann, wenn mehr Kinder da sind, als man verkraften kann.
Rick: Wir haben eben eine befriedigende Lösung für den Tagesplan unseres Sohnes gefunden. Ich versuche morgens eine halbe Stunde mit ihm zu verbringen und abends auch.
Ginny: Daß sich deine Beziehung zu deinem Vater oder deinem Sohn auf bestimmte Zeiten beschränken soll, finde ich unannehmbar. Damit sagst du doch nur: »Das ist deine Chance, und wenn du sie nicht wahrnimmst, dann bitte!« Ich glaube, Eltern müssen dasein, wenn sie gebraucht werden.

Wer hat das Gespräch zuerst auf Kinder gebracht?

Ginny: Das warst du, nicht?
Rick: Ich erinnere mich bloß, wie Ginny und ihre Zimmergefährtin im College davon sprachen, daß jede von ihnen elf Kinder haben wolle, um zwei Fußballmannschaften aufstellen zu können.
Ginny: Das war nur ein Scherz. Ich glaube, wir wollten mit unserer Gebärfähigkeit angeben. Doch heute erzählt mir Rick, daß er annahm, ich würde mich an dieses Versprechen halten.

Wer wollte, daß Ginny die Stelle, die sie vor ihrer Ehe hatte, aufgebe?

Rick: Ich glaube, Virginias Stelle kostete sie mehr Energien, als mich die Juristerei kostet, denn sie engagierte sich total. Deshalb hatte ich das Gefühl, daß sich ihre Tätigkeit mit der als Frau und Mutter nicht vertrug.

Interessierte Sie Ginnys Arbeit, weil sie sich mit Kindern beschäftigte?

Rick: Nein. Was mich interessierte, war diese unabhängige Frau, die sich einer Aufgabe verschrieben hatte. So was gefällt mir.
Ginny: Rick sieht immer noch nicht den Widerspruch.
Rick: Nun, ich faßte das so auf, daß Ginny ihre Stelle aufgab, weil es vor unserer Ehe viele Dinge zu erledigen gab. Auch war es zum ersten Mal, daß sie sich finanziell keine Sorgen zu machen brauchte. Das mag ihr gefallen haben.
Ginny: Was mir gefiel, war, mit dir so viel wie möglich zusammen zu sein. Deshalb mußte ich mich entscheiden: Entweder wir sahen uns seltener, oder ich gab meinen Lehrberuf auf. Außerdem hast du mir zu verstehen gegeben, daß du nicht geglaubt hast, ich könnte die beiden Aufgaben unter einen Hut bringen.

Rick: Ehrlich, daran erinnere ich mich nicht. Doch es würde mich nicht wundern.

Ginny, wie fühlten Sie sich, als sie endlich einmal die Möglichkeit hatten, einfach ihrem Vergnügen zu leben?

Ginny: Mir gefiel das sehr.

Haben Sie im Innersten die Chance begrüßt, sich der Verantwortung, Ihre Schulkinder bemuttern zu müssen, entziehen zu können, zumal Sie sich ja auch schon zu Hause um Ihre Geschwister hatten kümmern müssen?

Ginny: Das ist schon möglich. Doch de facto hatte ich nichts übrig für Frauen, die nichts taten. Rick übrigens auch nicht. Er stellte sich eine interessante Ehefrau vor, die irgendeiner unentgeltlichen oder einer Teilzeitbeschäftigung nachging. Einer unserer Hauptkonflikte besteht darin, daß Rick nicht begreift, wieso ich bezahlt werden will. Eine unentgeltliche Tätigkeit könnte mich nicht besonders befriedigen.

Wie sah jeder von Ihnen Ricks Zukunft, als Sie heirateten? Welche Rolle sollte jeder von Ihnen spielen?

Rick: Ich weiß, daß ich Ginny erzählt habe, ich würde viel arbeiten und– so hoffte ich – bekannt werden. Auch wollte ich was für New York tun – nicht unbedingt als Politiker, aber am Rande der Politik.

Ginny: Nein, nicht am Rande. Als wir heirateten, bestand unser Gesellschaftsleben aus Wahlparties. Die Leute redeten mit mir ständig über deine Zukunftsaussichten in der Politik. Und du selbst hast mit mir darüber diskutiert, ob du ins Justizministerium hinüberwechseln könntest. Das war das Leben, das wir damals führten.

Rick: Wenn ich recht verstehe, war Ginny vor allem darauf aus, Parties zu besuchen und politische Diskussionen zu führen. Ich glaube nicht, daß ich davon träumte, ein zweiter Senator Kennedy zu werden.

Ginny: Du warst daran gewöhnt, daß die Leute dich für jemanden hielten, der es noch zu etwas bringen würde. Das hat mich fasziniert.

Rick: Stimmt: einige Freunde meiner Eltern, die meinen Vater gern als Wahlkandidaten gesehen hätten, haben diesen Wunsch auf mich übertragen und mich in diesem Punkt ermutigt.

Ginny: Ja, und dann fingen sie an, mich in ihr Wunschdenken einzubeziehen. Plötzlich lautete die Frage: Wie sieht's mit euren Zukunftsplänen in der Politik aus? Ich sah mich selbst am Wahlkampf teilnehmen, Entscheidungen treffen, Probleme lösen. Ich würde etwas zu sagen haben, und man würde auf mich hören.

Rick: Da bin ich aber platt! Ich weiß nicht, woher Ginny diese Idee hat. Ich sah sie ganz anders an meinem Leben beteiligt. Mehr als Dame des Hauses. Mein damaliges Ziel kommt dem, was ich heute anstrebe, ziemlich nahe – abgesehen davon, daß ich nicht genügend Zeit habe, um mich im sozialen Bereich so zu engagieren, wie ich's gern möchte.

Dies ist ein hervorragendes Beispiel dafür, wie zwei Menschen denselben Traum anders sehen. Ginny sah sich durch ihren Mann zur Politikerin werden. Anstatt selbst etwas zu unternehmen, betrachtete sie die Ehe als eine bequeme Möglichkeit, um ihren Wunsch zu verwirklichen, eine führende Rolle im sozialen Leben zu spielen. Auf diese Weise gewann sie aus den Gesprächen, die um Rick herum geführt wurden, die Vorstellung, daß ihr Ehemann zum Wahlkandidaten würde. Rick hingegen fühlte sich zu einer Frau hingezogen, die sich unabhängig gab und die sich ernsthaft einer jener sozialen Aufgaben verschrieben hatte, für die sich Rick selbst gern engagiert hätte. Was er damals indes wirklich wollte, war offenbar eine Ehefrau, die sich damit zufrieden gab, ihm Stammhalter zu gebären und als stützendes System zu dienen, damit er erfolgreich, anerkannt und reich werden könnte. Daher war ihm der Scherz Ginnys, sie würde nichts gegen elf Kinder haben, unvergeßlich geblieben.

Warum studiert Ginny nicht Jura? Wer »läßt sie nicht«? Oder wovor hat sie Angst?

Rick: Ich nehme an, man hat behauptet, daß ich Virginia gesagt habe, sie solle sich nur an den drei besten Fakultäten bewerben.
Ginny: Erinnerst du dich nicht, daß du damals gefunden hast, der Besuch einer weniger angesehenen Fakultät sei entwürdigend?
Rick: Dagegen kann ich nichts sagen. Ich erinnere mich einfach nicht.

Angenommen, Ginny möchte heute Jura studieren?

Rick: Ich würde das gerne sehen. Doch müßte ich ihr freimütig sagen, daß sie meiner Meinung nach keine gute Anwältin abgeben würde. Ich würde ihre Zulassung als Anwältin nicht befürworten.

In welchem Bereich würde sie wirklich gut sein? Jetzt einmal abgesehen davon, was Ihnen als Betätigung für Ginny am besten passen würde.

Rick: Zwei Dinge kann sie sehr gut: sie kommt hervorragend mit Kindern, mit kleinen Kindern, zurecht, und sie ist eine ausgezeichnete Lehrerin. Auch im Organisieren und Verwalten scheint sie begabt zu sein. Der Grund, wieso sie keine gute Anwältin abgeben würde, ist der, daß sie nicht flüssig und gewandt schreiben kann.

Sie erzählten von jenem Professor, den Sie sich zum Vorbild nahmen. Er vermittelte Ihnen die Auffassung, daß ein hervorragender Stil für einen hervorragenden Juristen unerläßlich sei. Gibt es nicht auch andere tüchtige Anwälte?

Rick: Die besten Anwälte in meiner Firma können aus einem Paragraphen eine Bombe basteln.

Was empfinden Sie als bedrohlich an der Tatsache, daß Ginny dasselbe werden möchte wie Sie?

Rick: Ich weiß nicht, ob ich mich vielleicht unbewußt bedroht fühlte, wie Ginny meint.
Ginny: Einmal hat er mir gesagt, wenn ich scheitern würde, wäre das so verheerend für mich, daß ich's erst gar nicht versuchen sollte. Und er war der Meinung, daß drei Jahre intensives Studium mit meinem Hausfrauendasein nicht zu vereinbaren seien.
Rick: Dazu möchte ich aber auch etwas sagen. Ich habe ihr gesagt – das weiß ich noch genau –, daß meiner Erfahrung nach das Jurastudium einen vollen Einsatz erfordert. Denselben Einsatz, den sie als Lehrerin geleistet hat.
Ginny: In diesem Punkt haben sich unsere Positionen fast schon institutionalisiert. Ich bin jetzt die Ehefrau-und-Mutter, habe also mein Heim zu verteidigen: zum Beispiel die Zeit, die Rick für unseren Sohn und mich aufbringt. Ich habe also das Recht, auf diesem Gebiet sein schlechtes Gewissen zu sein. Und natürlich auch das Recht, seine Gesundheit zu schützen.
Rick: Ich sehe unsere Meinungsverschiedenheiten anders. Meine Einstellung ist durch die Tatsache mitgeprägt, daß ich finanziell und persönlich erfolgreich sein möchte. Meine Arbeitszeit scheint mir in Ordnung. Sie ist lang, doch bleibt sie im Rahmen.
Ginny: Nein, das laß ich dir nicht durchgehen. In deinem zweiten Berufsjahr hattest du *mit Abstand* die meisten Überstunden. Das ging so weit, daß dir einer deiner Partner sagen mußte, du solltest langsamer machen. Du hättest mir das nie erzählen dürfen, denn nun kann ich sagen: Aha! So ist das also? Deine Arbeitszeit ist nicht normal. Du kannst erfolgreich sein, ohne dich deshalb gleich umzubringen.

Sie meinen: »Erfolgreich, ohne vor mir die Flucht zu ergreifen«?

Ginny: Ja.
Rick: Ginny und ich hätten füreinander mehr Zeit, wenn ich Lehrer wäre. Aber zum Ausgleich können wir zum Beispiel reisen, oder Ginny kann eine Putzfrau beschäftigen. Unser Sohn wird eine gute Schule besuchen

können. Und ich persönlich habe die Genugtuung, mich mit interessanten Rechtsfällen auseinanderzusetzen. Ich bin der Meinung, daß ich diese Überstunden machen muß, nur so komme ich an die besten Fälle heran.

Vielleicht ist das der springende Punkt für Ginny. Daß Sie nicht länger arbeiten, um ihr ein angenehmes Leben zu ermöglichen, sondern um an die interessanten Fälle ranzukommen?

Rick: In diesem Punkt haben Sie völlig recht. Wenn ich mich nicht heute mit den komplizierten Fällen herumschlage, besteht die Möglichkeit, daß ich in späteren Jahren weder diese Erfahrung noch die Gelegenheit dazu habe.
Ginny: In meinen Augen kann das genauso heißen: »Meine Arbeit macht mir mehr Spaß als meine Familie.«

Glauben Sie, daß das Problem, ob Ginny nun Jura studiert oder sich anderweitig entfaltet, eine wesentliche Rolle spielt, wenn es um die Frage geht, wieviel Zeit Sie daheim verbringen sollen?

Rick: Nein, das glaube ich nicht. Ich glaube nur, daß Ginny keine gute Anwältin abgeben würde.

Angenommen, sie würde eine zweitklassige Anwältin werden und der Beruf würde ihr trotzdem Spaß machen?

Rick: Mein Protest ist ihr sicher. Doch ich werde ihr nicht den Weg versperren. Genausowenig wie ich sie dadurch, daß sie schwanger wurde, am Jurastudium hindern wollte.
Ginny: Diese Schwängerung ist mir unvergeßlich, dir nicht?
Rick: Etwas früher an diesem Abend wolltest du nicht mit mir schlafen.
Ginny: Richtig. Aber die Art, wie es dann doch passiert ist, hat mich in dem Verdacht bestärkt, daß es Nötigung war. Rick war unbewußt daran interessiert, diese Situation auszunutzen. Doch Rick glaubt nicht an psychologische Motivationen.
Rick: Die Motivation war sehr einfach. Ich wollte –
Ginny: – genau an diesem Tag mit mir schlafen! Den ganzen Monat nicht und dann ausgerechnet an diesem Tag. Wir machten nicht mal 'ne Pause, damit ich meinen Pessar einpassen konnte. Das kam fast nie vor. Und so wurde ich schwanger. Ein Spritzer und das war's.
Rick: Sehr richtig.
Ginny: Sehr potent, was? Erinnerst du dich an unsere Auseinandersetzung nach meiner Schwängerung? Ich warf dir vor, das absichtlich getan zu haben, damit wir uns nicht mehr mit meinem Jurastudium herumschlagen müßten.

Rick: Schon möglich.
Ginny: Erinnerst du dich nicht, wie wir auf der Couch saßen? Du hieltest mich im Arm, und ich heulte.
Rick: Dunkel. Das einzige, woran ich mich wirklich erinnere, ist, daß wir danach ausgingen, um das Ereignis zu feiern.
Ginny: Unglaublich! Ich erinnere mich an diese Feier nicht. (Unbehagliches Schweigen.)

Inwieweit sind Sie neidisch darauf, daß sich Rick durch seinen Beruf ausgefüllt fühlt?

Ginny: Ja, neidisch bin ich in der Tat. Vor allem dann, wenn er mit stolz geschwellter Brust nach Hause kommt, weil er einen Prozeß gewonnen hat. Als Mutter kann ich auf meinen Sohn stolz sein, doch dann wirft man mir vor, das sei meine Ersatzbefriedigung. Wieso rechne ich mir die Erziehung eines anderen Menschen als Verdienst an? Wo doch Rick *anderen* Ehefrauen den Rat gibt, Anwältin zu werden?
Rick: Ich rate nicht allen dazu. Ich würde jemanden, den ich für ungeeignet halte, nicht dazu ermutigen.
Ginny: Willst du damit sagen, daß sie gescheiter sind als ich?
Rick: Du bist es doch, die den Anwaltsberuf mit den Eigenschaften »gescheit« und »bewundernswert« ausstattest. Ich aber meine, daß sie alle, ob nun Anwalt, Lehrer oder Hausfrau, genauso gut sind.

Das Echo, das Ginny aus Ricks Worten offensichtlich heraushört, ist das Urteil ihres Vaters, das »nicht gescheit genug« lautete. Sie versucht die ungelösten Probleme, die sie und ihren Vater angehen, in ihrer Auseinandersetzung mit Rick noch einmal in Szene zu setzen: Warum hatte sie ihren Vater, der an ihre geistige Befähigung glaubte, enttäuscht? War dieser scheußliche Lehrer daran schuld? Oder wollte sie scheitern, um nicht zur gesellschaftlichen Außenseiterin zu werden? Oder war sie tatsächlich »nicht gescheit genug«?

Da Rick mit seinem eigenen Lebenskurs mehr als genug zu tun hat, möchte er – das räumt er selbst ein –, daß sich alle Probleme, die mit seiner Frau und seinem Sohn zu tun haben, von selbst geben. Um dieses Ziel herbeizuzaubern, benutzt er verschiedene Tricks. Durch sein spitzfindiges Lavieren nimmt er Ginnys Argumenten den Wind aus den Segeln, und außerdem läßt er sich zu keinem Streitgespräch hinreißen. Er bestärkt sie in ihrer Befürchtung, sie tauge nur zum Kinderkriegen. Und er nutzt ihre Angst, sie könnte enttäuschen (so wie sie damals ihren Vater enttäuscht hatte), gründlich aus. Doch gleichzeitig weist er hin und wieder darauf hin, daß er gar nicht so halsstarrig sei, wie ihn Ginny hinstelle.

Indem Ginny ihren Mann ständig ermuntert, seine Autorität herauszustellen, arbeitet sie ihm bei ihrer eigenen Entmachtung in die Hand. Gegen Ende dieses langen Abends räumten sie dies selbst ein.

Ginny: Diesen Streitpunkt zwischen uns könnten Sie folgendermaßen interpretieren: Ohne Ricks Zustimmung bin ich nicht in der Lage, aufzubrechen und einen Beruf zu erlernen. Deshalb möchte er an diesem Entschluß beteiligt sein.
Rick: Du hast mitgemacht. Du hast dich für das Baby entschieden.

Rick, könnte es nicht alles in allem darauf hinauslaufen, daß Ihre eigene Arbeit Sie völlig in Anspruch nimmt und daß Sie dadurch ein klares Ziel vor Augen und ein Gefühl der Überlegenheit haben und daß Ginny deshalb neidisch ist, zumal ihr eine Teilzeitbeschäftigung oder eine unentgeltliche Tätigkeit nicht diese Selbstachtung vermitteln kann? Und könnte es nicht sein, daß sie, solange sie im Hintergrund bleiben muß, alles tun wird, um Ihre Zeit und Aufmerksamkeit zu beanspruchen?

Rick: Ich würde es anders ausdrücken. Doch wie immer die Motivation beschaffen sein mag, im Endeffekt ist es dasselbe. Wollen Sie wissen, wie ich die Angelegenheit sehe? Ginny wehrt sich gegen Rollen wie die der Ehefrau und Mutter und Beschützerin der Familie, weil diese Rollen *erstrebenswert* sind. Ich mache ihr deshalb keinen Vorwurf. Die Lage zwischen uns ist gespannt, aber das muß wohl so sein.
Ginny: Ich habe ebenfalls begonnen, diesen Spannungszustand als etwas Etabliertes zu sehen. Ich werde versuchen, von ihm so viel wie möglich zu bekommen, und er wird versuchen, die Rechtmäßigkeit meiner Beschwerden zu beurteilen.

Da Ginny ein Leben wie ihre Mutter führen muß, das heißt, sie muß mehr Kinder haben, als sie bewältigen kann, und sie muß sich selbst geringschätzen, weil sie in dieser Welt »nichts tut«, glaubt sie das Recht zu haben, sich zu beklagen, wie ihre Mutter. So entstehen Xanthippen.

Wo glauben Sie, daß Sie mit Fünfunddreißig stehen?

Ginny: Ich sehe keinen Job für mich in nächster Zukunft. Ich füge mich den Gegebenheiten und glaube nicht, daß ich noch einmal von vorn anfangen kann. Ich glaube, ich habe nicht die Gelegenheit, mich zu ändern. Rick dagegen ist dabei, seine Zukunft auf eine breite Basis zu stellen.
Rick: Es spricht alles dafür, daß ich in die Anwaltskanzlei als Partner einsteigen werde. Doch meinen Wunsch, etwas fürs Allgemeinwohl zu tun, werde ich in einem nur geringen Maße verwirklichen können.

Sie glauben also beide, daß Sie in fünf Jahren mit denselben Konflikten kämpfen werden, mit denen Sie heute kämpfen?

Rick: Ich glaube nicht, daß ich diese Konflikte jemals vollständig lösen werde.
Ginny: Ich glaube, meine Konflikte sind leichter zu lösen – wenn die Kinder einmal größer sind.

Das Paar mit Dreißig hat auch diese Möglichkeit, mit seinen Schwierigkeiten fertig zu werden: Es kann seine Ehe fortführen, sich Veränderungen widersetzen, verhärtete Positionen beziehen, die den »Partnerknoten« zur Folge haben, bis irgendwann, so Rick, »offenbar jemand nachgeben muß«.

Das Ledigenproblem

Doch wie sieht es mit dem Menschen aus, der in den Zwanzigern ledig geblieben ist? Der nächste Lebenslauf ist der einer fünfunddreißigjährigen Frau, die ich Blair nennen möchte.

»Ich wollte auf die Titelseite der *Time*, und gleichzeitig wollte ich vier Kinder.«

Blair ist sich heute bewußt, daß solche Zukunftserwartungen konflikthaft sein müssen. Sie ist älter geworden. Dieses Bewußtsein ging ihr völlig ab, als sie bereits in jungen Jahren im Sturmschritt nach oben strebte. Im Jahr 1954 war sie sechzehn und hatte gerade die High School hinter sich. Sie verliebte sich – aber nicht in einen Mann, sondern in die Idee, raschen und durchschlagenden Erfolg zu haben.

»Ich sah mich selbst als etwas Besonderes.«

Sie hatte mit Sechzehn keine Zeit fürs College, und ihre Eltern ermunterten sie auch nicht in diese Richtung. Sie fing als Mitarbeiterin bei einem Autohändler an. Einige Jahre später gründete sie zusammen mit einer anderen Frau ihren eigenen Autohandel. Sie löste sogleich das Echo aus, dessen sie sich schon bei ihrem Vater erfreut hatte. Sie hatte ihn als Intellektuellen bewundert, als politischen Radikalen und vor allem als Erfolgsmenschen. Besonders begeistert hatte er sich gezeigt, als Blair in der Schule zwei Klassen übersprang. Nun war sie, die Erstgeborene, weit voraus.

Nach einigen Jahren Autohandel beschloß sie, eine der glanzvolleren Pyramiden Chicagos zu erklimmen. Sie wählte eine mittelgroße Werbeagentur. Ihr Boss spielte in ihren Zwanzigern die Hauptrolle. Er gab ihren höchsten Bestrebungen seinen Segen. Sie belohnte ihn mit Bewunderung. Sie gehörten zusammen: er atmete ein, sie atmete aus.

»Ich hing enorm an diesem Mann. Er stellte mir Leselisten zusammen, und ich verschlang die Bücher. Wir machten zusammen Reisen. Ja, er übernachtete sogar bei mir. Aber kein Sex. Er hatte es sich zur eisernen Regel gemacht, Beruf und Privatleben auseinanderzuhalten.«

Es war ein Dichter, der sie leiden machte. Er ließ sich über die Seelenqualen des arbeitenden Menschen aus, doch als er entdeckte, daß sie schwanger von ihm war, verschwand er von der Bildfläche.

Da war ein Zwiespalt, unter dem sie ständig litt. »Die Männer fühlten sich zu mir hingezogen, doch dann sagten sie: ›Du bist mir einfach zuviel.‹ Im Beruf dagegen war das, was ich leistete, nie genug. Die Leute schätzten mich wegen meiner Ideen und lobten mich. Auf dem einen Gebiet wurde ich geachtet, auf dem anderen war ich ein Versager.«

Man sollte nicht vergessen, daß sie diese Erfahrung in den fünfziger Jahren machte. Die Suffragettenbewegung war tot und der Feminismus war noch nicht geboren. Blair wagte es trotzdem, ihren Ehrgeiz in die Tat umzusetzen.

War sie bisher, was die Männer anging, auf der Hut gewesen, so wurde sie nun unpersönlich bis zum Gehtnichtmehr. »Schau mal vorbei, wenn du wieder in der Stadt bist«, sagte sie dann, »komm zum Abendessen, für ein Wochenende, wie immer auch.« Sie wollte den Eindruck erwecken, als gehe es ihr glänzend, ob nun mit oder ohne Mann. Jeder Mann sollte gehen können, wann er wollte. Ging er tatsächlich, blutete ihr das Herz, fühlte sie sich wie vor den Kopf gestoßen.

Was sie bei ihren seichten Liebesaffären und zwei erbärmlichen Abtreibungen draufzahlte, war erheblich. Doch war es in dieser Zeit des Flüggewerdens, in der die Bewährung im Beruf alle ihre Kräfte beanspruchte, weniger schmerzhaft für sie, wenn sie sich ihren Partnerproblemen nicht zu stellen brauchte. Denn was hätte sie schon tun können? Heiraten, um zu den stets Benachteiligten zu stoßen? Bei ihrem Boss den Eindruck erwecken, als lebe sie in einem ständigen Kummer, bis er ihr nahelegen würde: »Sinnlos, Sie auszubilden, Sie kündigen dann doch bloß, um ihr Baby zu bekommen.« Ihr Unbewußtes befahl ihr, all diese Gefühle zu verdrängen. Hätte sie sich von ihnen überwältigen lassen, wäre sie möglicherweise in den Sog unlösbarer Widersprüche geraten.

Blair kompensierte ihre Kinderlosigkeit, indem sie ihre Neffen und Nichten mit Aufmerksamkeiten überschüttete. Im übrigen wollte sie nur eines: so selbstsicher und beruflich perfekt sein wie keine der Frauen, die sie kannte.

Mit Sechsundzwanzig mußte sie die Abhängigkeit von ihrem Mentor überwinden. Es war Zeit. Es sei denn, sie wollte steckenbleiben. Eine andere Firma hatte ihm eine bessere Stelle angeboten. Doch dieses

Angebot, so erklärte er ihr, gestatte ihm nicht, eine Frau mit ihrem Status und Gehalt mitzubringen.

»Jahre später gab er zu, er habe zu Beginn nicht geahnt, daß ich ihn durch mein Vorankommen unsicher machen könnte. Doch mittlerweile war ich Vizepräsidentin geworden. Er befürchtete, ich könnte ihm über den Kopf wachsen, wenn er mich mitnähme.«

Sie kündigte und wurde Vizepräsidentin eines noch angeseheneren Unternehmens. Neue Pläne danach ergaben sich nicht. »Es war nicht, daß ich nicht dem richtigen Mann begegnet wäre. Es war, daß ich im Beruf alle meine Erwartungen übertroffen hatte und daß alle anderen mittlerweile verheiratet waren. Ich mußte nun alle meine Phantasien darüber, was eine Ehefrau war, ausleben.«

Ehefrauen aber sind häufig wie ihre Mutter. Blairs Mutter hatte die vielversprechende Hoffnung auf ein vorbildliches Heim, einen höheren gesellschaftlichen Status und dauerhafte Sicherheit geehelicht. »Schlimmer ging's nicht! Ich würde nie eine solche Ehe führen! Doch schließlich tat ich *genau dasselbe.*« Ihre Wahl fiel auf einen hartgesottenen Geschäftsmann mit politischen Bestrebungen.

Blair gab ihre Stelle kurz nach der Hochzeit auf. Mit schadenfroher Perfektion spielte sie die Hausfrau.

»Du scheinst nicht gerade begeistert, wenn du all diese Businessparties geben mußt«, meinte ihr Mann.

»Ich tu das, was du wolltest«, gab sie zurück. »Man macht aus mir die schicke, elegante Frau, nennt mich in der Zeitung. *Du* warst es, der wollte, daß ich nicht arbeite.«

Ihr Mann fühlte sich vor den Kopf gestoßen. Er hatte sich jetzt, wo er auf die Vierzig zuging, mit genug Problemen herumzuschlagen.

»Warum gehen wir nicht fort und führen ein ruhiges Leben?« pflegte er vorzuschlagen, wenn sie nach dem ganzen Rummel endlich im Bett lagen. »Ich hab es selbst satt, diese Show für meine Klienten abzuziehen.«

Blair kringelte sich zusammen und tat, als schliefe sie.

»Du liebst mich nicht«, sagte er dann und wartete auf einen Protest, der nicht kam.

Die verwirrende Wahrheit war, daß Blair eifrig damit beschäftigt war, das Leben ihrer Mutter zugleich nachzuleben und zu hassen. Als man sie in der Berufswelt als Senkrechtstarter anerkannte, hatte sie das Gefühl, etwas anderes gehe ihr ab. Anstatt die Züge ihrer Weiblichkeit, an denen sie sich hätte erfreuen können, zu bejahen, um sie dann mit ihrer beruflichen Tätigkeit auf einen Nenner zu bringen, schlüpfte sie in die »Böse Mutter«-Rolle. Sie mußte zur Parodie ihres Inneren Wächters werden, um schließlich wirklich jene Frau zu verkörpern, die sie sein wollte.

Das ist keineswegs ungewöhnlich. Menschen, die in die Dreißiger hinüberwechseln, können plötzlich beginnen, ein Leben wie ihre Mutter oder ihr Vater zu leben, ohne die Ursache zu erkennen. Sie können die Starrheit dieses neuen Lebens hassen und sich von einem seltsamen Dämon beherrscht fühlen. Denn viele unter uns müssen die schlechten Komponenten einer starken und konflikthaften Identifizierung ausleben, ehe sie die guten Komponenten annehmen können.

Ungeachtet ihres rasanten Tempos gelang es Blair erst im Alter von fünfunddreißig Jahren, die widerstreitenden Teile ihres Selbst allmählich zusammenzufügen. Wie so viele glaubte auch sie: »All die schlimmen Dinge werden verschwinden, wenn ich mich scheiden lasse.«

Diesem Gedanken liegt ein verbreiteter magischer Glaube zugrunde, der Glaube nämlich, man könne sich der ungelösten Probleme des Selbst entledigen, indem man sich von den Menschen trennt, in die man diese Probleme hineinprojiziert. In Blairs Fall bestand das projizierte Problem darin, daß sie auf der einen Seite gern eine willfährige Ehefrau wie ihre Mutter abgegeben hätte, während sie auf der anderen Seite genau die Karriere anstrebte, die sich ihr Vater von ihr gewünscht hatte. Es war nicht ihr Mann gewesen, der darauf bestanden hatte, sie solle ihren Beruf aufgeben; Blair selbst war es gewesen, die ihre Ehefrau-Phantasien ausleben mußte. Doch als selbstgemachte Durchschnittshausfrau war sie nicht weniger arm dran denn als gefühllose Erfolgsmaschine.

Ehe Blair die eheliche Zwickmühle, in die sie durch ihre eigenen Widersprüche geraten war, als solche erkennen konnte, trug sie unglückseligerweise selbst dazu bei, daß ihr Mann fremd ging, um sich zu trösten. Am Ende warf er mit Tellern um sich, bis ihre Ehe schließlich ganz kaputt war.

»Als ich schließlich wegging«, erzählte sie, »gingen mir wieder meine Pläne von vor drei Jahren im Kopf herum. Hätte ich wählen können: nie hätte ich diese schrecklichen drei Jahre gewählt. Aber ich fühlte mich innerlich dazu gezwungen. Heute bin ich meinen Gefühlen gegenüber zum erstenmal ehrlich. Ich kann nicht mehr bloß ein Anhängsel von irgend jemand sein. Und daß Männer einfach so durch mein Leben trampeln wie damals, als ich eine Art Durchgangsstation war, das kommt nicht mehr in Frage. Nicht alle meine Probleme hingen mit meinem Vater zusammen, wie ich geglaubt hatte. Die ungelösten Probleme hatten mit meiner Mutter und mit meiner Identitätssuche als Frau zu tun. Vielleicht bin ich heute eine ganze Person, die nicht davor zurückschreckt, jemanden zu lieben oder von jemandem geliebt zu werden. Hoffen wir's!«

Gewöhnlich würde ich eine solche Geschichte an einem solchen Punkt, wenn die Probleme des Übergangs in die Dreißiger gelöst sind, abbrechen. Doch vermittelt uns die veränderte Einstellung, zu der Blair mit Fünfunddreißig gelangt, einen Ausblick auf die Veränderungen, die einem in diesem Alter bevorstehen.

»Ich sehe heute die schon etwas älteren Karrieremacher und ich sage zu mir selbst: ›Ist das alles?‹ Geschenkt! Was mich heute interessiert, ist die Qualität der Arbeit. Und die tu ich auch, aber nicht mehr mit dem Kribbeln im Magen und mit der Angst, die ich früher immer hatte – mit der Angst, sie könnten herausfinden, daß ich kein College besucht habe und daß meine Rechtschreibung miserabel ist.«

Sie strahlt ein Gefühl der Erwartung aus, so als könne sie demnächst ihr Leben durch die noch fehlende Hauptkomponente ergänzen. Die Kinder, die sie nicht gehabt hat, spielen in ihrem Denken die Hauptrolle. »Natürlich bin ich mir bewußt, daß die Kinder, die ich haben werde, immer die Kinder anderer Leute sein werden – die Kinder meiner Schwester oder die eines Mannes, den ich heirate.« Sie lächelt und trinkt ihren letzten Schluck Brandy aus. »Als Ausgleich besitze ich nun so viel mehr, als ich erwartete. Und darum geht's vielleicht im Leben. Man bekommt das, was man sich gar nicht erhoffte.«

Die Noch-einmal-von-vorn-Beginner

Natürlich kann nicht jeder die Entschlüsse selbst fassen, die sein Leben verändern. Was geschieht mit den Menschen, die auf dem Stuhl ihrer Zwanziger zufrieden sitzen bleiben, bis dieser Stuhl unter ihnen weggezogen wird? Viele Reaktionen sind möglich. Rosalyns Geschichte veranschaulicht eine Reaktion, die den Eindruck von Schwäche erwecken mag und trotzdem eine Möglichkeit ist, bestimmte Aufgaben der Entwicklung nachzuholen.

Rosalyns Mädchenjahre waren vorbei, doch sie hielt nicht viel davon, erwachsen zu werden. Die Bewegten Zwanziger hatten ihren Traum nicht wesentlich bereichert, sondern zerstört. Dieser Traum aber war typisch für ein Mädchen, das die Flucht in die Ehe antritt.

»Als ich von zu Haus weg und aufs College ging, dachte ich: ›So ist's richtig! Ich hab meine Zeit zu Haus abgesessen, und nun bin ich raus! Meine Mutter kann mir nicht mehr auf die Pelle rücken.‹ Doch als ich mit dem College fertig war, mußte ich nach Hause zurück. Keine Heiratsanträge. Zurück nach Brooklyn in diese widerliche Gegend. Ich wollte schon eine Stelle annehmen, doch da lernte ich Borden kennen, und ich heiratete ihn. Zu diesem Entschluß brauchte ich keine zehn Minuten.

Er kam aus einer Welt, über die ich nur gelesen hatte. Ich wollte nie arbeiten. Die Ziele, die die Frauenbewegung proklamiert, verkörperte ich gewiß nicht. Von meinem Mann abhängig? Ja, gewiß. Und zwar völlig. In bezug aufs Geld, in bezug aufs Zusammensein, in bezug auf alles. Ich wußte nichts von der Realität. Und ich war mit meinem Leben sehr zufrieden. Es bestand hauptsächlich aus Einkaufen.«

Ob sie nun glücklich oder unglücklich waren, in diesem Punkt schien das Paar nie übereinzustimmen. Es gab eine Zeit in Rosalyns Zwanzigern, in der sich alle ihre Bekannten trennten, so daß auch sie mit diesem Gedanken liebäugelte. Nein, sagte Borden, wir sind sehr glücklich. Sie beschlossen, ein zweites Kind zu haben. Als dieses Kind ein Jahr alt war, kam Borden eines Abends vom Büro heim und fragte:

»Bist du glücklich?«

»Ja, und du?« fragte Rosalyn zurück. Danach wünschte sie, sie hätte bloß gesagt: »Komm, sehen wir fern.«

»Ich habe eine Freundin«, sagte Borden. »Ich liebe sie.«

»Seit wann?« fragte sie.

»Seitdem du schwanger warst.«

Sie war die ganze Zeit glücklich gewesen.

»Ich weiß«, sagte er, »das machte mich um so unglücklicher.«

Borden hielt sich für einen moralischen Menschen.

»Na gut«, tönte seine Frau, »ich gehe.«

»Nein! Du kannst mir die Kinder nicht wegnehmen.«

Borden versicherte Rosalyn, nun, da er sein Geheimnis los sei, könne er wieder glücklich sein. Er könne eine wunderbare Ehe *und* eine aufregende Freundin haben. »Es ist wie eine Belohnung«, erklärte er.

Rosalyn machte sich eineinhalb Jahre ihre Gedanken: »Diese Leute, die mich unterdrücken, sind alle wie meine Mutter. Borden hat meine Mutter ersetzt. Das ist keine Art zu leben. Ich hab ihn geheiratet, um meiner Mutter zu entfliehen. Das Problem ist nur, daß ich zu wenig Ausgeflippte kenne. Da liegt der wirkliche Spaß. Aber Borden will mit mir nicht mal 'nen Trip einwerfen. Ich will eine innere geistige Existenz.«

Mit Dreißig hatte sie es satt, Rosalyn, die Einkaufsziege, zu sein, verheiratet mit Borden, dem Ehebrecher. Sie wollte ihre Lebensuniform ablegen und sich radikal ändern. Im Innersten war sie eine ungewöhnliche Person, ein Künstler oder ein Astralgeist, irgend so was. Sie wollte in der Künstlerkolonie von Big Sur herumgammeln und zusammen mit Joan Baez »high« werden.

»Ich geh nach Kalifornien«, erklärte sie ihrem Mann.

»Warum?« fragte er.

»Ich mach das hier nicht mehr mit.«

»Wenn du gehst, werd ich nicht mehr glücklich sein«, sagte er.

Sie lernte einen Bildhauer kennen, der gerade eine unproduktive Periode durchmachte. In der Werbebranche hatte er seine dritte »Inkarnation« hinter sich, das heißt, drei Mal war er bereits ausgestiegen. »Ich will wieder meinen Geist, meine Seele fortentwickeln«, sagte er.

»Oh ja, oh ja!« sagte Rosalyn.

Bordens Abschiedsgeschenk war eine Scheckkarte. An einem Silvestertag brach sie in einem Rover TC 2000 auf, angetan mit einem Ledermantel aus Afghanistan, neben sich den Bildhauer, hinten im Fond die Kinder. Sie waren zwei und sieben Jahre alt und liebten es, das Bettzeug in den Motels zu zerreißen, während die Erwachsenen so Zeugs rauchten, das sie mit einem Haarclip hielten. In den Motels konnten sie auch essen, denn Rosalyn hatte ihre Scheckkarte.

Rosalyn ging so einiges durch den Kopf: Ich hab keine Ahnung, was mit mir geschehen wird. Aber die Sache gefällt mir. Früher hab ich immer genau gewußt, was mir zustoßen wird.

Wir haben es hier mit einer weiteren Reaktion auf den Einschnitt mit Dreißig zu tun. Es sind die Noch-einmal-von-vorn-Beginner, die diesen Weg einschlagen. Wenn es sinnlos ist, voranzustreben, weil die Verlagerung der Abhängigkeit von den Eltern auf den Ehemann nichts gebracht hat, kann ein Mädchen an den Punkt seiner Entwicklung zurückkehren, an dem seine romantischen Illusionen noch nicht von der Wirklichkeit beeinträchtigt worden waren, das heißt zurück in die Adoleszenz. Dieses Mädchen wird noch einmal seine Ablösung versuchen, es wird noch einmal versuchen, sich von seiner Umgebung freizumachen und seinen eigenen Weg zu gehen, indem es nach neuen Leuten und Gruppen Ausschau hält, an denen es sich messen kann.

Seit ihrer Verpflanzung nach Kalifornien hatten Rosalyns Tätigkeiten im wesentlichen darin bestanden, daß sie »high« war, die Kanäle des Farbfernsehens heißlaufen ließ, Zeitschriften las, Süßigkeiten knabberte und all dies gleichzeitig. Keine der Empfindungen, die sie dabei hatte, erschien ihr wert, sich darauf zu konzentrieren. Worauf es einzig und allein ankam, war, die Inputmenge maximal zu halten. Selbstverständlich war der Kontakt zu anderen Leuten zweitrangig.

Andere Leute ... In der Art, in der sie von diesen Leuten spricht, und in ihrer unterschiedslosen Achtung, die sie vor diesen Leuten hat, liegt der Schlüssel selbst für ihre mißliche Lage. Heute weiß sie das. Die nichtstuenden Siddhartas und die Glückspillenverhökerer, an die sie glauben könnte, gehen zur Neige. »Sie enttäuschen mich alle.« Mit Zweiunddreißig hat Rosalyn schließlich in kleinen, schmerzhaften Schritten begonnen, in die Welt der Erwachsenen zurückzukehren.

Eines Nachmittags saß sie da, das idyllische Meer im Hintergrund, und aus ihren trostlosen, grünen Augen flossen die Tränen.

»Ich bin sehr stark von anderen Leuten und Dingen abhängig. Weil ich, naja, weil ich aus eigener Kraft nicht viel zustande bringe. Ich habe zwar meine Gören, aber viel mehr als die Mutterrolle habe ich in meinem Leben nicht gehabt. Ich bin ein gängiger Konsumartikel wie jeder andere auch. Das ist der springende Punkt.«

Daß sie ihre beschwerliche Abhängigkeit zugab, war ein Fortschritt. Obwohl es so aussehen mochte, als hätte Rosalyn heftig gegen ihre Eltern protestiert, hatte sie diesen Konflikt in keiner Weise gelöst. Sie übertrug ihre Abhängigkeit lediglich auf einen idealisierten Ehemann und danach auf einen Liebhaber, den sie auf ein Postament stellte.

Edith Jacobsen schreibt in ihrer Monographie, die in der Zeitschrift der Amerikanischen Psychoanalytischen Vereinigung (*Journal of the American Psychoanalytic Association*) erschien, daß solche Menschen, wenn sie im Verlauf ihrer Adoleszenz gegen ihre Abhängigkeit kämpfen, ihre Eltern herabwürdigen und sich angewidert von diesen abwenden können. Doch als »Erwachsene« eifern sie anderen Personen und Gruppen nach, in die sie ihre ganze Hoffnung setzen und die sie unverhältnismäßig bewundern, bis sie von neuem rebellieren und diesem Ersatz wütend und enttäuscht den Rücken zuwenden, um sogleich nach dem nächsten nachahmenswerten Objekt Ausschau zu halten. Solange sie das durchhalten, bleiben sie an den adoleszenten Bereich ungelöster Probleme fixiert.[1]

»Ich möchte wieder so richtig am Leben teilhaben«, sagt Rosalyn heute. »Ich glaube, die Entwicklung ist langsam vor sich gegangen. Kommenden Sommer möchte ich nach Los Angeles ziehen. Im Moment fehlt mir entschieden das Vertrauen in meine Fähigkeit, daß ich eine Stelle bekommen und für irgend jemand interessant sein könnte. Ich glaube nicht, daß ich diesen Schritt tun und losziehen würde, wenn ich nicht müßte.«

Solches »Müssen« kann ein Geschenk sein.

Als ich Rosalyn in dem von ihr gemieteten Haus in Hollywood Hills besuchte, hatte sie einen weiteren Schritt getan. In ihrer Schreibmaschine steckte ein Resümee, und wir unterhielten uns über einen Job als Verlagslektorin. Doch das meine ich nicht. Ich meine, daß Rosalyn den Teil ihres authentischen Selbst fand, dem sie sich seit fünfzehn Jahren entzogen hatte und mit dem sie sich nun anfreundete.

Nachdem sie den ganzen Kreis hinter sich hatte, kehrte Rosalyn heim nach New York. Sie arbeitete für ein großes Verlagshaus, das nach Autoren Ausschau hielt, die Bücher über berühmte Männer und Frauen schreiben sollten. Ein Jahr später – sie war nun Fünfunddreißig – rief mich Rosalyn von *Fire Island* aus an. »Ich sitze hier draußen mit meinen Kindern und einem Mann, den wir alle lieben, und mit meiner Schreiberei, die wie ein Feuersturm ist.«

Sie hatte eben ihr drittes Buch beendet.

Als wir den »Haken mit Dreißig« das erste Mal zu erklären versuchten, könnten wir den Eindruck erweckt haben, als gebe es keinen Ausweg. Doch wir haben nun einige Leute kennengelernt, die es vorziehen, durch ihre Widersprüchlichkeit und Unbeständigkeit in einen immer stärkeren Spannungszustand zu geraten, und wir haben Leute kennengelernt, die es geschafft haben, diese mißliche Lage zu überwinden. Auch haben wir gesehen, was der Einschnitt mit Dreißig *nicht* ist. Er ist kein ausschließliches Karriereproblem. Denn die einen steigen aus dem Berufsleben aus, um diesen Einschnitt zu schaffen, während die anderen erst richtig einsteigen. Er ist nicht unbedingt ein Dilemma, das durch ein Mehr an Unabhängigkeit bewältigt werden kann, denn es gibt Leute, die mit diesem Problem fertig werden, indem sie ihren Abhängigkeitswünschen nachgeben. Auch wird man diesen Einschnitt nicht überwinden, indem man vor ihm davonläuft, obwohl man aus solchen Fluchtversuchen gelegentlich eine ganze Menge lernen kann. Doch eines ist sicher: der Einschnitt mit Dreißig erfordert in jedem Fall eine persönliche Lösung des Problems. Aber die Voraussetzung zu dieser Lösung bleibt immer dieselbe: die Bereitschaft zur Veränderung.

FÜNFTER TEIL

Aber *ich* – bin einzigartig

Ein Krabbe würde es als persönliche Beleidigung empfinden, wenn sie hörte, daß wir sie ohne viel Umstände oder ohne Rechtfertigung als Krustentier klassifizieren und sie dergestalt abtun.
»Das bin ich nicht«, würde sie sagen, »ich bin ich, nur ich allein.«

William James

Doch nun müßte ein Chor gesunder Leser protestieren: »Und was ist mit mir? Ich ähnle in keiner Hinsicht den Leuten, von denen Sie da reden. Die sind doch echt nur Durchschnitt. Aber ich bin einzigartig!«

Natürlich unterscheiden sich die Menschen dadurch voneinander, daß sie sich an sehr unterschiedliche Muster halten. Das aber hängt wiederum davon ab, *welche Entscheidungen sie in ihren Zwanzigern treffen.* Da wir nur ein Leben haben, für das wir uns einsetzen, an dem wir arbeiten können, bedeutet jede dieser Entscheidungen, daß wir eine Entwicklungsrichtung um einer anderen willen unterdrücken. Vor diesem Hintergrund voneinander abweichender Lebensmuster entwickelt jeder von uns die höchstpersönliche Kriminalstory seiner eigenen Zukunft.

Diese Unterschiede verblüfften und beunruhigten mich zunächst. Obwohl es viele Muster gibt, mit deren Hilfe man durch die verschiedenen Stadien hindurchgelangt, gibt es nur eine Sequenz. Es war Daniel Levinson, der kategorisch feststellte, die eine Entwicklungsperiode folge der anderen wie das B dem A. Man kann nicht von A nach C springen, und der einzige Weg nach D führt über C; Alternativen gibt es nicht. Als ich Levinson mein Konzept von der Krise mit Dreißig darlegte, indem ich diesen heiklen Übergang mittels der von ihm benutzten Begriffe darstellte, wirkte die Kohärenz noch überzeugender. Das heißt, die Widersprüchlichkeit trat noch stärker hervor.

»Es ist richtig, daß man zwischen Zweiundzwanzig und Achtundzwanzig in die Erwachsenenwelt hinüberwechseln muß, bevor man den Übergang in die Dreißiger schaffen kann, der sich so zwischen Achtundzwanzig und Zweiunddreißig abspielt, und dieser Übergang wiederum ist Voraussetzung, um in die Phase des Seßhaftwerdens eintreten zu können. Doch wenn dem so ist, was geschieht dann mit der Frau, die ins Hintertreffen geraten ist? Denn plötzlich wendet sich der Ehemann, der im Begriff ist, den Übergang in die Dreißiger zu bewältigen, an seine Frau und sagt doch glatt: ›Gib's auf, in die Erwachsenenwelt hinüberzuwechseln. Ich brauche eine gleichaltrige Gefährtin, die mit mir seßhaft wird.‹ Kann das nicht beide wahnsinnig machen?«

»Gute Idee«, sagte er, »sie trifft ins Schwarze.« Levinsons Schlußfolgerung lautete, daß es für die Frau vermutlich erst ab Dreißig oder Fünfunddreißig möglich ist, die beiden Lebensweisen (Beruf und Familie) zu kombinieren. »Doch spricht vieles dafür, daß manche Dinge dann bereits kaputtgegangen sind und daß die Frau wahrscheinlich dann bereits geschieden ist oder daß die Familie bereits ihren nicht wiedergutzumachenden Knacks weghat, wenn die Frau die zum selbständigen Handeln erforderliche Integration erlangt hat.«

Ich bat Levinson, Theorie Theorie sein zu lassen und mein Konzept zum Übergang in die Dreißiger auf seine eigene Ehe anzuwenden. Obwohl er und seine Frau ein anderes Muster gewählt hatten – das Ergebnis blieb sich gleich. Maria Levinson verbrachte die Ehejahre ihrer Zwanziger als graduierte Studentin, sie hatte keine Kinder und arbeitete mit ihrem Mann in der Forschung, wodurch ihrer beider Leben wirklich in jeder Hinsicht verflochten war. »Für sie bedeutete das dreißigste Jahr den starken Wunsch, sich zu ändern; allerdings wollte sie nun Familie statt Beruf.« In den nächsten sechs Jahren ging es Maria vor allem darum, ein häuslicheres Leben zu führen. Als er sie drängte, mit ihm an einem Buch zu arbeiten, was sie bereits des öfteren getan hatte, war sie zwar interessiert, doch hatte sie ihre Zweifel.

Ich war überzeugt, daß man einen Teil der komplexen Entwicklung, die beide Geschlechter nehmen, dadurch klar umreißen könnte, daß man die verschiedenen Lebensmuster, die die Menschen in ihren Zwanzigern in Bewegung setzen, voneinander abgrenzt. In welche Richtung würden sie sich aufgrund dieser Entscheidungen entwickeln? Welche Muster würden eine Selbstentfaltung begünstigen, und welche Muster würden eine solche Entfaltung unterdrücken? Einige unter diesen Mustern würden stärker auf die Ausbeutung des Partners, andere hingegen auf die eigene Abhängigkeit abgestimmt sein. Die Leute im Zusammenhang mit den von ihnen gewählten Lebensmustern zu sehen, ist eine weitere Möglichkeit, ihr Leben durchsichtig und einsehbar zu machen. Aber man darf dabei nicht vergessen, daß keines dieser Muster unveränderbar und unwiderruflich ist. Wer sein Muster nicht mag, kann es ändern. Die Menschen wechseln im Verlauf des Prozesses, in dem sie Erfahrungen und Selbsterkenntnisse sammeln, gewöhnlich von einer Spur in die andere. Doch befinden sich unter den von uns angeführten Beispielen einige, die ihrem jeweiligen Muster nicht treu geblieben sind.

Es ist möglich, daß sich der eine oder andere für die Person, mit deren Lebensgeschichte wir ein bestimmtes Muster veranschaulichen wollten, nicht erwärmen kann. Das ist vor allem dann der Fall, wenn die Geschichte der eigenen zu stark ähnelt. Wir würden uns alle gern durch das am stärksten beflügelnde Standardvorbild vertreten sehen. Deshalb muß ich hier einen Punkt richtigstellen. Dieses Buch bereicherte mit den in ihm dargestellten Mustern nicht die Menschen, sondern die Menschen bereicherten mit ihren Mustern dieses Buch. Das Unternehmen, durch das dieses Buch entstand, war weder ein Begabtenwettbewerb noch ein Beliebtheitstest. Erst nachdem ich alle hundertfünfzehn Lebensläufe zusammengetragen und miteinander verglichen hatte, begannen sich Unterschiede hinsichtlich der Entscheidungs- und Erwartungsmuster der Leute abzuzeichnen. Daher sind diese Muster als Beschreibungen, nicht als Rezepte zu betrachten.

Jede Lebensgeschichte dieses Abschnitts befaßt sich mit einer Person, die von den Zwanzigern in die Dreißiger hinüberwechselt, und zuweilen reichen die Lebensläufe auch noch in die Dreißiger hinein. Auch wenn es in diesem Übergangsstadium nicht zum offenen Handeln kommt, findet doch fast immer eine, wenn auch unbemerkte Verschiebung statt, eine Veränderung der *Empfindung* des Menschen gegenüber seiner Lebensweise, die später höchstwahrscheinlich äußere Veränderungen nach sich zieht. Sich als einzigartig zu erweisen, ist nun weniger wichtig als in den Zwanzigern. Das Gleichgewicht, das uns jenseits der Dreißiger erwartet, erleichtert es uns, unsere Anfänge zu überprüfen und allmählich die Teile unseres Selbst anzuerkennen, die wir bei früheren Entscheidungen außer acht lassen mußten.

Die Überprüfung der uneingestandenen Teile unseres Selbst ist das zentrale Phänomen, mit dem sich unser Innenleben nun auseinanderzusetzen beginnt.

14.
Lebensmuster des Mannes

Bei den von mir interviewten Männern zeichneten sich drei vorherrschende Muster ab.

Die Noch-Suchenden: Diese Männer sind in ihren Zwanzigern unfähig oder nicht bereit, feste Verpflichtungen einzugehen, so daß sie die Experimente der Jugend fortsetzen.

Die Eingesperrten: Sie hinwiederum gehen in ihren Zwanzigern zwar feste Verpflichtungen ein, doch erleben sie weder eine Krise, noch unterziehen sie sich einer Selbstprüfung.

Die Wunderkinder: Sie gehen Risiken ein und jagen dem Gewinn nach; sie sind häufig überzeugt, daß sich ihre persönlichen Unsicherheiten von allein geben werden, wenn sie einmal »oben« angelangt sind.

Drei weitere Muster waren wesentlich weniger verbreitet:

Die unverheirateten Männer: Da lediglich fünf Prozent aller amerikanischen Männer über Vierzig unverheiratet sind, ist es schwierig, über diese kleine Gruppe eine endgültige Aussage zu treffen.

Die Allgemeinwohltäter: Sie stellen sich beruflich in den Dienst der Menschheit (zum Beispiel als Geistliche oder Missionsärzte), oder sie schlüpfen in die Rolle der Ehefrau, indem sie einen Partner umsorgen.

Die Latenzknaben: Sie vermeiden den Prozeß der Adoleszenz überhaupt und bleiben auch als Erwachsene an ihre Mütter gebunden.

Ein weiteres Muster verdient unsere Aufmerksamkeit. Noch sind es wenige Männer, die sich mit diesem Muster vertraut gemacht haben. Doch da sich die stereotypen Geschlechterrollen gelockert haben, da bewußtseinserweiternde Erfahrungen der Intuition neue Möglichkeiten erschlossen haben und da östliches Gedankengut dem Ich neue, menschlichere Wege weist, gibt es heute Männer aller Altersstufen, die sich Gedanken darüber machen, wie sie die Zwänge des Konkurrenzkampfes mildern können. Sie wollen das Leben auf mannigfachen Ebenen erfahren. Die Männer, die aus dieser Einstellung ein Lebensmuster entwickeln, entsprechen jenem Typus der Frau, der versucht, ein persönliches Ziel mit seiner Rolle als Ehefrau und Mutter in Einklang zu bringen. Ich bezeichne sie als

Integrationsfähige Männer: Diese Männer versuchen ihre Ambitionen und ihr echtes Engagement für die Familie (das auch ihren Anteil an der Kinderversorgung einschließt) unter einen Hut zu bringen. Es ist ihr erklärtes Ziel, wirtschaftlichen Wohlstand mit Leistungen für das Wohl der Allgemeinheit zu kombinieren.

Er will erforschen und experimentieren, will jede Struktur als Versuch und folglich als widerrufbar gewertet wissen. Im Extremfall sind dies Männer, die nicht willens oder unfähig sind, tiefere Gefühlsbeziehungen einzugehen, Männer auch, die ständig die Stelle wechseln und keine klaren beruflichen Vorstellungen haben. Dinge von Dauer sind nicht ihr Ziel, zumindest nicht in den Zwanzigerjahren.

Einige unter diesen Noch-Suchenden setzen die Experimente der Jugend auf eine positive Weise fort. Obwohl jedes Experiment, das sie unternehmen, nur eine Probe ist, stürzen sie sich jedesmal voller Eifer und Aufrichtigkeit ins Abenteuer. Ein Mann dieses Typus kann sich ein Jahr lang für eine politische Kampagne engagieren, dann kann er als Taxifahrer arbeiten und gleichzeitig versuchen, Gedichte zu schreiben, danach kann er seine eigenwillige Odyssee durch ferne Länder und Drogenwelten antreten, um von dieser Reise zwar völlig pleite, aber mit bemerkenswerten Erfahrungen zurückzukehren, und hierauf kann er versuchen, eine Rockgruppe ins Leben zu rufen. Die Erfahrungen des Noch-Suchenden sind dann wertvoll, wenn sie die Grundlage seiner späteren Entscheidungen bilden.

Andere Männer dieses Typus lassen sich auf eine selbstzerstörerische Weise treiben: Sie können ziellos von einer Lebensaufgabe zur anderen wechseln, und da sie es sich nicht erlauben können, sich ihrer wahren Gefühlslage bewußt zu werden, sind sie unfähig, sich für eine dieser Aufgaben voll zu engagieren. Obwohl die innere Erfahrung dieser Periode chaotisch geartet ist, kann die äußere Struktur dieses Typus, der sich nicht festlegen möchte, sechs oder sieben Jahre seines Lebens ausmachen.

Wie lange kann man den Verpflichtungen der Erwachsenenwelt aus dem Weg gehen, ohne als Versager zu gelten? Nach George Bernard Shaw zu urteilen, kann man mindestens bis zum dreißigsten Lebensjahr als unleidlicher Vagabund, als eine Null, die innerlich gequält wird von der eigenen Feigheit und Unfähigkeit, durch die Welt ziehen. Shaw räumte sich selbst dieses lange Moratorium ein, um sich nicht vom Erfolg einfangen zu lassen. »Ich habe es trotz meiner selbst geschafft, und zu meiner Bestürzung habe ich entdeckt, daß das Geschäftsleben mich gepackt hatte, mich festhielt, anstatt mich als den wertlosen Betrüger, der ich war, auszustoßen.« Um einer beruflichen Tätigkeit, die ihn anwiderte, zu entgehen, brach George Bernard Shaw mit Zwanzig aus, verließ seine Heimat, schloß sich der sozialistischen Bewegung an und verwirklichte schließlich seine eigene bemerkenswerte Begabung, indem er studierte und beschrieb, was ihn interessierte. In seinen Zwanzigern absolvierte er wie ein Schuljunge, der sein Pensum hinter sich bringt, fünf Romane, die zwar erst fünfzig Jahre später veröffentlicht wurden, erlernte aber damals durch diese Arbeit das schriftstellerische Handwerk. Doch noch wichtiger war, daß diese lange Zeit uneingeschränkter Erkundung Shaws Persönlichkeit zu einer Fülle verhalf, die später hervorbrechen und ihn zu einem der Großen der Weltliteratur machen sollte.[1]

Die Volksweisheit nimmt heute an, daß der Weg des begrenzten Engagements die beste Lösung der Zwanzigerjahre sei. Es gibt heute zu viele junge Männer, die miterlebt haben, welchen Preis ihre Väter dafür bezahlen mußten, daß sie ihre Jugendjahre gehorsam in den Zellen einer Riesenbürokratie absaßen. »In den Zwanzigern, wenn man sich fragt ›Wer bin ich?‹, ist das nicht der richtige Ort«, erklärte ein berühmter politischer Leitartikler, der sein ganzes Leben lang versucht hatte, wieder in den Besitz jener Identität zu gelangen, die ihm in jungen Jahren eine riesige Pressemaschinerie ausgetrieben hatte.

Andererseits werden die Leute, die sich bei ihren frühen Entscheidungen nicht sonderlich engagieren, keine wesentlichen Fortschritte zu verzeichnen haben, durch die sie sich später ändern oder entwickeln können. Im Extremfall kann die Ablehnung jeglichen Engagements bewirken, daß dem Sich Bindenden Selbst jede Ausdrucksmöglichkeit genommen wird. Wenn keine Schule, keine Organisation, keine Liebesbeziehung Vertrauen verdient (oder wenn die einzige Möglichkeit, den Übeln der Gesellschaft zu begegnen, angeblich die ist, diese Gesellschaft zu vernichten oder freiwillig ins Exil zu gehen), führt der Weg in die Isolation. Der immerfort rebellisch Noch-Suchende läuft Gefahr, sich abzukapseln oder auszuschließen.

In der Regel ist es wohl so, daß die jungen Leute, die mit dem Muster des Noch-Suchenden beginnen, um die Dreißig herum den starken Wunsch haben, sich persönliche Ziele zu setzen und Bindungen einzugehen (was freilich nicht gleich Heirat bedeuten muß). Manche Männer bleiben bis zur Lebensmitte in diesem Moratorium und ringen unablässig um echte Identität und echte Wertvorstellungen.

»Ich habe keine Lust, Karriere zu machen«, erklärt dieser Typus. »In den ersten Jahren nach dem College hat die Hälfte meiner Altersgenossen Abstand davon genommen. Sie hatten es satt, das Leben als einen einzigen Hürdenlauf, als ein einziges Wettrennen zu sehen. Durch Drogen wurden viele unter ihnen weniger aggressiv. Doch nach der Drogenphase schlüpften sie zurück in ihre Schmierentheaterkostüme und machten genau dort weiter, wo sie aufgehört hatten.«

Nicht so Tony. Sein Plan war, sich aus jeder Struktur herauszuhalten.

Er sei wahrhaftig ein Kind der sechziger Jahre geblieben, erklärt er. Tony war ein kluger Kopf. Schon sehr früh bediente er sich seiner Gewitztheit zum Zweck der Selbstverteidigung. Er wollte damals das werden, wozu sein Vater niemals fähig sein würde – ein Intellektueller. In der High School steckte er mit den Koryphäen des Debattierklubs zusammen. Doch während er sich selbst beibrachte, wahre Feuerwerke des Witzes zu zünden, war er sich seiner Intelligenz nicht sicher. Insgeheim hegte er seine intellektuellen Selbstzweifel, die sein Vater zu nähren bemüht war. »Du paßt nicht zu diesen Eierköpfen«, stichelte er gewöhnlich. Doch seine Kameraden halfen Tony, die materialistische Weltanschauung seines Vaters zu verwerfen. Angesichts dieser Umstände schlug es wie eine Bombe ein, als Tony ein Stipendium für ein hervorragendes College bekam.

Doch obwohl er nun seine Familie verlassen hatte, fühlte er sich immer noch nicht als eigenständige Persönlichkeit. Das wurde plötzlich anders, als es Zeugnisse gab. Tony wurde in die *Phi Beta Kappa*-Vereinigung für wissenschaftlich hervorragende Akademiker aufgenommen. Nun, da die Erwachsenenwelt seinen IQ bestätigt hatte, glaubte er selbst daran. Dieser IQ wurde zu seinem Mentor. Der würde ihn so weit bringen, wie er nur wollte, würde seine Verfolger abhängen. Tony war nun fest davon überzeugt, daß er ein großer Atomphysiker werden würde.

Doch gab er die Physikeridee schließlich auf, weil sie seinem Wunsch, sich nicht zu engagieren, widersprochen hätte. Wie jeder Putschist – und Tony hatte gegen die doktrinäre Auffassung seines Vaters »geputscht« – mußte auch er sich nun doktrinärer Praktiken bedienen, bevor er hoffen durfte, daß sich der Widerstand zu Hause gelegt hätte. Anstatt sich also einer Institution einzugliedern, wozu er als Physiker gezwungen gewesen wäre, entschloß sich Tony, ein Buch über die nukleare Wettrüstung zu schreiben. Dabei ging es nur um Daten. Über Menschen nachzudenken, war ihm damals fremd. Das Buch befaßte sich mit dem Tod als Abstraktum. Der Tod als persönliches Erlebnis war dem fünfundzwanzigjährigen Tony fremd. »Während ich auf der einen Seite über den Weltbrand intellektualisierte, war ich auf der anderen Seite die Unbekümmertheit in Person.« So unternahm er z. B. ohne Sturzhelm rasende Motorradfahrten.

Auch über Frauen dachte er in abstrakten Kategorien. »War das letzte Mädchen, das ich gehabt hatte, Barbarella, so behandelte ich sie wie Barbarella. War sie unfähig, mit den Prätentionen der Liebe fertig zu werden, so lag es an ihr, mich darüber aufzuklären.« Tonys Meinung nach war Intimität die Art von Kommunikation, die im dritten und gewöhnlich letzten Stadium einer Beziehung stattfindet.

Mit Achtundzwanzig hatte Tony die Lebensstruktur eines Noch-Suchenden, und er lehnte alles ab, was diese Struktur beeinträchtigte. Er konnte kein Kind haben, aus Angst, es könnte ihm Verpflichtungen auferlegen. Außerdem war es möglich, daß er sich dann ebenso verhalten würde wie sich sein Vater verhalten hatte. Die Freundin, die Tony an seine Mutter erinnerte, drohte, den Teil seines Selbst zu entblößen, der immer noch bemuttert werden wollte. Tony konnte nur sehr wenig menschliche Wärme aufbringen, so lange er sich der Erkenntnis, daß auch er unter dem Einfluß seiner Eltern stand, verschließen mußte.

Er war einzigartig, nun gut, doch konnte diese Einzigartigkeit seine ganze Entwicklung beeinträchtigen. Wollte er seine eigene authentische Reaktion gegen die Geschäftsmoral seines Vaters und die stark katholische Familientradition seiner Mutter entwickeln, so mußte er an irgendeinem Punkt ihre Einflüsse zugeben. Als er in den nächsten Entwicklungsabschnitt hinüberwechselte, blieb abzuwarten, ob er, der nun bereits einiges Vertrauen in seine eigenen Fähigkeiten gewonnen hatte, nicht aus allen Wolken fallen würde bei der Entdeckung, daß eine Seite seines Ich nicht ganz so frei und unbekümmert war und menschlicher Nähe bedurfte.

Die Eingesperrten

Sie fühlen sich zugleich sicher und unterdrückt – das ist das Los der meisten Männer. Sie engagieren sich ernsthaft in ihren Zwanzigern, freilich ohne eine Identitätskrise und ohne sonderliche Selbstprüfung. Das Ziel ist, seßhaft zu werden. Auf ihrer frühen Suche nach Stabilität stellen sie das Wertsystem, das ihren Zielen zugrunde liegt, häufig nicht ernsthaft in Frage. Wenn sie sich den Dreißigern nähern, können sie es bedauern, sich nicht einer eingehenden Selbstprüfung gewidmet zu haben.

Diejenigen, die durch ihre Einsicht ermutigt worden sind, können den Übergang in die Dreißiger dazu benutzen, daß sie, vorausgesetzt ihre Berufswahl sagt ihnen nicht zu, aus ihrer Lebensform ausbrechen. Diese relativ frühe, dramatische Änderung des beruflichen Kurses wird heutzutage immer reizvoller. Durch solche Kursänderungen entstehen mehr Vorbilder, und die Angst vor der Veränderung nimmt ab.

Jede Veränderung ist schmerzhaft, bedeutet eine Krise. Doch wesentlich schmerzhafter verläuft der Prozeß für einen Mann, der bis in die Vierziger hinein zuwartet und nun wie ein U-Boot auf ein Riff auffährt, das auf der Karte nicht verzeichnet war. Die Tatsache, daß er »eingesperrt« ist, verschlimmert die Krise noch. Denn die Vierziger, das hat Barbara Fried knapp umrissen, sind die Zeit, in der »alles grau und farblos wird, in der alles verdorrt, in der jeder von zu Hause weggeht«, ganz gleich, welchen Kurs man selbst gesteuert hat.[2]

Die Männer, die an der Krankheit leiden, daß sie »in die Fußstapfen ihres Vaters getreten sind«, gehören zu den langfristig eingesperrten Fällen, doch es gibt viel banalere Wege, die dieses Muster ins Leben rufen. Alle Männer, die sich als Beamte »einsperren« lassen, weil sie keine andere Möglichkeit zu sehen glauben, werden, noch bevor sie sich dessen bewußt sind, in ein Kästchen der Bürokratie abgeschoben, sie werden zum »lieben Mieter«, zum »lieben Kunden«. In dieser Kategorie sind auch Söhne der Oberschicht, der oberen Mittelschicht und der mittleren Mittelschicht vertreten. Im Grunde sind dies die Männer, die fortgesetzt das tun, was man von ihnen erwartet. Da sie vor jedem Risiko zurückscheuen und da sie Angst davor haben, von der Norm allzu stark abzuweichen, sind sie eifrig auf berufliche Rangbezeichnungen und akademische Titel bedacht. Der Rang und der Titel: das sind Dinge, woran man sich festhalten kann.

Dwight ist ein jüngerer Jahrgang, er hat in den fünfziger Jahren seinen Hochschulabschluß gemacht, doch war gerade das eine Ära, die aus vielen jungen Männern gewissenlos »Latenzknaben« machte. Abgesehen davon, sah sich Dwight geradezu verpflichtet, dem harten Erbe seiner Familie nachzuleben. Der Vater selbst hatte zwar nicht viel Stil, doch der Großvater, den Dwight verehrte, hatte als Laufjunge in der Wall Street angefangen und war zum Schluß Direktor einer Eisenbahngesellschaft gewesen. Wenn man Dwight so anschaute, war man sofort überzeugt, es mit einem Erfolgsmenschen zu tun zu haben.

Doch dahinter verbarg sich ein einsamer Mensch. Dwight hatte als einziges Kind mit seiner Mutter zusammengelebt, während sein Vater zur Armee eingezogen worden war. Eines Tages ging auch seine Mutter fort. Der Junge kam vom Spielen am Teich nach Hause und wunderte sich über die vielen Autos, die auf der Auffahrt parkten. Seine Mutter war tot. »Lungenentzündung« lautete die offizielle Erklärung, dann sprach man nicht mehr darüber. Der Junge kam zu seinen Großeltern. Einige Jahre später suchte er im Schreibtisch seines Großvaters nach Schmierpapier. Dabei stieß er auf einen Zeitungsausschnitt der *New York Times*, der den Selbstmord seiner Mutter bekanntgab. Die Beine des Jungen reichten kaum bis zum Trittbrett des Zuges, als er seinen Koffer hinaufhievte, um zu der Schule zu fahren, die ihn aufs College vorbereiten würde. Diese Schule mochte er. Dort hatte er Gesellschaft. Er machte nie Schwierigkeiten und erlebte keine Trotzphase. Tatsächlich sah es so aus, als würde sich Dwight, der mittlerweile Zwanzig geworden war, für immer in sein Sicherheitsschließfach einsperren.

Die Gründe dafür waren nicht finanzieller Art. Denn als Dwight das College absolvierte, war sein Großvater so angetan, daß er ihm eine größere Summe zum Geschenk machte, mit der Dwight anfangen konnte, was er wollte. Der Glückliche hätte auf Kreta im Altertum wühlen, er hätte den ganzen Kontinent unsicher machen oder sich schlicht auf ein kapitalistisches Abenteuer einlassen können. »Ich glaube, die alte protestantische Ethik in mir sagte: ›Leg's an.‹« Er legte die ganze Summe in Aktien an. Eingesperrt!

Vanessa ging ans Vassar College. Vanessa war eine romantische Schiffsbekanntschaft. Vanessa stand himmelhoch über ihm. Vermutlich aufgrund dieser Qualifikationen begann sich Dwight selbst einzureden, daß er sie liebte. Er wurde zum Wehrdienst eingezogen. Wieder fühlte er sich allein. Als er den Wehrdienst hinter sich hatte, verlor er keine Zeit: sein Eheleben mit Vanessa begann. Eingesperrt!

Dwight hatte keine besonderen Pläne, als er seinen Wehrdienst abgeschlossen hatte. Dasselbe galt natürlich für Vanessa; sie machte einfach mit, bekam ihre Kinder, ging regelmäßig zum Friseur und verhielt sich, wie eine Ehefrau sich eben verhält. Dwights Altersgenossen engagierten sich im Geschäftsleben der Wall Street oder ließen sich im Management ausbilden. Genau das war es, was Dwight nicht wollte. Sein Vater war Geschäftsführer gewesen. Und sein Vater war ihm unangenehm in Erinnerung geblieben. Es war sein Einheitsführer, der Dwight vorschlug, er solle Lehrer werden, und da die Schule für Dwight einen Ersatz für Zuhause bedeutet hatte, beschloß er, den Versuch zu wagen. Er nahm eine Stelle an einer kalifornischen Vorbereitungsschule an.

»Vanessa hatte mit meinem Entschluß nicht das geringste zu tun. Ja, sie äußerte sich nicht einmal darüber, was sie selbst wollte. Doch als ich einmal zu lehren angefangen hatte, war nichts mehr dagegen einzuwenden. Ich engagierte mich mit meiner ganzen Kraft. Ich fand den Gedanken, es könnte ein gelehrter Akademiker aus mir werden, einmalig.« Er hatte kaum experimentiert und schon den einzig richtigen Lebensweg gefunden. Eingesperrt!

Die Fassade seiner glänzenden Ehe begann abzubröckeln, als sich das Paar den Dreißig näherte. Mangels anderer Reize veränderte sich Dwight beruflich ein bißchen und ging für ein Jahr als Assistent eines Kongreßabgeordneten nach Washington. Es reizte ihn, mit Berühmtheiten Kontakt aufzunehmen. Vanessa begann hin und wieder ein bißchen zu klagen, doch weshalb genau, konnte er nicht feststellen. »Ich fühlte mich nicht richtig unterstützt. Doch genausowenig fühlte ich einen richtigen Widerstand.«

Fünfzehn Jahre später kann Dwight zwar darüber spekulieren, was damals schiefging, doch die ganze Sache bringt ihn auch heute noch durcheinander. »Ich vermute, eines unserer Hauptprobleme bestand darin, daß ich – jedenfalls zu einem großen Teil – ihr Selbstgefühl verkörperte. Sie wollte ständig ›etwas unternehmen‹, um ihre Zeit zu nutzen. Sie war eine gute Mutter. Sie ist immer noch eine prächtige Mutter. Und immer noch sucht sie nach ihrer eigenen Identität.«

Mit Dreißig schien er seinen Traum in der akademischen Welt verwirklichen zu können. Seine Alma Mater, ein College in New England, lockte ihn mit einer Stelle als Assistent des Präsidenten fort von Washington. Was für eine Chance! Plötzlich sah Dwight seine Zukunft auf dem Verwaltunsgebiet: Er würde zum Dekan aufsteigen, zum Präsidenten, er würde Einfluß ausüben, Verantwortung tragen. Wie sein Großvater.

Da es mit ihrer Ehe abwärts ging, beschlossen sie, sich für ein Jahr zu trennen. Vanessa zog mit den Kindern in eine Großstadt; Dwight blieb in seinem Collegestädtchen zurück, wo er mit der jungen Sekretärin des Dekans bald ein Verhältnis hatte. Auch ihre Ehe stand auf wackligen Beinen. Im fahlen Licht später Winternachmittage kuschelten sie sich aneinander und faßten den Entschluß, ein neues Leben zu beginnen. »Aber ich kann doch mit Zweiunddreißig nicht noch einmal zu studieren beginnen?« fragte er rhetorisch, denn was er wissen wollte, war, daß er dies doch konnte. Lachend setzte sie sich über seine Zweifel hinweg: »Ein rheumatischer Student, wieso eigentlich nicht?« Er wiederum überzeugte sie, der öden Sicherheit ihrer Ehe ade zu sagen und noch einmal ihren Magister in Angriff zu nehmen. Als Vanessa zurückkehrte, in der Hoffnung, ihre Ehe wieder in Ordnung bringen zu können, fand sie einen Mann vor, der rebellierte, ja in der Tat so aufgeladen war, daß er gar nicht mehr hinhörte, als seine Frau sagte: »Aber das ist doch *genau* das, was ich hoffte, daß du tun würdest!«

Dwight zerstörte alles, was er in den Zwanzigern aufgebaut hatte: seine Ehe, sein Heim, seine Karriere als Verwaltungsbeamter. Er war in voller Fahrt. Zwar vermißte er seine Kinder, doch sonst bereute er nichts.

»Schuld daran war mein Verliebtsein, dieses neue sexuelle Abenteuer, aber vor allem, daß mich dieses Mädchen in dem, was mir vorschwebte, unterstützte. In diesem Abschnitt meines Lebens setzte ich beruflich alles aufs Spiel. Ich gab das Lehrerdasein auf und wollte Professor an einem College werden. Um das zu schaffen, mußte ich meinen Doktor der Philosophie machen. Ich gab meine Stelle als Assistent des Präsidenten auf, ging nach New York und studierte weiter. Sie aber glaubte an mich. Wir waren allein, als wir in diese kalte, unpersönliche Stadt zogen. Wir schlossen uns zusammen; sie stand mir damals sehr nahe. Ich war bereit, mit ihr zusammen ein völlig neues Leben anzufangen.«

Wir hören die Echos, die Dwight unfähig war zu hören.

Was hatte ihm seine Ehefrau doch damals geraten? *Dir steht der Aka-*

demiker näher als der Wunsch nach Macht. Deshalb solltest du Professor und kein Verwaltungsbeamter werden. Das war eine – wenn auch nicht sehr angenehme – Wahrheit. Doch als Dwight noch in den Zwanzigern stand und Vanessa ihm mit dieser Erkenntnis kam, war die Situation denkbar ungeeignet. Er deutete sie als Forderung und Kritik. Die Kritik projizierte er auf den Partner zurück: »Sie wollte mich unterdrükken.«

Im Verlauf seines Übergangs in die Dreißiger fühlt Dwight seinen Wunsch immer stärker werden: *Die akademische Laufbahn ist mehr wert als Macht. Ich sollte kein Verwaltungsbeamter, sondern Professor werden.* Die Erkenntnis ist dieselbe. Nur daß er sie eben jetzt anerkennt und etwas mit ihr anfangen kann. Zugleich erfaßt ihn ein neuer Schwung, ein neuer Lebensmut. *Häng die Sicherheit an den Nagel und nimm das Risiko auf dich!*

Zu seiner Ehefrau hatte Dwight gesagt: »Erfreu dich der Pflichten, die die Frau eines Verwaltungsbeamten hat. Sei eine gute Gastgeberin. Hilf mir bei meiner Karriere. Sei eine gute Mutter. Und wieso machst du eigentlich dein College nicht fertig, damit dein Selbstvertrauen zunimmt und deine Ausdrucksweise etwas geschliffener wird? Unsere Gäste würden sich freuen.«

Doch was geschah? Nicht seiner hilfebedürftigen Frau legte er den Fliegenden Teppich zu Füßen, sondern der Frau, die das, was er geworden war und noch werden konnte, bestätigte. Zu dieser neuen Frau sagte er: »Komm, flieg mit mir zurück ins Studentenleben. Wir werden unsere Jugendträume wieder aufnehmen und aneinander glauben und dieses Mal alles richtigmachen. Und anfangen werden wir damit, daß wir unsere alten lästigen Bindungen abschütteln.«

Und fliegen taten sie. Bis Dwight drei Jahre später abstürzte. Die Frau, die ihn bestätigt hatte, setzte ihn wegen eines anderen Mannes ohne Vorwarnung vor die Tür. »Das geschah plötzlich und brutal. Ich hatte nicht das geringste Bedauern empfunden, als ich mit meiner Frau Schluß gemacht hatte. Aber das da – ich war wie am Boden zerstört. Ich weiß nicht, aber vielleicht begann ich, unsere Beziehung für selbstverständlich zu nehmen.«

Was wieder einmal beweist, daß man zwar ausbrechen kann, ohne sich jedoch unbedingt aus der Zwickmühle mit Dreißig zu befreien. Mit Fünfunddreißig mußte Dwight entdecken, daß ein anderer Partner keine Lösung war. Die Änderung mußte *in ihm selbst* stattfinden. Diese Änderung aber setzte erst dann langsam, aber sicher ein, als er von seinem Partner keine Unterstützung mehr erwartete; das heißt, er beutete nun weder seine Frau aus, noch stützte er sich auf die Anerkennung seiner Freundin. Als sich Dwight sozusagen selbst zum stützenden System wurde, entfaltete er sich auf allen Ebenen. Er arbeitete mehrere Jahre selbständig an einem wissenschaftlichen Forschungsprojekt, und die Frauen, mit denen er nun verkehrte, hatten selbst ihre Eisen im Feuer. Er wurde lockerer. Ließ sich ein Lippenbärtchen wachsen. Lernte ein paar Dinge von einigen vitalen verheirateten Frauen. Machte bei der Antivietnampolitik mit. Und schließlich heiratete er noch einmal und schrieb ein Buch. Seine Frau war eine Filmproduzentin. Anfang Vierzig sprudelte er über von Lebenskraft, und wagemutig wie noch nie brauste er mit seiner neuen Frau in die letzten Wildnisse des Westens, um dort einen Dokumentarfilm zu drehen: auf seinem Gebiet, mit ihrem Medium.

Das Wunderkind

Der Wunderkindtypus ist beruflich gewöhnlich früh erfolgreich. Eines seiner Merkmale besteht darin, daß er gegen die Vorstellung von der Entwicklung des Erwachsenen insofern seine Vorbehalte hat, als er sie nur gelten läßt, wenn er selbst damit gemeint ist – als einer, der den anderen stets voraus ist. »Sie können schon recht haben mit diesem Stadium«, wird er sagen, »aber ich habe das fünf Jahre früher durchgemacht.« In der Regel überwindet er die beruflichen Hürden früher als seine Altersgenossen – obwohl er nicht immer die Spitze erreicht oder an der Spitze bleibt. Arbeit ist alles, woran er denkt. Arbeit ist in jeder Hinsicht sein Problem. Die Grenze zwischen Arbeit und Privatleben ist bei ihm schon sehr früh verwischt. Er arbeitet auf Parties, unter der Dusche, im morgendlichen Halbschlaf; ja er arbeitet sogar, wenn er spielt. Urlaub und Freizeit sind für ihn nur deshalb wichtig, weil dies die Zeit ist, in der er »auftanken« kann.

In der Welt des Sports sind die jungen Wunderkinder Legion. Möglicherweise benötigen die Sportler stärker als jede andere Berufsgruppe eine klare Vorstellung vom gesamten Lebenszyklus. Zu viele unter ihnen treten bereits in jungen Jahren ins Rampenlicht, doch nur, um wieder vom Dunkel verschluckt zu werden, noch bevor sie eine zweite Berufsausbildung hinter sich gebracht haben. Die Gewitzten unter ihnen nutzen ihre Berühmtheit dazu, daß sie auf nahe Gebiete ausweichen – sie gehen in die Werbung oder werden Sportjournalisten. Hin und wieder kommt es auch vor, daß sich ein Wunderkind, das zum Champion avanciert, in den Dienst der Menschheit stellt.

Einstein entwickelte die Relativitätstheorie mit Fünfundzwanzig. Napoleon und Alexander der Große gründeten Weltreiche, noch bevor sie Dreißig waren. Solche Biographien tragen zum betörenden Zauber und zur faszinierenden Anziehungskraft des Vorbildes »Wunderkind« bei. Allerdings auch mit unglücklichen Folgen.

Die Wissenschaftler sind als Gruppe stark von der Überzeugung infiziert, daß sie nach dem dreißigsten Lebensjahr ausgebrannt sein werden. Das Schwergewicht liegt auf der frühen Produktivität und nicht auf einer breiten Entfaltung des Leistungsvermögens in einem ebenso breiten Entwicklungszeitraum. Harriet Zuckermans Arbeit über Nobelpreisträger wirkt insofern ernüchternd, als sie den Arbeitszyklus untersucht, dem diese Überzeugung zugrunde liegt. Nobelpreisträger beginnen früher als ihre Kollegen (nämlich im Durchschnittsalter von Fünfundzwanzig) zu veröffentlichen und behalten dieses erstaunliche Tempo bei, indem sie vom Anfang ihrer Karriere an einen Mittelwert von vier Abhandlungen pro Jahr in Druck geben. In den Vierzigern erreichen sie den Höhepunkt ihrer Produktivität. Ihre gewaltige Leistung wird mit dem Nobelpreis belohnt, der zwar als Anreiz für weitere Beiträge zur Wissenschaft gedacht ist, sich jedoch als Hemmschuh herausstellt. In den fünf Jahren, die sich der Verleihung des Preises anschließen, geht die Produktivität der Preisträger stark zurück. Ihr Verhältnis zu den Kollegen, mit denen sie zusammenarbeiten, ist gewöhnlich bis zum Zerreißen gespannt. Plötzlich sind sie Stars. Man holt ihren Rat in administrativen Fragen ein, sie werden gebeten, Vorträge zu halten, sie sollen politische Entscheidungen fällen, man ersucht sie, in Talk Shows mitzumachen, und sogar die Regierung erbittet ihre Dienste. Das aber führt dazu, daß ihre Arbeit liegenbleibt. Sie werden zu Opfern jener Voreingenommenheit, die Frühreife geradezu anbetet und die in mannigfachen Institutionen eine Rolle spielt.[3]

Das Wunderkind scheint oft die unbegrenzte Fähigkeit zu besitzen, bei Mißerfolgen im Beruf wie ein Stehaufmännchen zu reagieren. Geschäftsverluste, Machtkämpfe, Wahlniederlagen, ja sogar die Anklage wegen eines Vergehens werden lediglich als zeitweilige Rückschläge empfunden. Sie bestärken das Wunderkind in seinem festen Entschluß, am Ende als Sieger hervorzugehen. Befaßt man sich indes mit den Biographien solcher Männer näher, so entdeckt man, daß diese Menschen in ihrer persönlichen Entwicklung zurückgeblieben sind, daß ihre Fähigkeit zur Intimität gering und daß ihr Einfühlungsvermögen zuweilen gleich Null ist. Man könnte sagen, daß das Wunderkind so ganz Erkundendes Selbst und so gar nicht Sich Bindendes Selbst ist.

In der Regel schließt das Wunderkind eine Vernunftehe, es legt sich eine »Bürofrau« zu und daneben eine ganze Menge Freundinnen, die es selten so lange bei ihm aushalten, bis er seine Frau verläßt. Es überrascht nicht, daß ein Großteil dieser Männer den umsorgenden Frauentypus heiratet, der mit einer Ahnentafel, einem Vermögen oder einem bedeutenden

Vater aufzuwarten weiß. Auch fühlen sich diese Männer zu Fotomodellen und Schauspielerinnen hingezogen, mit deren Hilfe sie ihr Imponiergehabe äußern können. Diese Männer messen der Aufrechterhaltung der herkömmlichen Ehestruktur eine enorme Bedeutung bei. Eine der Studien, die diesen Punkt dokumentiert hat, stellt treffend fest: »Die Ehefrau stellt für diese Männer eine Art Heiligtum dar, das ihnen innerlich und äußerlich die Freiheit gibt, sich ganz ihrer Arbeit zuzuwenden. Doch obwohl die Existenz einer Familie entscheidend sein kann, dürften ihre Frauen und Kinder austauschbar sein.«[4]

Da der Wunderkindtypus ein komplizierter und nur in seltenen Fällen introspektiver Mann ist, sehnt er sich nach jemandem, der ihn versteht, ohne ihn herauszufordern. Wenn es nicht die Frau ist, mit der er zusammenarbeitet, dann ist es eine Freundin, Studentin oder ein Schützling, die ihn bewundern. Hat er den Abend inmitten seiner ihn anhimmelnden Klientel verbracht, kann er sich ans Bett seines wissenden Weibes schleppen und bekennen: »Ich fühle mich wie eine Prostituierte.« Doch nur selten teilt er mit seiner Frau die Überlegungen, Ängste und Hoffnungen, die er in seine Arbeit investiert. Eine Untersuchung, die den Umfang eines ganzen Buches hat, behauptet, der Grund dafür, daß dieser Mann unfähig ist, seine Frau in seine Welt einzubeziehen, sei darin zu suchen, daß diese Welt eine Welt der Fachsprache ist und daß das Wertsystem, das in dieser Welt der Macht gilt, seiner Frau völlig fremd ist.[5] (Und sie zudem vielleicht auch abstößt?)

Die von mir interviewten Männer ließen einen tieferen Grund erkennen. Sie hatten Angst, zugeben zu müssen, nicht allwissend zu sein. Angst, daß ihnen jemand zu nahe kommen könnte. Angst, sich nicht mehr den alltäglichen Herausforderungen zu stellen und statt dessen einen Blick in ihre innere Leere zu tun. Angst, jemand könnte sie in dem Augenblick, in dem sie nicht auf der Hut waren, lächerlich machen, jemand könnte sie bloßstellen, jemand könnte ihre Schwächen durchschauen. Nicht ihre Frauen, sondern sie selbst sind es, vor denen sie Angst haben. Ich habe diesen Teil der Persönlichkeit den Inneren Wächter genannt, der auf die Eltern und andere Gestalten der Kindheit zurückgeht.

Geld ist häufig ein zweitrangiges Motiv im stürmischen Leben des Wunderkinds. Sein Hauptimpuls ist, zur Mitte des Kreises vorzudringen. Diesem Wunsch, zum ersten Mann an der Spitze zu avancieren, ordnet es alles unter. Und wenn es das geschafft hat, so hofft es, werden alle seine Unsicherheiten verschwinden, wird es geliebt und bewundert werden und niemand wird es mehr demütigen, diffamieren oder abhängig machen können.

Das Wunderkind kann in der Lebensmitte viele Wege einschlagen. Übrigens ist dies ein Stadium, das die meisten Männer dieses Typus nicht wahrhaben wollen. Ihre große Krise wird durch den *errungenen Erfolg* ausgelöst. Denn unbewußt leben sie in der Überzeugung, ihr Innerer Wächter, dieser schreckliche Diktator und Verleumder, würde ein für allemal entmachtet sein, wenn sie »es geschafft« haben.

Gelegentlich enden die Vertreter dieser Lebensweise im Gefängnis. Doch gibt es viele unter ihnen, die schließlich die größten Unternehmen des Landes, wenn nicht gar das Land selbst leiten und beherrschen. Sie sind als Elite zwar wenige, doch ihr Einfluß wird durch die Hunderttausende von Menschen multipliziert, die sie auf ihrem Weg nach oben überrunden. Das ist der Grund, weshalb wir uns mit ihnen auseinandersetzen müssen. Doch ein weiterer Grund ist wohl auch die Tatsache, daß wir es sind, die sie an die Spitze gelassen haben.

In der Wunderkind-Kategorie begegnen wir vielen Soziopathen und paranoiden Persönlichkeiten. Der Psychiater Willard Gaylin von der Columbia Universität hat warnend darauf hingewiesen, daß sich gerade diese Wesensmerkmale in unserer Kultur am besten dazu eigneten, sich Macht zu verschaffen. Das sind die Männer, so sagt er, die zur Spitze unserer Konzerne aufsteigen und die wir am liebsten als unsere Führer wählen.

Doch bleiben wir bei den Soziopathen. Soziopathen sind zwar nicht geisteskrank, doch durch ihre Unfähigkeit, etwas wie Schuld oder Mitleid zu fühlen, sind sie den Bedürfnissen anderer gegenüber blind. »Wenn sich zu der Eigenschaft, rücksichtslos, triebhaft und amoralisch zu sein, Intelligenz und Vorstellungskraft gesellen, kann eine Kombination entstehen, die in der Politik und im Geschäftsleben von durchschlagender Wirkung ist«, schreibt Gaylin.[6]

Leicht läßt sich ein gewisses Ausmaß an Paranoia auch bei einem anderen Wunderkindtypus erkennen. Gaylin schreibt dazu:

Die paranoide Persönlichkeit stellt eine ganz besondere Gefahr dar, wenn sie eine Machtposition bekleidet, denn sie zeichnet sich aus durch ihr intrigantes Denken, durch ihre Neigung, Dinge persönlich zu nehmen und dementsprechend politische Herausforderungen als persönliche Angriffe zu werten, durch ihr ständiges Befaßtsein mit Stolz und Demütigung, durch ihre unablässige Bereitschaft, Machtkämpfe dort entbrennen zu lassen, wo sie nicht nötig sind, durch ihre ständige Bestätigung des eigenen Mutes, wo dieser gar nicht in Frage gestellt wird, durch ihre Männlichkeit, wo diese überhaupt nicht bedroht ist, durch ihre Überempfindlichkeit gegenüber Demütigungen und durch ihre schreckliche Angst, ihre tiefempfundene Impotenz und Unzulänglichkeit könnten an den Tag kommen.

Natürlich gibt es auch andere »Hochleistungssportler«, die über ihren Erfolg hinauswachsen und sich auf erfrischende Weise selbst erneuern, indem sie ihre Begabung in den Dienst der Gesellschaft stellen oder die Generation, die nach ihnen kommt, führen und beraten.

Alle Wunderkinder, die ich interviewte, hatten ihre Krise der Lebensmitte. Zwar nicht unbedingt eine Karrierekrise, doch immerhin eine störende Stockung, die sie zwang, Bilanz zu ziehen. Standen sie plötzlich so allein da, daß sie darüber nicht mehr hinwegsehen konnten, oder hatten ihre Frauen Zuflucht im Alkohol oder in der Trennung gesucht, so versuchten einige unter ihnen über diese emotionalen Verluste mit Bemerkungen wie »Aber sie war eine hervorragende Mutter« oder »Sie war der Schlüssel zu jedem Erfolg, den ich hatte« hinwegzukommen. Doch kam es gelegentlich auch vor, daß einer dieser Männer angesichts des Elends der kürzlich erfolgten Trennung mit tränenerstickender Stimme bekannte: »Ich muß sie geradezu auf verbrecherische Weise gefühllos behandelt haben.«

Die besonderen Geburtswehen, die das Wunderkind im Übergangsstadium zur Lebensmitte durchzumachen hat, werden wir später behandeln; doch soll nun ein Mann namens Barry Bernstein das Muster, das diesen Wehen vorausgeht, veranschaulichen.

Im magischen Kinodunkel träumte er seinen »minderjährigen Traum« von der Zeit, wenn er der große Mann des Films sein würde. Wenn dieser Tag käme, würde er Nachrichten für John Wayne hinterlassen und über die Verfilmungsrechte der Bibel verhandeln. Nicht der Name von Preminger, Zanuck oder Louis B. Mayer würde dann den Vorspann zieren, der Name würde Barry Bernstein lauten. Seine Eltern mußten ihn aus dem Filmtheater zum Essen nach Hause zerren.

Mit Siebzehn nahm er einen Job in der Postabteilung eines der großen Filmstudios an. Abgesehen von einer Unterbrechung, die als Koreakrieg bekannt ist, bahnte er sich fest entschlossen seinen Weg durch die Begabtenränge einer Künstleragentur, bis er mit Dreißig hübsche Spesensätze abrechnen konnte und so manche andere Nebeneinkünfte aus dem Showgeschäft bezog. Kein Familienanhang. Nichts, was ihn ablenkte. Er lebte in einer palastartigen Wohnung im Fünf-Sterne-Bezirk von Manhattan und hatte ein Hausmädchen, das seine schmutzigen Socken zusammenklaubte; außerdem standen ihm zahlreiche austauschbare Fotomodelle zur Verfügung, die er kommen lassen konnte, wenn eine Party fällig war. Doch das war nicht oft der Fall. Sie hatten nichts dagegen, wenn sich Barry für seine Arbeit mehr als für sie interessierte, solange er sie an irgendwelche Regisseure weiterempfahl.

Seine Eltern waren der einzige dunkle Fleck in seinem Leben. Sie waren gewöhnliche Gehaltsempfänger, denen nichts daran lag, sich zu verbessern. Sie machten sich keine Vorstellung vom Erfolg ihres Sohnes. Dieser Erfolgsmensch war wie ein Krüppel, über den man auf der Straße geflissentlich hinwegsieht.

Da Bernstein keinen Mentor hatte, hielt er sich an ein fernes Vorbild. Sein Idol war John F. Kennedy. Er machte bei der Kampagne mit, die für seine Präsidentschaft warb. Seine Verehrung Kennedys begründete er folgendermaßen: »Er hat bewiesen, daß ein junger Mann rasch vorankommen und in diesem Job genauso gut sein kann wie irgendein älterer Mann.« Der Glaube an diesen Grundsatz war für Bernsteins Lebensprogramm wesentlich.

Daß er in der Übergangsphase von den Zwanzigern in die Dreißiger einen Wandel durchmachte, wurde lediglich dadurch evident, daß er das verschwommene Gefühl hatte, etwas in ihm sei nicht ausgefüllt. Bernsteins Diagnose lautete, er habe im Filmgeschäft noch keine persönliche Identität erlangt. Er war nur ein Rädchen in der Maschinerie. Diese Maschinerie aber stand in Los Angeles. Doch weder grübelte er lange darüber nach, noch sah er sich bemüßigt, sein Leben in irgendeiner Weise zu ändern. Diese innere Leere ließ sich durch einen Umzug leicht verschleiern – er mietete eine »Mensch, was für ein Ausblick!«-Residenz über dem East River. Er war Zweiunddreißig.

Eines Tages wurde Bernstein von seinem Hausmädchen plötzlich geweckt. Er war bettlägerig und erholte sich gerade von einer Lungenentzündung.

»Schlimme Neuigkeiten«, sagte sie, »sie haben den Präsidenten erschossen.«

In seinem Schwächezustand begriff Bernstein zunächst nicht. Er starrte das Hausmädchen an wie eine Wand. Bald darauf erschien ein Modell, mit dem er sich verabredet hatte, und begann ihn zu trösten. Drei Tage lang saßen sie vor dem Fernseher.

»Meine Vorstellung vom Leben hat sich dadurch geändert«, erinnert sich Bernstein. »Ich meine: da war ein Mann, der am Höhepunkt seiner Karriere abgemurkst wurde. Mein ganzes Herumgerenne und der Wirbel, den ich machte, und meine materialistische Einstellung: es steckte nichts dahinter. Es war eine sehr emotionale Periode. Nichts schien mehr wichtig. Nur daß da eben dieses wunderhübsche Mädchen war, dessen ganze Aufmerksamkeit nur mir galt und das nur den einen Wunsch hatte – sich um mich zu kümmern.

Meine ganze Einstellung ihr gegenüber änderte sich. Wir fingen an wie zwei Kinder fest miteinander zu gehen. Kurz nach der Ermordung Kennedys fragte ich sie, ob sie mich heiraten wolle. So einfach war das. Ich sagte ihr, sie könne zu arbeiten aufhören, sobald sie schwanger sei. Und als sie meinte, sie sei schwanger, hörte sie auf. Ich schickte sie nicht wieder arbeiten. Wir waren das vollkommene Paar. Das heißt, jeder glaubte, wir führten die perfekte Ehe.«

Mit Siebenunddreißig war Barry Bernstein der erste Mann einer der ersten Filmgesellschaften Hollywoods. Er war begeistert, ja hingerissen. Barry Bernstein war jetzt der Großmogul des Films, der Star seiner Träume. Und gegen innere Empfindungen völlig immun. Er lebte die Illusion aus, durch die so manches Wunderkind in eine Sackgasse gerät: *Ich muß mich beeilen und meinen Traum verwirklichen, denn der Erfolg wird das letzte Urteil sprechen – über mein Leben, über die anderen, über die Zeit, über den Tod.* Doch in Wirklichkeit bewirkte der Erfolg genau das Gegenteil. Bernstein hatte sich in den Narzißmus des kleinen Jungen zurückgezogen, der als Herr der Welt auftritt. Er war ein infantiler Gott. Es blieb nur ein Mensch in der ganzen Welt übrig, der von ihm Menschlichkeit erwartete. Seine Frau, im Bett. Er verließ sie.

Der Anruf kam einige Wochen später, an einem Samstag im Jahr 1970. Die Filmindustrie war von einer schweren Rezession heimgesucht worden. Seine Filmgesellschaft geriet wie andere auch ins Wanken. Bernstein hatte allen Grund zu der Annahme, man würde ihn zum Präsidenten der Gesellschaft machen. Der derzeitige Mann an der Spitze, so versicherte man ihm, erwäge ihn als seinen Nachfolger. Dieser Anruf war wahrscheinlich entscheidend für ihn – die kritische Situation hatte sie gezwungen, früher als vorgesehen an Bernstein heranzutreten. Er würde das Budget drastisch kürzen und die Gesellschaft wieder auf die Beine bringen.

Doch was erfuhr er? Man würde ihn ausbezahlen. Seine Gesellschaft würde in einer Woche dichtmachen.

»Ich erinnere mich noch an die Schlagzeile: ›XYZ PLEITE, BERNSTEIN GEHT.‹ Es war, wie wenn man die eigene Todesanzeige liest.«

Das war deshalb Bernsteins Todesanzeige, weil er keinen Unterschied mehr zwischen sich und dem Filmgeschäft sah. Wenn seine Filmgesellschaft das Zeitliche segnete, segnete auch er das Zeitliche. Doch was noch mehr war, plötzlich wurde es so gut wie unmöglich, zu belegen, daß er je existiert hatte. Der Präsident der Gesellschaft, mit dem sich Bernstein fast befreundet geglaubt hatte, beantwortete seine Telefonanrufe nicht. Bernstein war, noch ehe er sich's versah, in der Versenkung verschwunden. Das Mißerfolgssyndrom des Filmgeschäfts verschonte ihn nicht.

Er versteckte sich. Ein Freund, der aufbrach, um irgendwo einen Film zu drehen, bot Bernstein an, er könne seine Villa in Beverly Hills hüten. In den ersten Wochen stand er jeden Tag auf, zog sich an, fuhr los durch die Villen der Stars und versuchte Leute zu kontaktieren. Dann kam die Panik. Er konnte sie nicht mehr ertragen, diese wasserstoffblonden Sekretärinnen, die plapperten: »Natürlich wird er sich mit Ihnen in Verbindung setzen.« Er zog sich morgens nicht mehr an. Er ließ die Sonnenblenden herab, um dem Tag nicht mehr ins Auge sehen zu müssen. Er verkroch sich im Dunkeln. Wochen vergingen, dann waren es Monate, sie vergingen wie Wellen winters auf dem Ozean, namenlos, eine wie die andere.

Die Zeiten haben sich heute, da Bernstein Dreiundvierzig ist, gewandelt. Einige der Leute, für die er nun arbeitet, waren früher seine Untergebenen, die um ihn herumscharwenzelten. Damals, als er seinen eigenen Wert einzig und allein an den barbarischen Werten des Filmgeschäfts maß, hätte er die Demütigung dieser verkehrten Situation nicht ertragen. Heute kommt er mit solchen unvorhersehbaren Verlusten zurecht. Er hat eine ganze Menge Erfahrungen gesammelt. Denn die Menschen, die ihn früher umsorgten, darunter seine Frau, seine Mutter und sein Vater, haben mit der Zeit entweder ihre Unterstützung eingestellt oder sie haben sich ihm entfremdet oder sie sind gestorben. Jeder Verlust hat einen Angstschub in ihm ausgelöst, doch haben ihm diese Erfahrungen eine Vorstellung von seinem wirklichen Wert vermittelt. Wenn er heute in den Spiegel schaut, ist der infantile Gott verschwunden. Heute akzeptiert er sich von Angesicht zu Angesicht.

»Es ist sehr wichtig, was ich Ihnen jetzt sage. Ich weiß, ich kann überleben. In dieser Phase meines Lebens gibt es die panische Angst nicht mehr. Man lernt zu unterscheiden zwischen selbstauferlegten Problemen und dem Druck von außen, den man nicht kontrollieren kann. Ich werde nicht mehr zum ersten Mann an der Spitze aufsteigen, doch dafür habe ich die Freude an meinen Kindern. Ich fühle mich immer noch wie Zweiundzwanzig. Aber ich habe graue Strähnen im Haar und Linien im Gesicht, wie sie nur das Leben zeichnen kann. Das sind Dinge, vor denen ich mich nicht blind stellen kann. Ich bin heute weniger auf materialistische Belohnungen aus. Was ich will, sind innere Befriedigungen. Die Einstellung, die ich früher hatte, war kindisch, ja fast neurotisch. Für mich war der Mann ein Kerl, der im Bett phantastisch vögelte und der loszog und einem anderen Kerl eine aufs Maul gab. Was ein Mann ist, was ein Mensch ist, habe ich erst später gelernt. Ich will nicht behaupten, daß ich mir heute gefalle. Denn weiß Gott, ich habe immer noch meine Fehler. Aber ich weiß, wer ich bin.«

Nicht der Erfolg hatte bewirkt, daß Bernstein erwachsen wurde, sondern die Tatsache, daß er sein eigenes Scheitern überleben und seine eigene Menschlichkeit wiederentdecken mußte.

Diese drei Muster sind weniger weit verbreitet. Nach den Statistiken und Studien zu schließen, bedürfen Männer der Ehe mehr als Frauen. Nur fünf Prozent der amerikanischen Männer über Vierzig sind unverheiratet. Geschiedene Männer wiederverheiraten sich früher als geschiedene Frauen. Und verwitwete Männer wiederverheiraten sich ebenfalls früher als verwitwete Frauen. Und während die Anzahl an Männern, die ledig bleiben wollen, in der Kategorie unter Fünfunddreißig zunimmt, lichten sich die Reihen der ledigen Männer über diesem Alter ziemlich rasch. Das war übrigens immer schon so.[7]

Vor allem den älteren Männern fällt es schwer, sich einen neuen Lebenssinn zu erschließen, wenn die Außenwelt sie einmal abgewertet hat. Margaret Mead meinte zu diesem Problem treffend: »Männer sterben wesentlich eher, wenn sie in die Rente oder Pension gehen, während Frauen einfach fortfahren zu kochen.«

Dem Mythos, daß die Ehe zur Entwicklung der Frau wie der des Mannes mit derselben stützenden Struktur beiträgt, wird ein schwerer Schlag versetzt, wenn man Ehemann und Ehefrau vergleicht. Wie jeder weiß, erfreuen sich die Frauen derselben körperlichen Gesundheit wie die Männer, eine Tatsache, die sich nach dem fünfundsechzigsten Lebensjahr zugunsten der Frau verschiebt. Doch nicht jeder weiß, daß die verheirateten Frauen in ihrer geistigen Gesundheit wesentlich stärker beeinträchtigt werden als die verheirateten Männer. Die Soziologin Jessie Bernard hat in dieser Hinsicht erstaunliches Beweismaterial gesammelt. So gab es zum Beispiel mehr verheiratete Frauen als Männer, die meinten, vor einem Nervenzusammenbruch zu stehen; mehr verheiratete Frauen erlebten psychische und physische Angstzustände; und mehr verheiratete Frauen hatten in ihrer Ehe das Gefühl der Unzulänglichkeit, auch gaben sie sich für ihre mangelnde Anpassung selbst die Schuld. Mehr Ehefrauen weisen phobische Reaktionen, Depressionen, Passivität und Inaktivität und eine Beeinträchtigung ihrer geistigen Gesundheit auf. Dabei haben wir es nicht bloß mit einem geschlechtsbedingten Unterschied zu tun. Denn wenn wir die Geistesgesundheit von Ehefrauen mit der von ledigen Frauen vergleichen, schneidet die verheiratete Gruppe genauso ungünstig ab.[8]

Der schwerste Schlag, der besagtem Mythos versetzt wird, kommt jedoch noch. Frauen ohne Ehemänner werden zu jenen Alkoholikerinnen im Anfangsstadium, die in unserer Kultur der Verzweiflung erliegen, während der unabhängige Junggeselle von allen beneidet wird. Richtig? Völlig falsch.

Die Psychologen Gurin, Veroff und Feld berichteten, daß sich Frauen in Amerika weniger unbehaglich, ja daß sie sich glücklicher fühlen als Männer und daß sie in vieler Hinsicht stärker erscheinen, wenn sie sich in ihren Positionen bedroht fühlen. Unverheiratete Männer leiden erheblich stärker unter neurotischen und unsozialen Neigungen und sind häufiger deprimiert und passiv. Das zunehmende Alter hilft diese Kluft nur noch verbreitern.

Zwischen Fünfundzwanzig und Vierunddreißig bestehen in bezug auf Ausbildung, Beruf oder Einkommen keine wesentlichen Unterschiede zwischen dem ledigen Mann und der ledigen Frau. Haben indes die beiden die mittleren Jahre erreicht, das ist der Abschnitt zwischen Sechsundvierzig und Vierundfünfzig, hat sich die Kluft zwischen ihnen ganz erheblich ausgeweitet. Die ledigen Frauen haben sich weiter fortgebildet, erfreuen sich eines höheren Durchschnittseinkommens und bekleiden einflußreichere Positionen. Auch ist es nicht die ältere ledige Frau, sondern der alte Junggeselle, der ein jämmerliches Schauspiel seelischen Kummers gibt.[9]

Allerdings profitiert die Gesellschaft zuweilen auch von den ungewöhnlichen Gaben der ledigen Männer. Das ist dann der Fall, wenn diese alle ihre Fähigkeiten und Energien einer wertvollen Aufgabe widmen. Diese Männer möchten wir als Allgemeinwohltäter bezeichnen. Zu ihnen gehören zum Beispiel Geistliche und Missionsärzte, Männer also, die sich in den Dienst der Menschheit stellen und ihre Lebensmitte völlig anders erleben. Wie die meisten Frauen haben sie ihre Energien in jungen Jahren im Dienst am Nächsten investiert. Doch nun brauchen sie Zeit für sich selbst und wollen nicht mehr der Mann sein, der alle Antworten parat hat: Sie wollen sich selbst kennenlernen und ihre Pilgerschaft als Fragende fortsetzen.

Der Mann, der dasselbe Bedürfnis des Umsorgens wie die Ehefrau-und-Mutter hat, ist eine Seltenheit. Dennoch gibt es einige Beispiele. So widmete sich Edna St. Vincent Millays Mann der Aufgabe, seine psychisch labile Frau zu umsorgen, was es dieser ermöglichte, ihre Begabung zu verwirklichen. Und Janet Travell, die Leibärztin von John F. Kennedy, hatte einen Börsenmakler zum Mann, der sich mit Fünfzig aus dem Geschäftsleben zurückzog und den Rest seines Lebens damit zubrachte, daß er seine Frau auf ihren langen Berufsreisen chauffierte und ihr nachts, wenn sie vor Überarbeitung nicht einschlafen konnte, vorlas.

Unter den von Vaillant beobachteten Männern, die ein armseliges, klägliches Leben führten, gab es jene, die ihre Identitätskrise völlig vermieden hatten. Ihre Adoleszenz war glatt und friedlich verlaufen, und auch später hatten sie keine Sturm- und Drangzeit durchgemacht. Ihr Zyklus war nie so richtig ins Rollen gekommen. Sie blieben zeit ihres Lebens »Latenzknaben«, die sich aus der starken Bindung an die Mutter nicht zu lösen vermochten, die unterdurchschnittliche berufliche Leistungen erbrachten und, wenn überhaupt, nur für kurze Zeit mit einer Ehepartnerin zusammenlebten.

Der integrationsfähige Mann

Wenn seine Frau eine schwierige Schwangerschaft hinter sich bringt, schneidet er sie nicht von allen stützenden Systemen ab, um selbst irgendwelchen vagen Karrierechancen nachzujagen. Ihm geht es um den Menschen. Wenn seine Frau in den Stadtverwaltungsvorstand gewählt wird, kann er teilzeitweise zu Hause arbeiten, um sich gleichzeitig auch um die Kinder zu kümmern. Der integrationsfähige Mann versucht seine Ambitionen und sein Engagement als Familienvater unter einen Hut zu bringen und möchte ganz bewußt wirtschaftlichen Wohlstand, ethische Einstellung und für die Gesellschaft vorteilhaftes Handeln miteinander kombinieren.

Dieses Muster läßt sich offensichtlich nicht leicht verwirklichen. Schon gar nicht in einem Land, das die gefährliche Fiktion aufrechterhält, wonach aller Erfolg äußerlicher und entpersönlichter Art sein muß. Der Mann, der gern integrationsfähig sein möchte, hat mit mannigfachen Gegenkräften zu kämpfen, die er in einem nur geringen Maße kontrollieren kann. Wenn im sogenannten typischen Mann der Wunsch erwacht, sein Innenleben stärker zu entfalten und befriedigender zu gestalten, muß er eine ganze Menge Ballast abwerfen. Die Reise, auf der er sich nun seit seiner frühesten Kindheit befindet, hat ihn gelehrt, Probleme auf eine kühle mathematische Art zu lösen. Er hat seine Fähigkeiten entsprechend einer Umgebung entwickelt, in der Gefühle weniger gelten als Fakten, in der der Konkurrenzkampf mehr gilt als menschlicher Zusammenhalt, in der Regeln und systematische Richtlinien befolgt werden müssen und in der schöpferisches Denken verpönt ist. Dieser Mann hat seine Sensibilität verloren und lebt der Rationalität. So ist es denn der Technokratie gelungen, aus ihm ihr Schoßkind zu machen, doch all das geschah auf Kosten seiner Intuition.

Es ist nicht nur unser Profitdenken, das einem dynamischen Zusammenschluß aller menschlichen Fähigkeiten entgegensteht. Ein Wissenschaftszweig ist im Entstehen begriffen, der einen ganz wesentlichen Unterschied zwischen den beiden Gehirnhälften herausarbeitet.

Die linke Gehirnhälfte arbeitet wie ein Computer. Sie wirkt wie ein abstraktes Deduktionszentrum, indem sie lineare Meldungen in einer logischen Gedankenkette aneinanderschließt und sensorische Meldungen, die nicht in den Kontext des jeweiligen Problemlösungsprozesses gehören, ausscheidet.

Die rechte Gehirnhälfte arbeitet intuitiv. Sie ermöglicht es der Person, äußere und innere Qualitäten miteinander zu verbinden, so daß der Mensch seine Bezogenheit zu Mitmenschen, zur Natur und zum Verlauf seines Lebens erfahren kann. Diese Gehirnhälfte beherbergt die Phantasie, welche die Sprünge der Einbildungskraft und Erfindungsgabe ermöglicht.

Alle unsere herkömmlichen Lehrmethoden schulen die linke Gehirnhälfte. Moderne Managementverfahren und Prozeduren der Systemanalyse nahmen von diesem Teil des Gehirns ihren Ausgang. Die rechte Seite dagegen ermöglicht es einem Kind, einzuschätzen, wo ein geschlagener Ball auftreffen wird. Hier liegen die intuitiven Kräfte des Menschen, hier liegen seine Lebensklugheit und Anpassungsfähigkeit, die es ihm erlauben, in seiner speziellen ökologischen Umgebung zu überleben. Die rechte Gehirnhälfte birgt die Welt der bildlichen Vorstellung und erschließt dem Geist Aspekte unserer Umgebung, die unser lineares Denken selektiv aussondert. Und wahrscheinlich entspringt diesem Teil die Gabe des Künstlers, eine gefühlsmäßige Sicht des Universums zu vermitteln, wozu der Intellekt mit seinen computermäßigen Berechnungen völlig unfähig wäre.

Ein Mann kann einen Teil der Mauern seines linearen Denkens niedergerissen haben, um sich dem mystischen Bewußtsein östlicher Philosophie zu öffnen, doch ändert das nichts an der Tatsache, daß das starke Vorurteil gegen die »irrationale« Seite unseres Denkens nach wie vor weit verbreitet ist. Die Funktionen unserer rechten Gehirnhälfte sind zwar verblüffend und verwirrend, werden aber trotzdem durch unsere Gesellschaft lächerlich gemacht. Der Pädagoge und Forscher Robert E. Samples hat treffend darauf hingewiesen, daß diese Funktionen unter der abwertenden Kategorie »weibliche Intuition« zusammengefaßt werden.[10]

»Wir haben entdeckt, daß Personengruppen häufig deshalb nicht gut zusammenarbeiten, weil die einzelnen Personen in diesen Gruppen nicht das Gefühl haben, sie dürften Vorstellungen kommunizieren, die für sie intuitiv wie metaphorisch bedeutsam sind«, schreibt Samples. »Es tut nichts zur Sache, ob es sich um Vizepräsidenten und Manager einer Riesenfirma handelt, um Professoren und Studenten, Ehemänner und Ehefrauen oder Eltern und Kinder. Die Intuition wird geringer eingestuft als das logische Denken ... Angesichts dieser Überbewertung des Rationalen und des Logischen verwundert es nicht, daß die Niveaus ›normaler Neurose‹ so hoch liegen.«

Nachdem er über zehn Jahre mit Kindern zusammengearbeitet hatte, die man nicht ihres natürlichen metaphorischen Denkens entwöhnt hatte, zog Samples folgenden Schluß: »Der Mensch gelangt zur höchsten Ausdruckskraft seines Daseins, wenn alles, was an ihm Essenz ist, in einem synergistischen Zusammenwirken aller seiner Fähigkeiten zum Tragen kommt.«[11]

Doch die Zeit ändert sich. Immer mehr Menschen versuchen, die Zwangsjacke des Konkurrenzkampfes im Rahmen unserer Technokratie abzulegen. Sie nehmen Unternehmungen in Angriff, die es ihnen ermöglichen, mit dem Leben auf den verschiedensten Ebenen in Kontakt zu bleiben. Die jungen Männer aber wählen ihre Partnerinnen aus einer völlig neuen Gruppe von Frauen. Diese neuen Paare versuchen alles, was in ihrer Macht steht, um die unabhängigen Zukunftsziele eines jeden von ihnen zu verwirklichen. Sie leben in getrennten Wohnungen, in verschiedenen Städten und stellen sich realistisch der Tatsache, daß derselbe Ort für beide zur selben Zeit nicht das Richtige sein kann. Nur die Menschen aus einer älteren Ära fühlen sich immer noch wie benommen.

15.
Lebensmuster der Frau

»Wenn Sie sich eine Frau unseres Jahrhunderts als Vorbild wählten, die, deren Leben Sie am liebsten führen würden, für welche würden Sie sich entscheiden?«

Diese Frage kam aus einer Gruppe von Frauen, die sich in einem ökumenischen Freizeitzentrum versammelt hatten, um darüber nachzudenken, was das mittlere Lebensalter für sie bedeutete. Mir war dabei die Rolle der Expertin zugedacht. Die Diskussion fand wenige Wochen vor Vollendung dieses Buches statt. Rasch ließ ich im Geiste einige Namen Revue passieren – die Namen hochbegabter Frauen, berühmter Frauen, schöner Frauen –, aber bei keinem hielt ich inne.

»Margaret Mead!« rief eine der Anwesenden.

»Nein, nein!« Dieser Einspruch kam von einer sonst recht schweigsamen Pfarrersfrau. Und nun folgte eine heftige Debatte darüber, was an Margaret Meads Leben positiv oder negativ zu bewerten sei und was darin gänzlich gefehlt habe.

»Wer käme denn noch in Frage?«

Keine Antwort.

Mir fielen Namen wie Eleanor Roosevelt, Katherine Hepburn, Coretta King, Rachel Carson, Doris Lessing und Anne Morrow Lindbergh ein, daneben solche, die wahrscheinlich bei keinem anderen Autor als berühmte Namen auftauchen würden, in meinem Buch aber gewürdigt werden. Trotzdem war ich um eine Antwort verlegen. Vielleicht wußte ich zuviel über diese Frauen. Keine von ihnen hatte ihre Träume verwirklichen oder ihre innersten Wünsche befriedigen können, ohne dafür etwas aufzugeben oder um etwas, das ihr lieb und wert war, gebracht zu werden.

Niemand kann einer Frau sagen, welche Entscheidung für sie selbst die beste ist. Es gibt keine *einzig richtige* Entscheidung. Doch gibt es heute mehr Entscheidungsmöglichkeiten und mehr Beistand bei dem Versuch, sie auszuprobieren, als je zuvor. Gleichwohl bleibt den Frauen die Qual der Wahl.

Was man als das Streben der Frauen nach Gleichberechtigung bezeichnet, ist ein Phänomen, das weder auf ein bestimmtes Lebensalter noch auf eine bestimmte Gesellschaftsschicht oder Hautfarbe beschränkt ist. Es hat einen steten Wandel der alten Lebensmuster bewirkt. Und dieser Wandel bringt einen neuen Frauentyp hervor, der in erster Linie nach Selbständigkeit strebt. Es ist das Hauptziel dieser Frauen, sich nicht *anlehnen* zu müssen, nicht abhängig zu werden. Diese Absicht beeinflußt alle ihre Entscheidungen.

Aber die einzigen Frauen, die diesen Ideen unbeschwert gegenüberstehen konnten, die sich nicht erst von den belastenden Vorstellungen einer Voremanzipationsära befreien mußten, sind jene, die heute zwischen zwanzig und dreißig Jahre alt sind. Wir können noch nicht wissen, was sie erreichen, welche neuen Lebensmuster sich aus den Absichten, zu denen sie sich bekennen, entwickeln werden. Es würde mich zum Beispiel nicht wundern, wenn die jungen Frauen, die heute erklären: »Kinder? Nicht für mich – niemals!«, mit dreißig Jahren für eine Art »Babyschwemme« sorgen würden.

Von den Frauen *unter Dreißig*, die 1974 von der *Roper Organization for Virginia Slims* befragt wurden, haben sich drei von fünf für die Kombination ihrer Rollen als Ehefrau, Mutter und berufstätige Frau ausgesprochen. Die gleiche Mehrheit zog die Scheidung der Fortführung einer wackligen Ehe vor. Diese Frauen waren nicht mehr der Meinung, sie könnten, wie der Volksmund sagt, auf zwei Hochzeiten tanzen. Die Mehrheit sprach sich dagegen aus, daß Frauen, die selbst genügend Geld verdienen können, Unterhaltszahlungen erhalten. Und nur eine von vier Befragten forderte, daß das Sorgerecht für Kinder aus geschiedenen Ehen grundsätzlich der Mutter zugesprochen werden müsse.[1]

Diese Einstellung ist heute kennzeichnend für den Mittelstand. Und wie steht die Arbeiterschicht zu diesen Problemen? Aus einer kürzlich veröffentlichten Studie über Arbeiterfrauen geht hervor, daß es unter den Jüngeren heute viele gibt, die sich wünschen, wieder beruflich tätig zu werden, sobald die Kinder (und es ist stets nur von *zwei* Kindern die Rede) zur Schule gehen. Als »Krönung des Lebens« erhofft sich die junge Arbeiterfrau, später, wenn die Kinder das Elternhaus verlassen haben, gemeinsam mit ihrem Mann Reisen in andere Länder unternehmen und sich ihren persönlichen Interessen und Hobbies widmen zu können.

»Dieser Einstellungswandel zählt zu den bedeutsamsten Entwicklungen, die wir in einem Zeitraum von über fünfundzwanzig Jahren beobachten konnten«, schreibt Burleigh B. Gardner, dessen Forschungsinstitut – *Social Research Inc.* – diese Untersuchungen seit den vierziger Jahren durchführt. »Die Frau aus der Arbeiterschicht wird nie zur alten Einstellung zurückkehren.«[2]

Daß sie jederzeit ihre Meinung und ihr Lebensmuster ändern kann, ist für die jüngere Frau ein beruhigender Gedanke. Schließlich hat sie bis zu ihrem Lebensabend noch viele Jahre vor sich.

Um die Lebensmuster der Frau zu beschreiben, ist man darauf angewiesen, auf die Vergangenheit zurückzugreifen und zu berichten, zu welchen Resultaten die verschiedenen von Frauen getroffenen Entscheidungen geführt haben. Ich möchte die so entstandenen Lebensmuster in chronologischer Folge darstellen, also mit den herkömmlichsten beginnen und mit den unkonventionellsten schließen.

Die umsorgende Frau: Sie heiratet Anfang Zwanzig oder früher und denkt zu diesem Zeitpunkt nicht daran, die Grenzen ihrer häuslichen Rolle zu überschreiten.

Der Entweder-Oder-Typ: Die Frau, die sich in ihren Zwanzigern zwischen Ehe und Mutterschaft einerseits und Beruf und Karriere andererseits entscheiden zu müssen glaubt. Dieser Typ tritt in zwei Erscheinungsformen auf:

Der Leistungsspätling: Die Frau, die eine anstrengende Karriere aufschiebt, um zunächst eine Familie zu gründen. Im Gegensatz zum umsorgenden Typ *beabsichtigt* sie, später eine außerfamiliäre Tätigkeit aufzunehmen.

Die karriereorientierte Frau mit verzögerter Hausfrau-und-Mutter-Rolle: Sie schiebt die Mutterschaft und oft auch die Ehe hinaus, um sich mindestens sechs bis sieben Jahre lang ihrer Berufsausbildung widmen zu können.

Die integrationsfähige Frau: Sie verbindet in ihren Zwanzigern Ehe, Beruf und Mutterschaft miteinander.

Die unverheiratete Frau: Dazu zählen ledige Frauen, die sich in Pflegeberufen engagiert haben, sowie Frauen, die sogenannte »Büroehen« führen.

Die noch suchende Frau: Sie entscheidet sich in den Zwanzigern für Ungebundenheit und wechselt des öfteren Partner, Beruf und Wohnort.

Es sei nochmals betont, daß diese Lebensmuster hier nur beschrieben und nicht *ver*schrieben werden sollen. Es geht mir dabei um eine dynamische Betrachtungsweise - angefangen bei den Mustern, denen Frauen in jungen Jahren den Vorzug geben, bis hin zur Integration der anderen wichtigen Aspekte, die im Verlauf ihres Lebens das Selbstverständnis der Frau prägen.*

* Der Leser wird bemerkt haben, daß dieses Kapitel umfangreicher ist als die vorhergehenden. Ich habe die gleiche Erfahrung gemacht, auf die Irwin Deutscher von der Universität Syracuse, N. Y. hinweist: »Kennzeichnend für das Gespräch mit Ehemännern war der Mangel an Emotionalität – an Aussagekraft. Die Männer waren längst nicht so mitteilsam wie die Frauen. Das heißt nicht, daß ihre Neigung, indifferent zu antworten, auf die Befragungsmethode zurückzuführen wäre. Der Autor (und Interviewer) hat vielmehr den Eindruck, daß sie ein Ergebnis unserer Zivilisation ist.«

Von allen Lebensmustern, die sich aus einer in den Zwanzigern getroffenen Entscheidung ergeben können, haben die meisten Frauen das Muster der Umsorgenden gewählt. Es bedeutet ein Leben voll zärtlicher Fürsorge und voller Hilfsbereitschaft, ein Leben, in dem man auf andere hört und an sie glaubt. Diese Frauen leben ausschließlich für die menschliche Beziehung und wenn sie etwas für sich selbst erreichen wollen, nehmen sie dafür die Hilfe anderer in Anspruch.

Anstatt nach der Verwirklichung eigener Träume zu streben, heiratet die umsorgende Frau den vielversprechendsten Mann, den sie finden kann, und strebt nach dem, was *er* sich erträumt. Dies ist das auffallendste Kennzeichen ihres Lebensmusters. Sie kann dabei recht gut fahren, wenn sie stets zur Nachgiebigkeit bereit ist. Abertausende solcher Frauen sind willens, durch Teilzeitarbeit etwas dazuzuverdienen, um die berufliche Laufbahn ihres Mannes zu fördern oder sich eine neue Kücheneinrichtung anzuschaffen. Dies hat mit »Einschätzung der eigenen Leistungsfähigkeit« absolut nichts zu tun.

Nur selten ist die Umsorgende auf entscheidende Ereignisse und Wechselfälle des Lebens vorbereitet, auf Situationen, in denen sie sich ohne fremde Hilfe freischwimmen muß. Trotzdem ist es durchaus möglich, daß ein Ehemann zum Kriegsdienst einberufen wird und in Gefangenschaft gerät, daß er seine Stellung verliert oder sich eine Freundin zulegt, daß er einen Herzinfarkt erleidet oder, wie es nur allzuoft der Fall ist, seine umsorgende Frau in der Mitte des Lebens verläßt. Außerdem sind die Kinder eines Tages erwachsen. Und selbst wenn die Ehepartner unter glücklichen Umständen miteinander alt geworden sind, muß die Frau stets damit rechnen, ihren Mann zu überleben. In den Vorstellungen, die sich die Umsorgende in jungen Jahren von ihrem Leben macht, spielen solche Wechselfälle selten eine Rolle. Sie hört nicht darauf, wenn man ihr sagt: »Du solltest deine Hobbies ernst nehmen, denn vielleicht mußt du dich eines Tages allein durchbringen.«

Einerseits lebt die umsorgende Frau nur für ihre Familie, andererseits aber ist sie darauf angewiesen, daß diese ständig ihrer Fürsorge bedarf.

Es war wohl unvermeidlich, daß Marabel Morgan als Autorin hervorgetreten ist. Einst Schönheitskönigin, dann Hausfrau und Mutter in Miami, schrieb sie mit sechsunddreißig Jahren ein Buch, das 1974 auf der amerikanischen Sachbuch-Bestsellerliste ganz oben stand: *Die totale Frau.* Von der Kritik fast völlig ignoriert und von den meisten Großstädterinnen nicht gelesen, fand es auf dem Weg über kirchliche Buchläden großen Anklang bei den Leserinnen im Mittelwesten. Marabel befaßte sich mit einem uralten Problem der Frau. Nachdem sie Charlie geheiratet hatte und fest überzeugt war, dieses Aschenbrödelmärchen würde nie enden, begann sich die Situation zu ändern, und sie fühlte sich völlig hilflos.

Dann aber studierte sie die Bibel und die Bücher von Ann Landers und Dr. David Reuben. Die daraus gewonnenen Erkenntnisse wandte sie auf ihre Ehe an – »mit verblüffendem Erfolg«. Hier sind einige Zitate aus ihrem Buch:

»Erst wenn die Frau ihr Leben ganz ihrem Gatten hingibt, wenn sie ihn verehrt und anbetet und bereit ist, ihm zu dienen – erst dann wird sie ihm wirklich schön erscheinen.«

»Gott hat den Mann zum Oberhaupt der Familie, zu ihrem Präsidenten bestimmt, und die Frau zum Vizepräsidenten. Jede Organisation hat einen Chef, und die Familie bildet keine Ausnahme. Es gibt keine Möglichkeit, diese Einrichtung zu ändern oder zu verbessern.«

»Sag ihm, daß du seinen Körper liebst. Mach ihm täglich ein nettes Kompliment und du wirst sehen, wie er vor deinen Augen erblüht.«

»Passe dich seiner Lebensweise an. Mache seine Freunde zu deinen Freunden, iß, was er ißt, übernimm seinen Lebensstil.«

»Fasziniere ihn an der Haustür durch deine Kleidung.«

Frau Morgans liebstes und »konservativstes« Kostüm bestand aus einem rosafarbenen Baby-Doll-Schlafanzug und weißen Stiefeln.

»Speise mit ihm bei Kerzenlicht, dann wird auch ihm ein Licht aufgehen!«

»Sei jede Nacht seelisch und körperlich auf Geschlechtsverkehr eingestellt . . . Sei die Verführerin, nicht die Verführte!«

»Lies deinen Kindern täglich aus der Bibel vor!«[3]

Die Anwendung dieser Maximen auf ihre eigene Ehe führte nach Marabels Worten zu umwälzenden Ergebnissen. »Charlie begann, mir abends Geschenke mitzubringen . . . Ein Lieferwagen fuhr vor, mit einem neuen Eis- und Gefrierschrank . . . Ohne daß ich an ihm herumnörgeln mußte, bekam ich von ihm jetzt das, wonach ich mich sehnte.«[4] Marabel fühlte sich berufen, ihre Erkenntnisse über die »totale Frau« (manchmal auch »totalisierte Frau« genannt) in Lehrgängen weiterzugeben, die sie und Hunderte ihrer Absolventinnen in allen Teilen des Landes abhalten.

Da ich parteiisch bin, will ich mich auf einen kurzen Kommentar beschränken. Wenn an diesen Maximen überhaupt etwas »total« ist, dann die Unaufrichtigkeit derer, die sich dazu bekennen. Die Frau wird hier niemals aufgefordert, zu sagen, was sie empfindet und für richtig hält, geschweige denn, danach zu handeln. Nur wenn sie ihre Gedanken verschweigt, werden ihr ein gesichertes Leben, wundervolle Zärtlichkeiten und neue Küchengeräte zuteil. Für die Intelligenz des Mannes ist diese Taktik eine Beleidigung. Die Frau wird dazu erzogen, ein manipuliertes Kind zu bleiben. Unter Umständen kann dies für die erste Lebenshälfte genügen, doch ist solches Schmierentheater ein schlechter Auftakt für die Wahrheitsfindung. Man muß entschlossen sein, sich selbst zu erkennen, wenn man die Lebensmitte als erwachsener Mensch erreichen will.

Es gibt natürlich auch umsorgende Frauen, deren Persönlichkeit sich weiterentwickelt, obwohl sie ihr Lebensmuster nicht ändern. Man neigt zu der Annahme, daß die Voraussetzungen dafür bei gebildeten Frauen am günstigsten seien. Aber als ich eine Broschüre, die anläßlich des zwanzigsten Jubiläums eines Abschlußjahrganges des Radcliffe College herausgegeben wurde, für statistische Zwecke auswertete, stellte ich fest, daß überraschend viele Studentinnen, die 1954 dieses renommierte College absolviert hatten, die Rolle der umsorgenden Frau gewählt hatten.[5]*

Unter diesen – inzwischen einundvierzigjährigen – Frauen sind viele, die anfangs eine glänzende Karriere gemacht hatten. Eine von ihnen hatte es zur Weltmeisterin im Eiskunstlauf gebracht, eine zweite zur Konzertpianistin, eine dritte zur Assistentin eines Mannes, der die amerikanische Außenpolitik mitbestimmte. Doch alle diese Karrieren beschränkten sich auf den Zeitraum bis zum fünfundzwanzigsten Lebensjahr, den Mütter als die Zeit »bevor ich deinen Vater geheiratet habe« zu bezeichnen pflegen. Nach der Heirat begnügte sich ein Großteil dieser hochbegabten Frauen damit, ihren Traum im Huckepackverfahren zu verwirklichen oder auf ihre Kinder zu übertragen.

Die Konzertpianistin heiratete einen Geiger und brachte Kinder zur Welt, während er sein Studium fortsetzte. »Mit zwei kleinen Kindern und begrenzten Möglichkeiten blieb mir keine andere Wahl: Ich gab meine Schüler auf, stellte den Laufstall neben das Klavier und begann an einer Sonate zu arbeiten.« Heute, mit Einundvierzig, steht sie wieder voll und fest im Beruf.

Die Assistentin des Außenpolitikers übertrug ihre Ambitionen auf ihren Mann: Sie heiratete einen Beamten des Auswärtigen Dienstes und begleitete ihn sechzehn Jahre lang auf seinen Reisen durch den Nahen Osten. »Hätte ich nochmals die Wahl, ich würde den Fernen Osten oder Südostasien

* Die Lebensmuster jener 127 Befragten, die einigermaßen detailliert von sich berichten, teilen sich wie folgt auf: Umsorgende Frau – 70%; Leistungsspätling – 10%; karriereorientierte Frau mit verzögerter Hausfrau- und Mutter-Rolle – 8%; nur 6% hatten sich in den Zwanzigern für das Lebensmuster der integrationsfähigen Frau entschieden, und weitere 6% waren unverheiratet geblieben.

vorziehen – doch dann hätte ich eben einen anderen Mann heiraten müssen.« (Und ein anderes Huckepackprinzip dazu?)

Die meisten Umsorgenden aus dieser Gruppe gelangten zu der Überzeugung, daß ihnen die Ehe, auch wenn sie noch so gut war, letztlich doch nicht genügte. Fast zwei Drittel haben inzwischen mit einer Berufsausbildung begonnen oder eine Stelle angenommen.* Die Mehrzahl bevorzugte eine Tätigkeit als Lehrerin, Bibliothekarin oder Sozialarbeiterin, doch ist es vielen noch nicht gelungen, eine Stelle zu finden.

Nur-Hausfrau sind 36 Prozent der Umsorgenden geblieben. In ihren Berichten finden sie Äußerungen wie diese:

»Ich habe nie bereut, daß ich in Geschichte absolviert habe, doch sonst ohne Fachausbildung geblieben bin. Mal abwarten, ob ich irgendwann den Absprung finde. Kann eine Vierzigjährige, die eine ausgezeichnete Allgemeinbildung, aber keine andere Qualifikation mitbringt, in einer Kleinstadt im Mittelwesten überhaupt einen Job, eine sinnvolle Arbeit finden?«

»Für mich ist es ein Glück, einen guten Mann und gesunde Kinder zu haben. Dank Bobs Beruf habe ich Hawaii und die ganze Westküste kennengelernt. Letzten Sommer haben wir meine Verwandten in Spanien besucht. Nächstes Jahr würde ich gern Spanisch lernen, weil sie uns vielleicht wieder einladen.«

»Ich wollte, ich hätte nach dem Collegeabschluß einen Teil meiner Zeit dazu benutzt, eine grundlegende Berufsausbildung zu machen. Mit Vierzig habe ich entdeckt, daß ich einen geschulten Verstand besitze und mir eine ganze Menge Erfahrung für einen Managerposten angeeignet habe, aber leider keine marktgängigen Spezialkenntnisse . . . Vor zwanzig Jahren hätte ich damit beginnen müssen, mir berufliche Qualifikationen anzueignen.«

»Das ganze letzte Jahr habe ich mich gefragt, was für besondere Interessen ich eigentlich habe.«

Unter den karriereorientierten Frauen dieser Gruppe, die ihre Hausfrau-und-Mutter-Rolle mindestens sechs bis sieben Jahre aufschoben, sind u. a. eine Kinderärztin, eine Psychiaterin (die mit ihrem Mann, einem kurz vor der Pensionierung stehenden Marineoffizier, zusammenarbeitet und sich schon jetzt darauf freut, endlich wieder Zeit für ihren alten Freundeskreis und kommunale Aktivitäten zu haben), die Bezirksdirektorin einer Versicherungsgesellschaft, eine Kinderbuchautorin und eine einstige Alkoholikerin, die es sich seit ihrem fünfunddreißigsten Lebensjahr zur Aufgabe gemacht hat, Trunksüchtigen zu helfen.

Die umsorgende Frau fürchtet sich offenbar am meisten davor, einfach

* Von diesen zwei Dritteln entschlossen sich sechs Frauen im Alter von dreißig Jahren zu diesem Schritt, vierzehn im fünfunddreißigsten und die meisten (nämlich fünfunddreißig) im vierzigsten Lebensjahr.

fallengelassen zu werden. Doch auch ihr zunehmendes Dahinvegetieren macht ihr Angst. In den meisten Fällen erreicht bei diesen Frauen der Konflikt zwischen dem Wunsch nach Geborgenheit und dem nach Selbständigkeit erst in der Lebensmitte seinen Höhepunkt. Dann müssen sie sich über eine schwierige Frage klarwerden: Haben sie ihren Partner in eine Rolle hineingedrängt, in der er ihren Reifeprozeß aufgehalten hat? Und, falls das zutrifft, ist es dann für eine Frau in den Vierzigern besser, bei einem unverträglichen, gleichgültigen oder untreuen Partner zu bleiben oder aber allein zu leben?

Eine der ehemaligen Radcliffe-Studentinnen, die mit all diesen Problemen konfrontiert wurde, erklärte sich bereit, mit mir zusammen ihre Lebensgeschichte zu rekonstruieren. Vielleicht können wir anhand dieses Beispiels besser verstehen, wie sich die umsorgende Frau mit Entwicklungsproblemen auseinandersetzt.

Während ihrer ganzen Kindheit sehnte sich Kate nach einem Menschen, mit dem sie sich abends unterhalten konnte. Ihre Eltern waren nicht mehr jung und wollten ihre Ruhe haben. Sie lebten mit ihrem einzigen Kind in der beschaulichen Atmosphäre des Neuenglandstaates Maine.

Mit fünfzehn Jahren begann Kate, den Nachbarsohn als ihren großen Bruder zu betrachten. Von Fenster zu Fenster unterhielt sie sich stundenlang mit ihm in der Zeichensprache. Er war Harvardstudent und wußte einfach alles. Für Kate war er das Fenster zur Welt, und ohne ihn hätte sie zum Beispiel nie erfahren, daß es Trotzkisten und einen Dichter namens Tolstoi und das Off-Broadway-Theater und das Radcliffe-College gab. Als er in den Sommerferien nach Hause kam, besuchte er Kate, und eng umschlungen saßen die beiden auf Kates Veranda und unterhielten sich. Da rief die Mutter Kate ins Haus und erklärte: »Du darfst dich nicht mehr mit ihm treffen. Er ist zu alt für dich. Es macht keinen guten Eindruck.« Entsetzt wehrte sich Kate dagegen, ihren besten Freund zu verlieren, doch die Mutter sagte: »Du mußt mir gehorchen, weil ich krank bin.«

Das stimmte. Irgend etwas war mit ihrer Mutter nicht in Ordnung. Kate hatte niemanden, mit dem sie darüber sprechen konnte. Und so nahm sie an, daß ihre Mutter, die sich in ihrem Beruf als Krankenschwester stets als sehr robust erwiesen hatte, eines Tages wieder ganz gesund werden würde.

Früher hatten die beiden allerlei gemeinsam unternommen: Laientheater, Kunsterziehungskurse, Reitunterricht – alles Dinge, für die sich Kates Vater nicht erwärmen konnte. Vater war schrecklich lange ein vertrockneter, alter Junggeselle gewesen, bis er schließlich doch geheiratet hatte. Die Mutter (sie war bei Kates Geburt achtunddreißig) hatte die Erziehung ihrer Tochter in die Hand genommen. Aber wenn sie Kate jetzt die Hände auf die Schultern legte, fühlten sie sich ganz anders als früher an. Sie waren abgemagert und wie ausgetrocknet.

An dem Tag, an dem ihre Mutter starb, bestand Kate darauf, zur Schule zu gehen. Sie zeigte keine Spur von Trauer und trat sogar in einer Schüleraufführung auf. Dann wurden die Zwischenzeugnisse verteilt, und Kate erlebte einen Triumph. Um ihrem »großen Bruder« in Harvard zu imponieren hatte sie, die sich jahrelang eben so durchgemogelt hatte, fünf Einser und einen Zweier geschafft. Als sie ihrem trauernden Vater dieses hervorragende Zeugnis zeigte, sagte er nur: »Warum hast du einen Zweier bekommen?« Es lag nicht in seiner Art, Kate zu loben.

Die Einsamkeit, bewirkt durch den Tod der Mutter, versuchte Kate sofort zu kompensieren: Verzweifelt wandte sie ihre Liebe einem Jungen aus einem Internat zu und las dessen Briefe wieder und wieder. In ihrer Vorstellung machte sie ihn zum Idol. Damals wartete sie auf Bescheid, welches College sie aufnehmen würde. Als sie eines Tages mit dem Fahrrad aus der Schule kam, fand sie zwei Briefe vor. Der eine war vom Radcliffe College: Sie war angenommen worden. Außer sich vor Freude, wollte sie sich wieder aufs Fahrrad schwingen, um ihrer Englischlehrerin die gute Nachricht zu überbringen, doch rasch las sie noch den täglichen Brief ihres Freundes. Er teilte ihr mit, er habe ein Mädchen kennengelernt, das ihm besser gefalle.

Erst als sie ihn zehn Jahre später wiedersah, entdeckte Kate, daß ihre große Liebe in Wirklichkeit ein kleiner, fader Mann war. Die Trauer um ihre Mutter jedoch hat sie bis heute nicht nachgeholt.

Auch nach dem Tod der Mutter kamen Vater und Tochter einander nicht näher. Ein Jahr später heiratete der Vater wieder – eine Frau, die Kate unsympathisch war. Aus dem Haus, in dem Kate aufgewachsen war, zog die Familie nach South Portland um, wo Kate niemanden kannte. Dieses neue Heim betrachtete sie niemals als ein Zuhause, in das man immer wieder – und nicht nur zu Höflichkeitsbesuchen – zurückkehrt. Kate sehnte sich immer verzweifelter nach einer Ersatzfamilie.

Als sie in einem Camp, in dem Bühnenkurse abgehalten wurden, Unterricht erteilte, lernte sie ein Schauspielerehepaar kennen – kinderlos, intelligent, Anfang Dreißig. Alle Kursteilnehmer und Studienberater blickten anbetungsvoll zu den beiden auf. Was Kate an ihnen am meisten bewunderte, war die Art, wie der eine die Sätze des anderen zu ergänzen pflegte. Während ihres ganzen Collegestudiums arbeitete Kate hingebungsvoll für die beiden. Die Frau, ein sehr energischer Typ, erklärte ihr: »Du mußt lernen, den Tatsachen ins Auge zu sehen und dich deiner Haut zu wehren.« Der Mann ermunterte sie, offen über ihre Probleme zu sprechen. Es war

Kates sehnlichster Wunsch, einmal eine Ehe wie diese zu führen. Und vierundzwanzig Kinder zu haben.

Da Kate sich so intensiv mit dem Theater beschäftigte, könnte man annehmen, daß sie sich auf diesem Gebiet inzwischen hervorgetan hatte. Das traf zu. Und man sollte meinen, sie hätte eine schauspielerische Karriere angestrebt. Das traf nicht zu. Statt dessen war sie auf der Suche nach »Herrn Richtig«, nach dem Mann, der *ihre* Sätze ergänzen würde. Und sie wünschte sich ein ganzes Haus voller Kinder, um immer jemanden zu haben, mit dem sie sich abends unterhalten konnte. So entschied sich Kate in den Zwanzigern für die Rolle der umsorgenden Frau.

In ihrem letzten Collegejahr verliebte sie sich Hals über Kopf. Der junge Mann, den wir hier Shepherd Wells Southby nennen wollen, war zwei Jahre älter als sie und kam regelmäßig von der Harvard-Universität herüber, um mit einer Schauspielgruppe zusammenzuarbeiten. Einen schöneren Hamlet hätte sich selbst Shakespeare nicht wünschen können. Shepherd stellte Kate seinem – ebenfalls blendend aussehenden – Vater und den anderen Familienangehörigen vor, die samt und sonders Schauspieler waren.

Ja, dachte Kate, das ist genau der Richtige für mich – in diese fabelhafte Familie einheiraten und wieder ein Zuhause haben. Es war zwar nicht so, daß Shepherd ihre Sätze ergänzt hätte, doch immerhin korrigierte er ihre Aussprache. Er las ihr aus dem *Beowulf* vor und – auf russisch – aus Tschechows Werken. Kate gab die Schauspielerei auf, aus Loyalität gegenüber dem Mann, den sie heiraten wollte und der sich berufen fühlte, klassische Rollen zu spielen. Als er im Radcliffe College auftrat, erklärte ihm Kate, er sei hervorragend gewesen. Das war eine Lüge. Tatsächlich war er ein ganz mieser Schauspieler.

Als sie nach so vielen Jahren zugab, daß sie das schon damals gewußt habe, war ihr zumute, als hätte sie sich nackt ausgezogen. Damals aber war Shepherd Wells Southby für sie die Vollkommenheit in Person, er war ihr Schutz und Schirm. Zu diesem Bild, so gestand sie, mußte alles andere passen. Aber sein Versagen als Schauspieler paßte eben nicht dazu. So verdrängte sie dieses Erlebnis. Und dann verlobte sie sich mit Shepherd.

Im folgenden Jahr wurde er zum Wehrdienst eingezogen und nach Europa geschickt, während Kate einen Job in einer Fernsehshow übernahm. Sie genoß das Leben in New York. Sie wohnte mit zwei ebenfalls verlobten Mädchen zusammen, und es mangelte nie an Freundinnen, die ihnen abends beim Spaghettikochen halfen. Ein volles Jahr lang stand für Kate die Mann-Frau-Beziehung nicht mehr im Mittelpunkt. Endlich konnte sie ihr Leben unbeschwert genießen.

Als Shepherd auf Urlaub kam und sie dies alles aufgeben mußte, ging ihr ein beklemmender Gedanke durch den Kopf: »Dieses Jahr, in dem ich auf eigenen Füßen stand, war vielleicht das glücklichste meines Lebens.« Aber Kate glaubte an vorgefertigte Muster. Sie hielt es für ihre Bestimmung, die perfekte »Frau nach dem Geschmack meines Mannes« zu werden. Shepherd kehrte gemeinsam mit ihr nach Europa zurück, und Kate wurde eine jener »Soldatenfrauen«, die ständig das Cocktailtablett bereithalten.

Nach der Rückkehr in die Staaten suchte Kate sofort ihre Ersatzfamilie, jenes Schauspielerehepaar, auf. Doch sie traf nur die Frau an, die das Camp allein leitete und einen deprimierten Eindruck machte.

»Du kannst mir doch nicht erzählen, daß du all die Jahre nichts davon gewußt hast«, sagte sie zu Kate. Offenbar hatte ihr Mann die Angewohnheit gehabt, den meisten Studienberaterinnen praktischen Sexualunterricht zu erteilen, und als eine frühere Zimmergefährtin Kates, ein langweiliges, geistloses Mädchen, ein Kind von ihm erwartete, hatte er seine Frau verlassen, die andere geheiratet und eine eigene Wohnung bezogen. Als besonders bitter empfand es seine erste Frau, daß sie sich stets nach Kindern gesehnt, von ihrem Mann aber immer zu hören bekommen hatte, nein, das käme nicht in Frage, als Schauspieler müßten sie ungebunden bleiben, Kinder seien eine Belastung.

Kate war erschüttert. Für sie war dieser Augenblick schlimmer als der Tod ihrer Mutter. Sie hielt an ihrer Freundschaft mit der Schauspielerin fest, die noch heute für sie ein überwältigendes und beängstigendes Vorbild ist. Diese Frau ist jetzt in den Fünfzigern und leitet das Camp nach wie vor allein. Kate ist der Meinung, daß diese »zutiefst verletzte Frau« nicht einmal Notiz davon nehmen würde, wenn ihr ein Prinz zu Füßen fiele. Sie scheint jedes Interesse an Männern verloren zu haben – ein Zustand, der Kate unbegreiflich ist.

Kate war erst dreiundzwanzig, als sie erfuhr, daß diese »vollkommene Ehe« zerbrochen war. Der Gedanke, daß Menschen sich plötzlich derart verändern können, war damals für sie entsetzlich. Sie verdrängte dieses Erlebnis und bemühte sich um so mehr, in jede Rolle zu schlüpfen, in der ihr Mann sie sehen wollte. Aber allmählich gerieten die Dinge aus dem Geleise.

Kate zu heiraten, war Shepherds einziger Versuch gewesen, gegen etwas zu rebellieren. Durch die Wahl einer Frau, die in seinen Augen gesellschaftlich tief unter ihm stand, hatte er seiner Familie zeigen wollen, daß er gegen das Establishment war. Aber kaum war er mit Kate nach New York zurückgekehrt, da begann er auch schon, sie umzukrempeln. Sie mußte Hüte tragen und Handtaschen, die genau zu ihren Schuhen paßten. Er kaufte ihr eine Kette aus winzigen Zuchtperlen, obwohl sie, wie ihre Mutter, ziemlich grobknochig war. Daß sie beim Lachen das Gesicht verzog wie ein Bauernmädchen, ließ sich leider auch nicht ändern. »Du mußt Mitglied im *Colony Club* werden und für wohltätige Zwecke arbeiten«, erklärte er. Manchmal hielten die Leute Kate für das Dienstmädchen. Doch ihr Mann nutzte jede Gelegenheit, um sie gesellschaftsfähig zu machen und zu erreichen, daß man sie in die Prominentenliste aufnahm.

Er selbst besuchte die *American Academy of Dramatic Arts*, wo die Schauspielschüler auf dem Boden herumkriechen und sich wie Löwen gebärden mußten. Später trat er einem von stellungslosen Schauspielern gegründeten Ensemble bei, das vor leeren Stuhlreihen Shakespeare spielte.

Kate wurde termingerecht schwanger. Sie wurde Mutter zweier Kinder, die sie vergötterte und unbedingt selbst versorgen wollte. Aber Shepherd bestand darauf, Kindermädchen zu engagieren, die, in der üblichen Tracht, die Babies spazierenführten. Das Abendessen mußte Punkt sieben serviert werden. Bei Tisch saß man steif wie die Ölgötzen auf den ehrwürdigen alten Stühlen der Familie Southby. Eine Mahlzeit ohne Nachspeise war ein Sakrileg. Das Dessert gehörte zur Familientradition.

»Ich hatte immer das Gefühl, daß ich mich ziemlich gut anpaßte. Aber das stimmte nicht. Ich weiß nicht, warum ich das geglaubt habe. Mein Ich ist seit der Zeit im College, als ich enormes Selbstvertrauen hatte, immer weiter abgerutscht. Ich habe mich zu sehr mit der Geistesverfassung meines Mannes identifiziert. Das war bestimmt nicht seine Schuld.

Aber dann habe ich eine Art Wiedergeburt erlebt. Ich war neunundzwanzig und begann mich irgendwie unbefriedigt zu fühlen. Ich wurde nervös. Als ich zum Wählen in die Mittelschule ging – es wirkte dort alles so lebendig und vertraut –, überkam mich plötzlich ein herrlich erregendes Gefühl. ›Hier ist etwas, was ich tun kann!‹ habe ich mir gesagt. Ich konnte es kaum erwarten, bis es am nächsten Morgen so weit war, daß ich in die Columbia-Universität gehen und mich für ein Graduiertenstudium in Pädagogik einschreiben konnte.«

Hier unterscheidet sich Kates Reaktion vom üblichen Verhalten der umsorgenden Frau, die in den Dreißigern steht. Als sie den Drang nach Weiterentwicklung verspürte, zog sie sich nicht erschreckt in die Sicherheit ihres früheren Lebensabschnittes zurück und versuchte nicht, ihren Mann dorthin mitzuziehen. Kate handelte.* Als sie nach dreijährigem Studium und der Geburt ihres dritten und vierten Kindes diese Phase ihres Lebens bewältigt hatte, war sie überglücklich.

»Ich hatte mich entdeckt wie jemanden, der in einer dunklen Ecke hockt. In dem Jahr, als ich in der Grundschule mein Praktikum machte, habe

* Kates Abweichen von der üblichen Reaktion darf nicht mit dem Verhaltensmuster des Leistungsspätlings verwechselt werden, da Kate bei ihrer Verheiratung nicht die Absicht hatte, später berufstätig zu werden.

ich mich im Spiegel betrachtet und war mit mir *zufrieden*. Man trug damals glatte Haare und kurze Röcke, und zum ersten Mal seit Jahren fand ich mich attraktiv. Es hatte mir immer Freude gemacht, schwanger zu sein, aber damit war's jetzt vorbei. Ich hatte den Mann meiner Träume und vier prächtige, gesunde, intelligente Kinder. Wir hatten gerade ein hübsches altes Haus gekauft. Und ich hatte einen funkelnagelneuen Beruf, den ich liebte, und Schüler, die mich bewunderten. ›Jetzt hast du's geschafft!‹ habe ich mir gesagt.«

Kurz nachdem Kate ihre neue und schwierige Stellung in einer etwas verrufenen höheren Schule angetreten hatte, kam die Schwägerin ihres Mannes zu Besuch. Shepherd war den ganzen Tag zu Hause gewesen, um an einem Versdrama zu arbeiten. Beim Abendessen fragte er:

»Wo bleibt der Nachtisch?«

»Dafür habe ich keine Zeit gehabt.«

Er stürzte in die Küche, stöberte herum und knallte die Schranktüren zu. »Jetzt, wo du Lehrerin bist, scherst du dich nicht mehr um deine Familie! Nie ist Butter im Haus, nie gibt's Nachtisch!«

»Ich esse sowieso keinen Nachtisch«, sagte seine Schwägerin. »Ich will abnehmen. Niemand legt Wert auf Nachtisch.«

Daraufhin rannte Shepherd wütend ins Schlafzimmer.

Die Schwägerin, die sich gerade in Scheidung befand, glaubte Kate einen Rat erteilen zu müssen. »Wenn das so weitergeht, wird er dich verlassen. Du solltest deine Stellung aufgeben.« Kate hielt sie für verrückt.

In der Folgezeit machte er Kate immer wieder heftige Szenen. Aber kurz nach seinem vierzigsten Geburtstag wurde er plötzlich ein völlig anderer Mensch. Er ließ sich die Haare wachsen und trug einen Pferdeschwanz. Er begann, in indischen Mönchskutten herumzulaufen. Er sagte seinem Charme, seinem guten Aussehen und dem klassischen Drama ade. Er wechselte zum Improvisationstheater über und schloß sich einer radikalen SoHo-Gruppe an. Zu Hause saß er im Türkensitz auf dem Boden und meditierte. Er versicherte Kate, auch sie könne eine Wiedergeburt erleben, wenn sie sich mit gekreuzten Beinen neben ihn setzen und in die Kerzenflamme starren würde. Sie kauerte sich neben ihn, starrte in die Flamme und dachte daran, daß nicht mehr genügend Butter im Eisschrank war.

Trotzdem war sie auch jetzt noch bereit, sich den Vorstellungen ihres Mannes entsprechend zu verwandeln. »Nur durch meine Methode«, erklärte er doch tatsächlich, »kannst du wiedergeboren werden.« Aber hatte sie es in ihren Zwanzigern noch für möglich gehalten, daß man seine Persönlichkeit nach Belieben verändern kann, so wurde ihr jetzt klar, daß dies unmöglich war. »Es tut mir leid«, erklärte sie ihrem Mann, »aber so etwas kann man sich nicht vorschwindeln.« Er begann die Nacht bei einer »Seelenfreundin« zu verbringen, einer Frau, die ihm einredete, er sei eine Mischung aus John Gielgud, Richard Burton und Marlon Brando. Er blieb immer häufiger und länger von zu Hause fort.

Kurz nachdem Kate wieder schwanger geworden war, verließ er sie endgültig. Sie ließ eine Abtreibung vornehmen. Nun glaubte sie, völlig versagt zu haben.

Zwei Jahre lang fand sie nicht mehr zu sich selbst. »Ich war in einer sehr schlechten Verfassung, aber das wußte kein Mensch. Ich versuchte es den Leuten klarzumachen, aber sie glaubten mir nicht. Sie sahen nur, daß ich weitermachte. Ich kam mir wie verstümmelt vor. Ich betrachtete die kleinen arm- und beinlosen Geschöpfe, die auf ihren Wägelchen aus eigener Kraft die Straße entlangrollen, und ich sagte mir: ›O ja, irgendwie schaffen sie's schon. Aber ihre Arme und Beine wachsen nie mehr nach. Meine auch nicht. Mir bleibt nichts anderes übrig als tapfer und energisch zu sein, aber ein Krüppel werde ich immer bleiben.«

Sie legte sich einen Hausfreund zu, der gern Familienausflüge machte und nicht sonderlich ehrgeizig war. Sie lebten zwei Jahre lang wie ein Ehepaar zusammen. Eines Abends kam ein alter Freund Kates, der im Verlagswesen tätig war, zum Essen. »Ich bin wirklich froh, daß du so glücklich bist«, sagte er. Kate kochte vor Wut. »Merkt er denn nicht, daß es für mich die Hölle ist? Daß ich gar nicht ich selbst bin?« Dann kam ihr ein makabrer Gedanke: Wenn sie allen Leuten vorschwindeln würde, daß sie mit ihrem jetzigen Leben zufrieden war, würde sie vielleicht eines Tages selbst daran glauben.

Aber die vergangenen zwei Jahre waren keine Lebenslüge, sondern eine Zeit der inneren Sammlung gewesen. An jenem Abend beschloß Kate (sie war jetzt vierzig) ihre Lehrtätigkeit aufzugeben. »Ich möchte es in einem Verlag versuchen«, erklärte sie ihrem Hausfreund. »Wahrscheinlich werde ich fünf Jahre brauchen, um Lektorin zu werden.« Ihr Entschluß, sich in diesen harten Konkurrenzkampf zu stürzen, machte ihm Angst. Kate wußte, daß sich ihre Wege trennen würden. Aber zu ihrer Überraschung stellte sie fest, daß sie alle diese Veränderungen verkraften konnte. Unbewußt hatte sie sich in den vergangenen Jahren auf den neuen Lebensabschnitt eingestellt.

Wie sie zugab, war es für sie als Vierzigjährige schwierig, wieder zu arbeiten. (Den Lehrberuf betrachtete sie nicht als »Arbeit«, weil er eine Erweiterung ihrer Mutterrolle war.) Sie hatte keinerlei Erfahrung in der Verlagsarbeit und begann als Assistentin in der Vertragsabteilung. Aber Kate lief jetzt auf vollen Touren. Nachts las sie jedes Manuskript, das sie von den Lektoren bekommen konnte, und durch eifriges Üben schaffte sie es, in einer Nacht ein Buch von dreihundert Seiten zu lesen. Sie lernte, Manuskripte zu beurteilen und prägnante Gutachten zu verfassen. Bereits nach einem Jahr erhielt sie eine Stellung als Lektorin.

Die enorme Anspannung, die es sie kostete, einen neuen Beruf zu erlernen und ihre Position zu festigen, hat inzwischen nachgelassen. Heute ist Kate eine fröhliche, kompetente, hübsche und unprätentiöse Frau, ein wirklich erwachsener Mensch, wenngleich sie selbst noch nicht so recht daran glauben kann. Noch immer hat sie das vage Gefühl, eine alleinstehende Frau sei keine echte Frau.

»Meine Kinder kann ich jetzt nicht mehr als Vorwand benutzen. Ob ich zum Abendessen heimkomme oder nicht, spielt jetzt keine Rolle mehr. Sie sind durchaus in der Lage, sich selbst zu versorgen. Sie sind jetzt siebzehn, fünfzehn, elf und neun. Sie kommen und gehen und haben die Mammi nicht mehr nötig. Das macht mir ein bißchen bange. Eigentlich schon immer.

Was mir jetzt Angst einjagt, ist der Gedanke, ich könnte es mir vielleicht ganz abgewöhnen, mit einem Mann zusammenzuleben. Ich schluchze jetzt nämlich nicht mehr nachts in mein Kopfkissen wie vor zwei, drei Jahren. Ich bin nicht mehr verzweifelt. Zu den Kindern heimzukommen, macht mir jetzt viel mehr Freude als früher, als ich noch Lehrerin war. Die Abende verfliegen nur so. Manchmal kommen Freunde zu Besuch. Ich spiele Klavier, koche das Abendessen, unterhalte mich mit den Kindern, lese Manuskripte und lege mich schlafen. Das könnte noch viele Jahre so weitergehen.«

Noch immer wäre Kate lieber mit ihrem »Herrn Richtig« zusammen. Aber ganz gleich, wie sie sich verhalten hätte – die Krise, in die ihr Ehemann in der Lebensmitte geriet, hätte sie nicht verhindern können. Er war ein Mensch, der sein durch Familientraditionen geprägtes Lebensmuster nicht in Frage stellte und jede Selbstkonfrontation vermied, bis er sich schließlich mit Vierzig als völliger Versager fühlte. Hätte Kate damals ihren Lehrberuf aufgegeben, sie hätte zu Hause den lieben, langen Tag miterleben müssen, wie er sich als Versager aufführte. Hätte sie ihrem Entfaltungsdrang nicht nachgegeben, wäre sie schließlich nicht nur als alleinstehende Mutter dagestanden, sondern ihre Verbitterung hätte noch zugenommen und sie hätte es nie geschafft, einen über ihre häusliche Rolle hinausgehenden Tätigkeitsbereich zu finden.

Im Leben jeder umsorgenden Frau gibt es einen Zeitpunkt, von dem an sie lernen muß, etwas mehr an sich selbst zu denken.

Wenn Erhebungen über die Lebensmuster angestellt werden, für die sich Frauen in jungen Jahren entscheiden, fällt rund die Hälfte der Befragten in die Entweder-Oder-Kategorie. Diese Frauen glauben, sie könnten jeweils nur einen Aspekt ihres Selbst verwirklichen. Entweder schieben sie jede anstrengende Berufsausbildung auf, um zu heiraten, Kinder zu bekommen und sich so der Zuneigung ihres Lebensgefährten zu versichern. Oder sie widmen sich ihrer Berufsausbildung, schieben Ehe und Mutterschaft auf und begnügen sich inzwischen damit, hier und dort ein wenig Liebe zu finden. Irgendwann erscheint es den meisten Frauen notwendig, sich entweder für Mann und Kinder *oder* für einen Beruf zu entscheiden. Wenn sich auch die Männer vor diese Wahl gestellt sähen – gäbe es dann überhaupt noch Ehemänner?

Die Hausfrau-und-Mutter, die den beruflichen Erfolg aufschiebt

Die Frauen, die in diese Kategorie fallen, versuchen das Entweder-Oder-Problem dadurch zu bewältigen, daß sie die Erfüllung ihres Wunsches, sich auch im Beruf zu bewähren, auf später verschieben oder diesen Wunsch unterdrücken. Doch meldet sich der Wunsch bei diesem Typus früher oder später wieder. Die verwirrte Identität, die so oft für die Frühphase dieses Lebensmusters kennzeichnend ist, führt dazu, daß die Frau, während sie noch als Hausfrau-und-Mutter tätig ist, zahlreiche Überlegungen anstellt, bevor sie sich über ihre Berufsziele klarwerden kann. Unentschlossenheit und Zweifel am Erfolg sind daher charakteristisch für diese Phase.

Betty Friedans Erfahrungen illustrieren dieses Lebensmuster aufs genaueste. Sie studierte an einer renommierten Hochschule und schloß mit *summa cum laude* ab. Dann heiratete sie, wohnte in einem Vorort und wurde Mutter von vier Kindern. Aber obwohl sie sehr an ihrer Familie hing, erkannte sie, daß ein großer Teil ihrer Fähigkeiten brachlag. Doch wie sie diesen Zustand ändern sollte, konnte sie sich – obwohl bereits fünfunddreißig Jahre alt – nicht vorstellen.

Wie schwierig es ist, einen unterdrückten Ich-Aspekt wieder ins Spiel zu bringen, zeigt Betty Friedans erstaunliches Bekenntnis:

»Es war leichter für mich, eine Frauenbewegung zu gründen, als mein eigenes Leben zu ändern.«[6]

Ein schlechter Dienst wurde jenen Frauen erwiesen, denen man das Blaue vom Himmel versprach, wenn sie zunächst einmal ihre häusliche

Rolle schön brav erfüllen würden, was soviel heißt, daß sie fünfzehn bis zwanzig Jahre warten sollten. Es war der Gipfel der Heuchelei, daß jene Artikel in den Hausfrauenmagazinen, die derart vage Versprechungen machten und den Leistungsspätlingen vorspiegelten, sie könnten jederzeit in die Ausbildung oder den Beruf einsteigen, von Frauen verfaßt wurden, die diesen Schritt *nicht* getan hatten. Kein Wunder, daß so manche junge Intellektuelle der vierziger Jahre heute, da sie die Lebensmitte erreicht hat, zu den besonders aufgebrachten Frauen zählt.

Charlotte war eines dieser Mädchen, und die Ratschläge, auf die sie hereinfiel, lauteten so: Nach Erlangung der Hochschulreife heiraten, aber bis zum Abschluß des Studiums auf Kinder verzichten; Ende Zwanzig mit dem Kinderkriegen anfangen, sich zehn Jahre lang den häuslichen Pflichten widmen und um die Vierzig das Studium beruflich nutzen.

Doch die Sache hatte einen Haken. Als Charlotte so weit war, hatte sich ihr Fachgebiet so enorm weiterentwickelt, daß sie nicht mehr mithalten konnte. In jeder akademischen Disziplin wandeln sich Theorie und Praxis innerhalb eines Jahrzehnts so beträchtlich, daß es unmöglich ist, diesen Rückstand in kurzer Zeit aufzuholen. Charlotte mußte feststellen, daß sie auf ihrem Fachgebiet nur eine Assistentenstelle bekommen konnte, und das hieß: täglich sieben Stunden unterrichten. Es war für sie zu spät, sich einer Forschungsaufgabe zu widmen, die es ihr ermöglicht hätte, durch eine Publikation Aufnahme in die akademische Hierarchie zu finden. Es litt nicht nur ihr Selbstgefühl, sondern sie mußte sich auch noch mit einem Gehalt begnügen, das kaum höher war als das ihrer Haushälterin. Während diejenigen ihrer Altersgenossinnen, die ihre berufliche Laufbahn nicht unterbrochen hatten, heute Lehrstühle an Universitäten bekommen, versucht Charlotte immer noch aufzuholen.

Ein verheirateter *Mann* hat solche Probleme nicht.

Und wenn Charlotte voluntiert hätte? Wird nicht anerkannt. Und die Tatsache, daß sie einen Haushalt geführt und prächtige Kinder großgezogen hat? Gilt nicht als Berufsarbeit. Eine Frau hat keinen Anspruch auf Arbeitslosenunterstützung, wenn sie ihren Job als Ehefrau verliert (daher der ständige Kampf um die Sicherung des Anspruchs auf Unterhaltszahlung). Wenn eine amerikanische Ehefrau Witwe wird, ohne einen anderen Beruf ausgeübt zu haben, erklärt ihr die Steuerbehörde, sie hätte nichts zum Vermögen ihres Mannes beigetragen, und veranlagt sie in der höchstmöglichen Steuerklasse.

Wird diese Unterbewertung der Hausarbeit dann wenigstens durch Vorteile psychologischer Art wettgemacht? Nervosität, Schlaflosigkeit, Herzklopfen, Benommenheit, Ohnmachtsanfälle, Alpträume, zittrige feuchte Hände und vor allem Energielosigkeit – an allen diesen Symptomen leiden (das geht aus Daten hervor, die das U.S.-Ministerium für Gesundheit, Erziehung und Sozialfürsorge im Jahre 1970 gesammelt hat) Hausfrauen häufiger als berufstätige Frauen. Bei Frauen, die zusätzlich berufstätig waren, traten diese Symptome nur dann häufiger auf als bei Nur-Hausfrauen, wenn sie bereits am Rand eines Nervenzusammenbruchs standen.

Einige der an Hausfrauen begangenen Ungerechtigkeiten werden jetzt abgebaut durch Weiterbildungsprogramme, die die Arbeitserfahrung dieser Frauen berücksichtigen, sowie durch Verbesserungen des Rentengesetzes und durch Kurse für sinnvolle Freizeitgestaltung. Und dafür ist es auch höchste Zeit, denn heute wollen nicht nur Frauen aus der Mittelschicht mehr aus ihrem Leben machen, sondern auch Arbeiterfrauen und auf die Sozialfürsorge angewiesene Mütter.

Nimmt man sämtliche Statistiken über den Lebenszyklus der Familie zusammen, so ergibt sich, daß die Mutterschaft eine von mehreren Lebensphasen ist. Eine Mutter kann heute davon ausgehen, daß sie ihr letztes Kind zur Welt bringt, ehe sie die Schwelle zum eigentlichen Erwachsensein überschritten hat – nämlich das dreißigste Lebensjahr –, und daß sie Mitte Dreißig ist, wenn sie, halb wehmütig, halb erleichtert, dieses Kind erstmals zur Schule schickt.[7]

Und was dann? Neue Aktivität? Angstzustände? Unüberwindliche Trägheit?

Melissa hörte fünfzehn Monate nach der Hochzeit auf zu arbeiten – eine, wie sie damals meinte, zeitweilige Unterbrechung. Sie hatte sich entschlossen, zunächst zu Hause zu bleiben und ein Kind zu bekommen, »damit sich unsere Ehe gut einspielt«. Sie glaubte, sich ganz auf diese Aufgabe konzentrieren zu müssen, wenn alles glattgehen sollte – um so mehr, als sie bisher noch kaum mit ernsthaften Problemen konfrontiert worden war.

Ihre Eltern waren zu hochherzig, um ihr zu gestehen, daß ihnen der Mann, von dem sie sich die Erfüllung ihrer Träume versprach, nicht zusagte. Er war Schauspieler und trat in Werbespots und Fernsehserien auf, in denen er winzige Nebenrollen spielte oder sich auch nur bei einer Schießerei vom Pferd fallen lassen mußte. Die übrige Zeit saß er zu Hause herum und trank. Von einer gesicherten Existenz konnte keine Rede sein.

Das erste Kind löste eine heftige Rivalität zwischen den Eltern aus. Mit den neuesten Büchern und Utensilien bewaffnet, versuchte jeder auf seine Weise, das Baby davon abzuhalten, am Daumen zu lutschen oder im Schlaf mit dem Kopf aufs Bett zu hämmern. Jeder wollte beweisen, daß er der bessere Elternteil war. Nach fünf Jahren kostete es die beiden bereits erhebliche Überwindung, in ihren Gesprächen das Wort »Scheidung« zu umgehen.

»Versuchen wir's doch noch einmal«, pflegte Melissa zu sagen.

»Du hast Angst davor, und ich hab Angst davor«, erwiderte ihr Mann.

»Das stimmt.« Sie wollte sich dazu zwingen, ihn zu lieben. Alles erschien ihr erträglicher als eine ungewisse Zukunft.

Dann versuchten sie es auf andere Weise: Jeder tolerierte, daß der andere flüchtige Affären hatte, ein »Arrangement«, das beide letzten Endes nur in der Meinung bestärkte, eine Trennung sei »unmöglich«.

Auch Melissas Mutter blieb die verfahrene Situation nicht verborgen. »Viele Frauen mit Kindern heiraten ein zweites Mal«, erklärte sie ihrer Tochter. »Wenn's der Richtige ist, macht ihm das nichts aus.«

Nach sieben Jahren wurde die Situation unerträglich, wenngleich Melissa nie offen mit ihrem Mann darüber sprach. Aber nun stellte sie fest, daß eine entscheidende Wandlung in ihr vorging. »Warum soll ich bei ihm bleiben?« fragte sie sich. »Es reizt mich, wieder berufstätig zu werden. Und ich will unabhängig sein. Ich werde nie wieder heiraten.«

Dann gaben sie ihr abgelegenes Haus in den Bergen auf und mieteten ein kleines Haus in der Nachbarstadt von Melissas Mutter. Hier fanden die Kinder mühelos Spielgefährten, und Melissa legte sich einen Freundeskreis zu, der nur aus Unverheirateten bestand. Sobald sie erfuhr, daß ihr Mann sich ernstlich mit dem Gedanken an eine zweite Ehe trug, machte sie Schluß: »Hinaus mit dir! Ade!«

Erst jetzt wurde ihr klar, daß sie sich ein volles Jahr lang auf diesen Augenblick vorbereitet hatte. Sie war jetzt neunundzwanzig und lebte im vollen Bewußtsein der Entfaltungsmöglichkeiten, die sich der Frau in den Dreißigern bieten.

»Als er gegangen war, fühlte ich mich wie von einer Last befreit. Ich habe ihm keine Träne nachgeweint. Eine enorme Veränderung ging mit mir vor. Ich habe mir Bücher gekauft und mich immatrikuliert. Ich habe mir die Haare kurz schneiden lassen, ich habe zu rauchen begonnen, und ich habe mich darum gerissen, ausgeführt zu werden. Meine Mutter ist ständig zum Aushelfen herübergekommen und hat Fleisch aus ihrem Kühlschrank in den meinen gelegt. Sie wollte nicht, daß ich meine Ersparnisse aufbrauchte. Es war die glücklichste Zeit meines Lebens. Ich hatte das Gefühl, daß ich eine Menge schaffen würde, ja, ich fühlte mich wie neugeboren.«

Man muß warten, um von Jake empfangen zu werden. Er ist Agent in der Filmbranche und ständig auf Trab. Eigentlich wollten wir uns über seine zweite Ehe unterhalten, doch die Sprechanlage auf seinem Schreibtisch sorgt dafür, daß ihn die tägliche Routine nicht losläßt, was ihm, offengestanden, auch viel mehr Spaß macht. Er nuckelt an einer Zigarre und spuckt abgehackte Sätze aus.

»Ich schicke das Drehbuch rüber. Ist toll, wirklich toll! Was, die möchten Paul dafür haben? *Wer* verhandelt eigentlich mit wem? Scheiße! Ich hab mit Antonioni verhandelt. Die Chancen? Fünfzig zu zehn. Ja, ich fliege auch nach Cannes. Kann ich Paul anrufen?«

Jake erklärt mir, er müßte wie ein Arzt rund um die Uhr zur Verfügung stehen. »Alle verlangen von mir, daß ich mir mehr Zeit für sie nehme. Meine Kunden, meine Frau, meine Kinder. In letzter Zeit habe ich mir oft überlegt, wie ich das denn schaffen kann.« Es beunruhigt ihn auch, daß seine Frau in . . . wie soll er's ausdrücken? . . . in den alten Trott zurückgefallen ist. »Sie ist nicht berufstätig. Ich bin sicher, daß sie frustriert ist. Sie verbringt viel Zeit mit den Kindern.«

Als ich sie zu Hause besuche, macht Melissa einen verwirrten Eindruck. Hatte sie sich denn nach der Scheidung nicht wie neugeboren gefühlt? Hatte sie nicht erklärt: »Ich werde nie wieder heiraten« und »Ich will unabhängig sein«.

Sechs Monate nach ihrem Kopfsprung ins neue Leben hatte sie Jake geheiratet.

»Nach der dritten Verabredung wußte ich, daß wir uns ineinander verliebt hatten. Ich habe den Kontakt zu meinen alten Freunden abgebrochen und mich völlig Jake angepaßt, seinen Freunden, seinem Milieu. Meine Persönlichkeit hat sich total verändert. Ich bin ihm immer ähnlicher geworden. Er hat mir viel Kraft gegeben. Ich war so schwach und ängstlich. Ich wollte nur noch lernen, Mrs. Jake Pomeroy zu sein.

Melissas Gangart hat etwas Gesetzmäßiges an sich. Immer wenn diese Frau aus dem häuslichen Trott ausbricht, fühlt sie sich wie neugeboren. Das war so, als sie ihr Elternhaus an der Westküste verließ, um ein kleines College an der Ostküste zu besuchen, dessen anheimelnde Atmosphäre sie einfach herrlich fand. Aber kaum hatte sie den ersten Geschmack von Unabhängigkeit bekommen, da zog es sie auch schon wieder unwiderstehlich nach Hause zurück. Nach sieben weiteren Jahren gleichförmigen Lebens machte sie Schluß mit ihrer Ehe, die in ihren Augen der Grund dafür war, daß sie sich eingeengt fühlte. Ein kurzes Aufsprudeln neuer Vitalität, ein paar Angstmomente – und schon floh sie zurück auf die »Verkehrsinsel«, von der sie sich Sicherheit erhoffte. Diesmal »übernahm« sie die Lebensweise ihres Mannes und ging so rückhaltlos in seinem Traum auf, daß sie sich nicht mehr verpflichtet fühlte, ihre eigene Persönlichkeit weiterzuentwickeln.

Doch nun, mit vierunddreißig Jahren, sitzt sie wieder in der Klemme. Allerdings treibt sie dieses Mal offenbar einer sehr ernsten Krise entgegen. »Ich fühle mich wie am Boden zerstört. Von den Kindern, den Haushälterinnen, meinen beiden Ehemännern, meinen Freunden, den Telefonapparaten, dem Fernsehen. Ich gäbe alles darum, wieder ein eigenes Leben führen zu können. Ganz einfach allein zu sein. Wie damals, nach meiner Scheidung. Das war die glücklichste Zeit meines Lebens.«

Das soll nicht heißen, daß Melissa wieder an Scheidung denkt. Was sie sich wünscht, ist, genügend Mut aufzubringen, um die Bande, durch die sich ihre gesicherte Existenz so eng an ihren Mann und die Kinder knüpft, etwas zu lockern.

Draußen hupt jemand. Der Sonntagnachmittagsvater wartet auf die Kinder. »Auf Wiedersehen, meine Süßen«, sagt Melissa und seufzt ein bißchen. Die Kinder marschieren zur Tür hinaus, wie Kriegsgefangene.

Jetzt ist sie allein mit den Koffern und dem Telefon. Beim Anblick der Koffer hat sie ein schlechtes Gewissen, weil sie gepackt hat, um mit ihrem Mann nach Cannes zu fliegen. Es ist ihre erste gemeinsame Reise. Jake mußte Melissa zum Mitkommen überreden. »Mein Verstand sagt mir, daß ich vor allem zu meinem Mann gehöre. Meine Kinder verlassen mich eines Tages sowieso, und man hat schließlich nur einen Ehemann. Aber rein gefühlsmäßig kann ich mir ein Leben ohne die Kinder einfach nicht vorstellen. Ich frage mich immer wieder: *Und wenn sie überhaupt nicht mehr zu mir zurückkommen wollen?*«

Die Telefone lösen eine andere Reaktion in ihr aus: ein Gefühl der Frustration. Sie stehen im ganzen Haus herum. Jakes Telefone. Im Arbeitszimmer, im Schlafzimmer, in der Küche. Ein wahres Gewirr von Verlängerungsschnüren, die, sobald er nach Hause kommt, ihre weißen Arme um ihn schlingen; die ihn um drei Uhr morgens mit Anrufen aus Übersee umarmen, die ihm das ganze Wochenende mit Hilferufen schmeicheln – um Hilfe rufen seine Klienten, alles wichtige Persönlichkeiten. Manchmal kommt Melissa der Gedanke, daß sie mehr Gelegenheit hätte, mit Jake zu sprechen, wenn sie Telefonistin wäre.

Die schwelende Frage in ihrem Leben ist wieder aufgetaucht, doch dieses Mal schlagen die Flammen hoch. Melissa ist fast fünfunddreißig. »Wie kann eine Frau ihre Identität außerhalb der Ehe finden, ohne ihre Ehe oder ihre Kinder zu gefährden? Ich glaube, ich kenne keine Frau meines Alters, die sich nicht mit diesem Problem herumschlägt.«

Dies ist die entscheidende Frage für alle Hausfrauen und Mütter, die ihre persönliche Entfaltung auf später verschoben haben. In jedem Lebensabschnitt stellt sich dieses Problem von neuem, und wenn es nicht gelöst wird, verlöscht das Warnlicht eines Tages und wird der Nebel immer undurchdringlicher.

Daß Melissa nicht genau weiß, wann sie den entscheidenden Schritt tun wird, ist typisch. »Dieses Jahr habe ich den Entschluß gefaßt«, erklärt sie strahlend. »Jetzt liegt's an mir. Ich möchte so gern wieder berufstätig sein. Und ich versuche ständig, den Absprung zu finden. Deshalb gehe ich auch zu einem Therapeuten.« Und im gleichen Atemzug sagt sie: »*Nächstes* Jahr stelle ich mich auf eigene Füße.«

Eine der wichtigsten Erfahrungen, die der erwachsene Mensch beim Zusammenleben mit einem heranwachsenden Kind macht, besteht darin, daß er sich seiner eigenen Kindheitserlebnisse wieder deutlich bewußt wird. Die unerfüllten Wünsche, die Rivalitäten, die unerwiderte Liebe, die Ängste und Frustrationen, die er im Kindesalter erlebt und später nie ganz verdrängt hat, steigen wieder in ihm hoch. Den Psychiatern ist dieser Vorgang vertraut, aber vielen Ehepaaren nicht. Und so kommt es zwischen ihnen häufig zu einem Streit, der in Wirklichkeit ein Schattenboxen mit den eigenen Eltern ist. Dagegen haben Väter und Mütter, die sich durch ihre Kinder der eigenen Kindheitserfahrungen wieder voll bewußt werden, die Möglichkeit, ihre alten Ängste und seelischen Verwundungen aufzuarbeiten, und damit die Chance, »es besser zu machen«.

Die angenehme Gewißheit, sich jederzeit dieses »Ventils« bedienen zu können, hält viele Mütter von dem Entschluß ab, sich nicht mehr ausschließlich ihren Kindern zu widmen. Meistens führen sie dafür Gründe an, die nach mütterlicher Fürsorge, ja Opferbereitschaft klingen. »Ich hatte vor, dieses Jahr wieder berufstätig zu werden, doch jetzt habe ich eingesehen, daß meine Kinder doch noch nicht ohne mich auskommen.«

Nicht nur Mütter mit traumatischen Kindheitserlebnissen finden Trost darin, sich in ihren eigenen Kindern wiederzuerleben. Wenn Melissa wenig überzeugend erklärt, sie habe dieses Jahr beschlossen, wieder berufstätig zu werden, und sofort hinzufügt: »Nächstes Jahr werde ich mich auf eigene Füße stellen«, dann äußert sie damit im Grunde nur den Wunsch, ihre eigene, von ihr als wundervoll harmonisch empfundene Kindheit zu verlängern. Weil ihre Eltern für sie ein Hort der Geborgenheit waren, fehlte ihr die echte Motivation, ein unabhängiges Leben zu führen. Wann immer sie den Versuch unternahm, war ihre Mutter zur Stelle, um den Kühlschrank oder das Bankkonto der Tochter aufzufüllen. Wie hätte sich Melissa diese Geborgenheit erhalten können, wenn sie darauf bestanden hätte, wirklich erwachsen zu werden? Ihre »Gangart« ist das Resultat der übertriebenen Fürsorge ihrer Eltern. Sie hat sich ständig gewünscht, wieder in dieser Fürsorge schwelgen, ein verhätscheltes, folgsames Kind bleiben zu dürfen.

Und nun kann sich das Muster wiederholen. Als Mittelpunkt einer engen Familiengemeinschaft mit Fürsorge überschüttet, wächst das verwöhnte Kind heran, schafft sich einen neuen Zufluchtsort, bekommt eigene Kinder, empfindet es als unerträglich, sich ihnen nicht tagaus, tagein zu widmen, und belastet sie vielleicht mit dem gleichen Abhängigkeitsbedürfnis.

Wenn sich die zum zweiten Mal verheiratete Melissa spontan darüber äußert, wie sie ihr Leben gestalten würde, falls sie nochmals von vorn anfangen könnte, zeigt sich, daß sie jene beneidet, die eine andere Entscheidung trafen. »Am besten daran sind die Frauen, die schon vor der Heirat im Berufsleben Fuß gefaßt und erst später Kinder bekommen haben. So würde ich es auch machen. Auf jeden Fall einen Beruf. Und mit Achtundzwanzig heiraten.«

Mit dieser Altersangabe hat Melissa genau ins Schwarze getroffen.

Die karriereorientierte Frau mit aufgeschobener Hausfrau-und-Mutter-Rolle

Die einzige ausführliche Studie über karriereorientierte Frauen im Geschäftsleben ist meines Wissens die Dissertation, mit der Margaret Hennig – heute Professorin für Betriebswirtschaft – 1970 in Harvard promovierte. Für ihre Untersuchung entnahm sie dem *Who's Who in America*, dem *Who's Who of American Women*, sowie den Jahresberichten der fünfhundert größten Unternehmen die Namen von hundert Frauen, die in bedeutenden Firmen und Geldinstituten die Position des Generaldirektors oder seines Stellvertreters bekleiden. Sodann ist sie dem Leben von fünfundzwanzig Frauen dieser Zielgruppe nachgegangen und dabei zu höchst interessanten Ergebnissen gelangt.[8]

Alle fünfundzwanzig Frauen hatten es für notwendig gehalten, sich zunächst *entweder* für die Ehe *oder* den Beruf zu entscheiden. Da sie mehr erreichen wollten, als ihnen die herkömmliche Rolle der Frau bieten konnte, verzichteten sie in ihren Zwanzigern weitgehend auf die Erfüllung romantischer Träume. Dr. Hennig wollte herausfinden, ob es sich hier um einen ganz bestimmten Persönlichkeitstypus – gewissermaßen um die Frau als »Abklatsch des Mannes« – handelte oder um einen »Entwicklungsknoten«, der eine spätere Auflösung nach sich ziehen konnte.

In sämtlichen Fällen handelte es sich um Frauen, die die Erstgeborenen gewesen waren. Sie hatten sich in ihrer Rolle als Mädchen wohlgefühlt, wehrten sich aber gegen die landläufige Meinung, Mädchen seien für bestimmte Dinge ungeeignet. Auch wurden sie von ihren Vätern ermutigt, sich solchen Einschränkungen zu widersetzen. Wie Dr. Hennig erläutert, trug diese frühzeitig und deutlich erkannte Diskrepanz zwischen den von der Gesellschaft aufgestellten Regeln und der Entscheidungsfreiheit, zu der sie zu Hause ermutigt wurden, zum beruflichen Erfolg dieser Frauen bei.

In den Entwicklungsjahren widerstanden sie der ödipalen Schleife, identifizierten sich also nicht erneut mit ihren Müttern. Sie beneideten die

Männer um ihr aktiveres und vielseitigeres Leben. Nach Dr. Hennigs Worten war dieses Neidgefühl nicht mit irgendwelchen dunklen Freudschen Angstgefühlen befrachtet; vielmehr drückte sich darin ganz offen der Wunsch nach Entscheidungsfreiheit aus, der für Menschen kennzeichnend ist, die diese Freiheit schon in jungen Jahren erfahren haben.

Die Mütter dieser Frauen waren durchweg keine faszinierenden Persönlichkeiten, sondern typische Umsorgende, die versuchten, ihre Töchter auf die gleiche Rolle vorzubereiten. Als diese den wichtigen Lebensabschnitt zwischen Elf und Vierzehn erreicht hatten, weigerten sie sich, zu »jungen Damen« erzogen zu werden, wandten sich von ihren Müttern ab und fanden bei ihren Vätern den notwendigen Halt. Nichts deutet darauf hin, daß diese Väter ihre kleinen Töchter *genau wie Jungen* behandelten. Den Berichten sämtlicher Frauen ist vielmehr zu entnehmen, daß in der Vater-Tochter-Beziehung das männliche und das weibliche Element einander ergänzten.

Ohne Ressentiment gegenüber den typisch weiblichen Zügen ihrer Töchter, legten die Väter mehr Wert darauf, ihnen Kenntnisse auf den verschiedensten Gebieten zu vermitteln, als sie auf eine geschlechtsbedingte Rolle vorzubereiten. Tennis und Segeln gehörte ebenso zu ihrem gemeinsamen Programm wie Gespräche über Vaters Beruf. Man hat den Eindruck, daß diese Männer bei ihren Töchtern jenes kameradschaftliche Verständnis suchten, das sie bei ihren beschränkteren Frauen nicht fanden. Die Bardwick-Studie über erfolgreiche Männer[9] liefert eine mögliche Erklärung dieses Sachverhalts: Diese Männer wollten keine karriereorientierten, rivalisierenden Ehefrauen haben, waren jedoch stolz auf ehrgeizige, erfolgreiche Töchter. Oft ist eine solche Tochter das Lieblingskind des Vaters, weil sie ihm, im Gegensatz zum Sohn, nachgeraten kann, ohne mit ihm zu konkurrieren. Und wenn er die *Tochter* in ihren Bestrebungen ermutigt, bewahrt er sich die ungeteilte Fürsorge seiner Frau.

Als Dr. Hennig jene außergewöhnlich erfolgreichen Frauen über die emotionalen Beziehungen zwischen den Familienangehörigen befragte, fanden sie allein schon die Vorstellung eines Konkurrenzkampfes zwischen ihnen und ihren Müttern um die Gunst der Väter höchst merkwürdig. Alle waren überzeugt, daß ihnen seitens der Mutter keinerlei Gefahr gedroht habe. Den Vater hatten sie damals schon längst auf *ihre* Seite gezogen.

In allen Fällen blieb die Vater-Tochter-Beziehung in der stürmischen Periode der Entwicklungsjahre intakt. Der Vater bestärkte die Tochter in ihrem Selbstvertrauen, durch ihn vor allem sah sie ihre Belohnungserwartung erfüllt.

Sämtliche Befragten besuchten ein College und danach – mit einer einzigen Ausnahme – eine koedukative Universität, weil sie es vorzogen, gemeinsam mit Männern in einer berufsorientierten Atmosphäre zu studieren. Die Hälfte von ihnen wählte, offenbar dem Vater nacheifernd, Betriebs- oder Volkswirtschaft als Hauptfach. Nur wenige entschieden sich für geisteswissenschaftliche Fächer. Alle zeichneten sich durch ihre Leistungen aus. Drei Jahre nach Universitätsabschluß bekleideten sie Stellungen als Sekretärinnen oder Verwaltungsassistentinnen in der Industrie, im Einzelhandel, im Bankgeschäft, in Public-Relations-Firmen oder auf dem Dienstleistungssektor. In den meisten Fällen handelte es sich um Positionen, die man für sie geschaffen hatte, um ihren Vätern entgegenzukommen.

Im Gegensatz zu den männlichen »Wunderkindern« wechselten diese jungen Frauen nicht von einer Firma zur anderen, um möglichst rasch Karriere zu machen. Sie wußten, daß man als Frau nur vorwärtskommen kann, wenn man beweist, daß man für die nächsthöhere Position geeigneter ist als die ebenfalls darauf reflektierenden Männer. Und da es bereits beträchtliche Anstrengung erforderte, innerhalb ein und derselben Firma zu guter Zusammenarbeit mit den anderen Angestellten zu gelangen, hielten sie es für Zeitverschwendung, ihre Stelle zu wechseln. Sie erwiesen sich als ausgesprochen loyal. Jede von ihnen arbeitete dreißig Jahre lang in derselben Firma, bevor sie mit einer führenden Position belohnt wurde.

In jungen Jahren kam keine von ihnen auf den Gedanken, daß ihre Karriere den völligen Verzicht auf Ehe und Mutterschaft bedeuten könnte. Um das fünfundzwanzigste Lebensjahr jedoch entschlossen sie sich, so Dr. Hennig, »ihre geschlechtsbedingte Rolle auf später zu verschieben«. Während sie sich bis dahin regelmäßig auch mit Junggesellen verabredet hatten, beschränkten sie ihren gesellschaftlichen Verkehr nun auf verheiratete oder aus anderen Gründen für sie nicht in Frage kommende Männer. Und ihren sexuellen Bedürfnissen gaben sie selten oder überhaupt nicht nach.

Jede dieser Frauen entwickelte in den Zwanzigern ein starkes Zugehörigkeitsgefühl gegenüber ihrem Vorgesetzten, das an die Stelle der früheren Vater-Tochter-Beziehung trat. Sobald sie sich von ihrem neuen Mentor beschützt fühlte, ordnete sie dieser Beziehung jede andere unter. Ihrem Mentor gegenüber konnte sie es wagen, sich uneingeschränkt mitzuteilen, und bei ihm fand sie, wie vorher beim Vater, Unterstützung und Ermutigung. Wurde er befördert, so sorgte er dafür, daß sie mit ihm befördert wurde.

Dieses Abhängigkeitsverhältnis endete bei allen Befragten erst dann, als sie in mittlere Managerpositionen aufgerückt waren und die Zäsur Mitte Dreißig erreicht hatten.

Fünfunddreißig! Jetzt wurde ihnen plötzlich klar, wie rasch die Zeit verflog und wie ihr Leben, so ungewöhnlich erfolgreich es auch verlaufen war, aus kaum mehr als ihrem Beruf bestanden hatte. Der Wunsch, sich zu bewähren, hatte seinen Reiz verloren. Andererseits waren sie in ihren Positionen so gefestigt, wie sie es früher kaum für möglich gehalten hätten. Einigermaßen erstaunt stellten sie fest, daß aus der einstigen Beziehung zwischen dem »großen Ratgeber« und der »kleinen Untergebenen« eine Beziehung zwischen Gleichrangigen geworden war. Die leidigen weiblichen Probleme, die sie bisher unter den Teppich gekehrt hatten, krochen an allen Seiten wieder hervor. Jetzt mußte Bilanz gezogen werden, denn das kritische Stadium war erreicht.

Als Erklärung für diese Krise führten die Befragten Überlegungen biologischer Art an: »Mir wurde plötzlich klar, daß mir nicht mehr allzuviel Zeit blieb, um Kinder zu bekommen.« Die Altersgrenze war freilich nicht das eigentliche Problem, sondern lediglich ein Denkanstoß. Im Grunde ging es um die Frage: »Was ist aus jenem Teil meines Selbst geworden, den ich damals beiseite geschoben habe und nach fünf, sechs Jahren wieder zu seinem Recht kommen lassen wollte? Jetzt sind bereits fünfzehn Jahre vergangen.«

Die Zielstrebigkeit, mit der diese Frauen ihre Krise der Lebensmitte bewältigten, ist bemerkenswert. Alle fünfundzwanzig beschlossen, ein Moratorium von ein bis zwei Jahren einzulegen. Sie arbeiteten zwar weiter, aber längst nicht mehr so hart wie bisher. Voller Elan legten sie sich eine neue, reizvolle Garderobe und eine modische Frisur zu. Sie nahmen sich wieder Zeit, das Leben zu genießen und ihre weiblichen Bedürfnisse zu befriedigen.

Fast die Hälfte dieser Frauen heirateten Männer, die sie beruflich kennengelernt hatten. Und auch ihre mütterlichen Gefühle kamen nicht zu kurz: Zwar bekam keine von ihnen eigene Kinder, aber in sämtlichen Fällen brachten die Männer Kinder mit in die Ehe.

Die andere Hälfte der Befragten hatte offenbar keine Gelegenheit zum Heiraten. Als diese Frauen von der Lebenskrise überrascht wurden, hatten sie so gut wie kein Privatleben. Aber wie sich herausstellte, kam es gar nicht darauf an, ob sie heirateten oder nicht. Denn auch die Frauen, die ledig blieben, waren sich bewußt, daß sie ihr einseitiges Leben grundlegend ändern mußten. Auch sie wurden nun geselliger und aufgeschlossener, und viele waren jetzt zum ersten Mal bereit, selbst die Rolle des Mentors zu übernehmen.

Rund zwei Jahre nach Beginn des Moratoriums begannen alle Befragten auf eine Spitzenposition hinzuarbeiten. Aber ihr Verhalten und ihr Selbstverständnis hatten sich entscheidend gewandelt. Im Umgang mit anderen zeigten sie mehr Freimut und Spontaneität. Wo sie sich früher ausgeschlossen gefühlt hatten, fühlten sie sich jetzt integriert. Und während sie früher ihr Leben als »ausgefüllt« und »befriedigend« bezeichnet hatten, fügten sie jetzt das Wort »glücklich« hinzu.

»Es ging hier«, schreibt Dr. Hennig, »nicht einfach darum, in welchen Konflikt diese Frauen durch das Verhalten ihrer Umwelt gerieten, sondern vielmehr darum, wie sie mit der eigenen Dualität fertig wurden. Zweifellos wurde dieser Prozeß erschwert ... durch die herkömmliche Einstellung der Gesellschaft gegenüber Frauen, die Spitzenpositionen anstreben. Dennoch fiel es diesen Frauen viel leichter, diese äußeren Konflikte zu vermeiden, als ihre inneren zu bewältigen.«

Nicht ganz so glücklich entwickelten sich die Dinge für die weibliche Kontrollgruppe, der es nicht gelungen war, über mittlere Managerpositionen hinauszugelangen. Beim Vergleich mit der Hauptforschungsgruppe stellte Dr. Hennig erhebliche Unterschiede im elterlichen Verhalten fest. Von ihren Vätern waren diese Frauen nicht nur *in mancher Hinsicht* wie ein Sohn, sondern *genau* wie ein Sohn behandelt worden. Ihre Weiblichkeit war praktisch verleugnet worden, und einige unter ihnen erhielten sogar männliche Rufnamen. Im Berufsleben entwickelten sich zwischen ihnen und ihren Mitarbeitern nur »Kumpel«-Beziehungen. Und was vielleicht am wichtigsten war: Sie gestatteten sich keine Krise – nicht einmal in der Lebensmitte. Hatten sie einmal eine Tür von innen verrammelt, so blieb sie das auch. Keine dieser Frauen heiratete. Alle neigten dazu, von ihrem Mentor abhängig zu bleiben, bis dieser sie schließlich fallenließ. Sie schafften den Aufstieg zur Spitze nicht, sondern waren mit fünfzig Jahren als Manager zweitrangig und als Frauen vereinsamt. Sie waren verbittert und fühlten sich von anderen betrogen. Es blieb den zielstrebigeren berufstätigen Frauen vorbehalten, sich in der Lebensmitte auf ihre vernachlässigten Gefühle, sexuellen Bedürfnisse und Hausfrau-und-Mutter-Instinkte zu besinnen, wenig später über ihren Mentor hinauszuwachsen, aus den mittleren Rängen aufzusteigen, schließlich die Position des Generaldirektors oder seines Stellvertreters zu bekleiden und ihre außergewöhnliche Integrationsfähigkeit zu beweisen.

Für eine noch aussichtsreichere Variante dieses Lebensmusters hat sich heute eine ganze Reihe von Frauen mit verzögerter Hausfrau-und-Mutter-Rolle entschieden, darunter auch Margaret Meads Tochter. Sie tun alles, um sich zunächst eine sichere berufliche Grundlage zu schaffen, sind indes nicht ausschließlich karriereorientiert. Als nächsten Schritt üben sie sich so lange in die Problematik der Ehe ein, bis beide Partner einigermaßen gelernt haben, Gemeinsamkeit und Individualität ins Gleichgewicht zu bringen. Erst dann (also nicht vor dem dreißigsten Lebensjahr) bekommen sie ihr erstes Kind. Diese jungen Frauen wissen um die Wechselfälle des Lebens.

Die junge karriereorientierte Frau von heute muß zweifellos weniger innere und äußere Schranken überwinden als jene Frauen, die in früheren Zeiten im Beruf vorankommen wollten und sich nicht selten verkrüppelt vorkamen, weil man sie als »Mannweiber« verspottete. Diese Frauen waren fast ausschließlich auf männliche Vorbilder und Ratgeber angewiesen. Und die neuen spezifisch weiblichen Impulse, die sie dem Geschäftsleben und der Politik hätten geben können, wurden entweder völlig ignoriert oder als »typisch weiblich« und »zu gefühlsbetont« abgetan.

Die leidenschaftliche Solidarisierung der Frauen macht es heute vielen bereits zu Erfolg Gelangten zur Aufgabe, ihren jüngeren Geschlechtsgenossinnen beratend zur Seite zu stehen. Erst wenn die volle Gleichberechtigung erreicht ist, wird sich herausstellen, in welchem Maße Frauen in wichtigen Positionen den Zustand der Gesellschaft verbessern können. »Und Gleichberechtigung werden wir haben«, erklärte Estelle Ramsay, Vorsitzende des Verbandes der Frauen in wissenschaftlichen Berufen *(Association of Women in Science)*, »wenn ein Hohlkopf weiblichen Geschlechts genau so schnell Karriere machen kann wie ein Hohlkopf männlichen Geschlechts.«[10]

Nun zum Aufschub der Hausfrau-und-Mutter-Rolle: Was geschieht, wenn die beruflich erfolgreiche Frau ihrem unterdrückten Wunsch nach Ehe und Mutterschaft nachgibt? Oft werden aus diesen Frauen die glücklichsten Mütter.

Die oben erwähnte Publizistin, die in ihren Zwanzigern – stolz darauf, ihr fachliches Können beweisen zu können – viel in den Staaten herumreiste, geriet mit Neunundzwanzig über den Heiratsantrag eines bedeutend älteren Mannes »völlig aus dem Häuschen«. »In den letzten zehn Jahren«, berichtet sie strahlend, »habe ich sechs Kinder zur Welt gebracht, darunter Zwillinge. Meine Identität ist dadurch nicht verschüttet, sondern in ein wundervolles Gleichgewicht gebracht worden. Doch nun reizt es mich allmählich, wieder berufstätig zu werden. Da ich bereits Berufserfahrung habe, bringe ich genügend Verständnis für den Karrieredruck auf, unter dem mein Mann steht. Ich kann mir, offengestanden, nicht vorstellen, wie eine Ehe gutgehen soll, wenn die Frau noch nicht berufstätig gewesen ist.« Die ruhige Selbstsicherheit dieser Frau ist bemerkenswert. Wenn sie von ihren Plänen für den nächsten Lebensabschnitt spricht (Teilzeitarbeit, bis das jüngste Kind in die Schule kommt, dann Übernahme der Kundenbetreuung für die Firma ihres Mannes), ist man überzeugt, daß sie dies alles verwirklichen wird.

Eine andere karriereorientierte Frau, die die Mutterschaft noch länger aufschob, erklärt: »Mitte Dreißig das erste Kind zu bekommen, ist so beglückend. Jetzt brauche ich mir, wenn ich ein Kind sehe, nie mehr zu sagen: ›Das liegt doch nur an dir selbst.‹«

Das bringt uns auf eine noch seltenere Variante dieses Lebensmusters:

Die Frau mit Karriere und spätem Kind

Unter den Frauen, die in ihrem Beruf Außergewöhnliches geleistet haben, sind nicht wenige, die erst Mitte Dreißig oder noch später Mutter wurden. Als bekannte Beispiele seien Margaret Mead und Sophia Loren genannt. Ein Teil dieser Frauen *entschied* sich dafür, so lange zu warten. Bei anderen verzögerte sich die Empfängnis aus Gründen körperlicher oder seelischer Art oder weil beides zusammenwirkte. Jedenfalls aber fällt diesen Frauen hinsichtlich der Generationenfolge eine ungewöhnliche Rolle zu. Das Selbstverständnis der Frau, deren Klimakterium mit der Pubertät ihrer eigenen Tochter zusammenfällt, wird sich stets beträchtlich vom Selbstverständnis derjenigen unterscheiden, deren Kinder zu diesem Zeitpunkt bereits das Elternhaus verlassen.

Als Beispiel für die Variante der stark karriereorientierten Frau erscheint mir der Lebensweg Margaret Meads besonders geeignet.

In ihren Zwanzigern hat diese Frau abenteuerliche Forschungsreisen in Samoa unternommen, Malariaanfälle überstanden und Fehlgeburten erlitten; als Dreißigerin hat sie am Sepikfluß in Neuguinea entscheidende Erkenntnisse gewonnen; und bevor sie das fünfundvierzigste Lebensjahr erreichte, hatte sie in drei Ehen und einer ungewöhnlichen Hausgemeinschaft Erfahrungen gesammelt. Sie hat sieben Kulturen erforscht, neunzehn Bücher geschrieben, sämtliche Aufzeichnungen über ihr fünfzigjähriges Studium primitiver Kulturen gesammelt, 2500 Studenten unterrichtet, auf Hunderten von Tagungen überholte Lehrmeinungen aufs Korn genommen und bei so mancher Talk Show das Interesse der Fernsehzuschauer ungewöhnlich lange wachgehalten. Sie hat eine Tochter und ein Enkelkind. Und sie hat ihre Autobiographie geschrieben.

Um fünf Uhr morgens sitzt sie bereits an der Schreibmaschine, die auf dem Eßzimmertisch steht, und tippt energisch drauf los: Das Pensum muß geschafft werden. Sie braucht jetzt nicht mehr so viel Schlaf wie früher. Sie ist vierundsiebzig – erst vierundsiebzig.

Für die Fußsoldaten des modernen Feminismus ist Margaret Mead der General. Unter den unzähligen Frauen, die für ihre Emanzipation einen

Preis zahlen mußten (und dazu gehören jene, die ihren Mann verließen oder von ihm verlassen wurden; jene, die wegen ihres beruflichen Engagements auf Kinder verzichten mußten; jene, die dem Ehealltag entfliehen wollten, aber, als sie in einer Künstlerkolonie zu töpfern begannen, vergeblich auf das Erwachen ihrer genialen Begabung warteten; und wohl auch jene als Feministinnen auftretenden Berühmtheiten, die von Zeit zu Zeit, wenn sie gerade wieder einmal ihrer routinemäßigen Sexgymnastik überdrüssig sind, mit dem Geständnis aufwarten, sie lechzten nach einer wilden Nacht mit einem unverbesserlichen Chauvinistenschwein), unter diesem Heer von Frauen ist keine, die ein solches Maß an Selbstbefreiung erreicht hat wie Margaret Mead. In ihrer Generalsrolle ist sie ein Prophet im eigenen Land. Und als Frau ist sie innerhalb ihres eigenen Kulturbereiches stets eine Abweichlerin gewesen. Daß es so kommen würde, wußte sie schon vor mehr als fünfzig Jahren.

In ihrer Autobiographie berichtet sie, die das erstgeborene Kind ihrer Eltern und ein Wunschkind war, daß ihr Lebensweg von ihrem Vater vorgeprägt worden sei. Er war ein konservativ denkender Professor an der Universität von Pennsylvania, der die Überzeugung vertrat, daß es keine wichtigere Lebensaufgabe gebe, als etwas zum Wissensstand der Menschheit beizutragen. Schon frühzeitig erkannte Margaret, daß die Chancen ihrer Mutter, in ihrem Beruf als Soziologin Karriere zu machen, begrenzt waren, weil sie zu viele Kinder bekam. Darüber zu entscheiden, überließ sie dem lieben Gott, aber aus ihrer eigenen Erfahrung heraus beklagte sie die allgemeine gesellschaftliche Situation der Frau zutiefst.

Margaret fand also den Nährboden vor, auf dem sich Karrieredenken entwickeln kann. Ihre spezifische Begabung, die gesellschaftliche Wirklichkeit zu erkunden, trieb sie dazu, Neuland zu betreten, sobald ihr klar geworden war, »daß intelligente Frauen unter Umständen mehr leisten können als intelligente Männer und daß sie dafür leiden müssen«.[11] Diese Erkenntnis trug dazu bei, daß sie sich für die Anthropologie entschied und sich vornahm, sich um der bloßen Rivalität willen nicht auf Spezialgebiete zu wagen, für die sich Männer besser eigneten.

Und so entschied sie sich für zwei Forschungsprojekte, die ihr als Frau größere Möglichkeiten boten. Das eine konnte sie in Arbeitsteilung mit ihren ersten beiden Ehemännern durchführen, wobei ihr die Aufgabe zufiel, sich mit Frauen und Kindern zu befassen. Ihr zweites Projekt bestand darin, als ältere Frau mit Personen beiderlei Geschlechts zu arbeiten und dabei »aus dem hohen Ansehen, das die Frau nach dem Klimakterium genießt, Nutzen zu ziehen«. So entwarf Margaret Mead einen Lebensplan, der sie nicht zur Gefangenen ihres Geschlechts und der Zeit, in die sie hineingeboren wurde, machte.

Ich fragte diese Frau, die schon jetzt legendären Ruhm genießt, wie sie es geschafft habe, ihre verschiedenen Lebensbereiche zu integrieren. »Sie haben doch sicher manches opfern und manchen Kompromiß schließen müssen?«

»Ja. In meiner Generation hat es enorme Energie gekostet, ein Kind zu haben *und* Karriere zu machen. Oder man mußte enorm viel Geld und enorm viel Glück haben. Ich besitze genügend Energie, um zwei Aufgaben gleichzeitig zu bewältigen. Und ich kenne die gesellschaftliche Wirklichkeit gut genug, um sie zu durchschauen und sie gewissermaßen zu überlisten.«

Dann sprachen wir über die billigste Arbeitskraft der Welt: die Ehefrau. Dabei fiel mir ein Satz ein, den Dr. Mead auf einer Vortragsreise geäußert hatte: »Die amerikanischen Frauen sind zwar gute Mütter, aber schlechte Ehefrauen.« Ich bat sie, dieses Urteil zu begründen.

»Die Amerikaner können sich schlecht auf jemand anderen einstellen. Die amerikanische Frau ist tüchtig und fair und nimmt das Leben, wie es ist. Aber eine gute Ehefrau sein, eine, die diesen Beruf ernst nimmt, sich von vornherein auf die Bedürfnisse des Partners einstellen, für ihn sorgen, wenn er nach Hause kommt. Und ein Mann, der eine wichtige Aufgabe zu erfüllen hat, beispielsweise als Lehrer oder Politiker, kann das nur schaffen, wenn er eine Frau hat, die ganz für ihn da ist.«

Wie vertrug sich eine so konventionelle Meinung mit Margaret Meads eigenen Erfahrungen?

»Wir sollten Menschen erziehen, die bereit sind, ihr Leben anderen zu widmen – dem Ehepartner, den Kindern –, und denen diese Aufgabe wirklich Freude macht.« Jetzt sprach wieder der »General«.

Über die Situation der Kinder ist Margaret Mead offensichtlich tief besorgt. Ihre Vorträge sind gespickt mit zornigen Hinweisen auf das Schicksal jener Kinder, deren Väter in mittleren Jahren aus der Ehe ausbrechen, oder deren Mütter, wie es jetzt immer häufiger vorkommt, noch früher davonlaufen. Sie warnt davor, daß die Verantwortung für die Kinder in zunehmendem Maße der Gesellschaft zugeschoben wird, die nicht bereit ist, sie zu übernehmen.

In den sieben Jahren, die seit meiner ersten Begegnung mit Margaret Mead vergangen sind, habe ich mich immer wieder gefragt, wie sie wohl zu ihrer dezidierten Meinung über das amerikanische Familienleben gekommen ist. In der vordersten Kampflinie tritt sie als der General auf. Mit großer Zielstrebigkeit und ätzendem Humor läßt sie die Torheiten Revue passieren, die kennzeichnend sind für unsere Art zu lieben, einen Haushalt zu führen, zu arbeiten, Kinder zu bekommen und einen Keil zwischen die Generationen zu treiben. Sie zielt darauf ab, durch Umgruppierung der »Bataillone« ein vernünftigeres Zusammenwirken zu gewährleisten: das soll in Gemeinschaften geschehen, die sich aus Vertretern verschiedener Generationen zusammensetzen und in denen die Älteren und Kinderlosen die Möglichkeit zum Umgang mit Kindern hätten, wobei Margaret Meads Legionen eine Aufgabe für die Zukunft hätten. Warum aber folgen ihr diese Legionen nicht?

Margaret Mead bringt wenig Geduld für Menschen auf, die im Ringen mit ihren persönlichen Kümmernissen ihre Kräfte verschleißen. Sie hat ihre eigenen Kümmernisse bewältigt oder ignoriert. Warum können ihre Geschlechtsgenossinnen nicht mutigen Schrittes die barbarischen Stadtrandsiedlungen und die kümmerlichen Reste ihrer zerbrochenen Ehen hinter sich lassen, ihre ausgeflippten Kinder mitnehmen, sich eingestehen, daß der Versuch, eine Kleinfamilie zu bilden, völlig gescheitert ist, und sich eine Tätigkeit suchen, in der sie ihre Sache bessermachen? Was hält sie zurück? Zweifellos die Tatsache, daß sie eben *nicht* Margaret Mead sind. Für den sie bewundernden Beobachter ist das sonnenklar, für Margaret Mead selbst aber wird es immer ein Rätsel bleiben. Ein Vorfall, der sich vor mehreren Jahren ereignete, hat mir bewußt gemacht, wie weit der General und das Fußvolk voneinander entfernt sind.

Eines Abends traf ich Margaret Mead bei einer Pädagogin, die offenbar mit ihrem Schicksal als Frau alles andere als zufrieden war. Sie schilderte mir ihre Ehe mit einem Exzentriker, den ich persönlich kannte. Ein schöpferischer Mensch, charmant und infantil zugleich. Die Pädagogin hatte zwanzig Jahre ihres Lebens damit verbracht, ihren Ehemann »unablässig zu betreuen«. Als er in die mittleren Jahre kam, verließ er sie. Einige Jahre lang war sie unfähig, den Tatsachen ins Gesicht zu sehen, dann machte sie sich lustlos daran, ihre Zeugnisse auf den neuesten Stand zu bringen, und heute hat sie ein wichtiges Lehramt an einer Universität.

Trotzdem hatte ich das Gefühl, daß diese Frau nicht um ihrer Selbstbefriedigung willen, sondern aus ihrer Zwangslage heraus Karriere gemacht hatte. Wie ich später feststellte, sah Margaret Mead, die das Paar seit Jahren kannte, die Situation völlig anders.

Auf dem Heimweg sagte ich zu ihr: »Ich fürchte, daß sie sich ohne Ehemann noch immer unvollständig vorkommt.«

Margaret Mead sah mich ungläubig an. »Wozu braucht sie einen Ehemann? Sie arbeitet doch mit Männern zusammen. Und alle haben Respekt vor ihr. Sie leitet an der Universität ihren eigenen Fachbereich und ist den ganzen Tag beschäftigt. Und vergessen Sie nicht, daß sie ja auch Mutter ist.«

Ich sagte, ich hätte keine Ahnung, ob die Frau von der Geliebten ihres Mannes wisse, und hätte es ziemlich mühsam gefunden, ständig um dieses

Thema herumzureden. Margaret Mead tat solche Überlegungen kurzerhand ab: Von dieser Geliebten wisse doch jeder.

Als ich etwas zögernd sagte, ich hielte es für möglich, daß diese Frau noch immer auf die Rückkehr ihres Mannes hoffe, erwiderte Margaret Mead:

»Sie denkt gar nicht daran!« Und damit war die Sache für den »General« erledigt.

Später am Abend führte ich ein Telefongespräch mit jener Frau. »O nein«, sagte sie, »Dan und ich haben nie davon gesprochen, daß er mit einer anderen zusammenlebt. Wir täuschen uns gegenseitig darüber hinweg. Ich habe übrigens von Margaret erfahren, daß er eine Freundin hat. Ich bin überzeugt, daß ich wieder für Dan sorgen werde, wenn das eines Tages nötig sein sollte. Das ist mein Pflichtgefühl. Margaret kann das nicht verstehen, weil sie ein völlig anderes Leben geführt hat.«

Damit wird Margaret Mead in ihrer Rolle als General in die richtige Perspektive gerückt. Sie überblickt das Schlachtfeld von einem entfernten Hügel aus, während ihre Freundin lediglich versucht, im Kampfgetümmel nicht unterzugehen.

Ihr Vater hat einmal zu Margaret Mead gesagt: »Schade, daß du kein Junge bist; dann könntest du es weit bringen.« Indem sie es vermied, zu sehr unter seinen Einfluß zu geraten, hat sie es geschafft, sehr weit zu kommen, buchstäblich bis an die Grenzen unserer Welt.

Zur Kraftprobe zwischen ihr und dem Vater kam es, als sie sich vornahm, zu studieren und noch vor Universitätsabschluß einen Studentenpfarrer zu heiraten. Damals, im Jahre 1919, war das Geld knapp, und Margarets Vater vertrat die Meinung, als verheiratete Frau benötige sie keine Hochschulbildung. Sie erinnerte ihn daran, daß seine eigene Frau noch an ihrer Dissertation gearbeitet hatte, als sie ihr erstes Kind – Margaret – zur Welt brachte. Da willigte er in das Studium der Tochter ein.

In ihren Zwanzigern war Margaret eine dunkeläugige Schönheit, in die sich ein Mann nach dem anderen verliebte. Für eine junge Frau mit soviel beruflichem Ehrgeiz lag darin eine gewisse Gefahr. Andererseits blieb ihr, da sie fünf Jahre lang mit dem Studentenpfarrer Luther Cressman verlobt war, die abgeschmackte Suche nach dem richtigen Partner erspart. Doch in der schläfrigen Kleinstadtatmosphäre der DePauw-Universität in Indiana erschien ihr New York als Zentrum des Geisteslebens, und zudem war ihr Verlobter dort. So bewog sie ihren Vater, sie ins *Barnard College* überwechseln zu lassen. Dort gehörte sie einer avantgardistischen Gruppe an, deren Mitglieder sich ebenso intensiv mit Freud wie mit dem Verfassen von Gedichten und der Erkundung neuer Wissenschaftsbereiche beschäftigten. Vor allem aber war Margaret entschlossen, ihren Teil zur Veränderung der Gesellschaft beizutragen.

Um sie davon abzubringen, sofort nach Universitätsabschluß zu heiraten, wollte ihr der Vater eine Weltreise finanzieren. Sie lehnte sein Angebot rundweg ab. Zwei Jahre später gelang es ihr dadurch, daß sie ihren Vater gegen ihren Mentor, den Anthropologen Franz Boas, ausspielte, diese Weltreise unter den für sie günstigsten Bedingungen auszuhandeln. In der Zwischenzeit hatte sie den ziemlich anspruchslosen Seminaristen geheiratet, der manchmal scherzhaft sagte, er bekäme sie nur nach Vereinbarung eines Termins zu sehen. Margaret glaubte jetzt, das zu haben, was sie sich gewünscht hatte: eine Ehe, die sie in ihrer Individualität nicht behinderte.

In ihrem Mentor, Professor Boas, kann man gewissermaßen die Umrisse der späteren Forscherin Margaret Mead erkennen. 1924 hatte er an der Columbia-Universität nur vier Studenten, die auf seinem Fachgebiet promovierten. »Er mußte gezielt planen«, erinnert sich Margaret Mead, »genau wie ein General, der mit einer Handvoll Soldaten ein ganzes Land verteidigen muß.« Nur die vordringlichsten Aufgaben konnten bewältigt werden. Boas erteilte seiner Schülerin den Auftrag, sich mit den Indianern zu befassen. Aber Margaret wollte in Polynesien arbeiten.

»Und so nützte ich die Erfahrungen aus, die ich damals, als ich mich gegen meinen Vater durchsetzen mußte, gemacht hatte«, gibt sie unumwunden zu (wenngleich zu vermerken ist, daß sie in späteren Jahren solche Winkelzüge ablehnte). Sie hatte intuitiv erkannt, daß es etwas gab, das ihrem Mentor noch mehr bedeutete als seine anthropologische Forschungsarbeit, nämlich seine liberale Gesinnung. Wie Margaret Mead durchblicken läßt, wäre ihr, wenn Boas darauf bestanden hätte, nichts anderes übriggeblieben, als diesen Forschungsauftrag anzunehmen. Doch nun brachte sie ihren Vater und das männliche Rivalitätsdenken ins Spiel. Seine Tochter, so gab sie ihrem Vater zu verstehen, laufe Gefahr, von Boas gegängelt zu werden. Das wirkte. Ihr Mentor gab nach, ihr Vater finanzierte die große Reise, ihr Mann zog sich mit einem eigenen Stipendium in einen anderen Erdteil zurück, und Margaret schiffte sich nach Samoa ein. Unter ihren eigenen Bedingungen. Sie behielt ihren Mädchennamen bei.

Während der Schiffsreise verliebte sie sich Hals über Kopf in einen neuseeländischen Anthropologen namens Reo Fortune, der, nach Fotos zu schließen, ein gutaussehender, grüblerischer, asketischer Typ gewesen sein muß. Doch sie kam über diese Verliebtheit hinweg. Dieser Mann konnte es beruflich nicht mit ihr aufnehmen, und als Vaterfigur sagte er ihr nicht zu. So kehrte sie zu ihrem Ehemann und ihren Vorstellungen von einem Leben in einem kinderreichen Landpfarrhaus zurück.

Als ein Gynäkologe ihr irrtümlich erklärte, sie könne niemals Kinder bekommen, krempelte die Fünfundzwanzigjährige ihre Zukunftspläne völlig um. Später schrieb sie darüber: »... wenn ich schon nicht Mutter werden konnte, erschien es mir sinnvoller, gemeinsam mit Reo Forschungsprojekte durchzuführen ... als mit Luther in seinem [neuen] Beruf als Soziologielehrer zusammenzuarbeiten.«[12] Bestimmend für ihren Entschluß war, wie stets, die Vorstellung, die sich Margaret Mead von Margaret Mead machte. Und so heiratete sie Reo.

Ihre nächste – und abenteuerlichste – Gefühlsverwirrung erlebte sie in Neuguinea. Sie war damals Anfang Dreißig und hatte gerade einige alptraumhafte Monate im Stammesgebiet der feindseligen Mondugumor verbracht, zu deren Gebräuchen es gehörte, Säuglinge unerwünschten Geschlechts zu ertränken. Margaret und Reo lechzten nach Gesprächen mit geistig interessierten Menschen. Und zudem hatte sich die Rivalität zwischen ihnen gefährlich zugespitzt. Als ihre Barkasse in einem freundlichen Jatmuldorf anlegte, stieg ein gutaussehender britischer Anthropologe zu, der ebenfalls nach geistigem Austausch lechzte. Er hieß Gregory Bateson und war ein völlig anderer Typ als Reo. Er bewegte sich mit der schlaksigen Selbstsicherheit des ehemaligen Cambridgestudenten. Neben der sehr zierlichen Margaret wirkte er wie ein Hüne, und seine gelassene Distanziertheit stand in krassem Gegensatz zu Reos melancholischen Eifersüchteleien und seiner lästigen Neigung zu beruflicher Rivalität. Die Arbeitsteilung mit Margaret sagte Reo, der seine eigenen Bücher schreiben wollte, nicht zu.

Sie und Gregory waren auf dem besten Weg, sich ineinander zu verlieben, aber auch diesmal kam es aufgrund der ausgeprägten gemeinsamen Forschungsziele zu einer Sublimierung der Gefühle. Der Ausbruch der Krise wurde dadurch verzögert, daß die drei nächtelang in einem winzigen, moskitosicheren Raum über die Zusammenhänge zwischen Geschlecht und Temperament diskutierten, das Thema von Margarets nächstem Buch.

Eines Nachts kampierte das Dreigespann in einem Dorf auf dem Fußboden des Gästehauses. Die Dorfbewohner rechneten mit einem Überfall feindlicher Nachbarn. Während sich Gregory zu ihrem Vergnügen in gebrochenem Jatmul mit ihnen unterhielt, stand Reo mit gezücktem Revolver Wache. Der Überfall fand nicht statt, aber die Spannungen zwischen den Dreien vertieften sich zusehends. Als Reo in der Nacht aufwachte, hörte er Margaret mit Gregory flüstern.

Drei Jahre später heiratete sie Bateson. Die ersten Jahre dieser Ehe waren vermutlich die schönsten ihres Lebens. Geistig einander ebenbürtig und von gleichem Naturell, arbeiteten sie auf Bali an einem gemeinsamen

Forschungsprojekt, für das sie sich fieberhaft engagierten und das zu völlig neuen Erkenntnissen führte. Nachts entwickelten sie ihre Fotos. Sie hatten geplant, mit zweitausend Aufnahmen heimzukehren, statt dessen brachten sie fünfundzwanzigtausend mit.

Was Margaret Mead in ihrer Autobiographie über die gemeinsame Forschungsarbeit mit Bateson berichtet, klingt fast wehmütig. »Ich glaube, es ist gut, einmal im Leben ein solches Vorbild zu haben . . . auch wenn dieses Vorbild jene besondere Art von Intensität mitbringt, durch die ein ganzes Leben auf ein paar kurze Jahre komprimiert wird.«[13] Sie hat später versucht, ihre balinesischen Arbeitserfahrungen von neuem anzuwenden. Es mißlang, aber die Erinnerung daran ist hellwach geblieben.

Doch auch in ihrer Rolle als Mutter waren ihr außergewöhnliche Erfahrungen beschieden. Man darf getrost sagen, daß die meisten Frauen, die sie nach wie vor als ihr Vorbild betrachten, dazu nicht in der Lage gewesen wären.

Als in die wohlgeordnete Welt der Margaret Mead schließlich ein Kind hineingeboren wurde, war der »General« seinem Alter und Ansehen nach bereits gegen die verheerenden Auswirkungen gefeit, die die Ankunft eines Kindes auf die berufliche Laufbahn der Mutter haben kann. Margaret Mead war Achtunddreißig. Dr. Benjamin Spock überwachte die Geburt höchstpersönlich. Die Mutter brachte das Baby nach Philadelphia ins Haus ihres Vaters und übergab es der Obhut einer jungen Kinderschwester und einer warmherzigen Haushälterin. Als seine Tochter gerade an einer bei Säuglingen üblichen Kolik litt, kehrte Gregory Bateson vom Kriegsdienst in England zurück. Margaret Mead erinnert sich: »Wir gaben der Kinderschwester frei und sorgten ein ganzes Wochenende lang selbst für das Baby.«[14]

Der britische Vater war der Meinung, die Redeweise der amerikanischen Kinderschwester sei nicht gepflegt genug. Und so deponierten die Eltern den Säugling bei New Yorker Freunden in einer ausgepolsterten Schublade und besorgten sich in Manhattan eine Wohnung und eine Kinderschwester, die auf einem großen englischen Landsitz die feine Art gelernt hatte.

Margaret Mead nahm ihre Teilzeitarbeit im Naturhistorischen Museum wieder auf, hielt nebenbei Vorlesungen und gab zwischendurch der kleinen Catherine die Brust. Sie war entzückt von ihrer Tochter. Kein Wunder, denn ein spätgeborenes Kind, das den Eltern morgens frischgebadet in die Arme gelegt wird und ihnen abends, wenn sie von der Arbeit heimkommen, wieder für ein, zwei Stunden gebracht wird, kann ihnen eigentlich nur Freude machen. In der Durchschnittsfamilie spielt sich das allerdings wohl kaum so ab.

Margaret Mead fand bald eine noch angenehmere und praktischere Methode, ihren Mutterpflichten nachzukommen: einen Zweifamilienhaushalt. Auch dies war eine ungewöhnliche Lösung. Sie wurde ermöglicht durch Margaret Meads engen beruflichen Kontakt zu dem sehr experimentierfreudigen Soziologen Larry Frank, durch den glücklichen Umstand, daß er in Holderness, New Hampshire, ein großes bebautes Grundstück besaß, und durch die ungewöhnliche Hilfsbereitschaft einer mütterlichen Frau, mit der Larry in dritter Ehe verheiratet war. Der jungen, schönen Mary Frank, die bereits fünf Stiefkinder hatte, fiel also die Rolle zu, einen Doppelhaushalt zu führen.

Nachdem sie die neue Methode zweimal während der Sommerferien ausprobiert hatten, beschlossen die beiden Familien, das ganze Jahr über zusammenzubleiben. In den Kriegsjahren war das geräumige Haus der Franks im New Yorker Greenwich Village das gemeinsame Heim. Margaret allerdings wurde gleich zu Beginn aus ihren häuslichen Pflichten entlassen, um die Woche über mit Larry in Washington an einem seiner interdisziplinären Projekte zu arbeiten. Die beiden kamen nur für das Wochenende nach Hause. Mary Frank nahm Margarets Tochter in ihrem »Kindergarten«, in dem es ohnehin schon recht munter zuging, mit offenen Armen auf. Gregory Bateson wurde immer stärker von kriegswichtigen überseeischen Verpflichtungen in Anspruch genommen.

Da Mary Frank das entscheidende Rädchen im Getriebe dieser drei ambitionierten Wissenschaftler gewesen war, wollte ich gern mehr über ihre Einstellung erfahren. Fühlte sie sich von ihrer Mutterrolle befriedigt?

»Ja«, war Margaret Meads Antwort. »Nicht alle Frauen haben das Bedürfnis zu arbeiten.« Wie sie sofort hinzufügte, konnte sie es sich damals leisten, die Ausgaben für eine Köchin und einen Mann, der regelmäßig zum Putzen kam, zur Hälfte zu übernehmen. Mary habe dadurch mehr Zeit für die Kinder gehabt. Und die älteren Kinder hätten Babysitter gespielt.

Hatte Mary irgendwelche Neidgefühle?

»Ich glaube, sie hatte in all diesen Jahren keine Ahnung, daß ich wußte, wie man ein Ei kocht.« Margaret Meads Lächeln verriet einen gewissen Stolz über ihre erfolgreiche Taktik. »Ich verhielt mich damals eigentlich fast wie ein Ehe ... – wie ein zusätzlicher Mann im Haushalt. Ich war der Meinung, es sei besser, ihr die Verantwortung zu überlassen. Ich hatte damals schrecklich viel zu tun.«

Bei der nächsten Frage ging es um ein Problem, das sich immer stellt, wenn das Grundmuster des Ehelebens verändert wird. Ich meine die eheliche Treue. Nach Margaret Meads Meinung bestand hier allerdings kein enger Zusammenhang.

»Man kann das Leben in einer Gruppe so einrichten, daß sich alle Mitglieder an ein generelles Inzesttabu halten. Wenn alle derart abhängig voneinander sind, wird keiner Unruhe stiften. Es ist schon schwierig genug, eine Ehe, ein monogames Leben zu führen. Polygam zu leben ist noch schwieriger; es erfordert ein höheres Maß an Institutionalisierung. Aber die Probleme einer Gruppenehe kann niemand bewältigen. Deshalb ist sie auch noch nie praktiziert worden. Nirgends auf der Welt. Die Gruppenehe ist ein Phantasieprodukt.«

Die Ergebnisse ihrer zweijährigen beruflichen Partnerschaft mit Bateson waren so vielfältig, daß es fast zwanzig Jahre dauerte, bis sie sich auf den Bereich der gesamten anthropologischen Forschung auswirkten. Zu diesem Zeitpunkt war die eheliche Partnerschaft der beiden schon seit mehr als zehn Jahren gelöst.

Der kritische Zeitpunkt in Margaret Meads Leben (sie war damals dreiundvierzig) wird in ihrer Autobiographie verschleiert. Man stolpert über folgende lakonische Sätze:

Die Atombombe explodierte im Sommer 1945 über Hiroshima. Damals zerriß ich sämtliche Seiten des fast vollendeten Manuskriptes meines neuen Buches. Jeder Satz darin war überholt. Wir waren in ein neues Zeitalter eingetreten. Und auch die Jahre, in denen ich Kollegin und Ehefrau gewesen war, ein Geschöpf, das versucht hatte, intensive Forschungsarbeit und intensives Privatleben miteinander zu verbinden, waren vorbei.

Später fragte ich sie, warum die Bombe für sie das Ende des Lebensabschnittes, in dem sie Wissenschaftlerin *und* Ehefrau gewesen war, bedeutet habe.

»Weil ich mich scheiden ließ. Andernfalls hätte ich diesen Entschluß nie gefaßt.« Ihre Antwort hatte weder Hand noch Fuß. Ich vermutete, daß der Sieger in dieser Auseinandersetzung (falls es überhaupt einen Sieger gegeben hatte) das Schlachtfeld barfuß verließ.

Margaret Mead zerstörte also in ihren mittleren Jahren einen großen Teil dessen, worauf ihre private und berufliche Entwicklung in der ersten Lebenshälfte basiert hatte, und begann, ein neues Fundament zu errichten. Von jetzt an galt ihr Interesse vor allem der seelischen Verfassung des Menschen, und in der Folgezeit widmete sie sich zahlreichen psychologischen Forschungsprojekten. Sie hat gelernt, völlig allein oder gemeinsam mit einer anderen Anthropologin zu arbeiten. Sie hat gelernt, allein zu leben oder ihre Wohnung mit einer Kollegin zu teilen. Noch heute eine unermüdliche Lehrerin und Mentorin, hat sie in einer Kartei die in die Tausende gehenden Namen jener Studenten gesammelt, denen sie Ratschläge und Rügen erteilt oder zu Stipendien verholfen hat. Und wie sie es sich vorgenommen hatte, zieht sie nun auf ihren Reisen in die verschiedensten Länder stets Nutzen aus dem hohen gesellschaftlichen Status der älteren Frau. Sie ist eine Weltbürgerin, die ständig gebeten wird, etwas aus ihrer reichen Erfahrung beizusteuern. Die Energie, mit der sie ihre zweite Lebenshälfte gestaltete, hat sie vor der zwangsweisen Pensionierung bewahrt, die so viele andere dazu verurteilt, vorzeitig aufs Altenteil abgeschoben zu werden.

Die integrationsfähige Frau

In der Sturm- und Drang-Periode unserer Zwanzigerjahre glaubten wir, alles auf einmal schaffen zu müssen. Lernen, lieben, erkunden, uns auszeichnen; der Langeweile der Stadtrandsiedlungen oder irgendwelchen anderen rückschrittlichen Lebensumständen entfliehen; etwas leisten, einen Partner finden, ein Kind bekommen.

Solche Pläne zu haben, galt noch Ende der fünfziger und Anfang der sechziger Jahre als rebellisch. Frauen wie ich wurden als Mutanten ihrer Generation betrachtet. Doch weder Ehe noch Mutterschaft haben uns daran gehindert, im Beruf etwas zu leisten, obwohl das eine wie das andere gewöhnlich bewirkte, daß wir etwas langsamer treten mußten. Die Frage, die für uns zwischen dem zwanzigsten und dreißigsten Lebensjahr im Mittelpunkt stand und uns Gewissensbisse verursachte, lautete: Wie kann ich mein Kind so in mein Leben integrieren, daß es mich nicht von der Außenwelt isoliert? Wir waren entschlossen, nicht dem Klischee der hartgesottenen, karrierebesessenen Frau nachzustreben oder uns , weil wir unseren Mann immer erst abends zu sehen bekamen, in den Alkohol zu flüchten wie jene schlecht beratenen einsamen Frauen, deren Probleme wir schon kannten, bevor ihnen Betty Friedan einen Namen gegeben hat. Und die meisten von uns konnten diesen Entschluß auch verwirklichen. Wir haben andere Möglichkeiten gefunden – und sind dann als Dreißigerinnen in eine andere Krise geraten. Wir mußten etwas aus unserem Leben streichen.

Die meisten integrationsfähigen Frauen haben in dieser Phase die Ehe gestrichen oder ihre Karriere aufgegeben oder sich nicht mehr um die Kinder gekümmert.

Einige von denen, die versuchten, *alles* zu bewältigen, mußten feststellen, daß ihnen die Aufgaben über den Kopf wuchsen und daß sie keine von ihnen richtig erfüllen konnten. Was *sie* aus ihrem Leben strichen, war ihr seelisches Gleichgewicht. Die Psychiater bemühten sich, ihnen von neuem die herkömmliche Rolle anzuerziehen, und den Frauen blieb kaum etwas anderes übrig, als sich entweder zu fügen oder in eine Anstalt eingewiesen zu werden.

Einer Frau in den Zwanzigern gelingt es selten, Ehe, Beruf und Mutterschaft gleichzeitig zu bewältigen, und es ist an der Zeit, daß einige von uns Frauen, die dies vergeblich versucht haben, offen dazu stehen. Mit Dreißig kann man es vielleicht, mit Fünfunddreißig ganz gewiß schaffen, vorher jedoch hat die natürliche Anlage zur Integrationsfähigkeit keine Entwicklungsmöglichkeit.

In Gesprächen mit Margaret Mead und Daniel Levinson konnte ich feststellen, daß beide diese Auffassung teilen. Levinson meint, »falls die Aufgaben eines bestimmten Lebensabschnittes ungelöst bleiben, kompliziert oder stört dies die Bewältigung der Aufgaben des folgenden Lebensabschnittes. Im Extremfall kann die Weiterentwicklung so stark beeinträchtigt werden, daß der Mensch im Grunde nicht mehr fähig ist, in die nächste Lebensphase einzutreten: Bereits überwältigt von der Schwierigkeit der neuen Aufgaben, während er noch immer mit den alten zu kämpfen hat, begeht er möglicherweise Selbstmord, oder er wird psychotisch oder kommt vom Weg ab. Vielleicht aber findet er ein Refugium, das ihn vorläufig vom Druck der äußeren Anforderungen befreit und ihm Zeit gibt, sich innerlich auf den neuen Lebensabschnitt vorzubereiten.«[15]

In einem Buch, an dem sie gerade arbeitet, gibt die dreiunddreißigjährige Consuelo Saer Bahr eine bemerkenswerte Antwort auf die Frage, ob es möglich ist, schriftstellerisch zu arbeiten *und* ein Kind zu haben. »Nach dem Abendbrot kommt mein kleiner Sohn im Strampelschlafanzug hereingeschliddert, um mir gute Nacht zu sagen . . . Was wünschst du dir jetzt, mein Liebling? . . . Daß du mich eine halbe Stunde ganz für dich hast, ohne daß ich sage: ›Also, jetzt spiel mal schön allein, bis Mammi fertig ist‹? Wir wissen doch inzwischen alle, daß Mammi nie fertig sein wird.«[16]

Hie und da bringen die Zeitungen Artikel über integrationsfähige Frauen, die beschlossen haben, ihre Karriere aufzugeben. Dabei handelt es sich fast immer um Frauen Ende Zwanzig oder Anfang Dreißig, die eine gute Schulbildung genossen haben, mit Geschäftsleuten oder Akademikern verheiratet sind, Kinder im Grundschulalter haben und es sich jetzt, nach fünf oder auch zehn Berufsjahren, leisten können, nicht mehr zu arbeiten. Sie erklären, ihre seelischen Kräfte reichten nicht mehr aus, alles zu bewältigen. Offenbar geht es ihnen in dieser Übergangsphase darum, ihre bislang strenge Tageseinteilung aufzulockern, mehr Zeit zu haben, um mit ihren Kindern zu spielen, in Ruhe einzukaufen, Museen zu besuchen und sich vielleicht auch ein wenig in freiwilliger Sozialarbeit zu engagieren. Für jeden, der es sich leisten kann, auch für Männer, ist das vermutlich ein geradezu idyllisches Leben. Aber wahrscheinlich eben doch nur ein zeitweiliges Atemholen. Sobald sie von anderen gefragt werden: »Was tust du denn jetzt?«, sprechen die meisten dieser Frauen davon, daß sie wieder berufstätig werden möchten.

Für die integrationsfähige Frau sind die Dreißiger die Periode, in der sie vieles dazulernen kann. Sie ist dann vermutlich erfahren und selbstsicher genug, um ihre verschiedenen Aufgaben miteinander in Einklang zu bringen.

Ein neues Lebensmuster, das sich angesichts dieses Problems in den letzten zehn Jahren herausgebildet hat, wird von der alleinstehenden Mutter und dem Wochenendvater bestritten. Dabei handelt es sich, auch wenn wir bisher diesem Muster wenig Beachtung geschenkt haben, keineswegs um Einzelfälle, denn es wird bereits häufig versucht, eben auf diese Weise einer vorhersehbaren Ehekrise vorzubeugen.

Geschiedene Eltern sehen sich, um ihrer Kinder willen, vor die Aufgabe gestellt, einander tolerant und höflich zu begegnen, den Zeitdruck, unter dem der andere steht, und seine finanzielle Situation realistisch einzuschätzen.

Der Vater, der an bestimmten Wochenenden und in den Schulferien sein Kind zu sich holt, ermöglicht es seiner geschiedenen Frau, ihre Mutterpflichten mit einer beruflichen Laufbahn zu verbinden und daneben etwas Zeit für die Liebe und für die Sexualität zu finden. Hätten sich diese Väter in den Ehejahren ebenso bereitwillig zur Verfügung gestellt, wäre es der Frau vermutlich gelungen, alle Aspekte ihres Lebens zu integrieren.

Väter, denen nach der Scheidung die Kinder zugesprochen werden, schaffen es häufig, ihrer elterlichen Aufgabe *und* ihrem Beruf gerecht zu werden, indem sie eine versierte Hilfskraft einstellen und gern bereit sind, diese abends und am Wochenende abzulösen. Manche dieser Väter handeln mit ihrem Arbeitgeber eine flexible Arbeitszeit aus. Dies gilt auch für junge Witwer. Wenn man sich beliebte Fernsehserien wie etwa »Bonanza«, »Eddies Vater«, »Meine drei Söhne« und »Lieber Onkel Bill« ansieht, hat man den Eindruck, daß es für Väter eine beglückende Erfahrung ist, ihre Kinder allein aufzuziehen. Und da ein solcher Vater sich täglich einer ganzen Skala von Empfindungen ausgesetzt sieht, trifft das vielleicht wirklich zu.

Warum müssen solchen einfallsreichen Lösungen immer erst eine Scheidung oder gar ein Todesfall vorausgehen?

Die Gesellschaft, in der wir leben, gibt ungern zu, daß Ehelosigkeit ein durchaus legitimes Lebensmuster der Frau ist. Tatsächlich aber ist in jedem Lebensalter die Zahl der ledigen Frauen größer als die der ledigen Männer.[17] Rund zehn Prozent der weiblichen Bevölkerung sind unverheiratet. Mit zunehmendem Alter ist die ledige Frau offenbar besser in der Lage, die Berufsanforderungen seelisch zu verkraften, als der ledige Mann.

Unter den künstlerisch tätigen Frauen waren die unverheirateten von jeher zahlreich vertreten. Oft war es die wohltuende, ruhige Atmosphäre ihres Elternhauses, die ihnen Halt gab. Jane Austen las ihre Romankapitel ihrer Familie vor und konnte sicher sein, lebhaftes Echo zu finden. Louisa May Alcott, die in dem intellektuellen Freundeskreis ihres Vaters, zu dem Thoreau und Emerson zählten, aufwuchs, begann mit Dreißig zu schreiben und unterstützte ihre Familie finanziell. Zahlreiche Dichterinnen, die oft erst nach ihrem Tod berühmt wurden, verzichteten auf Ehe und Mutterschaft, um ihre ungeteilten Energien der einen Aufgabe zu widmen. Ihre späteren Biographen jedoch gingen von der Annahme aus, daß der Verzicht dieser Frauen auf die Ehe gleichbedeutend mit Weltflucht gewesen sei, und schilderten ihr Leben ausschließlich unter diesem Aspekt. Louise Bernikow, die diese einseitige Beurteilung entdeckte, verfolgte den Lebensweg von Dichterinnen aus vier Jahrhunderten. In der Einleitung ihres Buches schreibt sie:

Frauen, die sich nicht in Männer verlieben, und Frauen, die keine sexuellen Beziehungen mit Männern haben, führen nach Auffassung der Männer ein Leben ohne Liebe und ohne Sex ... tatsächlich aber deutet alles darauf hin, daß die meisten dieser Dichterinnen Frauen geliebt haben, und in einigen Fällen sowohl Frauen als auch Männer. Frauen haben oft bei ihren Geschlechtsgenossinnen eben jene Kameradschaft, jenen Zuspruch und jenes Verständnis gefunden, die sie bei Männern nicht finden konnten.«[18]

Unter den unverheirateten Frauen von heute sind viele, die ein Beispiel dafür geben, wie man mit Energie und Mut neue Lebensmuster entwickeln kann. Einige von ihnen leben ihre Heterosexualität uneingeschränkt aus, einige sind Lesbierinnen, einige haben ganz gewöhnliche sexuelle Bedürfnisse.

Andere ledige Frauen übernehmen Aufgaben, die denen der Hausfrau und Mutter gleichen. Als Sozialarbeiterinnen, unterrichtende Nonnen, Fürsorgerinnen für Waisen und Behinderte widmen sie sich dem Wohl der Kinder dieser Welt.

Wieder andere Frauen führen »Büroehen«. Von Städten wie Washington fühlen sich jene unverheirateten Frauen magnetisch angezogen, die sich der Betreuung von Politikern und anderen im öffentlichen Leben stehenden Männern widmen wollen und dafür oft auf jede andere enge menschliche Beziehung verzichten.

Die noch suchende Frau

Diese Frauen beschließen in ihren Zwanzigern, sich alle Möglichkeiten offenzuhalten. Doch auch indem sie die Unbeständigkeit wählen, folgen sie (ebenso wie der entsprechende Männertypus im vorhergehenden Kapitel) einem bestimmten Muster, dessen Kennzeichen das lange Umherschweifen ohne feste Bindung ist.

Junge, ledige, gesunde Frauen können vielfältige Erfahrungen sammeln, wenn sie ihre Erkundungsversuche auf einen längeren Zeitraum ausdehnen. Indem sie es ablehnen, ihre Unabhängigkeit gegen die Sicherheit der Ehe einzutauschen, haben sie mehr Freiheit. Sie können bei sexuellen Kontakten selbst die Initiative ergreifen. Sie können Lebensweisen der Gegenkultur ausprobieren, die manchmal vielleicht als Ausdruck einer radikalen Rhetorik mehr versprechen, als sie in einem alltäglichen Trott halten können. So sind zum Beispiel ländliche Kommunen in den meisten Fällen männlich orientierte Einrichtungen, in denen man den weiblichen Mitgliedern die Küchenarbeit überläßt.

Für Frauen, die sich der Gegenkultur zuzählen, kann sich die Suche nach einer Chance, auf eigenen Füßen zu stehen, als sehr lehrreich erweisen. In Ermangelung einer abgeschlossenen Berufsausbildung müssen sie sich auf ihren Verstand und ihre angeborene Begabung verlassen. Viele verdienen ihren Lebensunterhalt mit kunstgewerblicher Tätigkeit, etwa mit Weben, Töpfern und der Herstellung von Schmuck. Manche suchen sich einen Job in landwirtschaftlichen Betrieben oder Fabriken, manche versuchen das Gesellschaftssystem zu überlisten, indem sie Spenden für angeblich wohltätige Zwecke einheimsen oder mit Marihuana handeln oder sich ganz einfach bescheiden.

Ein solches Leben stellt an die Frau allerdings völlig andere Anforderungen als an den Mann. Eine Frau muß in ihrem Leben rund vierhundert Mal eine nüchterne Entscheidung treffen, eine Entscheidung für oder gegen die Schwangerschaft. Sie kann es sich nicht leisten, alles dem Zufall zu überlassen. Will sie ein ungebundenes Leben führen, so ist sie Monat für Monat zu einem Akt der Verneinung gezwungen. Und dies erfordert beträchtliche Entschlußkraft. Sie kann sich nicht einfach darüber hinwegsetzen, ohne Gefahr zu laufen, ihr Leben völlig zu verändern.

Männer, die sich der Gegenkultur zuzählen, können oft keine Arbeit finden. Und da sie von der Gesellschaft nichts zu erwarten haben, fühlen sie sich berechtigt, jede familiäre Verpflichtung abzulehnen. Kinder großzuziehen wird auch von den radikalsten Außenseitern unserer Gesellschaft noch immer als Aufgabe der Frau betrachtet.

Daher bleibt auch das Lebensmuster der noch suchenden Frau nicht immer frei von Verpflichtungen. Ich denke dabei an die ledigen Mütter, über deren Probleme ich erstmals im Jahre 1969 geschrieben habe. Frauen wie sie – auffallend jung, entschlossen, der Konvention zu trotzen und ihr Kind ohne Ehemann großzuziehen – hat es natürlich schon früher gegeben, aber damals war es das erste Mal, daß solche Frauen mit ihren Problemen an die Öffentlichkeit traten.

Am lebhaftesten erinnere ich mich an Lorna. Sie gehörte zum ersten Hippie-Jahrgang, der das Vagabundieren satt hatte. »In der Zeit, in der ich aufgewachsen bin, war es viel schwerer, sich für eine von vielen, durchweg sehr vagen Möglichkeiten zu entscheiden.« Statt dessen entschied sie sich für das Nomadenleben, das in ihrer Generation fast schon zur Norm gehörte. Sie gab ihr Altphilologiestudium auf, landete zunächst in einer Bruchbude in Greenwich Village und dann in einer kalifornischen Kommune.

Aber trotz des ständigen Geredes darüber, daß alle in Liebe verbunden seien, verhinderte das leichtherzige Leben in der Kommune jede tiefere menschliche Beziehung. Da hörte Lorna auf, die Pille zu nehmen.

»Die äußeren Umstände waren ungünstig. Aber ich war vierundzwanzig. Im richtigen Alter, um ein Kind zu bekommen.«

Zu Beginn ihrer Schwangerschaft pendelte Lorna nach wie vor im Kleinbus zwischen Kalifornien und New York hin und her. Erst zwei Monate vor der Niederkunft begann sich ihre Einstellung zu verändern. Staunend betrachtete sie ihr Spiegelbild in den Schaufenstern. Sie empfand etwas, das über ihr eigenes Liebesbedürfnis hinausging. Etwas Neues, Unbekanntes, das bald Wirklichkeit werden sollte.

Dennoch setzte Lorna auch nach der Geburt ihrer Tochter ihr Vagabundenleben fort, wenngleich sie jetzt einen genauen Tagesplan einhalten mußte. Sie zog in eine geschlossene Kommune, in der jeder arbeiten mußte. Hier, wo sie mit ihrer Tochter auf einer Matte zwischen zwei Vorhängen schlief, fühlte sie sich glücklicher. »Jetzt mußte ich mein weiteres Leben planen – um ihrer willen.«

Nachdem sie noch einige Male woandershin gezogen war, hatte sie das Leben in Kommunen endgültig satt. Vielleicht hätte sie es jetzt mit Drogen versucht, wenn die Sorge um das Kind sie nicht bewogen hätte, einen neuen Weg einzuschlagen. Sie mietete ein Häuschen und stellte fest, daß sie genug Mumm hatte, allein mit ihrem Kind zu leben. Das ist das Erstaunliche an der Mutterschaft lediger Frauen: Sie macht aus Unschlüssigen lebenstüchtige, erwachsene Menschen. Das Kind wächst heran, das Leben wird sinnvoll.

Vor kurzem erfuhr ich von ihrer Mutter, was aus Lorna geworden ist. Sie hat das unstete Leben endgültig aufgegeben und sich auf einer Farm niedergelassen, wo sie Befriedigung in ihrer Töpferarbeit findet und gemeinsam mit ihrem Ehemann, einem Künstler, ihrer Tochter durch die Entwicklungsjahre hilft. Ihr Mann steuert durch Tischlerarbeit zum Lebensunterhalt der Familie bei. Fast die einzigen Reisen, die Lorna jetzt noch unternimmt, sind die Fahrten in die Stadt, um ihre Töpferware abzuliefern.

Sie war genau Dreißig, als sie ihr Wanderleben aufgab.

Am Schluß dieses Kapitels möchte ich Margaret Mead das Wort erteilen. Als ich ihr einen Abriß der hier erläuterten Lebensmuster gegeben hatte, erklärte sie, ihrer Auffassung nach könnten wir auf dem Weg zur Integration der verschiedenen Lebensbereiche nur vorankommen, wenn wir unsere Rollenspiele vergäßen. Wir müßten allen erdenklichen Lebensmustern Raum zur Entfaltung geben.

»Es gibt Männer, die an menschlichen Beziehungen mehr interessiert sind als an einer Karriere. Männer, die sich viel lieber um den Haushalt und die Kindererziehung kümmern würden, als Tag für Tag ins Büro zu gehen. Und es gibt Frauen, die für Haushalt und Kindererziehung denkbar ungeeignet sind. Wenn wir uns jede mögliche Konstellation vorstellen könnten (der Mann älter als die Frau, die Frau älter als der Mann, der Mann berufstätig, die Frau berufstätig, beide halbtags berufstätig, beide abwechselnd jeweils ein Jahr lang berufstätig), dann käme uns kein Lebensmuster sonderbar vor. Dann würden wir genauso unbefangen darüber sprechen, wie wir heute sagen: ›Diese Leute reisen jedes Jahr nach Europa‹ oder ›Diese Leute fahren im Sommer nie aufs Land‹. Alles, was uns auffiele, wären lediglich einige interessante Unterschiede.«

SECHSTER TEIL

Das Torschluß-Jahrzehnt

16.

Aufbruch in der Lebensmitte

Mitte Dreißig stehen wir buchstäblich in der Mitte unseres Lebens. Die eine Hälfte liegt hinter uns. Natürlich ertönt nun kein Gong. Aber es wird unbehaglich. Tief in unserem Innern macht sich ein Wandel bemerkbar: Sicherheit und Gefahr, Zeit und Zeitmangel, Aktivität und Stagnation, unser Selbst und andere nehmen wir nun anders wahr. Zunächst ist es nur ein unbestimmtes Gefühl . . .

Ich habe in meinem Leben einen gewissen Höhepunkt erreicht. Ich sollte mir einen Überblick über meine Situation verschaffen, meinen bisherigen Standort überprüfen und neu bewerten, wie ich meine Kräfte in Zukunft einsetzen werde. Warum tue ich all dies? Woran glaube ich wirklich?

Diesem unbestimmten Gefühl liegt, noch uneingestanden, die Tatsache zugrunde, daß es im Leben von einem bestimmten Punkt an abwärts geht: *Vor Einbruch der Dunkelheit bleibt mir nur noch eine bestimmte Zeit, um meine eigene Wahrheit zu finden.* Sobald derlei Gedanken von einem Besitz ergreifen, ist die Kontinuität des Lebenszyklus unterbrochen. Sie leiten ein Jahrzehnt ein, das man im wahrsten Sinne des Wortes das Torschluß-Jahrzehnt nennen kann. Irgendwann zwischen 35 und 45 geraten die meisten von uns, wenn sie es sich eingestehen, in eine regelrechte Authentizitätskrise.

Zunächst sehen wir das Dunkel am Ende des Tunnels. Oft nehmen wir es plötzlich ganz deutlich wahr. Wir wissen nicht, was wir damit anfangen sollen, ja nicht einmal, was »es« ist; kein junger Mensch glaubt wirklich daran, daß auch er einmal sterben wird. Wenn dieser Gedanke erstmals zum Durchbruch kommt, beschäftigen sich die meisten Menschen intensiv mit Anzeichen des Alterns und des vorzeitigen Todes, und zwar unabhängig von ihrem eigenen Gesundheitszustand und ihrer gesellschaftlichen Stellung.

Ist das sinnvoll? Rational gesehen sicher nicht. Würden sich unsere Zukunftserwartungen nach den Gesetzen der Logik richten, müßte die Angst um so größer sein, je älter wir werden und je mehr wir uns dem Sterben nähern. Doch normalerweise ist das nicht der Fall. Wenn die Menschen nach dem Übergang in der Lebensmitte wieder festen Fuß fassen, tritt das Gespenst des Todes in ihrem Denken wieder mehr in den Hintergrund. Sie sprechen zwar viel davon und über krankheitsverhindernde Maßnahmen, doch ist »es« jetzt eine Gegebenheit und nicht mehr ein unaussprechlicher Schrecken.

In diesem Kapitel werden einige der voraussagbaren inneren Veränderungen erforscht, mit denen die meisten Menschen im Verlauf des Torschluß-Jahrzehnts rechnen können: Zunächst sehen wir das Dunkel, lösen uns in unsere Teile auf, dann erblicken wir plötzlich wieder Licht und fassen diese Teile zu einem neuen Ganzen zusammen. Der Rest dieses Buches befaßt sich mit Männern und Frauen, die nach ihrer Authentizität suchen. Oder mit Männern und Frauen, die vor dieser Problematik fliehen oder sie so lange hinausschieben, bis etwas in ihnen explodiert.

Was nicht heißen soll, daß diejenigen, die die schwersten Krisen erleiden, voller Begeisterung und wie neugeboren aus ihnen hervorgehen. Wer sich jedoch die Pause gönnt, sich den wirklichen Problemen stellt, sich einer radikalen Selbstprüfung unterzieht, der findet seinen wahren Wert und gelangt zu neuer Blüte.

Das Dunkel am Ende des Tunnels

Da sich das Verhältnis zwischen Sicherheit und Gefahr auf kaum vorhersehbare Weise plötzlich ändert, sind die Menschen am Beginn dieses Übergangs oft deprimiert. Fest im Optimismus der frühen Jahre verankert, fiel es uns leicht, das Dunkel zu meiden; im Vollbesitz unserer Kräfte stürzten wir uns von einer Aktivität in die andere. Unsere Energien ließen nichts zu wünschen übrig. Gewöhnlich wuchsen unsere Kräfte in jeder Hinsicht – unser Körper stählte sich, unser Sexualleben steigerte sich, unsere Kenntnisse erweiterten sich, die Zahl unserer Freunde wurde größer, und wir bekamen immer höhere Gehälter – wie liebten wir es, unsere Stärke zur Schau zu stellen! Es schien, als könnten wir nur zunehmen an Kraft. Diese Illusion schützte uns vor der Wahrheit, daß niemand ewig lebt.

Wir brauchen nur irgend jemanden über 35 zu fragen: Wann hast du dich zum ersten Mal alt gefühlt? Als du im Spiegel entdecktest, daß deine Falten wabblig geworden waren?

»Zieh deinen Bauch ein, Mutti.«

»Ich streck ihn doch gar nicht raus.«

Die meisten Menschen bemerken zuerst ihr verändertes Äußeres, und sie sehen es wie in einem Zerrspiegel. Die lächerlichste Antwort kam von einem Schauspieler: »Ich wußte, daß ich ins mittlere Alter gekommen war, als ich eines Morgens aufwachte und merkte, daß ein irre langes Haar aus meinem Ohr wuchs.« Wenn wir uns auch von unserem Spiegelbild abwenden, sehen wir uns doch in unseren Freunden, Kindern und Eltern gespiegelt. Das sind die »anderen«, die die Tatsache registrieren, daß wir bald anders sein werden. Hochstimmung und Niedergeschlagenheit wechseln sich grundlos ab. Ungeheurer Optimismus am Morgen, Niedergeschlagenheit am Abend.

Wir machen uns über uns selbst lustig, daß wir »wie eine angeknackste Frau in den Wechseljahren« reagieren. Doch natürlich glauben wir nicht, daß dem wirklich so ist. Denn schließlich sind wir Frauen, die noch regelmäßig ihre Periode haben, und mit 38 Jahren sind wir, sexuell gesehen, topfit. Und wenn der Betroffene ein Mann ist, denkt er daran, daß Charlie Chaplin schließlich noch mit 72 Kinder gezeugt hat.

Es ist paradox, daß wir gerade in der Blüte unserer Jahre erkennen müssen, daß dieser Zeit ein Ende gesetzt ist.

Das veränderte Zeitgefühl

Zu Beginn dieses Krisen-Jahrzehnts kann jeder mit einer Verzerrung seines Zeitgefühls rechnen. Zwischen dem Ende der Jugend und dem Beginn des Altwerdens tut sich zunächst ein Vakuum vor uns auf. Wie unsere Todesahnungen ist auch diese Verzerrung des Zeitgefühls zu Beginn des Übergangs sehr beunruhigend. Wie Männer und berufstätige Frauen diesen Schock erlebten, beschrieben sie etwa folgendermaßen:

»Die Zeit läuft ab. Man muß ihr zuvorkommen. Kann ich noch all das schaffen, was ich erhoffte, bevor es zu spät ist?«

Frauen, die bisher zu Hause waren, wird die Zeit plötzlich lang. »Wie schrecklich viel Zeit liegt noch vor mir! Was soll ich mit ihr anstellen, wenn die Kinder einmal fort sind?«

Die Sozialpsychologin Bernice Neugarten bestätigte den großen Unterschied im Wandel des Zeitgefühls bei beiden Geschlechtern. Bei der Persönlichkeitsveränderung des Mannes spielt es eine große Rolle, welche Stellung er in seinem Beruf erreicht hat, und der Gesundheitszustand ist ein wichtigerer Index für das Alter bei Männern denn bei Frauen.[1] Bei Frauen ist es sehr viel wahrscheinlicher, daß sie in den mittleren Lebensjahren ein Reich ungeahnter Möglichkeiten vor sich liegen sehen. Wenn die anfängliche Angst vor Gefahren und Schüchternheit überwunden ist, fühlen sie sich kräftiger. Die höchsten Ziele haben die meisten Frauen noch vor sich.

Das veränderte Zeitgefühl zwingt jeden von uns zur Bewältigung der Hauptaufgabe, die sich uns in der Mitte des Lebens stellt: Alle Zukunftspläne müssen auf die Zeit, die uns noch zu leben bleibt, abgestimmt werden.

Bevor wir unser Gleichgewicht wiederherstellen können, wird uns das Zeitproblem das Gefühl vermitteln, wir seien festgefahren. Aus unserer verzerrten Perspektive sehen wir unsere Zukunft verkürzt, so daß wir an unserer Trägheit wahrscheinlich häufig selbst schuld sind, weil wir uns sagen: »Es ist zu spät, um etwas Neues zu beginnen.« Man hat ein *Gefühl* der Langeweile, das jedoch, wie die Autorin Barbara Fried so schön erklärt, mit der Verzerrung des Zeitgefühls vermischt auftritt. Beide Phänomene unterscheiden sich indes. Der normalen Langeweile kann man dadurch abhelfen, daß man neue Erfahrungen sucht. Verzerrung des Zeitgefühls ist ein grundsätzlicheres Übel, das auf unseren plötzlichen drastischen Mangel an Vertrauen in die Zukunft zurückzuführen ist.

Vertrauen ist die in frühester Kindheit erworbene Grundlage der Hoffnung. Nun sind wir wieder an einem Punkt angelangt, an dem wir von vorne anfangen und völlig neu einschätzen müssen, welche unserer Bedürfnisse befriedigt werden können und welche nicht. Doch gibt es nun niemanden mehr, der für uns sorgt. *Wir* selbst sind nun unsere einzige Hoffnung. Und wir haben kein rechtes Vertrauen in unsere Fähigkeiten, die Zukunft lebendig zu gestalten, bevor wir nicht herausgefunden haben, wer wir in der anderen Hälfte unseres Lebens sein wollen. Das ist der Kreis, in dem wir uns bewegen. Es ist jedoch kein Teufelskreis: Wir schöpfen neue Kraft, indem wir uns in diesem Kreis bewegen. Wir müssen den Kreis ganz abschreiten, wir müssen in ihm stagnieren, bevor wir den nötigen Antrieb haben, aus ihm auszubrechen und die uns verbliebene Zeit zu nutzen. »Ja, ich kann mich ändern! Es ist nicht zu spät, mit dem zu beginnen, was ich bisher beiseite geschoben habe.«

Es ist paradox, daß Depressionen und Langeweile sich verflüchtigen, sobald wir aus der Krise herauskommen, obwohl wir dann de facto weniger Zeit zu leben haben als vorher. Wir sehen die Zukunft wieder mehr so, wie sie ist, weil wir sie dann mit dem Glauben an den neu definierten Sinn unseres Daseins erfüllen.

Wandel des Verhältnisses zu sich selbst und zu anderen

Um diese Zeit schlägt der Sohn uns das erste Mal beim Tennisspielen. Oder er fragt, ob er und seine Freundin ihre Schlafsäcke mit in den Garten nehmen dürfen. Wir brüten die ganze Nacht über der Frage, was die wohl treiben. Am nächsten Morgen stellen wir ein paar indirekte Fragen. Der

Gesichtsausdruck gibt uns jedoch zu erkennen: Er weiß, daß unser Interesse weniger unserer elterlichen Fürsorge als unserer Lüsternheit entstammt.

Die Tochter möchte einkaufen gehen. Wir starren neben ihr in die Schaufenster und sehen uns selbst in den Kleidern unserer Tochter. Im Laden ist unsere Tochter schockiert, wenn wir ein »supersexy« Kleid anprobieren. »O Mutti, das ist abscheulich!«

Es ist paradox, daß Kinder im Teenager-Alter an ihren Eltern gerade die romantischen Phantasien nicht ausstehen können, denen sie selbst nachhängen.

Die Kinder suchen Trost bei ihren Eltern und müssen erkennen, daß diese nicht mehr auf der Höhe sind. Sie sehen nicht mehr so gut aus. Sie lassen sich lieber chauffieren. Wenn jemand stirbt, so fragt sich diese Elterngeneration, wer als nächster an der Reihe sein wird.

Solange unsere Rolle als Kind unserer Eltern intakt war, konnten wir uns sicher fühlen. Sobald jedoch unser Vater oder unsere Mutter gestorben ist, fühlen wir uns ausgeliefert. »Heute gibt es eine sehr große Anzahl von Leuten, die den Tod das erste Mal beim Hinscheiden ihrer Eltern erleben, wenn sie selbst 35 oder 40 Jahre alt sind«, bemerkt Margaret Mead. »Es handelt sich um ein in der Geschichte vollkommen neues Phänomen.« Viele Beispiele belegen, daß der Tod des hinterbliebenen Elternteils einer der konstantesten Krisenpunkte in der Entwicklung des Selbstbildes des Individuums ist.

Unsere zunächst harmlos neugierigen Blicke in den Spiegel weichen einem morbiden Interesse. Bisher haben wir nie die Todesanzeigen gelesen; nun nehmen wir plötzlich Alter und Todesursache zur Kenntnis. Zum ersten Mal in unserem (vielleicht sogar von Krankheiten völlig verschonten) Leben werden wir zu kleinen Hypochondern.

Leute in den mittleren Jahren sagen oft: »Alle meine Freunde sterben an Krebs.« Es sind keineswegs *alle* Freunde, doch brauchen nur ein oder zwei an Krebs zu sterben, und schon wirkt das wie ein Schock. Man hört soviel über die gestiegene Lebenserwartung. Wie kommt es dann, daß so viele Menschen in den späten Vierzigerjahren ernsthaft erkranken? Die Antwort lautet: Weil die Kindersterblichkeit in der letzten Zeit stark zurückgegangen ist, überleben mehr Leute das Säuglingsalter, die früher bei der Geburt gestorben wären. Diese Menschen sind indes körperlich nicht so stark wie unsere Großeltern sein mußten, um überleben zu können. Infolgedessen nimmt, wie die amtliche Auswertung der Sterblichkeits-Statistiken zeigt, die Bevölkerung mittleren Alters immer mehr zu, so daß es auch eine größere Anzahl von Leuten gibt, die im mittleren Alter sterben.

Wäre solch ein tragischer Tod bei einem Freund oder einem Verwandten vorgekommen, als wir 25 waren, wäre unsere Reaktion sicher nicht über ein gesundes, distanziertes Beileid hinausgegangen. Wir hätten damals keinen Schaden davongetragen, es wäre eben ein Unglücksfall gewesen. Doch nun ist der Tod ein Warnsignal dafür, daß wir mehr aus unserem Leben machen sollen, bevor es zu spät ist. Das aber ist positiv.

Es ist paradox, daß Lebenskraft freigesetzt wird, wenn der Tod persönliche Züge annimmt. Inmitten dieser existentiellen Gefährdung haben wir die Möglichkeit, ein zweites Leben anzufangen.

Der enttäuschte Traum

Die veränderte Wahrnehmung spiegelt sich lebhaft in der Art und Weise wider, wie wir nun unseren Lebenstraum sehen. Gleichgültig welchen Beruf wir haben, wir müssen dem gewaltigen Unterschied zwischen der Vorstellung, die wir mit Zwanzig von uns hatten, und dem, was wir mit Vierzig tatsächlich erreicht haben, mutig ins Auge sehen. Die vierzigjährige Mutter muß feststellen, daß ihre Kinder, ihr Lebenswerk, bald das Nest verlassen werden. Über den Manager in Führungsposition werden die Betriebspsychologen bald das Verdikt »Kein Mann über Fünfundvierzig in leitender Stellung« sprechen. Sie werden ihm nahelegen, sich auf einen ruhigen Posten versetzen zu lassen, da sie nur junge, tatkräftige, profitbewußte Menschen brauchen könnten, während sie mit den abgeklärten Männern mittleren Alters, denen es auf die gesellschaftliche Relevanz ihrer Tätigkeit ankommt, nichts anfangen könnten. Die Anerkennung, die uns bis Vierzig zuteil geworden ist, ist ein Indiz dafür, in welcher »Kategorie« wir unser Leben beenden werden. Unabhängig von unserer bisherigen Stellung werden wir uns jedoch erstaunt fragen: »Ist das alles?«

Von dieser Desillusionierung wird jeder erfaßt, sei er nun Bauarbeiter oder Industriekapitän. Diese Erkenntnis kann uns vor dem Zerfließen in Selbstmitleid bewahren. Studs Terkel hat in seinem außergewöhnlichen Buch *Arbeiten* (*Working*) die Lebensgeschichten von Amerikanern aus über hundert Berufen zusammengetragen, und der einzige gemeinsame Nenner, den er fand, waren die Sorgen, die das Alter betreffen. »Vielleicht ist es dieses Gespenst, das die arbeitenden Männer und Frauen am meisten verfolgt: der geplante Verschleiß von Leuten, der in dieselbe Richtung zielt wie der geplante Verschleiß der Dinge, die sie produzieren.«[4]

Jetzt müssen wir den Glauben aufgeben, daß wir nur dann ein erfülltes Leben führen, wenn wir unser Ideal-Ich verwirklichen. Können wir dieses Ich offensichtlich nicht realisieren, weigern uns aber, dies zuzugeben, dann sind wir auf dem besten Wege zu chronischen Depressionen. Wenn wir uns andererseits damit abfinden, daß wir niemals Bankdirektor in New York werden, dann kommen wir voran auf dem Weg zum Filialleiter in unserer Heimatstadt, und vielleicht finden wir dann echten Spaß daran, Trainer einer B-Klassen-Mannschaft zu werden oder einen Chor zu gründen.

Doch wenn wir unser Ideal-Ich tatsächlich verwirklicht *haben*, was geschieht dann? Wenn wir den alten Traum durch einen neuen ersetzen, haben wir möglicherweise für die Zukunft keine Energie mehr übrig, obwohl uns noch einiges bevorstehen kann. Andererseits haben wir durch unseren Erfolg die Möglichkeit, alten Neigungen nachzugehen: Wir können ein nettes kleines Restaurant eröffnen, weil wir immer schon Hobbyköche waren, wir können uns aufs Komponieren von Songs verlegen, wir können Minderheiten helfen oder für unsere Freunde Landschaftsgärtner spielen. Ich kenne viele Leute, die sich in der Lebensmitte diesen Tätigkeiten zugewandt haben. Sie strahlen viel mehr Lebensfreude aus als diejenigen, die bei ihrem alten, schon verwirklichten Wunschtraum geblieben sind und ihm als Fünfzigjährige noch etwas Lebenssaft abzupressen versuchen.

Es ist paradox, daß die Betriebspsychologie die Zeit des arbeitenden Menschen verkürzen will, wo doch seine Lebenserwartung durch die Möglichkeiten der Medizin gestiegen ist.

Auf der Suche nach Authentizität

Wenn uns unsere Sterblichkeit voll bewußt geworden ist und wenn die Wirklichkeit unsere magischen Hoffnungen nicht zu erfüllen vermag, erscheint uns *jede* der von uns gewählten Rollen und *jede* Lebensstruktur als zu beengend. Allen, denen wir unser Vertrauen geschenkt haben – Ehemann und Vater, Ehefrau und Mutter, Kinder und Mentoren und alle unsere Götter erfahren wir nun als Teil eines geschlossenen Systems, das uns einengt.

Der Verlust der Jugend, das Nachlassen der physischen Kräfte, die uns immer selbstverständlich waren, der schwindende Glanz der stereotypen Rollen, mit denen wir uns bisher identifizieren konnten, das geistige Dilemma, keine absoluten Antworten geben zu können – jeder dieser Schocks oder alle zusammen können uns in eine Krise stürzen. Doch haben wir durch diese Krise noch vor dem Ende dieses Jahrzehnts die Möglichkeit, unsere Persönlichkeit völlig zu verändern. Bis zu einem gewissen Grad ist der Wandel der Persönlichkeit wahrscheinlich unvermeidbar.[5]

Diese Veränderungen erlauben es einer Frau, sich zu behaupten, einem Mann, sich seine Gefühle einzugestehen, und jedem von uns erlauben sie es, seiner engen beruflichen und wirtschaftlichen Lebensform zu entwachsen. Wenn das geschieht, können wir uns Ziele setzen, die ganz eigentlich »unsere Ziele« sind. Dadurch wiederum können wir uns den Weg zu einer neuen freieren, innigeren Beziehung zu den Menschen ebnen, die wir lieben. Wenn wir uns jedoch zunächst dem Dunkel preisgeben, wird sich eine ganze Schar von Dämonen auf uns stürzen. Probleme, mit denen wir in früheren Lebensabschnitten nicht fertig geworden sind, werden wieder auftauchen und uns verfolgen. Sogar Splitter aus der archaischen Totemwelt der Kindheit werden an die Oberfläche stoßen. Bisher verschüttete Teile unserer Persönlichkeit wollen aufgenommen werden oder verlangen zumindest, daß wir sie beachten und ausschalten.

Diese Dämonen können uns in eine Privathölle stürzen, in der uns Depressionen, sexuelle Promiskuität, Machtgier, Hypochondrie, Selbstzerstörung (Alkoholismus, Arzneimittelmißbrauch, Autounfälle, Selbstmord) und jähe Stimmungsschwankungen erwarten. Es gibt viele Belege dafür, daß all diese Phänomene im mittleren Alter auftreten. Die Krise in der Lebensmitte diente Psychiatern auch als Erklärung dafür, daß sich so viele äußerst kreative Menschen Mitte Dreißig ausgebrannt fühlten.

Wenn wir unsere dunkle Seite anerkennen, was werden wir erkennen?

Unsere Selbstsucht
Unsere Habgier
Unseren Konkurrenzneid
Unsere Furchtsamkeit
Unsere Abhängigkeit
Unsere Eifersucht
Unser Besitzergreifen
Unsere Destruktivität

Wer hat Angst davor, erwachsen zu werden? Wer nicht? Wenn wir wirklich alles, was wir denken, fühlen und wofür wir eintreten, überprüfen, stoßen wir bei der Anstrengung, uns eine Identität zu schmieden, auf den Widerstand unseres eigenen Ich. Dabei gibt es einen – gewaltigen und gefährlichen – Augenblick reinsten Terrors. In diesem Augenblick würden wir am liebsten so schnell wie möglich den Rückzug antreten, weil uns jeder Schritt einer seit langem geahnten Wahrheit näher bringt.

Der Wahrheit, daß wir allein sind.

Jeder hat seine eigenen Gedanken und Gefühle. Ein anderer Mensch kann sie zwar durch geteilte Erfahrung oder durch verbale Schilderung nachempfinden, doch verarbeiten kann sie ein anderer nicht. Das gilt für Ehepartner, auch wenn sie den Satz des anderen zu Ende führen; das gilt für Mentoren und Chefs, auch wenn sie ihre Ambitionen in uns verwirklicht sehen möchten; ja sogar für unsere Eltern gilt das.

Durch unsere Kindheitsidentifizierung mit den Eltern gelangten wir in den Besitz eines primitiven imaginären Schutzes: Es ist dies der Schutz durch den diktatorischen Wächter, den ich den Inneren Wächter genannt habe. Dieser internalisierte Schutz bewahrt uns bis ins mittlere Alter hinein vor der Erkenntnis, daß unsere Einsamkeit absolut ist. Die illusorische Macht des Inneren Wächters hat uns glauben gemacht, daß Gefahr, Versagen, Krankheit und Tod uns nicht berühren können, wenn wir nichts riskieren und nicht all unsere Möglichkeiten ausprobieren. Das aber ist eine Illusion. Wenn wir diese Illusion nicht aufgeben wollen, indem wir die von den Psychiatern so genannte »unvollkommene Identifizierung« beibehalten, schirmen wir uns nur gegen die *Vorstellung* der Trennung ab, tun aber nichts, um unser Alleinsein erträglich zu machen.

Wir wehren uns heftig gegen all diese Wahrheiten. Voller Angst ziehen wir uns zurück. Vergeblich jagen wir dem »süßen Vogel der Jugend« nach. Stillstand. Stagnation. Bis wir schließlich das Undenkbare kennenlernen: die dunkle Seite in uns. Das Gefühl des inneren Zusammenbruchs wird so mächtig, daß sich viele unter uns nicht mehr dagegen sträuben.

Meine Interviewpartner sagten im Alter von 44 oder 45:

»Einige Jahre lang war das Leben für mich die reinste Hölle; ich komme geradewegs aus ihr.« Sie können aber oft nur dürftig beschreiben, was »es« war, das sie fühlten. Leute, die gerade mitten im Übergang der Lebensmitte steckten, können derart beunruhigt sein, daß sie zusammenfassend nur sagen können, sie »lebten in einem Zustand der Angespanntheit« oder »Manchmal frage ich mich morgens, ob es das Leben überhaupt wert ist, daß man aufsteht«. Jeder Blick nach innen scheint gefährlich.

Einem dreiundvierzigjährigen Designer gelang es effektiv, die Empfindungen, die in dieser Periode ein emotionales Schwindelgefühl hervorrufen, auszudrücken: »Ich habe im letzten Jahr entdeckt, wieviel ich von dem, was ich mir selbst nicht eingestehen wollte, unterdrückte. Gefühle, die ich mir nie eingestehen wollte, werden heute so stark, daß ich *sie nicht länger verdrängen möchte.* Ich bin bereit zu verantworten, was *ich wirklich fühle.* Ich brauche nun nicht mehr so tun, als existierten diese Gefühle nicht, brauche mich nicht mehr einer Vorstellung von dem, was ich sein sollte, unterzuordnen.«

Dieser Mann bekennt sich zu seiner Krise der Lebensmitte. »Ich bin jetzt wirklich schockiert über das Ausmaß und die Beschaffenheit all dieser Gefühle – als da sind Angst, Neid, Habgier und Konkurrenzdenken. All diese sogenannten schlechten Gefühle kommen nun wirklich so zum Vorschein, daß ich sie sehen und bewußt erleben kann. Ich staune über die unglaubliche Energie, die wir darauf verwenden, sie zu unterdrücken und den Schmerz zu verleugnen.«

Die gegenwärtige Forschung ist sich darüber einig, daß der Übergang zur Lebensmitte eine ebenso kritische Phase wie das Jugendalter ist und in mancher Hinsicht noch qualvoller verläuft. Sollten wir uns wirklich bemühen, diesem Chaos die Stirn zu bieten und es durchzustehen? Lohnt es sich, die eigene Person wirklich werden zu lassen?

Bei der Antwort auf diese Frage gilt meine besondere Vorliebe dem Kinderbuch *The Velveteen Rabbit.* Eines Tages fragte das junge Kaninchen das Pferd*, das sich ziemlich lang in der Nähe des Kinderzimmers aufgehalten hatte, was ist wirklich? Und ob Wirklichkeit weh tue?

»Manchmal«, sagte das Pferd in seiner Wahrheitsliebe. »Wenn man WIRKLICH ist, macht es einem nichts aus, wenn es weh tut.«

»Geschieht das auf einmal, so wie man aufgezogen wird«, fragte das Kaninchen, »oder nach und nach?«

»Es geschieht nicht auf einmal«, sagte das Pferd. »Man wird so. Es braucht lange Zeit. Deshalb kommt es nicht oft vor bei Leuten, die zerbrechlich sind oder scharfe Kanten haben oder sorgsam aufbewahrt werden müssen. Im allgemeinen hat man zu der Zeit, da man WIRKLICH wird, schon alle Haare verloren, weil man so viel gestreichelt worden ist, die Augen fallen einem heraus, die Gelenke werden locker, und man sieht sehr schäbig aus. Aber das macht alles gar nichts, weil man, einmal WIRKLICH geworden, nicht mehr häßlich aussehen kann, außer für Leute, die ohnehin nichts verstehen.«[6]

Von der Auflösung zu einem neuen Ganzen

Da das Dilemma in diesem Jahrzehnt die Suche nach Authentizität ist, besteht die Aufgabe darin, sich in seine einzelnen Teile aufzulösen und zu einem neuen Ganzen zusammenzusetzen. Aufgelöst wird das eingeschränkte Selbst, das wir bisher waren, weil es den kulturellen Normen und den Vorstellungen unserer Umwelt entsprach.

Dies ist die Form, nach der wir in unseren Zwanzigerjahren suchten, die Identität, die wir entwickelten, um uns zu stabilisieren, und auf der wir unser Leben in den frühen Dreißigern aufbauten. Entsprechende Prototypen sind der ehrgeizige Manager, die Supermammi, die alles bewältigt, der furchtlose Politiker, die Ehefrau, die stets um Erlaubnis bittet.

* Es handelt sich um zwei Spielzeugtiere, das Kaninchen aus Baumwollsamt, das Pferd aus echtem Fell, weshalb es *Skin Horse* heißt (Anm. d. Übers.).

Damals konnten wir es uns nicht leisten, unserer eigenen *inneren* Autorität gemäß zu handeln. Wir hielten uns an das vermeintliche Versprechen, man würde uns mögen und belohnen und wir würden für immer leben, wenn wir unsere Sache gut machen und uns an diesen ordnungsgemäßen und begrenzten Rahmen halten.

Doch nun erleben wir einen Schock, denn wir müssen entdecken, daß jenes Versprechen eine Illusion war. Unser beschränktes, unschuldiges Selbst stirbt de facto, es muß sterben, um dem voll entfalteten Selbst Platz zu machen, das alle Teile unserer Persönlichkeit umfaßt, den selbstsüchtigen, den verängstigten und den grausamen Teil ebenso wie den überschwenglichen und den zärtlichen – die »schlechten« Seiten ebenso wie die »guten«. Wie erschütternd dieser Zusammenstoß mit unseren unterdrückten und destruktiven Impulsen auch sein mag, die in jedem menschlichen Charakter enthaltene Fähigkeit zur Erneuerung grenzt ans Wunderbare.

Es handelt sich nicht um Auflösung *oder* um Zusammenschließung zu einem neuen Ganzen. Es ist beides. Indem wir uns der Auflösung überlassen und die unterdrückten oder gar unerwünschten Teile unserer Persönlichkeit hereinnehmen, trifft ein jeder in seinem Inneren die Vorbereitung für die Integration zu einer neuen Identität, die diesmal ganz unsere eigene ist. Nun sind wir frei, die Suche nach der Wahrheit über uns stärker voranzutreiben und die Welt aus einer aufrichtigeren Perspektive zu betrachten.

Auf dem Weg zu dieser Freiheit müssen wir um unser altes »sterbendes Selbst« trauern und unsere eigene unvermeidliche Sterblichkeit bewußt annehmen.[7] Diese reife Einsicht wird uns fürderhin davor bewahren, die gesellschaftlichen Regeln sklavisch zu befolgen und unsere Zeit damit zu vergeuden, die Anerkennung anderer Leute dadurch zu suchen, daß wir uns ihren Normen anpassen. Vielmehr brauchen wir aufgrund dieses Wissens nun anderen gegenüber nicht mehr so defensiv aufzutreten.

»Behaltet eure dämlichen Regeln doch für euch!« können wir ihnen endlich zurufen. »Niemand kann uns vorschreiben, was für uns gut ist. Wir haben einen Blick in den Abgrund getan; jetzt können wir es uns leisten, all das kennenzulernen, was es kennenzulernen gibt. Ich brauche keinen anderen Schutz als mich selbst; ich habe nur dieses eine Leben in dieser Welt.«

Durch den Auflösungsprozeß schaffen wir dann die Voraussetzungen für eine großartige Expansion unseres Selbst. Am Ende dieser Periode können wir alles, was wir sind und erlebt haben, in unser Selbst integrieren – und *neu* bewerten. Darin besteht der Prozeß der Erneuerung.

Eine Lösung besteht darin, in die Dunkelheit vorzustoßen und sie zu erforschen. Den Beruf Beruf sein zu lassen, ein Jahr Ferien zu machen und in der Lebensmitte seine Pflichten zu vergessen oder es mit der Natur aufzunehmen und auf dem Kanu in abgelegene Regionen vorzustoßen. Es ist dies eine Möglichkeit, durch die wir unsere eigenen Tiefen kennenlernen; und durch dieses Wissen wiederum können wir das Beste aus unserem Leben machen.

Andere scheinen sich bei dieser Mittelstation nicht lange aufzuhalten. Ihre Lösung besteht darin, daß sie den Weg nach unten einfach verleugnen. Sie spielen mehr Tennis und laufen mehr Runden, geben größere Parties, kaufen sich bessere Haarteile, lassen ihr Gesicht noch stärker liften und gehen mit noch jüngeren Partnern ins Bett. Was nicht heißen soll, daß es sich nicht lohnt, auf solche Weise weiterzuwursteln, oder daß jüngere Partner ein stagnierendes Sexualleben nicht beleben können. Wer sich jedoch nur solchen Zielen verschreibt, könnte mehr als eine entscheidende Chance der persönlichen Entwicklung verpassen. Wenn wir uns die inneren Wandlungen, die in uns stattfinden, nicht eingestehen, ersticken wir jede Erfahrungsmöglichkeit im Keim. Der Preis dafür ist zu hoch: wir werden oberflächlich.

Wieder andere blocken diesen Übergang ab, indem sie sich in einen Riesenwirbel zwanghafter Aktivitäten stürzen. Tolle Geschäftsleute oder hyperaktive Gastgeberinnen oder Politiker scheinen für die Krise in der Lebensmitte keine Zeit zu haben. Sie sind allzusehr damit beschäftigt, dieses Jahr ein neues Geschäft zu gründen oder Abendgesellschaften zu geben oder sich um eine höhere Stelle zu bewerben. Sie verbrauchen ihre Kräfte im Umgang mit Äußerlichkeiten, weil sie Angst davor haben, einen Blick in die Tiefen der eigenen inneren Leere zu werfen. Die Sache hat nur einen Haken: Innere Probleme, die man in der einen Periode verdrängt, kehren gewöhnlich in der nächsten Periode in verschärfter Form zurück. Es ist schrecklich, wenn man der Krise in der Lebensmitte erstmals mit Fünfzig begegnet (obwohl man auch das überstehen kann). Oder man bleibt in seiner Entwicklung einfach stehen, wenn man seine Scheuklappen nicht ablegt. Wer so verfährt, dessen Gesichtswinkel verengt sich, er wird sich selbst gegenüber unkritisch und bleibt schließlich kraftlos und verbittert zurück.

»Wenn ein Mann im Übergang zur Lebensmitte eine relativ ruhige Zeit verlebt«, bestätigt Levinson, »so beeinträchtigt das seine spätere Entwicklung. Viele Männer, die mit Vierzig keine Krise erleben, werden schwerfällig und bringen die vitalen Energien nicht mehr auf, die nötig wären, um sich in den folgenden Phasen des Erwachsenenalters fortzuentwickeln.«[8]

Letztlich können wir die Angst davor, daß es abwärts geht, nur dadurch vertreiben, daß wir uns mit ihr beschäftigen. Je früher wir die Wahrheiten dieser Periode begreifen, desto rascher können wir sie mit unserem jugendlichen Optimismus bewältigen, können wir an ihnen erstarken.

Das wichtigste in der Mitte des Lebens ist – locker bleiben. Die Dinge auf sich zukommen lassen, auch in bezug auf den Partner. Den Gefühlen ihren Lauf lassen. Veränderungen geschehen lassen.

Wir können nicht alles mitnehmen, wenn wir uns in der Lebensmitte auf die Reise begeben. Wir setzen uns über die altgewohnten Anforderungen hinweg, kümmern uns nicht mehr um den Terminkalender anderer Leute, scheren uns bei unserer Suche nach gültigen inneren Werten nicht mehr um äußere Bewertungsmaßstäbe und um die Anerkennung anderer Leute. Wir geben unsere Rollen auf und werden ganz wir selbst. Wenn ich jedem ein Geschenk mit auf diese Reise geben könnte, so wäre es ein Zelt. Ein Zelt, um sich überall niederzulassen und ständig neue Versuche zu wagen.

Um die Lichtung am anderen Ende zu erreichen, müssen wir die Reise durch all die unsicheren Gebiete ohne Gepäck unternehmen. Jedwede vorgebliche Sicherheit, die wir aus zu starkem Vertrauen in Personen und Institutionen ziehen, müssen wir aufgeben. Der Innere Wächter muß ausgeschaltet werden. Keine äußere Macht darf von nun an unsere Reise lenken. Es liegt an jedem von uns, seinen eigenen gültigen Weg zu finden. Und ein jeder von uns hat die Möglichkeit, am Ende wie neugeboren zu sein, *authentisch* als eine unverwechselbare Person, als jemand, der nun wirklich lieben kann – sich selbst und die anderen.

17.
In guter Gesellschaft

Werfen wir nun einen Blick auf zwei schöpferische Männer, die genau im selben Lebensalter über sich selbst geschrieben haben. Wie sehr sie sich in ihrer inneren Unruhe ähneln, wird dabei offenbar. Überraschend ist die Tatsache, daß zwischen ihrer beider Leben mehr als sechs Jahrhunderte liegen.

Der erste ist der Dichter Dante Alighieri. Die ersten Verse der *Göttlichen Komödie** bringen eindringlich die ungeheure psychologische Tragweite dieses Lebensabschnitts zum Ausdruck:

Grad in der Mitte unserer Lebensreise
Befand ich mich in einem dunklen Walde,
Weil ich den rechten Weg verloren hatte.
Wie er gewesen, wäre schwer zu sagen,
Der wilde Wald, der harte und gedrängte,
Der in Gedanken noch die Angst erneuert,
Fast gleichet seine Bitternis dem Tode.

Dante verfaßte diese Zeilen nicht einfach in seinem zweiundvierzigsten Lebensjahr, sondern hatte das, was sie aussagen, seit seinem siebenunddreißigsten Jahr am eigenen Leibe erfahren. Als leidenschaftlicher Idealist, der mit einer begüterten Frau verheiratet war und mehrere Kinder hatte, war er nur zwei Jahre zuvor, im Alter von 35 Jahren in Florenz zum Ratsherrn gewählt worden. Inmitten heftiger politischer Auseinandersetzungen versuchte er, gerecht zu regieren. Im Jahre 1302 wurde er jedoch in Abwesenheit verurteilt, weil er sich geweigert hatte, zivile Hoheitsrechte des Papstes anzuerkennen. Es war eine Anklage, auf die er stolz war. Um seiner Überzeugung willen lehnte er es ab, sich »ihren« Regeln zu unterwerfen. Infolgedessen beschlagnahmte man sein Vermögen und verbannte ihn aus seiner Geburtsstadt.

Damit begann Dantes Wanderleben durch die Dörfer und Wälder Italiens, durch jenen »dunklen Wald«, über den er schrieb. In diesem Wald rang er, Auge in Auge mit den Dämonen, die uns alle in die-

* Die Übersetzung der hier benutzten Vorlage stammt von Hermann Gmelin aus der 1949 im Ernst Klett Verlag, Stuttgart, erschienenen Ausgabe (italienisch und deutsch).

sem Lebensalter bedrängen, mit seiner schrecklichen inneren Zerrissenheit.

Der Essayist George P. Elliott beschreibt Dantes Aufgabe mit Worten, die allgemeingültig sind. »Um er selbst zu werden, mußte er einen Weg finden, die Teile seines Wunschtraums zu einem Ganzen zu vereinen.«[1] Da Dante ein Mann des Geistes und ein Mann der Leidenschaft war, konnte er sich weder mit einem ausschließlich intellektuellen Leben zufriedengeben, noch konnte er sich aufgrund seines politischen Charakters auf die theologische Exegese beschränken.

Elliott macht darauf aufmerksam, daß »für ihn die Abkehr von der Welt, wie sie ein frommer Mensch vollzieht, die Verleugnung eines wesentlichen Teils seiner selbst gewesen wäre; das zu tun, war er zu sehr stolzer Dichter. Er wollte alle Teile seines Selbst zusammenfügen, sogar das Böse in sich.«

Der zweite Mann gehört unserer Zeit an. Er schrieb das Buch, das in den sechziger Jahren den Anstoß für den Kampf gegen die Armut gab: *The Other America.* Als sozial engagierter und intellektuell aufrichtiger Mann hatte er – wie Dante – ein aktives, weltoffenes Leben geführt, gemäß dem Grundsatz, daß Vernunft zur Wahrheit führt. Sein Name ist Michael Harrington. Der Verlust des seelischen Gleichgewichts am Abgrund der Lebensmitte traf ihn vollkommen unvorbereitet. In seiner Autobiographie schildert er später, wie er gerade einen seiner üblichen Vorträge über das Problem der Armut halten wollte:

Als ich das Podium erreichte, fühlte ich mich plötzlich schwach und kraftlos und mußte mich am Rednerpult festhalten, um nicht zu stürzen. Dann wurde das Gefühl, gleich bewußtlos zu werden, so stark, daß ich mich setzen und dem Publikum erklären mußte, ich sei heute indisponiert und könne nur im Sitzen fortfahren.[2]

Wie viele von uns, klammerte sich auch Harrington an äußere Faktoren, um sich einzureden, es handele sich um ein für sich zu betrachtendes Ereignis. Er war überarbeitet und erschöpft. Doch überkam ihn das schreckliche Gefühl, das Gleichgewicht zu verlieren, auch während einer vergnüglichen Plauderei über Kunst auf einer Party: ». . . der Boden des Hauses schien unter meinen Füßen leicht zu schwanken, und ich trank schnell etwas, um dieses Gefühl, seekrank zu sein, loszuwerden.«

Er tat auch weiterhin so, als sei nichts geschehen, als sei er nach wie vor jener streitbare Anhänger der Bürgerrechtsbewegung, als den er sich sah, und schloß sich Martin Luther Kings Marsch nach Selma an. Ein engagierter Bürgerrechtler wurde dabei ermordet, ein anderer brach auf dem

Flughafen zusammen. Harrington behielt angesichts dieser beunruhigenden Ereignisse sein Gleichgewicht. Er redete sich nun erst recht ein, daß das schreckliche Gefühl, sein Gleichgewicht verloren zu haben, ein zufälliges Ereignis gewesen sei, das der Vergangenheit angehörte. »Ich hatte mich getäuscht . . . sobald ich wieder zurück in New York war, mußte ich mich wieder einigen übermächtigen und bislang verdrängten Antagonismen in mir selbst stellen. Diese Kräfte sollten mein Leben im folgenden Jahr völlig beherrschen und es weitere drei Jahre lang stark beeinflussen.«

Es sind die Jahre zwischen 37 und 42, die Michael Harrington hier beschrieben hat und die praktisch für uns alle Jahre größter Angst sind. Wie die meisten Menschen wußte Harrington jedoch nichts über das, was wir nun die Krise der Lebensmitte nennen. Er nahm einfach an, er werde älter.

Er lebte von nun an mit einer Angst, mit einer unbestimmbaren Furcht, die sich praktisch mit keinem tatsächlichen Ereignis in Verbindung bringen ließ. Er war gesund, hatte seine Arbeit, war verheiratet, kurz, seine ganze Lebensordnung stimmte. Trotzdem konnten ihn die nebensächlichsten Ereignisse wütend machen oder in Panik versetzen, so z.B. wenn ein Schlüssel von innen in der Tür steckte oder wenn er anstehen mußte. Jede Sekunde in einem Flugzeug schien sein inneres Gleichgewicht zu bedrohen.

»Was hatte mein Leben so durcheinandergebracht?« Harrington wandte sich um Hilfe an einen Psychologen. In den folgenden vier Jahren ließen die Symptome langsam nach, und er bemühte sich, eine Antwort auf seine Frage zu finden. »Meine Welt hatte sich im Lauf eines Jahres in vieler Hinsicht stark verändert, aber ich konnte oder wollte mir dies nicht eingestehen. Ich gab vor, der gleiche geblieben zu sein, und weigerte mich anzuerkennen, wer ich oder was aus mir wurde.«

Es war ein Prozeß, den er nicht mehr verhindern konnte: die Auflösung seines ordentlichen, zivilisierten »äußeren Selbst« in verschiedene, einander bekämpfende Teile, die nichtsdestoweniger authentische Bruchstücke des einen Michael Harrington waren. Als er begann, diese Bruchstücke zu sortieren, konnte er in einem von ihnen den unruhigen Radikalen seiner Jugend am Antioch College wiedererkennen, der »im Geiste immer noch in Bluejeans lebte«, unbefleckt von den bürgerlichen Schandmalen des Geldes, der Macht und des Erfolgs. Seiner Ansicht nach war dies seine gute Seite. Doch seitdem er Mitte Dreißig gewesen war, hatte ein anderer Teil seines Selbst an Raum gewonnen. Dieser Teil hatte ihn aus der anerkennenswerten Armut und dem verklärten Leben in der Gemeinschaft herausgeführt. Er hatte ihn zur Ehe gedrängt und ihm den Wunsch nach Kindern und nach dem Schoß einer eigenen Familie aufgezwungen und – schlimmer noch – ihn veranlaßt, mächtigen Männern Ratschläge zu erteilen, Honorare in üblicher Höhe für seine Reden zu akzeptieren und sich sogar über seinen plötzlichen Aufstieg zum bekannten Schriftsteller zu freuen.

Dies war der Teil seines Selbst, den er als unrein betrachtete, weil er auf Erfolg aus war. Dennoch war nicht von der Hand zu weisen, daß sich dieser Teil Zutritt verschafft hatte und akzeptiert werden wollte.

Die schöpferische Krise

Der aufsehenerregendste Beleg dafür, daß wir in diesen Jahren einen der Wendepunkte unseres Lebens erreichen, stammt vom Londoner Psychoanalytiker Elliott Jaques. Er gewann seine ersten Einsichten durch die Beobachtung, daß die großen Künstler der abendländischen Geschichte im Alter von 35 bis 40 in der Regel von einer schöpferischen Krise heimgesucht worden sind. Zu den Künstlern, die er in Betracht zog, zählen (um eine Vorstellung vom Umfang seines Materials zu geben) Beethoven, Goethe, Ibsen und Voltaire. Aus diesen Untersuchungen schloß Jaques, daß wir alle um diese Zeit eine kritische Entwicklungsphase erleben. Obgleich seine ersten Beispiele einem besonderen Personenkreis entstammten, setzte er seine Analyse an anderen Fallgeschichten aus seiner Praxis fort. In einem Aufsatz aus dem Jahre 1965 stellte er die Hypothese auf, daß etwa mit 35 ein kritisches Übergangsstadium beginnt, das nicht nur bei genialen Persönlichkeiten, sondern in dieser oder jener Form bei uns allen auftritt. Jaques nannte dieses Stadium »Midlife Crisis« (Krise der Lebensmitte). Jaques prägte damit wahrscheinlich diesen Ausdruck, obwohl zumindest ein weiterer Kollege denselben Anspruch auf Urheberschaft erhebt. Jaques vergaß nicht, darauf hinzuweisen, daß dieser Übergang einige Jahre dauert und daß die Dauer von Person zu Person verschieden ist.[3]

Die schöpferische Krise kann drei verschiedene Formen annehmen.

Erstens kann es sein, daß die schöpferische Fähigkeit erstmals auftaucht und sich geltend macht. Das bekannteste Beispiel hierfür ist Gauguin, der mit 35 seine zeternde Frau verließ, seine Stelle bei der Bank aufgab und bereits mit 41 einer der führenden nachimpressionistischen Maler war.

In einer zweiten Form der Krise erlischt die schöpferische Kraft des Künstlers oder er stirbt. Mit 37 starb eine ganze Reihe sehr produktiver Künstler. Jaques verifizierte seine Beobachtungen anhand einer Stichprobe von etwa 310 hochbegabten Malern, Schriftstellern, Komponisten, Bildhauern und Dichtern. »Die Sterblichkeitsrate steigt zwischen 35 und

39 plötzlich an. Zu dieser Zeit liegt sie wesentlich über der normalen Sterblichkeitsrate«, schreibt er. »Zu dieser Gruppe gehören Mozart, Raffael, Chopin, Rimbaud, Purcell, Baudelaire, Watteau ... Zwischen 40 und 44 fällt die Kurve dann weit unter die normale Sterblichkeitsrate und trifft sich Ende Vierzig wieder mit der durchschnittlichen Rate.«[4]

In der dritten Form überleben die Künstler physisch und schöpferisch die unerwartete Prüfung, aber nur wenige ohne entscheidenden Wandel in ihrem Werk. Die verschiedenen persönlichen Reaktionen reichen, wie bei anderen Menschen auch, von quälenden Gefühlsausbrüchen bis zu ruhigeren Übergängen. Es ist nützlich, Jaques' Analyse des Wandels im schöpferischen Prozeß nachzuvollziehen, der zeigt, daß der Künstler eine Krise der Lebensmitte durchgemacht hat. Sie bringt deutlich den qualitativen und inhaltlichen Wandel zum Ausdruck, der sich bei uns allen um diese Zeit gegenüber unserem Beruf geltend macht.

Spontan und heftig ist die Kreativität in den Zwanziger- und frühen Dreißigerjahren. Sie entzündet sich an jedem Erlebnis, kennt keine Grenzen und verarbeitet jeden Einfall sogleich zu einem Werk wie aus einem Guß, ohne daran noch herumfeilen zu müssen. Keats, Shelley und Mozart sind Jaques' Beispiele hierfür.

Dem Künstler, der versucht, diesen Schaffensstil auch dann noch beizubehalten, wenn die Spontaneität verflogen ist, droht am ehesten das Erlöschen seiner schöpferischen Kraft. Keats' Biographie ist bekannt; ein weiterer Beleg sind die Enthüllungen von F. Scott Fitzgerald in seinem Buch *The Crack-Up.* »Langsam kam mir die Einsicht, daß ich zwei Jahre meines Lebens von Kräften gezehrt hatte, die ich nicht besaß, daß ich mich physisch und geistig völlig verausgabt hatte.«[5] Fitzgerald schrieb dies mit 35. Fünf Jahre später war er tot.

Wenn der Künstler diese Periode durchsteht, gibt er gewöhnlich seinen fieberhaften Schaffensstil auf. Jaques nennt diese neue Methode »geformte Kreativität«. Ab Ende Dreißig »ist es ein weiter Weg vom ersten Funken der Phantasie bis zum fertigen Kunstwerk ... mag die Inspiration auch noch stark und eindringlich sein. Vielleicht kommen die Einfälle auch spärlicher. Selbst wenn die Inspiration da ist, bildet sie doch nur den Anfang eines langen Arbeitsprozesses und muß zunächst eine Elementarform erhalten.«[6]

Nun setzt beim reifen Künstler, wenn er mit dem ungeformten Material seiner Phantasie arbeitet, eine Kreativität ein, die nach Jaques bewußter und bedachter ist. Das Bild, die Partitur, das Stück, die auf den ersten Einfall folgen, sind nicht das endgültige Werk, sondern der Ausgangspunkt, der vielleicht sogar über Jahre hinweg ständig verändert wird.

Ein tragisches Gefühl beginnt die Kunstwerke des gereiften Erwachsenenalters mit neuem philosophischem Sinn zu erfüllen. Shakespeares Komödien entstanden in seinen Zwanzigerjahren. Seine erste Tragödie war *Romeo und Julia* – er schrieb sie mit 31 –, und man vermutet, daß seine größten Tragödien im Alter zwischen 35 und 40 entstanden sind.

Um unsere privaten Sorgen in der Krise der Lebensmitte zu relativieren, kann es sehr hilfreich sein, sich einen zittrigen Shakespeare oder einen deprimierten Dante vorzustellen. Die humanistisch orientierte Psychologie spricht ständig von unserer »persönlichen Entwicklung«. Deshalb verlieren wir bei unserem egozentrischen Interesse für die Drangsale unseres ca. siebzig Jahre kurzen Lebens oft aus dem Auge, daß es die gleichen Probleme in der ganzen Geschichte des abendländischen Menschen gegeben hat. Schon im XIII. Jahrhundert erreichte Dante das hohe Alter von 56 Jahren, dreihundert Jahre später wurde Shakespeare 52. Aus ihrer ersten Begegnung mit dem Torschluß-Jahrzehnt und dessen schrecklichen Ängsten gingen sie so gestärkt hervor, daß sie noch etwa fünfzehn Jahre erleben konnten, in denen sie erstaunlich schöpferisch waren.

Die geistig-seelische Krise

Obwohl die Religion in unserer Welt verlorener Sicherheit immer weniger Leuten immer weniger Trost bietet, ist sie doch eine Weltsicht, die vielen Menschen einen Rahmen vorgab, innerhalb dessen sie das Chaos mit Sinn erfüllen konnten. Zu Dantes Zeit war das christliche Universum noch wohlgeordnet und sinnerfüllt: es gab ein Erdendasein und eine Hölle des Bösen, die beide durchschritten werden mußten, um jene ewige Glückseligkeit zu erlangen, die erst im Leben nach dem Tode möglich war. Dante stand sowohl als Dichter als auch als Pilgerfigur in seiner *Göttlichen Komödie* am Anfang dieses Übergangs verloren da, aber beide kannten den Weg, den sie gehen sollten. Die göttliche Vorsehung war allgegenwärtig und wies den Weg.

Es war der Philosophie des Existenzialismus vorbehalten, im Sinne Nietzsches zu behaupten: »Das ist mein Weg, welches ist Dein Weg? *Den* Weg gibt es nicht.«

Harrington spricht von Gott nicht als von einem Hirten, der ihn durch das finstere Tal des Todes geleitet; er spricht nicht so, obwohl er in seiner Jugend ein überzeugter Katholik war. Er wandte sich statt dessen der Psychoanalyse zu, in der beide, Führer und Geführter, ständig damit beschäftigt sind, Sexualrollen, Wert- und Glaubenssysteme und gesundes Verhalten auf wechselnde Weise zu interpretieren.

Zu Freuds Zeiten war das noch ganz anders. Alle seine Patienten gehörten einer homogenen Schicht der Wiener Gesellschaft an. Wenn einer von ihnen rief: »Ich ertrinke!«, konnte Freud ihn wieder in eine festgefügte, wenn nicht gar starre Welt zurückführen. Heutzutage befindet sich der Psychologe in einer völlig anderen Lage. Auch er schwimmt hinaus zu seinem ertrinkenden Patienten und versucht, ihn vorsichtig zum Floß zurückzulotsen. Wenn sie zurückkommen, kann es jedoch sein, daß das Floß verschwunden ist.

Viele Leute, die in ihrer Jugend in feste religiöse Bindungen gezwängt wurden, haben in ihrer Lebensmitte gegen Positionen zu kämpfen, die absolute Gültigkeit beanspruchen, aber nicht mehr ihrer Erfahrung entsprechen.

Ein solcher Mann kam vor kurzem zu mir, um sich mit mir über meine Arbeit auf diesem Gebiet zu unterhalten. Es war ein 46 Jahre alter Geistlicher.

»Ich freue mich, Sie zu sehen, Reverend Raines«, begrüßte ich ihn.

»Alle drei Buben unserer Familie waren im Seminar«, begann Bob Raines mit einem vergnügten Lachen seine Lebensgeschichte, »Was schon darauf hindeutet, daß ein stiller, aber sehr wirkungsvoller Zwang auf uns ausgeübt wurde. Ich nahm das alles in Kauf, weil ich mich im Schoß meiner Familie geborgen fühlte. Im Jugendalter befreite ich mich nicht von der Autorität meines Vaters, so daß ich es in mittlerem Alter tun mußte. Er war ein starkes Rollenvorbild auch auf Gebieten, wo ich seinen Einfluß erst in den letzten Jahren erkennen konnte.«

Mit 40 hatte Reverend Raines das Gefühl, als habe seine Person, dieser Träger seines Berufs, einen Zusammenbruch erlitten. Er wollte nun auf alle Fragen eine Antwort wissen, ohne für sich selbst Antworten parat zu haben. Er wollte Raum haben, um sich seine eigene Fehlbarkeit, seinen Zorn, sein Bedürfnis nach Zuspruch und alle anderen verdrängten Gefühle einzugestehen. Er war überzeugt, daß auch andere diesen tiefgreifenden Wandel der Persönlichkeit in der Lebensmitte durchmachen, und nahm die Stelle eines Direktors an einem überkonfessionellen Therapiezentrum namens Kirkridge in den Bergen Pennsylvanias an. Die Einsamkeit in der Natur kam seinem Bedürfnis nach Besinnung entgegen. Er experimentierte mit Gruppenprozessen in einem Programm, in dem Einzelarbeit und Workshops abwechseln. Bob Raines' Lösung, sich selbst zu finden, bestand darin, daß er seine Zweifel mit Männern und Frauen, Geistlichen, Forschern und Schriftstellern teilte, mit Leuten also, die, wie er, in der Lebensmitte nach neuen Zielen suchten.

Wer sich gerade im *Übergangsstadium* der Lebensmitte befindet, unterscheidet sich wesentlich von dem, der im mittleren Alter wieder zu sich gefunden hat. Das gilt auch für die Doktoren, die in unserem Seelenleben herumstochern. Das beste mir bekannte Beispiel für diesen Unterschied stammt aus einem Forschungsprojekt des *William Alanson White Instituts für Psychiatrie*, in dem jüngere und ältere Analytiker miteinander verglichen wurden.

Die Ausrichtung der jüngeren Analytiker – zwischen 37 und 39 – unterschied sich wesentlich von der der älteren. Prinzipiell steht jede Frage für die jüngeren Analytiker in engem Zusammenhang mit ihrer Beziehung zu anderen. Die Lebensmitte wird definiert durch den Ehepartner. Karriere und Status werden bezogen auf den Wettbewerb mit jüngeren Leuten. Bei der physischen Anziehungskraft geht es um einen Kampf, in dem die Erhaltung der eigenen Attraktivität gegenüber dem unerbittlichen Vormarsch der noch Jüngeren auf dem Spiel steht. Die jüngeren Analytiker sind der Ansicht, daß sie augenblicklich, d. h. in ihrer Altersstufe, am glücklichsten sind, und sie sehen sich alle an der Schwelle dessen, was sie als mittleres Alter ansetzen.

Die älteren Analytiker, die im Durchschnitt 53 Jahre alt waren, betrachten die Krise der Lebensmitte als individuelles Problem. Sie sehen die mittleren Lebensjahre als eine weitere Etappe des Lebenslaufs, in der man sich im Gegensatz zu seinen Eltern, seinem Ehepartner und zu seinen Kindern definiert. Man ist damit beschäftigt, das eigene Leben neu zu bewerten. Die älteren Therapeuten waren weniger bereit, die Schuld für Probleme dem Ehepartner zu geben, während die jüngeren Therapeuten glaubten, die Schuld dem einen oder anderen Partner zuschieben zu können; sie sehen die Ehe nicht als Prozeß, in dem sich verschiedene Phasen ablösen. Für die Älteren hatte der aufreibende Konkurrenzkampf mit dem anderen, mit allen anderen an Intensität verloren, so konnten sie mehr ihren eigenen Vergnügungen nachgehen. Im Unterschied zu den Jüngeren betonten sie, daß sich in den mittleren Jahren der Druck gesellschaftlicher Verpflichtungen mildere. Das Reich größtmöglicher Freiheit tut sich hier auf: der Freiheit, unabhängig zu sein und im Rahmen jeder Beziehung sich selbst zu genügen.

Die Forscher fassen all diese Veränderungen als Bewegung von der »Wir-Bezogenheit« zur »Ich-Bezogenheit« zusammen. Es ist schwierig zu definieren, wann das mittlere Lebensalter erreicht ist. Arbeiter halten sich selbst mit 40 für Leute mittleren Alters und mit 60 für alt. Im Gegensatz dazu meinen leitende Angestellte und Akademiker, das mittlere Lebensalter nicht vor 50 zu erreichen, und das eigentliche Alter beginnt bei ihnen erst mit 70.[7] Wenn Neugarten darauf hinweist, daß die Männer und Frauen in mittleren Jahren »die Normen setzen und die Entscheidungen fällen« und daß, obwohl »sie in einer Gesellschaft leben ... die sich an der Jugend ausrichtet«, eben diese Gesellschaft »unter der Kontrolle der Leute mittleren Alters steht«[8], so mag das schön und gut sein. Doch jemanden, der 40 Jahre alt ist, davon überzeugen zu wollen, kommt dem Versuch gleich, einem Teenager, der gerade seine erste Liebe verloren hat, klarzumachen, daß der Himmel davon nicht einstürzt. Da die meisten von uns im Übergang zur Lebensmitte von Gedanken an das Altern und den drohenden Tod wie besessen sind, wollen wir uns mit der Zeit danach gar nicht identifizieren und können deshalb nicht glauben, daß die Leute in mittleren Jahren die Zügel in der Hand haben.[9]

Nach 45 sind die meisten Leute, die die Authentizitätskrise nicht verdrängt haben, bereit, den Eintritt in das mittlere Lebensalter anzuerkennen und dessen zahlreiche Vorrechte zu genießen. Die schmerzliche Überprüfung der Vergangenheit ist größtenteils abgeschlossen, und die gräßlichen Vorstellungen von der Zukunft nehmen im nachhinein komische Züge an. Die Gegenwart, das Hier und Jetzt, nimmt uns wieder ganz gefangen.

Nach diesem Überblick sollen im folgenden die spezifischen Reaktionen von Männern und Frauen und der vorhersagbare Wandel in den Beziehungen der Ehepartner bei der Krise in der Lebensmitte untersucht werden, die den Übergang zum mittleren Alter darstellt.

18.

Ein Überblick mit Fünfunddreißig

Eleanor Roosevelt, eine Frau, die Angst vor dem Alleinsein hatte, schrieb mit 35 in ihr Tagebuch: »Ich glaube nicht, daß ich jemals ein so seltsames Gefühl gehabt habe wie im vergangenen Jahr . . . mein ganzes Selbstvertrauen ist dahin, und ich bin am Ende meiner Kräfte, obwohl ich ganz sicher weiß, daß es mir gesundheitlich nie besser gegangen ist.«[1]

Ihr Mann hatte sich eine jüngere, schönere und lebenslustigere Gefährtin gesucht. Sie kam sich plötzlich alt vor, fühlte sich beiseite geschoben, als eine Frau, die versagt hatte. Der Auflösungsprozeß begann.

»Verzweifelt klammerte sie sich an die alten, vertrauten Bande und Beziehungen – Familie, Freunde und Pflichten –, doch konnte sie damit nicht die Anfälle von Verzweiflung vertreiben, die sie ergriffen, wenn sie daran dachte, daß niemand zu ihr gehörte und sie niemandem nützlich sein konnte«, schreibt Joseph P. Lash in seinem Buch *Eleanor and Franklin.* »Es war eine Zeit bitterer Selbstanklagen, sie verlor ihr Selbstwertgefühl... es gab Augenblicke, in denen ihr das Leben gänzlich sinnlos erschien.« Schmerzhaft zerbrach ihr geordnetes Dasein als junge Erwachsene. Ihre stereotype Rolle als puritanische Politikerfrau bot ihr keinen Schutz mehr.

Obwohl ihre Begegnung mit der Lebensmitte schmerzlich war, führte diese Periode der Auflösung weder zu ihrem Tod, noch suchte sie den Ausweg aus ihrem Schmerz in der Scheidung. Sie setzte ihre Ehe vier Jahrzehnte lang fort und prägte dadurch ihre Zeit mit. Durch den Prozeß der Selbstfindung wurde Eleanor Roosevelt schließlich damit belohnt, daß sie von nun an ihr eigener Herr war, aber es bedurfte dazu Jahre der Anstrengung und ungeheurer Selbstbeherrschung. Indem sie sich ganz ihrer eigenen Arbeit widmete, war sie in der Lage, die schwierigste Aufgabe zu meistern, die sich einer von ihrem Mann abhängigen Frau in der Lebensmitte stellt.

Die größte Schwierigkeit besteht darin zu sehen, zu fühlen und schließlich auch zu *wissen*, daß wir durch jemand anderen keine Erfüllung finden können.

Frauen am Scheideweg

Jeder von uns hält seinen Übergang hinein in die Lebensmitte für den schwierigsten. Frauen nähern sich diesem Übergang früher als Männer. Das mit 35 einsetzende Gefühl, daß die Zeit knapp wird, führt zu einer Torschlußpanik. Was die Frauen jeweils als letzte Gelegenheit ansehen, hängt von den Mustern ab, in denen sie bis dahin gelebt haben.

Aber jede Frau – der Hausfrau-und-Mutter, der integrationsfähigen Frau, der Berufstätigen ohne Familie, der nicht berufstätigen Hausfrau-und Mutter – drängen sich mit 35 unvorhergesehene Fragen auf, die sie dazu veranlassen, die Rollen und Möglichkeiten, die sie schon erprobt hat, mit denen zu vergleichen, die sie bisher beiseite geschoben oder die ihr durch den biologischen Prozeß des Alterns in der *nun vorhersehbaren* Zukunft nicht mehr offenstehen werden:

»Was gebe ich mit dieser Ehe alles auf?« *oder* »Beeinträchtigt diese Karriere nicht mein persönliches Glück?«

»Warum mußte ich so viele Kinder haben?« *oder* »Werde ich noch ein Kind haben können?«

»Warum habe ich meine Ausbildung nicht abgeschlossen?« *oder* »Nutzt mir mein Zeugnis überhaupt noch etwas, nachdem ich so lange nicht berufstätig gewesen bin?«

»Soll ich wieder berufstätig werden?« *oder* »Warum hat mir nie jemand gesagt, daß ich wieder berufstätig werden *muß*?«

»Füge ich mich nur deshalb in den Alltagstrott, weil ich mich fürchte auszubrechen?« *oder* »Ist mein Ehemann derjenige, der mich davon abhält?«

»Bin ich noch immer unverheiratet, weil ich nicht attraktiv bin?« *oder* »Habe ich auf Liebe verzichtet, weil ich meine Karriere nicht aufgeben wollte?«

»Will ich wirklich nicht mehr heiraten?« *oder* »Scheue ich mich nur vor einem neuen Versuch?«

In diesem Alter bewirkt ein halbes Dutzend Tatsachen, daß die betroffene Frau in Torschlußpanik gerät.

Mit Fünfunddreißig schickt die durchschnittliche Mutter ihr letztes Kind zur Schule. Mit Fünfunddreißig beginnt die gefährliche Zeit der Untreue. Kinseys Zahlen zeigen, daß eine Frau, wenn überhaupt, am ehesten in ihren späten Dreißigern untreu wird. Der Wunsch nach einem leidenschaftlichen Erlebnis fällt mit dem Kulminationspunkt ihrer sexuellen Entwicklung zusammen, den die meisten Frauen etwa mit 38 erreichen. Und wie die Männer spielen vermutlich auch die Frauen mit dem Gedanken an Untreue, malen sie sich in ihrer Phantasie aus und stürzen sich in der Lebensmitte häufig in eine promiskuitive Phase, in der Hoffnung, so die Ängste, die »Langeweile« und das plötzliche Gefühl körperlichen Verfalls zu überwinden. Mehrere erst kürzlich erschienene Bücher und Studien haben darüber berichtet, und die für dieses Buch geführten Interviews haben es bestätigt.[2]

Gewöhnlich geht es nicht darum, sich zu verlieben oder einen neuen Ehemann zu finden. Es handelt sich vielmehr um die Vorstellung: »Dies ist die letzte Möglichkeit, mich auszutoben, bevor ich mein gutes Aussehen verliere.« Eine Frau aus Suburbia hat die Gefühle offen ausgedrückt, die viele Frauen zwar kennen, doch ihrem Mann gegenüber nie laut äußern würden. Nach zwanzig Jahren ehelicher Treue und vier Kindern entschloß sie sich, ihren ersten Urlaub allein zu verbringen, und sagte zu ihrem schockierten Ehemann: »Blödmann, weißt du nicht, daß du all die Jahre draußen in der weiten Welt warst, während ich zu Hause hockte. Ich möchte sexuelle Erfahrungen sammeln. Ich habe das Gefühl, daß wir's nicht richtig machen.«

Die meisten Frauen, mit denen ich gesprochen habe, wollten, wie die meisten in der Lebensmitte an Torschlußpanik leidenden Männer, keineswegs die Annehmlichkeiten ihres Ehelebens aufgeben oder das Risiko eingehen, verlassen zu werden. In Wirklichkeit wollten sie sich über ihren körperlichen Verfall hinwegtäuschen und vom drohenden Tod durch den Zauber eines narzißtischen Erlebnisses befreit werden, in dem sie durch die ungetrübten Blicke ihres neuen Liebhabers ihr jugendliches Selbstbild wiederherstellen ließen. Dieser Wunsch gilt allgemein, für Männer und Frauen gleichermaßen. Daneben suchen Frauen im besonderen nach einem Ersatz für die Kinder, die sie nicht mehr so in Beschlag nehmen wie früher, doch nach wie vor von ihnen abhängig sind, sowie nach einem Füllsel für die plötzlich zur Verfügung stehende Zeit und nach einem Betätigungsfeld für das wachsende sexuelle Verlangen, auf das ihr Mann nicht mehr eingehen kann, da er härter arbeiten muß und sein sexuelles Verlangen nachgelassen hat. Sie sehen sich vor allem nach einer Abwechslung um, da sie in ihrem Leben nun kein Ziel mehr haben.

Mit Fünfunddreißig wird die verheiratete Durchschnittsamerikanerin wieder berufstätig. Statistische Erhebungen zeigen, daß sie dann wahrscheinlich die nächsten vierundzwanzig Jahre Teil der erwerbstätigen Bevölkerung bleibt.[3] Nur wenige Hausfrauen sind auf diesen Donnerschlag vorbereitet. In der Schule wird mit keinem Wort erwähnt, was nach der richtigen Wahl eines Ehemannes, der Kücheneinrichtung und der Schule für die Kinder kommt: *Vierundzwanzig Jahre* Einsatz der Fertigkeiten, die man mit Absicht oder durch Zufall vor der Ehe erworben hat – oder vierundzwanzig Jahre als Ladenmädchen oder als Telefonvermittlung Platz 47. Niemand erzählt den Mädchen, daß ihr Lebenswerk mit der Mutterschaft erst zur Hälfte erledigt ist.

Im Jahre 1970 arbeiteten sieben Achtel aller berufstätigen Frauen, »damit genügend Geld zum Leben da ist.« Dieser Faktor »Notwendigkeit« wird in Wirklichkeit von der Frauenbewegung oft übersehen, wenn sie zu

Recht erklärt, daß viele Frauen auch eine Arbeit haben wollen, die ihnen Spaß macht und die als Basis ihrer individuellen Identität dienen kann. Des weiteren gilt dieser Faktor »Notwendigkeit« auch für hohe Einkommensstufen. Die Frau eines Senators ist berufstätig, weil das 42.500-Dollar-Gehalt ihres Mannes nicht für die Unterhaltung eines zweiten Wohnsitzes in Washington und für ihren und der Kinder Rückflug an die Westküste an Weihnachten ausreicht. Frauen aller sozialen Schichten definieren das Auskommen durch den Lebensstandard, den sich ihre Familie leisten möchte: Sie wollen aus einer ärmlichen Siedlung in eine bessere Wohnung ziehen, wollen aus der Stadt in ein Ferienhaus entfliehen, wollen die Kinder in eine Privatschule geben.

Wenn die verhinderte Berufstätige, die in der Lebensmitte mit dem Wiedereintritt ins Berufsleben konfrontiert wird, zu den glücklichen Frauen zählt, die in der Reklame für Haarfärbemittel dargestellt werden – mit College-Abschluß und Kaschmirpullover schauen sie unentschlossen und leicht melancholisch in die Gegend –, dann braucht sie sich nur über ihre weibliche Schüchternheit hinwegzusetzen und ihr ausgeprägtes Faible für den Luxus, *nicht arbeiten zu müssen*, zu überwinden – ein Faible allerdings, das als machtvolle Gegenkraft gegen jegliche neuerliche Berufstätigkeit gar nicht zu überschätzen ist.

Für eine weitaus größere Gruppe von Frauen hat ihr Wiedererscheinen im Berufsleben nichts zu tun mit der reizvollen Aussicht, mit dem Verkaufen von Anhängern aus Walzähnen in der eigenen Boutique auch noch Geld zu verdienen. Die harte Notwendigkeit zwingt sie dazu, ihr Heim zu verlassen, um sich auf Arbeitsplätze ohne Aufstiegsmöglichkeiten abschieben zu lassen. Bedienung, Stenotypistin, Telefonistin, Näherin, Krankenpflegerin, Verkäuferin, auf Teilzeit ins Büro oder zurück ans Fließband – das sind die Jobs, die den meisten Frauen bei ihrem Wiedereintritt ins Berufsleben offenstehen.

Diese Frauen werden nicht wegen ihres niedrigen Ausbildungsgrades schlecht bezahlt, sondern weil sie als Hausfrauen so viele Jahre aus dem Berufsleben ausgeschieden waren. Frauen über 30 erleben harte Zeiten, und die Aussichten sind für Frauen über 40 noch trüber. Bei vielen verheirateten Frauen mit Kindern ist der neue Job de facto weniger angesehen und schlechter bezahlt als der, den sie vor ihrer Heirat hatten. Und fast ein Drittel der Frauen, die zwischen 30 und 44 wieder zu arbeiten begannen, konnten keine besseren Jobs bekommen als in ihrer Jugend. Bei den über 40jährigen ist die Arbeitslosenquote für Frauen ein Drittel höher als bei Männern desselben Jahrgangs.[4] Zum krönenden Abschluß all dieser deprimierenden Statistiken sei noch erwähnt, daß in einer Rezession Frauen, neben Schwarzen, als erste gefeuert werden.

Das ist die Wirklichkeit, der sich die junge Arbeiterfrau stellen muß, und die so gar nichts mit ihrem neuen Wunschtraum zu tun hat. In einer der jüngsten Studien faßte sie ihre Rückkehr ins Berufsleben für die Zeit ins Auge, in der ihre beiden Kinder zur Schule gehen würden. Zudem strebte sie eine Tätigkeit an, die sie stärker ausfüllen sollte als der Job, den sie vor der Ehe hatte und bei dem es nur aufs Geldverdienen ankam.

Sie gehört also zu dem Typus, der als Hausfrau-und-Mutter seinen Beruf aufgeschoben hat. Diese Rückkehr ins Berufsleben dürfte in den letzten fünfundzwanzig Jahren dieses Jahrhunderts der bedeutsamste Wandel in der *Einstellung* der Frau sein; allerdings besteht weiterhin eine starke Diskrepanz zu den tatsächlichen Gegebenheiten.

Vierunddreißig ist das Durchschnittsalter, in dem die geschiedene Frau wieder heiratet. Dabei sind seit ihrem ersten Ehetag im Durchschnitt dreizehn Jahre vergangen.[5] Sie macht einen weiteren Versuch, eine Partnerschaft aufzubauen, um ihr Bedürfnis nach Intimität zu befriedigen.

Fünfunddreißig ist das Durchschnittsalter der Frauen, die ihren Mann verlassen haben. Die Ehefrau, die ihren Mann verläßt, ist eines der Phänomene, die heutzutage am stärksten zunehmen. Vor zwölf Jahren kamen auf dreihundert »abgängige« Ehemänner zwei Ehefrauen, während heute auf zwei »abgängige« eine Ehefrau kommt. Die typischen Merkmale der ausgerückten Ehefrau, wie sie Ed Goldfader, der Präsident der *Tracer's Company of America*, in einem Interview beschrieb, sind folgende: Sie ist 35 Jahre alt, war seit ihrem 19. Lebensjahr verheiratet und bekam ihr erstes Kind innerhalb der ersten 11 Ehemonate. »Seit dieser Zeit hat sie ihr Leben der Kindererziehung und dem Haushalt gewidmet, und jetzt ist sie in einem Alter, in dem sie das Gefühl hat, sie habe keine Zeit mehr, ihren Lebensstil sinnvoll zu verändern. Oft macht sich der Ehemann schon gar keine Gedanken mehr über sie als Individuum.«

Das beauftragte Detektivbüro schickt dem Ehemann einen Fragebogen. Er soll in die entsprechenden Zeilen die persönlichen Daten seiner Frau eintragen. Die gewöhnlich gegebenen Antworten sind bezeichnend.

Augenfarbe: Weiß nicht mehr.
Haarfarbe: So 'ne Art Blond.
Hobby: Keines.

Unter »Gewohnheiten« weiß der Ehemann auch nichts einzutragen. Unter »Geisteszustand« schreibt er fast immer »emotionell gestört«.

Der bemerkenswerte Aspekt an den ausgerückten Ehefrauen ist der, daß es ihnen finanziell gut geht. Ihr Ausbruch ist also nicht darauf zurückzuführen, daß sie materiell schlecht gestellt waren. Er ist darauf zurückzuführen, daß sie sich von ihren Ehemännern entwertet, ja nicht einmal mehr beachtet glaubten und daß sie in dem Gefühl lebten, ihrem Leben bald keinen Sinn mehr abgewinnen zu können.

Margaret Mead sagte in einem ihrer Interviews: »Ich glaube, daß die entscheidende Revolte heute, nach der Revolte der vierzigjährigen Männer, die der ungeheuren Anzahl von Frauen ist, die ihre Männer verlassen, bevor *sie* verlassen werden. Es sind dies die Frauen von 35, die das Gefühl haben: ›Dies ist meine letzte Chance.‹«

Mit Fünfunddreißig tritt die obere biologische Grenze ins Bewußtsein. Eine Frau entdeckt wahrscheinlich zum ersten Mal das ihr bislang unbekannte Niemandsland, das Demographen trocken als das Ende des »gebärfähigen Alters« bezeichnen. Für die kinderlos gebliebene Berufstätige ist die Zeit bald vorbei, in der sie überhaupt noch Kinder bekommen kann. Und so muß die unverheiratete Karrierefrau das Problem der Mutterschaft nun direkt ins Auge fassen. Die meisten Adoptionen durch alleinstehende Mütter werden von Frauen zwischen 35 und 39 getätigt. Und einige der einflußreichsten, unverheirateten und alles andere als sentimentalen Frauen, die bis in die Nacht hinein trinken, fangen ein völlig neues Leben an und genießen das Erlebnis, schwanger zu sein.

Irma Kurtz ist eine freiberufliche Journalistin, die im Alter von 37 Jahren diese Entscheidung traf. Als unverheiratete, geistreiche und egozentrische Amerikanerin, die in England in ihrem Beruf Karriere machte, hatte sie zuvor nie Zeit gehabt für ein Kind. »Dies war meine letzte Gelegenheit«, schrieb sie. Sie liebte es, schwanger zu sein. »Es war das erste Mal, daß ich völlig in einer Sache aufging.« Sie erlebte jedoch auch Augenblicke panischer Angst, in denen sie nur mehr sah, womit es nun zu Ende ging: »Mit der Eitelkeit und den Abenteuern, mit der Freiheit, mit meiner eigenen egozentrischen Kindheit.« Sobald das Baby sich jedoch bewegte, tröstete sie das anscheinend über alle Sorgen hinweg. Sie kam sich wie in einem Schnellzug vor. Sie konnte sich zurücklehnen und voller Freude die Endstation abwarten. »Es war herrlich«, schrieb die Journalistin, »sich einer vollkommen neuen Erfahrung zuzuwenden in einem Alter, in dem man das Gefühl hat, alle möglichen Erfahrungen gemacht zu haben.«[6]

Irma Kurtz' Baby mußte mit Kaiserschnitt entbunden werden, sie war jedoch auf diese Möglichkeit vorbereitet. Zu den Überraschungen, die sie erwarteten, zählte eine starke Veränderung des Zeitgefühls, der Selbsterfahrung und des Erfahrens anderer Leute, was für die ältere Mutter typisch ist. Sehr bald nach der Geburt ihres Kindes brach sie ihr geselliges Leben ab.

Bei meinem unterbrochenen Schlaf, der mir wahrscheinlich jetzt mehr ausmacht als einer jüngeren Frau, und bei einem vollen Terminkalender kann ich mir, zumindest im Moment, keinen Kater mehr leisten; es ist erstaunlich, wie sehr man sich mit der Unlust, viel zu trinken, von der Teilnahme am gesellschaftlichen Leben in meiner Altersgruppe ausschließt; doch noch erstaunlicher finde ich es, wie ungeheuer langweilig ich die Gespräche beim Trinken und die nur dem Alkohol zuzuschreibenden Begeisterungsstürme finde, die ich früher immer gern mochte ... Rückblikkend habe ich den Eindruck, als hätte ich vor der Geburt meines Babys fast nur über mich selbst geredet ... Ich weiß nun sicher, daß ich sterblich bin und daß ich älter werde ... Mein Gott, denke ich manchmal, wenn er 13 ist, und da ist er noch so jung, bin ich 50, wahrlich keine junge Mutter! ... aber ich finde dieses Wissen durchaus nicht beunruhigend.[7]

Es war bisher eine verbreitete Ansicht, daß es riskant und daher nicht empfehlenswert sei, nach 35 ein Baby zu bekommen. In gynäkologischen Lehrbüchern wird die Frau, die mit 35 oder später das erste Mal schwanger wird, immer noch als *ältere Erstgebärende* bezeichnet. Und wenn der Zeitraum zwischen den Geburten zehn oder mehr Jahre beträgt, sagt man, daß die Wehen denen einer älteren Erstgebärenden ähnelten.[8] Es wird jedoch zusehends evident, daß die Gefährlichkeit des späten Gebärens übertrieben worden ist.

Was sind nun die Risiken? Nach dem Studium von einem Dutzend Büchern komme ich nur auf ein einziges Risiko, das mit Sicherheit altersbedingt ist: das Down-Syndrom (Mongolismus). Bei zwanzigjährigen Müttern ist die Möglichkeit, ein mongoloides Kind zu gebären 1:2000. Mit 35 ist das Risiko erst auf 1:1000 angewachsen. Wenn eine Frau jedoch 40 ist, wächst die Möglichkeit auf 1:100. Und die Häufigkeit von Mongolismus verdoppelt sich mit jedem Jahr über 40.

Es gibt jedoch mit der Amniozentese, bei der etwas Fruchtwasser mit einer Spritze aus der Gebärmutter entnommen wird, ein hundertprozentig sicheres Verfahren, um das Down-Syndrom und andere Chromosomen-Anomalien festzustellen.

Weitere Faktoren, die (nach einer Studie der »Pfennigparade«) eine Schwangerschaft in den Dreißigerjahren riskant gestalten, sind niedriger sozioökonomischer Status und unzureichende medizinische Versorgung. Das ist darauf zurückzuführen, daß das Allgemeinbefinden und die Ernährung der Mutter für das Gewicht des Säuglings bei der Geburt ausschlaggebend sind. Unterdurchschnittliches Gewicht aber ist der Hauptfaktor für Totgeburten.

Neben diesen Risiken, die sich vorher feststellen lassen, haben mir einige der erfahrensten Spezialisten gesagt, daß die restlichen Warnungen vor späten Schwangerschaften, wie *starrer Geburtskanal* oder *unelastisches Ge-*

webe, übertrieben seien. »Bei guter frauenärztlicher Überwachung sollte es zwischen Frauen mit 40 und Frauen unter 40 keinen Unterschied geben«, erklärte Dr. Raymond L. Vande Wiele, Professor und Vorsitzender des Departments für Geburtshilfe und Gynäkologie am *Columbia Presbyterian Medical Center*, in einem Interview. Er bemerkte auch, daß die ältere Erstgebärende am häufigsten unter den kinderlosen, geschiedenen Frauen vertreten sei, die mit 38 oder 39 zum zweiten Mal heiraten.

»Diese Frauen nehmen gewöhnlich alles auf sich, um ein Kind zu bekommen. Wenn während ihrer Schwangerschaft oder ihren Wehen irgend etwas schiefgeht, stimmen sie, ohne mit der Wimper zu zucken, für den Operationstisch.« Auch neigt der Geburtshelfer bei älteren Erstgebärenden eher zur Beendigung langer Wehen durch Kaiserschnitt. Es gibt weitere Komplikationen, die mit dem Alter der Frau zusammenhängen, doch fundierte Einwände gegen eine späte Schwangerschaft gibt es wenige. Hoher Blutdruck und Diabetes treten um so häufiger auf, je älter man wird, und bei 40-jährigen Frauen, die noch nie schwanger waren, ist die Wahrscheinlichkeit fibroider Veränderungen, die Blutungen verursachen können, höher. Ob überhaupt eine dieser Bedingungen vorliegt, läßt sich durch Untersuchungen vor Beginn der Schwangerschaft feststellen. Die einzige weitverbreitete Komplikation, die sich nicht vorherbestimmen läßt, ist eine *placenta praevia*, bei der die Plazenta tief unten sitzt, was ernsthafte Blutungen bei der Mutter entweder kurz vor oder während der Niederkunft hervorrufen kann.«

Die meisten Geburtshelfer haben es nicht gern, wenn Frauen nach 40 noch schwanger werden, was ohnehin selten vorkommt. Aber dieses Urteil über die späte Mutterschaft ist kein endgültiges. Wenn Sie also eine Frau von 35 oder darüber sind, so halten Sie sich an die erstbeste Antwort auf die Frage: »Habe ich noch Zeit, ein Kind zu bekommen?«

Eine andere Erscheinung tritt bei Hausfrauen und Müttern auf, wenn sie mit der biologischen Schranke konfrontiert werden. Sie gehen vielleicht wieder in die Schule oder widmen sich wieder einem vernachlässigten Talent oder bereiten sich auf den Eintritt in die Berufswelt vor. Wenn sie jedoch kurz vor der Abschlußprüfung stehen oder gerade auf dem Sprung ins Berufsleben sind, werden sie, statt ihre Pläne weiterzuverfolgen, wieder schwanger. »Dies ist kein Versehen«, sagte mir Dr. Ruth Moulton, Assistenzprofessorin für Psychiatrie an der Columbia Universität. »Indem sie noch ein Kind bekommen, überlassen sie dem Baby die letzte Entscheidung, die sie nicht treffen wollen.«

Selbst wenn eine Mutter eine der endgültigsten Entscheidungen ihres Lebens schon getroffen hat – »Ich will kein Kind mehr« – und ihren Entschluß nicht bereut, spürt sie, daß ein bedeutsamer Lebensabschnitt gerade zu Ende geht: »Wenn die Kinder älter werden, habe ich mehr Zeit, und obwohl dies eine freudige Aussicht ist, frage ich mich erstaunt, ob ich etwas finden werde, das ebenso wichtig ist wie die Kinder und sie deshalb ersetzen kann.«

Wenn all diese Faktoren zusammenkommen, dann ist es nicht verwunderlich, daß eine Frau den Wandel der Perspektive in der Lebensmitte mit 35 zu fühlen beginnt. Ob sie zu dieser Zeit *handelt* und sich einen Überblick über ihre Situation verschafft oder nicht und welche Rolle ihr Mann dabei womöglich spielt, ist eine andere Frage. Daß Eleanor Roosevelt, eine Hausfrau-und-Mutter, die sonst im Hintergrund geblieben wäre, ihre Persönlichkeit entfaltete, wurde durch ein entscheidendes schmerzhaftes Ereignis beschleunigt. Ein solches Ereignis fördert oft den Prozeß der Auflösung und Selbstfindung. Der Prozeß kann jedoch genausogut mit einem inneren Schwung beginnen, der einem unerklärlich bleibt, einen aber nicht losläßt.

Wie sich Priscilla Blum ein neues Leben schuf

Inmitten eines augenscheinlich glanzvollen Lebens, das all ihre Jungmädchenträume sichtbar erfüllte, tauchte ein verwirrendes Symptom auf: Tränen.

Sie fing plötzlich in der Badewanne ihres reizenden Hauses in Georgetown, das ihrem zweiten Mann gehörte, zu weinen an. Als Frau eines der rasantesten Senkrechtstarter im politischen Journalismus stand sie mit ihrem rötlichblonden Haar, ihrem geschmeidigen und lebhaften Wesen in der Blüte ihrer Jahre. Die Tränen kamen dann wieder vor den allmorgendlichen Telefonaten mit diversen Sekretärinnen und Botschaftern. Und wieder, *nachdem* diese ihre Einladung angenommen hatten. Auf diese Weise lernte ihr Mann mehr Leute kennen und wurde dann in noch höhere Kreise eingeladen, so daß er in seinem Beruf wieder einen Schritt vorwärts tun konnte.

Sechs Monate lang kamen diese Weinanfälle immer wieder. Sie schienen vollkommen grundlos.

Priscilla lebte seit zwei Jahren mit Don Blum zusammen (ihre Namen sind frei erfunden). Als glückliches Paar – für beide war es die zweite Ehe – waren sie zu einer Einheit geworden, die einem der neuen Flugzeuge mit deltaförmigen Flügeln glich. Er stellte quasi den Flugkörper dar, weil sich in ihm umfangreiches Wissen und gesunder Ehrgeiz paarten. Sie verkörperte das empfindliche Radargerät, das ihrer beider gesellschaftliche Verpflichtungen tagtäglich nach den Machtverschiebungen in Washington plante. »Ich war ganz vertieft in die Aufgabe, alles richtig zu machen«, sagte sie. »Ich wollte Don nicht mit meinen Problemen belästigen. Er arbeitete wie ein Wilder.«

Priscilla war kurz nach ihrer Hochzeit mit 33 nach Washington gekommen. Ihre beiden Kinder bekamen einen neuen Stiefvater. Die Kennedys begannen mit ihrer *New Frontier*-Politik. »Es war berauschend, ich fragte mich. ob Don mit mir glücklich würde, ob er es in Washington ›schaffen‹ würde. Ich war sehr beeindruckt von Don und sehr verliebt – in die treibende Kraft seines Pragmatismus, ja, in die Kraft seines Wunschtraumes und die Tatsache, daß sein Ehrgeiz nicht ruhte, bis er verwirklicht war. Es war alles so verführerisch.«

Vielleicht lag es daran, daß Don so ehrgeizig war, wie sie es sich selbst nicht erlauben konnte?

»O nein, er war ganz anders als ich.«

Priscilla war in der *WASP*-Tradition* erzogen worden, weshalb sie immer freundlich und ausgleichend wirkte, aber selbst niemals in den Vordergrund trat. Indem sie ihren eigenen Wunsch, es zu »schaffen« und ihre unzulässige »treibende Kraft« auf Don projizierte, wurde sie zum zweiten Mann in seiner Karriere. Im Grunde sagt sie das selbst, aber sie will nicht verstehen, was sie sagt. »Don war ein Kämpfer, voller Angst, ob diese Sache auch klappen oder jene Person auf ihn böse sein würde. Er fragte mich immer wieder nach meiner Meinung, sprach über jedes Problem mit mir. Er wurde nur deshalb zum Kolumnisten, weil ich ihn überredete, seine Geschichten abzuschicken.«

Priscilla erfüllte also mit 35 mit Erfolg die Aufgabe, Don dabei zu unterstützen, daß er es schaffte. Doch ein derartiger Ersatzerfolg ist nicht das Wahre. Sie beschäftigte sich mit den Washingtoner Frauen, die gemeinsam Tennis spielen und sich im Weißen Haus zu Kursen beim Museumsdirektor treffen. Jedermann lacht und schwimmt und tut ständig so, als sei man befreundet, es sind aber nur die Männer, die etwas gemeinsam, deren Gespräche einen Inhalt haben. Die Männer tauschen Informationen gegen Macht, nach der nur die Männer von Washington unverhohlen trachten können.

»Warum weinte ich? Es schien beinahe physiologische Gründe zu haben. Ich konnte dem nicht auf den Grund gehen; das kam erst viel später. Ich mußte ruhiger werden, um mir Fragen stellen zu können.«

Die Antwort, die aus der Tiefe ihrer Seele, von ihrem Inneren Wächter gekommen wäre, hätte wahrscheinlich gelautet: *Du hast kein Recht, etwas für Dich zu beanspruchen. Deine Funktion liegt in der Unterstützung*

* Die *WASP*-Tradition vertritt die Normen der *white Anglo-Saxon protestant* (weißen angelsächsischen-protestantischen) Bevölkerung der Ostküste (Anm. d. Ü.).

Deines Mannes. Priscilla war noch nicht in der Lage, dagegen anzukämpfen. Sie mußte immer noch das »brave« Mädchen sein, das von seiner Mutter dazu erzogen worden war, nie offen ihre Ansprüche anzumelden. Wenn sie sich für »schlecht« hielt, weinte sie.

»Als ich schließlich ganz verzweifelt war, sagte ich zu Don: ›Du mußt nur einmal mit mir allein ausgehen!‹« Sie beichtete ihm, daß sie andauernd weinerlich und deprimiert sei. »Der einzige Grund, den ich mir denken kann, ist Washington. Du gehst fünfmal in der Woche aus und siehst jeden Abend Arthur Schlesinger. Nachdem du Arthur Schlesinger neun Monate lang fünf Abende pro Woche getroffen hast, entdeckst du, daß du ihn nicht besser kennst als zuvor.«

Don Blum wußte, daß seine Frau nicht oberflächlich war, er sah sie auch nicht nur in der Funktion, die gut zu seinem Wunschtraum paßte. Durch ihr Symptom entdeckte er Priscilla, seine Frau, die um eine eigene Ausdrucksmöglichkeit für ihr Selbst buchstäblich weinte. Eine Ausdrucksmöglichkeit, die sie in dem auf Washingtoner Abendeinladungen üblichen Zeremoniell nie finden würde.

»Hör auf mit der Konversation«, sagte er zu ihr. »Zum Teufel damit. Halte deine Zunge nicht im Zaum; du kannst alles sagen, was du willst. Warum versuchst du nicht, wieder künstlerisch zu arbeiten?«

Priscilla brauchte weitere zwei Jahre, bis sie glaubte, was ihr Mann gesagt hatte. Zunächst änderte sie ihr Leben dahingehend, daß sie noch einmal auf die Kunsthochschule ging und versuchte, wieder Anschluß an dieses Milieu zu finden. »Es dauerte immerhin zwei Jahre, bis ich wirklich überzeugt war, daß Don mich nicht brauchte, um die mächtigen Leute zu treffen, und daß ich deshalb meine Malerei ernsthaft betreiben konnte. Um die fürs Malen notwendige Selbstbeherrschung wiederzufinden, war viel Zeit und ungeheuer viel Vertrauen nötig. Einer meiner Lehrer hielt große Stücke auf mich. Das half mir sehr. Wer war in diesem Zeitabschnitt noch wichtig –? Aber natürlich, Don wäre fast gestorben!«

Sie war 37, als Don einen Herzanfall hatte. Er verbrachte drei Wochen im Krankenhaus und las dabei Shakespeares Tragödien. Bei seiner Heimkehr verkündete er sogleich: »Ich habe nicht vor, mich allzusehr zu schonen. Ich kann meine Gewohnheiten nicht ändern, selbst wenn ich davon wieder einen Herzanfall bekomme.« Er war erst 41 Jahre alt.

»Ich dachte nur mehr an den Tod«, erinnerte sich Priscilla. Sie regte sich über die Kardiogramme ihres Mannes auf, während er selbst sich sofort in die Arbeit stürzte, obgleich er noch unter der Wirkung von Beruhigungsmitteln stand. Aber er reduzierte die gesellschaftlichen Verpflichtungen auf ein Minimum. Komischerweise begannen sie beide nach einigen Monaten ihr wunderbar zurückgezogenes Leben zu lieben. Priscilla dachte sich nun bessere Mittel und Wege aus, um Don seine Ängste auszureden und seine Zornesausbrüche zu entschärfen. Sie wollte es nun nicht mehr bei einem »Was ist denn los?« – »Oh, nichts« belassen.

»Wir waren in einem ständigen Prozeß der Neubewertung begriffen«, sagte Priscilla. »Dann kam die Ermordung Kennedys. Der Gedanke an den Tod machte mich krank. Wir gaben beide das Rauchen auf. Zwei Jahre lang wollte ich nicht fliegen. Das ging so weit, daß ich die Kinder zu einem Frühjahrsbesuch in Florida im Zug mitnahm, siebenundzwanzig nicht enden wollende Stunden! So verletzbar fühlte ich mich. Ich hatte auch das Gefühl, ich würde für irgendeine unergründliche Sache bestraft. Je mehr ich mich jedoch wieder mit dem Malen beschäftigte, um so weniger dachte ich an den Tod.«

Eine andere Beschäftigung ist oft die Voraussetzung, die einen Wandel der inneren Wahrnehmung anregt. Die nächsten zwei Jahre widmete sich Priscilla der Entwicklung eines Talents, das alle ihre Gefühle belebte. Sie hatte eine eigene Arbeit, bekam einen neuen Freundeskreis und entwickelte ihren eigenen Wunschtraum. Als sie dann mit Farbe bekleckert von der Universität nach Hause kam und von ihrer Arbeit erschöpft war, nicht weniger glücklich erschöpft als eine Frau nach dem Liebesakt – da konnte Priscilla zu Recht sagen, daß sich ihre Zukunftsaussichten zu wandeln begannen.

Und dasselbe galt für Dons Pläne. Wie so viele Männer, die ihre Frauen zu einer eigenen Anstrengung ermutigen, war er verblüfft, als sie tatsächlich dabeiblieb. »Am Anfang bemerkte er es gar nicht so richtig. Er war zu sehr mit seinen eigenen Problemen beschäftigt. Doch er wollte, daß ich glücklich werde. Als ich wieder auf die Kunsthochschule ging und zu weinen aufhörte, sagte er: ›Das ist toll!‹ Als das immer länger anhielt, war er manchmal auch ärgerlich. Je nach Laune. ›Wenn du nur einmal einen Schritt vor dein Atelier tun würdest, wäre die Geschirrspülmaschine schon längst angeschlossen!‹ Wenn ich jetzt jedoch ein Bild verkaufe oder eine erfolgreiche Ausstellung habe, ist er stolz wie ein Pfau. Er versteht nichts von dem, was ich tue, aber er schätzt das Lob von wichtigen Persönlichkeiten.«

Ihr vierzigster Geburtstag ging vorüber wie ein kurzer Sommerregen; Priscilla hatte das Gewitter bereits hinter sich. Der innere Wandel ging weiter und führte schließlich zum Kauf eines Landhauses. In der Zwischenzeit ist dieses Haus Priscillas Welt, ihre Schöpfung geworden. »Ich kann hier ganz meinen einsiedlerischen Neigungen frönen«, sagt sie. Sie zieht sich sechs Wochen hintereinander aufs Land zurück, um für ihre alljährliche Ausstellung zu arbeiten, während Don, immer noch ganz der rasende Reporter, in der Welt herumreist.

»Geht es dir auch gut, Pris, so ganz allein auf dem Land?«, fragen gewisse Bekannte, wenn sie aus Washington anrufen. Während der letzten Jahre haben diese Klatschtanten – Schakale, die auf den nächsten Leichnam lauern – mit wachsender Frustration auf die nur für sie tröstliche Nachricht gewartet, daß wieder eine Ehe in die Brüche gegangen sei. Aber in der Ehe der Blums geht es besser denn je.

Ab und zu, wenn die Telefonanrufe in ihr Schuldgefühle wecken, wendet sie sich an Don mit der Frage: »Bin ich dir eine schlechte Ehefrau? Soll ich meine Ausstellung verschieben und bei dir in Washington bleiben?«

»Du bist verrückt«, sagt er dann. »Du kennst mich doch, ich habe Tag und Nacht mit meiner Arbeit zu tun. Und wenn du eine Ausstellung vorbereitest, dann sollst du *daran* denken. Mein Ausgleich sind die gemeinsamen Wochenenden auf dem Land mit dir. Laß dich nicht von anderen Leuten verunsichern. Du würdest dich selbst aufgeben.«

Priscilla ist nun 45 und hat viel Unwesentliches aufgegeben. Was bleibt ist die immer stärker werdende Beziehung zu Don, sind ein paar liebevoll gepflegte Freundschaften, die Ruhe ihres Landlebens und ihre Malerei. »Besonders viel Talent habe ich nicht«, kann sie heute sagen, da ihr die Wahrheit über sich selbst nicht mehr schwerfällt, »aber das macht nichts. Ich mache den Leuten damit eine Freude, und es gibt einem Kraft, wenn man an etwas arbeitet. Ich könnte jetzt nicht einmal mehr ohne meine Malerei leben.«

Sie geht nun nirgendwo mehr hin in der Erwartung, auf Männer anziehend zu wirken, obwohl sie noch immer eine Schönheit ist. Sie hat an Substanz gewonnen, und das will sie sich auf jeden Fall erhalten.

»Ich möchte älter werden können, ohne meine frauliche Widerstandskraft zu verlieren. Heiter sein, ja, aber keine falschen Zugeständnisse. Ich anerkenne, daß das Alter von 45 und auch von 50 und 55 sehr viele gute Seiten hat. Wenn ich vor dem Spiegel stehe, sage ich zu mir: ›Wenn du malen willst, kannst du deine Energien nicht im Kampf gegen das Unvermeidliche verschwenden! Du wirst eben älter, werde gefälligst damit fertig: überwinde die Angst.‹ Ich begebe mich auch nicht mehr in die Arena, um dort mit jüngeren Frauen zu konkurrieren. Denn wenn man auf mich aufmerksam wird, dann deshalb, weil ich ich selbst bin.«

Wir haben hier eine Frau kennengelernt, die mit 35 durch ein Symptom alarmiert wurde, das sie nicht zu interpretieren wagte. Sie änderte sich, hatte jedoch Angst vor dieser Veränderung, sie wollte mehr, als ihre enge Rolle es ihr gestattete, wollte sich diesen neuen Aspekt aber nicht eingestehen. Und neu war dieser Aspekt. Ihre früheren Entscheidungen waren durchaus ehrlich gewesen. Sie war eine Hausfrau-und-Mutter, die ihren Traum im Huckepackverfahren verwirklichen wollte und glücklich die

Vorschriften dieses Musters befolgte. Sie war ganz einfach an einem weiteren Wendepunkt angekommen. Alles, was sie wußte, war, daß ihr der Rahmen, den sie gewählt und der sie bisher befriedigt hatte, nun nicht mehr so ganz paßte. Früher war alles aufregend gewesen, weil sie das Gefühl gehabt hatte, sich immerzu für die Karriere ihres Mannes nützlich zu machen, doch jetzt, da sein Aufstieg gesichert war, schwankte ihr der Boden unter den Füßen.

Wäre ihr Mann weniger einsichtig oder auch selbstsüchtiger gewesen oder einfach mehr erschrocken, wie das so vielen von uns in der Lebensmitte geht, wenn sich der Partner plötzlich völlig anders verhält, hätte er ihre Krise vielleicht geflissentlich übersehen und ihr gesagt, sie verhalte sich kindisch, solle weiter so eifrig bleiben, sich an ihr Versprechen halten, ihm bei seiner Karriere behilflich zu sein usw. – all das hätte ihr Gefühl, »schlecht« zu sein, nur verstärkt. Sie hätte nicht mehr nur geweint, sondern hätte angefangen zu trinken oder Pillen zu schlucken, hätte sich scheiden lassen oder wäre aus lauter Verzweiflung davongelaufen. Statt dessen ließ Don Blum seine Partnerin ihre Krise haben und schlug ihr vor zu pausieren. Doch sie hatte auch nach diesem Vorschlag noch Angst davor, ihre alte Rolle aufzugeben. Die von ihrem Inneren Wächter verordnete Rolle war so stark, daß sie das Gefühl hatte, »für irgendeine unergründliche Sache bestraft« zu werden.

Erst der Herzanfall ihres Mannes zwang sie beide zu einer völligen Neubewertung ihres Lebens. Indem sie die nach außen gelenkten Aktivitäten, die ihnen nur als Zeitverschwendung vorkamen, aufgaben, steckte sich jeder sein eigenes Ziel und konnte so die Besonderheit des Anderen besser tolerieren. Er ist ein Mann, der nur gedeihen kann, wenn er durch mannigfache Kontakte und Verpflichtungen stimuliert wird. Sie ist eine Frau, deren Sensibilität sich eher im Privaten entwickelt. Ihre schöpferischen Energien erlöschen, wenn sie sich zu sehr unter Leute begibt; sie gedeiht, wenn sie allein ist. Im Verlauf des Torschluß-Jahrzehnts haben beide allmählich ihren Weg zu einem intimeren und eigenständigeren Dasein gefunden. Wenn das den Washingtoner Verhaltensmaßregeln widerspricht oder Leute zu Klatsch veranlaßt, so ist ihnen das gleichgültig. Sie haben einen Weg gefunden, der in diesem Lebensabschnitt so ganz *ihr* Weg ist.

19.
Die Feuerprobe mit Vierzig

Auch Männer haben mit 35 das Gefühl, daß die Zeit drängt. Das veranlaßt sie jedoch selten, innezuhalten und sich einen umfassenden Überblick über ihre Lage zu verschaffen, wie Frauen das in diesem Alter oft tun. Die meisten Männer reagieren mit einem Endspurt in ihrer beruflichen Laufbahn. Das ist jetzt »die letzte Gelegenheit, die Meute hinter sich zu lassen«.

Auf welchem Gebiet auch immer . . . der Manager in mittlerer Position kann es nicht erwarten, an die Spitze zu gelangen . . . der ideenreiche Mann ist es leid, sich anderen anzupassen, und kratzt das nötige Kapital zusammen, um sich selbständig zu machen . . . der Facharbeiter überlegt sich, ob er seinen Job aufgeben und sich ein eigenes Taxi kaufen soll . . . der Syndikus, der sich bisher so nebenher für öffentliche Aufgaben engagierte, möchte voll in die Politik einsteigen. Es genügt nun nicht mehr, kompetent und vielversprechend zu sein; ein Mann will jetzt anerkannt und respektiert sein. Als angesehener Schriftsteller mit einem eigenen Stil oder als Naturwissenschaftler mit eigenem Forschungsgebiet oder als Akademiker, der viel veröffentlicht. Ungeachtet der Entbehrungen im persönlichen Leben und ohne Rücksicht auf Legionen anderer Männer, die denselben Wunsch hegen, stürzen sich viele dieser Männer während der nächsten fünf Jahre in ein Wettrennen um den ersten Platz.

Die Beschleunigung der Karriere, die bei vielen Männern einer inneren Bilanz vorausgeht, hat auch den Zweck, diese Bilanz hinauszuzögern. Wenn die wahren und ernüchternden Beweggründe ihres Vorwärtsstrebens erst später anerkannt werden wollen, sind die Auswirkungen womöglich noch schmerzhafter. Dann wird die Bilanz womöglich zur Feuertaufe.

C. G. Jung stellte als erster die Hypothese auf, daß sich zwischen 35 und 40 eine wichtige Veränderung in der menschlichen Psyche ankündige. Zunächst sei es kein bewußter und auffallender Wandel. Vielmehr gebe es nur indirekte Anzeichen . . . Jung stellte jedoch klar heraus, daß der Perspektivenwandel im allgemeinen bei Frauen früher einsetzt, während bei Männern erst mit 40 die Häufigkeit von Depressionen zunimmt.

In unserer Gesellschaft ist für den Mann die Tatsache, daß er vierzig wird, ein prägendes Ereignis. Gewöhnlich überprüfen ihn seine Arbeitgeber wie eine Ware und zeichnen ihn wortlos mit einem Plus oder Minus aus, und in der Regel stuft ihn seine Versicherung neu ein, taxieren ihn seine Konkurrenten. Da die Berufswelt nun einmal aus Hierarchien besteht, werden die meisten Männer ihren Wunschtraum einige Nummern kleiner ansetzen. Was nicht heißt, daß sie sich als zweitklassig abqualifizieren müssen. Die Bilanz bewahrt sie vielleicht sogar vor Enttäuschungen in späteren Jahren, spornt sie zu einem neuen Einsatz ihrer Kräfte in einem zweiten Beruf an oder zu einem sinnvolleren Arbeiten in ihrem bisherigen.

Überraschenderweise muß man feststellen, daß den Senkrechtstartern und Arbeitsfanatikern, die *tatsächlich* nicht weit von der Verwirklichung ihres Wunschtraums entfernt sind, der Übergang oft schwererfällt als denen, die dieses Ziel verfehlen. Denn die anerkannten Erfolge kommen leider erst längere Zeit nach der vollbrachten Leistung, die selbst nur selten die große Erfüllung bringt, die man von ihr erwartet. Wenn sie nicht stagnieren wollen, müssen sie sich neue Ziele setzen und auf die bisher vernachlässigten Stimmen in ihrem Inneren hören.

Daß die Krise in der Lebensmitte bei Männern und Frauen eine andere Wendung nimmt, ist ein Faktum, das zur Verwirrung beiträgt. Die meisten Frauen legen eine Pause ein, um sowohl die inneren als auch die äußeren Aspekte ihres Lebens zu bedenken und um dann das Ungleichgewicht zwischen innerer Erfüllung und äußeren Wünschen zu beseitigen. Warum veranlaßt derselbe plötzliche Wandel des Zeitgefühls die Männer so häufig, auf einer noch schmaleren Bahn noch rascher voranzukommen?

Insbesondere die Zugehörigkeit zu einem großen Unternehmen verführt einen Mann dazu, alle anderen Aspekte seiner Persönlichkeit außer acht zu lassen, um der engen Rolle in der vorgegebenen Struktur gerecht zu werden. Wenn er sich gut angepaßt hat, neigt er zu dem Glauben, seine Arbeitsleistung sei das einzige Kriterium für seinen Wert.

Der Senkrechtstarter

John DeLorean ist eine der legendären Figuren aus der Geschichte der Automobilindustrie.* Als er bei *General Motors* anfing, hatte er genau die Eigenschaften, die sich diese Firma für ihre Angestellten in Führungsposition wünschte. Er entstammte, wie die meisten dieser Männer, der unteren Mittelschicht, besuchte die entsprechende Schule, ein technisches College, und kam so nie mit der *Harvard Business School* in Berührung, wo gefährlich progressive Köpfe herangebildet werden. Er besaß einen einzigen Anzug.

Noch mit 32, als der Mann, der sein Mentor werden sollte, ihn zum Chef von Forschung und Entwicklung in der Pontiac-Abteilung machte,

* Diese Person, eine öffentliche Erscheinung, gestattete die Nennung ihres wahren Namens.

war DeLorean »der spießigste Kerl der Welt«: Er war mit einer Sekretärin verheiratet und wurde bald so wabbelig, daß seine Anzüge ihm nicht mehr paßten. All das nahm *General Motors* als ein Zeichen, daß man dem Mann vertrauen konnte. Denn: ein technisch versierter, doch im übrigen beschränkter Mann konzentriert sich nur darauf, wie man Stoßstangen mit weniger Stahl und mehr Profit macht.

Wenn so ein strebsamer junger Aufsteiger ausgezeichnete Arbeit leistet und persönlich keine Schwierigkeiten macht, kann er mit 40 Chef einer ganzen Abteilung sein. Noch bevor er 50 wird, macht er vielleicht sogar seine 750.000 Dollar im Jahr und hat die besten Chancen, Generaldirektor zu werden.

John DeLoreans Karriere verlief genau so. Wenn er sich weiter den Gegebenheiten angepaßt hätte, so wäre er ein Anwärter auf den Posten des Generaldirektors des größten Industrieunternehmens der Welt geworden. Aber DeLorean bekehrte sich. Was kann so einen Mann erschüttern? Das Big Business kann keine Leute mit Zukunftsvisionen brauchen, Leute, die (noch dazu vor der Ölkrise) darüber reden, man solle den Konsumenten kleine Autos verkaufen, weil sie das wollen. Die Autoindustrie will dem Publikum nur geben, was sie produziert. John DeLorean kündigte mit 46 bei *General Motors.*

»Ich sage Ihnen, was wirklich geschah«, sagte er in der Mitte unseres ersten Interviews. »Als ich ins Autogeschäft kam, wußte ich nicht einmal, wer der Generaldirektor von *General Motors* war. Ich wollte mein technisches Vorhaben verwirklichen, was immer das auch war, und ging vollkommen darin auf. Bei meinem Aufstieg merkte ich langsam, welch unglaublichen Einfluß das Automobilgeschäft auf Amerika hat!«

Erpicht darauf, selbst ein Riese zu werden, jedoch ohne den geringsten Schimmer, wie sich ein hohes Tier zu benehmen hat, kam DeLorean unter die Fittiche von Bunkie Knudsen. Sein Vorgesetzter war für einen GM-Manager ein außergewöhnlich eleganter Mann, und für DeLorean war er eine Offenbarung. »Mein Vater war Fabrikarbeiter. Er interessierte sich für kaum etwas; er war Alkoholiker. Niemand hat soviel Einfluß auf mein Leben gehabt wie Bunkie Knudsen. Es war, als hätte man einen Jungen aus dem Ghetto mit den schöneren Dingen des Lebens vertraut gemacht.«

Als DeLorean mit 35 seinen Wunschtraum vor sich hatte, überkamen ihn die ersten Zweifel anläßlich eines kurzen Aufenthalts in Palm Springs bei einer Konferenz der Automobilhändler. Dort traf er einen Mann, den er »fast wie einen Gott verehrte«, den GM-Generaldirektor im Ruhestand, Harlow Curtice. Am nächsten Tag ging DeLorean in das Golfgeschäft, um mehr über sein Idol herauszubekommen.

»Er ist der einsamste Mann, den es gibt«, sagte man ihm. »Jeden Tag kommt er für ein paar Stunden in mein Golfgeschäft und redet mit mir und meinem Mitarbeiter über das Automobilgeschäft. Wir kennen uns im Automobilgeschäft beide nicht aus, aber wir hören ihm zu. Es hat den Anschein, als wolle er unbedingt mit jemandem sprechen.«

Diese schockierende Warnung ließ ihn sich schmerzliche Fragen stellen. »Was hat es mit all dem auf sich?« fragte sich DeLorean. »Warum tust du das alles? Du bist wie eine dieser Maschinen. Plötzlich wirst du veraltet und verschlissen sein, und sie werden dich zum alten Eisen werfen. Ergibt das einen Sinn?« Statt diese schmerzliche Bilanz zu Ende zu führen, verdrängte DeLorean diese Gedanken und stürmte voran: Mit 40 wurde er der jüngste Generalmanager in der Geschichte von *Pontiac*.

Als die Krise der Lebensmitte näher kam, wurde DeLorean ganz verrückt nach äußeren Veränderungen. Er verstärkte den Druck auf die Händler und steigerte so die Verkaufszahlen, stemmte immer höhere Gewichte, fuhr mehr Motorradrennen, entledigte sich seiner gleichaltrigen Frau, ließ sein Gesicht liften, färbte seine Haare, kreuzte mit vollbusigen Filmstars in Diskotheken auf, brachte die schlecht funktionierende Chevrolet-Abteilung mit einer grandiosen Leistung wieder auf Vordermann und nahm sich eine Frau, die jünger war als die Töchter der meisten GM-Manager. Nachdem er alles umgekrempelt hatte, adoptierte er einen Sohn, sein erstes Kind. Er war noch immer ständig auf Achse, hielt nur frühmorgens ein paar Augenblicke inne, um den Jungen zu sehen, bevor er das Haus für einen langen Arbeitstag verließ. Doch schon bald flüchtete seine blutjunge Frau zu ihren Eltern nach Kalifornien, denn sie fühlte sich einsam, weil sie von den älteren Frauen der Kollegen ihres Mannes geschnitten wurde.

DeLorean war 46, als er diese schmerzlichen subjektiven Fragen wieder an die Oberfläche kommen ließ. Er war gerade auf der Detroit-Automobilausstellung. »Ich war wie vom Blitz getroffen. Ich verbrachte also mein Leben damit, die Kotflügel etwas anders zu formen, um das Publikum davon zu überzeugen, daß es ein neues und ganz anderes Produkt geliefert bekommt. Welch ungeheuerliche Exzesse! Es war lächerlich. Ich dachte, das Leben müsse doch noch etwas anderes zu bieten haben.« Auch dann noch projizierte er seine Unzufriedenheit mit den eigenen äußerlichen Veränderungen seines Körpers auf die gleichermaßen äußerlichen Veränderungen im Karosseriebau. Seine Arbeit kam ihm plötzlich wie Schwindel vor.

Weitere zwei Jahre vergingen. DeLoreans Ruhelosigkeit wurde stärker, als er zum stellvertretenden Direktor der Aktiengesellschaft gewählt wurde. Ohne seine Plattform als Starmanager einer Abteilung, wo er seine Show abgezogen hatte, fand er sich nun in einer Unterdruckkammer wieder, als einzelner in einer Gruppe von Führungskräften im vierzehnten Stock, nur ein paar Meter vom Schaltpult entfernt. Wenn man ihm nicht einmal zuschauen konnte, was sprach dann noch für seine Stellung? Mehr Einfluß zugunsten des Allgemeinwohls? Die Gesellschaft hatte seine frühere Vorhersage, kleinere Autos würden immer mehr gefragt sein, in den Wind geschlagen. Scheinbar war er nun endlich in der Lage, die anderen Top-Manager für realistischere Maßstäbe beim Angebot auf dem amerikanischen Markt zu gewinnen. Seine Argumente wurden jedoch niedergebügelt. Was blieb ihm da noch, Prestige? Der Preis, den er dafür zahlen mußte, war die Anpassung an die Erfordernisse des altbewährten, guten Rufs von GM und des eng begrenzten geselligen Lebens im inneren Kreis von GM.

Er erlebte eine stürmische zweite Jugend und konsumierte hintereinander so viele bekannte Schönheiten, daß das Ganze einer Sex-Olympiade glich. Im Dezember 1972 rief er das Titelmädchen von Max Factor an, ein Mannequin, das halb so alt war wie er, und im Mai nahm er sie zur dritten Frau. Er verkündete: »Die Automobilindustrie hat sehr viel an Männlichkeit eingebüßt«, was anscheinend eine weitere Projektion der Ängste war, mit denen er selbst zu kämpfen hatte.

Wenn DeLorean diese abrupte Veränderung in seinem Leben erklärt, dann sagt er: »Die größte Schwierigkeit besteht darin, eine Struktur aufzugeben. Die Zugehörigkeit zu einem großen Unternehmen ist eine sichere Sache. Sicher hätte ich ohne weiteres noch 17 Jahre mit 750000 Dollar im Jahr weitermachen können, und zwar ohne große Anstrengung. Doch es paßt nicht zu mir, einfach so weiterzumachen. Ich muß ständig vorwärts. Und ich wollte einen wesentlichen Beitrag leisten. Die meisten Leute warten damit bis zu ihrem Rückzug aus der Arbeitswelt, und dann haben sie nicht mehr die nötige Kraft und Freude. Ich dachte mir: Wenn ich schon dabei bin, mein Leben zu ändern, so ist das ein guter Zeitpunkt, um ein Jahr auszusetzen und das zu tun, wovon ich gesprochen habe.«

Mit Feuereifer begab sich DeLorean ein Jahr lang ohne Entgelt auf Rundreise für die National Alliance of Business. Er übernahm nun eine Aufgabe, der er sich bei GM nur nebenbei hatte widmen können; dort war er für einige der ersten Programme zur Einstellung von ehemaligen Strafgefangenen und der Ärmsten der Armen eingetreten.

»Ich möchte den Rest meines Lebens wirklich auf Gebieten arbeiten, die für unser Land wichtig sind«, sagte DeLorean zu mir, »aber immer noch für viel Geld. Ich will nämlich nicht Sozialarbeiter werden, sondern eine wichtige Rolle bei der Lösung des Energieproblems spielen. Ich muß doppelt so hart arbeiten wie zuvor. Weder viel Geld noch viel Erfolg können jedoch das Gefühl ersetzen, das man innerlich hat, wenn man jemandem etwas Gutes getan hat.«

»Es gibt im Leben zwei Tragödien. Die eine ist die, seinen Herzenswunsch nicht erfüllt zu bekommen. Die andere die, ihn erfüllt zu bekommen.« Obwohl das ein für George Bernard Shaw typisches Bonmot ist, ist es vielleicht eine generell anwendbare Wahrheit. Selbst wenn sich jemand seinem Wunschtraum noch so sehr nähert, sind damit nicht alle seine Wünsche erfüllt. Der Zauber läßt nach – und jedermann fühlt das bis zu einem gewissen Grad in der Lebensmitte –, und es ist der Verlust der magischen Hoffnungen, die sich mit dem Wunschtraum in seiner ursprünglichen Form verbanden. In dem Bündel von Faktoren, die den Beruf und persönlichen Hintergrund eines Mannes prägen, gibt es für mich einen, der dafür bestimmend ist, ob die Krise in der Lebensmitte bei einem Mann harmlose oder schlimme Formen annimmt. Es kommt darauf an, ob er seinen Wunschtraum vorwiegend als Lösung persönlicher Probleme betrachtet oder ob er es schafft, seinen Wunschtraum zugunsten realistischerer Zielvorstellungen aufzugeben.

Obwohl DeLorean die Wahrheit gesagt hat, als er sein wachsendes Bedürfnis nach einem Dienst am Allgemeinwohl beschrieb, vergißt er doch das eine Motiv, das er nicht zu nennen wagte: seine schreckliche Angst vor dem zunehmenden Alter. Als DeLorean dann sah, wie die Giganten der Automobilindustrie ihre Macht benutzen, nahm sein Wunschtraum konkrete Formen an. Alles, was damit zusammenhing, bezog er auf sein Bild von sich selbst als physisch stark, geistig überragend, emotional furchtlos und auf dem Weg zu einer machtvollen Stellung.

Noch heute kann er sich nicht eingestehen, wovor er wirklich Angst hat, weil dies seinen ganzen Männlichkeitswahn zerstören würde. Statt dessen sucht er alle physischen Merkmale seines fortschreitenden Alters auszulöschen: die dicke, gleichaltrige Frau, sein eigenes faltiges Gesicht und sein ergrauendes Haar; wie ein Zauberer mit seinem Zauberstab hat er sich das Gesicht, den Körper, die Frau und das Kind verschafft, die zum heroischen Traum des 25jährigen Mannes passen. In seinem privaten Reich spiegeln die azurblau erstrahlenden Schwimmbecken das Bild ewiger Jugend und idealisierter Männlichkeit wider.

Welches Muster ein Mann in seinem bisherigen Leben auch befolgt hat, er ist nicht gefeit gegen den Wunsch, die Magie seines Jugendtraumes wiederzubeleben (wenn er ihn sich auch nur in seiner Phantasie ausmalt und dadurch einen Ausweg findet, sich die geschätzte Ordnung in seinem Leben nicht bedrohen zu lassen). Besonders verwundbar sind jene starken Konkurrenten und sehr erfolgreichen Männer, die ich Senkrechtstarter nenne: Männer wie DeLorean, die unter dem Einfluß des verschwommenen, aber tief in ihnen verwurzelten Glaubens stehen, daß die große Belohnung und die vollkommene Befreiung auf sie warten, wenn sie nur erfolgreich sind.

Die Vorstellung von der Belohnung läuft nach meinen Gesprächen mit Senkrechtstartern auf folgendes hinaus: Wenn ich einmal Direktor oder ordentlicher Professor bin oder das Gebäude, das Buch, das Auto, den Film mache, die unserem Zeitalter den Atem verschlagen, wird man mich erkennen, mich bewundern, sich vor mir verneigen, werde ich wie der Held des samstäglichen Fußballspiels auf den Schultern getragen, und dann darf ich mir alle Wünsche erfüllen, deren Befriedigung ich mir bisher versagt habe.

Die Vorstellung von der Befreiung hat ein ähnliches Muster: Wenn ich einmal richtig mächtig oder reich bin, dann kann mich niemand mehr kritisieren, herumkommandieren oder Schuldgefühle in mir wachrufen. Ich werde es mir dann nicht mehr gefallen lassen müssen, wie ein kleiner Junge behandelt zu werden.

Die Belohnung, die sie sich wirklich erhoffen, rührt von dem Kindheitswunsch her, die Welt ganz auf sich zu beziehen und alle Forderungen erfüllt zu bekommen. Die Befreiung, die sie sich wünschen, ist die Freiheit von dem Einfluß, von der Zensur und der Liebe des Inneren Wächters, die Schuldgefühle verursacht. Diese Menschen werden von der unbestimmten Überzeugung beherrscht, sie könnten sogar den Schnitter Tod besiegen, wenn sie nur ihres eigenen Schicksals Schmied würden.

Um so fürchterlicher ist die Erniedrigung, wenn sie feststellen müssen, daß dem nicht so ist. Der Erfolg bringt keine Allmacht, auch wenn er noch so groß ist. Irgend jemand, der Aufsichtsratsvorsitzende, die Aktionäre, die Wählerschaft, die Werbeagentur oder jemand zu Hause zwingt ihm diese Einsicht auf; vielleicht ist es sogar die gestrenge, heranwachsende Tochter, die den mächtigen Mann mit ihrer Verachtung straft: »Du bist ein elitäres, verhätscheltes Ziehkind eines korrupten Systems.«

Und nicht nur das. Die lieben Kollegen lassen einen Mann seinen Erfolg nur selten in Ruhe genießen. Karen Horney bemerkt dazu: »In Amerika sind auch die Sieger verunsichert, weil sie sich bewußt sind, daß man ihnen nicht nur Bewunderung, sondern auch Feindschaft entgegenbringt.« Selbst wenn die Kollegen des Siegers nicht besser qualifiziert sind, werden viele von *ihren* Qualitäten überzeugt sein. Überdies sind sie der Ansicht, daß der Sieger nur deshalb an der Spitze steht, weil er Glück gehabt, seine Beziehungen ausgenutzt oder sich einer anstößigen Taktik bedient hat. Vielleicht hat er sogar im Namen des geschäftlichen oder sonstigen Erfolgs regelrechte Verbrechen begangen, werden sie mutmaßen. Sie warten auf jede Gelegenheit, um auf die schwachen Stellen des Siegers aufmerksam machen zu können. Manch ein Mann, der bis zum endgültigen Erfolg einen langen Weg hinter sich hat, wird depressiv angesichts der kritischen Angriffe von seiten der Kollegen, von denen er nun endlich Anerkennung und Respekt erwartet hat.

Auch gibt es keinerlei Automatismus, wonach der innere Tyrann Ruhe gibt, sobald man bejubelt wird oder mächtig ist. Die Individuation ist ein innerer Prozeß. Wir alle müssen ihn an uns vollziehen, wenn wir es nicht vorziehen, noch im Alter Kinder zu bleiben. Selbst wenn wir schließlich die Autorität für uns beanspruchen dürfen, die früher der Innere Wächter hatte, sind wir nicht nur befreit, sondern auch vereinsamt. Wir haben den inneren Gefährten verloren, der uns über lange Jahre das Gefühl vermittelt hat, wir würden bewacht und deshalb sicher sein.

Die Freuden des Umsorgens

Wenn wir auf die unvermeidliche Diskrepanz zwischen unserem Wunschtraum und der Realität, die einiges zu wünschen übrigläßt, gestoßen sind, welcher Anreiz bleibt uns dann noch für eine weitere Entwicklung?

Erikson sagt, der Anreiz zur *Generativität* entspringe dem Durchleben der Krise. Generativität meint das Gefühl der selbstgewollten Verpflichtung, im weitesten Sinne für andere zu sorgen. Weder sind die eigenen Kinder eine Garantie für Generativität, noch wird sie notwendig dadurch verhindert, daß man keine Kinder hat. Eriksons Definition umfaßt die Tatsache, daß man produktiver und schöpferischer wird. Erwachsenen, die es versäumen, ihre Persönlichkeit durch Generativität zu bereichern, so warnt er, drohe dauernde Stagnation. Oft würden sie sich selbst gegenüber so nachgiebig, als wären sie ihr eigenes Kind.

Viele Männer in den Vierzigern erleben eine bedeutsame Verschiebung des Schwerpunkts in ihrem Leben, von der totalen Verausgabung all ihrer Energien hin zu ihrem eigenen Fortschritt. Sie haben nun Vergnügen daran, anderen Leuten etwas beizubringen oder soziale Ungerechtigkeiten zu korrigieren. Einige, DeLorean ist dafür ein Beispiel, wenden sich ganz plötzlich von rein materialistischen Zielen ab. Einige werden zu Beratern. Ein mir bekannter Effektenmakler geht zwar weiterhin seinem einträglichen Geschäft nach, trägt aber in seiner Freizeit zur Rettung jüdischer Flüchtlinge in der ganzen Welt bei. Weniger forsche Männer, die ihre Arbeit immer als Pflichtübung und als Tragen von Verantwortung begriffen haben, übernehmen vielleicht in ihrem Bundesstaat oder in ihrer Gemeinde eine Aufgabe, die niemand übernehmen will, die aber auch erledigt werden muß. Für wieder andere Männer gibt es keinen Berufswechsel, der Wandel vollzieht sich unmerklich: Obwohl sie im selben Unternehmen bleiben, verwenden sie allmählich mehr Zeit auf die Ausbildung jüngerer Leute, auf die Verbesserung von Gütern oder Dienstleistungen oder auf Dienste für die Allgemeinheit.

Die Probleme der Generativität

Auf jeden Industriemagnaten, der Philanthrop wird, und jeden leitenden Angestellten in Führungsposition, der zum Mentor wird, kommen Dutzende von Männern aus dem mittleren Management, die glauben, sie seien zu nichts nütze, wenn sie sich nicht an ihren Anteil am Markt für schnell verschleißende Güter klammern können. Sie haben sich selbst so lange nach Maßgabe der Gewinn- und Verlustrechnungen beurteilt, daß sie all die Werte, die in Großunternehmen gelten, internalisiert haben. Und nur wenigen amerikanischen Unternehmen kann man nachsagen, sie hätten sich im schwierigen Geschäft der Generativität betätigt. Einem in der Lebensmitte befindlichen Manager, der das Düngemittel ohne die Krebs erzeugenden Substanzen herstellen oder ein neues und dauerhaftes Produkt einführen will, das weniger Gewinn verspricht als die Verschleißproduktion, wird man immer wieder sagen: »Bringen Sie das mal den Aktionären bei!«

Die meisten Männer des mittleren Management wissen, daß sie Dutzendware sind, sie würden das aber nie zugeben, weil ihre Abwehrmechanismen gut funktionieren und weil sie schon einige gescheiterte Revolten hinter sich haben. Wenn sie 40 werden, kennen sie ihre Grenzen. Jüngere Männer sind nicht dazu da, daß man sie mit Freude unterrichtet; sie sind vielmehr eine Bedrohung. Mit diesem Generativitätskonflikt geht die Angst einher, weitere Risiken auf sich zu nehmen, und der verabscheute Verlust der jugendlichen Kräfte, der diese Angst nur täglich sichtbarer macht.

Eines Abends saß ich bei einem Bankett zwischen zwei bärtigen Männern, die beide 40 Jahre alt waren. Der Graubart sagte zum Schwarzbart, er habe vor kurzem einen alten Klassenkameraden vom College gesehen. »Er war damals, wie du dich sicher erinnern wirst, die Sportkanone.«

»Nun, er war nicht *die* Sportkanone«, korrigierte ihn Schwarzbart. »Als man ihn zu den Olympischen Spielen schickte, war er nur Ersatzmann.«

Unbeirrt fuhr der Graubart in seiner Erzählung fort; er berichtete, ihr gemeinsamer Klassenkamerad fliege nun von einem Ort zum anderen und trete bei der Eröffnung von Einkaufszentren auf. Er mache einen Sprung vom Dach auf eine Matte. Zweimal habe er die Matte schon verfehlt und sich so schwer verletzt, daß er viele Monate im Krankenhaus verbringen mußte. Kaum habe man ihn jedoch entlassen, springe er schon wieder vom Kaufhausdach.

Der Schwarzbart sagte: »Ich glaube fast, ich würde meinen Kindern lieber erzählen, daß ich von Gebäuden herunterspringe, als was ich wirklich mache. Daß ich mich nämlich im Kreis bewege und nur Scheiße rede und mich an einen Job klammere, den ich hasse.«

Ein Mann, der das wohlbekannte Gefühl hat, nicht anerkannt und unaussprechlich wertlos zu sein, schluckt den Kummer oft herunter; er bekommt deshalb Magengeschwüre oder Übergewicht. Er ißt und schlingt in Restaurants alles Mögliche in sich hinein, weiß zugleich, daß er es nicht tun sollte, entschuldigt sich mit einem »nur dieses eine Mal noch« und begeht so langsam Selbstmord. Jeder, der ihn dazu bringen will, seine Prioritäten neu zu überdenken – sei es seine Frau, ein Freund oder ein Management-Berater –, wird zum Feind. Jede Form der Selbsttäuschung – Alkohol oder Hypochondrie, seiner Frau vorzuwerfen, sie sei ein Monster, oder seine Familie zu verlassen –, beinahe alles ist ihm recht, um nur das Chaos in seinem Inneren nicht wahrhaben zu müssen. Würde er nämlich ein Zehntel dessen, was ihn elend macht, überdenken, so wüßte er schon zuviel, um die anderen neun Zehntel ignorieren zu können. Und dann müßte er so viele Bedingungen in seinem alten Leben ändern, daß er es vorzieht, sein Elend gar nicht erst zur Kenntnis zu nehmen.

Die ideale Reaktion bestünde darin, seine Ladung Autos, seine Hypotheken und seine 60-Stunden-Woche als führender, leitender Angestellter einfach hinter sich zu lassen, um den Kopf frei zu haben für die unvoreingenommene Betrachtung anderer Unternehmungen, die einem Befriedigung in einem tieferen Sinn verschaffen können, anderer Tätigkeiten oder persönlicher Beziehungen, für die man keine Zeit hatte, als man darauf festgenagelt wurde, »es« zu schaffen. Es gibt kein Patentrezept, wie ein Mann zu neuen Zielen gelangen kann. Ich kenne eine ganze Reihe von Männern, die zur Freiwilligen Feuerwehr gingen und denen es gut tat, mit ihrer körperlichen Arbeit für ihre Gemeinde zu sorgen. Andere Männer besuchen Kochkurse, studieren gälische Lyrik, verbringen ein ganzes Wochenende mit ihrer Frau in einem Motel, um sie aufs neue kennenzulernen. Ein langes, mit Liebe und Gesprächen ausgefülltes Wochenende kann neben anderen schönen Resultaten das Ergebnis zeitigen, daß beide sich sagen: »Versuchen wir es!« und dann gemeinsam etwas unternehmen, was sie lange aufgeschoben hatten.

Mut zum Berufswechsel

Für viele Männer in Führungsposition impliziert diese Art der Anpassung jedoch, daß sie versagt haben und nun zum alten Eisen gehören. Selbst wenn sie sich verändern wollen, fällt es ihnen oft schwerer, in einen Beruf mit weniger Prestige überzuwechseln, als einem Facharbeiter.

Um diese Beobachtungen zu überprüfen, fragte ich einen harvardgeschulten Management-Berater, James Kelly, der mit den Führungskräften großer Unternehmen arbeitet. Er stimmte mir zu. »Es gibt eine besondere Gruppe von Männern«, faßte er seine aus vielen Erfahrungen gewonnene Erkenntnis zusammen, »die zwanzig Jahre lang in einem großen Unternehmen gearbeitet haben, hohe Gehälter beziehen und einen hohen Status besitzen; es reicht jedoch nicht, um die obersten Sprossen der Macht und des Prestiges zu erklimmen. Solche Leute stecken bis über beide Ohren im Geschäft. Sie verdienen mehr Geld, als ihnen gut tut. Das Unternehmen bekommt keine adäquate Gegenleistung. Der Mann weiß das, und die anderen im Unternehmen wissen es. Er würde es jedoch als erniedrigend empfinden, eine niedrigere Stellung zu übernehmen.«

Der Management-Berater schlägt zweierlei Möglichkeiten vor im Umgang mit diesen Männern aus dem mittleren Management, die gerade die berufliche Krise ihrer Lebensmitte durchmachen. Er kann den Versuch unternehmen, die Führungskraft davon zu überzeugen, daß er an dem Platz sitzt, der für ihn geeignet ist, daß er dort gute Arbeit leistet und daß er gut daran täte, sich nicht vorzustellen, er würde einmal Direktor in seiner Firma. Anderen Leuten wird er sagen: »Hören Sie auf! Sie haben sehr viel Geld und sehr viel Zeit. Sehen Sie sich nach einer anderen Beschäftigung um.« Wie lange es tatsächlich dauert, bis ein Mann aus dem mittleren Management einen solchen Wechsel vollzieht, steht auf einem anderen Blatt.

»Das kann leicht einige Jahre dauern«, sagt Kelly. »Manchmal vergehen die Ängste, dann sind sie wieder voll da. Diese Männer sind arbeitswütig. Sie kennen sich in ihrem Fach ausgezeichnet aus, weil sie lange darin gearbeitet haben. Aufzuhören und etwas anderes anzufangen ist daher sehr schwierig.«

»Warum ein Zweitberuf?« – diese Frage braucht nun wohl kaum mehr gestellt zu werden. Durch die bloße Tatsache, daß die Leute gesünder sind und länger leben als je zuvor, wird man verpflichtet, einen einzigen Beruf 40 Jahre lang auszuüben, was fast notgedrungen Stagnation zur Folge hat. Hinzu kommt noch, daß durch den immer schnelleren technologischen Wandel beinahe jede Fertigkeit veralten kann. Wir gewöhnen uns gerade an die Vorstellung, daß sich ein Mensch in seinem Leben durchaus mehrere Male verheiraten kann. Es wäre ein Fortschritt, wenn wir uns dieselbe Vorstellung für das Berufsleben zu eigen machten. Ein Berufswechsel bedeutet dann nicht Versagen, sondern die realistische Möglichkeit, neue Vitalität zu entwickeln.

Viele Führungskräfte machen sich bereits Gedanken über diese Möglichkeit. Die *American Management Association* fand im Jahre 1973 durch eine Umfrage heraus, daß 70 Prozent der befragten mittleren Manager für die nächste Zukunft einen Berufswechsel ins Auge faßten. Ihr Motiv war dabei nicht Unzufriedenheit mit dem alten Beruf. Vielmehr »suchen sie aktiv nach neuen Interessengebieten, die sie früher nicht als Berufsmöglichkeiten in Erwägung gezogen hatten.«[1]

Der Mann, der sich bereits dazu verpflichtet hat, Frau und Kinder zu unterhalten, kann eine solche gezielte Umorientierung in der Lebensmitte nicht in Betracht ziehen. Oder kann er es doch?

Der Umschwung

Als der junge Gifford sah, daß sein Vater, ein hohes Tier in einer Ölgesellschaft, sich in die Provinz versetzen ließ, kehrte er dem College den Rücken und schloß sich am selben Ort einer kleinen Theatergruppe an. Er führte zwar ein unstetes Leben ohne wirkliche Verpflichtungen (er wußte z.B. nicht, warum er seine Frau geheiratet hatte), aber nichtsdestoweniger waren es sieben vergnügliche Jahre. Danach wurde er nervös, weil er sich in einer etwas zu bequemen Sackgasse befand; zur selben Zeit ließ er sich scheiden. Als nächstes erfuhr der Vater, daß der junge Gifford einem Senator eingeredet hatte, er sei *der* Public-Relations-Mann für ihn. Er war damals 29.

Voll kühner Pläne zog er nach Washington. Bald darauf überredete er eine Frau, für die er schon immer ein Faible hatte, ihr unstetes Junggesellendasein und ihren Beruf, bei dem sie immerzu in Europa auf Reisen war, aufzugeben und ihn zu heiraten. Sie hatten zusammen ein Kind.

»O Gott, welch ein Gefühl der Macht, als kleiner Mann aus Maine plötzlich in der Hauptstadt zu sein, führende Journalisten zu duzen. Sie hofieren einen, und man hofiert sie. Man bekommt immer mehr das Gefühl, *Einfluß* zu haben. Wenn man etwas Falsches in der Zeitung liest, dann hat man einen Senator hinter sich, der losmeckern kann. Er bezahlte mich gut. Wir konnten es uns leisten, essen zu gehen. Alles in meiner Umgebung war sicher und bequem.«

Gif entwickelte sich im persönlichen und beruflichen Bereich in die Tiefe und in die Breite – seine frühen Dreißigerjahre waren in jeder Hinsicht eine gute Zeit.

Das Tempo änderte sich, als sich der Senator, für den er arbeitete, entschloß, für das Präsidentenamt zu kandidieren. Die Männer in seiner Umgebung begannen, in den Wolken zu schweben, weil man ihnen immer mehr Aufmerksamkeit zollte. In Washington, wo sich so viele Leute mit Männern identifizieren, die vorübergehend mächtig sind, gibt es ein »Naturgesetz«, wonach die Mitarbeiter eines solchen Mannes entweder neidisch oder bösartig werden. Und so stieg der Ruhm des Senators den Mitgliedern seines Stabs zu Kopf.

»Ich kam spätabends nach Hause und trank erst einmal drei Whisky pur. Ich spielte nicht mehr mit den Kindern; ich brachte kaum ein Wort mehr heraus. Nach einem weiteren Drink wurde ich müde und erzählte Annie, was am Tag alles passiert war. Sie ist eigentlich immer optimistisch. Ich hatte jedoch immer das Gefühl, ein Gefangener zu sein. Der Senator rief mich manchmal um drei Uhr morgens an. Bald wurde das Herumreisen uns lästig. Ich mag es nicht, über Nacht weg zu sein; ich hänge sehr an meinem Heim und meiner Familie. Ich war vor allem besorgt darüber, daß ich nicht mein eigener Herr war.«

Letzteres könnte ein Motto für den Mann Mitte Dreißig sein. Er ist darauf aus, sich einen eigenen Lebensraum abzustecken, will voller Ungeduld einengende Bindungen abstreifen, damit sein persönlicher Wert anerkannt wird, und so beginnt er sich auf seinem Weg bergaufwärts noch heftiger ins Zeug zu legen.

Gifford reagierte anders. Er hielt mit 35 inne und verschaffte sich einen Überblick über seine Vergangenheit und seine Zukunft. »Die Aussicht, für einen Präsidenten arbeiten zu dürfen, ist sehr verlockend. Sollte dieser Fall jedoch nicht eintreten, was würde ich dann tun? Ich wurde bald 35, hatte keinen richtigen Beruf gelernt, war nicht unabhängig. Ich hätte wieder Theatermanager werden können, aber wo? Ich konnte doch nicht wieder ganz von vorn anfangen. Welche Möglichkeiten gab es noch? Ich glaubte, wieder zur Realität zurückfinden zu müssen. Für mich war die Realität Maine. Als ich dem Senator gesagt hatte, daß ich ihn verlasse, konnte ich es nicht mehr abwarten.«

Gifford hatte ebensolche familiäre Verpflichtungen wie jeder Durchschnittsmann, vielleicht sogar mehr: Er hatte jetzt fünf Kinder aus zwei Ehen. Nichtsdestoweniger sagte ihm sein Instinkt: »Geh nach Maine zurück, bevor es zu spät ist.« Und er folgte ihm. Die nächsten zwei Jahre waren atemberaubend. Er arbeitete für den Gouverneur von Maine, suchte zugleich eine passende Aufgabe, nahm an einem Kursus für Immobilienmakler teil und eröffnete sein eigenes Immobilienbüro.

Kurz vor seinem 40. Geburtstag war Gif unabhängig. Das Geschäft mit Wohnungen ist ein schweres, doch Gif geht darüber mit bewundernswertem Elan hinweg. Wenn er und Annie eine Zeitlang von ihren Ersparnissen leben müßten, so wäre das auch in Ordnung. So bald wie möglich nähmen sie sich dann wieder den Winter frei und gingen zum Skifahren.

Daß Gif in der Lebensmitte frühzeitig eine Neubewertung vornahm, hat jedoch eine weitere positive Folge. Während viele Männer um 40 die ersten Regungen ihrer häuslicheren, gefühlsbetonteren weiblichen Seite mit Schrecken wahrnehmen, hat Gif keine Angst davor, sich so etwas einzugestehen. Er findet im Gegenteil Gefallen daran. »Ich habe Annie gesagt, wenn sie wieder zu arbeiten anfangen will und genug Geld dabei verdient, dann bleibe ich eben zu Hause und sorge für die Kinder. Ich meine das im Ernst. Ich liebe Kinder, und um Ihnen die Wahrheit zu sagen, ich würde es im Moment genießen, Häuser anzustreichen und Hütten zu bauen.«

Eine Krise in der Lebensmitte kostet Geld. Sie kostet aber noch mehr an Verzicht auf Sicherheit. Wenn ein Mann die herrschende Rollenverteilung, derzufolge der Mann allein für die Familie aufzukommen hat, unbedingt aufrechterhalten will oder es, ohne mit der Wimper zu zucken, akzeptiert (und viele tun das), dann muß er sich mit der Tatsache abfinden, daß er am Ende des Tunnels kein Licht sehen wird. Er ist für immer eingeschlossen. Mit seinem letzten Atemzug wird er noch sagen »Liebling, die Versicherung ist bezahlt«, weil er für seine Frau auch noch nach seinem Tode sorgt.

Wenn ein durchschnittliches Ehepaar in der Lebensmitte seine Beziehungen auffrischen will, müssen die Rollen »der verdienende Mann und die umsorgende Frau« neu ausgehandelt werden. Das ist natürlich leichter gesagt als getan. Realistischerweise muß man sagen, daß es von den bisherigen Lebensverhältnissen der Frau abhängt, ob sie Fähigkeiten besitzt, die sie beruflich umsetzen kann. Für sie persönlich stellen sich folgende Fragen: Will sie oder traut sie sich, diese Fähigkeiten einzusetzen? Will er, daß seine Frau unabhängig wird, oder fürchtet er ihre Konkurrenz? Sie muß mit der so weiblichen Selbstunsicherheit fertig werden. Er muß seinen so männlichen »Atlas-Komplex« bekämpfen.

20.
Die Hürde mit Vierzig und das Paar

Er möchte schreien. Heute abend kann der Mann, der im öffentlichen Leben steht, nicht in Ruhe seine Pfeife rauchen. Er kann sich nicht von der Arbeit ausruhen und im Schoß seiner lieben und stolzen Familie neue Kräfte sammeln. Wenn die Hunde ausgeführt sind und das Feuer allmählich erlischt, wird er sich nicht in der Wiege gekonnt bewegter weiblicher Hüften entspannen können. Er liegt im Arbeitszimmer eines Freundes auf dem Fußboden. Denn der Politiker hat kein trautes Bett mehr, zu dem er heimkehren könnte. Seine Frau ist auf und davon.

»Mir fällt auf, daß ich seit zwanzig Jahren nicht mehr geweint habe«, sagt Kilpatrick.

Voller Wut spannt er seine Bauchmuskeln, zehnmal, fünfzehnmal – als könne er sich nur noch beherrschen, wenn er diese alte Soldatenübung pausenlos wiederholt. Zwanzigmal. Dann hört er auf. Es ist, als steige er allein – endgültig allein – immer höher hinab in das Reich der Urfinsternis.

»Ich habe noch nie einen so tiefen Schmerz erlebt«, flüstert er. »Wann werde ich darüber weg sein? Ein Psychiater sagte mir, ich müßte mit zwei Jahren rechnen. Ich glaube, ich habe meine Frau angebetet. Mir scheint, sie war die Grundlage aller meiner Erfolge. Ich weiß nicht so recht, was ich ohne sie tun soll. Irgendwie ist es wohl egoistisch von mir, wenn ich nur an meine eigene Leistungsfähigkeit denke und nicht an das, was sie vielleicht braucht. Sie verkauft jetzt Häuser und Grundstücke, und ich glaube, es geht ihr wirklich gut. Sie ist sehr zufrieden damit, daß sie etwas tun kann, was sie sich nie zugetraut hätte. Ich bin völlig platt, was sie alles leistet.«

Die letzten Illusionen, mit denen er noch an seinem alten Traum festhielt, scheinen zu verblassen. Ein trockenes Schluchzen entringt sich ihm... Es dauert eine Weile, bis er wieder etwas sagt.

»Ich glaube, ein Mann übt sich darin, große Entscheidungen in der Welt draußen zu treffen. Aber um so stahlhart zu werden, daß man den Wettbewerb auf der politischen Bühne bestehen kann, muß man ein richtiges Arschloch werden. Eines weiß ich genau: Ich würde heute – seit einem Jahr ist sie nun fort – sofort aus diesem verlogenen Geschäft aussteigen, wenn ich sie wieder zurückholen könnte, damit wir an dieser *menschlichen Beziehung* weiterarbeiten könnten. Wenn man älter wird, rücken Familie, Freunde und Kinder an die erste Stelle.«

Fügt man die wachsende geistige Selbständigkeit der Frau in der Lebensmitte und die seltsamen Regungen emotionaler Verletzlichkeit des Ehemannes in derselben Zeit zusammen – was wird dann daraus? Eine Kriminalgeschichte auf dem Höhepunkt der Spannung. Eine höchst aufregende Jagd nach den fehlenden Teilen unserer Persönlichkeit. Und eine fast vorhersagbare Ehekrise.

Viele dieser Teile unserer Persönlichkeit haben wir direkt vor der Nase, verkörpert in unserem Partner. Denn die meisten Menschen wählen einen Lebensgefährten, der die unbekannten und uneingestandenen Seiten ihrer Psyche verkörpert. »Ich liebte seine Tatkraft« oder »Sie war meine seelische Ofenbank«. Wir projizieren auch alle möglichen magischen Vorstellungen auf unseren Partner: »Meine Frau war die Grundlage meines ganzen Erfolgs« oder »Meine Sicherheit schreibe ich nur meinem Mann zu!« Außerdem schaffen wir es im Lauf der Zeit, viele unserer eigenen Fehler und Unzulänglichkeiten auf unsere Frau oder unseren Mann abzuwälzen: »Sie bringt es fertig, daß ich gemein und eifersüchtig werde« oder »Wenn er nicht wäre, wäre *ich* der Künstler in der Familie«.

Wir stoßen erst jetzt in diesem geheimnisvollen Übergangsstadium, das zur zweiten Lebenshälfte hinüberführt, auf jene Andersgeschlechtlichkeit in uns, mit der wir uns nun auseinandersetzen müssen.

Diese Seite ist uns fremd und macht uns Angst; sie ist uns noch nie voll bewußt geworden.* Nicht alle unterdrückten Teile des Selbst sind an geschlechtsspezifische Rollen gebunden. Ich habe wiederholt betont, daß es immer einige Seiten in uns gibt, die wir vernachlässigt haben und die wir nun verwirklichen müssen, gleichgültig, was wir schon alles getan haben.

Es ist praktisch unmöglich, dieses Rätsel kampflos zu bewältigen. Das Gleichgewicht in der Intimbeziehung gerät mit größter Wahrscheinlichkeit ins Wanken. Wer für Intimität offenbleiben will, muß eine starke Identität besitzen und sich seiner sexuellen Identität völlig sicher sein. Unser Selbstbild wird im Laufe unseres Lebens immer wieder einmal erschüttert, doch dürfen wir vor allem auf dem Weg in die Lebensmitte erwarten, daß auch unsere Fähigkeit zur Intimität gestört wird. Wenn wir aus dem Kampf als ganze Menschen hervorgehen wollen, müssen wir uns unsere Andersgeschlechtlichkeit bewußt machen. Die magischen Kräfte, mit denen wir unsere Partner ausgestattet haben, müssen sich auflösen, wir müssen unsere Projektionen zurücknehmen. Und wenn wir diese ungeheure Arbeit leisten, was bleibt uns dann eigentlich noch?

* Dr. Bernice L. Neugarten, die ebenfalls diesen Wandel in den Charaktereigenschaften beobachtet und erforscht, schreibt: »Alternde Männer und Frauen weisen erhebliche Unterschiede auf. Männer werden anscheinend empfänglicher für bemutterndes Verhalten; Frauen dagegen lassen aggressive und eigennützige Impulse eher zu und fühlen sich wegen solcher Impulse weniger schuldig« (aus: *Middle Age and Aging*, 1968).

C. G. Jung gibt wohl die beste Erklärung, wenn er sagt, wir hätten vor allem eine echte Unabhängigkeit und damit ganz bestimmt eine gewisse Einsamkeit erworben. Wir seien in gewissem Sinne allein, denn unsere »innere Freiheit« bedeutet, daß eine Liebesbeziehung uns nicht mehr fesseln könne; das andere Geschlecht habe seine geheimnisvolle Macht über uns verloren, weil wir seine Wesensmerkmale allmählich in der Tiefe unserer eigenen Seele erkannt hätten. Wir würden uns nicht ohne weiteres mehr »verlieben«, weil wir uns nicht mehr an jemand anderen verlieren können, aber wir würden zu einer tieferen Liebe fähig sein, zu einer bewußten Hingabe an den anderen.

Es ist nicht einfach, die Zusammenhänge zu verstehen, aber hier geht es um einen der Hauptpunkte dieses Buchs: Wie ist es möglich, daß wir inniger und hingebungsvoller lieben können, wenn wir unsere grundlegende Einsamkeit akzeptieren? Es kommt daher, daß uns die Bestürzung über die Erkenntnis, daß unsere Sicherheit nicht in einem anderen Menschen begründet liegt, ermutigt, in uns selbst Geborgenheit zu finden. Und wenn unsere Individualität nicht mehr gefährdet ist, können wir anderen großzügiger etwas geben. Schließlich kann man vielleicht sogar die Kluft zwischen dem Erkundenden Selbst und dem Sich Bindenden Selbst schließen. Nach C. G. Jung dauert es mit Sicherheit das halbe Leben, bis man diese Stufe erreicht hat.

Die Korrektur des großen Traumes

Es gibt natürlich auch die Möglichkeit, daß ein Ehepaar einen Ehekrieg anfängt, sich trennt oder daß die Ehe einfach unmerklich absackt, in das bekannte Tief nach zwanzig Ehejahren. Nicht das Gewicht von zwanzig Ehejahren macht die Leute unglücklich, sondern der Umstand, daß sie in einer Gesellschaft, die die Jugend vergöttert, die zweite Lebenshälfte mit der falschen Erwartung beginnen, daß nämlich die Rollen und Regeln, die Träume und Ideale, die in der ersten Lebenshälfte vielleicht gute Dienste geleistet haben, auch in der zweiten gelten müßten. Sie gelten nicht mehr; sie können nicht mehr gelten. Die zweite Lebenshälfte muß ihren eigenen Sinn haben. Sonst wird sie nicht viel mehr als eine kümmerliche und pathetische Imitation der ersten sein.

Ich habe an anderer Stelle in diesem Buch viel über Eheleute gesagt, die bereits den Weg zur Scheidung eingeschlagen und vielleicht im Verlauf dieses Prozesses ihren Lebenskurs geändert haben. In diesem Kapitel geht es hauptsächlich um jene Ehepartner, die zusammengeblieben sind. Vielleicht ist ihnen noch nicht aufgegangen, daß eine Änderung nötig ist, daß Änderung guttut.

Was für unausgesprochene Unterschiede in den Erwartungen von Mann und Frau in bezug auf ihre Lebensträume auch bestehen, jetzt müssen sie zum Vorschein kommen.

Ein 43jähriger Schriftsteller vertraute mir folgendes an: »Ich war absolut entsetzt, als ich entdeckte, daß June in ihren geheimsten Gedanken, die sie mir eines Nachts gestand, immer erwartet hatte, ich würde ein Scott Fitzgerald oder Gay Talese werden und irgendwann *den* Bestseller schreiben. Sie gab dies erst zu, nachdem ich zweimal hintereinander schlimme Mißerfolge erlebt hatte. Ich erkannte, daß sie in all den Jahren den Mittelstandstraum von der Ehe mit einem romantischen Schriftsteller geträumt hatte. Dies stürzte mich in eine tiefe Depression. Ein halbes Jahr lang schrieb ich überhaupt nichts mehr. Ich ging jeden Tag auf den Rennplatz, und es ging immer weiter bergab. Unser Sexualleben ging in die Brüche. June sah, was passierte. Ich zog mich von ihr und aus unserem Intimleben zurück. Ich fühlte mich elend und fing an, ihr die Schuld zuzuschieben. Ich fürchtete mich allmählich davor, ins Bett zu gehen, und für June war es schrecklich. Sie ließ sich körperlich gehen.«

Natürlich hatte dieser Mann ein berühmter Schriftsteller werden wollen. Als sich herausstellte, daß dies unmöglich sein würde, übertrug er die Schuld daran, daß sich ehedem gemeinsame Hoffnungen nicht erfüllten, auf seine Frau. June reagierte darauf wie so viele Frauen, die nur durch ihre Männer leben. Sie gab die Enttäuschung, die ihr Mann einfach nicht als seine eigene ansehen konnte, laut zu. Wenn ein Mann, dessen Traum kaputtgeht, das Gefühl hat, eine Null zu sein, so tut es die abhängige Ehefrau doppelt. Sie verliert sogar diese Scheinidentität, die vielleicht ihre einzige war. Vielleicht wäre June nicht so brutal und vorwurfsvoll gegenüber ihrem Mann gewesen, wenn sie selbst eine echte Identität besessen hätte. Sie wiederum hätte ihm helfen können, die neue Freiheit im Hinblick auf Zeit und Begabung zu genießen, die sich ergeben kann, wenn man dem stereotypen Traum vom berühmten Schriftsteller ade sagt.

Was passiert, wenn eine Frau ihren Lebenstraum dem Ehemann im Huckepackverfahren auflädt und wenn dieser Traum dann tatsächlich Wirklichkeit wird? Fünfzehn oder zwanzig Jahre lang hat sie von den Früchten des langsam reifenden Erfolges ihres Mannes gelebt, sie hat ihn oft inspiriert, sie hat intuitiv für ihn erfaßt, wie er die Leute, mit denen er arbeitet, behandeln muß, sie hat ihn von Alltagssorgen, z. B. wie man den Braten schnell auftauen lassen kann, wenn unerwartet Gäste kommen, abgeschirmt und sie hat ihm die abertausend kleinen und großen Gefühle erspart, die die Erziehung der Kinder mit sich bringt. Die Früchte der Erwartung mögen ihr gut geschmeckt haben, aber wenn die Zeit für die Preisverleihungen gekommen ist, geht er auf das Podium und sonnt sich in der Anerkennung, die ihm zuteil wird. Sie ist nur als Frau Brown bekannt – »Einen Stuhl für Frau Brown!« –, als unbequemes Anhängsel, mit dem niemand so recht etwas anzufangen weiß.

Wenn sie in die Vierziger kommen, sind solche Frauen mit dieser Rolle als stillschweigende Bannerträger eines Lebenstraumes, die ihnen früher Geborgenheit gegeben hat, häufig nicht mehr zufrieden. »Ich spüre, wie das Konkurrenzdenken wieder erwacht«, erklärt mir die Frau eines bewunderten Mannes. »Ich glaube, der Grund für meine momentane Unsicherheit ist, daß ich nicht weiß, was ich damit anfangen soll.«

Die beneidete Ehefrau

Der auffallendste Gegensatz zwischen Ehemann und umsorgender Hausfrau beim Ehepaar mittleren Alters ist der zwischen seinem Gefühl der Fadheit und dem Gefühl der Ungebundenheit, das sie gewöhnlich hat. Trotz all ihrer Zweifel und ihrer Verwirrung darüber, welchen Weg in eine neue Zukunft sie nun einschlagen soll, ist sie frei. Sie hat die Jahre hinter sich, in denen sich kleine stolpernde Kinder an sie klammerten, sie kann nun wie ein erwachsener Mensch gehen, sie kann ihre Zeit besser einteilen und ihre Schwerpunkte besser setzen – jetzt ist sie frei, sich auf unerprobten Schwingen in nie gewagte Bereiche zu erheben und auf der Suche nach ihrer besonderen Eigenart über das Ungewohnte zu jubilieren, das ihr bei all ihren Versuchen begegnet.

Wenn ihr Mann sich dem gleichen Lebensstadium nähert, erfährt er sein Selbstgefühl völlig anders. Welche Sprosse der Erfolgsleiter er auch erklommen hat, an seinen Füßen hängt eine Reihe endloser Wiederholungen. Und über ihm – sind da irgendwelche Überraschungen? Nein, es sei denn, er schafft sie sich. Die Einstellung von Scott Fitzgerald lautete: »Im Leben des Amerikaners gibt es keine zweite Akte.«[1] Und obwohl alles in diesem Buch dem Ausspruch Fitzgeralds widerspricht und die Entwicklungstheorie des Erwachsenen fast immer das Gegenteil behauptet, würden ihm die meisten Männer um die 40 zustimmen; allerdings nur bis zu dem Zeitpunkt, zu dem sie sich durch diesen Engpaß hindurchgequält und die Depression und Langeweile hinter sich gelassen haben.

Die meisten Männer, mit denen ich geredet habe, sagten mir jedoch, wie sehr sie ihre Frauen beneideten.

»O Gott, sie ist ein unglaubliches Weib«, schilderte ein Geschäftsmann seine Frau. »Sie sieht phantastisch aus, sie hat gemerkt, daß sie immer noch attraktiv ist, und das alles nur, weil sie ein völlig neues Ziel im Leben gefunden hat. Es tut mir leid, aber ich beneide sie einfach. Mir kommt das

Leben zur Zeit so schwer vor; es kostet mich ständig Kraft, überhaupt Schritt zu halten. Was mir bevorsteht, ist lediglich, einen neuen Jahresbericht zu schreiben und im nächsten Jahr wieder einen.«

Nun ist es eher die Frau, die sich darüber beklagt, daß ihr engstirniger und zerstreuter Gatte sie langweile.

Die Umstellung ist schmerzlich, wenn auch vorhersehbar, denn die Positionen von Mann und Frau in den Dreißigern kehren sich nun fast völlig um. Damals beneidete sie ihn. Sie spürte, wie sie im Spülicht des häuslichen Lebens stagnierte und formlos wurde und schaute begehrlich auf die hübsche kompakte Karriere ihres Mannes. Er hatte eine Form, eine solide Identität. Sie hatte kaum geahnt, was für ein entsetzliches abgestandenes Gefühl sich im Lauf von zwanzig Jahren in ihrem Karrieremann entwickeln würde und daß ihm daher ihre ungeformte Triebkraft in den mittleren Jahren wie das wahre Lebenselexier erscheinen würde.

In dem Moment, in dem sie plötzlich innehält, weil sie hinter all den Masken der Stärke und der Heldenhaftigkeit, die sie auf »meinen Mann« projiziert hat, den *wirklichen Mann* sieht, in dem Moment muß auch er mit der *zum Vorschein kommenden Frau* rechnen, die seiner Vorstellung von »meiner Frau« nicht mehr entspricht. Die Beschreibungen, die Männer von »meiner Frau« abgeben, so, wie sie sie bislang gesehen haben, zerfallen in Klischees, die sich bloß wiederholen.

»Sie spendete mir immer innere Ruhe.«

»Sie war mein Fels von Gibraltar.«

»Judy war eine Art Anker; sie zog mich nicht in die Tiefe, sondern ermöglichte es mir, mich treiben zu lassen; dabei hatte ich nie das Gefühl, ich müßte meine Schwierigkeiten jemand anderem anvertrauen. Ich konnte ein selbständiger, unbeirrbarer Mensch sein. Ich glaube, ich habe Judy anstelle anderer Leute benützt.«

Was passiert, wenn die gelehrige Frau und pflichtbewußte Gastgeberin, auf die er sich immer verlassen hat, wenn es galt, seine Ängste zu vertreiben, ihre eigenen Möglichkeiten entdeckt? Sie ist nun soweit loszuziehen, noch mal die Schulbank zu drücken, sich eine Stelle zu suchen und aufzubegehren – und das in einem Augenblick, in dem er sich zurückzieht, nach Luft ringt, das Gefühl hat, alles, was war, sei umsonst gewesen, und nicht weiß, wie er im Beruf und im Bett seine Standards aufrechterhalten soll. Wie wird er wohl auf diese plötzliche Woge ihrer Unabhängigkeit reagieren?

Ein durchschnittlich erfolgreicher Mann Anfang Vierzig hatte mehrere Stunden über seine Frau genörgelt, die sich neuerdings in die Welt hinaus bewegt; schließlich gestand er: »Meine sämtlichen Klagen könnte ich einfach so zusammenfassen: *Wo wird sie sein, wenn ich sie brauche?*«

Der althergebrachte Rat an Frauen mit solchen Ehemännern Anfang Vierzig, die sich nicht mehr zurechtfinden, lautet: »Sie müssen das Ich Ihres Mannes aufbauen.« Die Frauen überschütten ihn dann oft gehorsam mit einer Überdosis an Bemutterung und fühlen sich verraten, wenn ihr Eifer negative Folgen hat. Und dazu kommt es fast unausweichlich. Ein Mann, der versucht, sich in der Mitte seines Lebens zum reifen Erwachsenen zu wandeln, kann eine Frau, die in auffallender Weise wie eine Mutter handelt, auf keinen Fall akzeptieren.

Das Wort »auffallend« ist hier entscheidend, denn wir reden über einen Vorgang, der dem Hin-und-Hergerissensein des Jugendlichen sehr nahe kommt: Er will sicher sein, daß die starke Mutter immer noch hinter ihm steht, um ihm den Rücken zu stärken, aber er würde lieber sterben als zulassen, daß sie besitzergreifend in seinen allerprivatesten Wunden bohrt und fragt: »Was fehlt dir denn?«, »Wo gehst du hin?«, »Warum redest du nicht mehr mit mir?«

Die gleichen weiblichen Eigenschaften, die er in seiner jungen Ehe verklärte, als sie die Grundlage für ein angenehm umsorgtes Leben waren, lehnt er nun als bösartige Fallstricke ab. Unterschwellig hat ein Mann wahrscheinlich immer gemischte Gefühle gegenüber seinem trauten Heim, aber diese Ambivalenz scheint sich in der Lebensmitte voll zu entfalten. Wie glatt seine Entwicklung bis zu diesem Zeitpunkt auch verlaufen sein mag, jetzt zeigt er unter Umständen extrem gegensätzliche Verhaltensweisen, die äußerst merkurisch, launenhaft, ja sogar »verrückt« anmuten und oft auch von ihm selbst so empfunden werden. Selbst ein Heiliger könnte mit dieser Ambivalenz nicht fertig werden. Denn wenn seine Frau wie eine Heilige reagierte, würde er das Gefühl haben, sie versuche ihn wieder in die Falle zu locken, die ihn zum kleinen Jungen macht.

So sieht es für ihn aus. Und ihre Seite? Sie versucht, ihren ganzen Mut aufzubringen, um ihre Fähigkeiten in die Tat umzusetzen oder neue Fertigkeiten zu erwerben oder einfach die alten Fertigkeiten, die sich in all den Jahren angesammelt haben, so zu ordnen, daß sie ein sinnvolles Ganzes ergeben. Die Selbständigkeit schreckt sie nicht mehr sonderlich, denn mittlerweile hat sie immer wieder Trennungen und Verluste erlebt. Aber die Erregung, die eine Frau in ihrer neuen Art zu leben findet, gibt ihrem Mann oft fälschlicherweise das Gefühl, abgewertet zu werden. »Wonach suchte Nancy bloß? Was konnte ihr ihre Familie, in erster Linie ich, nicht bieten?« jammerte ein Mann, dessen Frau aus dem Töpfern eine ernsthafte Arbeit machte. »Ich fühlte mich aus der Bahn geworfen. Ich konnte Nancys Zeit und Aufmerksamkeit nun nicht mehr so wie früher beanspruchen. Ihre Töpferei hat mich verdrängt.«

Eine Frau, die all das angstbesessene Hickhack, das damit einhergeht, daß sie sich als Person aus ihrer eingefleischten Rolle befreit, mit einem scharfen Blick durchleuchtet hat, hat die folgende weise Einsicht daraus gewonnen: »Ed nennt mich jetzt ›hartgesotten‹, aber es ist nicht annähernd so schlimm wie er tut.«

Wenn eine bisher abhängige Frau entschlossen ist, den nächsten Schritt in ihrer Entwicklung zu tun, muß sie an diesem Punkt die elterliche Autorität, die sie ihrem Mann übertragen hat, selbst übernehmen. *Sie* muß sich nun die Erlaubnis erteilen.

Nehmen wir an, sie nimmt tatsächlich ein paar äußerliche kühne Veränderungen vor. Nehmen wir an, sie bringt ihr angekratztes Selbstvertrauen auf Vordermann und bewirbt sich um die Präsidentschaft des Frauenwähler-Bundes – und gewinnt! Sie bemerkt, wie ihr Mann Angst bekommt. Ängste hätte er in diesem Entwicklungsstadium so und so erlebt, doch neigt die Ehefrau leicht zu der Annahme, sie sei die Ursache seiner Ängste. Diese Vorstellung wirft sie zurück. Sie fühlt sich schuldig. Dann wird sie wütend.

Sie denkt: *Warum kann er sich nicht zusammenreißen, damit ich von hier rauskomme und mich weiterentwickeln kann, ohne mich schuldig zu fühlen?*

Er aber denkt: *Was fällt ihr ein, davonzurennen, wo ich nicht mehr weiter weiß?*

Kein Ehevertrag ist für die Ewigkeit. So unweigerlich der Mann das engstirnige Ideal von der »Ehefrau-und-Mutter« aufgeben muß, muß auch sie von der magischen Vorstellung ablassen, sie habe einen »Liebhaber-und-Vater« zum Mann, der nie an sich zweifelt und immer sein Wort hält. Der Ehevertrag muß im mittleren Lebensalter neu ausgehandelt werden. Das heißt nicht, daß sich zwei Leute in einem Konferenzraum zusammensetzen und über Nacht ein neues Abkommen schließen. Es heißt vielmehr, daß im Laufe von mehreren Jahren eine Reihe neuer Anpassungen vollzogen werden müssen. Wenn dies nicht geschieht, kann es sein, daß sie sich in eben jenen herrschsüchtigen Hausdrachen verwandelt, den er fürchtet, in jene Große Mammi, die sich geschworen hat, mit ihm abzurechnen, indem sie die kleinste Schwäche ihres Mannes mitleidlos ausschlachtet, während er möglicherweise in die Rolle des passiven und zimperlichen Pantoffelhelden schlüpft. Wie dem auch sei, wenn ihre zunehmende Selbstbehauptung und sein Gefühl, beiseite geschoben zu werden, keiner bewußten Erkenntnis unterliegen und sich nicht auf gesunde Weise äußern können, werden sie sich auf andere, unangenehme Weise äußern.

Eine andere, sehr schmerzliche Seite des Übergangs in die Vierziger betrifft die Kinder, die sich allmählich von zu Hause ablösen.

Meine Tochter ist erst elf, doch wie rasch entwickelt sich nicht die Knospe zur Blüte, zur Frucht. Auf ihrer Brust runden sich zwei süße Äpfelchen, und der Vorhang ihres Ankleidezimmers muß nun zu sein, er muß ganz fest zu sein, Mutter! Die Vorstellung, dadurch privilegiert zu sein, daß sie zu einer hübschen jungen Frau heranwächst, wird in ihr wirksam und lenkt ihren Eifer, mit dem sie gestern noch Geheimagentin werden wollte, in völlig neue Bahnen. Obwohl sie immer noch genügend sorgloses Kind ist, um Trauerränder unter ihren Fingernägeln zu tragen, bewundert sie doch bereits die großen Damen, die ihre Nägel polieren und bemalen, bis zehn vollkommene Plastiklöffel daraus geworden sind. Für mich ist nun jeder Abend kostbar, an dem sie mich noch zu sich ruft, um mir ihre Geheimnisse anzuvertrauen.

Ein ganzer Blätterwald von Geschichten hat die bittersüßen Erfahrungen von Müttern festgehalten, die ihre Kinder gehen lassen – so als würden nur wir allein von dieser grundlegenden Schwerpunktverschiebung betroffen. In den Interviews war ich immer wieder erstaunt, wie viele Männer einen unwiederbringlichen Verlust erlitten hatten. Ihre eigene Zärtlichkeit entfaltet sich erst dann, wenn ihre Kinder Distanz fordern. Sie kommt zu spät.

Der Mann mittleren Alters kehrt nach all den Jahren, die er zum Aufbau seiner Karriere verwandt (oder vergeudet) hat, in sein Nest zurück, um gerade dann, wenn seine Kinder am rebellischsten sind, »dieses menschliche Element« zurückzugewinnen. Die folgende Skizze steht für Tausende ähnlicher Situationen.

Nora, die konsternierte Frau eines jungen Präsidenten, erzählte mir: »Er fing mit nichts an und baute seine eigene Gesellschaft auf, die heute überall in der Welt Niederlassungen hat. Aber letztes Jahr hat ihn immerzu irgend etwas gequält. (Der junge Präsident ist Vierzig geworden.) Er hält immer weniger von sich und seiner Arbeit. Er will unbedingt wissen, was die Kinder beschäftigt. Ich glaube, er hat das Gefühl, er müsse seine häufige Abwesenheit in der Vergangenheit wiedergutmachen. Plötzlich will er mit der Familie etwas unternehmen, zum Beispiel Ausflüge. Das habe ich bisher alles gemacht. Andererseits fühle ich mich jünger denn je! Alles ist wieder im Fluß, und am liebsten würde ich ein völlig verrücktes Wochenende mit ihm allein verbringen. Wir zwei laufen nicht mehr synchron. Die Kinder aber meinen, sie würden es nicht aushalten, noch ›ganze Familie‹ spielen zu müssen.«

Immer wenn wir daran erinnert werden, daß unsere heranwachsenden

Kinder ihre Treue anderen Menschen schenken oder daß sie sich für eine Idee opfern können, um sich von uns abzulösen, spüren wir schmerzlich, daß sie sich uns entziehen. Vom Vater verlangt man, er solle seinen Sohn oder seine Tochter, die früher doch alle Weisheit der Welt in ihm verkörpert sahen, nicht mehr umarmen und er solle sie statt dessen von zweifelhaften Helden umarmen lassen, von Opponenten, von anderen, vermutlich vergänglichen Heilsbringern. Es kommt den Eltern vor wie ein Kidnapping. Sollen sie es zulassen, daß da ein x-beliebiger Mensch, der gewitzt genug ist, dieses Bedürfnis nach einem neuen strahlenden Vorbild zu manipulieren, ihr eigenes Kind verdirbt, das sie über so lange Zeit herangezogen haben? Oder wenn er es nicht verdirbt, daß er es dazu bringt, sein differenziertes Urteilsvermögen aufzugeben? Aber eine vernünftige Diskussion kommt nicht zustande, da es bei diesem Kampf um emotionale Autorität geht.

So wird der vierzigjährige Mann wahrscheinlich an drei Fronten zugleich herausgefordert. Er gestattet sich in dem Moment Gefühle, in dem sich seine Frau von ihm innerlich abzugrenzen anfängt. Es verlangt ihn nach seinen Kindern gerade dann, wenn sie ihn zurückweisen. Er sucht nach Möglichkeiten der Generativität zu einer Zeit, in der ihn seine Arbeit völlig frustriert. Vielleicht wäre alles nicht so schlimm, wenn er wüßte, daß all dies vorhersehbar gewesen ist. Und vorübergeht.

Ungefähr mit 45 Jahren fängt der Mann sich wieder. Wenn er das Schlimmste überstanden hat, wird er wahrscheinlich an den Lebensumständen und -schwerpunkten wieder anknüpfen, die er sich vorher erarbeitet hatte. Wenn er diese Umstände und Schwerpunkte während der Zeit seiner Unruhe neu geordnet hat, spricht alles für sein Wohlbefinden und seine positive Weiterentwicklung. Er kann sich natürlich nicht darauf verlassen, daß sich dieser »Umbau« zu seiner Zufriedenheit auswirkt. Das kann niemand; dies zu erkennen, bleibt einem anderen Lebensalter vorbehalten. Aber das Gleichgewicht kehrt zurück, und das ist gewiß angenehm. Die innere Einstellung des Mannes zu seiner erneuten Festigung kann sehr unterschiedlich sein. Er kann von seiner neuen Vitalität begeistert sein. Oder sein Geist kann von Resignation oder vom Bewußtsein der eigenen Unvollkommenheit überschattet werden. In diesem Fall werden die Probleme des mittleren Alters an der Schwelle in die Fünfziger noch einmal auftauchen.

Mit fünfzig Jahren wird der Mann weicher; er entwickelt neue Wärme. Das Konkurrenzdenken, das in der Vergangenheit so vielen Beziehungen scharfe Kanten verlieh, wird durch die größere Kenntnis der eigenen Person gemildert. Wenn ein Mann seine grundlegende Einsamkeit angenommen hat, kann er seinen Eltern verzeihen. Wenn seine Individualität nicht mehr gefährdet ist, kann er sich gegenüber seinen Kollegen lockerer verhalten und zu seinem einstigen Mentor eine neue Art von Kameradschaft finden. Wenn er aufgehört hat, seinen Wert nur am beruflichen Fortkommen zu messen, kann er sich an der Arbeit freuen, die ihm gerade am meisten bedeutet. Und wenn er die sexuelle Andersgeschlechtlichkeit in sich akzeptiert hat, kann er in seiner Partnerin einen echten Freund finden. Vorausgesetzt, er hat ihr dieselbe Freiheit eingeräumt.

Mutter wird flügge

Generativität ist eine treffende Vorstellung, soweit sie gültig ist. Alle männlichen Erforscher der Erwachsenenentwicklung stimmen mit Erikson überein, daß man im mittleren Lebensalter durch fürsorgliches Verhalten, Lehrtätigkeit und Dienst am Nächsten zu neuer Erfüllung finden kann. Doch auch hier wird der Lebenszyklus des Mannes als der des Erwachsenen überhaupt hingestellt.

Übersehen wird die Tatsache, daß die meisten Frauen die ganze Zeit nichts anderes getan haben, als ihren Nächsten zu dienen. Was geschieht denn in der ersten Hälfte des weiblichen Lebenszyklus in der Regel anderes, als daß die Frauen ihre Kinder umsorgen, ihre Ehemänner bedienen und unentgeltlich für andere da sind? Wenn eine junge Ehefrau überhaupt eine Karriere außerhalb der Familie hat, dann wahrscheinlich im Lehrberuf oder als Krankenschwester.

Die Frau möchte Erfüllung in der zweiten Lebenshälfte nicht durch noch mehr umsorgende Tätigkeiten finden. Ihr Ziel besteht vielmehr darin, ihre nicht voll ausgebildeten Fähigkeiten fortzuentwickeln. Sehnsüchte, die sie sich einst im Huckepackverfahren zu erfüllen versuchte, nun selbst zu verwirklichen und sich aktiv in den Dienst ihrer eigenen Überzeugungen zu stellen anstatt passiv den aktiv verwirklichten Überzeugungen anderer nachzugeben. Doch reicht der Unterschied zwischen Männern und Frauen, was die Generativität anlangt, noch tiefer. Denn die Frau, die ihre Zeugungsfähigkeit einbüßt, sieht sich gezwungen, ihre Energien in andere Kanäle zu lenken. Wenn die Frau, in gleich welchem Alter, endgültig erkennen muß, daß sie keine Kinder mehr bekommen kann, tritt ein interessantes Phänomen auf: Eine neue Art der Kreativität wird geboren. Welche Tätigkeit die Frau nun auch wählt, sie identifiziert sich stärker mit ihr als zu der Zeit, als sie noch zeugungsfähig war.[2]

Damit ist nicht gesagt, daß eine Frau sich nicht mehr um andere kümmern will oder soll. Im Gegenteil, das sich leerende Nest erlaubt es vielen Müttern, ihre Sorge auf künftige Generationen auszuweiten und sich für lokale politische Reformbewegungen, auf internationalen Kongressen und sogar zum Schutz der Spezies Mensch zu engagieren. Die Gesellschaft profitiert von einer Kreativität, die früher im Dienste von Papa und den – statistisch errechneten – 2,9 »Kleinen Bären« stand.

Wenn der innere Kampf in den mittleren Jahren bei den Männern darauf hinausläuft, daß sie Stagnation durch Generativität überwinden müssen, nehme ich an, daß die entsprechende Aufgabe der Frauen darin besteht, ihre Abhängigkeit durch ein Bekenntnis zu sich selbst zu überwinden.

Die Frage lautet: Was wäre, wenn die Ehepartner, über deren Probleme wir am Anfang dieses Kapitels berichtet haben, sich zu einem früheren Zeitpunkt ihrer Entwicklung aufrichtig miteinander auseinandergesetzt und über die Mauer, die zwischen ihnen steht, unterhalten hätten?

Sie: Dein Leben hat ein Ziel. Du hast immer auf meine Hilfe gebaut, und ich habe dir geholfen. Jetzt muß ich mich selbst entwickeln. Es macht mich wütend, daß du meine Bedürfnisse nicht ernst nimmst.

Er: Die Sache ist doch die, daß ich das Gefühl habe, daß du die Stärkere wirst. Das aber macht mir höllische Angst.

Sie: Aber in all diesen Jahren war *ich* es, die sich gegen *deine* Macht *über mich* aufgelehnt hat.

Er: Diese Macht existiert nur in deiner Einbildung, weil du nicht genug Selbstvertrauen hast.

Sie: Ich glaube, du hast mich um dieses Selbstvertrauen gebracht.

Er: Wie bitte? Verdiene ich denn nicht genug, um dir das Gefühl der Sicherheit zu geben?

Sie: ›Ich muß mein Dienstmädchen ein bißchen netter behandeln, sonst kündigt sie mir!‹ Das ist es doch, was du sagst, was du denkst.

Er: Du warst es doch, die ein sicheres und solides Familienleben haben wollte. Wie ich *wirklich* bin, das siehst du auch nicht. Für dich bin ich auch bloß eine fehlerhafte Ausgabe deines Vaters.

Sie: Nicht mehr, möchte ich sagen. Ich mag deine Fehler allmählich. Zumal ich nun selbst festen Boden unter den Füßen gewinne. Es ist schon komisch, je weniger du mir das Gefühl von Sicherheit vermittelst, desto mehr kann ich dich sogar in deinen wunderlichen Wünschen unterstützen.

Er: Und wenn ich auf der Strecke bleibe?

Sie: Dann bricht die Welt auch nicht zusammen.

Er: Aha, wenn du also dein florierendes Maklerbüro hast, dann brauchst du mich nicht mehr.

Sie: Ich brauch dich dann nicht mehr als mein Girokonto mit unbegrenztem Kredit. Aber weil ich dich liebe, brauch ich dich.

Und so weiter, jedesmal ein bißchen weiter, dazwischen viel Liebe und

Lachen, bis sie eines Tages bereit sind, über die eigentliche Sackgasse zu reden, in der sie stecken.

Von diesem Punkt aus versucht dann vielleicht jeder für sich, die Sperre in sich zu finden, die der Innere Wächter bewacht. Denn ob wir es wissen oder nicht – und gewöhnlich wissen wir es nicht –, dieser diktatorische Wächter ist es, gegen den wir kämpfen müssen, um die endgültige Freiheit zu erlangen. Im mittleren Lebensalter entbrennen all die alten Kämpfe mit dem Inneren Wächter. Und wenn wir den Dingen freien Lauf lassen, werden sie schließlich in einer letzten, entscheidenden Schlacht gipfeln. Das Ziel dieses Kampfes ist, das letzte Stück Land zu gewinnen, das der andere besetzt hält, und die Verantwortung für uns endlich selbst zu übernehmen.

Aber dann werden wir leider mit unserem absoluten Alleinsein konfrontiert.

Diese erschütternde Tatsache ist so schwer zu akzeptieren, daß die meisten Leute vor der echten Auseinandersetzung so lange zurückschrecken, bis sie andere, anscheinend leichter zu bewältigende Möglichkeiten ausgeschöpft haben.

Wenn wir die Schuld an unserer Gespaltenheit auf einen Partner, einen Chef, die Gesellschaft, die mißliche Lage unseres Geschlechts schieben können, können wir das Gefühl der Einsamkeit unterdrücken, das der Durchbruch zur vollen Unabhängigkeit mit sich bringt. Wir können die tiefsitzende Vorstellung von Geborgenheit aufrechterhalten, die wir seit unserer Kindheitsidentifizierung mit unseren Eltern mit uns herumschleppen. Wenn wir jedoch diese Illusion aufgeben, können wir uns in den Besitz unseres nun wirklich freien und authentischen Selbst setzen.[3] Diese Fülle des Seins erreichen wir indes nur, wenn wir bereit sind, der letztgültigen Wahrheit der Lebensmitte ins Auge zu sehen: Da ist kein schutzbringender Anderer mehr in den dunklen Räumen deiner Seele. Es ist keiner da, der immer für dich sorgen wird und der dich nie verläßt.

»Wer von uns beiden ist verrückt?«

Wenn die Menschen gegen diese Wahrheit kämpfen, fangen sie wirklich an, verrückt zu spielen. Die mildeste Strafe, die jeder Partner jederzeit über den anderen verhängen kann, ist sein Sichzurückziehen. Man kann zum Beispiel einfach nicht mehr hinhören, den anderen nicht mehr berühren, nicht mehr mit ihm reden, sich nicht mehr um ihn kümmern, man kann einfach nicht mehr für ihn dasein. Dieses über dem Partner schwebende Damoklesschwert gibt diesem das Gefühl, dem anderen auf Gedeih und Verderb ausgeliefert zu sein und von ihm beherrscht zu werden. Man muß wissen, daß die Beschäftigung mit sich selbst in dieser Phase eine *natürliche Reaktion* ist. Man *muß* mit einem gewissen Zusammenbruch der Kommunikation und mit Störungen der Fähigkeit zur Intimität *rechnen*, die der Mißdeutung jeder beliebigen Handlung Tür und Tor öffnen können.

Der Streit um die Frage »Wer von uns ist verrückt?« ist eine Form der Bestrafung, die noch größeren Schaden anrichten kann. Sie scheint unter Ehepartnern mittleren Alters weit verbreitet zu sein. Die zwei Leute drehen sich mit ihren gegenseitigen Vorwürfen so lange im Kreis, bis einer von ihnen sagt: »Du brauchst wirklich Hilfe. Ich meine, du solltest zu einem Psychiater gehen.« (Oder zu einem Ehe- oder einem anderen Berater, den man statt des althergebrachten Geistlichen oder statt der Mutter zu Hause aufsuchen kann.) Schlimm an diesem Vorschlag ist das Motiv. Der Partner, der diesen Vorschlag macht, will nämlich gewöhnlich das Urteil hören, der andere trage die Schuld. Derjenige, der zum Psychiater gehen soll, spürt dies und sperrt sich dann häufig; er weigert sich, weil er mit diesem ersten Schritt in die Praxis des »Schiedsrichters« zugeben würde: »Ja, ich bin der Kranke.«

»Wer von uns ist verrückt?« – dieser Streit dreht sich normalerweise um die Frage, wer »ihn« in sich hat – den bösen Geist, den Dämon nämlich. Das ist der immer noch nicht beendete Kampf mit dem diktatorischen Wächter aus unserer Kindheit, den jeder in sich trägt und den jeder in den mittleren Lebensjahren auszutreiben versucht. Der Dämon wird hin- und hergereicht: Du projizierst ihn auf mich; ich projiziere ihn auf dich. »*Du* bist verrückt, denn zu einem solchen Chaos bin ich nicht fähig. Dein Problem fällt auf mich zurück, und darum werde ich wütend.«

Aber nehmen wir einmal an, ein Ehepaar widerstünde diesem »Wer ist verrückt«-Tanz. Jeder der beiden Partner arbeitete geduldig an seiner inneren Weiterentwicklung. Sie hätten es dann nicht mehr nötig, ihren Partner auszunützen und die Beziehung zu mißbrauchen. Jeder nähme seine Projektionen zurück. Ist es möglich, daß der leidenschaftliche Kampf in der nächsten Runde weitergeht?

Nicht unbedingt. Es kann sich herausstellen, daß der andere, den man jetzt – mit allen seinen Eigenschaften – ganz klar sieht, als Partner nicht annehmbar ist. Auch dieser Schluß hat seine Vorteile, denn wenn dann eine Trennung nötig wird, kann sie mit der Rücksicht und dem Respekt erfolgen, die eine weitere Freundschaft garantieren.

Denn eines ist sicher, wenn wir älter werden: Die wenigen Menschen, durch die wir und die durch uns wirklich »hindurchgegangen« sind, werden zu kostbaren Bindegliedern unserer Kontinuität. Zu diesen Menschen gehören unsere Eltern, unsere Kinder, unsere Lieben, ja sogar Fetusse gehören zu ihnen, die nie geboren und nicht genügend betrauert wurden (alte Frauen erwachen mitten in der Nacht und sehen ihre winzigen Fingernägel). Wenn wir die Bilder anderer Menschen, die uns so viel bedeutet haben, zu begraben versuchen, stirbt ein Teil von uns mit ihnen. Wieviel größer wird unsere Lebendigkeit sein, wenn wir zu einer eigenständigen Freundschaft mit den Menschen gelangen können, die mit uns gelebt haben!

Das mittlere Lebensalter ist keinesfalls die Zeit, in der die Ehen am ehesten zerbrechen.[4] Die Hochwassermarken für die Scheidung liegen in den Zwanzigerjahren und um die Dreißig, und von da an fällt mit dem Alter und der Ehedauer die Scheidungsrate stetig. Ehepartner mittleren Alters neigen eher dazu, getrennt zu leben. Manchmal bewahren sie sich dadurch (bewußt oder unbewußt) vor einer überstürzten Wiederverheiratung. Eine derartige Trennung kann auch zu eigenständiger Weiterentwicklung anregen; es ist dann so, als würden zwei Pflanzen auseinandergesetzt, damit mehr Raum zwischen ihnen sei, bis jede so weit gediehen ist, daß sie sich wieder berühren können – doch nun nicht mehr krampfhaft, sondern ungezwungen.

Wer ist Opfer, wer der Täter?

Wer *ist* denn dann der Bösewicht und wer das Opfer unter den Ehepartnern? Während uns der Handlungsreichtum abgelenkt hat, haben sich die beiden Hauptverdächtigen von ihren einander entgegengesetzten Polen der Zwanzigerjahre fortbewegt. Irgendeine geheimnisvolle Verwandlung hat dazu geführt, daß sie nun in den Vierzigern wiederum entgegengesetzte Positionen bezogen haben. Wir können in diesem Lebensalter denselben Streit um die Frage, wer der Täter und wer das Opfer sei, miterleben, nur daß die Partner dieses Mal die Plätze getauscht haben.

Zum Kuckuck, wird dieses Rätsel denn nie gelöst?

Die Antwort lautet: Nein. Hinter dem ganzen Entwicklungsgedanken steht *die Vorstellung, daß nichts ein für allemal entschieden werden kann.* Das Leben *ist* eben ein Thriller, aber kein Thriller, dessen Geheimnis mit einem bestimmten Trick gelüftet werden kann, kein Puzzle, für das es nur die eine Anordnung gibt. Haben wir dieses Puzzle mit Dreißig richtig gelegt, kommen wir doch nicht umhin, es in den Vierzigern wieder in seine Teile zu zerlegen und zu einem neuen Ganzen zusammenzufügen. Die meisten Menschen brauchen indes mehrere Jahre, um die einfache Tatsache zu begreifen, daß die zweite Lebenshälfte ein völlig neues Puzzle ist.

21.
Der Rhombus der Sexualität

Ich habe die Diskussion über die sexuellen Veränderungen und Austauschmöglichkeiten in der Lebensmitte absichtlich bis zuletzt aufgeschoben. Es geht nämlich auch hier um die Frage, was zuerst war – das Huhn oder das Ei. Es wird kaum angezweifelt, daß die Veränderungen des Hormonspiegels beider Geschlechter zumindest einige der psychischen Veränderungen des mittleren Lebensalters auslösen. Wenn andererseits der 40-jährige verheiratete Mann sagt: »Unser Sexualleben ging in die Brüche« oder die gleichaltrige Frau meint, sie habe sich einen Liebhaber genommen, »um unsere Ehe zu retten«, so stellt sich gewöhnlich heraus, daß die Veränderungen im sexuellen Bereich nicht die Ursache, sondern die Begleiterscheinung all jener Umwertungen sind, die wir bereits beschrieben haben.

Viele moderne Frauen streichen ihre Möglichkeiten im erotischen Bereich zu der Zeit am kühnsten heraus, in der der sexuelle Antrieb ihrer Ehemänner nachläßt. Schon der bloße *Gedanke* an solches Gebaren kann den Mann unglücklich machen.

Die »Impotenz« im mittleren Alter beruht bei über 90% aller Fälle auf einer verheerenden Mischung aus Unwissenheit und männlicher Sexualangst. Dies wird von vielen Forschern und Untersuchungen bestätigt. Masters und Johnson sagen es ganz offen: »Die Empfänglichkeit des Mannes für die Macht der Suggestion ist im Hinblick auf seine sexuelle Tüchtigkeit fast unglaublich.«[1] Mehr als jedes Auf und Ab des Hormonspiegels ist es die Angst, er könne seine Potenz verlieren, die den Mann beim ersten Erektionsversagen zum sexuellen Krüppel macht. Bereits das geringste Anzeichen, daß seine sexuelle Leistungskraft abnimmt, kann den Mann mittleren Alters veranlassen, sein für ihn demütigendes Versagen zwanghaft zu wiederholen.

Er bemerkt, daß er länger braucht, um erregt zu werden. Wo es sonst nur eine Sache von ein paar Sekunden gewesen war und bloß des Anblicks zweier strammer Brüste bedurft hatte, die unterm Tennisshirt aneinanderstießen, braucht er mit zunehmendem Alter immer mehr Zeit, um eine Erektion zu bekommen. Auch fällt es ihm auf, daß er nicht mehr so schnell ein zweites Mal kommt. Die süßen Qualen der Jugendzeit mögen darin bestanden haben, daß er den ganzen Tag mit steifem Glied herumgelaufen ist, mit einer Erektion, die auch dann nur selten völlig zurückgegangen war, wenn er Verkehr gehabt oder masturbiert hatte – er war praktisch ein Gefangener seiner Hormone und seiner engen Hosen gewesen. Aber jetzt hat jeder Geschlechtsakt einen deutlichen Anfang und sein eindeutiges Ende, und es kann Stunden oder einen ganzen Tag dauern, bevor er wieder eine Erektion zustande bringt. Vergleiche, schmerzliche Vergleiche ... er ist nicht mehr der junge Kerl, der er einst war.

Wenn sich solche Vergleiche häufen, kann er glauben, er steuere einer endgültigen sexuellen Dürre entgegen. Er versucht, eine Erektion, die seiner Meinung nach bald unerreichbar sein könnte, willentlich herbeizuführen oder zu erzwingen und entwickelt sich so zum Anwärter auf eine sekundäre Impotenz. Das heißt, er ist nun, nachdem er sich eines völlig normalen Sexuallebens erfreut hatte, nicht mehr in der Lage, auch nur halb so schnell wie früher zur Erektion zu gelangen; oder er ist überhaupt nicht mehr dazu fähig, wenn nämlich dieses einmalige Versagen zu einem Verhaltensmuster wird, in das er sich fügt.

Die Tatsachen sehen so aus: Masters und Johnson versichern, daß nur ein geringer Prozentsatz der Fälle von Impotenz ursprünglich psychisch bedingt sind. Ein Viertel der Männer ist jedoch mit 65 Jahren impotent und die Hälfte aller Männer mit 75.[2]

Was ist normal? Wie gut soll die sexuelle Leistungsfähigkeit des Mannes über 35 sein? (Die ausschließliche Betonung der Leistungsfähigkeit war jahrhundertelang die wichtigste Ursache der sexuellen Störungen.) Irgend etwas passiert, und es findet sich kein Hinweis, wie es zu verstehen sei. Die meisten Männer fragen nicht andere Männer; auch würden sie wahrscheinlich keine aufrichtige Antwort bekommen, wenn sie es täten; sie haben so früh gelernt, in sexuellen Dingen zu lügen, daß sie es nun nicht mehr verlernen können. Daher glaubt jeder Mann, daß sein Versagen irgendwie unnormal ist.

Für den Mann mittleren Alters, der seine sexuelle Reife genießt, ergeben sich beträchtliche Vorteile. Eine Verlängerung des Liebesaktes ergibt sich für ihn von selbst. Auch ist er zu einer tiefer gehenden Intimität fähig. (Wenn der Mann seine Männlichkeit beweisen muß, kommt es zu keiner Intimität.)

Ein Mann hat mir geschildert, wie bedrohlich ihm manche dieser Veränderungen erschienen und wie er sich fast fünf Jahre lang gegen sie sträubte. Er war als geschiedener Lebemann in den Dreißigern ein ziemlicher Sexualprotz gewesen. Als er knapp 40 und ziemlich glücklich wiederverheiratet war, lud ihn eine reife und eigenwillige Schönheit, die er von früher kannte, zu einer Party ein. Seine zweite Frau war auf Geschäftsreise. »Ich glaubte, ich müsse es versuchen. Ich war immer erfolgreich gewesen.« Als er mit der Verführerin ins Bett stieg, hatte er nicht nur Schuldgefühle, sondern fühlte sich – benutzt. Gefühle hatte er keine, denn seine Gefühle waren an seine Frau gebunden. Er war auch keineswegs der aktive Teil. Die Frau, das sollte er später an vielen älteren Frauen bemerken, war der Aggressor.

»Nach den ersten paar Malen, als ich bei anderen Frauen keine Erektion zustandebrachte, sah ich allmählich ein, wieso dem so war. Ich fühlte mich zu etwas gezwungen, das ich gar nicht wollte.«

Er konnte nicht auf Kommando erigieren, und mit der Zeit ärgerten ihn diese »Kommandos«. Inzwischen wurde die Bindung an seine Frau immer enger, er wurde ihr gegenüber immer verwundbarer und nahm immer mehr Anteil an ihr. Er konnte sich nur schwer an die Umstellung gewöhnen, die dazu führte, daß er nun Zuneigung und Ausschließlichkeit wollte anstatt die Sexualität als Machtmittel zu benutzen. Allmählich sah er die Vorteile, die diese Umstellung mit sich brachte.

»Man fühlt sich freier, wenn man das Gefühl hat, nicht den Frauen nachlaufen zu müssen.« Doch dieser Mann wehrte sich sogar dann gegen die Veränderungen, als sich diese positiv auswirkten.

In den Lebensgeschichten von Männern kehrt bei der Schilderung des mittleren Alters immer das Thema ihrer Eskapaden mit jüngeren Frauen wieder, die ihre schwindende sexuelle Potenz wiederherstellen sollten. Manchmal helfen solche Abenteuer tatsächlich, die Angst zu zerstreuen, die die eigentliche Ursache ist. Und manchmal sehen sie sich zu ihrem Kummer plötzlich erschlafft vor dem sexuellen Leckerbissen stehen, oder sie müssen erleben, daß sie durch ihre Liebesaffäre bei ihren Ehefrauen impotent werden. Sie sind in jedem Fall betroffen. Und sie schämen sich. Und sie bekommen Angst.

Wenn Joe auf einer Party erklärt: »Mit Frauen über 40 geh ich nicht ins Bett« oder wenn Sam seinen Freunden verkündet: »An diesem Wochenende vernasch ich eine 17jährige«, wird daraus vor allem deutlich, wie sehr sich diese Mittvierziger vor ihrer eigenen Unzulänglichkeit fürchten. Die vierzigjährige Frau wird nicht als Individuum angesehen; die Siebzehnjährige hat keinen Namen und keine persönlichen Eigenschaften. In beiden Fällen wird das weibliche Wesen auf eine Dimension reduziert: auf seine Altersklasse.

Es versteht sich von selbst, daß sich ein Mann, der in dieser Periode die Andersgeschlechtlichkeit in sich entdeckt, auch dann bedroht fühlt, wenn seine Partnerin nun deutlicher die Initiative ergreift. Die sich wandelnden Eigenschaften, die um die Vierzig herum bei beiden Geschlechtern deutlich hervortreten, laufen mindestens einige Jahre lang nicht synchron. Wenn aber ein Mann diesen Vorgang nicht verstehen oder akzeptieren kann, kann dies zu einer Blockierung seiner Gefühle führen. Sexuelle Ängste verschlimmern die Lage nur noch. Er, dessen sexuelles Potential nun nachläßt, hat das Gefühl, gleichaltrige, neugierige Frauen wüßten zuviel und erwarteten von ihm zuviel. Die naheliegendste Abwehr ist der Versuch, die Frau zu verniedlichen.

Frauen kann man nicht nur dadurch verniedlichen, daß man sich jüngere und oberflächlichere Partnerinnen sucht. Das sexuelle Erleben kann in seinem ganzen Ausmaß reduziert werden, indem man die Frauen entmenschlicht und sie nur als eine Ansammlung kaum sich voneinander unterscheidender Objekte betrachtet, die man benützt, um sich ihrer dann zu entledigen. Prostituierte kann man bezahlen. »Masseusen« kann man in Gang setzen wie Münzautomaten. Manche Männer legen es darauf an, die Ehefrauen oder Freundinnen anderer Männer zu verführen; dies ist eine Form männlicher Rivalität, bei der die Frau dadurch herabgewürdigt wird, daß man sie zur Treulosigkeit verleitet hat. Sexueller Fetischismus ist ebenfalls sehr verlockend. Die meisten Leser der *Fetishist Times* sind Männer mittleren Alters. Es kann auch sein, daß sich der Mann auf abartige sexuelle Praktiken verlegt. Plötzlich ist er wie verrückt auf Füße, dunkle Brustwarzen oder weiß Gott was. Vielleicht ist der tatsächliche Beweggrund für solches Handeln nicht der Wunsch, auf Frauen attraktiv zu wirken, sondern der Wunsch, so viele Frauen wie möglich herabzuwürdigen.

Die Grundlage der Unaufgeklärtheit ist die Tatsache, daß der Mann bis vor kurzem keine zuverlässigen Informationsquellen über die Sexualität zur Verfügung hatte. Erst war er ein kleiner Junge, zu dem die großen Jungens sagten: »Wenn du älter bist, wirst du alles verstehen.« Dann war er der Ältere und sagte zu einem unaufgeklärten Jüngeren, er würde das schon erfahren. Dann wurde aus dem Sohn der Ehemann und Vater, der den Frauen, denen er begegnete, selten einschlägige Fragen stellte, denn damit hätte er zugegeben, daß er immer noch nichts wußte.

Ein schlaffes Glied jagt ihm in den mittleren Jahren panische Angst ein.

Nach Dr. David Markotte vom Kinsey Institut ist es höchst unwahrscheinlich, daß ein Mann sich aufrafft und seine Zwangslage einem Arzt schildert. Es ist unangenehm, jemandem eine wirkliche oder eingebildete Schwäche zu offenbaren, die sich gerade dann einstellt, wenn man den Männlichkeitswahn unserer Gesellschaft zu erfüllen versucht. Außerdem haben die Männer in der Regel keinen Arzt für das mittlere Lebensalter. Welcher Mann hat schon eine altbewährte Vertrauensbeziehung zu seinem Urologen, so wie die Frau sie zu ihrem Gynäkologen hat? Männer finden es unvorstellbar, ihre Beine auf das Geheiß irgendeines Doktors spreizen zu müssen, so wie es bei den Frauen wirklich der Fall ist, wenn sie ihre Geschlechtsteile untersuchen lassen wollen, wenn ein Abstrich oder ein Dammschnitt gemacht werden soll, wenn sie ausgeschabt oder wenn ihnen Pessare und Spiralen eingepaßt werden; die Rolle des Mannes in den

Jahren der Fortpflanzung verlangt dies nicht. Abgesehen davon, daß die Männer eine gediegene Männlichkeitsfassade aufrechterhalten, zieren sie sich auch noch, wenn sie ihre sexuellen Probleme einem Arzt anvertrauen sollen.

Selbst wenn sie das tun, ist der praktische Arzt in der Regel im Hinblick auf sexuelle Probleme nicht gewappnet. Er nimmt keine diesbezügliche Anamnese auf und stellt zur momentanen Impotenz, die das eigentliche Problem ist, keine Fragen. Der Patient verschleiert gewöhnlich seine wahren Sorgen und beschreibt andere körperliche Symptome (»Ich bin erschöpft, übermüdet, ich habe Übergewicht«), oder er erfindet einen organischen Faktor. Wenn der Arzt ihn bezüglich seiner Sexualität direkt fragt, lügt er wahrscheinlich. Die Folge all dieser Ausweichmanöver ist gewöhnlich, daß der Arzt schließlich zu ihm sagt: »Machen Sie sich keine Sorgen, das ist ein natürlicher Teil des Alterungsprozesses.« Womit er sagen will: »Sie werden Ihre Sexualität nicht mehr lange brauchen.«

Die Partnerin des Mannes ist inzwischen oft auf »Männerjagd«. Das »verspätete Aufblühen« der sexuellen Wünsche und der Orgasmusfähigkeit bei der Frau über 30 hat viel Aufmerksamkeit gefunden, und der Mann ist sich dieses neu geweckten Potentials nur zu unangenehm bewußt. Masters und Johnson erklären klipp und klar: »Eine Frau ist gewöhnlich nach drei bis fünf Orgasmen befriedigt.«[3]

Wir befinden uns also anscheinend in einem Teufelskreis: Die Frau mittleren Alters sucht aktiv die Befriedigung ihrer nunmehr ungehemmten sexuellen Wünsche bei einem Mann, der, jeder unverhohlenen Forderung überdrüssig, den unfreiwilligen Rückzug antritt. Wie pervers die Natur doch sein kann!

Die sexuellen Lebenszyklen von Mann und Frau

Frauen und Männer ähneln sich bei ihrer Geburt, mit Achtzehn und über Sechzig. Zwischen 18 und 60 bewegen sie sich auf einander entgegengesetzte Pole zu, die um die Vierzig am weitesten voneinander entfernt sind.

Man kann die Lage der Dinge in Gestalt eines Rhombus sehen. Das heißt: Im Alter der Emanzipation vom Elternhaus gleichen sich die beiden Geschlechter weitgehend. Mit dem zwanzigsten Lebensjahr fangen sie an, sich in jeder Hinsicht voneinander fortzubewegen: in der sexuellen Leistungsfähigkeit und Bereitschaft zum Sex (vor allem, wenn die Frau schon einmal ein Kind gehabt hat), in den gesellschaftlichen Rollen, die sich erheblich voneinander unterscheiden und in denen auch verschiedene persönliche Eigenschaften bevorzugt zum Tragen kommen, und in ihrem Selbstgefühl. Die beiden am weitesten voneinander entfernten Stellen des

Rhombus werden Ende Dreißig bis Anfang Vierzig erreicht. Männer und Frauen zeigen die auffallendsten Unterschiede in ihrer sexuellen Leistungsfähigkeit. Gleichzeitig müssen sie sich ihre doch sehr erschreckende innere Andersgeschlechtlichkeit eingestehen. In den Fünfzigern machen sie eine sexuelle Rückbildungsphase durch, die sie schließlich in der sexuellen Gleichheit des Alters wieder zusammenführt.

Noch einmal das Ganze von vorn, aber nun im Detail . . . In den ersten fünf Wochen, nachdem man uns gezeugt hat, sind wir alle weibliche Wesen. Die genetischen Informationen über unser endgültiges Geschlecht werden bei der Befruchtung niedergelegt, aber alle Säugetierembryos sind weiblich, bis bei einigen die Entwicklung der Eierstöcke unterdrückt wird. Die männlichen Geschlechtshormone sind nötig, damit in der fünften Lebenswoche der Anstoß zur Ausdifferenzierung des Geschlechtes gegeben wird. Doch ganz gleich wie die genetischen Anweisungen auch lauten, der Embryo wird sich, wenn man die embryonalen Geschlechtsdrüsen vor dieser Differenzierung entfernt, als anatomisch normale weibliche Frucht (ohne Eierstöcke) entwickeln.[4]

Beide Geschlechter produzieren ständig ein wenig vom Geschlechtshormon des anderen Geschlechts. Eine Frau, der man im Experiment Testosteron spritzt, nimmt das männliche Hormon ohne Schwierigkeiten an, und es bedarf nur geringer Mengen von Östrogen oder überhaupt keines Östrogens, ehe sich die angeborene Weiblichkeit wieder durchsetzen kann, obwohl das Testosteron ihren Geschlechtstrieb steigert und die Klitoris vergrößert. Beim Mann ist das Gegenteil der Fall. Die Leber überwacht beim Mann sorgfältig die Versorgung des Organismus mit Östrogen und befreit seinen Körper von jedem Überschuß. Er ist auch injiziertem Östrogen und seinen verweiblichenden Einflüssen gegenüber unempfindlich. Seine Leber wird jedoch mit zunehmendem Alter weniger leistungsfähig. Daher kommt es, daß bei ihm im mittleren Lebensalter der weibliche Hormonspiegel allmählich ansteigt oder zumindest auf gleicher Höhe bleibt. Seine Produktion männlicher Hormone, die seit dem Ende der Zwanzigerjahre rückläufig war, fällt in der gleichen Zeit unerbittlich ab.

Wenn er in die Fünfziger kommt, nehmen seine Körperformen allmählich wieder etwas von dem weiblichen Charakter an, der den Embryo anatomisch ursprünglich auszeichnete. Obwohl sich die Frau nach der Menopause nicht in einer parallelen Situation befindet (d. h. der Spiegel ihrer männlichen Hormone nimmt nicht im selben Maße zu), sinkt ihr Östrogenpegel, sobald ihr Fortpflanzungszyklus zu Ende geht. Die beiden Geschlechter werden einander wieder ähnlicher. Oder, genauer gesagt, sie unterscheiden sich weniger voneinander, weil sie Eigenschaften des jeweils anderen Geschlechts annehmen.

Was hat es jedoch mit der Ähnlichkeit im 18. Lebensjahr auf sich? Neuere sexologische Forschungen und die neue Aufrichtigkeit unter Frauen bestätigen, was früher nur unzuverlässige und verheimlichte persönliche Erfahrung war.

Es ist allgemein bekannt, daß ein Mann den Gipfel seiner sexuellen Leistungsfähigkeit um das 18. Lebensjahr herum erreicht. Die sexuelle Potenz wird als die Fähigkeit definiert, schnell und wiederholt zu reagieren, und der junge Mann reagiert so unermüdlich wie die Mautschranke an der Autobahneinfahrt. Der junge Mann erigiert nicht nur innerhalb von Sekunden, er kann sogar mehrere Erektionen hintereinander bekommen, ohne daß sich der erigierte Zustand völlig zurückbildet. Er kann zehn Minuten nach dem ersten Orgasmus *innerhalb ein und desselben Geschlechtsaktes* aus einer noch nicht abgeklungenen Erregung heraus wieder zu voller Erektion gereizt werden. Das heißt, die Entspannungsphase ist auch nach Minuten, ja Stunden noch nicht ganz abgeschlossen, und der Mann kann mehrere Orgasmen hintereinander haben, wenn er sich mit seiner Partnerin immer wieder vereinigt.

Das wahre sexuelle Potential des 18jährigen Mädchens ist jedoch bisher wissenschaftlich nicht erfaßt. Die Unterdrückung des Geschlechtstriebes der jungen Frau stand bei all jenen Kulturen im Mittelpunkt, die den Faktor Familie hoch bewerteten. Das heißt nicht, daß es ihn nicht immer schon gegeben hat.

Der Schock, der durch die Erkenntnis entstanden ist, daß selbst anständige Mädchen an der Sexualität ebenso interessiert sind wie Jungen, wird in unserer Gesellschaft erst seit kurzem zur Kenntnis genommen. Mir scheint, daß unsere seit langem vorherrschende Vorstellung von der Frau als eines lethargischen und willfährigen Geschöpfes mangelhaft und die Vereinfachung der Vorstellung eines »Allzeit Bereit« bloß die andere Seite des Extrems von der verschlossenen kleinen Knospe ist. Die Wahrheit ist viel komplexer.

Die Vagina ist in der Tat ein höchst elastischer Raum, der sich im Zustand sexueller Erregung vergrößert. Selbst eine kleine Frau oder ein sehr junges Mädchen kann einen ungewöhnlich großen Penis in ihre Vagina aufnehmen, und genauso kann sie im »reifen« Alter von 18 Jahren ein zehn Pfund schweres Baby gebären. Je mehr sexuelle Erfahrung sie hat, desto leichter erregbar wird sie und desto mehr Orgasmen kann sie nacheinander haben. Abgesehen davon, kann sie auch sonst immer reaktionsfähig sein. Gesellschaftssysteme haben immer schon diesen Verdacht gegenüber den Frauen gehegt und sich deshalb bemüht, die weibliche Sexualität zu unterdrücken. Wir werden sowohl durch unsere Gefühle bewegt als auch durch unsere körperlichen Fähigkeiten gesteuert.

Ich habe selbst eine ziemlich heißblütige Jugend erlebt und war dabei voller Schuldgefühle; und ich habe mich immer gefragt, was denn an der Vorstellung von der Frau als »sexuellem Spätblütler« wahr sei. Ich stellte diese Frage einer Freundin.

»Ich erinnere mich, daß meine Jugend völlig verrückt war«, stöhnte sie. »Ich habe keinen Tag erlebt, an dem ich nicht drei Viertel der Zeit mit sexuellen Träumen und Wünschen oder damit beschäftigt war, irgend etwas Sexuelles zu beobachten oder womöglich zu berühren.«

Viele junge Frauen gingen bei ihren festen Freunden, von denen sie erwarteten, sie würden selbstverständlich ihre künftigen Ehemänner sein, »bis zur letzten Konsequenz«. Andere wiederum suchten zu gefallen. In Gruppen zur Bewußtseinserweiterung stellt sich heute heraus, daß sie Schuldgefühle hatten, weil sie so viel Spaß daran fanden. Sie wußten nicht, ob das, was sie taten, normal war, und sie redeten nicht darüber.

Frauen meiner Generation haben selbst dann, wenn ihre eigenen Erfahrungen dagegensprachen, den Mythos vom 18jährigen Jungen geglaubt, der ein Gefangener seiner Hormone sein soll, und sie haben an der mythischen Vorstellung festgehalten, das Mädchen, das fortpflanzungsfähig ist, werde erst nach weiteren zehn oder fünfzehn Jahren sexuell erwachen. Viele von uns haben sich tatsächlich *willentlich* in einen sexuellen Dornröschenschlaf gelullt. Es war allgemein üblich, daß ein anständiges Mädchen, das »zu weit gegangen« war, für seine erotische Verantwortungslosigkeit Buße tat, indem es eine Zeitlang wieder die Jungfrau spielte.

Dieser Umstand erklärt die Art von Briefen, die ein Mann einen Sommer lang von seiner Freundin bekam. »Was wir getan haben«, schrieb sie, »ist falsch. Wenn wir im Herbst wieder zusammenkommen, muß alles anders werden.« Er war betroffen gewesen. Wegen dem bißchen Petting...

Die vergangenen fünf Jahre haben viele Frauen meiner Generation ermuntert, über ihre starken sexuellen Gefühle zu reden und zu lachen, die sie als junge Mädchen hatten. Und über die Risiken, die wir dafür einzugehen bereit waren. Oft wurde die Aufrichtigkeit auch durch die Abtreibungsfrage auf den Plan gerufen. An viele angesehene Frauen, die eine Abtreibung hatten vornehmen lassen, erging der Aufruf, sich öffentlich dazu zu bekennen. Wenn eine starke Gruppe von bekannten Persönlichkeiten und von Frauen einflußreicher Männer oder sogar Abgeordneter öffentlich ihr Gewicht geltend machte, konnte die Notwendigkeit einer gesetzlich möglichen Abtreibung auf Verlangen einfach nicht länger ignoriert werden. Einige dieser Frauen hatten im Alter von 18, 19 oder 20 Jahren Abtreibungen vornehmen lassen.

Das soll nun nicht heißen, daß die meisten 18jährigen Mädchen in der Zeit vor der Pille sich tatsächlich so verhielten, daß ihre sexuellen Kräfte erwachten; es soll damit nur angedeutet werden, daß sie ähnlich erregbar wie die Männer waren. Die religiösen Verbote und eine doppelte Moral, ganz zu schweigen von den Legionen junger Männer mit vorzeitigem Samenerguß, kühlten jedoch die Einstellung der jungen Frau zur Sexualität recht wirksam ab.

Den jungen Männern wurde auch ein zweideutiger Rat gegeben: »Tu es nicht, aber Du wirst es ja doch tun.« Anstatt die Gleichheit seiner und ihrer Wünsche und Möglichkeiten zu unterstreichen, bewirkte diese verbreitete Doppelmoral gerade das Gegenteil. Er sollte die Rolle des Aggressors spielen, während sie sich sträubende Beute war. Alle gegenteiligen Gefühle mußten verschleiert werden, oder man mußte sich für sie entschuldigen; kein einziger Bestandteil dieses ritualisierten Wettbewerbs ermöglichte es den Partnern, aufeinander einzugehen. All dies warf lange Schatten des Mißtrauens auf die Erwachsenenjahre: die Männer glaubten weiterhin, »die Frauen machen dir das Leben schwer«, und die Frauen waren überzeugt, »die Männer wollen nur das eine«.

Die divergierenden sexuellen Lebenszyklen

Die Ähnlichkeit der beiden Geschlechter im Alter von 18 Jahren erstreckt sich nicht nur auf die sexuelle Leistungsfähigkeit, sondern auf viele andere Gebiete. Sie unterscheiden sich in diesem Alter kaum als Mann und Frau; sie ähneln sich vielmehr in dem Bedürfnis, von den Eltern loszukommen, und sind darin sogar Verbündete. Sie brauchen *einander*, um herauszufinden, worin sie sich unterscheiden. Sie sind beide unsicher, unerfahren und bisher noch durch keinen Panzer fester gesellschaftlicher und beruflicher Normen voneinander getrennt. Junge verliebte Leute, die von dem, was sie über sich selbst erfahren, ebenso hingerissen sind wie vom anderen, verlieren sich gern im anderen wie in einem warmen Wellenbad. Daher kommt es, daß es ihnen so schwerfällt, die erste Liebe aufzugeben.

Wenn sie einmal in den Zwanzigern sind, beginnt die Gesellschaft ihre Funktionen geschlechtsspezifisch zu trennen: die häuslichen Verpflichtungen für die Frau, die Karriere für den Mann. Auch die Geschlechterrollen beginnen sich nun stark zu unterscheiden. Mann und Frau beginnen sich in jeder – auch in sexueller – Hinsicht voneinander fortzubewegen. Ein hoher Geburtenanteil entfällt auf Frauen in den Zwanzigern.[5] Die Schwangerschaft unterbindet den Geschlechtsverkehr, und die kleinen Kinder lenken von ihm ab. Die Männer haben den »sexuellen Höhepunkt ihres Lebens« bereits hinter sich und »... werden nie wieder ein größeres Ausmaß an gesamter sexueller Aktivität erreichen«.[6]

Wenn die Frau im statistischen Alter von 30 oder 31 Jahren das »Geschäft des Gebärens« hinter sich hat, erreicht ihre sexuelle Bereitschaft den Höhepunkt. Obwohl jeder Mensch vom dreißigsten Lebensjahr an körperlich langsam abzubauen beginnt, wird dieser Abbau bei der amerikanischen Frau durch das allmähliche Ablegen sexueller Hemmungen mehr als ausgeglichen. Die Psychiaterin Mary Jane Sherfey betont insbesondere die Auswirkungen der Schwangerschaft.[7] Sie sagt, die Fähigkeit zu multiplem Orgasmus zu gelangen (d. h. zu einer Reihe von Orgasmen, die nicht durch eine volle Entspannungsphase unterbrochen wird), sei bei Frauen, die bereits Kinder zur Welt gebracht haben, während der letzten 14 Tage ihrer Periode am stärksten ausgeprägt. Das liegt daran, daß die Frau, die bereits Kinder geboren hat, beim Sexualakt eine sehr starke Durchblutung ihrer Gewebe erlebt. Die weiblichen Schwellkörper können sich unmittelbar nach jedem Höhepunkt erneut füllen; das aber erzeugt eine neue sexuelle Spannung, denn nun füllt sich das gesamte Becken mit seinem enormen Vorrat an Blut und Körpersäften. Dies ist einer der auffallendsten Unterschiede zwischen Mann und Frau und zwischen der Frau und den anderen weiblichen Primaten.

Und wie steht es mit dem Mann? Was ändert sich bei ihm und was bleibt? Man stimmt allgemein darin überein, daß der Mann nach dem 30. Lebensjahr die Fähigkeit zum multiplen Orgasmus verliert. Das heißt, er verliert seine jugendliche Potenz, mit der er in früheren Zeiten – er brauchte sich nur immer wieder mit seiner Partnerin zu vereinigen – schon nach zehn Minuten zu einer jeweils neuen Erektion gelangen konnte. Nun folgt jeder Ejakulation eine volle Entspannungsphase, und er braucht mindestens eine halbe Stunde, bevor er von neuem erigieren kann. Die Qualität seines Geschlechtslebens nimmt jedoch mit seinem gesellschaftlichen Erfolg und Status zu. Sein Prestige läßt ihn nicht nur in den Augen der Frauen begehrenswerter erscheinen, sondern es macht ihn auch in seinen eigenen Augen potenter. Man kann die Wirkung des Selbstvertrauens auf den männlichen Hormonspiegel nicht genug betonen.

Es ist eine biologische Tatsache, daß die Erektionsfähigkeit des Mannes mit den Jahren nachläßt und daß er zwischen den einzelnen Geschlechtsakten immer längere Ruhepausen braucht. Der Mann kann durch ein neues sexuelles Erlebnis sein deutlich sichtbares, allmähliches körperliches Nachlassen nicht so leicht ausgleichen, wie das die Frau häufig tut, denn er hat nicht so viele Hemmungen, die er aufgeben könnte. Die Lebensmitte ist im Gegenteil für ihn dann erreicht, wenn ihn zum ersten Mal ernstliche Hemmungen beunruhigen.

Wenn das Selbstgefühl des Mannes in allen möglichen Bereichen verunsichert wird, wird sein sexuelles Selbstvertrauen wohl auch in Mitleidenschaft gezogen. Er versucht vielleicht, seine nachlassende Libido vor seiner Partnerin zu verbergen, indem er einen Streit mit ihr anfängt und sich dann in seinen Schmollwinkel zurückzieht. Oder er arbeitet bis zum Umfallen oder legt sich eine psychosomatische Krankheit zu, nur um die Tatsache zu rechtfertigen, daß er am Wochenende nicht mit seiner Partnerin schlafen konnte. Man kann ohne Schwierigkeiten Hunderte von Möglichkeiten finden, um dem eigentlichen Problem aus dem Weg zu gehen. Obwohl seine Partnerin den tatsächlichen Grund wahrscheinlich spürt, wäre es reiner Selbstmord, wenn sie sich dazu äußern würde.

In Amerika und in ganz Westeuropa legt man größten Wert auf den voll erigierten Penis. Der Anthropologe Ray Birdwhistell sagt: »Wenn der Mann keine Supererektion bekommt und nicht gegen Ejaculatio praecox gefeit ist, hält er sich für einen Invaliden.«[8] Und allzuoft ist er das dann auch.

Manche Kulturen akzeptieren die Tatsache, daß Sex auch ohne steifes Glied ganz gut funktioniert. Dies erfordert eine Zusammenarbeit von Mann und Frau. Sie bereitet ihre Schleimhäute darauf vor, den teilweise erigierten Penis aufzunehmen, und verwendet, wenn nötig, ein zusätzliches Gleitmittel. Wenn in einer Gesellschaft die Meinung herrscht, nur schlechte Mädchen machten bei so was mit, werden derartige hilfreiche Bemühungen geächtet. Der Professor behauptet, der Umstand, daß Frauen jetzt zugeben dürfen, was sie über die Sexualität wissen, ohne als unanständig angesehen zu werden, habe uns bisher einer sexuellen Revolution am nächsten gebracht. Doch auch die Tatsache, daß sie den Männern jetzt etwas beibringen dürfen. Aber immer noch rollt ein blinder Panzer der Unwissenheit durch die mittleren Jahre, und ich nehme an, es dauert noch lange, bis die Zahl der sexuellen »Verkehrstoten« geringer geworden ist.

Die erfreuliche Seite des männlichen sexuellen Lebenszyklus ist, daß der generell gesunde Mann seine Fähigkeit zur Erektion *nicht* zu verlieren braucht. Der sexuell aufgeklärte und erfahrene Mann mittleren Alters kann ein äußerst befriedigender Liebhaber sein. Sobald er einmal die Angst davor überwunden hat, daß er kein junger Bursche mehr ist, vermag er seine ausgereifte Fähigkeit, Zärtlichkeit zu geben und Liebe zu empfangen, immer höher einzuschätzen; und er kann seine eigene Erregung verlängern, indem er den Samenerguß zurückhält und seine Partnerin von einem Höhepunkt zum anderen steuert. Das ist echte Potenz. Doch sollte er wissen: Frauen haben nicht gerne das Gefühl, immer wieder kommen zu *müssen*, nur um seiner Männlichkeit zu schmeicheln. Jeder starre Leistungsanspruch ist wie bei der Erektion mit einem befriedigenden Sexualakt unvereinbar.

Wenn wir uns unter dem Blickwinkel der Evolution hart und unsentimental betrachten, sind wir alle nach dem 30. Lebensjahr ziemlich nutzlos. Damit eine Art erhalten bleibt, muß sie sich nur fortpflanzen, und dies ist im Alter von 15 Jahren leicht möglich; es braucht nur weitere 15 Jahre, um die nächste Generation bis zum fortpflanzungsfähigen Alter großzuziehen. Mit Vierzig, wenn die Hoden und die weiblichen Eierstöcke die ersten Anzeichen des Alters zeigen, sind wir – jedenfalls aus der Sicht der Evolution – völlig entbehrlich.

Wir wollen aber nicht abtreten! Wir tun alles, was in der Macht der Wissenschaften steht, um die Jahre der Gesundheit und Lebenskraft zu verlängern. Ein männliches Baby, das das erste Lebensjahr überstanden hat, kann heutzutage in Amerika erwarten, 69 Jahre alt zu werden, ein Mädchen, 76.[9] Etwa mit dreißig Jahren ist das Kinderkriegen üblicherweise vorbei. Was tun wir mit all den verbliebenen Jahren und ihrer explodierenden erotischen Kraft und ihrem ziellosen Potential? Der Schriftsteller Phillip Nobile beklagte die sprunghafte Zunahme der männlichen Impotenz, die mit der Aufhebung der uralten Einschränkung der weiblichen Sexualität zusammenzufallen scheint. In der Zeitschrift *Esquire* äußerte er eine allgemein verbreitete Ansicht: »Der Schöpfungsplan ist anscheinend wirklich eine Stümperei.«[10]

Ich meine, daß wir für diese Stümperei verantwortlich sind. Denn wir fördern immer noch den Jugendlichkeitswahn und murren dann darüber, wenn in den nächsten fünfzig Jahren unsere Bedürfnisse nach jugendlicher Liebe, jugendlichem Sex, jugendlicher Manneskraft und weiblicher Schönheit nicht erfüllt werden. Wir sind auf die lange Lebensstrecke, die wir als unfruchtbare Sexualwesen zurücklegen werden, völlig unvorbereitet.

Der geschulte männliche Orgasmus

Der Kinsey-Kater ist ein Grund für die Ansicht, daß die Männer mit zunehmendem Alter weniger Spaß an der Sexualität haben, während die Frauen sie mehr genießen. Kinsey hat die sexuelle Erfahrung ausschließlich nach der Zahl der vollzogenen Akte bemessen. Sein Forschungsansatz spiegelt das Vorurteil der Kultur seiner Zeit (1943) wider, und seine Definition der männlichen Befriedigung hieß – Ejakulation, sonst nichts. Kinsey hat eine Diskussion über das »praecox« nicht geduldet. Er argumentiert, daß der Mensch, wenn die Primaten es schon schnell machen, noch schneller sein sollte:

»Es wäre schwierig, eine Situation zu finden, in der ein Individuum, das schnell und stark reagiert hat, anders als überlegen genannt werden würde, und genau das ist in den meisten Fällen wahrscheinlich der Mann, der schnell zum Samenerguß kommt, so unangenehm oder bedauernswert seine Eigenschaft aus der Sicht der an der Beziehung beteiligten Frau auch sein mag.«

Wir haben also zu einem gewissen Grad mehrere Generationen von Männern mit vorzeitigem Samenerguß Kinsey zu verdanken.

Der Orgasmus des Mannes kommt nicht von allein. Birdwhistell stellt fest, daß – weit häufiger, als Amerikaner und Westeuropäer zugeben würden – ein vollgültiger männlicher Orgasmus, der nicht dasselbe ist wie eine Ejakulation, ohne Lernen oder Übung einfach nicht zustande kommen kann. Die Ejakulation setzt sich zusammen aus einem zwei oder drei Sekunden dauernden Gefühl, daß der Erguß unvermeidlich sei, gefolgt von drei oder vier heftigen Muskelkontraktionen, die den Samen herausschleudern und am lustvollsten sind, dann folgen mehrere geringfügige Kontraktionen – und das war's. Vielleicht spürt der Mann über 50 vor dem Erguß nur eine oder zwei Kontraktionen, oder er verliert überhaupt das subjektive Gefühl der Unvermeidbarkeit und hat nur mehr eine einphasige Ejakulation.

Der vollkommene Orgasmus des Mannes ist ein hochgradig verzögerter Orgasmus. Wenn der Mann sich darin übt, jedesmal, da er der Ejakulation nahekommt, zu bremsen, kann er im Gestreicheltwerden schwelgen, er kann die Hitzewogen angestauter Erregung genießen, phantasieren und sich daran ergötzen, daß er seine Partnerin über eine Reihe von Gipfeln immer höher hinausträgt, bis sie schließlich einen Höhepunkt erreicht, der dem seinen vergleichbar ist.

Da viele junge Männer heutzutage die Lust, die ein verlängerter Liebesakt mit sich bringt, erkennen, geben sie sich Mühe und experimentieren mit verschiedenen Methoden, die zu einer solchen Verzögerung führen. Für den älteren Mann sieht das Problem anders aus. Obwohl er viel eher dazu neigt, ›gekonnt‹ zu ejakulieren, war ein derartiges reifes Verzögerungsverhalten leider nicht das Ideal, das ihm als Junge in der Aufforderung vermittelt wurde, er solle es »durchziehen«, auf die amerikanische Art. Das Ideal war, daß der Mann kommen muß, wenn er eine gute Leistung bringen soll. Die Frau wurde auch so weit gebracht, zu glauben, sie habe versagt, wenn sie ihm nicht zur Ejakulation »verhalf«.

Vor kurzem haben Masters und Johnson in Amerika gemeint, der Mann mit 60 finde eine größere sexuelle Befriedigung, wenn er bei zwei von drei Gelegenheiten den Samenerguß völlig zurückhalte. Auf diese Weise wird die sexuelle Erregung so lange gestaut, bis der Mann zu einem Höhepunkt kommt, der seinen Erwartungen entspricht. Obwohl sich diese Meinung erst jetzt zögernd durchsetzt, ist sie in östlichen Kulturen schon lange eine Idealvorstellung. In den alten chinesischen Sexualhandbüchern wird gelehrt, daß der junge Mann lernen muß, nicht zu ejakulieren, und zwar zum Zwecke der Steigerung seiner eigenen Lust und der seiner Partnerin. Die alte chinesische Weisheit lautet, der größte gemeinsame Spaß am Sex entstehe, wenn der Mann die Frau nacheinander immer wieder bis zum Orgasmus reize. Der Mann wird aufgefordert, an folgendem Verhaltensmuster sein Leben lang zu arbeiten: sich so lange wie möglich zurückzuhalten und, wenn er seinem Drang erliegt, dies so selten wie möglich zu tun, damit er dann für eine befriedigende Entspannung genügend »angeheizt« ist. All dies paßt hervorragend zur Änderung der menschlichen Fähigkeiten im Prozeß des Alterns. In der chinesischen Kultur wurde das Alter immer schon verehrt, während unsere Gesellschaft nur die Jugend feiert, die wir alle verlieren. Wie die allernüchternsten Wissenschaftler bezeugen, wäre die beste Verbindung die zwischen einem heranwachsenden Jungen und einer Frau, die doppelt so alt ist wie er – wenn die Sexualität das einzige Kriterium wäre.

Das erstaunliche Auf und Ab des Testosteronspiegels

In mancher Hinsicht ist die Last, die das Altern dem Mann auferlegt, fast noch unerträglicher als für die Frau. Unsere Männer fühlen sich gezwungen, das zu verwirklichen, was keine lebende Kreatur je erreicht hat: Sie sollen ewig potent sein. Wir haben sie zu nichts Geringerem erzogen und jeden gegenteiligen Beweis verworfen.

Wir wissen, daß das männliche Hormon, Testosteron, sowohl mit dem aggressiven als auch mit dem sexuellen Verhalten eng verknüpft ist. Und wir fangen gerade an zu entdecken, daß der Spiegel der männlichen Hormone dem Gefühlszustand des Mannes entspricht. Dr. Estelle Ramey, Physiologin an der Medizinischen Fakultät der Universität Georgetown, hat die Unterschiede im Testosteronspiegel unter besonderer Beachtung seiner Rolle beim Herzanfall des Mannes studiert. Sie machte mich auf eine faszinierende Untersuchung von Dr. Robert Rose aufmerksam, einem Professor an der medizinischen Fakultät der Universität Boston.

Wenn ein Rhesusaffe in der Hierarchie einer Primatenkolonie an der Spitze steht, liegt sein Testosteronspiegel höher als der jedes anderen Affen. Man könnte folgern, Testosteron sei das »Leithammel«-Hormon und derjenige, der am meisten davon hat, avancierte zum »Chef«. Nimmt man jedoch den Primaten, der an der Spitze der Pyramide steht und versetzt ihn in eine Kolonie, in der er unbekannt ist und in der er sich erneut einen Platz in der Hierarchie erkämpfen muß, so fällt sein Hormonspiegel steil ab. Alles hängt davon ab, wie sicher er sich fühlt.[11]

Ein Testosteronspiegel ist nicht etwas, was ein Individuum einfach »hat«, ohne Rücksicht auf die soziale Situation; er ist ein offenes System. Zwei weitere Untersuchungen von Rose zeigen, wie empfindlich dieses System sein kann. Nachdem ein Tier in einem Kampf besiegt worden ist, fällt sein Hormonspiegel ab und bleibt auf dem niedrigeren Niveau stehen. Sperrt man jedoch ein Männchen von geringerem Status zusammen mit einem Weibchen, das es beherrschen und das es nach Herzenslust begatten kann, in einen Käfig, so schnellt sein Hormonspiegel ebenso wie seine Lebensgeister in die Höhe.

Obwohl man beim Menschen ähnliche Phänomene beobachten kann, ist dieser Bereich in unentschuldbarer Weise wissenschaftlich vernachlässigt worden. Erst jetzt werden in der Chemie Methoden entwickelt, mit deren Hilfe man Sexualsteroide im menschlichen Blut exakt messen kann. Die ersten Ergebnisse sind erst kürzlich bekannt geworden:

Je älter der Mann ist, desto eher können Angstzustände ein Absinken des Hodenhormonspiegels bewirken.

Ab dem 18. Lebensjahr, in dem die Testosteronsekretion beim Mann ein Tagesmaximum erreicht, fällt der Hormonspiegel bis zum Tod langsam aber sicher ab.

Nicht bei allen Männern geht dieses Absinken allmählich vor sich. Die Männer weisen – stärker als erwartet, beginnend zwischen dem 40. bis hin zum 55. Lebensjahr – eine wesentliche Abnahme des Hormonspiegels auf. In diesem Fall zeigen sie alle Symptome der Frau in der Menopause.

Geheimnisse des Klimakteriums

Dies war bisher ein Männerproblem ohne Namen. Es gibt zwar den vagen Begriff *Klimakterium*, doch fällt beim Mann nichts sichtbar auf, was sich ändert; der Mann kennt keine Monatsregel, die aufhören könnte. Man erwartet nicht, daß er Hitzewallungen, Schwindelanfälle und Gedächtnisausfälle hat oder daß er reizbar ist. Aber er kann sich durch seine Arbeitswut schützen wollen. Was jedoch nicht hindert, daß andere verbreitete Symptome wie das stundenlange angsterfüllte Wachliegen mitten in der Nacht, eine gewisse Mattigkeit, chronische Erschöpfung und Kopfschmerzen mit Sicherheit die Energie und Leistungsfähigkeit einschränken, mit denen er früher fest rechnete. Seine Mitarbeiter werden schließlich merken, daß mit ihm etwas nicht stimmt, selbst wenn er sich weigert, es sich einzugestehen.

Darauf kommen sie vor allem dann, wenn er sie aufgrund seiner Launenhaftigkeit angreift. Die Kollegen machen sich allmählich Sorgen, ob er überhaupt fähig sei, weiter seinen Teil der Verantwortung für die Firma zu tragen. Konkurrenten werden jedes abweichende Verhalten als Waffe gegen ihn einsetzen.

Die Folge kann ein häßlicher Abwärtstrend sein. Er spürt, daß seine Sicherheit in der Hierarchie im Wanken ist, und wird ängstlicher. Er hat Angst vor dem Älterwerden. Und je älter er wird, desto mehr wird jene Angst die Produktion der männlichen Sexualhormone unterdrücken, die er braucht, um im Gefühl des Selbstvertrauens Verantwortung tragen zu können. Schließlich hält der Abwärtstrend auch zu Hause Einzug und ruiniert sein Sexualleben. Denn wie wir wissen, herrscht zwischen der sexuellen Potenz und dem Testosteronspiegel eine stark synergistische Beziehung. Bevor ich jedoch fortfahre, möchte ich rasch Dr. Rameys Beruhigung hinzufügen: »Die Potenz ist eigentlich keine Funktion der Quantität der erzeugten Hormone, solange man ausreichend davon hat.«[12] Die meisten Männer haben genügend Hormone, um bis ins hohe Alter hinein einigermaßen sexuell aktiv sein zu können.

Wenn wir diese Frage ad acta legen, so lauten die beiden nächsten Sorgen, die jedermann hat: Wie viele Männer erleiden infolge des Klimakteriums schwere Störungen ihres physischen, emotionalen und sexuellen Gleichgewichts? Und welches ist das Alter, das man fürchten muß?

Heute schätzt man, daß ungefähr 15% der Männer diesen schnellen und steilen Abfall des Testosteronspiegels erleiden, und zwar in Verbindung mit den zerstörerischen Symptomen des Klimakteriums. Für die anderen 85% verläuft die hormonelle Umstellung langsam und schrittweise, obwohl es beträchtliche Unterschiede gibt. Denn die meisten bemerken sie kaum, während einige überhaupt keine Symptome haben und andere von den jahrelangen starken Schwankungen des Hormonspiegels betroffen sind, die gleichermaßen unvorhersehbare Stimmungsumschwünge erzeugen. Dann verschwinden die Symptome ohne jede Behandlung. Die Symptome der Menopause »betreffen in einem gewissen Grad fast alle Frauen, aber nur etwa 10% von ihnen werden von diesen Problemen beeinträchtigt«.[13] Es gibt wichtige Gründe dafür, daß dieser Prozentsatz so niedrig geworden ist. Die Menopause wird schon seit vielen Jahren untersucht. Eine Frau weiß, was sie zu erwarten hat. Bände von Informationen stehen zur Verfügung, um ihr noch mehr Aufklärung zu verschaffen. Die stützende Hormonbehandlung wird klinisch gerne durchgeführt, obwohl sie umstritten ist, weil ihre Beziehung zum Krebs nicht genau bekannt ist. Die Frau in der Menopause hat jedoch vor allem ein spezifisches Ereignis, über das sie klagen kann und mit dem sie zurechtkommen muß; und jeder kennt es; sie darf etwas Mitleid erwarten. Für die Männer ist alles so unbestimmt und unerwartet.

Der Bostoner Urologe Thomas Jakobovits, der über einige stichhaltige Ergebnisse einer Untersuchung der Impotenz bei 100 Patienten im Klimakterium berichtet, zeichnet folgendes Bild:

Jenseits des vierzigsten Lebensjahres kann ein Mann Symptome der Anstrengungen und Belastungen zeigen, die diesem besonderen Lebensabschnitt eigen sind. Er kann an Reizbarkeit, an Nervosität und an einer Minderung oder einem Verlust der sexuellen Funktion leiden . . . Diese Rückbildung der Gonadenfunktion in Verbindung mit den Symptomen des männlichen Klimakteriums kann jederzeit einsetzen; sie beginnt aber gewöhnlich zwischen dem vierzigsten und fünfzigsten Lebensjahr.

Unter Bezugnahme auf drei weitere Untersuchungen berichtet er, das durchschnittliche Alter des klimakterischen Mannes betrage 53,7 Jahre.[14]

Dr. Helmut J. Ruebsaat, der in seiner Praxis in British Columbia immer mehr mit klimakterischen Männern zu tun hat, hebt das Jahrzehnt zwischen dem 40. und dem 50. Lebensjahr stärker hervor. Bei drei Vierteln der Fälle, die ihm bekannt sind, begann das Klimakterium zwischen dem 41. und dem 50. Lebensjahr, und beim Rest irgendwann vor dem 60. Lebensjahr. Die Schwierigkeit, ein Durchschnittsalter festzulegen, liegt darin, daß viele Fälle erst dann bekannt werden, wenn die Symptome schon lange eingesetzt haben. Auch gibt es viele andere Fälle, von denen der Arzt nie erfährt.[15]

Die Symptome des Klimakteriums treten schubweise auf und entziehen sich dem Zugriff. Der Mann wacht nicht eines Morgens auf und fühlt sich plötzlich krank, wie es bei der Grippe der Fall ist. Eines oder zwei Symptome treten ein paar Tage lang auf, dann treten bedrohlichere Symptome auf; dann geht alles vorüber, und er fühlt sich wieder wohl. Es ist bei all der Verwirrung kein Wunder, daß der Mann glaubt, er habe eine Reihe zusammenhangloser Krankheiten. Im folgenden gebe ich eine Zusammenfassung der Symptome, die mit dem Klimakterium am häufigsten einhergehen:

Am verbreitetsten sind Erschöpfungszustände am Morgen, Mattigkeit und vage Schmerzen.

Nervosität, Reizbarkeit, depressive Phasen, Tränenausbrüche, Schlaflosigkeit, Gedächtnisausfälle, Ängstlichkeit und Frustriertheit sind die zerebralen Symptome.

Die verminderte sexuelle Potenz und der Verlust des Selbstvertrauens unterliegen vor allem der Wechselwirkung zwischen der Situation zu Hause und am Arbeitsplatz.

Auch können die verschiedensten Kreislaufstörungen in Erscheinung treten: Schwindelanfälle, Hitzewallungen, Kälteschauer, Schwitzen, Kopfschmerzen, Taubheit und Kribbeln, kalte Hände und Füße sowie ein beschleunigter Puls und Herzklopfen. Das letztere macht dem Mann höllische Angst; er glaubt, er habe einen Herzanfall.

Das lästigste Symptom, wie es Jakobovits nennt, ist jedoch das »Nachlassen der psychischen Stabilität«.

Raymond Hull, ein erfolgreicher Schriftsteller in bester körperlicher Verfassung, der plötzlich nächtliche Angstanfälle und Schweißausbrüche, die mit Kälteschauern abwechselten, bekam und ein paar Tage lang abgestumpft an der Schreibmaschine saß, an der er sonst 2000 Wörter pro Tag hervorbrachte, hat folgendes erlebt: Als eine attraktive Freundin bei ihm auftauchte, die sich schon darauf freute, das Wochenende mit ihm zu verbringen, und er sie allein schlafen lassen mußte, wurde ihm klar, daß es mit seiner Sexualität abwärtsging. Am zermürbendsten war jedoch seine unberechenbare Launenhaftigkeit. Nach mehreren Wochen guter Laune, in denen er gewöhnlich recht gelassen war, verfiel er immer wieder in unergründliche Depressionen. Ein paar Tage lang ekelte ihn alles an – seine Arbeit, seine Freunde, die ganze Menschheit, und voller Angst beobachtete er sein eigenes wetterwendisches Verhalten.

Hull schrieb in das Tagebuch, das er angefangen hatte: »Ich frage mich, welchen Einfluß solche Stimmungsumschwünge auf andere Männer haben. Diese Depression ist unangenehm; es gibt aber noch einen anderen emotionalen Effekt, der gefährlich ist. Bei der leisesten Reizung kann es passieren, daß ich aus der depressiven und apathischen Stimmung heraus plötzlich vor Wut fast wahnsinnig werde.«[16] Es folgten einige Wochen ungetrübter Heiterkeit. Und dann kam wieder ein Anfall. Allmählich glaubte er, verrückt zu werden.

Das Seltsamste an dieser Geschichte war, daß diese Symptome mit seinem bei weitem erfolgreichsten und befriedigendsten Lebensabschnitt zusammenfielen. Nach zwei Jahren war er indes wieder annähernd normal. Aus der Zusammenarbeit zwischen Hull und Dr. Ruebsaat entstand schließlich das Buch *The Male Climacteric*, das 1975 erschienen ist und offensichtlich die erste erschöpfende Behandlung dieses Themas darstellt.

Das Klimakterium kann ziemlich bedrohliche Folgen haben, wenn es nicht als solches erkannt wird. Ruebsaat meint: »Die Anfälle von schlechter Laune, die ein verbreitetes Symptom des Klimakteriums sind, werden dem Mann sicher bei der Arbeit und bei seinen Freunden Schwierigkeiten bereiten. In extremen Fällen kann es zu Auseinandersetzungen, Streitereien, ja sogar zu Mord kommen.«[17] Ruebsaat beschreibt auch die Folgen, die bei einem ehrgeizigen Mann, der einen gewissen Erfolg erreicht hat, zu erwarten sind; er reagiert im allgemeinen mit einer panikartigen Abwehr gegenüber eingebildeten Bedrohungen seines Prestiges und seines ökonomischen Status. Es ist eine schreckliche Erkenntnis, daß ein solcher Ruin auch den angepaßten Mann ereilen kann.

Nach meiner Erfahrung gehen die Männer tatsächlich oft über jegliche Erwähnung des Klimakteriums hinweg, und sie halten das Klimakterium-Argument für eine »Geteiltes Leid ist halbes Leid«-Idee, ausgeheckt von klimakterischen Frauen. Es liegt etwas Wahres in der Annahme, daß das menopausierende Geschlecht es übelgenommen hat, für die Probleme ihrer Ehemänner mittleren Alters verantwortlich gemacht worden zu sein. Exzentrisches Verhalten aufgrund einer Veränderung im Leben hat man bisher herkömmlicherweise nur den Frauen zugeschrieben. Der Zorn und das Entsetzen, die von »alten« Ehefrauen empfunden wurden, die »zum alten Eisen« geworfen wurden, und die von verheirateten Frauen gefürchtet werden, wenn sie sich dem Alter nähern, in dem sie verlassen werden können, diese Gefühle scheinen eine gemeinsame Stimme zu finden, wenn vom Klimakterium die Rede ist. Als die *New York Times* im Jahre 1973 einen Artikel veröffentlichte, in dem die Frage gestellt wurde: »Gibt es ein Klimakterium des Mannes?«, gingen viele Leserbriefe von Frauen ein. Ihre Narben waren unübersehbar:

Leider haben die Ärzte, die Psychiater und die Männer im allgemeinen das Klimakterium hübsch unter dem Teppich gelassen, unter den sie es gekehrt haben. Es graut ihnen davor, einen Zustand zuzugeben, der ihr Verhalten über jede Möglichkeit einer Steuerung hinaus beeinflußt, den sie aber den Frauen bereitwillig und erbarmungslos zuschreiben. Sie können nicht einmal untereinander darüber reden.[18]

Die Frau (Name der Red. bekannt), die diesen Brief abgefaßt hat, schrieb auch, wenn sie zu der Zeit, als ihr Mann mit 46 Jahren heftige klimakterische Erscheinungen hatte, etwas über die Symptome gelesen hätte, hätte sie sich trotz ihrer Hoffnungslosigkeit nicht zur Scheidung entschlossen.

Was kann man tun? Die Suche nach Tränklein zur sexuellen Verjüngung ist so alt wie die Bibel. Reiche Männer haben jahrelang die weite Reise in die Schweiz gemacht, um dort Affendrüsenextrakt zu trinken, der zwar ihren sexuellen Kampfgeist gehoben haben mag, auf ihre Hoden jedoch keinen wirklichen Einfluß hatte. Selbst wenn reines männliches Geschlechtshormon verabreicht wird, scheint die Einbildung ebenso wichtig zu sein wie der Stoff selbst.

Die Ergebnisse des Doppelblindversuches von Dr. Jakobovits lassen hoffen. Er behandelte 100 Männer, die zum größten Teil in den Siebziger- oder Achtzigerjahren waren, wegen Impotenz. Der einen Hälfte verabreichte er Hormontabletten zum Einnehmen (Methyltestosteron) und der anderen Placebos. Nach einem Monat war bei 78% der medikamentös Behandelten eine positive Reaktion zu beobachten. Sogar von den Männern, die ihr Leben nur mit Zuckerpillen versüßt bekamen, gewannen 40% ihre Libido wieder. Der Urologe folgert daraus, daß eine Hormonbehandlung sowohl physisch als auch psychisch Erleichterung für ein vielschichtiges Problem bringt, das vielleicht durch beide Komponenten bewirkt wird. »Sobald einmal eine erfolgreiche sexuelle Leistungsfähigkeit wiederhergestellt und der Patient von seiner Männlichkeit wieder ganz und gar überzeugt ist, ist eine medikamentöse Behandlung nicht mehr erforderlich.«[19]

Ob man fehlende Hormone ersetzen soll oder nicht, ist eine strittige Frage. An der Verschreibung von Testosteron für ältere Männer ist der Umstand bedenklich, daß Krebs in Gegenwart von Testosteron gedeihen soll. Ein Viertel aller Männer über 40 hat einen latenten Prostatakrebs, obschon dieser im allgemeinen inaktiv ist und nur bei einer Autopsie entdeckt wird. Für den Mann, der sich einer Hormonbehandlung unterziehen will, ist es daher unerläßlich, sich erst gründlich untersuchen zu lassen, um die Möglichkeit eines beginnenden Prostatakrebses auszuschalten.

Es wäre sicherlich eine Unterstellung, wenn man bei jedem launenhaften Mann mittleren Alters sagte: »Aha, die männliche Menopause!« Meistens kämpft sich der arme Kerl durch eine harmlose Krise seiner mittleren Jahre hindurch. Soweit wir wissen – und wir wissen nicht sehr viel –, sind nur 15% der Männer Anwärter auf eine heftige Änderung ihres Hormonspiegels. Da wir heute völlig neue Labortechniken haben, werden wir bald mehr über die Geheimnisse des männlichen Klimakteriums wissen.

Sexualität und Menopause

Das Feuchtwerden der Vagina bei der Frau entspricht der Erektion des Penis beim Mann. Nach dem 40. Lebensjahr, wenn der Alterungsprozeß einsetzt, werden die Schleimhäute in der Scheide allmählich weniger leicht feucht. Dies braucht jedoch die Lust der Frau oder ihre Aufnahmefähigkeit für das männliche Glied nicht zu beeinträchtigen. Sexologen geben folgenden unzweideutigen Rat: »Wer rastet, rostet.«[20] Die Frau, die auch weiterhin ein ungemindertes Geschlechtsleben führt, und dies auch ohne Hormontherapie, wird diese körperliche Veränderung tatsächlich am wenigsten verspüren. Doch auch für sie gibt es – wie für ihren Partner – das große »Aber«. Wenn sie die geringere Befeuchtung als Verlust ihrer Weiblichkeit empfindet, kann dies ihre Spontaneität beeinträchtigen.

Die Menopause stellt sich schleichend ein. Die meisten Frauen glauben, sie seien nicht in der Menopause, solange sie regelmäßig menstruieren. Selbst wenn ihre Monatsregel in den Vierzigern normal ist, zeigt eine chemische Messung gewöhnlich starke Schwankungen des Hormonpegels. Sie können die ganze Symptomatik der Menopause auf den Plan rufen, obwohl die Frau jeden Monat den Beweis dafür erlebt, daß sie immer noch fruchtbar ist und sogar schwanger werden kann.

Da noch nicht durchgedrungen ist, daß diese großen hormonellen Schwankungen in den Vierzigern gewöhnlich bei beiden Geschlechtern auftreten, können wir sogar die bekanntesten Symptome mißverstehen. Was ist los, wenn sich über den ganzen Oberkörper Hitzewellen ausbreiten, die oft von Kälteschauern abgelöst werden? Der medizinische Ausdruck dafür heißt *vasomotorische Instabilität.* Die vasomotorischen Nerven sind für die Erweiterung oder Verengung der Blutgefäße verantwortlich. Normalerweise reagieren diese Nerven auf die Körpertemperatur; wenn uns eine schwere körperliche Anstrengung aufheizt, wird in die erweiterten Blutkapillaren der Haut mehr Blut gepumpt, damit der Körper die überschüssige Wärme abstrahlt. Im umgekehrten Fall gilt das gleiche: Bei großer Kälte ziehen sich die Kapillaren zusammen, und das Blut fließt ins Innere des Körpers, in dem die Wärme besser gespeichert und wichtige Organe ausreichend versorgt werden können. Wenn jedoch der Hormonhaushalt schwankt, werden die Reize, die den vasomotorischen Nerven zugeleitet werden, gestört. Das Schwindelgefühl beim Mann oder bei der Frau mittleren Alters wird gewöhnlich auch durch eine Störung in der Blutzirkulation hervorgerufen, die auf die überreizten vasomotorischen Nerven zurückgeht. Das heftige Herzklopfen kann dieselbe Ursache haben.

Wie schon gesagt, werden heutzutage 90% der Frauen von den Problemen des Klimakteriums nicht überwältigt, und die Regel hört endgültig erst später auf. Die schweren Depressionen, die etwa 10% der Frauen haben und die früher weit verbreitet waren, werden durch die wachsenden Gelegenheiten und Möglichkeiten, die der Frau mittleren Alters zur Verfügung stehen, sowie durch eine tiefgreifende Bewußtseinsveränderung wettgemacht. Alle Fachleute reden über die Weltoffenheit, die an die Stelle des Gefühls der Nutzlosigkeit getreten ist, welches die Frauen einst hatten, als ihre Kinder von zu Hause weggingen.

Viele Frauen tauchen heute aus der Menopause mit einem »postklimakterischen Lebenshunger« auf. Haben sich die Sorgen der Schwangerschaft, zusammen mit der Notwendigkeit des Tampons und der Empfängnisverhütung von selbst gegeben, erleben viele gesunde Frauen häufig ein Wiedererwachen ihrer sexuellen Bedürfnisse und begeistern sich für neue Richtungen, in die sie ihre schöpferischen Kräfte lenken können.[21]

Wir fragen uns oft: »Wer ist diese Frau? Sie muß mindestens 55 sein, und trotzdem ist ihre Haut fabelhaft glatt und ihre Brüste sind keineswegs schlaff. Was ist ihr Geheimnis?« Es kann sein, daß die Funktion ihrer Nebennierendrüsen besonders ausgeprägt ist. Diese Drüsen erzeugen Östrogen und werden von der Menopause nicht berührt; Östrogen wird aber auch von den Eierstöcken produziert. Manche Frauen gleichen so den Östrogenmangel, für den die Ovarien verantwortlich sind, aus; das Alter kann ihnen nicht viel anhaben, sie bleiben kraftvoll und energiegeladen und erfreuen sich der gleichen vaginalen Befeuchtung und Elastizität, die sie früher hatten. Diese Möglichkeit, das sexuelle Altern abzuwerten, kann von der Frau nicht gesteuert werden. Es gibt aber einen anderen, sehr wichtigen Faktor, der gegen das Altwerden in dieser Hinsicht hilft und den man willentlich einsetzen kann; Masters und Johnson erwähnen ihn: Es ist dies der regelmäßige Geschlechtsverkehr, ein- oder zweimal in der Woche, über Jahre hinweg.

Das gilt für die Männer wie für die Frauen. Die Beständigkeit sexueller Beziehungen ist der Schlüssel für die bleibende kraftvolle Sexualreaktion.

22.
Das Ausleben der Phantasie

Ich besuchte in Kalifornien ein Idol aus meiner Mädchenzeit; die Frau war jahrelang Primaballerina einer bedeutenden amerikanischen Tanztruppe gewesen. Ich erinnerte mich an ihre schönen Gesichtszüge, den schwarzen Haarknoten und an die Art, wie ihr gespannter muskulöser Körper die schwierigsten Schritte beherrscht hatte. Sie war in der ganzen Welt aufgetreten, und auch in den Vierzigerjahren stand sie noch auf der Bühne. Man erzählte mir, sie sei nun glücklich verheiratet, und als ich sie anrief, lud sie mich sofort zu sich ein.

Eine untersetzte Frau mit rotgetönten Haaren öffnete. Ein bequemes Hemd hing ihr lose über die weite Hose. Ich nannte den Namen der Tänzerin. Sie streckte mir die Hand entgegen, und ein amüsiertes Lächeln huschte über ihre fülligen Gesichtszüge. Sie war es.

Sie ging mir voraus in ein Solarium, das von Licht überflutet war, und brachte mir ein Sandwich. Gleich darauf gesellte sich ihr Mann zu uns. Er war ein gutaussehender Mann von ansteckender Heiterkeit, und er war eindeutig zehn Jahre jünger als sie. Die beiden fügten sich wie die Teile eines Bildes zusammen, die zusammengehören. Es war offensichtlich, daß sie einander bemerkenswert gut ergänzten, und als ich sie darüber befragte, lächelte die Tänzerin ihr amüsiertes und zufriedenes Lächeln, während ihr Mann sagte: »Ein Leben, ohne mit Irina verheiratet zu sein, kann ich mir heute einfach nicht mehr vorstellen.«

Sie erzählten mir ihre Geschichte. Sie ist zwar ungewöhnlich, doch haben diese beiden Leute Möglichkeiten gefunden, sich über die engen Grenzen hinauszuentwickeln, in denen sie in früherer Zeit zwar eingesperrt, doch auch zufrieden gewesen waren. Nur: hätten sie so weitergemacht, sie wären unglücklich geworden. Die Tänzerin ist ein Beispiel dafür, wie sich der Übergang in die Vierzigerjahre bei einer erfolgreichen, doch kinderlosen Frau manifestieren kann.

Ihr Körper war ihr Instrument. Sie hatte diesen Körper Muskel für Muskel trainiert, noch ehe sie lesen konnte. Sie sagt: »Ein Teil von mir war damit zufrieden und ein anderer Teil überhaupt nicht. Ich stand mit meiner Karriere immer auf Kriegsfuß, desgleichen mit dem, wovon ich glaubte, daß ich als Frau ein Recht darauf habe.«

Zwei Ehemänner spielten in ihren frühen Jahren eine kurze Rolle. Den einen heiratete sie, als sie noch sehr jung war und stets befolgte, »was sich so gehört«. Der andere war ein großer Künstler und guter Freund; sie bewunderten einander zwar, doch stets hatte er einen allzu vollgepackten Terminkalender. Er war auf Reisen, sie war auf Tournee; sie sahen einander kaum. Es wäre eine große Übertreibung, wollte man solch flüchtige Schnittpunkte Ehen nennen. Sie sehnte sich jedoch nach Stabilität, nach einem Halt, den sie Zuhause nennen konnte. Diese verschwommene Vorstellung konnte nicht richtig geklärt werden, solange es noch dramatische Rollen gab, die sie noch nicht getanzt hatte. Der Ehrgeiz blieb mehr als vierzig Jahre lang ihr Partner. »Erst als ich eine gewisse Reife zu erreichen begann, habe ich erkannt, daß es noch etwas anderes geben mußte, etwas, das jenseits meiner Tanzerei und ihren vielfältigen Rollen lag.«

Sie gingen gemeinsam auf Tournee, die verehrte Primaballerina und der nachdenkliche junge Choreograph. Er hatte einen wechselhaften Charakter war erst 32 und neigte dazu, stark weltanschaulich gefärbte Ballette zu schaffen, die Irina nicht interessierten. Auf dieser Tournee verliebten sie sich jedoch ineinander. Sie beendeten ihr Gastspiel an der Kölner Oper und zwängten sich in seinen winzigen Sportwagen, um in einer nächtlichen Reise nach Rom zu fahren. Als sie durch den Schwarzwald fuhren, fing sie an, ihre Spitzenschuhe aus dem Fenster zu werfen. Lachend und bei jedem Wurf mehr erleichtert, verstreute sie siebzig Paar in der Gegend. »Das war's!« dachte sie. »Schluß damit!« Er war selig.

In Rom hörte sie auf zu tanzen und fing an zu essen. Sie wurde fett. Sie ging in ein paar Wochen auseinander. Es war verblüffend; es war großartig. Er zog jeden Morgen los, um an einer Show zu arbeiten, und sie faulenzte. Sie war überglücklich. Er wunderte sich, wie gut sie miteinander auskamen. »Liebe und den ganzen Kram vergessen«, war sein Entschluß. »Ich mochte sie wirklich, und sie mochte mich.« Sie telegrafierten Freunden, sie hätten geheiratet. Schlimme Witze kamen als Antwort: »Viel Glück beim gemeinsamen Tanz durchs Leben.« Und ihre Karriere? Der Altersunterschied? Lächerlich. Man gab ihrer Ehe keine Chance. Sie hat bislang fünfzehn Jahre gedauert.

Wenn sich in der Lebensmitte andere Stimmen aus anderen Bereichen Gehör verschaffen wollen, müssen wir unsere Lebensform lockern. Der Prozeß beginnt oft mit einem totalen Ausbruch – man unternimmt einen phantastischen Trip ins Gegenextrem. Die Ballerina kehrt vierzig Jahren eiserner Disziplin den Rücken und genießt es, fett und faul zu sein. Doch wird sich auch das neue Extrem mit der Zeit als begrenzt erweisen. Die meisten Menschen müssen sich zwischen solchen Extremen hin und her bewegen, bis sie einen Weg finden, um die wesentlichen Teile ihrer Persönlichkeit neu zu integrieren.

Irina hätte sich keine romantischere Flucht aus ihrem engen Rahmen ausdenken können. Doch mit ihrer neuen Lebensweise, die nun darin bestand, daß sie sich vor dem Fernseher vollstopfte, bis ihr Mann nach Hause kam, wäre sie gewiß nicht für immer zufrieden gewesen. Ihre Lösung mußte darin bestehen, daß sie immer noch am schöpferischen Prozeß teilhatte. Doch mochte sie auch die häusliche Harmonie nicht zerstören, die sie jetzt so sehr schätzte. Die Enge ihres früheren Lebens wirkte sich nun zu ihren Gunsten aus. Da sie sich damals mit Leib und Seele der Aufgabe verschrieben hatte, mit ihrem Talent Hervorragendes zu leisten, fiel ihr nun die Entscheidung, das Tanzen aufzugeben, nicht schwer. Außerdem entschied sie sich aus freien Stücken.

»Ich hatte meine Karriere gehabt. Das war mein Erfolgserlebnis gewesen«, sagte sie. »Ich hätte nicht mehr erreichen, sondern nur weitermachen können. Ich hatte alles geschafft, was ich mir vorgenommen hatte.«

Sie wurde die Assistentin ihres Mannes, sein kreativer Mentor, seine geistige Mutter – ganz gleich, wie man es nennt, all dies war darin enthalten. Er begann eine neue Karriere als Filmregisseur, und sie stand ihm zur Seite, bei Außenaufnahmen, bei der Vergabe der Rollen, bei der Zusammenstellung der Kostüme und bei der Beurteilung der Probeaufnahmen. Von Anfang an verließ er sich in mannigfaltiger Hinsicht auf sie.

»Wenn ich unschlüssig war, hatte sie immer eine klare Meinung«, sagt er. »Irina hat einen hervorragenden Geschmack. Und sie bringt es fertig, immer alles ins rechte Lot zu rücken. ›Es ist doch nur ein Film; nächstes Jahr machst du wieder einen.‹ Ich war immer sehr selbstzerstörerisch. Ich wache nie vor dem Nachmittag auf. Eine der besten Eigenschaften von Irina ist, daß sie sehr früh in der besten Stimmung aufwacht.« Er grinst. »Am Nachmittag um fünf ist die Stimmung nicht mehr so gut, aber der Morgen ist immer wunderbar.« Die Idealisierung geht nicht so weit, daß er sich völlig von ihr abhängig fühlen würde; vielleicht hat er deshalb nicht das Gefühl, daß er sich von ihr distanzieren müßte. »Wir sind füreinander immer in Rufweite.«

Irina bestätigt ihre ungewöhnliche Nähe zueinander. Man kann leicht sehen, wohin ihre generativen Instinkte gelenkt worden sind. »Wir haben keine Kinder. Also sind wir wirklich ganz aufeinander bezogen, machen uns äußere Faktoren nicht zu schaffen.«

Ihre besondere Art von Intimität bleibt zumeist unausgesprochen. Das lebhafte Gesicht des Regisseurs wird einen Moment lang ernst. Er blickt seine Frau an. »Ich glaube nicht, daß ich es dir schon gesagt habe, aber durch dich habe ich gelernt, meine jeweiligen Möglichkeiten zu sehen und das zu leisten, wozu ich imstande bin.«

»Er ist der Boss, und ich bin die Untergebene. Es ist gut so.«

»Das sagt sie bloß so.«

»Aber ich könnte nicht all das schaffen, was du schaffst.«

»Das ist was anderes«, stimmt er zu. Ihrer beider Ton wird scherzhaft. »Sagen wir es so: Ich schufte, und sie leistet es sich, inmitten der abscheulichsten Außenaufnahmen zum Einkaufen abzuhauen.«

»Um dann zu den Probeaufnahmen wieder zu erscheinen und dir zu sagen, daß sie nichts taugen.«

»Was nur bestätigt, was ich schon wußte, aber nicht zugeben mochte.«

Nach einer Weile weiß man nicht mehr recht, wer gerade redet. So sehen die Dinge bei diesem Ehepaar aus.

Die Affäre der Affären

Auf jede Irina kommt bestimmt ein Dutzend verliebte Abenteurerinnen und Abenteurer ähnlichen Alters, die es nicht so ernst meinen. Die »Affäre, die das Leben verändert« kann vielen anderen Zwecken dienen. Sie kann eine Schau sein (»Schau her, andere Männer finden mich immer noch begehrenswert«) oder eine Waffe (»Jüngere Frauen lachen mich an; sie sind nicht so problematisch wie du«), die dazu dienen soll, von einem gleichgültigen Partner Zuwendung zu erzwingen. Oder es verbirgt sich der Wunsch dahinter, ein Indiz zu hinterlassen, in der Hoffnung, es würde die Ehe endgültig sprengen.

Die größte Versuchung jedoch, die in der Affäre der Affären liegt, ist das Feuerwerk der romantischen Verliebtheit. Gibt es eine bessere Zerstreuung des Trübsinns der mittleren Jahre? Solange die Flammen hochschlagen, umgeben sie uns mit einer Gloriole von Kraft und Schönheit, verdecken den öden Rückblick auf die Vergangenheit und die Vorausschau in die Zukunft, halten in der atemlosen Gegenwart die Zeit fest oder – noch besser – befördern uns in die fröhliche Selbstsucht jugendlicher Verliebtheit zurück. »Ich muß« wird zu »Ich will«. Bei dieser neuen Liebe geht es nicht darum, daß wir auf einer altbackenen Identität sitzenbleiben. Da ist der Himmel erst die Grenze.

Monate vergehen (sechs scheinen die magische Zahl zu sein), und das Feuer des romantischen Verliebtseins verlischt. Wohl kaum zum ersten Mal; wir hätten es im voraus wissen müssen. Aber wir haben es irgendwie geschafft, zu vergessen, daß die Asche zu den gleichen alten Dingen abkühlt, wenn das Feuerwerk abgebrannt ist: zu Fürsorglichkeit, Hingabe und Vertrauen.

Wenn dieser natürliche Lauf der Dinge die Verliebten in der Bereitschaft antrifft, ihre Lebensumstände von Grund auf zu ändern, werden sie es auch tun. Aber dann begeben sie sich in unbekanntes Gelände. Gewisse Illusionen über diese alles verändernde Affäre werden gedämpft, und alles läuft wieder auf dieselben Dinge hinaus: Umsorgen, Vertrauen, Verpflichtung.

Ein zweiundfünfzigjähriger Verleger, mit dem ich mich unterhalten habe, hatte das Gefühl, durch eine zwanzig Jahre jüngere Frau seine Jungenhaftigkeit wieder erlangt zu haben. Aus ihrer »Affäre der Affären« war eine Wiederverheiratung geworden. Eine neue Krise bahnte sich an. Dieser Mann der Ideen, der Worte, der Konzepte blieb stumm, als die Frage auftauchte: Wo stehe ich in meiner Ehe im Augenblick? Es ging bei dem Konflikt um den Kinderwunsch seiner Frau. In seinem früheren Leben hatte er diesen Kreis schon mehrmals durchmessen. Er fragte sich, ob er es ertragen könne, noch einmal auf den zweiten Platz zu rücken. Wieviel Kraft besitzt ein Mann, um eine derart belastete Beziehung aufrechtzuerhalten? Seine Krise beinhaltete freilich noch mehr. Er war ein Mann, der nur mit dem Kopf gelebt hatte, und nun wollte er verletzlich sein dürfen.

»Ich habe neuerdings das Gefühl, als sei alles komprimiert in meinem Kopf«, sagte er, »wie voller Strohballen. Ich brauche jemanden, der mir hilft.«

Die Ironie seiner Geschichte liegt in der Tatsache, daß er mit seinem Ratschlag anderen Männern geholfen hat, die im mittleren Alter berufliche Schwierigkeiten gehabt hatten. Ich fragte ihn, ob der Umstand, daß er 52 Jahre alt sei, ihn in seiner Ehe und in anderen Beziehungen vorsichtiger gemacht habe.

»Das ist eine meiner großen Schwierigkeiten. Welchen Teil von mir wollen Sie hören? Den, der anderen 52jährigen hilft herauszufinden, wer sie wirklich sind und was sie tun können? Den, der mit seinem Blutdruck und mit seinem drahtigen Körper prahlt? Oder den, der sich von Zeit zu Zeit als 52jähriger *fühlt* und allezeit auf das Schlimmste gefaßt ist?«

Kurz nach unserem Gespräch verließ ihn seine junge Frau.

Viele Verliebte mittleren Alters denken keine Sekunde lang an eine echte Bindung. Im Gegenteil, sie meiden jegliche Intimität. Früher meinte man, dieser Urlaub von der Verantwortung sei ein Vorrecht der Männer. Der Kolumnist Art Sidenbaum erinnert uns daran, daß

»der 50jährige Mann, der mit dem 25jährigen Mädchen herumzieht, immer noch im Schwange ist, wodurch eine große Anzahl 45jähriger Frauen zur Untätigkeit verdammt wird. Das ist eine Grausamkeit, vielleicht eine Dummheit. Aber die Männer gestatten sich diesen Luxus, denn sie können es sich eher leisten, sich mit Sportwagen, seidenen Halstüchern, Seehotel-Zimmern und den anderen Accessoires der Verantwortungslosigkeit zu verwöhnen. Ihre ehemaligen Frauen sitzen im allgemeinen immer

noch zu Hause bei den Kindern und bei anderen sichtbaren Beweisen des Erwachsenseins.«[1]

Das ist aber nicht der Fall, wenn sie, wie es heute vorkommen könnte, sagt: »Nimm Du die Kinder!«

In diesen uralten Luxus, den sich die Männerwelt leistet, ist noch eine weitere Bresche geschlagen worden. Vor der sexuellen Revolution hat sich eine junge Frau einem älteren Mann bereitwilliger zugewandt. Er war wie der eigene Vater, erfahren und bereit, sie zu beschützen. Er konnte sie nobel unterhalten und war für jede kleine sexuelle Gunst dankbar.

Heute sieht sich der Schürzenjäger mit den ergrauten Schläfen im Wettbewerb mit jüngeren Männern, die aus einem guten Pornofilm die Technik lernen können, die die ältere Generation erst nach Jahren erwarb. Und bei den jungen Frauen von heute begegnet er wahrscheinlich einer angriffslustigen Unverblümtheit, die ihn im Bett zum Kümmerling macht. Selbst wenn er das vollkommene Liebchen findet und schließlich eine befriedigende Leistung zustande bringt, warum macht es mit? Es will seine Erfahrenheit, einen Schnellkurs über die Welt. Aber wird die junge Frau immer noch an ihm interessiert sein, wenn er ihr einmal sagt, was wirklich los ist?

Die Phantasie bleibt trotzdem bestehen. *Ich kann mich trennen. Ich brauche keine Bindung. Darüber bin ich hinaus.* Wie sieht die Bilanz am Ende des Fluges aus, wenn man einen Mann als Führer hat, der diese Vorstellungen bis an ihre Grenzen vorangetrieben hat?

Bevor ich mit der Geschichte von Jay Parrish beginne, möchte ich den grundlegenden Unterschied zwischen seiner und Irinas Problemlösung klarmachen. Die beiden Geschichten sollen gewiß nicht nahelegen, daß jede Frau, die in ihren mittleren Jahren stürmisch die Flucht ergreift, am Ende einen Regenbogen finden wird und daß ein Mann, der das gleiche tut, etwas Geringeres findet. Der Unterschied zwischen den beiden Geschichten hat nichts mit dem Geschlecht der Personen zu tun. Die Tänzerin ist ein Mensch, der in früheren Lebensabschnitten viel investiert und daher in den mittleren Jahren viel Bereicherung erfahren hat. Sie lebt ihre Vorstellungen von Liebe und Mütterlichkeit mit all der Hingabe, die sie früher für ihre Karriere aufbrachte. Der Mann, dem wir nun begegnen werden, hat im Gegensatz dazu eine Geschichte, die durch eingeschränkte Gefühlsbindungen und keine klare berufliche Tätigkeit gekennzeichnet ist. Obwohl er durch die Richtung, die er in seinen mittleren Jahren einschlug, eine ganze Menge neuer Tatkraft entwickelte, konnte diese Richtung nur insoweit sinnvoll für ihn sein, als sie Bedeutung für ihn besaß.

Jay Parrish stoßen Dinge zu! Er würde zum Beispiel nie daran gedacht haben, sich als Sexualpädagoge zu betätigen, hätte er nicht damals nachts bei seiner Tochter vorbeigeschaut, um ein Gläschen zu trinken, bevor er den Zug nahm. Er ging ins Schlafzimmer. Die dicken Vorhänge hüllten den Raum in völliges Dunkel. Plötzlich stand eine weibliche Gestalt vor ihm, ihre Arme legten sich um ihn, und sie küßte ihn lange.

»Herr P., würden Sie mir einen Gefallen tun?«

Er erkannte die Stimme der Zimmergenossin seiner Tochter.

»Klar, was denn?« sagte er.

»Zeig mir, wie man bumst.«

So etwas war ihm in seinen 41 Jahren noch nie passiert. Er führte das Mädchen sprachlos zur Tür und ans Licht und bemerkte, wie schön sie war. Er erinnerte sich auch daran, daß sie 19 Jahre alt war. Er sagte zu seiner Tochter, er müsse sich beeilen, um den Zug zu erwischen.

Kurz danach tat Herr P. genau das, was man von ihm verlangt hatte. Damals, sagt er, »hat sich in meinem Leben vieles verändert. Ich machte nicht nur Bekanntschaft mit der Unverblümtheit; dieses Mädchen war politisch und beim SDS sehr engagiert und dachte sehr liberal. All das war neu für mich. Wir hatten einfach phantastische Diskussionen. Und ich bekam immer wieder kleine Briefchen von ihr, mit wunderschönen Gedanken. Ich erinnere mich gerade an einen: ›Nicht Magier, magisch sollst du für mich sein!‹ Diese Art zu denken war mir bis dahin unbekannt gewesen. Wir hatten zwei Jahre lang eine herrliche Zeit miteinander.«

Herr P. spricht nicht davon, ob er am Ende dieser Liebesgeschichte ein Gefühl des Verlustes hatte.

Er fing an, seine Illusionen über das amerikanische Business abzubauen. Als er 46 Jahre alt war, zog ihn der Finanzbeauftragte der Gesellschaft in eine Ecke, um mit ihm über eine Gewinnbeteiligung zu reden. »Ist Ihnen klar, Jay Parrish, daß Ihr Aktienpaket mindestens eine halbe Million Dollar wert sein wird, wenn Sie in fünfzehn Jahren in Pension gehen?« fragte der Finanzbeauftragte.

Das ist es, so locken sie dich in die Falle, dachte er auf seiner täglichen Fahrt zu seinem Haus mit sieben Badezimmern und sechs Kindern, das in einem Vorort lag. Oder waren es sieben Kinder und sechs Badezimmer? Er hatte zu viel getrunken. Die zwei Teenager waren bei seiner früheren Frau; seine älteste Tochter lebte mit ihrer Zimmergenossin in dieser Wohnung, das stimmt, und zu Hause waren noch zwei Jungen und ein sechsjähriges Mädchen. Er beschloß, er brauche sich nichts mehr zu kaufen, solange er lebte.

In jener Nacht sagte Jay Parrish zu seiner Frau: »Nan, ich muß raus hier. Diese 500 000 Dollar werden nämlich jedes Jahr mehr, und irgendwann kommt der Punkt, wo ich sage: ›Mein Gott, ich habe nur noch ein paar Jahre zu leben.‹ Ob ich will oder nicht, ich werde meine Arbeit nur des Geldes wegen tun, das ich wirklich nicht brauche. Was ich wirklich will, ist, mein Leben zu genießen. Jetzt. Nicht in fünfzehn Jahren. Ich weiß nicht einmal, ob ich dann noch leben werde.«

Nan brachte kaum einen Ton über die Lippen. Diese rebellische Art kannte sie nicht an ihrem Mann. Der gediegene Vorort im Osten, in dem sie wohnten, war ihr lebenslanger Schutz gewesen. Ihre Freundinnen lebten hier, und all die Verwandten, von denen sie eine Menge Geld erben konnte, wohnten in der Umgebung. Sie kannte die Hosenanzug-Uniform und wußte, wie man die richtigen Parties ausrichtet. Sie führten eine sichere und höfliche Vernunftehe, ganz so, wie es sein sollte. Oder etwa nicht?

So sah es tatsächlich aus, als Parrish Vizepräsident seiner Gesellschaft geworden war. Er war 35 und eifrig darauf bedacht, aufzusteigen. Es tat ihm nicht weh, daß er eine attraktive Erbin heiratete. »Wir starteten in eine Ehe, die wirklich wunderbar hätte werden können, wenn ich mit meinem Leben in diesem Vorort zufrieden gewesen wäre«, denkt Jay bei sich. Sie führten kein leidenschaftliches Sexualleben. Man durfte das von einem Menschen, der so beherrscht war wie die zweite Frau Parrish, nicht erwarten. Er hatte sie sich aus demselben Grund ausgesucht, der ihn auch zur Ehe mit Frau Parrish Nummer Eins veranlaßt hatte: Sie sollte ihm seine Karriere erleichtern. Trotzdem setzte er jetzt auf die Liste seiner Klagen im mittleren Lebensalter auch noch ihr langweiliges Sexualleben.

Nun wollte er fort. Er kaufte sich einen VW-Campingbus. Er studierte die Karte von Kalifornien.

Nan zögerte, das Haus zum Verkauf anzubieten. Sie könne das Leben der Kinder nicht einfach so umkrempeln, sagte sie. Auch mußte Victoria, ihre Sechsjährige, unbedingt ihr Jahr an der Sonderschule fertigmachen.

»Sie sind alle prächtig in Form«, sagte er, »es wird auf die Dauer überhaupt nichts ausmachen.«

»Aber Victoria ist in der Sonderschule.«

»Victoria wird das guttun. Ich werde sie mit nach Big Sur nehmen.«

Über Nacht faßte er den Entschluß, daß die Zeit reif sei. Am Morgen, nach dem Frühstück, ging er hinaus, setzte sich in seinen VW-Bus und fuhr vom einen Ozean zum anderen.

Wie soll man beschreiben, wie es da drüben im wirbelnden Hier und Jetzt war? Das Strandleben, die Leute, die kamen und gingen, wie man sich fühlte, wenn man aneinandergekuschelt am warmen Hintern einer fremden Frau döste, während die von der Liebe erschöpften Beine von einer Sonne gebräunt wurden, die wie geschaffen war für Nudisten. Sie war Astrologin. Immer wieder tauchten sie gemeinsam ein in das selige meditative Einssein, und später las sie ihm aus den Tarockkarten. Parrish schwebte tatsächlich die meiste Zeit im freien Raum, aber dann und wann stand er auch vor seiner Staffelei. Alles war im Fluß. Er beschloß, einen Artikel darüber zu schreiben und ihn an die Werbezeitschrift *Advertising Age* zu schicken. Hier ein Auszug aus seinem unveröffentlichten Artikel:

Wenn Sie gerne so leben wollen wie ich, dann erwarten Sie sich keine Country Clubs, keine mit Teppichen ausgelegte Wohnungen und kein bequemes Leben auf der Grundlage eines jederzeit zugänglichen Spesenkontos, so wie Sie es gewöhnt sind ... Diese Zeit ist für mich ungeheuer produktiv. Ich habe in den ersten drei Monaten 26 Bilder gemalt, und ich hatte schon zwei Ausstellungen.

Vom Inhalt der Bilder oder von ihrer Bedeutung für ihn war mit keinem Wort die Rede. Der Artikel war eine reine Werbeschrift. Jay lief immer noch auf Houchtouren.

Als die Astrologin sich einen anderen Liebhaber nahm, war er erleichtert: noch eine Last weniger.

Nan schrieb immer wieder und rief ihn an, um ihm zu sagen, daß sie zu ihm kommen wolle. Er schrieb ihr zurück: »Bist Du sicher, daß Du nackt herumlaufen und im VW-Bus leben kannst und daß Du nach einem Bad in heißen Quellen zwei Stunden lang in der Sonne massiert werden willst? Denn das sind die Dinge, die in meinem Leben immer mehr Raum einnehmen.«

Nan schrieb, ja, sie sei sicher.

Parrish kaufte ein winziges weißes Luxushäuschen, um sie und die Kinder unterzubringen. Es diente ihm als Werkstatt für seine Tischlerexperimente. Er versuchte, sich für 50 Dollar am Tag als Tischler zu verdingen. Ab und zu verkaufte er ein Bild. Für weitere paar Jahre kommen monatliche Schecks über 500 Dollar von seiner alten Gesellschaft. Er sagte: »Ich würde wirklich gerne an den Punkt kommen, wo ich ohne Geld leben kann.«

Äußerlich hatte sich Parrish ungemein verändert. Er zog ein altes Foto von sich hervor. Es zeigte einen korpulenten, dickwangigen Mann mit stumpfem Blick und grau anmutendem Äußeren. Der Ausbrecher, der zwei Jahre nach dieser Aufnahme vor mir stand, war braungebrannt, lebendig und hager, er hatte eine Adlernase, feurige blaue Augen und üppiges Haupthaar. Eine verblüffende Erscheinung. Am merkwürdigsten war die Tatsache, daß Jay Parrish, der wie so viele andere erwachsen wurde und als Erwachsener lebte, ohne seine starke Identifizierung mit einem Elternteil anzuerkennen, erst jetzt allmählich wie er selbst aussah.

Aus der Art, wie Jay Parrish heute über sich spricht, wird deutlich, daß er sich als Hochstapler empfindet. Er nimmt verschiedene Haltungen an, entscheidet sich aber nicht aus freien Stücken für sie. Was er in der Welt draußen tut und wer er ist oder was er eigentlich in seinem Inneren will, stimmt nie überein. Wenn man fragt, was Parrish von Beruf ist, hat er selbst das Gefühl, er sei nichts. Er ist kein Gastwirt, kein Bierverkäufer, kein leitender Angestellter in der Werbebranche, kein Maler oder Tischler, ja er ist nicht einmal in einem tieferen oder dauerhaften Sinne Ehemann oder Vater. Er ist ein Mann, der auf der Ebene des Handelns ständig etwas ändert, sich in etwas Neues stürzt, z. B. einen neuen Job annimmt, eine neue Ehe eingeht oder sich aus ihr flüchtet, ohne im geringsten an sich zu arbeiten. Seine Kräfte für etwas einzusetzen fällt ihm allerdings leicht. Von seiner eigenen Substanz geht jedoch sehr wenig in seiner Arbeit auf oder kommt einem anderen Menschen zugute. Daher trennt er sich ziemlich leicht; er streift die anderen Menschen von sich ab. Er ist ganz die Verkörperung des Menschen, der sein Leben lang immer wieder etwas Neues anfängt.

Doch wie sieht die Gewinn- und Verlustrechnung für die Lösung seiner Probleme des mittleren Alters aus? Heute, mit 49 Jahren, ist selbst Parrish klar, daß er immer noch nach einer Jugend giert, die er nie gehabt hat. Im mittleren Alter müssen wir uns alle mit der Tatsache abfinden, daß wir keine 20 Jahre mehr sind, doch werden die meisten von uns Entwicklungen nachholen müssen, die sie früher nicht durchgemacht haben. Das ist indes nicht das gleiche wie der Versuch, wieder 20 sein zu wollen. Nan hat mittlerweile die Scheidung eingereicht. Parrish schlendert zur Eisenwarenhandlung hinab. Die Kassiererin ist ein hübsches 18jähriges Mädchen. »Ich suche eine Wohnung«, erwähnt er im Gespräch.

»Ich auch«, sagt die Kassiererin. »Meine Leute ziehen wieder in den Osten. Aber ich bin jetzt volljährig, ich kann tun und lassen, was ich will.«

»Wie heißt du?« fragt er.

»Mickey.«

»Vielleicht können wir was zusammen finden, Mickey.« Mit einem Blick die verschwommene Linie entlangschweifen, wo sich Himmel und Meer begegnen, und die philosophische Lösung finden – er wird dessen nicht müde. Mickey bringt ihre jungen Freunde zum Strandhaus mit. Es ist nichts Besonderes, ein Schuppen, aber ihn faszinieren die Diskussionen.

Er kann sich mit den jungen Leuten heiß reden über das, was Kant gesagt hat, über Zahlenmystik und Sufismus.

»Von meinen Altersgenossen kann ich das nicht bekommen«, sagt Parrish. »Sie reden über die Börse. Das ist der Grund, warum ich so viel Zeit mit jungen Leuten verbringe. Vielleicht hat es damit zu tun, daß ich selber kein College besucht habe. Mickey und ich zogen gemeinsam in dieses Haus ein, und wir wußten beide, daß wir nichts Ernstes miteinander im Sinn hatten. Ich will nicht, daß es sehr lange dauert. Sie bestand darauf, die Hälfte der Miete zu bezahlen. Und heutzutage zählt für mich jeder Hunderter. Aber gleichzeitig lehrt sie mich auch, in allem das Gute zu sehen. Ich sage z. B.: ›Verdammt, der Nebel zieht herein.‹ Ihr Gesicht hellt sich auf, und sie sagt dann: ›Ist es nicht schön? Wie der Nebel hereinzieht?‹«

Parrish pendelt immer noch jeden Tag zwischen dem Strand und Nans Haus hin und her. Er erledigt dort seine Tischlerarbeiten, bis die Kinder von der Schule kommen. Sie reden ein Weilchen miteinander, und dann sagt seine Tochter: »Tschüs, Pappi«, und die Jungen sagen »Bis morgen, Pa«. Dann kehrt er zu seiner 18jährigen Freundin zurück.

Er räumt ein: »Es ist ein komisches Arrangement, aber Nan und ich kommen viel besser miteinander aus, seit der Druck nachgelassen hat. Sie hat nie ein Wort über das Mädchen gesagt, mit dem ich zusammenlebe. Neulich habe ich vorgeschlagen, wir sollten alle zusammenkommen und drüben bei mir am Strand ein Picknick machen.«

Nan fühlt sich wie gelähmt. »Seit der Geburt unserer Tochter – sie ist geistig zurückgeblieben – habe ich über die Zukunft einfach nicht mehr nachgedacht. Ich hatte keine Möglichkeit, zu sagen: ›Na ja, in fünf Jahren fange ich dies oder jenes an‹, denn ich wußte nicht, was aus ihr werden würde. Ich würde gerne von mir sagen, daß ich zu dem oder jenem begabt bin; aber ich bin es nicht. Ich sollte wirklich mehr tun.« Sie hält inne. Ein Ausdruck der Hilflosigkeit huscht über ihr Gesicht. »Ich müßte irgendwas mit Kleidern oder Innenarchitektur anfangen. Ich weiß nicht recht, wo ich eigentlich beginnen soll. Vielleicht ziehe ich in die nähere Umgebung von San Francisco.«

Parrish ist gegen diesen Plan. »Es wäre dumm von dir, wegzuziehen«, sagt er zu ihr. »Nehmen wir an, du lernst jemand kennen, der mit dir in Kansas leben will, und dann mußt du wieder umziehen.« Diese Werbetaktik ist recht wirksam, denn er weiß, daß Nan nur darauf wartet, daß er sie wieder haben will. Aber der wahre Grund, warum er sie hierbehalten will, ist, daß er Kontakt zu seinen Kindern und eine Art Zuhause haben möchte, in dem er ab und zu zwischenlanden kann.

»Ich könnte es vor mir kaum verantworten, wenn ich Nan auflaufen und sie links liegenlassen würde; sie hat nichts Unrechtes getan. Sie lebt immer noch in jener anderen Welt, in der wir alle nach bestimmten Plänen lebten: ›Würdest du kommenden Samstagabend gerne ausgehen?‹; ›Ich möchte nächstes Jahr Vizepräsident werden‹. Sie glaubt immer noch, daß man auf diese Weise Beziehungen herstellt. Ich habe von den jungen Leuten, die ich hier getroffen habe, gelernt, daß es keine Verpflichtungen gibt. Nur der Augenblick zählt.«

Parrish weiß, welches Glücksspiel er da spielt. Er kann keine Möglichkeit finden, als Erwachsener zu leben, und er will es nicht, er will keine Verpflichtungen eingehen. Vielleicht führt ihn sein Weg vom Jugendalter direkt ins Greisenalter.

Eines späten Abends, nachdem er mich zu Nan gebracht hatte, zog er sich in den Schatten seines Campingbusses zurück. »Der Teufel, mit dem ich ringen muß, ist die Befürchtung, ich könnte als einsamer, enttäuschter alter Mann mein Leben beenden. Wenn irgend etwas passiert und ich mit meinen Händen nicht mehr arbeiten kann, werde ich zum Fürsorgeempfänger. Die Aussichten sind schlecht. Man kann in dieser Gesellschaft eigentlich nicht leben, wenn man nicht mindestens sechs- oder achttausend Dollar pro Jahr verdient, und damit kann man noch nicht einmal in einem Slum leben.«

Er ließ den Motor an und beugte sich über das Steuerrad, damit er besser durch den Nebel fahren konnte. »Wenn ich zehn Jahre älter bin, kann ich nicht mehr mit 18jährigen Mädchen leben, weil sie mich nicht mehr anziehend finden. Jetzt fühle ich mich geschmeichelt, weil sie mich akzeptieren. Aber ich frage mich, ob ich mir nicht einfach etwas vormache. Kommen dann die 17jährigen Mädchen und später die 14jährigen? Und wie wäre es mit 12jährigen?«

In diesem Sommer gab Parrish den Strandschuppen auf, um Miete zu sparen. Er besuchte seinen ältesten Sohn in Colorado und blieb den Sommer über bei ihm. Es schien, als könne er es sich nicht mehr ohne weiteres aussuchen, wo er nachher leben wollte. Jemand erzählte ihm, in Guatemala sei das Essen billiger und der Salat koste dort nur ein paar Pfennige. Er erwog, im Herbst mit seinem Bus nach Guatemala zu fahren.

»Mit oder ohne Mickey. Oder vielleicht ist es bis dahin jemand anderes.«

Als letztes habe ich gehört, Parrish sei nach Mittelamerika losgezogen. Er ist mit einer 17jährigen gefahren.

23.
Das Ausleben der Wirklichkeit

Niemand weiß, warum der große Meister Angst hat, die Augen zu schließen. Warum hat er mit 43 Jahren Schwierigkeiten, sein inneres Gleichgewicht zu halten? Die Stützen des Erfolges geben keinen Halt mehr.

Die Einladung aus Paris kam, als Aaron 40 war. Der große Coup. Die Hochburg des französischen Designs ersuchte um eine Ausstellung der Arbeiten des amerikanischen Senkrechtstarters. Aarons Ausstellung veränderte die gedankliche Richtung des Designs in Frankreich. Seine Ausstellung wurde als wichtiges soziologisches Ereignis behandelt. Aus aller Welt trafen Einladungen ein. Die Ausstellung ging auf eine internationale Tournee, und Aaron und seine Frau reisten mit ihr, wenn sie Zeit hatten.

Trotz all des schönen Scheins und Mumpitz, der die Tournee begleitete, trotz der fabelhaften Party in Paris, des von Seide glänzenden Empfangs in Tokio und des Champagners im Schloßhof von Mailand wurde Aaron von einem bittersüßen Gefühl des Verlusts heimgesucht. Auf dem Höhepunkt der Party in Paris bekam er die Nachricht, daß ein guter Freund von ihm todkrank ins Krankenhaus eingeliefert worden sei. Bei der Champagner-Party in Italien überrieselte es ihn wieder eisig: die Nachricht von einem weiteren plötzlichen Todesfall. Aaron begann über diese Ereignisse nachzudenken. In seinem Geist nahm eine neue Überzeugung Gestalt an: *Du mußt bereit sein, alles aufzugeben.*

»Der einflußreichste [Designer] unserer Zeit«, rief ein auf diesem Gebiet führender Kritiker aus. Aaron las den Artikel. Dann schloß er die Augen und ließ sich von einem Gefühl des inneren Zusammenbruchs übermannen, das zu mächtig war, um sich ihm länger zu widersetzen.

Jetzt ist ihm klar: »Ich habe meine Arbeit immer als Ersatz für die Lösung meiner Lebensprobleme benutzt. Es fing an, als ich heiratete. Ich packte mein Leben mit Aktivitäten voll, um größere persönliche Entscheidungen zu vermeiden. Ich *verzichte* auf meine Selbstbestimmung, indem ich eine Situation schaffe, die hohe Anforderungen an mich stellt, so daß ich immer von einem Projekt zum anderen hetzen muß und mir nie wirklich Zeit lasse, um darüber nachzudenken, wofür ich all das tue. Seit ich 40 geworden bin, wird mir immer klarer, daß der Grund dafür der ist« – er zögert einen Herzschlag lang – »daß ich eigentlich nie wirklich erforschen wollte, was es mit meinem Leben auf sich hat. Der bloße Gedanke daran, daß ich anhalten könnte, um mir ›auf den Grund zu gehen‹, ist ein Zeichen dafür, daß sich etwas geändert hat.«

Die Metropole, in der er geboren wurde – im Hinterzimmer eines Krämerladens in einem Armenviertel –, ist durch seine Hand heiterer und bewohnbarer geworden. Die Leute können auf seine Arbeiten zeigen und sagen: »Das ist von Aaron Coleman Webb.« Wenn man Aarons Leben an Äußerlichkeiten mißt, besitzt es große Kontinuität. Viele Männer verbringen viele Jahre zwischen zwei Stühlen und wissen nicht recht, ob sie nun Neuerer oder Verwalter, originelle Forscher oder Lehrer, Rechtsanwälte oder Politiker, Politiker oder Lohnschreiber sind. Aarons Karriere ist jedoch ein klarer Mittelpunkt, um den herum sich sein Leben seit seinem fünften Lebensjahr entwickelt hat.

Was den wechselhaften Jay Parrish angeht, so sind er und Aaron zwei Gegensätze. Man kann wie Parrish von einem Impuls zum anderen wechseln; es ist aber etwas ganz anderes, wenn Aaron davon spricht, seinen Erfahrungsschatz bereichern zu wollen, indem er die alten Formeln aufgibt. Aaron Coleman Webb ist ein echtes Wunderkind. Man könnte meinen, seine Situation sei ein Ausnahmezustand.

Es sieht nur so aus.

Aaron scheint in den Entwicklungsprozessen des Lebens wie die Natur selbst zu reagieren. Ich kenne ihn seit Jahren. Er gerät ebenso leicht in Begeisterung für Rock-Stars und billige griechische Restaurants wie für große Kunst. Während andere nur beobachten, lernt er aus allem etwas. Seine schöpferischen Kräfte sind in keiner Weise blockiert. Wenn im Studio ein Designproblem auftaucht, packt er es an – und weg ist es. Er trägt Jeans und Krawatten mit Früchte- und Gemüsemustern, und wenn man ihm unvermutet begegnet, steht einem ein dicker feuchter Kuß bevor.

Seine Frau, Michele, ist dagegen zart wie Farnkraut. Sie hat ihre eigene originelle künstlerische Phantasie kaum zur Schau gestellt, ja, sie ist damit sehr zurückhaltend. Sie kocht hervorragend. Oder vielmehr kochte. Jetzt kocht er. Am Wochenende ziehen sie oft in ein abgewohntes Landhaus. Anstelle von Kindern haben sie ein weltweites Netz von Freunden und Partnern.

Aber wenn Aaron Coleman Webb in dem Zwischenreich, in dem die äußeren Erfolge nichts gelten, die Augen schließt, ist er mit dem Gefühl des inneren Zusammenbruchs allein. »Ich habe während des letzten Jahres entdeckt, wieviel ich von dem, was ich vor mir selbst nicht zugeben kann, unterdrückt habe. Gefühle, die ich mir immer einzugestehen weigerte, kommen in einer Weise an die Oberfläche, daß *ich nicht mehr willens bin, es zu verhindern.* Ich will die Verantwortung für das, was *ich wirklich fühle*, annehmen. Ich will nicht so tun, als existierten diese Gefühle nicht, um eine Modellvorstellung davon, wie ich sein sollte, zu befriedigen. Ich bin über die Reichweite und die Qualität dieser Gefühle jetzt wirklich schockiert – über die Furcht, den Neid, die Gier und den Konkurrenzgeist in mir. All diese sogenannten schlechten Gefühle machen sich so stark bemerkbar, daß ich sie sehen und spüren kann. Ich bin verblüfft über die unglaubliche Energie, die wir alle verschwenden, um sie zu unterdrücken und uns den Schmerz nicht einzugestehen.«

Michele absolvierte die gleiche Design-Schule, doch war sie in seinen Augen in jeder anderen Hinsicht ein exotisches Wesen. Er war ein typischer Großstadtjude. Sie war ein Mädchen vom Lande. »Ich war irgendwie – ich muß das noch herausfinden – nicht nur von ihrer Schönheit, sondern auch von der Tatsache fasziniert, daß sie mit meinen Überzeugungen und der Schicht, aus der ich komme, nichts zu tun hatte.«

Wollte Michele auch als Designer arbeiten?

»Es gibt keine Anhaltspunkte dafür, daß sie das wollte. Sie sagte nie etwas davon, sie brachte es nie zum Ausdruck.«

Tatsache ist, daß Michele nach der Designer-Ausbildung eine Stelle angenommen hatte, die davor Aaron Coleman Webb gehabt hatte. Er ging als Stipendiat der Fulbright-Stiftung nach Europa. Er schrieb Postkarten, um die »Neue« zu grüßen. Man sagte ihr, wie schnell Aaron perspektivische Zeichnungen anfertigen könnte; sie konnte es schneller. Noch ehe sie den Mann gesehen hatte, konkurrierte sie bereits mit ihm.

»Das Seltsame ist, daß ich meine Sache in dem Job viel besser machte als Aaron«, erzählte sie mir. »Dann war da diese Ambivalenz. Ich wollte die Sicherheit der Ehe. Aber es gab keine Möglichkeit, die Ehe nicht als das Ende meines schöpferischen Lebens zu betrachten. Ich habe auf Aaron eine enorme Menge meines versteckten Ehrgeizes und meines Wunsches, mich auszudrücken, übertragen. Er hatte Hoffnungen, die zu haben ich nicht wagen durfte. Und ich liebte seine Hoffnungen.«

Aaron plante, eine eigene Firma aufzubauen und sie zu einer echten Gemeinschaft zu machen. Er und sein Partner stellten junge Designer an, die eigene Ideen hatten. Sie wollten, daß jeder für seine Arbeit persönlich zeichnen sollte. Die Folge war, daß die Leute anerkannt und berühmt wurden, die Firma verließen und so für neue Leute Platz machten. Aaron gefiel dieses Kommen und Gehen. Er empfand einen väterlichen Stolz beim Aufbau dieser hervorragenden Gruppe von Designern.

Einmal bat Aaron seine Frau, eine Galerie zu eröffnen und für die Akademie der Schönen Künste, an der er lehrte, eine Ausstellung zu planen. Es schien, als entwickelte Michele das Konzept themenzentrierter Ausstellungen mit der linken Hand. Sie hatte die originelle Idee, viele Künstler um ein Thema herum zu versammeln, anstatt das Publikum mit Ausstellungen von Werken eines einzelnen Künstlers zu langweilen. Sie schuf damit eine neue Richtung, die bald von den Luxusgalerien der Madison Avenue aufgegriffen wurde. Michele leistete in diesem Job fünf Jahre lang schwere und gute Arbeit. Dann hörte sie seltsamerweise auf. Sie war wieder zu Hause und arrangierte Blumensträuße und Platten mit Frischgemüse für Aarons Gäste.

Bei einem Preisverleihungsdiner einige Jahre später nahm Aaron die Idee der themenzentrierten Ausstellung für sich in Anspruch.

»Sie sollte die vollkommene Ehefrau sein«, sagte Aaron, »immer hilfsbereit und verständnisvoll, eine anmutige Gastgeberin, angenehm, bezaubernd und beliebt. Am wichtigsten ist die Tatsache, daß ich von Michele immer verlangte, sie solle mir innerlich Frieden geben.« Aaron kann jetzt unter diesen Idealisierungen seine etwas primitiveren Beweggründe entdecken. »Das zuzugeben fällt mir am allerschwersten. Ich sehe ein, daß ich eigentlich immer eine Situation gesucht habe, die letztlich frei von Intimität war. In der ich mich nie entblößen mußte. Es ist gut möglich, daß ich mir eine Frau völlig anderer Herkunft gesucht habe, damit ich es ihr übelnehmen könnte, wenn sie meiner Vorstellung von ihr nicht entsprach. Das war nur eine weitere Methode, um der echten Intimität zu entfliehen.«

Als Aaron seinem vierzigsten Lebensjahr entgegenstrebte, wurde seine Mutter krank und blieb auch kränklich. Er wurde von einem einzigen Gedanken verfolgt und wachte jeden Morgen mit der unbarmherzigen Vorstellung auf: *Du mußt sterben.* Aaron verfiel in eine Depression und bekam schließlich eine Darmentzündung. Seine Mutter war so viele Jahre lang der einzige Mensch gewesen, der seine künstlerischen Träume gegen den Willen seines Vaters geschützt und unterstützt hatte. Da Aaron einen so starken Inneren Wächter in sich hatte und sich so sehr mit diesem identifizierte, konnte er leicht glauben, sein Selbst würde mit dem ihren zugrunde gehen.

Von dem Tag an, an dem Aaron den Hörer abnahm und hörte, seine Mutter sei gestorben, begann sich seine Zwangsvorstellung zu verflüchtigen. »Damals vollzog sich ein Wandel, und es entwickelte sich ein ganz bestimmtes Ziel in mir: Ich wollte aus meiner Firma die beste ihrer Art auf der ganzen Welt machen.« Plötzlich schrumpfte seine Fähigkeit, die Ansichten und Einfälle anderer Leute aufzunehmen. »Aber das hatte nichts mit der Brauchbarkeit ihrer Ideen zu tun. Ich wollte keinen anderen Impuls zulassen, gleichgültig, ob er nun gut war oder nicht.« Die Beziehung zwischen Aaron und seinem Geschäftspartner wurde gespannt. »Ich wollte wirklich eine Art beruflicher Meisterschaft erreichen, die mich gegen jede Abhängigkeit von anderen Leuten immun machen sollte, um in eine Machtposition von solchen Ausmaßen zu gelangen, daß niemand an mir Kritik üben könnte. Und das habe ich weitgehend erreicht.«

Hat er mit seiner Frau über seine Todesängste geredet?

»Ein bißchen.«

»Hat sie Ihnen den inneren Frieden gegeben?«

»Ich hatte gehofft, daß sie es tun würde.«

»Aber dann machte sie selbst eine emotionale Krise durch?«

»Ja. Denn Michele hat sich in unserer Beziehung auf meine elterlichen Eigenschaften, meinen Beistand, meine Stärke und auf mein Gespür dafür verlassen, daß ich schon wüßte, wohin ich gehe. Jede in Erscheinung tretende Schwäche meinerseits wirkte sich auf unsere Beziehung katastrophal aus. Wenn ich unsicher oder schwach oder ängstlich war, geriet Michele in Panik, weil sie befürchtete, *ich* könnte mich auf *sie* stützen wollen. Das hieß natürlich, daß meine Angst größer wurde. Diese Art Knoten war sehr gefährlich für uns. Eine Schwäche auf meiner Seite pflegte die Gefahren, die Michele sah, zu verstärken. Es ist ein System, das zur Zerstörung neigt.«

Wo war Michele mit 38? Sie saß allein in ihrem Landhaus und las *Zelda* und andere Bücher über Männer, die aus den Ideen von Frauen, die sie liebten, Nutzen gezogen hatten. Warum quälte sie sich. *Wo steht geschrieben, daß nur Frauen Ammendienste leisten?* Plötzlich empfand sie das verzweifelte Bedürfnis, selbst ins Gleichgewicht zu kommen. Sie rannte in den Garten hinaus und stellte sich auf den Kopf. Bebend fühlte sie sich einen Augenblick lang mit diesem auf den Kopf gestellten Universum im Einklang: plötzlich knackte es in ihrem Nacken. Nicht einmal ihr Körper taugte noch für ihre Ziele. Sie beschloß, es sei Zeit zu sterben. Als sie das ganze Haus nach Schlaftabletten durchsuchte, fand sie nur eine Flasche mit Vitamin E. Das Vitamin des langen Lebens. Sie mußte lachen.

Einmal war in einem Gespräch Micheles normalerweise helle Stimme scharf geworden, und plötzlich griff sie an.

»Ich habe Aaron zu einem besseren Designer gemacht«, erklärte sie. »Und es ist mir gleich, ob es irgend jemandem, in diesem Fall Ihnen, schwerfällt, es zu glauben.«

Ich sagte, es falle mir nicht schwer, das zu glauben, da ich doch die Beweise gesehen hätte.

»Aber ich habe meinen Konkurrenten immer klargemacht, daß ich ihr Spiel nicht mitspiele«, fuhr sie fort. »Ob mich das aus dem Spiel warf und mich zum Sieger machte oder ob es mich aus dem Spiel warf und zum Verlierer machte, habe ich nicht gemerkt. Auch gab es in Aarons Augen keine Möglichkeit, daß ich auf dem gleichen Gebiet arbeiten könnte wie er. Er wollte das einfach nicht.«

Aber als sie die Kunstgalerie eröffnete und die themenzentrierte Ausstellung erfand – warum blieb sie nicht bei diesem Wirkungsbereich?

»Ich glaube, es hat vielleicht die Angst mitgespielt, ich würde mich so sehr hineinvertiefen und dann allein sein, wenn ich mich wirklich engagieren würde.«

Selbständigkeit bedeutet Alleinsein. Wie erbarmungslos verfolgt doch diese Vorstellung die Frauen! Wenn man nicht schon zu einem früheren Zeitpunkt auf die Probe gestellt wird, muß man sich an den Kreuzungen vor der Lebensmitte dem großen Entsetzen stellen.

Für Aaron bezeichnete die Ausstellung in dem französischen Museum das offizielle Ende dieses Abschnitts in seinem Leben. Er sagte, einfach um selbst zu hören, sich selbst zu überzeugen, zu mehreren Leuten: »Man hat mir offiziell gesagt, daß ich ein guter Junge bin und Gutes geleistet habe. Das heißt, ich muß mir eine andere Tätigkeit ausdenken.«

Gegen Ende unseres ersten eigentlichen Interviews sprach Aaron davon, daß er eine Möglichkeit suche, »um vorübergehend auszusteigen«. Gleichzeitig ließ er den Satz »Die Sache doch noch ein bißchen zu kontrollieren« einfließen. Seine Stimme sank zu einem Flüstern herab. »Ich weiß nicht, was ich will. Was ich wirklich lernen muß, sind die Gefühle der Passivität, der Abhängigkeit, der Schwäche und der Gebrechlichkeit – all diese Dinge, die mir auf der Ebene des Verstandes verhaßt sind. Als Gegengewicht dazu muß ich mir erlauben, meine eigene Aggression anzuerkennen, meine Strafsucht und all das. Ich kann nicht mehr so tun, als gebe es die Dualität der Rollen nicht. Ich erlebe zur Zeit viel Verwirrung, große persönliche Verwirrung.«

Michele. Ihre verblüffend weiße Haut, die so zart ist, daß sie unter ihren Augen grau wie das Innere weißer Tulpen geworden ist, und ihre feurigen dunklen Augen – Michele schien mir immer dafür gemacht, anderer Leute Phantasien verwirklichen zu helfen. Ihre Haupteigenschaft ist ihre Ungreifbarkeit. Wie alles, was exquisit und fiebrig ist, kann sie von der rationalen Welt nicht eingefangen und befriedigt werden. Ihr Leben ist erfüllt von künstlerischen Visionen, Tagträumen, Ruhelosigkeit und vom Kettenrauchen.

Man weiß nie genau, was sie als Nächstes tun wird. Da sitzt diese zerbrechliche Frau, eine frische Gardenienblüte an die Brust geheftet, zieht heftig an ihrer Zigarette und erzählt von der Freude, die es ihr macht, Straßenhändlerin zu sein – ja – mitten im großen Erfolg ihres Mannes ging sie dazu über, mit alten Freunden in einem überlaufenen Stadtteil Trödel zu verkaufen. Es war etwas Eigenes, sagte sie. Als ich sie das nächste Mal sah, hatte sie sich in ein vier Jahre dauerndes Studienprogramm in esoterischer Philosophie eingeschrieben, bei dem sie einen akademischen Grad erwerben konnte.

Wir verschoben immer wieder unser Gespräch. Ein Jahr verging.

Einmal habe ich sie mit Aaron kurz auf einer großen Wahlnachtsparty gesehen. Sie hatte ihr Haar leuchtend rot gefärbt und zu Hunderten von Löckchen aufgedreht, die wie Sprungfederchen hüpften. Neben dem Weiß ihrer Haut und ihren feinen Gesichtszügen wirkte die Eigenbewegung ihrer neuen Haartracht leicht hysterisch. Ein derart ausgefallener Stil hätte die meisten Frauen ihres Alters zum Gegenstand des Gelächters gemacht. Michele machte er nur noch ansteckender und herausfordernder.

Nein, dachte ich, Micheles Schönheit stirbt nicht. Sie würde sich erst zu dieser Phosphoreszenz entwickeln und dort an der Grenze zum Grotesken in der Schwebe verharren – wer weiß, wie lange?

Als ich sie anrief, um einen Termin zu vereinbaren, erstarrte sie zu Eis. Ein paar Tage später rief sie zurück, um abzusagen.

»Seit Ihrem Anruf bin ich die ganze Zeit zittrig«, erklärte sie. »Ich werde von so vielen Gedanken und Dingen, die hochkommen und denen ich lange Zeit keine Aufmerksamkeit geschenkt habe, hin und her gerissen. Ich weiß nicht, anscheinend habe ich bisher noch nicht daran gedacht, daß ich in meinen mittleren Jahren bin. Ich fürchte mich davor, zuzugeben, daß ich Angst habe.«

Ich sagte ihr, sie sei nicht im mittleren Alter. Sie sei 42 und stehe wahrscheinlich mitten in der Krise der Lebensmitte. Was sie dann sagte, fing das Ineinander von Licht und Dunkel, das für so viele schwer zu beschreiben ist, wunderschön ein. »Es ist sehr seltsam, aber in meinem tiefsten Inneren singe ich immer vor mich hin.«

Einige Stunden später rief Michele zurück, um mir zu sagen, sie wolle jetzt doch zu dem Buch beitragen, in all ihrer Unsicherheit ganz ehrlich sein und nicht warten, bis sich alles wieder beruhigt habe. Ich dankte ihr.

Wir trafen uns in ihrem Lieblingsrestaurant, in dem ein gelassenes und nicht geschäftsmäßiges Tempo herrscht und die Rumcocktails mit schwimmenden Gardenienblüten serviert werden.

»Am Sonntag, nachdem wir miteinander gesprochen hatten, wurde es mir klar«, sagte sie, »vielleicht etwas später als anderen Leuten. Ich hatte eindeutig das Gefühl, daß meine Talente nicht existierten, wenn ich sie nicht anerkenne. Es könnte doch tatsächlich sein, daß ich sterbe, bevor sie zum Ausdruck kommen. Da hat es mich zum ersten Mal voll getroffen. Vorher ging es in erster Linie um die Auseinandersetzung mit meinem Mann, weil ich ihm seine Rolle in unserer Beziehung verübelte, oder darum, die Schuld daran der Welt draußen zuzuschieben, meiner Mutter zum Beispiel, meinem Vater oder dem Ort, den mir die Gesellschaft zugewiesen hat. Am Sonntag habe ich mich zum ersten Mal hingesetzt und meinen Anteil daran anerkannt; ich hatte mich versteckt. Es war sehr klar.«

Ich sagte, das sei ein gutes Zeichen.

»Ich weiß nicht, ob es ein gutes Zeichen ist, aber es ist eine sehr unsichere Position.«

Sie erzählte mir, sie würde gerne eine Anzeige aufgeben und darin die ganze Wundertüte ihrer Fähigkeiten anführen, die sie im Lauf der Jahre erworben hat. Sie will ihre Kräfte unbedingt freisetzen und mit anderen teilen. »Ich glaube, jetzt habe ich zum ersten Mal ein mütterliches Bedürfnis entwickelt.«

Die Kinderlosigkeit ist der Angelpunkt. Seit dem Augenblick, als sie erfuhr, woher die Kinder kommen, neigte sich immer wieder eine Stimme über ihre Schulter und klagte: »Ich wollte eine Künstlerin sein, und ich wäre eine *große* Künstlerin geworden, wenn ich dich nicht gehabt hätte.« Micheles innere Hemmung, Kinder zu bekommen, wäre, wenn man in ihre Eileiter Knoten gemacht hätte, wahrscheinlich nicht größer gewesen als die Worte ihrer Mutter.

»Ich habe gerade eingesehen, daß ich *tatsächlich* wie sie sein wollte!« rief Michele aus. »Wie diese Seite von ihr. Ich wollte lieber eine Künstlerin sein als Kinder haben« – ihre Stimme ist ohne Bedauern – »und ich bin sicher, daß ich dadurch die Wünsche meiner Mutter verwirklichen wollte.«

Sie fischte die Gardenienblüte aus ihrem Drink, atmete langsam den Duft ein und fing wie neubelebt an, ihre Dunkelheit zu sondieren. »Ich hatte nie Angst vor dem Tod. Aber ich habe Angst vor dem Altern. Als ich jung war, war ich sehr hübsch. Es ist die Angst, daß ich nicht mehr das jugendliche, zerbrechliche Aussehen haben könnte, das die Leute immer veranlaßt hat, sich um mich kümmern zu wollen, wenn man mich im Stich zu lassen drohte – und daran muß ich plötzlich sehr oft denken. Ich habe nie daran gedacht, daß ich mich einmal um mich selber kümmern müßte.«

Ein überraschtes Lächeln überzog ihr Gesicht. »Aber jetzt, wo ich vor dieser direkten Herausforderung stehe, sehe ich, daß ich noch Reserven habe. Das bedeutet dieses Singen in mir.«

Aaron und ich sprachen wieder miteinander, nachdem er sein Studio ganz aufgegeben hatte. Er lief auf Hochtouren.

»Ich will meine Designarbeit nicht aufgeben«, sagte er. »Ich will sie lediglich in andere Richtungen lenken. Ich will lieber die Arbeit initiieren, als Aufträge annehmen.« Er erzählte mir von Environments, von Restaurants und Füllfederhaltern, die er entwarf.

»Und Michele?« Ich erinnerte mich an die Glut, mit der seine Frau nach ein paar Cocktails zu mir gesagt hatte: »Ich glaube, ich fühle mich deshalb so hart, weil ich merke, wie der Konkurrenzgeist in mir wieder erwacht, und weil ich nicht weiß, wie ich damit umgehen soll.«

Aaron spürt das auch. »Sie muß wirklich ihre eigenen Gefühle, ihre eigene Realität und ihre Konkurrenzgefühle akzeptieren und sie unabhängig von meiner Vorstellung von ihr verwirklichen und ausleben«, sagte er. »Das versucht Michele zur Zeit. Ich versuche sie zu unterstützen, aber das Unterstützen wird zu einem komplizierten Elternspiel.«

Ich lenkte nun die Aufmerksamkeit von Michele ab. Ich redete mit Aaron über die Gefühle, die er den jungen Männern gegenüber empfand, die von ihm gefördert und zu eigenem, fernem Erfolg ausgeschickt wurden. War er als künstlerischer Vater immer hilfreich oder manchmal distanziert und diktatorisch, je nachdem, wieviel Anhänglichkeit ein früherer Schüler ihm bezeugte?

»Ich weiß, daß ich in meiner väterlichen Eigenschaft auch gerne einmal den Strafenden herauskehre«, gab er zu. »Und das war gegenüber einigen Leuten tatsächlich so, obwohl ich es lange Zeit nie zugegeben hätte. Ich wollte immer der gute Vater sein.«

»Sicher, aber die Fäden mußten in Ihrer Hand zusammenlaufen, oder?« fragte ich.

»Ich mußte alles lenken können und teilte Strafen aus. Ich war der Guru. Und der Guru ist distanziert – noch eine Möglichkeit, um echte Intimität zu verhindern.«

»Kehrten Sie gegenüber Michele auch manchmal den strafenden Vater heraus?«

»Ja –«, er zögerte, »ich glaube schon.«

»Ist es eine Form von Bestrafung, wenn man sich zurückzieht?«

»Eine Form, ja.« Er machte eine Pause; diese Schürf-Aktion war schmerzhaft. »Sich zurückziehen und Kritik üben. Ob ich es wirklich will, daß sie von mir abhängig ist wie von einem –« vor dem Wort *Vater* hielt er plötzlich an und sagte statt dessen: »Es ist so kompliziert.«

Wir nahmen ein Taxi. Aaron war auf dem Weg zum Kochkurs. Michele war wohl an der Universität und lernte vor allem, sich in ihrem eigenen Universum zu Hause zu fühlen. Sie arbeiten an sich. Aaron ist dabei, die Rolle aufzugeben, in der er sich früher gefiel, die von Micheles Ersatzvater; Michele bemüht sich, die Abhängigkeit von ihm aufzugeben, die sie jetzt so sehr ärgert. Wenn sie jedoch diese Tür entriegelt, wird sie alle Illusionen von absoluter Geborgenheit verlieren. Und er wird die beängstigende Möglichkeit haben, einzugestehen, was er nun in sich spürt. Dies ist dann ein Bekenntnis, das an den Kern von Aarons Selbstbild – sowohl als gefeierter Künstler als auch als starker Ehemann – rührt: »Es ist sehr schwer, die Erfolge der Persönlichkeit aufzugeben. Die *Tricks*, die für dich gearbeitet haben. Aber du mußt sie aufgeben, wenn du sie falsch wahrgenommen hast. Ich will das Schlechte nicht wieder ausblenden, damit ich ein ›guter‹ Mensch sein kann.« Er blieb eine Weile still. Sein Gesichtsausdruck wurde weicher. »Was ich wirklich will, ist ein klarer, unbelasteter Neubeginn.«

Ich fragte ihn, was zu seiner Vorstellung von der Liebe in den mittleren Jahren gehören würde, wenn er eine solche entwickeln müßte.

Er überlegte. »Ich glaube, sie würde die Anerkennung meiner eigenen Abhängigkeiten erfordern. Und von da aus könnten wir uns möglicherweise auf ein Gefühl der Anteilnahme zubewegen, das mit Abhängigkeit nichts zu tun hat. Auf einen Zustand, in dem die beiden Partner einander heranreifen sehen wollen, ob sie nun daraus einen Vorteil ziehen oder nicht.«

»Sich daran erfreuen, daß man den anderen leben sieht?«

»Ja. Das ist etwas, was in guten Freundschaften viel häufiger vorkommt als in Ehen.« Er schien durch seine eigene Einsicht Auftrieb zu bekommen. »Freundschaften haben etwas ganz Besonderes.«

Als ich das letzte Mal mit den Webbs zusammen war, waren sie auf einer Tanzparty zu Ehren Aarons von Freunden und Bewunderern umgeben. Micheles Haar war wieder natürlich. Sie sah entspannt aus. Sie sind immer noch auf dem Weg durch die mittleren Jahre, aber nicht mehr so verwirrt oder voller Angst.

»Das vergangene Jahr war das beste in unserer Ehe«, sagte Michele. »Ich glaubte, ich allein hätte Angst und fühlte mich abhängig. Was für eine Erleichterung, wenn man herausfindet, daß diese Gefühle beim anderen auch vorkommen! Es ist so wichtig, daß man die gegenseitige Abhängigkeit zugibt, meinen Sie nicht auch?«

»Ja.«

Wie viele Menschen haben Einblick in ihre eigene Dunkelheit, dachte ich. Und diejenigen, die diesen Einblick haben und es sich erlauben, sich gehenzulassen? Wer macht voller Vertrauen diesen Sprung in einen neuen Anfang? Vielleicht begegnen sich gegensätzliche Ideen und verlieren ihre Gegensätzlichkeit, und ein neues Kapitel beginnt. Vielleicht sind wir an der äußersten Station unserer Selbsterforschung zum ersten Mal zu einer Erkenntnis über uns selbst gelangt.

SIEBTER TEIL

ERNEUERUNG

So ziehen die Reiter der Finsternis
Auf ihrem Rundritt vorbei:
Das leuchtende Eiland
Des Selbst erzittert und wartet,
Erwartet uns alle, oh Freunde,
Dort, wo der große Pinsel des Ozeans
Den sterbenden Leben und ungeborenen Lächeln
Neue Farben verleiht.

Lawrence Durrell

24.
Erneuerung

Dennoch, wozu Wachstum? Wenn wir uns bisher nicht gescheut haben, den einzelnen Phasen des Lebens mutig entgegenzutreten, was haben wir zu fürchten?

Das mittlere Lebensalter ist die Zeit der größten Beeinflussung. Viele Jüngere besitzen Macht, aber Einfluß, der weiter reicht als Macht, üben in Politik und Wirtschaft, in Erziehung und Gesellschaft im allgemeinen jene aus, die mittleren Alters sind. Das Durchschnittsalter in den gehobenen Positionen beträgt 54 Jahre.

Die wichtigste Eigenschaft, die man dem mittleren Alter traditionsgemäß zuordnet, ist die Erfahrung. Aber auch das hat zwei Seiten: Wer sich den Fünfzigern nähert, ohne in der Lebensmitte an die Möglichkeit einer Neuorientierung gedacht zu haben, gerät leicht in die starre Haltung eines Bewahrers des Status quo. Nicht ohne Grund werden solche Leute als »Reaktionäre« bezeichnet. Ein weiterer Stereotyp dieser Kategorie ist das »Kind« in mittleren Jahren, das sein Alter und damit seine Erfahrung negiert: der Unternehmer mit den langen Koteletten, der sich auch noch mit Sechzig gibt wie ein Sechsundzwanzigjähriger, Frau Nervensäge, mit Schleifchen im Haar, die sich von ihrem Männe einen Porsche zum Spielen wünscht, der Professor, der die gesunde Skepsis der Erfahrung vergißt, um sich auf das Evangelium der Jugend und in den Lebensstil eines lateinamerikanischen Revolutionärs zu stürzen.

Auf der anderen Seite diejenigen, die in der Phase des mittleren Alters ihre persönlichen Wahrheiten erkannt, erfahren und akzeptiert haben. Sie warten nicht länger auf die Erfüllung des unmöglichen Traums, noch sind sie gezwungen, eine unflexible Haltung zu verteidigen. Nachdem sie mit vielen Techniken der Bewältigung von Problemen und großen Veränderungen experimentiert haben, hat sich für sie auch ein Großteil der jugendlichen Forderungen und Illusionen abgeschwächt. Sie sind erfahren. Sie wissen, was geht. Sie sind in der Lage, mit erfreulich geringem Aufwand Entscheidungen zu treffen. Wo sich aufgrund innerer und äußerer Erfahrung ein eigenes Urteilsvermögen entwickelt hat, können starre Verhaltensformen durchbrochen werden. Wie Bernice Neugarten bemerkt, gehört die Tatsache, daß man die Dinge besser beurteilen kann, zu den beruhigendsten Aspekten des mittleren Lebensalters.[1]

Nebeninteressen, die in früheren Jahren erschlossen worden sind, können im mittleren und späten Alter zu einer echten Lebensaufgabe werden. Jeder Zugang zu einem neuen Gebiet eröffnet einem in späteren Jahren ein weiteres Reservoir an Energie. Vor allem sollte man nicht davon ausgehen, daß das, was einmal dominierend und unbefriedigend war – z.B. der Wettbewerb des Geschäftslebens oder die Sorge um die Kinder –, für immer Ziel und Hauptstütze des Lebens bleiben werde.

Wer in den mittleren Jahren nie das Bedürfnis verspürt hat, parallele Interessen zu kultivieren, für den wird es auch später keine goldenen Jahre geben. Ein Mann, der mit 65 Jahren in den Ruhestand tritt, greift nicht plötzlich zur Kamera, um in einer zweiten Karriere als Photograph aufzublühen. Selbst wenn man ein gewisses Naturtalent mitbringt, erfordert jede Lehrzeit die Bereitschaft, Schwierigkeiten und Unsicherheiten in Kauf zu nehmen. Und dabei sind sogar 50jährige meist schon zu befangen, um eine solche Zeit der Prüfung durchstehen zu können.

Als ein anregendes Beispiel kann jener Doktor gelten, der schon in den Dreißigern mit dem Photographieren anfing. Jahrelang schlug er sich mit dieser Nebenbeschäftigung herum, ohne jedoch von ihr zu lassen. Mit 45 Jahren hatte er ausgezeichnete Bilder gemacht. Er hatte der Farbphotographie eine neue Dimension hinzugefügt; was einst als künstlerisches Steckenpferd begonnen hatte, war nun reif, zu einem zweiten Beruf zu werden. Er hat seither – oft mit seiner Frau – die ganze Welt bereist und die schönsten Landschaften aufgenommen. Heute, mit weit über 70, besitzt dieser Mann eine körperliche Ausdauer und psychische Verfassung, als stünde er in der Blüte seines Lebens.

Während die Männer in den mittleren Jahren ihr Alter vorwiegend nach beruflicher Stellung und gesundheitlichen Schwankungen bewerten, neigen Frauen dazu, ihren Altersstatus nach familiären Ereignissen zu bemessen. Ihre Sorgen kreisen mehr um die Gesundheit ihres Mannes als um ihre eigene.[2] Sie sind weniger vom Herzinfarkt bedroht als von der Witwenschaft, und sie müssen sich darauf vorbereiten, auch allein zurechtzukommen. Für die Frau ist es ungeheuer wichtig, etwas zu finden, das ihr ein unabhängiges Überleben ermöglicht, bevor sie sich durch das leer gewordene Nest überflüssig vorkommt. Denn sonst läuft sie Gefahr, daß ihr ihre Ängste genau jene Zukunft diktieren, die sie am meisten fürchtet: hilflos auf die Gesundheit und Zuverlässigkeit des Ehemanns sowie auf die Großzügigkeit der erwachsenen Kinder vertrauen zu müssen. Jede Frau fürchtet, eine jener Witwen zu werden, die sich auf das Familienleben ihrer verheirateten Kinder stürzen oder sich mit der tapferen Einsicht, »Sie haben ihr eigenes Leben«, am Rande aufhalten. Ob sie nun wohlhabend genug ist, um die Welt auf Vergnügungsdampfern zu umschiffen, oder ob sie die Spatzen von einer Parkbank aus füttert, sie wird stets das alte kleine Mädchen sein, das nur noch auf seinen Tod wartet.

Margaret Babcock, die Mutter jenes Yale-Absolventen, dem wir schon früher in diesem Buch begegnet sind, liefert das Beispiel für eine ermutigende Alternative. Mit Fünfunddreißig wurde ihr klar: »Ich hatte weder gefühlsmäßig noch finanziell auch nur die geringste Chance, irgend etwas an meinem Leben zu ändern. Aber etwas mußte getan werden, um diese Ehe von ihrem Druck zu befreien. Ich war damals noch keineswegs sicher, ob es gelingen würde. Mein Gefühl sagte mir, daß es höchste Zeit war, einen Weg zu finden, der mich auf eigenen Füßen stehen ließ.«

Die Zeit drängte, und langsam gewöhnte sie sich an den Gedanken, auf ein College zu gehen. Philosophie, Psychologie und schließlich Kunst füllten die alte Leere aus. Das Bügelzimmer wurde zum Studio, dem Raum, in dem sie bis zur Erschöpfung malen konnte und in den sie auch tagsüber manchmal zurückkehrte – barfuß –, um sich zu überzeugen, daß der Beweis für ihr neues Werden noch vorhanden war. Über die Begeisterung hinaus arbeitete sie auf ein Ziel hin, das sich eines Tages auch in finanzielle Unabhängigkeit ummünzen lassen würde. Um jedoch dieses Ziel mit der Verantwortung für ihre Familie, für das Heim ihrer vier Kinder vereinbaren zu können, mußte sie langsam tun. Margaret brauchte acht Jahre bis zu ihrem College-Abschluß.

Heute, mit 46 Jahren, ist sie eine ebenso eifrige Hochschulabsolventin wie nur irgendeiner oder -eine in den Zwanzigern, wo für jemanden, der noch unerprobt ist und der daher seine Grenzen noch nicht kennt, die ganze Welt in Reichweite seines Geistes und Willens zu sein scheint. Mit einem Magister-Grad, einem Beruf als psychiatrische Sozialarbeiterin und einem wöchentlichen Verdienst hat sie die Sicherheit, ihr Heim jederzeit verlassen zu können, wenn sie es wollte. Sie will es nicht. »Es ist äußerst merkwürdig nach all diesen Jahren. Mehr denn je in meinem Leben habe ich jetzt das Gefühl, daß eine gute Ehe wirklich möglich ist.«

Für Menschen des öffentlichen Lebens ist es sogar noch schwieriger, sich neue Energiequellen zu erschließen, denn sie haben meistens nicht viel Einfluß darauf, wann sie in den Ruhestand treten. Einige Körperschaften pensionieren ihre Manager mit Sechzig, andere diskutieren eine Radikalkur, nach der leitende Angestellte schon mit Fünfundfünfzig abgesägt werden sollen. Die Herrschaften, die solche Entscheidungen treffen, würden allerdings gut daran tun, wenn sie die Selbstmordstatistiken studierten. Das starke Ansteigen der Selbstmordrate bei Männern zwischen 55 und 65 könnte möglicherweise ein Beweis dafür sein, daß viele Pensionäre sich zum alten Eisen geworfen fühlen. Weitaus menschlicher versucht man in Schweden zu verfahren, wo man den Angestellten die Möglichkeit zu einer »stufenweisen Pensionierung« gibt, d. h. allmähliche Reduzierung der Arbeitsstunden über die Jahre zwischen Sechzig und Siebzig. Aber wir alle können zwar für Reformen kämpfen, rechnen können wir nicht auf sie.

Körperlich altern ohne Panik

Mehr als durch alles andere werden Reichtum oder Mangel unserer mittleren Jahre von der Einstellung bestimmt, die wir zu uns selbst haben. Wer sein Alter meistert, wird nicht erwarten, daß sein Körper auch jenseits der Vierzig ohne jede Hilfe noch reibungslos funktioniert, genausowenig wie man erwartet, daß ein altes Auto ohne ständige Wartung, nur für seine schöne Patina prämiiert wird. Im Sport korrespondiert das Leistungsniveau mit der biologischen Kurve. Aber Frenkel-Brunswik hat beobachtet, daß es eine ganze Reihe von Funktionen gibt, die vom Innenleben beeinflußt werden, wie z. B. Wissen und Erfahrung, und die dem biologischen Leistungsabfall zum Trotz immer leistungsfähiger werden.[3]

Das Denken der Leute mittleren Alters heute ist nicht mehr krank. Vergleicht man die Symptome, welche von Rat suchenden Patienten mittleren Alters heute angegeben werden, mit denjenigen von vor zwanzig Jahren, so läßt sich ein deutlicher Wandel erkennen. In einer vom *White-Institute* durchgeführten vergleichenden Studie kommen die Analytiker Lionells und Mann zu dem Schluß, daß die psychosomatischen Beschwerden, die in der Vergangenheit so typisch für das mittlere Alter waren – kritische persönliche Probleme, die häufig als »vages und unbestimmtes Gefühl der Müdigkeit und Lethargie« dargestellt wurden – heute als das gesehen werden, was sie sind: Probleme der Selbstverwirklichung und der Erfüllung.[4]

Das durch die Sexualforschung so populär gewordene Prinzip »Wer rastet, der rostet« gilt in gleichem Maße auch für andere Bereiche, z. B. für die Lernfähigkeit. Je mehr wir unser Gehirn arbeiten ließen, desto mehr wird es auch weiterhin für uns arbeiten. Bis zum Alter von fünfzig Jahren haben hochgebildete Testpersonen nur einen minimalen oder überhaupt keinen altersbedingten Leistungsschwund zu verzeichnen; die Testgenauigkeit nimmt mit den Jahren sogar noch zu. Und später ist ein gewisses Nachlassen höchstens in der Geschwindigkeit, nicht aber in der Genauigkeit der Leistung zu erkennen. Die Lernfähigkeit Erwachsener reduziert sich also nicht gleichmäßig und allgemein; es ist nur die Fähigkeit, ungewöhnliches und unanwendbares Material zu absorbieren, die sich in späteren Jahren verringert.[5]

Hier möchte ich gerne etwas über die Freude sagen, die es bedeutet, wenn man *nach* seinem fünfundvierzigsten Lebensjahr noch etwas Neues lernt. Ich habe viele Frauen und Männer mittleren Alters erlebt, die – begeistert von der Tatsache, Lernende, wieder Anfänger zu sein – mit einem Skilehrer die verschneiten Pisten hinabrauschten. Sie werden es nie zu perfekten Jet-Schwüngen bringen, aber was soll's! Das gleiche gilt für jene Frauen in den Wechseljahren, die mir von ihren ersten Versuchen im Golf oder im Wandern berichteten. Eine äußerst beschäftigte Karrierefrau nahm sich die Zeit, Klavierspielen zu lernen; das machte ihr so viel Spaß, daß sie schließlich auch noch Unterricht in Stepptanz nahm. Solche Aktivitäten haben, wenn sie mit der richtigen Einstellung begonnen werden, nichts mit Dilettantismus zu tun. Es geht wirklich nur darum, jene Entropie zu besiegen, die besagt »mach mal langsam, gib's auf, setz dich vor den Fernseher«, und einen neuen Weg einzuschlagen, der alle Gefühle beleben kann, einschließlich des Gefühls, nicht nur ein alter Hund zu sein.

Beträchtlich ist der Gewinn, wenn die neugewählte Beschäftigung aktiv in frischer Luft ausgeübt werden kann. Gewiß, nachdem man die Vierzig überschritten hat, ermüdet man schneller, weil man nicht mehr so viel »Luft« hat, d. h., die Sauerstoffreserven sind nicht mehr so groß. Aber regelmäßiges Training ist ohnehin besser als plötzliche Spurts, und schließlich: Was ließe sich schon zugunsten der körperlichen Inaktivität sagen? Das Gehirn braucht Sauerstoff, und um diesen in ausreichendem Maße zu beschaffen, brauchen die Lungen Hilfe, da sich die natürliche Ausdehnung der Brust mit zunehmendem Alter immer mehr verringert. Der Herzmuskel kann alle neuen und Neben-Bahnen, die durch regelmäßiges körperliches Training geöffnet werden, zur Blutzirkulation verwenden. Und so kann wohlüberlegte Bewegung den Alterungsprozeß buchstäblich hinauszögern.

Wer sich in seinen mittleren Jahren in den Lehnstuhl hinter dem Ofen verkriecht, konspiriert mit Rückenschmerzen, Bruchleiden, gebrochenen Hüften und Herzinfarkten. Von einem schwerfälligen Herzen kann man nicht erwarten, daß es plötzlichen Belastungen standhält, und ebenso wenig sind schlaffe Muskeln in der Lage, die Wirbelsäule und die lebenswichtigen Organe ausreichend zu stützen. Auch hier gilt: Wer rastet, der rostet.

Allerdings sollte man sich vor der Versuchung hüten, in Konkurrenz mit dem eigenen athletischen Selbstbild von einst treten zu wollen. Die mühsam erworbenen Kraftreserven, die man in einem halben, an Erfahrung reichen Leben angesammelt hat, lassen sich auf andere Ziele und andere Trophäen lenken. In großen Teilen des Fernen Ostens z. B., wo jene Tätigkeiten am meisten geschätzt werden, für die man viele Jahre der

Vorbereitung braucht (Kontemplation, Meditation, Dichtung und Malerei), betrachtet man dagegen die Gruppe der 40 bis 50jährigen als vergleichsweise jung. In unserer Kultur dagegen glaubt man im allgemeinen, daß dem Menschen mittleren Alters die Farben weniger leuchtend, die Geschmäcker, Düfte und Klänge weniger deutlich erscheinen als in den lebendigen Jugendtagen. Derart stereotype Vorstellungen finden wenig oder gar keine Unterstützung von seiten der Psychologie. Die Wahrnehmungen des mittleren Lebensabschnitts besitzen durchaus ihre eigene Brillanz.[6]

Eine neue Einstellung zu Geld, Religion und Tod

Das »Ich soll« der Zwanziger, das dem »Ich will« der Dreißigerjahre weicht, wird schließlich in den Vierzigern zu einem »Ich muß«. Und vieles von dem »Ich muß« ist nur allzu real. Schulgeld für die Kinder, finanzielle Unterstützung der alt werdenden Eltern. Doch ein Gutteil der »Ich muß«-Haltung, vor allem, wenn sie bis in die Fünfzigerjahre beibehalten wird, ist von der Gewohnheit und den prägenden Erfahrungen früherer Jahre gefärbt.

Mr. Tyler ging als junger Mann in die Werbung, weil er glaubte, das sei die richtige Branche, um schnelles Geld zu machen. Schreiben, seine heimliche Sehnsucht, erschien ihm zu jener Zeit noch äußerst frivol. Obwohl er aus einer Familie mit starkem sozialem Engagement kam, das er noch zu intensivieren gedachte, mußte er in der Lebensmitte feststellen, daß er nicht Künstler, sondern Verwaltungsmensch geworden war; nicht Reformer, sondern Romanzendichter für die Kunden; ein guter grauer Bürger mit eigener kleiner Agentur und mit Wünschen, die zu aufrührerisch waren, um anerkannt zu werden.

»Ich rechtfertigte mich vor mir selbst, indem ich sagte, das alles sei notwendig. Die Agentur betrachtete ich als Gelegenheit, meinen Schnitt zu machen. Mit Vierzig wuchs die Unzufriedenheit immer mehr. Ich kaufte mir ein Boot und verbrachte viel Zeit darauf, aber auch das Boot war nicht die Antwort. Ich beschuldigte meine Frau, daß sie mich aus Egoismus aufzehre, obwohl ich mir bewußt war, daß ich kein Recht hatte, ihr Vorwürfe zu machen. Ich wollte wieder das Gefühl haben, tatkräftig am Leben teilzuhaben. So fing ich mit Sexgeschichten an, wo ich mit immer neuen Frauen verschiedene Rollen spielen konnte. Manchmal spielte ich den Industriekapitän; manchmal war es der verkannte Künstler, abgestumpft, aber dazu ausersehen, eines Tages wie ein Phönix der Asche zu entsteigen. Diese Art von Bestätigung übt einen gewissen Reiz aus – für kurze Zeit. Aber dies alles ist ungeeignet, um die richtige Antwort zu finden; damals jedoch wußte ich das noch nicht. Es ist die eigene Einstellung, die aus allem, was man tut, aktives, lebendiges Teilnehmen werden läßt.«

Tylers Krise der Lebensmitte staute sich fünfzehn Jahre lang, bevor er es sich erlauben konnte, der inneren Stimme nachzugeben. Ganz unbewußt jedoch hatte er schon viel früher vorbereitende Schritte unternommen. Mit Fünfundvierzig fing er zu bildhauern an. »Das war ein Ersatz für das Schreiben, und da es ein Hobby war, brauchte ich vor der Beurteilung durch andere keine Angst zu haben.« Ein weiterer Schritt bestand darin, daß er sich ein Studio in der Stadt mietete. Er verabscheute die Vorstädte, aber sein jüngstes Kind lebte noch zu Hause. Als er die Fünfzig überschritten hatte, war für Tyler der Punkt erreicht, an dem es ihm wichtiger war, die immer knapper werdende Zeit zu leben, als weiter am Ausbau seiner Sicherheit zu arbeiten.

In seinem Verlangen, die Zügel abzustreifen, zog Tyler als nächstes in eine kleine Stadtwohnung. Er konnte die Erleichterung geradezu physisch spüren: »Von jetzt an bin ich nicht mehr an ein Haus und an Hypotheken gekettet.« Die letzte Rechtfertigung fiel weg, als seine Frau nach siebenundzwanzig Jahren zu Hause wieder anfing zu arbeiten. »Das half mir zu meiner Entscheidung, denn nun würde ich zwar – falls ich scheiterte – notfalls als Clochard enden, aber ich würde damit nicht sie bestrafen.«

Der Augenblick größten Erstaunens in seinem Leben war gekommen, als er alle seine Geschäftspartner zusammenrief und sich selbst sagen hörte: »Also – ich will aussteigen.« Tyler verließ die Geschäftswelt im Alter von fünfundfünfzig Jahren, um seinen Jugendtraum zu erfüllen und Schriftsteller zu werden. Noch immer trägt er in der Tasche eine Krawatte mit sich herum, aber er benutzt sie nicht mehr.

Liegt für den einen der Brennpunkt für die Erneuerung in einer Überprüfung seiner Einstellung zum Geld, so dreht es sich bei dem anderen hauptsächlich um Fragen des Glaubens.

Heute fragt sich Margaret Babcock manchmal, was wohl passiert wäre, wenn sie in der »religiösen Phase« steckengeblieben wäre, die sie in ihren Dreißigerjahren erlebte. »Ich habe fleißig alle Pflichten erfüllt, die von der Episkopalkirche verlangt werden, ohne zu wissen, ob ich an Gott glaubte oder nicht. Wirklich auseinandergesetzt habe ich mich damit erst, als ich persönlich ziemlich verzweifelt war. Zwei oder drei Jahre damals war ich schrecklich: ganz dogmatisch.«

Margarets Sicherheit wurde eines Tages – sie war achtunddreißig – erschüttert, als sie um Mitternacht einen Anruf von ihrer Mutter aus Florida bekam: »Vater geht's nicht gut.« Sie sah, wie ihr Vater plötzlich an Speiseröhrenkrebs starb, ohne den heiligen Geist der Zufriedenheit auf seinem Gesicht, ohne das Vermächtnis seines Zaubers.

»Ich durchlebte eine Periode, in der ich mich selbst als tot sah; ich sah mich selbst im Sarg liegen, sah die Menschen auf meinem Begräbnis. Ich stellte mir das alles so klar vor, wie nur irgend möglich, bis zu dem Punkt, wo ich bereit war, mir ein eigenes Leichenhemd zu kaufen.«

Nach dieser morbiden Phase trauerte Margaret um den Verlust ihrer Sicherheit und beklagte die unsanfte Art, in der Gott und Vater, ihre nicht angezweifelten höheren Autoritäten, sie verlassen hatten. Die größte Prüfung kam in ihren frühen Vierzigerjahren und betraf die Bande zu ihrer Mutter. Um mit ihrem Kummer fertig zu werden, stilisierte Margarets verwitwete Mutter die siebenundvierzig Jahre, die sie in die Zukunft eines einzigen Mannes absorbiert gewesen war, sentimental zur »glückseligen Verbindung«, und ihre religiöse Einstellung wurde zunehmend unbeugsamer. Sie nahm den größten Anstoß daran, wie Margaret ihr Leben führte, »ins College rannte, Mann und Kinder vernachlässigte und ihren Glauben verlor«.

Margaret wagte nicht auszusprechen, was sie in ihrer Mutter sah, »eine Person, mit einem sehr geschlossenen System«. Jeder Zweifel, den sie über ein Leben nach dem Tod äußerte, war ein Schlag gegen die innerste Überzeugung ihrer Mutter, daß sie nach dem Tod wieder mit ihrem Ehemann vereint würde. Doch genau das war die Frage, mit der Margaret zu kämpfen hatte. »Meine Zweifel an einem Leben nach dem Tod waren immer größer geworden, und so wurde es sehr wichtig für mich, das zu tun, was ich tun mußte, und es in diesem Leben gut zu tun. Mit zunehmender Stärke und Differenziertheit, wenn man das so ausdrücken kann, wurde mir klar, daß ich einen Bruch mit meiner Mutter riskieren konnte, ohne daran zugrunde zu gehen.«

Nach dem Bruch dauerte es einige Jahre, bis Margaret, die immer alles andere als ihre Mutter sein wollte, entdeckte, daß sie dieser in Wirklichkeit sogar sehr ähnlich war. Ihr Engagement in der Sozialarbeit, ihr snobistisches Wohltätertum, das sich in Sackleinen kleidete, ihre Richterlichkeit – all das war Teil jener alten Erbstücke, die sie schließlich als Erbteil ihrer Mutter erkannte. Nur wenn solche Überreste in der Lebensmitte ausgegraben und von ihren archaischen Kindheitsidentifizierungen befreit werden, kann man sie voll verarbeiten und in günstigere Formen umwandeln.

Mit Sechsundvierzig kann Margaret behaupten: »Erst seit etwa zwei Jahren bin ich soweit, daß ich gewisse Aspekte meiner Mutter an mir selbst schätzen kann. Und ich bin nicht mehr so versessen darauf, die letzten religiösen Antworten finden zu wollen. Ich akzeptiere die Tatsache, daß es viele Fragen gibt, auf die ich nie eine Antwort finden werde. Und in diesem Glauben fühle ich mich sehr wohl.«

Untersuchungen besagen, daß jene Ehepaare, die den Übergang zur Lebensmitte gemeinsam überstanden haben, um Mitte Vierzig auffallend häufig von einer Besserung ihrer Ehe sprechen. Die Schlußfolgerung daraus heißt nicht, daß der Partner plötzlich eine wunderbare Wandlung vollzieht, sondern daß echte Toleranz entstehen kann, sobald man aufhört, eigene innere Widersprüche auf den anderen zu projizieren. Der steile Anstieg der Zufriedenheit mit der Ehe mildert sich dann jenseits der Fünfzig, bleibt aber auf einem höheren Niveau.[7]

Zu dieser Zeit kennen die Partner sich gegenseitig ziemlich gut (obwohl es auch dann noch Raum für Überraschungen gibt und geben sollte). Das mittlere Alter bietet vielen Paaren Gelegenheit zu echter Partnerschaft, da nun klar ist, daß gemeinsame Interessen und ein gesunder Respekt vor der Privatsphäre des anderen einander nicht ausschließen. Das ist eine gute Chance, mit jemandem alt werden zu können, Freunde, Erinnerungen und Spaziergänge im Regen zu teilen, jemanden zu haben, der die Stille des Hauses mildert, nachdem die Kinder ausgeflogen sind, und mit dem man die Freude genießen kann, daß man endlich wieder Zeit füreinander hat.

Eine Erstehe unter den mittleren Jahrgängen ist eine Rarität. Aber viele, die in einer früheren Ehe älter geworden sind, sind bereit und willens, in der Lebensmitte eine neue Verbindung einzugehen. Von denen, die sich mehrmals verheiraten, gehört ein Viertel dem »Mittelalter« an.[8]

Mit zunehmendem Alter nimmt die Neigung ab, sich selbst mit anderen zu vergleichen. Man beschäftigt sich mehr und mehr mit dem Innenleben und gewinnt dadurch zwei der hervorstechendsten Merkmale der reiferen Jahre: Einsicht und philosophische Einstellung.[9] Und man erkennt im Verlauf dieser Wendung zur Innerlichkeit, daß die Loslösung von anderen etwas Positives ist.

Man hört auf, seinen Partner als bloßen Ersatzvater bzw. Ersatzmutter zu sehen, und erkennt in ihm das wertvolle Gegenüber, den Gefährten. Meist ziemlich überrascht stellt man fest, daß auch erwachsene Kinder freudeschenkende Partner sein können, vor allem, wenn sie sich nicht länger in untergeordneter Stellung befinden und das etablierte Leben ihrer Eltern nicht mehr verächtlich machen. Das alles soll nicht heißen, daß wir mit zunehmendem Alter das Interesse an anderen Menschen verlören. Wie die Schriftstellerin Florida Scott-Maxwell aus der überlegenen Sicht ihrer zweiundachtzig Jahre bestätigt: »Egal wie alt eine Mutter ist, sie wird ihre Kinder stets, auch wenn diese schon vierzig oder fünfzig sind, beobachten und nach Fortschritten suchen.«[10]

Die Mitte des Lebens ist gewiß die Zeit, in der man einen gesunden Respekt vor der Exzentrizität haben sollte. Das allerdings ist nur möglich, wenn man die Gewohnheit, jedem gefallen zu wollen, überwunden hat. Für viele Frauen scheint das erst sehr spät der Fall zu sein. Dr. Estelle Ramey, eine rüstige Ärztin, Ende Fünfzig, hat es geschafft. »Ich merke, daß ich öfter die Wahrheit sage. Ich war mir vorher nicht bewußt, daß ich schwindelte und dachte, ich hätte einfach gute, damenhafte Manieren. Alles, was ich wollte, war, daß jeder so sein möge wie ich. Heute ist es mir egal. Ich möchte, daß *einige* Menschen mich mögen, und damit bin ich's zufrieden.«

Menschen, die in den mittleren Jahren allein sind, mögen vielleicht bereit sein, zu akzeptieren, daß es nicht nur vorübergehend gut ist, das Alleinsein zu lernen. Es kann auch grundsätzlich gut sein. Vor allem, wenn man selbst von der dominierenden Persönlichkeit eines Partners in den Schatten gestellt wurde oder wenn man jahrelang als jene vereinigte Ganzheit – genannt Ehepaar – gelebt hat, ohne zu wissen, ob man überhaupt in der Lage wäre, als Individuum zu überleben, vor allem dann kann es ein sehr beruhigendes Gefühl sein, wenn man entdeckt, daß man das durchaus kann.

Mehrere der befragten Frauen sprachen darüber, wie froh sie waren, als sie erkannten: »Ich bin ganz und gar für mich selbst verantwortlich! Ist das nicht herrlich!« In einem Seminar, wo jeder seine Lebensgeschichte erzählte, machte eine erfreulich aufrichtige Frau von zweiundfünfzig Jahren folgendes Geständnis: »Nach dreißig Jahren Ehe war ich völlig am Boden zerstört.« Noch bevor irgend jemand Zeit hatte, sie zu bedauern, fuhr sie fort: »Ich hasse nichts mehr, als allein zu sein, aber wenn irgend möglich, möchte ich nicht wieder heiraten. Alleinstehend zu sein, ist das Aufregendste, was mir je passiert ist. Und es ist erstaunlich, um wie vieles realistischer ich mit meinen Kindern umgehen kann, seitdem ich nicht mehr Teil von einem Paar bin. Ich habe nicht vor, den Rest meines Lebens allein zu verbringen. Aber ich möchte auch nicht mehr herkömmlich verheiratet sein, mit allen Konsequenzen, die das nach sich zieht. Ich fürchte, diese neuen Wochenendverhältnisse sind was Großartiges.«

Einer der männlichen Teilnehmer, ein Witwer, berichtete von einem ähnlichen Gesinnungswandel. Kurz nach dem Tod seiner Frau und ziemlich verunsichert darüber, ob er einer völlig gebrochenen Tochter durch die schwierigen Jugendjahre würde helfen können, begann er eine erfolg- und freudlose Suche nach einer neuen Frau. Es vergingen ein, zwei Jahre; und er war immer noch allein. Aber bis dahin, nachdem er sein Berufsleben so geordnet hatte, daß es ihm auch Raum für ein echtes Zusammenleben mit seinen Kindern ließ, fühlte er sich seiner Rolle als alleinstehender

Elternteil gewachsen. Und obwohl er das Zusammensein mit manchen Frauen genoß, war er nun so weit, daß er sich die neugewonnene Fähigkeit, zu kochen und sich mit sich selbst zu beschäftigen, bewahren wollte.

Vielleicht das hervorstechendste prominente Beispiel für ein neugewonnenes Selbstverständnis in mittleren Jahren dürfte wohl Katherine Graham sein. Schmerzlich menschenscheu und abhängig, solange ihr dynamischer Mann am Leben war und die Geschäfte der *Washington Post* leitete, war Mrs. Graham doch nicht gewillt, die Zeitung nach dem Selbstmord ihres Mannes einer fremden Leitung zu überlassen. Ganz allmählich brachte sie es fertig, in ihr schlummernde Kräfte wachzurufen, und wurde – zu ihrer eigenen Verwunderung – schließlich zu einer der mächtigsten und geachtetsten Herausgeberinnen Amerikas.

Ein so weitreichender Wandel kann sich natürlich über Jahre hin erstrecken. Für eine Dame, die ich hier Janet nennen möchte, waren es zehn. Obwohl sie mit 44, nach zehn Jahren glücklich aufopfernder Hilfstätigkeit für ihren Wissenschaftler-Ehemann, eigentlich so weit war, wieder in ihren ursprünglichen Sozialberuf zurückzukehren, war sie andererseits völlig konsterniert, als ihr Mann sie mit folgender Eröffnung überraschte: Er wolle noch warten, bis ihre Tochter im Juni aus dem College zurückkäme, doch dann werde er sie verlassen.

Er hatte noch immer sein Buch nicht geschrieben, und er gab Janet die Schuld daran. Wie habe er auch schreiben können, mit all der Verantwortung, die er für die Familie getragen habe. Tatsächlich hatte Janet nicht nur die Verantwortung für Haus und Kinder übernommen, sondern daraus eine Kunst gemacht, die alles andere ausschloß. Ihr Mann, der sich selbst für ein Genie hielt, war dabei, seinen unverwirklichten Traum aufzugeben. Und um seine Selbstverachtung zu mildern, schien er entschlossen, auch all das aufzugeben, was Teil davon gewesen war.

»Das Quälende daran war«, sagt Janet, »daß ich wußte, daß dies der Mechanismus war. Und nachdem mir klar war, was es war, hätte mein Ego das auch aushalten können, wenn ich nicht krank gewesen wäre. Eine Schilddrüsenunterfunktion, die ich als kleines Mädchen gehabt hatte, machte sich wieder bemerkbar, als ich in die Menopause kam. Ich war physisch einfach nicht in der Lage, weiterhin der duldsame Geist zu sein, der ich in schwierigen Situationen immer gewesen war. Für ihn war es eine Enttäuschung, daß ich in dieser Zeit nicht die Überlegene sein konnte. Und dabei lebte ich noch völlig in seiner Welt, hatte, außer ihm, keine Identität.«

Janet fand die Kraft, in den Süden zu gehen und sich dort eine Arbeit zu suchen. Das erste Jahr fand sie Hilfe bei Freunden, bis ihre Gesundheit wiederhergestellt war. Langsam und allmählich kehrte sie zurück ins akademische Leben, obwohl ihr das »irreal« vorkam und temporär. Als sie Mitte Fünfzig war, hatte sie das Kunststück fertiggebracht, eine ganz neue Abteilung in der Medizinischen Fakultät der örtlichen Universität aufzubauen. Sie gab ihre zölibatäre Haltung auf und konnte feststellen, daß es Männer gab, die sie attraktiv fanden; und vielleicht noch wichtiger: Da die meisten dieser Männer mit Alimenten und Unterhaltszahlungen belastet waren, erkannte sie, welch ein außerordentliches Plus ihre eigene finanzielle Unabhängigkeit darstellte. Sie sah sich Konferenzen organisieren, Dinner-Parties geben, Artikel verfassen und sogar einen Urlaub in der Südsee allein genießen, und da wußte sie, daß sie endlich frei und unabhängig war. »Ich bin jetzt ganz ich, und das ist äußerst aufregend, besonders, wenn ich daran denke, daß ich vor zehn Jahren überhaupt keine Identität hatte.«

Und endlich Selbstbestätigung

Der größte Gewinn, den man auf dem Weg von der Verwirrung zur Erneuerung erzielt, ist die ethische und moralische Selbstbestätigung, das Unabhängigwerden von den Standards und Richtlinien der anderen. Wenn man erst einmal aufgehört hat zu bedauern, daß man diese und nicht andere Eltern gehabt hat, und nachdem man sich durch verschiedene Lebensstile hindurchgelebt hat bis zu dem Maß an Würde, das man bereit ist zu verteidigen, dann kann man das erreichen, was Erikson *Integrität* nennt. Er meint damit jenes letzte Entwicklungsstadium des Erwachsenen, in dem man seinem eigenen Leben wohlwollend gegenüberstehen kann.

Um so weit zu kommen, ist es unter Umständen nötig, aus einem Lebensmuster auszubrechen, das unbefriedigend geblieben ist. Ganz bestimmt ist es nötig, sich seines eigenen Vorgehens bewußt zu werden, um es verbessern oder ändern zu können, und um nicht davon überrollt zu werden.

Ken Babcock veränderte um die Lebensmitte, sehr zur Verwunderung seiner Familie, sowohl sein Lebensmuster, als auch sein ihm selber hinderliches Vorgehen. Von seinem Vater hatte er stets eingehämmert bekommen, daß es nötig sei, zu kämpfen und Vorsorge zu tragen. Und er selbst hatte all die Wertmaßstäbe der gesellschaftlichen Hackordnung passiv hingenommen und sich früh abgekapselt. Er mußte unbedingt Aufsichtsratsvorsitzender werden. Aber so lange er dieses Ziel auch verfolgte, um die Erwartungen seines Vaters zu erfüllen, Ken hatte immer Angst. Seine ständige Furcht zu versagen war unbewußt als ein Konservatismus in Gelddingen getarnt. Und daraus ergab sich sein Verhalten: Um nur ja kein Risiko einzugehen, negierte er alles Negative, negierte, daß er seinen Job haßte; negierte, daß er sich das Haus, in dem er lebte, eigentlich nicht leisten konnte; negierte, daß es seine Selbstzweifel waren, die ihn davon abhielten, sich für ein politisches Amt zu bewerben – bis jemand anders ihn aus dieser Position verdrängte.

Als Ken dreiundvierzig Jahre alt war, ging sein Traum kaputt. Er entdeckte, daß brave Jungs nicht automatisch zum Nachfolger des Aufsichtsratsvorsitzenden aufrücken. Als sich die Rezession auch auf seine Firma auswirkte, wurde er gefeuert. Einfach so. Die darin liegende Ironie ist ihm nicht entgangen. Was war aus seinen lahmen Revolten, seinen hohlen Risiken geworden, nachdem er seine Sicherheit so lange in finanzieller Absicherung gesucht hatte?

»Ich brauchte drei Monate, bis ich so weit war, ein Risiko einzugehen, das einzig wirkliche Risiko meines Lebens. Für mich war das eine wichtige Zeit, in der ich herausfinden mußte, wozu ich imstande bin. Margaret meinte, ich sei vom Tage Null an schon viel zu konservativ gewesen; aber für mich ist finanzielle Sicherheit nun einmal das wichtigste.«

Er machte den Sprung und kaufte ein Maklerbüro an der Wall Street, das an der Schwelle zum Bankrott stand. Zähneknirschend steckte er all seine Ersparnisse in dieses Vabanquespiel, ebenso fast sein gesamtes emotionales Kapital sowie jeden wachen Moment während sechs langer Monate. Er nahm sich sogar ein Zimmer in der Stadt, um auch in der Nacht für das von ihm aufzupäppelnde Geschäft dasein zu können. Das war ein Schritt, der wirklich »etwas bedeutete«. Er bedeutete, daß Kenneth Babcock durch sein Ausbrechen schließlich selbständig werden könnte. Es war ein Schritt, der völlig außerhalb seiner bisherigen Gangart lag. Er schlug fehl.

Was wurde nun aus dem schönen weißen Bilderbuchhaus im Kolonialstil? Es wurde verkauft.

Spät nachts, wenn Ken ans Telefon geht, sagt er, er wird Margaret die Nachricht ausrichten. »Sie wühlt bis zu den Ellbogen im Dreck. Im Nachthemd gärtnert sie draußen bei Flutlicht.« Sie fanden eines Nachts ein vergessenes Päckchen mit Zinnien, und mit einer Lampe bewaffnet, gingen sie hinaus, um die Samen unter ihrem Schlafzimmerfenster zu säen. Sie bauen gemeinsam an ihrem neuen Heim.

Es war Margaret, die Ken dazu drängte, die finanzielle Belastung abzuschütteln und das große Haus zu verkaufen; für zwei Personen war es ohnehin viel zu groß. Aber für Ken war das Haus der sichtbare Beweis für das, was er erreicht hatte, die Summe seines Lebenswerks. Und er gab zu bedenken »Das Haus ist wirklich mein einziger Besitz, neben der Familie«. Heute sagt Ken: »Jetzt, wo wir draußen sind, bin ich erleichtert. Ich vermisse das alte Haus nicht im geringsten.«

Um sich von seinem geschäftlichen Versagen zu erholen, mußte er einen weit tieferen Blick in sein Innerstes tun. Entweder mußte er die Erkenntnis, daß sein Traum vom Aufsichtsratsvorsitzenden gescheitert war, unterdrücken und ignorieren, oder er mußte mit seinen gestorbenen Illusionen Frieden schließen und sein Heil von nun an in weniger ausgefahrenen Geleisen suchen.

»Mir wurde klar, daß ich ein Opfer des Peter-Prinzips geworden war. Ich hatte den Gipfel meiner Erfolglosigkeit erreicht, und das beste, was ich tun konnte, war, dorthin zurückzukehren, wo ich eindeutig Erfolg hatte, d. h. eine Maklerbürofiliale zu leiten und selbst kaufmännisch tätig zu werden.«

Und indem er sein Wunschziel innerhalb der Branche veränderte, für die er am geeignetsten war, anstatt die Branche zu wechseln, wie er es vorher versucht hatte, wurde es Ken binnen kurzem möglich, sein eigenes örtliches Büro zu eröffnen und Erster Kapitän eines kleineren Schiffes zu werden. Das allein schon hätte sich gelohnt, aber da war noch mehr. Ein weiterer, bisher unbekannter Teil seiner selbst konnte sich entfalten. Statt des getriebenen Mannes, der sich in die Fänge der Wall Street begeben mußte, kam ein ruhigeres Selbst zum Vorschein, das den Erfolg im Beruf mit dem friedlichen Landleben, das er zu Hause führte, vereinbaren konnte. Und außerhalb der Arena der internationalen Finanz entdeckte er, daß sein Traum auf dem lokalen Niveau stets aufs neue realisierbar war. »Ich muß feststellen, daß ich, wenn immer ich an Bord dieses Schiffes gehe, zum Käpt'n avanciere. Früher bin ich abgelaufen wie eine alte Uhr«, sagt er mit jetzt funkelnden Augen, »aber sobald ich aufgehört hatte, etwas ändern zu wollen, bekam ich Freude daran.«

Die Zukunft der Babcocks ist voller Pläne. Mit zwei anständigen Einkommen und minimalen häuslichen Verpflichtungen denken sie daran, gemeinsam zu reisen, und vielleicht kann Ken sich schon bald zur Ruhe setzen. Er freut sich darauf.

Dieser Mann, der auf den ersten Blick ganz bestimmt nicht zu den Gewinnern zählt – besonders dann nicht, wenn man ihn nach der oberflächlichen Wertskala der großen Geschäftswelt bemißt –, erweist sich bei näherem Hinsehen als erfolgreich in einem tieferen Sinne: ein Mann, der sich Neuanfänge abgerungen hat, vor denen viele andere zurückgeschreckt wären; der das Risiko eines Versagens einging und einen Fehlschlag überwand und der aus diesem Vakuum schließlich zu einer Integrität des Selbst gelangte. Ein erfüllter Mensch.

Man möchte wünschen, daß es einen Preis für Menschen gäbe, die begreifen, wann etwas genug ist. Gut genug. Erfolgreich genug. Dünn genug. Reich genug. Sozial verantwortlich genug. Jemand, der Selbstachtung hat, der hat genug; und jemand, der genug hat, der hat Selbstachtung. Glücklicherweise wird es immer Menschen und Ereignisse geben, die uns davor bewahren, in den selbstzufriedenen Sumpf »absoluter« Reife zu versinken.

Es wäre sehr verwunderlich, würden wir nicht einen gewissen Schmerz verspüren, wenn wir die Vertrautheit einer Periode unseres Erwachsenenlebens verlassen, um uns ins Ungewisse der nächsten Periode aufzumachen. Aber die Bereitschaft, von einem Stadium in das nächste überzuwechseln, bedeutet gleichzeitig die Bereitschaft, intensiv zu leben. Wer sich nicht ändert, kann auch nicht wachsen. Und wer nicht wächst, lebt nicht wirklich. Wachstum erfordert immer zeitweiligen Verzicht auf Sicherheit. Das kann bedeuten, daß man vertraute, aber einengende Verhaltensweisen, eine sichere, aber unbefriedigende Arbeit, Werte, an die man nicht mehr glaubt, Beziehungen, die ihren Sinn verloren haben, aufgeben muß. Dostojewski meinte zu diesem Problem: »Am meisten fürchten die Menschen sich davor, Neuland zu betreten, neue Wahrheiten auszusprechen.« Und dabei ist es genau das Gegenteil, vor dem man wirklich Furcht haben sollte.

Solange körperliche Kraft und die Freuden der Sinne für die höchsten Werte des Lebens gehalten werden, versagen wir uns selbst all das, was jenseits der Jugend liegt, und so finden wir uns damit ab, daß der Rest des Lebens nur noch ein schaler Abglanz ist. Und solange wir dem Anhäufen von Reichtum und Erfolg keine anderen Werte entgegensetzen können, geraten wir in die Falle einer grauen und eintönigen Lebensmitte. Aber die Freude, sich selbst zu entdecken, kann in jedem Alter erlebt werden. Und obwohl liebe Menschen in unser Leben eintreten und es auch wieder verlassen, bleibt die Fähigkeit zu lieben erhalten. Hat man sich erst vom Trachten und Streben früherer Jahre befreit, kann man den Mysterien des Lebens gegenüber uneingeschränkt offen sein.

Der Mut zum Neuen erlaubt uns, jede Phase des Lebens mit ihren Befriedigungen hinter uns zu lassen, um neue Antworten zu finden, die uns den Reichtum des nächsten Lebensabschnitts erschließen. Die Fähigkeit, das Leben in jedem Alter voll zu genießen, ist jedem von uns gegeben.

Anmerkungen und Quellenangaben

1.
Wahnsinn und Methode

1 Robert Coles liefert uns in seiner Biographie *Erik H. Erikson – Leben und Werk* eine überzeugende Interpretation des Lebens als stufenweise Entwicklung, sowie des Geistes, der sich in seiner Essenz ebenfalls ständig weiterentwickelt.
2 Die entsprechende Untersuchung »Perspectives on the Recent Upturn in Divorce and Remarriage« von Paul C. Glick und Arthur J. Norton wurde im Auftrag des Bureau of the Census, U. S. Dept. of Commerce im Jahr 1972 durchgeführt.
3 Roger Gould berichtete über seine Arbeit in »The Phases of Adult Life: A Study in Developmental Psychology«, die im *American Journal of Psychiatry* (1972) erschien. Seine Untersuchung befaßte sich mit der Beobachtung aller psychiatrischen Patienten in ambulanter Behandlung, die an einem Gruppentherapieprogramm der Psychiatrischen Klinik der Universität von Los Angeles teilnahmen. Er und seine Mitarbeiter unterteilten die Patienten in sieben Altersgruppen, an denen sie im Laufe eines Jahres gruppenweise die hervorstechendsten Merkmale beobachteten. Aus diesen Beobachtungen entwickelten sie einen Fragebogen, den 524 Nichtpatienten vorgelegt bekamen, mit der Bitte, ihre Beziehungen zu Eltern, Freunden, Kindern und Ehepartnern in einer bestimmten Anordnung zu werten. Außerdem sollten sie ähnliche Wertungen über sich selbst, ihre Arbeit, ihre Zeit und ihre Geschlechtsrolle abgeben.
4 Über diese Untersuchung von Daniel Yankelovich (1973) berichtete *The New York Times* vom 22. Mai 1974.

2.
Vorhersehbare Krisen des Erwachsenenalters

1 Mit dem Begriff »prägendes Ereignis« (*marker event*) definierte Daniel Levinson einen bestimmten Anlaß oder eine sich länger hinziehende Periode, der oder die eine entscheidende Veränderung im Leben der Person erzeugt oder kennzeichnet. Allerdings werden Veränderungen nicht immer durch prägende Ereignisse signalisiert.
2 An dieser Stelle muß unterstrichen werden, daß Menschen mit einer gefestigten Vergangenheit leichter mit schwierigen Lebenslagen fertig werden als Menschen, die in einer Umgebung der Armut und Gefühlsarmut aufgewachsen sind. Zu diesem Gegenstand vgl. Morton Beiser: »Poverty, Social Disintegration and Personality«, *Journal of Social Issues* (1965), S. 56–78.
3 Dieser Feiffer Cartoon erschien in *The Village Voice* (22. September 1974).
4 Beispiele für mögliche »Gangarten« und eine Auseinandersetzung mit diesem Konzept befinden sich im sechsten Kapitel.

3.
Entwöhnung von der Mutterbrust

(Meine Darstellung des »Inneren Wächters« leitet sich vom Selbstkonstrukt und von den Objektrepräsentationen her, wie wir ihnen im wesentlichen bei Freud begegnen, insbesondere in seinen Werken *Zur Einführung des Narzißmus* (1914) und *Das Ich und das Es* (1923). Zum Verständnis dieser Konzepte trägt Edith Jacobsons Monographie *The Self and the Object World* (1973) bei. Diskussionen mit Roger Gould waren mir Ansporn, diese Konzepte auf einzelne Lebensläufe anzuwenden. Einer überaus klaren Erläuterung des Identifizierungsprozesses begegnen wir in Robert Whites *The Enterprise of Living* (1972).

1 Zitiert aus Jacobsons *The Self and the Object World* (1964) S. 39.

2 Jacobson, Blos und Roy Schafer (*Aspects of Internalization*, 1968) behaupten, der Kern jeglicher psychischer Entwicklung werde von einigen Mechanismen der Internalisierung oder Identifizierung gebildet.

4.
Moratorium – Pause zwischen Jugend und Erwachsenenalter

1 Vgl. Kings Arbeit über »Coping and Growth in Adolescence«, *Seminars in Psychiatry* (November 1972, S. 355).

2 Die Abhandlung von J. E. Marcia (»Development and Validation of Ego Identity Status«), die diese vier Typen des Identitätsstatus definiert, erschien im *Journal of Personality and Social Psychology 3* (1966), S. 551–559.

3 Schlußfolgerungen über weibliche Collegegraduierte zog Anne Constantinople aus ihrer Untersuchung »An Eriksonian Measure of Personality Development in College Students«, die 1969 erschien.

4 Diese Schlußfolgerung von Vaillant und McArthur, der die Grant Study of Adult Development at Harvard University zugrunde liegt, befindet sich in *Seminars in Psychiatry* (November 1972, S. 420). Im vierzehnten Kapitel dieses Buches befassen wir uns eingehend mit dieser wichtigen Untersuchung.

5 Die Sutherland-und-Cressey-Theorie über kriminelles Verhalten wird von James Q. Wilson in »Crime and the Criminologists« (*Commentary*, Juli 1974, S. 47–53) untersucht.

6 Diese Prozentangaben über die radikale Jugend entstammen der Untersuchung *Generations Apart*, in der sich Daniel Yankelovich im Auftrag der CBS News mit dem Generationsproblem auseinandersetzte.

7 Zitat aus *Identity, Youth and Crisis*, Norton, New York 1968. (In Deutsch: *Jugend und Krise. Die Psychodynamik im sozialen Wandel.* Klett Verlag, Stuttgart 1970.)

8 Zitat aus White (1972), S. 413.

9 Zitat aus *Identity, Youth and Crisis*, Norton, New York 1968.

10 Zitat aus Wilson (1974), S. 49.

5.
Der Drang, sich zu binden

1 Diese Daten entstammen der Bardwick-Untersuchung (1974), S. 88.

2 Vgl. Edward H. Pohlmans *Psychology of Birth Planning* (Schenkman, 1969), S. 35–81. Der Autor gibt an dieser Stelle eine Zusammenfassung der Gründe, warum man sich Kinder wünscht.

3 Aus dem HEW-Bericht über *Teenagers: Marriages, Divorces, Parenthood, and Mortality* (1973).
4 Anne Constantinople wählte aus den vier College-Klassen 952 männliche und weibliche Personen aus und führte eine Untersuchung durch, der sie später den Titel »An Eriksonian Measure of Personality Development in College Students« gab. Diese Arbeit erschien im *Journal of Developmental Psychology* 1 : 4 (1969), S. 357 bis 372.

6.
Erste knifflige Partnerfragen

1 Das »Gangart«-Konzept entstand durch einen Gedankenaustausch zwischen Dr. Roger Gould und mir.

7.
Der Wunsch nach einem »fliegenden Start«

1 Zitat aus Block und Haan (1971): *Lives Through Time.*
2 Meine Daten stimmen in diesem Punkt mit den Befunden Levinsons und Goulds und den vielfachen statistischen Erkenntnissen zum Sieben-Jahres-Zyklus überein.
3 Erikson (1968; deutsch: 1970) spricht von einer »Spätzündung«, wenn sich die Person, die im Begriff ist, ihre eigene Identität zu erlangen, von dieser neuen Art von Bekanntschaft verblüfft zeigt.
4 Gould (1972) hat ebenfalls beobachtet, daß die Vorstellung vom »einzig richtigen Lebensweg« ein Merkmal der Altersgruppe zwischen Zwanzig und Dreißig ist.

8.
Das »einzig wahre« Paar

1 Vgl. O. G. Brims Zusammenfassung einer Reihe von Untersuchungen, die festgestellt haben, daß das Glück im ersten Ehejahr seinen Höhepunkt erreicht, um dann im Laufe der nächsten fünfzehn Jahre abzunehmen, worauf es wieder zu einem neuen höheren Niveau ansteigt. Der Titel dieser Zusammenfassung: »Adult Socialization« in: *Socialization and Society* von J. A. Clausen (Hg.) (1968). S. 182–226. Vgl. a. Roger Goulds Zufriedenheit-mit-der-Ehe-Kurve in »The Phases of Adult Life« (1972); Neugarten (1968), S. 93–98; und I. Deutscher: *Married Life in the Middle Years* (1959), Kansas City Community Studies.

9.
Warum heiraten Männer?

1 Diese Formulierung Dr. Goulds geht auf eine unserer Diskussionen zurück.

10.
Wieso kann eine Frau nicht etwas mehr Mann und ein Mann nicht etwas weniger Rennpferd sein?

1 Levinson unterbreitete seine These anläßlich eines Symposiums, das unter dem Motto »Normal Crises of the Middle Years« stattfand und von der Menninger Foundation in New York im Jahr 1973 unterstützt wurde.

2 Zitat aus Juliet Mitchells Essay »On Freud and the Distinction between the Sexes«, der in *Woman and Analysis* (1974) erschienen ist.
3 Matina Horners nicht publizierte Doktorarbeit trug den Titel »Sex Differences in Achievement Motivation and Performance in Competitive and Non-Competitive Situations« (1968).
4 Weiteres Material zum Thema »Geschlechtsunterschiede« findet sich in Maccobys und Jacklins *The Psychology of Sex Differences* (1974) und Gregory Rochlins *Man's Aggression, The Defense of the Self* (1973).

11.
Ein kurzer Abriß: Männer und Frauen entwickeln sich

1 Das hier vorgestellte Gedankengut C. G. Jungs entstammt dem siebzehnten Band seines Gesamtwerkes »Über die Entwicklung der Persönlichkeit«, insbesondere dem Kapitel »Die Ehe als psychologische Beziehung«.
2 Vgl. Jolande Jacobis *The Psychology of C. G. Jung* (Ausgabe von 1973), S. 122 bis 123.
3 Abhandlung, die im Jahr 1973 anläßlich des Menninger Foundation Symposiums »Normal Crises of the Middle Years« vorgetragen wurde.
4 Dieses Zitat Fellinis erschien am 7. Oktober 1974 in *Time.*
5 Dieses Material stammt aus einer Untersuchung, die von Career Design durchgeführt wurde, einer Firma in San Francisco, die Seminare für Erwachsene abhält, die sich beruflich verändern wollen.
6 Margaret Hennigs Doktorarbeit trägt den Titel »Career Development for Women Executives« (Graduate School of Business Administration der Harvard University, 1970).
7 Hennig (1970).

12.
Dreißig, mein Gott!

1 Diese Erzählung von Blecher erschien in *New American Review 14* (1972, S. 147).
2 Frenkel-Brunswiks Beschreibung dieser Phase befindet sich in *Middle Age and Aging* (1968), S. 77–84.
3 Bertrand Russels Bericht befindet sich in *The Autobiography* of Bertrand Russell (1951), S. 218–221
4 Frenkel-Brunswik (1968) und Gould (1972).
5 Zitat aus Russell (1951), S. 221.
6 Dieses Zitat von Galbraith befindet sich in »How the Economy Hangs on Her Apron Strings« (Manuskript, Mai 1974, S. 75).

13.
Der Partnerknoten, das Ledigenproblem, die Noch-einmal-von-vorn-Beginner

1 Jacobson (1964).

14.
Lebensmuster des Mannes

1 Eine erschöpfende Fallgeschichte über Shaw befindet sich bei Erikson (1968, S. 142–150).

2 Dieses Zitat stammt aus Barbara Frieds *The Middle Age Crisis* (1967 – vergriffen).

3 Harriet Zuckermans Untersuchung »Nobel Laureates in Science: Patterns of Productivity, Collaboration and Authorship« erschien im *American Sociological Review 32* (1967), S. 391–403.

4 Zitat aus der Bardwick Studie (1974), S. 93.

5 Diese umfangreiche Untersuchung über erfolgreiche Männer trägt den Titel *Sex and the Significant Americans* (1965) und stammt von John F. Cuber und Peggy B. Harroff. Eine ganze Menge Fallgeschichten enthält auch das Werk *Victims of Success* des Psychiaters Benjamin B. Wolman.

6 Dr. Willard Gaylins Beschreibungen soziopathischer und paranoider Persönlichkeiten finden sich in seinem Artikel »What's Normal?« (*The New York Times Magazine*, 1. April 1973).

7 Diese statistischen Werte stammen von Arthur Norton vom U. S. Department of Commerce.

8 Diese Vergleiche zwischen der gesundheitlichen Verfassung von verheirateten Männern und Frauen, sowie von ledigen Frauen und Ehefrauen sind in Dr. Bernards Buch *The Future of Marriage* enthalten und basieren auf Tabellen, die zusammengestellt wurden vom National Center of Health Statistics in *Selected Symptoms of Psychological Distress*, U. S. Dept. of Health, Education, and Welfare (1970), Tabelle 17, S. 30–31. Vgl. a. Genevieve Knupfer, Walter Clark und Robin Room: »The Mental Health of the Unmarried«, *American Journal of Psychiatry 122* (Februar 1966).

9 Das Material für diese psychologischen Vergleiche zwischen niemals verheirateten Männern und Frauen entstammt dem Werk *Americans View Their Mental Health* (1960) von Gerald Gurin, Joseph Veroff und Sheila Feld, S. 42, 72, 110, 190, 234–235. Die sozioökonomischen Vergleiche basieren auf Daten des U. S. Census (1970) in: *Marital Status*, Tabellen 4, 5 und 6.

10 Robert E. Samples Werk, das in »Learning with the Whole Brain« (*Human Behavior*, Februar 1975, S. 16–23) behandelt wird, diente als Grundlage für die Auseinandersetzung mit dem Problem der beiden Hirnhälften.

11 Zitat aus Samples (Februar 1975).

15.
Lebensmuster der Frau

1 Virginia Slims beauftragte im Jahr 1974 die Roper Organization, eine Umfrage zu veranstalten über die Einstellungen der Frauen zur Liebe, Ehe, Scheidung, Geschlechterrolle und -stereotypie, zur berufstätigen Ehefrau usw. Erhältlich durch Ruder und Finn, 110 E. 59 St., New York, N. Y.

2 Untersuchungen, die die Social Research Inc. von den vierziger Jahren an bis 1965 durchgeführt hat, haben gezeigt, daß das Leben der Arbeiterfrau durch die drei Aufgabenbereiche Ehemann, Kinder und Heim bestimmt wurde. Der entscheidende Wandel dieser Einstellung widerspiegelt sich in späteren Untersuchungen, über die Dr. Burleigh B. Gardner in »The Awakening of the Blue Collar Woman« berichtet (erschienen im *Intellectual Digest*, März 1974, S. 17–19).

3 Zitate aus *The Total Woman* von Marabel Morgan (1973), S. 61, 70, 87, 117, 127, 167.

4 Morgan (1973), S. 24–25.

5 Das Twentieth Reunion Book trägt den Titel *Radcliffe 1954–1974.*

6 Dieses Eingeständnis stammt aus Betty Friedans Artikel »Up from the Kitchen Floor« aus *The New York Times Magazine* vom 4. März 1973.
7 Für Mütter, die nach 1930 geboren wurden, betrug das Durchschnittsalter, in dem sie ihr letztes Kind zur Welt brachten, 30 Jahre. Vgl. dazu Arthur J. Nortons Abhandlung »The Family Life Cycle Updated«, die im Auftrag des Bureau of Census, U. S. Department of Commerce, entstand und in der 9. Auflage der *Selected Studies in Marriage and the Family* im März 1974 veröffentlicht wurde.
8 Dr. Hennigs Doktorarbeit trägt den Titel »Career Development for Women Executives« (1970).
9 Bardwick (1974).
10 Dr. Ramey, Professor für Physiologie und Biophysik an der Georgetown School of Medicine machte seine beißenden Bemerkungen am Ende einer Abhandlung, die den Titel »A Feminist Talks to Men« trägt und im September 1973 im *John Hopkins Magazine* erschien.
11 Dieses Zitat entstammt Margaret Meads *Blackberry Winter: My Earlier Years* (S. 99–100). Wenn nicht näher bezeichnet entstammen alle anderen Zitate dieses Kapitels Gesprächen, die ich mit Margaret Mead hatte.
12 Mead (1972), S. 164.
13 Mead (1972), S. 240.
14 Mead (1972), S. 263.
15 Diesen Gedanken hat Dr. Levinson in seiner unveröffentlichten Arbeit »Toward a Conception of Adult Development« formuliert.
16 Aus einem Artikel in *The New York Times* (Op Ed-Seite) von Consuelo Saer Bahr mit dem Titel »Blondie, Dagwood, Jiggs, Maggie, and Us« vom 24. August 1974.
17 Vgl. Anmerkung 8 im 14. Kapitel.
18 Aus der Einleitung, die Louise Bernikow für *The World Split Open: Four Centuries of Women Poets in England and America, 1552–1950* (1974), S. 14, verfaßte.

16.
Aufbruch in der Lebensmitte

1 Aus einem Interview mit Bernice Neugarten. Näher ausgeführt in »The Awareness of Middle Age«, *Middle Age and Aging*, 1968, S. 93–98.
2 Fried (1967).
3 Vgl. U. S. Public Health Service, Tabelle zur Lebenserwartung in Amerika (die entsprechenden Ausgangsdaten stammen aus dem Jahr 1968).
4 Zitat stammt aus Terkel: *Working*, S. XVIII.
5 Jung, Jaques und Levinson weisen am eindringlichsten auf die Unvermeidlichkeit des Persönlichkeitswandels hin.
6 Zitat aus *The Velveteen Rabbit* von Margery Williams, Doubleday (1958).
7 Jaques (1965) behandelt die »Trauerarbeit« der Lebensmitte und die Rückkehr zur infantil-depressiven Position. Diese Trauerarbeit um unsere verlorenen Illusionen und unsere verlorene Unschuld verleiht der Krise der Lebensmitte ihre depressive Qualität.
8 Aus einem Interview mit Dr. Levinson.

17.
In guter Gesellschaft

1 Ein Teil dieser biographischen Einzelheiten und meiner Interpretation des Lebens Dantes gehen auf George P. Elliotts Essay in *Brief Lives* (1965), S. 200–202, zurück.
2 Dieses und alle folgenden Zitate von Michael Harrington entstammen seinem Artikel »Notes on my Nervous Breakdown«, enthalten in seinem Buch *Fragments of the Century* (1973).
3 Alles Material von Jaques entstammt seiner Abhandlung »Death and the Midlife Crisis« (1965).
4 Jaques (1965).
5 Fitzgerald (1945).
6 Jaques (1965).
7 Bernice Neugarten berichtete über diese klassenbedingte unterschiedliche Wahrnehmung des Lebenszyklus in ihrer Abhandlung »The Middle Years« (März 1972), S. 3.
8 Zitat aus Neugarten (1968), S. 93.
9 Dieser Hinweis darauf, daß die meisten Vierzigjährigen nicht bereit sind, sich mit ihrem mittleren Alter zu identifizieren, stammt von Fried (1967).

18.
Ein Überblick mit Fünfunddreißig

1 Alle Zitate aus den Tagebüchern Eleanor Roosevelts sind Joseph P. Lashs *Eleanor and Franklin* (1971) entnommen.
2 Vgl. Sears und Feldman: *The Seven Ages of Man* (1973); Linda Wolfe: *Playing Around* (1975); Cuber und Haroff: *Sex and the Significant Americans* (1965); und Morton Hunts Überblick für den *Playboy* (1975).
3 U. S. Census-Zahlenwerte, über die Gloria Stevenson im *Occupational Quarterley* (Frühjahr 1973) des Department of Labor berichtete.
4 Vgl. »Occupation, Employment, and Lifetime Work Experience of Women«, eine Abhandlung, die Larry E. Suter für das U. S. Department of Commerce verfaßte und die auf der National Longitudinal Study of Women von 1967 basierte. Diese Studie befaßte sich mit den Kumulativeffekten diskontinuierlicher Arbeitserfahrungen bei Frauen zwischen dreißig und vierundvierzig. Diese statistischen Werte über die Aussichten der Frauen, wieder berufstätig werden zu können, sind einer Untersuchung der Ohio State University für die Labor Department's Manpower Administration (1973) entnommen.
5 Das Durchschnittsalter der sich wiederverheiratenden Frau ist einer Statistik entnommen, die Norton in seiner Abhandlung »The Family Life Cycle Updated« (1974) anführt.
6 Irma Kurtz' Bericht über ihre späte Mutterschaft erschien in *Nova* (April 1973), S. 49.
7 Zitat aus Kurtz (April 1973).
8 Aus Novaks *Textbook of Gynecology* (1970), S. 397. Andere Informationsquellen über die Schwangerschaft nach dem 35. Lebensjahr waren: Dr. Kurt Hirschhorn, Direktor der Abteilung für Medical Genetics am Mount Sinai Hospital; Dr. Raymond L. Vande Wiele, Professor und Vorsitzender des Department für Geburtshilfe und Gynäkologie am Columbia Presbyterian Medical Center; Dr. Len Schoenberg, Medical Director for Planned Parenthood; eine Analyse von 3100 Säuglingstodes-

fällen, die vom National Foundation March of Dimes durchgeführt wurde: »The Elderly Primigradiva« von Ian Morrison, M. D., in: *American Journal of Obstetrics and Gynecology* (1. März 1975), S. 465–469; und »Antenatal Diagnosis of Genetic Disease« von T. A. Doran in: *American Journal of Obstetrics and Gynecology* (1. Februar 1974), S. 314–321.

19.
Die Feuerprobe mit Vierzig

1 Vgl. »Why a Second Career?« von Richard J. Leider für den *Personal Administrator* (März/April 1974).

20.
Die Hürde mit Vierzig und das Paar

1 Zitat aus Fitzgerald (1945).
2 Nach Margaret Mead und basierend auf unveröffentlichtem Fallmaterial Geoffrey Gores kommt es häufig zu einer Art Kreativitätsschub, wenn eine Frau weiß, daß sie keine Kinder mehr haben wird.
3 Vgl. Marmor (1967) und Gould (1972).
4 Dr. Paul Glick vom Bureau des Census Department of Commerce bestätigte in einem Interview, daß es im Stadium der Lebensmitte offenbar zu keinem heftigen Ansteigen der Scheidungsrate kommt.

21.
Der Rhombus der Sexualität

1 Dieses Zitat wurde dem Werk *Human Sexual Inadequacy* (1970) entnommen. Dieses Werk von Masters und Johnson bildet eine der wichtigsten Quellen dieses Kapitels. Andere wesentliche Quellen, die ich zu Rate zog, waren: *Fundamentals of Human Sexuality* von Katchadourian und Lunde (1972); *The Nature and Evolution of Female Sexuality* von Mary Jane Sherfey (1972); *The Male Climacteric* von Ruebsaat und Hull (1975); *The Psychology of Sex Differences* von Maccoby und Jacklin (1974); *An Analysis of Human Sexual Response* von Ruth und Edward Brecher (1966); *Sex in Later Life* von Dr. Ivor Felstein (1970); und »Human Sexual Behavior« aus der *Encyclopaedia Britannica* (1974).
2 Diese Fakten wurden Masters und Johnson (1970) und der *Encyclopaedia Britannica* (1974) entnommen.
3 Masters und Johnson (1970).
4 Obgleich von Biologen wenig beachtet, erklärt Dr. Sherfey, war »die angeborene Weiblichkeit der Säugetierembryos eine (um 1958 eindeutig belegte) verblüffende Entdeckung, die Jahrhunderte der Mythologie und Jahre der wissenschaftlichen Theorie widerlegt hat.« Zitat aus *The Nature and Evolution of Female Sexuality* (1972), S. 37–53.
5 67 Prozent aller Geburten finden in den Zwanzigern statt; 17 Prozent im Alter von fünfzehn bis neunzehn; 10 Prozent im Alter von dreißig bis vierunddreißig; und 6 Prozent im Alter über fünfunddreißig. Diese Daten entnahm ich der Geburtenstatistik von 1970 (National Center of Health Statistics: *Monthly Vital Statistics Report*, März 1974).
6 Zitat aus Katchadourian (1972), S. 183.

7 Vgl. Sherfey (1972), S. 133–134.
8 Aus einem Interview mit Dr. Birdwhistell.
9 *Life Tables*, Band 2, Sektion 5, National Center for Health Statistics (1971).
10 Zitat aus »What is the New Impotence, and Who's Got It?« von Philip Nobile in: *Esquire* (Oktober 1974), S. 95–98.
11 Über einige Untersuchungen von Dr. Rose wurde berichtet in »I. S. Plasma Testosterone Levels in the Male Rhesus: Influences of Sexual and Social Stimuli« (*Science*, 1972).
12 Zitat aus einem Interview mit Dr. Ramey.
13 Zitat aus Katchadourian und Lunde (1972).
14 Jakobovits berichtete aufgrund einer Untersuchung von Heller und Myers (1944) über ein Durchschnittsalter von 53,7 Jahren; außerdem basierte dieser Bericht auf zwei Untersuchungen von Werner (1945, 1946). Eingehendere Informationen sind enthalten in Jakobovits' Artikel »The Treatment of Impotence with Methyltestosterone Thyroid«, der in *Fertility and Sterility* (Januar 1970) erschien.
15 Ruebsaat und Hull (1975) in: *The Made Climacteric.* Die erwähnten Symptome wurden in dem eben angeführten Buch und in der Abhandlung von Jakobovits (1970) erläutert.
16 Zitat aus Hulls Einleitung zu *The Male Climacteric* (1975).
17 Zitat aus Ruebsaat (1975).
18 Aus der Kolumne »Leserbriefe« in: *The New York Times Magazine*, 28. 1. 1973.
19 Aus Jakobovits (1970).
20 Aus einem Vortrag, den Masters und Johnson an der Harvard Business School hielten (Mai 1974).
21 Vgl. Lionells und Mann (1974) und Katchadourian und Lunde (1972).

22.
Das Ausleben der Phantasie

1 Zitat aus Art Sidenbaums Kolumne in: *Los Angeles Times* vom 26. September 1973.

23.
Das Ausleben der Wirklichkeit

24.
Erneuerung

1 Aus einer Untersuchung von Neugarten, an der hundert Männer und Frauen beteiligt waren. Neugarten (1968), S. 97.
2 Die Beachtung, welche die Frauen der körperlichen Veränderung ihrer Männer schenken, ist statistisch belegt. – Die unterschiedlichen Merkmale, mit deren Hilfe Männer und Frauen ihr Alter in mittleren Jahren eintaxieren, stammen von Neugarten (1968), S. 96.
3 Aus Frenkel-Brunswik: »Adjustments and Reorientations in the Course of the Life Span« (1968), S. 74–84.
4 Aus der Abhandlung von Lionells und Mann (1974).
5 Dieses Problem wird in Soddys *Men in Middle Life* (1967, S. 84) behandelt.
6 Aus Soddy (1967).
7 Vgl. Brims Zusammenfassung der betreffenden Untersuchungen (1968), Roger Gould (1972), Neugarten (1968), Deutscher (1959).

8 Diese Quelle verdanke ich dem U. S. Public Health Service: Nur ein Prozent aller Erstehen werden in den USA von Personen mittleren Alters geschlossen, während es sechsundzwanzig Prozent sind, die in mittlerem Alter noch einmal heiraten.
9 Norma Haan berichtete in den Berkeley Growth and Development Studies (November 1972) über die hervorstechenden Merkmale des mittleren Alters. Vgl. auch Neugartens Abhandlung in *Journal of Geriatric Psychology* (1970) und die Arbeit von Lionells und Mann (1974).
10 Zitat aus Florida Scott-Maxwells *The Measure of My Days* (1968).

Literatur

BARDWICK, JUDITH. 1974. »The Dynamics of Successfull People«, *New Research on Women*. Ann Arbor: University of Michigan.

BEISER, MORTON. 1965. »Poverty, Social Disintegration and Personality.« *Journal of Social Issues* 21 (1).

BERNARD, JESSIE. 1972. *The Sex Game*. New York: Atheneum.

1973. *The Future of Marriage*. New York: Bantam Edition.

BERNIKOW, LOUISE (Hg.) 1974. *The World Split Open: Four Centuries of Women Poets in England and America, 1552–1952*. New York: Vintage Books.

BETTELHEIM, BRUNO. 1943. »Individual and Mass Behavior in Extreme Situations.« *Journal of Abnormal and Social Psychology*.

BLANCK, RUBIN UND GERTRUD. 1968. *Marriage and Personal Development*. New York: Columbia University Press.

BLECHER, GEORGE. 1972. »The Death of the Russian Novel.« *New American Review 14*. New York: Simon und Schuster.

BLOCK, JACK UND HAAN, NORMA. 1971. *Lives Through Time*. Berkeley, Kalifornien: Bancroft Books.

BLOS, PETER. 1962. *On Adolescence: A Psychoanalytic Interpretation*. New York: The Free Press; deutsch: *Adoleszenz*. Stuttgart: Klett Verlag 1973.

1967. »The Second Individuation Process of Adolescence.« In: Psychoanalytic Study of the Child.

BOWLBY, JOHN. 1973. *Separation*. New York: Basic Books; deutsch: *Trennung* – Psychische Schäden als Folge der Trennung von Mutter und Kind. München: Kindler Verlag 1976.

BRECHER, RUTH UND EDWARD. 1966. *An Analysis of Human Sexual Response*. New York: New American Library. Signet Book.

BRIM, O. G. JR. 1968. »Adult Socialization.« In: *Socialization and Society*. J. A. Clausen (Hg.) Boston: Little, Brown.

BÜHLER, CHARLOTTE UND MASSARIK, FRED (Hg.). 1968. *The Course of Human Life*. New York: Springer.

CARO, ROBERT A. 1974. *The Power Broker*. New York: Alfred A. Knopf.

COLES, ROBERT. 1970. *Erik H. Erikson: The Growth of His Work*. Boston: Little, Brown. (Deutsch: *Erik H. Erikson: Leben und Werk*. München: Kindler Verlag 1974.)

COMMITTEE ON WORK AND PERSONALITY IN THE MIDDLE YEARS. Juni 1973. New York: Social Science Research Council. Mimeographie.

CONSTANTINOPLE, ANNE. 1969. »An Eriksonian Measure of Personality Development in College Students.« *Developmental Psychology* 1 (4).

CUBER, JOHN F. UND HARROFF, PEGGY B. 1965. *Sex and the Significant Americans*. Pelican Book.

DANTE ALIGHIERI. Um die 1300. *Divine Comedy*. Übersetzt von John Aitken Carlyle ins Englische. New York: The Temple Classics. (Italienisch/Deutsch: *Die göttliche Kommödie* Stuttgart: Ernst Klett 1949.)

DEUTSCHER, I. 1959. *Married Life in the Middle Years*. Kansas City: Community Studies.

DONOVAN, JAMES M. 1975. »Identity Status and Interpersonal Style and Object Relatedness.« Ausgangsmaterial für einen Artikel in: *The Journal of Youth and Adolescence.*

EPSTEIN, JOSEPH. 1974. *Divorced in America.* New York: E. P. Dutton.
ERIKSON, ERIK H. 1950. *Childhood and Society.* New York: W. W. Norton. (Deutsch: *Kindheit und Gesellschaft.* Stuttgart: Klett Verlag, 1971)
1964. *Insight and Responsibility.* New York: W. W. Norton. (Deutsch: *Einsicht und Verantwortung. Die Rolle des Ethischen in der Psychoanalyse.* Stuttgart: Klett Verlag 1966)
1964. »The Golden Rule and the Cycle of Life.« Eine George W. Gay-Vorlesung an der Harvard Medical School, gehalten am 4. Mai 1962. Eriksons Vorlesung wurde in *The Study of Lives* von Robert W. White (Hg.) veröffentlicht. New York: Atherton Press.
1968. *Identity, Youth and Crisis.* New York: W. W. Norton. (Deutsch: *Jugend und Krise. Die Psychodynamik im sozialen Wandel.* Stuttgart: Klett Verlag 1970)
1974. »Once More the Inner Space: Letter to a Former Student.« *Women & Analysis.* New York: Grossman.
1975. *Life History and the Historical Moment.* New York: W. W. Norton.

FELSTEIN, IVOR. 1970. *Sex in Later Life.* Baltimore: Penguin Books.
FERGUSON, MARY ANNE. 1973. *Images of Women in Literature.* Boston: Houghton Mifflin.
FITZGERALD, F. SCOTT. 1945. *The Crackup.* New York: J. Laughlin.
FRENKEL-BRUNSWIK, ELSE. 1968. »Adjustments and Reorientations in the Course of the Life Span.« In: *Middle Age and Aging.* Bernice Neugarten (Hg.) Chicago: University of Chicago Press.
1974. *Frenkel-Brunswik, Else: Selected Papers.* Nanette Heiman und Joan Grant (Hg.) New York: International Universities Press.
FREUD, S. Case Studies (1893, 1895) in: *Complete Psychological Works.* London: Hogarth Press. (Deutsch: Fallstudien 1893, 1895, *Gesammelte Werke,* Band I).
FRIED, BARBARA. 1967. *The Middle Age Crisis.* New York: Harper & Row.
FRIEDAN, BETTY. 1962. *The Feminine Mystique.* New York: Dell.
4. März 1973. »Up from the Kitchen Floor.« *The New York Times Magazine.*

GARDNER, BURLEIGH B. März 1974. »The Awakening of the Blue Collar Woman.« *Intellectual Digest.*
GAYLIN, WILLARD. 1. April 1973. »What's normal?« *The New York Times Magazine.*
GESELL INSTITUTE OF CHILD DEVELOPMENT. 1955. *Child Behavior.* Ilg, Francis L. und Ames, Louise Bates. New York: Dell.
GLICK, PAUL UND NORTON, ARTHUR. 1972. »Perspectives on the Recent Upturn in Divorce and Remarriage.« Bureau of the Census U. S. Dept. of Commerce.
GLICK, PAUL C. »The Life Cycle of the Family.« U. S. Bureau of the Census. (Zur Zeit der Abfassung dieses Buches befand sich ein auf den neuesten Stand gebrachter Bericht in Vorbereitung).
GOULD, ROGER. November 1972. »The Phases of Adult Life: A Study in Developmental Psychology.« *American Journal of Psychiatry.*
GURIN, GERALD; VEROFF, JOSEPH; FELD, SHEILA. 1960. *Americans View their Mental Health.* New York: Basic Books.

HAAN, NORMA. November 1972. »Personality Development from Adolescence to Adulthood in the Oakland Growth and Guidance Studies.« *Seminars in Psychiatry* 4 (4).

HARRINGTON, MICHAEL. 1973. *Fragments of the Century*. New York: Saturday Review Press.

HELLMAN, LOUIS M. UND PRITCHARD, JACK A. 1971. *Williams Obstetrics*. New York: Appleton Century Crofts.

HENNIG, MARGARET. 1970. »Career Development for Women Executives.« Doktorarbeit für die Graduate School of Business Administration an der Harvard University. Ausgangsmaterial für ein Buch, das Ende 1976 bei Doubleday erscheint.

HORNER, MATINA. 1968. »Sex Differences in Achievement Motivation and Performance in Competitive and Non-Competitive Situations.« Unveröffentlichte Doktorarbeit für die Universität von Minnesota.

HORNEY, KAREN. 1926. »Flucht aus der Weiblichkeit. Der Männlichkeitskomplex der Frau im Spiegel männlicher und weiblicher Betrachtung.« In: *Int. Zeitschr. f. Psychoanal.*, Bd. XII/3; 1977 auch in: *Die Psychologie der Frau*. München: Kindler Verlag.

HUBER, JOAN (Hg.) 1973. *Changing Women in a Changing Society*. Chicago: University of Chicago.

JACOBSON, EDITH. 1964. *The Self and the Object World*. Journal of the American Psychoanalytic Association. Monographische Serie Nummer Zwei. New York: International Universities Press.

JACOBI, JOLANDE. Ausgabe von 1973. *The Psychology of C. Jung*. New Haven: Yale University Press.

JANEWAY, ELIZABETH. 1971. *Man's World, Woman's Place*. New York: Delta.
1975. *Between Myth and Morning: Women Awakening*. New York: William Morrow.

JAQUES, ELLIOTT. 1965. »Death and the Midlife Crisis.« *International Journal of Psychoanalysis 46*.
1965. »Is there a Male Menopause?« *The New York Times Magazine*.

JUNG, C. G. 1951. *Das Selbst*. In: Ges. W., Bd. IX/2. Zürich: Rascher Verlag.

JUNG, C. G. und JAFFÉ, A. 1962. *Erinnerungen, Träume, Gedanken*. Zürich/Stuttgart: Rascher Verlag.
1971. The Portable Jung. Joseph Campbell (Hg.) New York: Viking Press.

KATCHADOURIAN, HERANT UND LUNDE. 1972. *Fundamentals of Human Sexuality*. New York: Rinehart & Winston.

KEATS, JOHN. 1970. *You Might As Well Live: The Life and Times of Dorothy Parker*. New York: Simon & Schuster.

KING, STANLEY H. November 1972. »Coping and Growth in Adolescence.« *Seminars in Psychiatry* 4 (4).

KINSEY, A. C., POMEROY, W. B., MARTIN, C. E. 1948. *Sexual Behavior in the Human Male*. Philadelphia: W. B. Saunders; deutsch: *Das sexuelle Verhalten des Mannes*. Frankfurt/M.: Fischer Tb 6003.

KNUPFER, GENEVIEVE UND CLARK, WALTER UND ROOM, ROBIN. Februar 1966. »The Mental Health of the Unmarried.« *American Journal of Psychiatry*.

KOMAROVSKY, MIRRA. 1962. *Blue-Collar Marriage*. New York: Vintage Books, Februar 1967.
1973. »Cultural Contradictions and Sex Roles: The Masculine Case.« In: *Changing Women in a Changing Society*. Chicago: University of Chicago.

KOSINSKI, JERZY. 1965. The Painted Bird. Boston. Houghton Mifflin. (Deutsch: *Der bemalte Vogel*. München: Scherz 1967.)

Kronenberger, Louis (Hg.) 1965. *Brief Lives.* Boston: Atlantic Monthly Press.

Lash, Joseph P. 1971. *Eleanor and Franklin.* New York: W. W. Norton.

Lederer, William J. und Jackson, Dr. Don D. 1968. *The Mirrages of Marriage.* New York: W. W. Norton.

Le Shan, Eda. 1973. *The Wonderful Crisis of Middle Age.* New York: David McKay.

Levinson, Daniel. 1974. »The Psychological Development of Men in Early Adulthood and the Mid-Life Transition.« Minneapolis: University of Minnesota Press.

1973. »Toward a Conception of Adult Development.« In Arbeit.

Lionells, Marylou und Mann, Carola H. 1974. »Patterns of Midlife in Transition.« New York: 26 Seiten lange Monographie des William Alanson Institute.

Lowenthal, Marjorie Fiske und Chiriboga, David. Januar 1972. »Transition to the Empty Nest.« *Archives of General Psychiatry 26.*

Maccoby, E. E. und Jacklin, C. N. 1974. *The Psychology of Sex Differences.* Stanford, Kalifornien: Stanford University Press.

Mahler, M. S. 1953. »On the Significance of the Normal Separation-Individuation Phase.« In: *Drives, Affects, and Behavior.* II. M. Schur (Hg.) New York: International Universities Press.

1963. »Certain Aspects of the Separation Individuation-Phase.« *Psychoanalytic Quarterley 32.*

Marcia, J. E. 1966. »Development and Validations of Ego-Identity Status.« *Journal of Personality and Social Psychology.*

Marmor, Judd. 1974. *Psychiatry in Transition.* New York: Bruner & Mazel.

Maslow, Abraham H. 1954. *Motivation And Personality.* 2. Auflage. New York: Harper & Row.

1968. *Toward a Psychology of Being.* New York: D. Van Nostrand; deutsch: *Psychologie des Seins – Ein Entwurf.* München: Kindler Verlag 1968.

Masters, William H. und Johnson, Virginia E. 1970. *Human Sexual Inadequacy.* Boston: Little, Brown. (Deutsch: *Impotenz und Anorgasmie.* Frankfurt: Goverts 1973.)

Mead, Margaret. 1972. *Blackberry Winter: My Earlier Years.* New York: William Morrow.

1974. »On Freud and the Distinction between the Sexes.» In: *Women & Analysis.* Jean Strouse (Hg.) New York: Grossman.

Millett, Kate. 1974. *Flying.* New York: Alfred A. Knopf.

Mitchell, Juliet. 1974. *Psychoanalysis and Feminism.* New York: Pantheon Books.

1974. »On Freud and the Distinction between the Sexes.« In: *Women & Analysis.* Jean Strouse (Hg.) New York: Grossman.

Morgan, Marabel. 1973. *The Total Woman.* Old Tappan, N. J.: Fleming H. Revell.

Neugarten, Bernice L. (Hg.) 1968. *Middle Age and Aging.* Chicago: University of Chicago Press.

1970. »Dynamics of Transition of Middle Age to Old Age.« *Journal of Geriatric Psychiatry* 4(1).

Neugarten, B. L. und Dowty, N. (S. Arieti, Hg.) März 1972. »The Middle Years.« American Handbook of Psychiatry 1, pt. 3.

Norton, Arthur. März 1973. »Marital Status and Living Arrangements.« Washington, D. C.: U. S. Government Printing Office, U. S. Dept. of Commerce.

1974. »The Family Life Cycle Updated.« *Selected in Studies in Marriage and the Family,* 9. Auflage. Robert F. Winch und Graham B. Spanier (Hg.) New York: Holt, Rinehart & Winston.

PARKER, RICHARD. 1972. *The Myth of the Middle Class.* New York: Liveright.
PASCAL, JOHN UND FRANCINE. 1974. *The Strange Case of Patty* Hearst. New York: New American Library.
PRESSEY, SIDNEY L. UND KUHLEN, RAYMOND G. 1957. *Psychological Development Through the Life Span.* New York: Harper & Row.
PYNCHON, THOMAS. 1974. *Gravity's Rainbow.* New York: Bantam.

RAMEY, ESTELLE. September 1973. »A Feminist Talks to Men.« *John Hopkins Magazine.*
RIESMAN, DAVID. 1950. *The Lonely Crowd.* New York: Doubleday Anchor 1955er Auflage. (deutsch: *Die einsame Masse.* Darmstadt 1956)
ROCHLIN, GREGORY. 1973. *Man's Aggression.* Boston: Gambit.
ROTHSTEIN, STANLEY H. 1967. »Aging Awareness and Personalization of Death in the Young and Middle Adult Years.« Unveröffentlichte Doktorarbeit für die Universität von Chicago.
RUEBSAAT, HELMUT J. UND HULL, RAYMOND. 1975. *The Male Climacteric.* New York: Hawthorn Books.
RUSSELL, BERTRAND. 1951. *The Autobiography of Bertrand Russell:* Boston: Little, Brown in Verbindung mit The Atlantic Monthly Press. (Deutsch: *Autobiographie.* Frankfurt/M.: Insel Verlag 1970.)

SAMPLES, ROBERT. Februar 1975. »Learning with the whole brain.« *Human Behavior.*
SAXE, LOUIS P. UND GERSON, NOEL. 1964. *Sex and the mature man.* New York: Pocket Books.
SCARPITTI, FRANK R. 1974. *Social Problems.* New York: Holt, Rinehart und Winston.
SCHACTER, BURT. 1968. »Identity Crisis and Occupational Processes: An Intensive Exploratory Study of Emotionally Disturbed Male Adolescents.« *Child Welfare* 47 (1).
SCHAFER, ROY. 1968. *Aspects of Internalization.* New York: International Universities Press.
SCHEINGOLD, LEE D. UND WAGNER, NATHANIEL, N. 1974. *Sex and the Aging Heart.* New York: Pyramid, Auflage von 1975.
SCOTT-MAXWELL, FLORIDA. 1968. *The Measure of My Days.* New York: Alfred A. Knopf.
SEARS, ROBERT R. UND FELDMAN, S. SHIRLEY (Hg.) 1973. *The Seven Ages of Man.* Los Altos, Kalifornien: William Kaufman.
SEIFER, NANCY. 1973. »Absent from the Majority.« New York: National Project on Ethnic America of the American Jewish Committee.
SHEEHY, GAIL. 19. Februar 1973. »Can Couples Survive?« New York-Magazin.
18. Februar 1974. »Catch-30 and other Predictable Crises of Growing Up Adults.« New York-Magazin.
29. April 1974. »Midlife Crisis: Best Chance for Couples to Grow Up.« New York-Magazin.
26. Januar 1976. »The Sexual Diamond: Facing the Facts of the Male and Female Sexual Life Cycles.« New York-Magazin.

SHERFEY, MARY JANE. 1972. *The Nature and Evolution of Female Sexuality*. New York: Random House.
SLATER, PHILIP. 1970. *The Pursuit of Loneliness*. Boston: Beacon Press.
1974. *Earthwalk*. Garden City, N. Y.: Anchor Press/Doubleday.
SMITH, HUSTON. 1958. *The Religions of Man*. New York: Harper & Row.
SODDY, KENNETH, IN ZUSAMMENARBEIT MIT KIDSON, MARY C. 1967. *Men in Middle Life*. Philadelphia: J. B. Lippincott.
STERN, RICHARD. 1973. *Other Men's Daughters*. New York: E. P. Dutton.
STROUSE, JEAN (Hg.) 1974. *Women & Analysis*. New York: Grossman.

TERKEL, STUDS. 1972. *Working: People Talk About What They Do All Day and How They Feel About What They Do*. New York: Pantheon Books.
TOFFLER, ALVIN. 1971. *Future Shock*. New York: Bantam. (Deutsch: *Der Zukunftsschock*. München: Scherz 1970.)

U. S. BUREAU OF THE CENSUS. 1972. *Current Population Reports,* Serie P-20, Nr. 239, »Marriage, Divorce, and Remarriage by Year of Birth: Juni 1971«. Washington, D. C.: U. S. Government Printing Office.
U. S. DEPARTMENT OF COMMERCE, BUREAU OF THE CENSUS. 1973. »Age at First Marriage and Children Ever Born, for the United States: 1970.«
1973. »Occupation, Employment, and Lifetime Work Experience of Women.« Abhandlung von Larry E. Suter.
U. S. DEPARTMENT OF HEALTH, EDUCATION, AND WELFARE. 1969. »Marriage Statistics, 1969« und »Births, Marriages, Divorces, and Deaths for 1973.« *Vital Statistics Report.*
1970. »Selected Symptoms of Psychological Distress.« National Center for Health Statistics, Serie 11, Nr. 37. Rockville, Md.
1971. *Life Tables*. Band 2, Sektion 5. National Center for Health Statistics. Rockville, Md.
August 1973. »Teenagers: Marriages, Divorces, Parenthood, and Mortality.« DHEW Publication Nr. (HRA) 74-1901. Rockville, Md.
Dezember 1973. »100 Years of Marriage and Divorce Statistics, United States, 1867–1967.« DHEW Publication Nr. (HRA) 74–1902. Rockville, Md.
1973. »Work in America.« National Center for Health Statistics. Rockville, Md.

VAILLANT, GEORGE E. UND MCARTHUR, CHARLES C. November 1972. »Natural History of Male Psychologic Health. I. The Adult Life Cycle From 18–50.« *Seminars in Psychiatry* 4 (4).

WHITE, ROBERT W. 1972. *The Enterprise of Living*. New York: Holt, Rinehart and Winston.
WILLS, GARY. März 1974. »What? What? Are Young Americans Afraid to Have Kids?« *Esquire.*
WILSON, JAMES Q. Juli 1974. »Crime and the Criminologists.« *Commentary.*
WOLFE, LINDA. 1975. *Playing Around.* New York: William Morrow.
WOLMAN, BENJAMIN B. 1973. Victims of Success. New York: Quadrangle/The New York Times Book Co.

ZUCKERMAN, HARRIET. 1957. »Nobel Laureates in Science: Patterns of Productivity. Collaboration, and Authorship.« *American Sociological Review* 32.

Namen- und Sachregister